Benedikt Giesing
Religion und Gemeinschaftsbildung

Forschung
Soziologie

Band 178

Benedikt Giesing

Religion und Gemeinschaftsbildung
Max Webers
kulturvergleichende Theorie

Leske + Budrich, Opladen 2002

Meinen Eltern Gudula und Paul Giesing,
die mich den Sinn von Gemeinschaft lehrten,
lange bevor ich von Max Weber hörte

Dissertation im Fachbereich Soziologie
an der Rheinischen-Friedrich-Wilhelms-Universität Bonn

Gedruckt auf säurefreiem und alterungsbeständigem Papier.

Die Deutsche Bibliothek – CIP-Einheitsaufnahme
Ein Titeldatensatz für die Publikation ist bei Der Deutschen Bibliothek erhältlich

ISBN 3-8100-3673-0

© 2002 Leske + Budrich, Opladen

Das Werk einschließlich aller seiner Teile ist urheberrechtlich geschützt. Jede Verwertung außerhalb der engen Grenzen des Urheberrechtsgesetzes ist ohne Zustimmung des Verlages unzulässig und strafbar. Das gilt insbesondere für Vervielfältigungen, Übersetzungen, Mikroverfilmungen und die Einspeicherung und Verarbeitung in elektronischen Systemen.

Umschlaggestaltung: disegno, Wuppertal
Druck: DruckPartner Rübelmann, Hemsbach
Printed in Germany

Danksagung

Eine Monographie wie die vorliegende ist niemals das Resultat der Arbeit nur eines Einzelnen, sondern vielmehr ein Gemeinschaftsprodukt. Daher gebührt jenen aufrichtigen Dank, die das Manuskript gegengelesen und mich in seiner Gestaltung beraten haben, allen voran Michael Hasse, Andreas Berg und Heiko Schäfer. Für zahlreiche Ratschläge und aufmunternde Worte sei dem Betreuer dieses Projektes, Professor Werner Gephart, herzlich gedankt. In Webers undurchsichtige Begriffspyramiden haben mir oft erst die Gespräche mit Siegfried Hermes ein wenig Licht gebracht, dafür mein Dank. Ohne die Rückmeldung von Fachleuten, die große Manuskriptteile zur Korrektur gelesen und hilfreich ergänzt haben, wäre ein Vergleich der Weltreligionen kaum durchführbar gewesen. Daher sei insbesondere den Mitstreitern des Bonner Graduiertenkollegs „Interkulturelle religiöse bzw. religionsgeschichtliche Studien", Brigitte Schön, Regina Börschel und Monika Schrimpf, gedankt, aber nicht weniger auch Gerd Krämer, Jonas Grutzpalk, Gerald Hillebrand und Chi Chen Jeng. Ohne den steten Zuspruch meiner Frau Katrin und die nicht nur ideelle Unterstützung meiner Brüder Thomas, Volker und Stefan hätte dieses Buch so manche Klippe auf dem Weg seiner Entstehung nicht umschiffen können.

Inhaltsverzeichnis

Einleitung 11

Teil I.   Begriffliche Bestimmungen 20

Kapitel 1: Webers Begriff von Gemeinschaft 20

1.1   Einleitende werkgeschichtliche Bemerkungen 20
1.2   Gemeinschaft als soziales Handeln? – 'Kategorienaufsatz' 24
1.2.1   Situationen des Gemeinschaftshandelns 25
1.2.2   Wertorientiertes Gemeinschaftshandeln 31
1.2.3   Die Abhängigkeit der Vergesellschaftung von der
        Einverständnisgemeinschaft 34
1.2.4   Konstitution von Gemeinschaft 39
1.2.5   Transformationen von Gemeinschaft 41
1.3   Gemeinschaft als „Zusammengehörigkeitsgefühl" – 'Soziologische Grundbegriffe' 43
1.3.1   Vergemeinschaftungsinhalt und Vergemeinschaftungsmotiv –
        Probleme einer notwendigen Unterscheidung 47
1.3.2   „Öffnung" und „Schließung" sozialer Beziehungen 53
1.4   Der „Gemeinsamkeitsglaube", Ethnie und Nation 57
1.5   Zusammenfassung 64

Kapitel 2: Gemeinschaft bei Weber und Tönnies – ein Vergleich 66

2.1   Gemeinschaft und Gesellschaft 67
2.2   Wesenwille, Kürwille und Wertrationalität 68
2.3   Gemeinschaft als Wachstum, Gesellschaft als Setzung 74
2.4   Tönnies' Bild von Religion und Gemeinschaftsbildung 77
2.5   Webers Tönnies-Rezeption 80

Kapitel 3: Webers Begriff von Religion und Religionsgemeinschaft 83

3.1   Religion als „Gemeinschaftshandeln" 83
3.2   Religion als Umgang mit Charisma und seinen Symbolisierungen 87

3.3 Das Charisma zwischen Individuum und Gemeinschaft 92
3.3.1 Das Charisma und die individuellen Heilswege von
 Askese und Mystik 92
3.3.2 Charisma und Gemeinschaft 95
3.3.3 Soziale Beziehungen und Gottesbeziehungen 102
3.4 Die Gemeinde 110
3.4.1 Gemeindebegriff und Gemeindebildung 111
3.4.2 Gemeinde zwischen Exklusion, Inklusion, Universalismus
 und Partikularismus 119
3.4.3 Pneuma und Gemeinde 123
3.5 Zusammenfassung 126

**Teil II. Theoretische Erklärungen: der Modellfall des
 Protestantismus** 128

Kapitel 4: Gemeinschaftsbildung des Protestantismus 129

4.1 „Innerweltliche Askese" – Sachlichkeit als Form sozialer
 Beziehungen 129
4.2 Die „voluntaristische Gemeinschaftsbildung" des
 „asketischen Protestantismus" 134
4.3 Heilige Gemeinschaft oder Gemeinschaft der Heiligen? 142
4.3.1 Kirche und Sekte 142
4.3.2 Die Gemeinschaftsbildung der täuferischen Sekten 149
4.3.3 Theoretische Zwischenbetrachtung 154
4.4 Zusammenfassung: Der Ertrag für eine Theorie der
 Gemeinschaft 162

Kapitel 5: Säkularisierung des Protestantismus? 163

5.1 Webers Säkularisierungsthese 163
5.2 Das Säkularisierungskonzept der Religionssoziologie 167
5.3 Theoretische Positionen im Anschluß an Weber 169
5.3.1 Vertreter und Kritiker des Säkularisierungskonzeptes 170
5.3.2 Die kommunikationstheoretische Sichtweise: Habermas 182
5.3.3 Die funktionalistische Sichtweise: Münch 194
5.4 Zusammenfassung 203

Teil III. Vergleichende empirisch-historische Beobachtungen 205

Kapitel 6: Gemeinschaftsbildung im antiken Judentum – der konfessionelle Verband? 205

6.1 Die Pariavolksthese 205
6.1.1 Parialage und Kastenbegriff 209
6.1.2 Stamm und Zunft 218
6.1.3 Der Abstammungsglaube 222
6.2 Die berith-Konzeption – der Archetyp konfessioneller Vergemeinschaftung? 224
6.2.1 Sozialverfassung des alten Israel 224
6.2.2 Der 'berith' 226
6.3 Die Prophetie 234
6.3.1 Die sozialen Ursprünge der Prophetie 234
6.3.2 Prophetie und Gemeinschaftsbildung 236
6.3.3 Prophetie und Alltagsethik 238
6.3.4 Wirkungen der Prophetie und Wandlungen der jüdischen Gemeinschaft 240

Kapitel 7: Gemeinschaftsbildung im Urchristentum – die pneumatische Gemeinde? 246

7.1 Die Urchristen – jüdische Splittergruppe? 246
7.2 Die Pharisäer und die Urchristen 254
7.3 Die Emanzipation der urchristlichen von der jüdischen Gemeinschaft 265
7.4 Theorie pneumatischer Gemeinschaftsbildung 272

Kapitel 8: Gemeinschaftsbildung im Islam – die Umma der Glaubenskrieger? 288

8.1 Kriegerreligion und 'politische Religion'? 289
8.2 Die Institutionalisierung von Religion im Islam 297
8.3 Ursprünge islamischer Gemeinschaft: Die Gemeindeordnung von Medina 308
8.4 Die UMMA – Realität oder Utopie? 314

Kapitel 9: Gemeinschaftsbildung im Hinduismus – die 'gentilcharismatische' Kaste? 317

9.1 Kastenbegriff und Kastenbildung 317
9.2 Die Rolle der Ethnizität 319

9.3	„Gentilcharismatik"	322
9.4	Orthodoxie und Heterodoxie: die Systemgrenzen des Hinduismus	328

Kapitel 10: Gemeinschaftsbildung im Konfuzianismus – der traditionalistische Pietätsverband? 336

10.1	Die Kosmologie und Theologie des Konfuzianismus	338
10.2	Der chinesische Traditionalismus	351
10.3	Die Vorherrschaft des 'Hiao'	358

Resümee 363

Literatur 375

Verzeichnis der für Webers Werke verwendeten Abkürzungen 386

Einleitung

Mit Erstaunen beobachtet man heutzutage, wie in vielen Gesellschaften die Religionen wieder an Bedeutung gewinnen. In den Ländern des ehemaligen Ostblocks werden Kirchen und Moscheen wieder geöffnet, die lange Zeit geschlossen waren. Islamisierung läßt sich als gesellschaftlicher und politischer Trend nicht nur im persischen und arabischen Kulturraum feststellen, sondern hat ebenso den turanischen, afghanischen, pakistanischen und indonesischen Islam erfaßt. Eine neohinduistische Bewegung dominiert die politische Bühne in Indien und die chinesischen Behörden sehen sich zunehmend genötigt, gegen wiedererstarkte Sekten und religiöse Bewegungen vorzugehen. Religiöser Revivalismus ist in Afrika ebenso wie in Südostasien zu beobachten und in Südamerika werden Millionen von Menschen von den Evangelisierungskampagnen protestantischer Sekten erfaßt. Es handelt sich offenbar um einen weltweiten Trend, der dementsprechend auch längst seinen publizistischen Niederschlag erfahren hat. Kaum hat eine erregte Öffentlichkeit Gilles Kepels Warnung vor der „Rache Gottes", dem Vormarsch der radikalen Christen, Moslems und Juden, verdaut, erhitzt Samuel Huntingtons „Kampf der Kulturen" die Gemüter mit einer These, die sich auf die gleiche Beobachtung einer Renaissance des Religiösen als primärem Kulturfaktor beruft.[1]

Dies alles fügt sich schwerlich in das Bild, das sich die soziologische Theorie vom Modernisierungsprozeß macht. Nicht die Resakralisierung von Politik und Gesellschaft durch die Religionen, sondern die zunehmende Differenzierung zwischen Religion, Politik, Wirtschaft, Wissenschaft und den anderen gesellschaftlichen Funktionsbereichen wären den Modernisierungstheorien zufolge zu erwarten gewesen. Systemtheoretiker und Theoretiker der Postmoderne sehen ‚Meta-Erzählungen', zu denen vor allem die Religionen gehören, im Niedergang. Seit Max Webers religionssoziologischen Untersuchungen kommen Religionen zwar als Initialzünder einer Modernisierung in Frage, verlieren dann aber im Laufe des Rationalisierungs- und Säkularisierungsprozesses zunehmend an sozialer Relevanz. Weber hat gezeigt, welche entscheidende historische Rolle der Protestantismus für die Entstehung der modernen Welt in Europa und Nordamerika spielte, aber gleichzeitig die unerbittlichen Sachzwänge der Moderne betont, die die Religion zurückdrängen in die privatesten und intimsten Gemeinschaftskreise und sie fortan zu einer irrationalen Restgröße der gesellschaftlichen Entwicklung machen. Weil Weber außerhalb des Okzidents dem Protestantismus vergleichbare Religionsformen und entsprechende soziologische Bedingungskonstellationen nicht auffinden konnte, meinte er gleichzeitig die Erklärung für die Unfähigkeit au-

---

1   Kepel 1991: Die Rache Gottes; Huntington 1996: Der Kampf der Kulturen.

ßerokzidentaler Gesellschaften gefunden zu haben, modernen Kapitalismus aus eigener Kraft zu entwickeln. Die Übernahme des westlichen Entwicklungsmodells würde also auch im Rest der Welt dazu führen, daß sich die Rolle der Religion erledigt.

Straft also der neuerliche Aufschwung der Religionen Webers Theorie Lügen? Ist seine Säkularisierungs- und Rationalisierungstheorie am Ende gar nichts weiter als eine selbstgefällige Eigenbeschreibung der westlichen Moderne, die dem eurozentrischen Vorurteil eines in seinen Ansichten mittlerweile längst überholten Kulturimperialisten entspringt?

So einfach liegen die Dinge bei einem religionssoziologischen Klassiker vom Formate Webers gewiß nicht. Die vorliegende Untersuchung geht vielmehr davon aus, daß es sich hier nicht um ein Problem Webers, sondern um ein Problem der Weber-Rezipienten handelt.

Die Integration der Gesellschaft und die symbolische Repräsentation ihrer Gemeinschaftlichkeit gilt seit Durkheim als gesellschaftliche Hauptfunktion der Religion. Im auffälligen Unterschied zur Rezeption anderer soziologischer Klassiker wie Durkheim oder Parsons wurde Webers religionssoziologisches Werk kaum dazu benutzt, eine Theorie sozialer Integration durch Religion zu entwickeln. Vielmehr konzentrierte sich die Weber-Rezeption auf das Problem des sozialen Wandels, insbesondere auf das der Rationalisierung. So verwundert es nicht, wenn in einer Einteilung religionssoziologischer Ansätze Durkheim der „Integrationsthese", Marx der „Kompensationsthese", Weber aber der „Säkularisierungsthese" zugeordnet wird.[2] Je stärker diese Einteilung akzeptiert wurde, desto mehr verfestigte sich die Meinung, Säkularisierung sei das Thema der Weberschen Religionssoziologie. Die Fixierung der Rezeption auf die Säkularisierungsthese hat ihre Zusammenschau mit dem Integrationsproblem bisher verhindert. Wer sich für religionsbedingten gesellschaftlichen Wandel interessierte, bediente sich bei Weber, wer sich für die Integrationsfunktion der Religion interessierte, benutzte Durkheims Theorie. Und während man bei der Lektüre Durkheims seinen Vernunftoptimismus nicht selten durchbrochen sieht von düsteren Ahnungen gefährlicher Individualisierungsprozesse, scheint Weber gerade einen Mangel an Individualität als kulturelle Bedrohung der Moderne zu empfinden.

Durkheim oder Parsons halten trotz der unleugbaren Individualisierungserscheinungen der Moderne den Gedanken einer fundamentalen, konsensuellen Gemeinschaft im Kernbereich ihrer Theorien explizit fest.[3] Die nachfolgende soziologische Theorie griff Durkheims ‚conscience collective' oder ‚solidarité social' und Parsons ‚societal community' begierig als Bausteine für Gesellschafts- und Modernisierungstheorie auf – und dennoch vermißte man analoge Konzepte bei Weber nicht. Was ihn betrifft, so begnügte man sich

---

2 Fürstenberg 1969: Religionssoziologie 1116.
3 Vgl. Gephart 1993: Zwischen „Gemeinsamkeitsglaube" und „solidarité social": 203; Durkheim 1992: Über soziale Arbeitsteilung: 224-228.

hier mit einem Hinweis auf dessen individualistischen oder rationalistischen ‚bias' als Erklärung für die geringe Prominenz des Integrations- und Gemeinschaftsthemas in seinem Werk. Aber kann man sich bei einem Klassiker wie Weber mit einem solchen Hinweis zufrieden geben?

Weber spricht das Integrationsproblem subtil in so formalisierten und subjektivierten Konzepten wie denen des ‚Zusammengehörigkeitsgefühls' oder des ‚Gemeinsamkeitsglaubens' an. Beide Begriffe sind kaum systematisch rezipiert und verwertet worden.

Doch auch der Rezeption und Diskussion des Weberschen religionssoziologischen Werkes fehlte lange eine einheitliche Linie. Im Gegensatz zu den Arbeiten über sein politisches Denken und seine wissenschaftstheoretischen und methodologischen Thesen ist Weber hier eher ausgeschlachtet als systematisch angeeignet und überprüft worden. Und zwar ist Webers Religionssoziologie in zweifacher Hinsicht unsystematisch rezipiert worden. Zum einen hat die Fixierung der Rezipienten auf die Protestantismusstudie[4] zwar eine gewisse thematische Konzentration bewirkt, aber den Bezug zur allgemeinen, systematischen soziologischen Theorie dabei storniert. Denn die Protestantismusschrift ist bekanntermaßen eine historische Studie, die für den Aufbau einer methodologisch und theoretisch eigenständigen Disziplin namens Soziologie zunächst wenig herzugeben schien.[5] Zum anderen mußte denen, die als Integrations- oder Kompensationstheoretiker gerade an der systematischen religions- und allgemeinsoziologischen Theorie interessiert waren, die Pointe der Weberschen Religionssoziologie entgehen, die in der Rationalisierungs- und Säkularisierungsthese enthalten ist: die Diskontinuität des gesellschaftlichen Integrationsmodus zwischen Vormoderne und Moderne. So rezipieren funktionalistische Theorien zwar, daß Weber die Bedeutung der religiösen Ethik für die Entstehung der modernen Welt aufgezeigt habe, nehmen dann aber eine nicht weiter bestimmbare Säkularisierung an, die den Verlust der Religion, beziehungsweise deren Ausdifferenzierung, erklären soll. Die Ethik, die Bestandteil dieser Religion ist, würde aber seltsamerweise nicht von diesem Säkularisierungsprozeß tangiert. Nimmt man hingegen den Rationalisierungs- und Säkularisierungsprozeß ernst, sieht man sich vor das Problem gestellt, die Integrationsweise der modernen Gesellschaft ohne Rückgriff auf Religion oder religiöse Ethik erklären zu müssen. Kurz gesagt: Als Rationalisierungs- und Säkularisierungstheoretiker ist man gezwungen, das Integrationsproblem zu unterschätzen, als Integrationstheoretiker kommt man nicht umhin, das Säkularisierungsproblem herunterzuspielen.

Vor diesem Hintergrund hat es sich die vorliegende Studie zum Ziel gesetzt, die integrationstheoretischen Elemente der Weberschen Religionssoziologie freizulegen. Diese Elemente sind mit Hilfe des Grundbegriffs der

---

4 Das läßt sich schon daran ablesen, daß der Text der Weberschen Protestantismusstudie ungleich häufiger ediert wurde und auch die Kontroverse um ihn gut dokumentiert ist.
5 So z. B. Matthes 1967: Religion und Gesellschaft; Matthes 1969: Kirche und Gesellschaft.

Gemeinschaft zu erfassen. Dieser Begriff findet sich in Webers Begriffsapparat unter sichtbarem Einfluß von Tönnies als ‚Einverständnisvergemeinschaftung' bzw. als ‚Vergemeinschaftung' wieder und nimmt Theoreme wie das ‚Zusammengehörigkeitsgefühl' und den ‚Gemeinsamkeitsglauben' in sich auf.

Seit Ferdinand Tönnies erstmalig diesen Begriff für die Soziologie fruchtbar machte, ist er aus diesem Fach nicht mehr wegzudenken. Mit ihm ist allerdings auch viel Verwirrung hervorgerufen und politischer Schindluder getrieben worden, so daß seine soziologische Stichhaltigkeit bis heute umstritten ist. Auch Webers Begriff von Gemeinschaft ist alles andere als eindeutig und unproblematisch, um so wichtiger ist hier die sorgfältige Begriffsanalyse. Unstreitig ist, daß der Begriff ‚Gemeinschaft' zur Moderne in einem ambivalenten Verhältnis steht. Aber selbst jene Soziologen, die die Geschichte der Moderne als die Geschichte des Übergangs von ‚Gemeinschaft' zu ‚Gesellschaft' verstehen und ersterer daher lediglich historische Bedeutung beimessen, müssen zur Kenntnis nehmen, daß gewisse Facetten des Gemeinschaftsthemas die aktuelle wissenschaftliche und öffentliche Debatte jetzt wieder dominieren.[6]

Tönnies beschreibt das Werden der modernen Welt als Übergang von Gemeinschaft zu Gesellschaft. Das Lebendige, Organische und Natürliche der Gemeinschaft müsse dem künstlichen und mechanischen Artefakt der Gesellschaft weichen[7]. Diese Entwicklung war für Tönnies nicht nur ein Gemeinschaftsverlust, sondern auch ein Religionsverlust. Wissenschaft und Staat träten an die Stelle der Religion und weder Gesetze noch Unterricht könnten die „abgestorbene Sitte und Religion" wiederbeleben.[8] Daher warnt er davor, daß die abendländische Kultur um so schneller untergeht, „je weniger sie auf ihre sozialen Grundlagen, die der Gemeinschaft, sich zurückzubesinnen vermag; je mehr sie in eine reine Gesellschaft übergeht..."[9].

Diese Tönniessche Variante einer Säkularisierungstheorie beruht auf dem Übergang von Gemeinschaft zu Gesellschaft. Zusammengenommen entsteht daraus bei Tönnies eine äußerst pessimistische Dekadenztheorie. Auf einem genealogischen Hiatus zwischen der charismatischen Phase des frühen Protestantismus und seiner unbeabsichtigten Folge in Gestalt eines vollendet säkularen, utilitaristischen Kapitalismus beruht auch Webers viel besprochener Pessimismus.[10] Max Weber hat dem Okzident durch seine Rationalisierungsstudien zwar sein Selbstbild bekräftigt, aber insgesamt auch ein äußerst pes-

---

6 Vgl. Gephart 1993: Zwischen „Gemeinsamkeitsglaube" und „solidarité social"; sowie Gephart 1998: Die geschlossene Gemeinschaft.
7 Tönnies 1991: Gemeinschaft und Gesellschaft: 4, 14, XXXII.
8 Tönnies 1991: Gemeinschaft und Gesellschaft: 214.
9 Tönnies 1991: Gemeinschaft und Gesellschaft: XXXVII.
10 Die Parallele zwischen Webers Protestantismusstudie als einer „historisch-genetischen" Untersuchung und Nietzsches Erklärungsverfahren im Sinne der „Genealogie der Moral" zieht Tyrell 1990: Worum geht es in der 'Protestantischen Ethik'?.

simistisches Bild der okzidentalen Moderne gezeichnet. Webers Werk wurde als eine Skizze der „Pathogenese der Moderne"[11] interpretiert. Gleichzeitig ist unbestritten, daß Weber die okzidentalen Kulturerscheinungen als universalisierbar ansah, wenn er seine Religionssoziologie mit der Frage einleitet:

„Welche Verkettung von Umständen hat dazu geführt, daß gerade auf dem Boden des Okzidents, und nur hier, Kulturerscheinungen auftraten, welche doch – wie wenigstens wir uns gerne vorstellen – in einer Entwicklungsrichtung von *universeller* Bedeutung und Gültigkeit lagen?" (RS I: 1).

Max Weber versuchte mit seiner Religionssoziologie, die unterscheidende Eigenart der Kultur der westlichen Moderne zu erfassen und entdeckte dabei das Pathologische des gemeinschaftsfeindlichen okzidentalen Rationalismus. Dennoch spricht er hier von der Universalisierbarkeit okzidentaler Kulturerscheinungen. Hier liegt ein Problem vor, das sich durch kulturvergleichendes Vorgehen bearbeiten läßt. Dabei ist die entscheidende Frage, welche Rolle den Religionen in anderen Kulturen bei der Gemeinschaftsbildung zukommt.

Die okzidentale Sonderentwicklung jedenfalls beruht auf dem Phänomen des „asketischen Protestantismus". Für Weber ist die sogenannte „innerweltliche Askese" der wichtigste Bestandteil im Ethos des modernen Menschen. Der daraus resultierende rastlose rationale Arbeits- und Gestaltungswille ist oft genug betont und auch in der Weber-Rezeption hinreichend berücksichtigt. Aber ein anderes von Weber erwähntes Element puritanischer Charakterologie blieb demgegenüber stets unterbelichtet. Der von Weber betrachtete Protestant war religiös dazu angehalten, menschlicher Gemeinschaft eine kühle Distanz entgegenzubringen. So wie der asketischen Haltung des Puritaners alle Sinnlichkeit und Emotionalität ungeheuer waren, so hegte er nicht nur gegen sich selbst, sondern auch seinen Nächsten gegenüber ein tiefverwurzeltes Mißtrauen. Daraus resultiert, so Weber, die „Weltherrschaft der Unbrüderlichkeit" (RS I 571) und der pessimistische Individualismus, der heute noch in den protestantisch beeinflußten Gesellschaften vorherrsche.

Die viel besprochene „Entzauberung der Welt" bedeutet Max Weber zufolge ein Versickern der Religion in der Privatheit. Dies wird an einer zentralen Stelle mit den Worten charakterisiert, daß nur noch

„innerhalb der kleinsten Gemeinschaftskreise von Mensch zu Mensch, im pianissimo, jenes etwas pulsiert, das dem entspricht, das früher als prophetisches Pneuma in stürmischem Feuer durch die großen Gemeinden ging und sie zusammenschweißte" (WL 612).

Wenn einerseits die „Verunpersönlichung" (RS I: 547) und die Errichtung einer Herrschaft der Sachzwänge als Entmachtung und Bedrohung von Religion erscheint, entdeckt Weber andererseits antiautoritäre und religiöse Überzeugungen als Entstehungsursache des „politische(n) ‚Individualismus' der west-

---

11 Peukert 1989: Max Webers Diagnose der Moderne; der hier zit. Ausdruck aus: Peukert 1986: „Die letzten Menschen": 428.

europäischen ‚Menschenrechte'." (GPS 39; vgl. auch PE II: 184). Max Weber baut mit dieser Deutung eine eigentümliche Spannung zwischen der Religionsabhängigkeit einer individualistischen Institutionenstruktur und dem durch und durch säkularen Charakter der individualistischen Moderne auf. Eine ähnliche Spannung tritt im interkulturellen Vergleich auf. Die nachhaltigen Modernisierungserfolge asiatischer Gesellschaften, die wir gerne als kollektivistisch bezeichnen, lassen Zweifel an der Verbindung von Modernität und Individualismus aufkommen. Neuerdings treten Modernisierungserfolge im Verein mit einer betonten Distanzierung von westlicher Kultur auf. In einer Art kultureller Selbstbehauptung wird ‚Verwestlichung' gerade dort zu einem Dekadenzbegriff, wo nicht-westliche Gesellschaften technisch, ökonomisch, politisch oder militärisch an Boden gewinnen. Auffällig dabei ist, wie dem angeblichen westlichen Individualismus gewisse angebliche ‚Gemeinschaftswerte' entgegengesetzt werden.[12] Sehen die konfuzianische oder hinduistische Ethik denn für das einzelne Individuum eine ganz andere Stellung innerhalb seiner Gemeinschaften vor als es in westlichen und christlich geprägten Gesellschaften der Fall ist?

In der Debatte um die Universalisierbarkeit moderner Gesellschaftsformen und bei Problemen interkultureller und vor allem entwicklungspolitischer Art ist die Wiederkehr der Gemeinschaftsproblematik deutlich zu spüren. Das grandiose Scheitern vieler Modernisierungsprojekte hat das Interesse an den indigenen Strukturen der Gemeinschaftsbildung und an den autochthonen Traditionen der einzelnen Kulturen wiederbelebt.[13] Auf ihre Entwicklungsfähigkeit wird nun gesetzt, und sie werden nicht länger als nur zu überwindende Entwicklungshemmnisse bei der Implementation der für universal erachteten Modernisierung bewertet. Denn trotz des enormen Handlungs- und Theoriebedarfs aufgrund der zunehmenden interkulturellen Kontakte und der Globalisierung erweisen sich die Theorien als lückenhaft und unsensibel für ihre eigenen Voraussetzungen und Folgen. Entgegen des theoretisch zu Erwartenden mutieren die vielgescholtenen Traditionen und traditionellen Gemeinschaftsformen vom entwicklungshemmenden Ärgernis plötzlich zu einer Entwicklungschance.

Angesichts der Ausbreitung westlicher Kulturphänomene und des ihnen inhärenten Individualismus über außerwestliche Kulturen hinweg kann die Untersuchung der Rolle religiöser Ethik bei der Gemeinschaftsbildung vielleicht zur Beantwortung der Frage beitragen, wieviel Universalität der Westen

---

12 Vgl. dazu bspw. Senghaas 1995: Die Wirklichkeiten der Kulturkämpfe: 205f.
13 Akiwowo and P. Park 1988: Universalism and indigenisation; Berding 1994: Nationales Bewußtsein; Brumlik/ Brunkhorst 1993: Gemeinschaft und Gerechtigkeit; Etzioni 1995: Die Entdeckung des Gemeinwesens; Gebhardt 1995: Religion in der Gesellschaft Bd. 1; Hoffmann 1995: Die Vernunft in den Kulturen; Khan 1980: Self reliance ; Sigrist 1996: Kulturelle Identität; Stauth 1995: Islam als Selbstbegriff nichtwestlicher Modernität.

für seine individualistischen Institutionen beanspruchen sollte und welche Konsequenzen dies für die Begegnung und Zusammenarbeit der Kulturen hat. Eine Auseinandersetzung mit Webers religionssoziologischem Werk bietet aber in jedem Fall aus zwei Gründen die Chance, die Vergemeinschaftungswirkung der Religion in einem interkulturellen Vergleich zu untersuchen:
1. Webers Religionsstudien vermögen durch ihren sowohl universalhistorischen als auch rationalisierungstheoretischen Bezugsrahmen den im Kulturvergleich so verhängnisvollen „Eurozentrismus" überhaupt überprüfbar zu machen wie auch die Gefahr einer Geschichtsteleologie zu minimieren.[14] Dies ist nicht zuletzt Webers einflußreichen Weichenstellungen bezüglich der Wertfreiheit und des Wertbezuges in den Kulturwissenschaften zu verdanken.
2. Die „Weber-Renaissance" der letzten Jahre, äußerlich sichtbar und Institution geworden in den Arbeiten zur „Max-Weber-Gesamtausgabe", ist nicht bloß eine intellektuelle Modeströmung, sondern eine Reaktion auf die tatsächliche Verschärfung der von Weber angesprochenen Kulturprobleme in unserer Zeit. Der von ihm analysierte Entzauberungs- und Rationalisierungsprozeß liegt so manchem aktuellen Konflikt moderner Gesellschaften zugrunde. Gerade die Spätfolgen des westlichen Rationalismus entzünden nun die Kritik am jüdisch-christlichen Individualismus, am materialistischen Utilitarismus und an der Philosophie der Natur-, Welt- und Selbstbeherrschung.[15]

Vor diesem Hintergrund kann eine kritische Wiederaneignung Weberscher Religionssoziologie unter Berücksichtigung neuester Erkenntnisse auch und gerade dann ein fruchtbarer Weg sein, wenn man zur Klärung der sich verschärfenden Debatte um die Integrations- und Identitätsprobleme der sich ausdifferenzierenden, pluralistischen Gesellschaften und zu einer friedlichen Gestaltung des „Identitätskampfes der Kulturen"[16] beitragen will.

Die vorliegende Untersuchung führt also den Nachweis, daß Weber entgegen weitverbreiteter Ansichten nicht aus der Gruppe der gemeinschaftstheoretischen Klassiker wie etwa Tönnies, Durkheim oder Parsons ausgeschlossen werden sollte, sondern durchaus anders interpretiert werden könnte. So vermag eine Lektüre Webers, die sorgfältig zwischen fachkonstitutiver Begriffsbildung, erklärender Theorie, historischen Individualitäten und universalen Kategorien unterscheidet, seine Gemeinschaftstheorie freizulegen. Man muß lediglich dort suchen, wo man diese vier Instrumente in typischer Ausprägung und daher schärfster Entgegensetzung findet: den grundbegriffli-

---

14 Vgl. Weiß 1989: Max Weber heute: 15; relativierend dazu: Rösel 1982: Die Hinduismusthese Max Webers.
15 Weiß 1989: Max Weber heute: 15f.
16 Vgl. die Beiträge in Gephart/Saurwein 1999: Gebrochene Identitäten.

chen Abhandlungen auf der einen Seite und den empirisch-historischen Studien zur Religionssoziologie auf der anderen.

Aus diesem Grund enthält die vorliegende Arbeit eine Begriffskritik (I) und einen historisch-empirischen Teil (III). Sie werden verbunden durch eine Analyse der Weberschen Protestantismusthese (II), die in mehrfacher Hinsicht eine Sonderstellung einnimmt (siehe unten S. 128ff.) und der daher hier ein eigener Teil der Untersuchung gewidmet ist. Insbesondere ihr Zusammenhang mit den Säkularisierungstheorien erfordert eingehendere theoretische Betrachtungen.

Die Begriffsanalye und -kritik des Teils I beabsichtigt, die zahlreichen von Weber geprägten und oft komplizierten Grundbegriffe so zu explizieren, daß im Teil II und III mit ihnen tatsächlich etwas ‚begriffen' werden kann. Denn es ist oft darüber geklagt worden und hat sich auch in der vorliegenden Studie wieder gezeigt, daß bei Weber stellenweise eine problematische Kluft zwischen Grundbegriffen und materialen Studien besteht. Wenn diese Kluft für die Religionssoziologie verringert werden kann, hat die vorliegende Studie ein wichtiges Ziel erreicht. Der Teil I dieser Arbeit steht folglich ganz im Zeichen zweier Leitfragen an Weber: Was ist ‚Gemeinschaft' und was ist ‚religiöse Gemeinschaft'? Webers grundbegriffliche Abhandlungen geben Antwort hierauf. Der sogenannte *Kategorienaufsatz* (KvS, 1913) antwortet allerdings anders als die *Soziologischen Grundbegriffe* des neueren Teils von *Wirtschaft und Gesellschaft* (WuG, 1920). Deswegen sind werkgeschichtliche Analysen und ein detaillierter Textvergleich von KvS und WuG erforderlich. Er zeigt, daß Weber seinen Apparat soziologischer Grundbegriffe zwischen 1913 und 1920 erheblich verändert hat und erst spät einen klaren Begriff der sozialen Beziehung zur Verfügung hat. Da ‚Gemeinschaft' aber als eine soziale Beziehung verstanden werden muß, wird gezeigt, wie begrenzt die Erklärungsmöglichkeiten der individualistischen Handlungstheorie, der Rationalitätstypen und des Zweck-Mittel-Schemas bei der Analyse des Gemeinschaftsphänomens sind. Daher werden mit Webers Theoremen des „Zusammengehörigkeitsgefühls" und des „Gemeinsamkeitsglaubens" zwei Konzepte vorgestellt, die hier Abhilfe schaffen können.

Das Kapitel 2 greift auf das aus Webers Nachlaß stammende religionssoziologische Kapitel, der sogenannten „Systematischen Religionssoziologie" aus dem älteren Teil von *Wirtschaft und Gesellschaft*, zurück, um Webers Begriff von Religion und Religionsgemeinschaft zu erklären. Dabei wird geprüft, in welchem Sinne „Charisma" Bestandteil sozialer Beziehungen sein kann und wie politische und religiöse Gemeinschaft interagieren. Eine Analyse des Gemeindebegriffs beleuchtet daraufhin die Problematik von Macht und Hierarchie in Religionsgemeinschaften.

Die Analyse des „asketischen Protestantismus" in Teil II präzisiert die von Weber nicht ausgeführte Theorie voluntaristischer Gemeinschaftsbildung und sucht unter dem Aspekt der Säkularisierung Anschluß an verschiedene

Theorieentwürfe anderer Autoren. Exemplarisch werden die Ansätze von Dux, Berger und Matthes ausgewertet. Vor allem aber werden Münchs Theorie der „Interpenetration" und Habermas' kommunikationstheoretischer Ansatz auf ihr jeweiliges Erklärungspotential geprüft.

Der gesamte Teil III führt aufgrund einer Analyse der Weberschen Aufsätze zur „Wirtschaftsethik der Weltreligionen" und seiner verstreuten Bemerkungen zum Islam und Urchristentum einen Kultur- und Religionsvergleich durch. Auf der Grundlage der geleisteten Begriffsbestimmungen werden die äußerst materialreichen aber wenig systematisierten Studien Webers so rekonstruiert, daß eine Theorie Webers über die Rolle der Religion bei der Gemeinschaftsbildung sichtbar wird.

Die Analyse zweier antiker Religionsgemeinschaften, des antiken Judentums (Kap. 6) und des Urchristentums (Kap. 7), zeigt in historischer Perspektive den Einfluss des Abstammungs- und des konfessionellen Prinzips bei der Bildung religiöser Gemeinschaft. Dabei wird die übliche Klassifizierung der jüdischen Religion als Gesetzesreligion und ihrer Ethik als Gesetzesethik kritisiert.

Ähnlich kann die Untersuchung des Islams anhand der Gemeindeordnung von Medina zeigen, wie es Mohammed in der Doppelrolle als Prophet und politischer Organisator gelingt, das im damaligen Arabien allgegenwärtige Stammesprinzip schrittweise in Richtung auf eine universalistische Religion zu durchbrechen, allerdings um den Preis der Aufnahme religiöser Motive, die sonst eher ritterlich-feudalen bzw. Kriegerschichten eignen, in seine ansonsten rein prophetisch-eschatologische Verkündigung. Das Kapitel über die Gemeinschaftsbildung im Hinduismus (Kap. 9) konzentriert sich auf das Phänomen der Kaste. Es versucht, das Beharrungsvermögen des Kastensystems als Modus religiöser Vergemeinschaftung zu erklären. Dazu werden Webers Begriffe von Kaste und Stand miteinander verglichen. Schließlich wird im Kapitel 10 der Konfuzianismus als politische Religion interpretiert und überprüft, ob es im Konfuzianismus überhaupt eine originär religiöse Gemeinschaftsbildung geben kann.

Der interkulturelle Vergleich in Teil III umfaßt fünf Fallstudien. Er verdeutlicht die Unterschiede zwischen den einzelnen Religionen, insbesondere den abrahamitischen und den fernöstlichen. Eine soziologische Studie wie die vorliegende sollte aber über die Feststellung von Unterschieden und Einzigartigkeiten hinaus das weiterführende Ziel verfolgen, die interkulturelle Übertragbarkeit der Weberschen Konzepte und Begriffe zu überprüfen und im Erfolgsfall zu demonstrieren, inwiefern diese Soziologie selber auch zu den okzidentalen „Kulturerscheinungen ... von universeller Bedeutung und Gültigkeit" gehören könnte, nach deren Entstehungsursachen Webers Religionssoziologie forscht.

Teil I. Begriffliche Bestimmungen

Kapitel 1 Max Webers Begriff von Gemeinschaft

Das folgende Kapitel beleuchtet die verschiedenen Seiten des Weberschen Gemeinschaftsbegriffes. Zunächst wird erläutert, inwiefern es verschiedene Gemeinschaftsbegriffe aus unterschiedlichen Werkphasen Webers gibt (1.1). Dann werden die Begriffe „Gemeinschaftshandeln" und „Einverständnisgemeinschaft" aus dem sogenannten *Kategorienaufsatz* rekonstruiert (1.2). Im dritten Abschnitt wird dann der Gemeinschaftsbegriff anhand der *Soziologischen Grundbegriffe* aus dem jüngeren Teil von *Wirtschaft und Gesellschaft* dargestellt (1.3). Er zeigt, daß das affektuelle und traditionale Zusammengehörigkeitsgefühl als Definiens von Vergemeinschaftung methodische Probleme für Webers *Verstehende Soziologie* aufwirft. Darauf folgt eine Analyse des Konzeptes des Gemeinsamkeitsglaubens, das Weber bereits im älteren Teil von *Wirtschaft und Gesellschaft* entwickelt hat (1.4). In einer Zusammenfassung der verschiedenen Versuche zur Weberschen Begriffsbestimmung von Gemeinschaft (1.5) scheint dann die Grundlage gelegt für eine exkursartig angelegte Gegenüberstellung mit dem Tönniesschen Gemeinschaftsbegriff (Kapitel 2) und für die Definition des Begriffs religiöser Gemeinschaft bei Weber (Kapitel 3).

1.1 Einleitende werkgeschichtliche Bemerkungen

Die Frage nach Webers Gemeinschaftsbegriff berührt die begrifflichen Grundlagen seiner Verstehenden Soziologie. Seine Grundbegriffe hat Weber in zwei verschiedenen Abhandlungen entwickelt, in dem sogenannten *Kategorienaufsatz* (KvS, 1913) und in den *Soziologischen Grundbegriffen* (GB) aus *Wirtschaft und Gesellschaft* (WuG, 1920).[17] Ein kurzer Blick in diese beiden Texte genügt, um festzustellen, daß der Begriff Gemeinschaft und seine sprachlichen Derivate (Vergemeinschaftung; Gemeinschaftshandeln, Einverständnisgemeinschaft etc.) zwar duchgängig als Grundbegriffe benutzt werden, ihre Bedeutungen sich aber dennoch grundlegend von 1913 bis 1920 wandeln.

---

17 WL 427-474 sowie WuG 1-30.

Hinzu kommt der Umstand, daß Weber den Ausdruck Gemeinschaft an vielen Stellen seines Werkes scheinbar arbiträr und in einem eher alltagssprachlichen Sinne benutzt[18]. Die Entscheidung, an welchen Stellen der Begriff alltagssprachlich, an welchen er grundbegrifflich gemeint ist, bleibt den Lesern überlassen. Dieser Umstand erschwert die systematische Lektüre Webers erheblich. Hinzu kommt, daß im älteren und von Weber nicht autorisierten Teil von WuG sowohl von ihm selber als auch von seinen damaligen Herausgebern der Begriff der Gemeinschaft ohne erkennbare Systematik genutzt wurde. So finden sich in Webers Manusskript Kapitelüberschriften, in denen die Begriffe Gemeinschaft und Vergemeinschaftung auftauchen, obwohl sie angesichts der folgenden Ausführungen als deplaziert bezeichnet werden müssen – ein Resultat der Tätigkeit der Erstherausgeber Marianne Weber und Melchior Palyi, die nicht wenige Kapitelüberschriften offenbar eigenhändig einfügten.[19]

Vor diesem Hintergrund ist es unabdingbar, sich anhand der Definitionen aus KvS und GB im ersten Schritt begriffliche Klarheit zu schaffen und einen konsistenten Bedeutungskern von Gemeinschaft herauszuarbeiten. Dabei ist zu berücksichtigen, daß Weber unter dem Einfluss der bekannten Tönniesschen Dichotomie von Gemeinschaft und Gesellschaft stand[20]:

„Von ‚Gemeinschaftshandeln' wollen wir da sprechen, wo menschliches Handeln subjektiv sinnhaft auf das Verhalten anderer Menschen bezogen wird." (KvS 441).

Hierzu stellt Weber klar, daß die sinnhafte Bezugnahme auf das Verhalten anderer in der Regel darin besteht, daß der betrachtete Akteur über das Verhalten anderer bestimmte Erwartungen hegt. Wenige Seiten später ist dort die Rede von der „Einverständnisgemeinschaft" (KvS 464), die dem einfachen Gemeinschaftshandeln das Definitionselement hinzufügt, daß jene anderen Menschen die besagten Erwartungen, die der betrachtete Akteur hegt, als für ihr eigenes Verhalten „gültig" (KVS 456) ansehen. So kommt offenbar ein Sinnbezug zwischen dem Akteur und den Anderen zustande, der über das hinaus geht, was für das bloße Gemeinschaftshandeln erforderlich war. Ein Akteur hegt nicht mehr nur Erwartungen über andere, sondern diese anderen hegen ihrerseits eine Vorstellung von der Gültigkeit der Erwartungen dieses Akteurs. Dennoch sind die hier auftretenden Gemeinschaftsbegriffe vage und formal.

In dieser Hinsicht stellt die Gemeinschaftsdefinition der *Soziologischen Grundbegriffe* eine positive Weiterentwicklung dar:

„Vergemeinschaftung soll eine soziale Beziehung heißen, wenn und soweit die Einstellung des sozialen Handelns – im Einzelfall oder im Durchschnitt oder im reinen Typus – auf

---

18 Z.B. RS I 98 Fn., 220 Fn., 222, 523, oder WuG 13.
19 Siehe unten, Beispiele finden sich WuG 212, WuG 234.
20 Tönnies 1991: Gemeinschaft und Gesellschaft.

subjektiv gefühlter (affektueller oder traditionaler) Zusammengehörigkeit der Beteiligten beruht." (WuG 21)

Es ist unmittelbar ersichtlich, daß hier eine erhebliche terminologische Verschiebung im Vergleich zum *Kategorienaufsatz* stattgefunden hat: Statt des Terminus *Gemeinschaft* bedient sich Weber der Prozeßkategorie Vergemeinschaftung. Von ‚Einverständnis' ist keine Rede mehr, stattdessen taucht der Begriff ‚soziale Beziehung' als ‚Oberbegriff' zu ‚Vergemeinschaftung' auf. Schließlich ist von ‚sozialem Handeln' und insbesondere von der ‚Einstellung des sozialen Handelns' die Rede, nicht länger aber von ‚Gemeinschaftshandeln'. Zu guter Letzt findet sich ‚gefühlte Zusammengehörigkeit' als definiens von ‚Vergemeinschaftung'.

Auch wenn man den *Kategorienaufsatz* und die *Soziologischen Grundbegriffe* für die „reifsten Arbeiten"[21] Webers zur soziologischen Begriffsbildung hält, ist nicht zu übersehen, daß diese beiden Abhandlungen unterschiedliche Reifegrade aufweisen und zwischen ihnen erhebliche begriffliche Veränderungen liegen. Dies zeigt Webers wiederholtes Bemühen neben dem methodologischen Fundament auch eine stringente Grundbegrifflichkeit für die *Verstehende Soziologie* zu entwickeln, in der die Begriffe *Gemeinschaft/Vergemeinschaftung* eine zentrale Rolle spielen.[22]

Beim Rückgriff auf Webers religionssoziologische Schriften taucht das werkgeschichtliche Problem auf, welcher Gemeinschaftsbegriff denn diesen Abhandlungen zugrunde liegt. Um diese Fragen zu beantworten, sind zunächst einige weitergehende werkgeschichtliche Anmerkungen erforderlich. Ab 1915 veröffentlichte Weber eine Reihe von Aufsätzen unter dem Titel „Die Wirtschaftsethik der Weltreligionen. Religionssoziologische Skizzen",[23] die er bereits zum Zeitpunkt ihrer Veröffentlichung im Untertitel als religionssoziologisch klassifiziert. Man darf also annehmen, daß sie methodologisch und grundbegrifflich an der Verstehenden Soziologie des *Kategorienaufsatzes* orientiert sind. Diese Abhandlungen vereinigt Weber 1920 mit den Protestantismusaufsätzen, überarbeitet sämtliche und publiziert sie dann erneut unter dem Titel *Gesammelte Aufsätze zur Religionssoziologie*.

In diesen Überarbeitungen könnte sich also durchaus auch der neue Erkenntnisstand und die neue Grundbegrifflichkeit aus *Wirtschaft und Gesellschaft* wiederspiegeln.[24] Daher muß man sich bei der Lektüre der *Gesammel-*

---

21 Prewo 1979: Max Webers Wissenschaftsprogramm: 19.
22 Schluchter 1988b: Religion und Lebensführung 2: 609.
23 Schluchter 1988b: Religion und Lebensführung 2: 595. Die beiden Protestantismusaufsätze, die 1904/5 und 1906 erschienen, waren auch nach Webers eigener Einschätzung „historische" Studien (Vgl. RS I 204), jedenfalls fehlt jeder Hinweis darauf, daß Weber sie als religionssoziologische Abhandlungen verstanden wissen wollte.
24 So benutzt Weber beispielsweise die Unterscheidung zwischen wert- und zweckrationalen Motiven. RS I 97 Fn. 2. Auf die systematische Bedeutung dieser wichtigen Stelle wird noch einzugehen sein (siehe unten).

ten *Aufsätze zur Religionssoziologie* darauf gefaßt machen, Gemeinschaftsbegriffen aus zwei unterschiedlichen Werkphasen Webers zu begegnen. Anders steht es mit dem religionssoziologischen Kapitel aus *Wirtschaft und Gesellschaft*, welches in Anlehnung an eine Äußerung von Weber auch als die „systematische Religionssoziologie"[25] bezeichnet wird. Detaillierte werkgeschichtliche Analysen haben mittlerweile zutage gefördert, daß deren begriffiche Grundlegung nicht wie bisher angenommen in den *Soziologischen Grundbegriffen* erfolgt, sondern ebenfalls durch den *Kategorienaufsatz*.[26] Die späteren Änderungen, die Weber an seinen religionssoziologischen Aufsätzen vornahm, finden sich in der ‚systematischen Religionssoziologie' nicht.

Für den Zusammenhang mit der Religionssoziologie ist nunmehr die These Schluchters zu überprüfen, derzufolge die Aufsätze zur *Wirtschaftsethik der Weltreligionen* (WEWR) in der Tat zu den „sachlichen Untersuchungen" gehören, die Weber mit dem *Kategorienaufsatz* hätte begründen wollen.[27] Auffällig ist, daß Weber an keiner Stelle der WEWR einen Rückbezug auf den *Kategorienaufsatz* vornimmt. Wenn es ihm wichtig erschienen wäre, daß seine Leserschaft den *Kategorienaufsatz* als methodologisches Fundament der WEWR begreift, dann hätte er an vielen Stellen die Gelegenheit gehabt, dies durch Rückverweise anzuzuigen. Da Weber dies nicht getan hat, kann man daraus zweierlei folgern: Entweder war sich Weber unsicher, ob sich WEWR oder GARS durch den *Kategorienaufsatz* methodisch begründen lassen, oder er hat dies nicht als erwähnenswertes Problem angesehen.

Werkgeschichtliche Rekonstruktionen, die mit den Äußerungen Webers über die Zuordnungsverhältnisse seiner Einzeltexte argumentieren, stoßen hier m. E. an eine Grenze, weil die Überlieferungslücken zu groß sind, als daß man Webers Äußerungen überprüfen und zu einem vollständigen Bild zusammenfügen könnte. Daher besteht Grund, die betreffenden Fragen eher systematisch anzugehen, indem man fragt, ob der *Kategorienaufsatz* denn sy-

---

25 In einem Brief vom 22. Juni 1915. Vgl. Schluchter 1988b: Religion und Lebensführung 2: 609.
26 Schluchter 1988b: Religion und Lebensführung 2: 597-634.
27 Schluchter 1988b: Religion und Lebensführung 2: 609. Noch 1915 bezeichnet Weber diese Aufsätze als „Vorarbeiten und Erläuterungen der systematischen Religionssoziologie im 'G.d.S.Ö.' (sc. Grundriß der Sozialökonomik, aus dem später WuG wurde)" (Brief vom 22.6.1915, zit. n. Schluchter 1988b: Religion und Lebensführung 2: 609). Daraus läßt sich schließen, daß die Aufsätze in ihrer Gestalt vor der Überarbeitung 1920 mit der Begrifflichkeit des religionssoziologischen GDSÖ-Kapitels auch von Weber als zumindest kompatibel gedacht waren. Außerdem geht aus dieser Äußerung klar hervor, daß Weber zu diesem Zeitpunkt dem GDSÖ-Kapitel einen systematisch eindeutig höheren Status beimaß als den Aufsätzen. Leider kennt man den Grad der Ähnlichkeit zwischen Webers Arbeiten zu den in den Stoffverteilungsplänen genannten religionsbezogenen Themen und der WEWR nicht. Daher bleibt bei einer werkgeschichtlichen Betrachtung vorläufig ungewiß, ob Weber geglaubt hat, daß der methodische Beiheftartikel nicht nur den GDSÖ-Beitrag, sondern auch die WEWR hätte methodisch fundieren können.

stematisch gesehen dazu taugt, Webers religionssoziologische Aufsätze methodologisch und grundbegrifflich zu fundieren.

1.2 Gemeinschaft als soziales Handeln: ‚*Kategorienaufsatz*'

Der Begriff Gemeinschaft taucht bei Weber, wie gesagt, als Kategorie zunächst in Gestalt des Kompositums ‚Gemeinschaftshandeln' (KvS 441) auf. Dies ist unter den von Weber gemachten handlungstheoretischen Voraussetzungen leicht einsehbar. Denn er hatte zuvor mit aller Nachdrücklichkeit festgestellt, daß die *Verstehende Soziologie* das Einzelindividuum und sein Handeln als unterste Einheit, als ihr „'Atom' ...behandelt (und, d. Verf.) ...der Einzelne auch nach oben zu die Grenze und der einzige Träger sinnhaften Sichverhaltens" (KvS 439) sei.[28]

Da Weber den soziologischen Begriffsgebrauch streng den Postulaten des methodologischen Individualismus unterwirft, ist es nur konsequent, von sozialen Beziehungen und sozialen Gebilden als Resultate der Handlungen Einzelner zu sprechen. Ob dies immer streng durchführbar ist, wird noch zu prüfen sein. Hier kommt es zunächst darauf an, das richtige Verständnis der Kategorie des ‚Gemeinschaftshandelns' unter den Prämissen des methodologischen Individualismus zu gewinnen.

Weber ersetzt in den GB von 1920 den Begriff des ‚Gemeinschaftshandelns' durch den des ‚sozialen Handelns'. Ein Vergleich der beiden Definitionen zeigt, daß Weber an der gemeinten Sache konsequent festgehalten hat und lediglich eine terminologische Veränderung vorgenommen hat (KvS 441, 429, WuG 1).

Im *Kategorienaufsatz* verwendet Weber fünf bzw. sechs Grundbegriffe, die den Rahmen der Bedeutungen seines Gemeinschaftsbegriffs abstecken: ‚Gemeinschaftshandeln', ‚Vergesellschaftung' (‚Gesellschaftshandeln'), ‚Einverständnis', ‚Anstalt' und ‚Verband'. Der *Kategorienaufsatz* entfaltet diese soziologische Grundbegrifflichkeit anders als die GB aus WuG nicht

---

28 Für diesen methodischen Grundsatz liefert Weber eine Begründung, mit der er der Soziologie sozusagen die Aufgabe der „Entdinglichung des Sozialen" (Giesen 1991b: Die Entdinglichung des Sozialen) zuweist:"Es liegt in der Eigenart nicht nur der Sprache, sondern auch unseres Denkens, daß die Begriffe, in denen Handeln erfaßt wird, dieses im Gewande eines beharrenden Seins, eines dinghaften oder ein Eigenleben führenden 'personenhaften' Gebildes, erscheinen lassen. So auch und ganz besonders in der Soziologie. Begriffe wie 'Staat', 'Genossenschaft', 'Feudalismus', und ähnliche bezeichnen für die Soziologie, allgemein gesagt, Kategorien für bestimmte Arten menschlichen Zusammenhandelns, und es ist also ihre Aufgabe, sie auf 'verständliches' Handeln, und das heißt ausnahmslos: auf Handeln der beteiligten Einzelmenschen, zu reduzieren." (KvS 439, ähnlich WuG 6f.)

durch fortschreitende Einengung vom Allgemeinen zum Speziellen, sondern springt nach einer kurzen Definition des ‚Gemeinschaftshandelns' direkt zu dem Handlungstyp, der mit einem „Höchstmaß an ‚Evidenz'„ „verständlich deutbar" (KvS 428), weil er das größte Maß an Rationalität aufweist: das vergesellschaftete Handeln. Von hier aus werden, zum Teil ex negativo wie im Falle des ‚Einverständnishandelns', die übrigen Grundbegriffe gebildet.

Vergleicht man die Definitionen von ‚Gesellschaftshandeln' und ‚Einverständnishandeln', so wird deutlich, daß Weber sie anhand des Kriteriums der Explizität der ‚Satzung' unterscheidet (KvS 442, 452f., 456). Im Falle des Gesellschaftshandelns gibt es einen Sinnbezug auf eine zweckrational gesatzte Ordnung; im Falle des Einverständnishandelns einen Sinnbezug auf eine Ordnung, die nur implizit vorliegt, jedenfalls nicht ‚gesatzt', schon gar nicht ‚zweckrational gesatzt' ist.

Die Abwesenheit einer 'gesatzten Ordnung' berechtigt nicht zu dem Schluß, man habe es nun auf jeden Fall mit Einverständnishandeln zu tun. Denn es gibt eine dritte Art von Gemeinschaftshandeln, das ‚bloße Gemeinschaftshandeln' (KvS 446) oder das 'einfache Gemeinschaftshandeln ohne Einverständnis' (KvS 458). Damit kommt auf Weber das Problem zu, 'bloßes Gemeinschaftshandeln' vom 'Einverständnishandeln' abgrenzen zu müssen. Seine Definition von Einverständnishandeln leistet dies nicht, da sie kein positives Eigenmerkmal des Einverständnishandelns zu benennen vermag, sondern sich auf die Abwesenheit desjenigen Merkmals zurückzieht, durch das Weber dessen Gegenbegriff, das Gesellschaftshandeln, positiv definiert hatte (KvS 456): die explizite Satzung. Hier besteht offenbar eine Definitionslücke, die sich auch nicht mit dem Hinweis auf 'idealtypische' Begriffsbildung schließen läßt. Um sie zu füllen, muß man etwas weiter ausholen, als es bislang geschehen ist. Grundsätzlich ist zu fragen, in welchen Situationen 'Gemeinschaftshandeln' überhaupt stattfinden kann.

1.2.1 Situationen des Gemeinschaftshandelns

Im *Kategorienaufsatz* unterscheidet Weber zwei große Klassen von Erwartungen: die Erwartungen, die man über Naturales und die, die man über Sinnhaftes hegen kann.[29] Da ist zuerst der einsame Akteur „gegen die Natur"[30].

---

29 Erwartungen zu haben ist aber nicht die einzige Art, sein eigenes Handeln sinnhaft zu orientieren. Es ist auch nicht die einzige Art, sein Handeln subjektiv sinnhaft am Verhalten anderer zu orientieren. Auch Werte und Affekte liefern Handlungsorientierungen an ihren Träger und unter Umständen sogar soziale Handlungsorientierungen (KvS 430, 442). Doch für den verstehenden Soziologen ist es zunächst ratsam, nach den „Erwartungen" im engsten Sinne Ausschau zu halten, da diese das höchste Maß an Verständlichkeit und daher die größte Deutungsevidenz besitzen.

30 Dieser hilfreiche Ausdruck wird häufig von der Entscheidungstheorie benutzt; vgl. Milnor 1954: Games against nature.

Soweit er rational agiert, wird er die im Umgang mit der Natur gemachten Erfahrungen zu einem Wissen verarbeiten, das ihm für künftige Handlungsentwürfe verläßliche Regeln an die Hand gibt, aus denen er berechtigte 'Erwartungen' über das Verhalten der Natur ableiten kann.

Diese Lage ändert sich, wenn ein Akteur sich nicht nur einer natürlichen, sondern darüber hinaus einer sozialen Umwelt gegenübersieht. Nimmt man beispielsweise die Interaktion von EGO und ALTER in den Blick, dann wird sich der Erfahrungsschatz unseres 'Akteurs gegen die Natur' sehr schnell um neuartige Erfahrungen bereichern. Denn sein neues Gegenüber reagiert nun nicht mehr nur nach einigermaßen verläßlichen Naturgesetzen auf sein Verhalten, sondern folgt andersgearteten Regeln. Denn wie zuvor EGO ist nun auch ALTER seinerseits Träger von Ziel- und Zweckvorstellungen entsprechend seiner eigenen Rationalität. Da ALTER nicht mit der gleichen zuverlässigen Regelmäßigkeit wie die Natur auf EGOs Eingriffe reagiert, versucht EGO, seine Erwartungen zu korrigieren. Er orientiert seine nächste Verhaltenssequenz an geänderten Erwartungen und handelt nach einem neuartigen Entwurf. Damit aber überrascht und enttäuscht er die Erwartungen ALTERs, der seinerseits nun etwas Neues probieren muß, womit er allerdings EGO wieder irritiert usw.

Die Dyade würde sich in einen Prozeß akzelerierender wechselseitiger Destabilisierung von Verhaltenserwartungen hineinsteigern, wenn EGO und ALTER nicht eine neue Ressource zur Bildung verläßlicher Erwartungen nutzten, die den unendlichen Regreß der Erwartungsenttäuschungen stoppt. Diese Ressource nennt Weber das 'Verstehen' von 'Sinn'. Indem EGO ein Verständnis dafür erlangt, was ALTER eigentlich 'im Sinn' hat, gewinnt er verläßliche Erwartungen zurück, die er zuvor beim Wechsel von der natürlichen in die (natürliche und) soziale Umwelt verloren glaubte.

Dieses erwartungsstabilisierende Sinnverstehen – so kann gleichsam rückwirkend gefolgert werden – ist aber durchaus schon unterhalb der EGO-ALTER-Dyade möglich. EGO kann den Sinn von ALTERs Handeln 'gegen die Natur' verstehen und daran eigene Erwartungen ausbilden, die dann sein eigenes Handeln orientieren. Dieses Handeln von EGO wäre ein Gemeinschaftshandeln ('soziales Handeln'), aber noch kein 'Einverständnis'. Wichtig ist an dieser Feststellung vor allem, daß Gemeinschaftshandeln weder aktuelle Interaktion, noch Kopräsenz, noch irgendeine *wechselseitige* kommunikative Verbundenheit der Akteure voraussetzt.

Der gesuchte Unterschied zwischen dem einfachen Gemeinschaftshandeln und dem Einverständnishandeln liegt nun darin, daß Gemeinschaftshandeln jenes Handeln von EGO ist, welches ALTER sinnhaft einbezieht, ohne daß ALTER seinerseits EGO sinnhaft einbezieht. Diese Konstellation kann aber nicht offenlassen, ob ALTER ein Handelnder oder ein ‚Sich-Verhaltender' ist, wie Webers Wahl des nicht spezifisch handlungstheoretischen Oberbegriffs „Verhalten" (KvS 456) suggeriert. ALTER *muß* ein Handelnder sein, damit EGO *soziales* Handeln zeigen kann. Wohl kann offen bleiben, ob ALTER, falls er ein Handelnder ist, 'gegen die Natur' oder gegen seine soziale Umwelt handelt. Ausgeschlossen ist lediglich, daß ALTER, wenn er gegen seine soziale Umwelt handelt, EGO in diese Umwelt einbezieht.

Diese Überlegungen widerlegen die Ansicht, daß bereits im Gemeinschaftshandeln ('sozialen Handeln') zwangsläufig doppelte Kontingenz angelegt sei[31]. Doppelte Kontingenz ist vielmehr erst in Einverständnisgemeinschaften (bzw. 'sozialen Beziehungen') möglich. Aus der Sicht einer handlungstheoretischen Soziologie kann man zur Verdeutlichung dieser Problematik fünf theoretisch relevante Typen von Handlungssituationen unterscheiden, in die EGO sich gestellt sieht:

EGO handelt...
I. 'gegen die Natur', und zwar,
   1. gegen Gegenstände,
   2. gegenüber einem nicht-handelndem ALTER,
II. 'gegen eine soziale Umwelt', und zwar,
   3. gegenüber einem ALTER, das 'gegen die Natur' handelt,
   4. gegenüber einem ALTER, das seinerseits gegenüber einem Dritten ('alter ALTER') handelt,
   5. gegenüber einem ALTER, das seinerseits gegenüber EGO handelt.

Alle hier aufgeführten Handlungssituationen von EGO sind der Soziologie über 'Sinnverstehen' zugänglich, weil EGO als sinnhaft agierende und damit in seinen Handlungen verständliche Person dargestellt wird. Doch nur die unter II aufgeführten Fälle umfassen neben EGO einen weiteren sinnhaft agierenden Akteur, dessen Sinnhaftigkeit für EGO die Möglichkeit sinnverstehender Erwartungsbildung eröffnet, dessen Sinnhaftigkeit aber gleichzeitig den beobachtenden Soziologen einen zweiten und zusätzlichen hermeneutischen Zugang liefert. Nun kann nicht mehr nur das Verhalten von EGO sinnhaft verstanden werden, sondern ebenso das von ALTER. Wenn EGO also nun beginnt, sinnhafte Erwartungen über das Handeln (!) von ALTER zu hegen, dann ist damit noch lange nicht eine Situation doppelter Kontingenz heraufbeschworen, denn in den Fällen II.3 und II.4 kann ALTER überhaupt nicht auf die Erwartungen EGOs sinnhaft reagieren, da er sich – unseren Voraussetzungen gemäß – nicht an EGO sinnhaft zu orientieren versucht, sondern an der Natur (II.3) beziehungsweise an 'alter ALTER' (II.4). Erst in II.5 ist die Handlungssituation eindeutig doppelt kontingent. Aber auch in II.4 ist eine Konstellation denkbar, die EGO mit doppelter Kontingenz, wenn auch mit fremder doppelter Kontingenz konfrontiert. Wenn ALTER nämlich seinerseits in doppelt kontingenter Relation mit einem Dritten, dem 'alter ALTER', steht, sieht sich EGO ebenfalls mit dem Problem konfrontiert, gegenüber

---

31 Prewo 1979: Max Webers Wissenschaftsprogramm: 378.

ALTER keine zuverlässigen Verhaltenserwartungen hegen zu können. EGOs Situation ist gegenüber II.5 lediglich um die Tatsache erleichtert, daß sein eigenes Verhalten ALTERs Erwartungen nicht enttäuschen kann, sich also kein unendlicher Regreß von wechselseitigen Erwartungsenttäuschungen zwischen EGO und ALTER aufbauen kann. Dennoch ist EGOs Situation hier kontingent, insofern die doppelte Kontingenz in der Alter-ALTER-ALTER-Relation (II.4) es ihm verunmöglicht, über ALTERs Handeln irgendwelche berechtigten Erwartungen zu hegen. Die Verunsicherung EGOs ist ebenso groß wie in doppelt kontingenter Relation, hat aber ihre Ursache nicht in der Doppelung der Kontingenz zwischen EGO und ALTER, sondern in der zwischen ALTER und alter ALTER.

Die Handlungssituation zwischen EGO und ALTER kann man daher in diesem Fall als 'einfache Kontingenz' bezeichnen. In ihr würde EGO von jeder Handlungsregulierung, die ALTER mit alter ALTER zur Stabilisierung ihrer wechselseitigen Erwartungen hervorbringt (z. B.: „vereinbart"[32]), mittelbar in dem Sinne profitieren, daß ALTERs Handlungen Regelmäßigkeit bekommen. Darauf kann EGO nun berechtigte Erwartungen über ALTERs Verhalten aufbauen. Freilich kann die Handlungsregulierung zwischen ALTER und den unbekannten Dritten für EGO ganz und gar sinnhaft unverständlich sein. Das täte der Adäquatheit seiner Erwartungen allerdings keinen Abbruch, denn auch in der Natur obwalten sinnhaft unverständliche Regelmäßigkeiten und dennoch kann EGO ihr gegenüber berechtigte Erwartungen hegen.[33] Allerdings wäre es für EGO eine erhebliche Erleichterung, wenn ihm die zwischen ALTER und 'alter ALTER' getroffenen Regulierungen nicht nur in der Form äußerer Handlungsregelmäßigkeiten beobachtbar, sondern auch sinnhaft verständlich wären. Der Mehrwert dieses Verstehens entspricht auf der Reflexions- und Erkenntnisebene demjenigen der „deutenden gegenüber der beobachtenden Erklärung" (WuG 7), die nach Weber die Soziologie allen Naturwissenschaften „voraus"[34] hat. Auf der Ebene des praktischen Alltagshandelns bedarf es eines gesonderten Hinweises hierauf eigentlich gar nicht, da alltägliche Akteure 'immer schon' ihre Erwartungen über das Verhalten anderer gewinnen, indem sie ihnen in ihrem Handeln zunächst Sinnhaftigkeit unterstellen.

Diese Neigung hat natürlich auch das EGO in der Situation II.4. Es bemüht sich um Eindämmung der Kontingenz. Daher drängt sich diesem EGO die Frage auf, ob die aus der Beschränkung der Kontingenz zwischen ALTER

---

32 Die Vereinbarung ist Webers Beispiel für die „Vergesellschaftung", vgl. WuG 21.
33 Ein anderer Fall ist es, wenn Ego fälschlicherweise glaubt, die zwischen Alter und 'alter Alter' getroffenen Regulierungen seien ihm sinnhaft verständlich. Hat Ego seine Erwartungen auf diese falsche Annahme gegründet, wird die resultierende Diskoordination größer sein als wenn Ego sich auf Erwartungen verlassen hätte, die ohne Sinnverstehen möglich gewesen wären. Vgl. dazu das Beispiel der beiden Radfahrer unten S. 19.
34 Ob die Möglichkeit und Notwendigkeit deutenden Verstehens in jeder Hinsicht ein Vorteil ist, bleibt freilich fraglich.

und 'alter ALTER' hervorgegangene Handlungsregulierung möglicherweise auch ihn betrifft, so daß er die gleichen Erwartungen über ALTER hegen kann, die ALTER und 'alter ALTER' nun wechselseitig voneinander hegen. Diese Frage spitzt sich für EGO also zwangsläufig darauf zu, ob ALTER die mit 'alter ALTER' getroffene Regelung auf EGO übertragen wird oder nicht.[35]

Webers Begriff von Gemeinschaftshandeln (sozialem Handeln) läßt zu Recht offen, ob Akteure sich unilateral oder reziprok aneinander orientieren.[36] EGO kann sich an ALTER orientieren, ohne daß ALTER sich an EGO orientiert, so daß EGO also subjektiv von doppelter Kontingenz nichts spürt, selbst wenn sie dadurch gegeben ist, das ALTER sich an einem Dritten (alter ALTER) orientiert, der sich wiederum an EGO orientiert. EGO kann u. U. nicht sehen, daß alter ALTER sich an ihm orientiert und ALTER sich an alter ALTER orientiert. Für den außenstehenden Beobachter ist indes offensichtlich, daß in diesem Dreieck doppelte Kontingenz herrscht. EGO kann zwar ALTER nicht enttäuschen, aber alter ALTER. Und der wiederum enttäuscht ALTER, was dann zur Enttäuschung von EGO führt. Man könnte hier zwischen mittelbarer und unmittelbarer doppelter Kontingenz unterscheiden.

An Webers Beispiel zweier Radfahrer, die sich aufeinander zu bewegen und zusammenzuprallen drohen (WuG 11), kann man sich verdeutlichen, daß

---

35 Prewo macht einen andere Vorschlag, um Webers Begriff vom sozialen Handeln von der sozialen Beziehung zu unterscheiden: Man könne zwischen „außenrelevanten" und „binnenrelevanten" Regelungen des Handelns unterscheiden (Prewo 1979: Max Webers Wissenschaftsprogramm: 401f.). Das Vorliegen mindestens einer „binnenrelevanten" Regelung gilt dann als hinreichende Bedingung für die „soziale Beziehung". Prewo entwickelt seine Auffassung anhand eines Beispieles, das Weber im Kategorienaufsatz bringt (KvS 461): Ein Trambahnpassagier gerät mit dem Bahnschaffner in einen Konflikt, woraufhin die anderen Passagiere sich auf die Seite des gescholtenen Passagiers schlagen. Bis hierher handelt es sich laut Weber um „Einverständnishandeln". Dieses geht allerdings genau dann in „Gesellschaftshandeln" über, „wenn sie sich nachher etwa zu einer gemeinsamen 'Beschwerde' verbinden" (KvS 461). Prewo betont das Wort „verbinden", das seiner Meinung nach die Geburt einer „binnenrelevanten" Regelung und damit einer sozialen Beziehung anzeigt (ebd.). M.E. war aber bereits das dieser Beschwerde vorausgegangene Handeln ein Beziehungshandeln. Denn sowohl unter den bloß einverständnishaft Vergemeinschafteten wie unter den zu einer 'Beschwerdegesellschaft' vergesellschafteten Fahrgästen herrscht Reziprozität der Handlungsorientierungen. Der Unterschied zwischen Einverständnishandeln und Gesellschaftshandeln ist nicht der zwischen einfachem sozialen Handeln und Beziehungshandeln, wie Prewo meint, sondern schlicht der zwischen impliziten und expliziten Beziehungssinngehalten. Prewo verkompliziert das Problem dadurch, daß er unabhängig von der Vergesellschaftung bereits von 'innen' und 'außen' spricht. Seine Kategorien von „Binnen- und Außenrelevanz" von Regeln greifen aber erst, wenn bereits eine soziale Beziehung vorliegt, denn diese etabliert erst die Innen-Außen-Grenze. Daher wäre es sinnlos, die Frage der Stiftung sozialer Beziehungen nach der Außen- oder Binnenrelevanz von Regeln zu fragen.

36 Ähnlich wie Allerbeck 1982: Zur formalen Struktur einiger Kategorien betont auch Girndt die Bedeutung des Begriffs „soziale Beziehung" bei Weber, der zwar ein „logisches Derivat" des „sozialen Handelns" und folglich diesem „logisch untergeordnet" sei, aber neben dem sozialen Handeln doch „die wichtigste" Kategorie Webers darstelle. (Girndt, 1967: Das soziale Handeln als Grundkategorie).

ohne Einverständnis oder Vereinbarung ein Regreß wechselseitiger Verunsicherung ausgelöst würde. Wenn nur einer von beiden sein Handeln nicht am Verhalten des anderen orientieren, sondern sich 'blind' stellen und ohne Ansehung seines Gegenübers eine Straßenseite wählen würde, könnte der andere aufgrund seiner Beobachtungen und nach einer getroffenen Entscheidung des Ersteren die freibleibende Fahrspur wählen. Der erste Radfahrer wird sich allerdings, wenn er rational agiert, so lange nicht blind stellen, wie er sich unsicher darüber ist, ob der Zweitere es ihm nicht gleich tut und somit eventuell einen Zusammenprall herbeiführt.

Dieses Dilemma individuell rationaler Akteure wird in der Fachdiskussion eher am Beispiel des sogenannten 'Gefangenendilemmas' erläutert[37]. Es ist in seiner Bedeutung natürlich zunächst zu beschränken auf Koordinationssituationen. Die Radfahrer können dem Dilemma nur dadurch entgehen, daß mindestens einer von ihnen eine Regel als für sein Verhalten gültig betrachtet, und zwar unabhängig davon, was der andere tut. Er muß dabei aber gleichzeitig annehmen, daß auch der andere, der Radfahrer B, diese Regel kennt und respektiert. Denn ohne diese Annahme käme seine Regelbeachtung der obigen Blindstellung gleich, da A nicht ausschließen kann, daß B sich entweder einer anderen Regelung unterwirft oder aber sich seinerseits 'blind' stellt – was für den Radfahrer A auf das gleiche hinausliefe, nämlich faktisch gegenüber der regellosen Situation nichts gewonnen zu haben.

In Webers Terminologie bedeutet dies nun, daß wechselseitige Orientierung erst dann die individuellen Zwecke befördert, wenn mindestens einer der beiden Radfahrer vom bloßen Gemeinschaftsakteur (=sozialem Akteur) zu einem Einverständnisakteur (=Beziehungsakteur) wird. Angenommen beide Radfahrer gehören der Einverständnisgemeinschaft an, die das Rechtsfahrgebot als „sinnhaft 'gültig' für ihr Verhalten praktisch behandeln" (KvS 456) beziehungsweise „wie ein verbindliches Verhalten praktisch behandeln" (KvS 458). Dann wäre ihr Verhalten optimal aufeinander abgestimmt. Es muß allerdings eine Voraussssetzung erfüllt sein, von der Weber allerdings an keiner Stelle spricht, die aber von grundlegender Bedeutung für Vergemeinschaftung ist: die Beteiligten müssen einander als Gemeinschaftsangehörige erkennen. Denn sonst können sie nicht wissen, an welchem 'Einverständnis' sie sich orientieren sollen, welches Einverständnis für sie gilt.

Man könnte alternativ dazu annehmen, daß nur Radfahrer A sich wie ein Einverständnisakteur verhält und seine Unterstellung, auch B sei Angehöriger dieser Einverständnisvergemeinschaftung, irrtümlich ist. Dieser Irrtum bleibt folgenlos, solange B wie ein zweckrationaler Gemeinschaftsakteur handelt und die rechte Fahrspur aus einem subjektiven Nutzenkalkül heraus wählt.

Schließlich könnte man als dritte Möglichkeit annehmen, daß beide verschiedenen Einverständnisgemeinschaften angehören, aber dem jeweils ande-

---

37 Luce 1957: Games and Decisions: 94ff.

ren irrtümlich unterstellen, Mitglied der eigenen Einverständnisgemeinschaft zu sein. In diesem Fall würde eine Kollision die sichere Folge sein.[38]
Man kann die an diesem Modell gewonnenen Einsichten in folgenden Regeln zusammenfassen:
1. Die optimale Koordination[39] wird dann erzielt, wenn EGO und ALTER sich an derselben Einverständnisgemeinschaft beteiligen. Dann folgen beide der gleichen Regel aus dem gleichen Grunde: Sie nehmen an, daß der andere diese Regel als für sich praktisch verbindlich nimmt. Daraus resultiert, daß es für beide rational ist, dieser Regel zu folgen, mögen sie diese nun als für sich selber verbindlich betrachten oder nicht. Diese Konstellation könnte man als ‚*homogene Relation*‘ bezeichnen.
2. Eine ebenfalls optimale Koordination wird erzielt, wenn EGO einverständnishaft oder vergesellschaftet agiert, ALTER sich wie ein zweckrationaler Gemeinschaftsakteur (= sozialer Akteur) verhält und sich dem Verhalten EGOs 'anpaßt'. Diese soziale Beziehung könnte man ‚*komplementäre Relation*‘ nennen.
3. Diskoordination tritt auf, wenn zwei Einverständnisakteure aus *verschiedenen* Einverständnisgemeinschaften (oder Vergesellschaftungen) stammen, aber irrtümlich einander Beteiligung an der eigenen Einverständnisgemeinschaft (Gesellschaft) unterstellen – wenn man so will: eine ‚*erratische Relation*‘.

1.2.2 Wertorientiertes Gemeinschaftshandeln

Bei der Definition des Gemeinschaftshandelns hatte Weber die Erwartungsorientierung als einen „wichtigen normalen – wenn auch nicht unentbehrlichen – Bestandteil des Gemeinschaftshandelns" bezeichnet (KvS 441). Bisher wurde angenommen, daß ein Akteur dadurch sein eigenes Handeln am Verhalten anderer orientiert, daß er über sie *Erwartungen* hegt. Wie anders sollte man sein Handeln subjektiv sinnhaft auf andere beziehen, als dadurch, daß man ihr Verhalten geistig antizipiert und daran das eigene Handeln modifiziert, also: Erwartungen hegt?[40]

---

38 Die Unfallwahrscheinlichkeit wird empirisch die Grenzwerte natürlich nie erreichen, da stets auch regelwidriges (=einverständniswidriges) Verhalten oder abnormes (= den Sinn der Regel mißverstehendes) Verhalten vorkommen kann.
39 „Optimale Koordination" bezeichnet hier die weitestgehende Kongruenz individueller Zwecke und kollektiver Handlungsfolgen für den Fall „unvermeidlicher" (die beiden Radfahrer haben nicht die Option zu bremsen) Interaktion.
40 Weber zeigt hier Vorbehalte gegen eine methodische Monopolstellung des Erwartungsbegriffs, soziale Orientierung auszudrücken. Diese Vorbehalte will Luhmann nicht teilen, er moniert sogar Webers Zurückhaltung in der Ausschöpfung des Erklärungspotentials des Begriffs „Erwartung". (Luhmann 1972: Rechtssoziologie: 35).

Weber konstruiert jedoch einen 'Grenzfall' sozialen Handelns, der ganz ohne Erwartungen auskommen soll, indem

„das auf Dritte sinnbezogene Handeln lediglich an dem subjektiv geglaubten 'Wert' seines Sinngehaltes als solchen ('Pflicht' oder was es sei) orientiert, das Handeln also nicht erwartungsorientiert, sondern wertorientiert" (KvS 442)

gedacht werde. Dabei muß man voraussetzen, daß der wertorientierte Gemeinschaftsakteur an keiner Einverständnisgemeinschaft und keiner Vergesellschaftung beteiligt ist, sondern einfaches Gemeinschaftshandeln ohne Einverständnis (i.e. soziales Handeln außerhalb sozialer Beziehungen) zeigen soll. Daß er nichtsdestotrotz auf andere sinnbezogen agiert, ist m.e. eine überraschende und schwer verständliche Behauptung Webers. Denn den zweckrationalen Akteur 'gegen die Natur' hatte Weber doch auch nicht als Gemeinschaftsakteur, als sozial Handelnden, bezeichnet. Das 'Haben' eines Zweckes macht einfaches Verhalten zu sinnhaftem Verhalten, sprich: Handeln, bedeutet aber allein noch kein soziales Handeln. Sozial, oder vergemeinschaftet wird das zweckrationale Handeln doch erst dadurch, daß ein erwartetes Verhalten anderer mit in den eigenen Handlungsentwurf eingeht, also: Erwartungen über das Verhalten anderer gehegt werden.

Man könnte versuchen, die soziale Sinnbezogenheit des wertorientierten Gemeinschaftsakteurs im Begriff des 'Wertes' zu suchen. Die Argumentation würde dann vielleicht folgendermaßen aussehen: Wer sein Handeln an Werten orientiert, aktualisiert damit eine Sinnbezogenheit auf das Verhalten anderer derart, weil er so agiert, als ob er sich doch an diesen anderen (und nicht allein an seinem Wert) orientiert hätte. Sozial orientiert wird das wertorientierte Handeln dann allein dadurch, daß die Werte vom Akteur sinnhaft adäquat erfaßt und umgesetzt werden. Doch gegen diese Argumentation muß man einwenden, daß sie ebensogut auf Zwecke angewandt werden könnte, so daß sich die Beweislast nur dahin verschiebt, erklären zu müssen, warum Werte per se 'Orientierung an anderen' bedeuten können, während Zwecke sich subjektiver, gewillkürter Setzung verdanken und „Erwartungen" hinzukommen müssen, damit aus Zweckhandeln Gemeinschafts-Zweckhandeln (soziales Zweckhandeln) wird. Für einen solchen Beweis bestehen aber meines Erachtens angesichts des bekannten Weberschen Werte-Dezisionismus und -Individualismus wenig Erfolgschancen.

Der Blick in die WuG-GB lehrt, daß sowohl zweckrationales wie wertrationales Handeln sozial sein kann, aber nicht sozial sein muß. Aber auch hier erklärt Weber nur für den zweckrationalen Fall, wie die soziale Orientiertheit vorzustellen sei, nämlich als „Erwartungen des Verhaltens ... von anderen Menschen" (WuG 12). Die hier gestellte Frage bleibt also offen: Worin besteht die soziale Orientiertheit jenes wertorientierten Handelns, das Gemeinschaftshandeln darstellt? In den Erläuterungen zu seiner Definition des sozialen Handelns macht Weber auf die Schwierigkeit der Unterscheidung von sozial beeinflußtem und sinnhaft sozial orientiertem Handeln aufmerksam (WuG 12), kümmert sich aber nicht um eine Explikation der verschiedenen Möglichkeiten, sein Handeln an anderen zu orientieren. Immerhin ist aufschlußreich, daß ein sozialer Akteur sich nicht nur an „gegenwärtigen oder für künftig erwartetem Verhalten anderer" (WuG 11) orientieren kann, sondern auch an *vergangenem* Verhalten anderer. Webers Beispiel dafür ist die Rache. Es liegt nun auf der Hand, daß ein solcher 'vergangenheitsorientierter' sozialer Akteur EGO in keinem Fall in eine doppelt kontingente Situation geraten kann, da sein Handlungsentwurf feststeht und er nicht durch gegenwärtig oder künftig von ALTER erwartetem Verhalten verunsichert werden kann. Hier liegt also eine soziale Orientierung von EGO an ALTER vor, ohne daß EGO Erwartungen über ALTERs Verhalten hegt. EGO hat lediglich in der Vergangenheit eine Erfahrung mit ALTERs Verhalten gemacht, sich daraufhin einen Zweck oder Wert gesetzt, nach welchem es nun handelt, und zwar, nach Webers Vorstellung, *sozial* handelt.

Aus dem *Kategorienaufsatz* kann man entnehmen, daß Weber Erwartungen als einen Spezialfall von 'Orientierungen' ansieht. Einen bestimmten Verhaltensablauf zu erwarten bedeutet, eine Prognose zu machen, sich ein künftiges Szenario vorzustellen. Dazu bedarf es neben der Vorstellungskraft auch eines Erfahrungswissens über die Sinnorientierungen anderer. In der doppelt kontingenten Dyade ist also letztlich das eigentliche Problem, daß beide Akteure noch an der Vervollständigung ihres Erfahrungswissens arbeiten, da sie nichts prognostizieren, nichts 'erwarten' können, solange sie nicht wissen, was ihr Gegenüber 'im Sinn' hat. Dadurch geraten zwei Personen, die im Begriffe sind, Erwartungen auszubilden, in die bekannte Patt-Situation akuter doppelter Kontingenz. Es entsteht eine Handlungspause, ein Entscheidungsaufschub von beiden Seiten. Wenn die Entscheidung aber keinen Aufschub duldet – wie im Beispiel der Radfahrer – dann treten individuell nicht beabsichtigte soziale Folgen auf. Webers Definition des wertorientierten Gemeinschaftsakteurs aber impliziert nun Orientierung an anderen in Abwesenheit von Erwartungen.[41] Aber wie hat man sich das vorzustellen?

Im *Kategorienaufsatz* bleibt dieses Phänomen ein durch die Definition der Wertorientierung bloß postulierte, aber nicht explizierte Denkmöglichkeit.

Die *Soziologischen Grundbegriffe* prägen den Begriff der „Einstellung" (WuG 13). Hilft dieser Begriff weiter, um zu erklären, wie in Abwesenheit aktueller Erwartungen Sinnbezug auf andere stattfinden kann? Die Akteure brächten dann die 'Entscheidung' für einen bestimmten Handlungsablauf sozusagen aus einer Vergangenheit bereits mit in die aktuelle soziale Interaktion, so daß sie keinen Entscheidungsaufschub benötigen. In diesem Sinne wären sie durch ALTERs Verhalten nicht irritierbar. Aber verhielten sie sich

---

41   Ähnliches müßte analog für das affektorientierte Handeln gelten (vgl. KvS 430), auch wenn Weber dies im Kategorienaufsatz nicht entfaltet.

dann noch ‚sozial orientiert'? Sie wären nicht aktuell am Verhalten anderer orientiert, sondern an Werten *und vielleicht dadurch* an anderen. Wie man die Sache auch dreht und wendet, es will nichts Rechtes daraus werden. Weber bleibt m.e. den Nachweis schuldig, daß und wie wertorientiertes Handeln soziale Orientierung aufweisen kann. Dieses Manko hat Folgen, weil es auf der Beziehungsebene, z.b. beim Gesinnungsverein, wieder auftaucht (s.u.).

1.2.3 Die Abhängigkeit der Vergesellschaftung von der Einverständnisgemeinschaft

Weber verweist die Kategorie des 'Einverständnisses' methodologisch gegenüber der 'Vergesellschaftung' erkennbar auf den zweiten Rang, weil Einverständnishandeln weniger explizit, weniger rational und deswegen nur mit geringerer Evidenz verständlich deutbar ist. Aber seine methodologische Zweitrangigkeit gleicht das 'Einverständnis' sozusagen durch ein systematisches und historisch-substantielles Primat wieder aus. Denn 'Einverständnis' ist bei einer klassifikatorischen Begriffsverwendung als Oberbegriff zu 'Vereinbarung' aufzufassen, so wie man 'Einverständnisvergemeinschaftung' als Oberbegriff zu 'Vergesellschaftung' zu verstehen hat. Gesellschaftshandeln ist dasjenige Gemeinschaftshandeln, das „den durch Satzung geordneten Spezialfall" des Einverständnishandelns darstellt (KvS 460f.). Weber betont, daß „letztlich"(!) (KvS 457) auch alle rationalen Vereinbarungen nur kraft eines Einverständnisses gelten.[42] Das 'Einverständnis' ist der größere Rahmen, in den alles rationale Gesellschaftshandeln eingebettet bleibt.[43] Schließlich sagt Weber, daß das Einverständnishandeln das historisch ältere und ursprünglichere Handeln sei (KvS 470f.). Bei der Untersuchung sozialer Gebilde bilden nicht die Grenzen des entsprechenden 'Gesellschaftshandelns' das Untersuchungsobjekt, sondern das ihm zugehörige 'Einverständnishandeln' macht das Gebilde aus. Weber spricht von dem „den Bestand des Gebildes konstituierenden Einverständnishandeln" (KvS 467), begreift aber die historische Entwicklung als fortschreitende Durchgestaltung des 'Einverständnishandelns' durch zweckrationale Ordnungen, was sich bei sozialen Gebilden als zunehmende Formierung von 'Verbänden' zu zweckrationalen 'Anstalten' äußert.[44]

---

42 Weber bezeichnet diese Einverständnisart als „Legalitätseinverständnis" (KvS 457). „Legitimität" und „Legalität" werden in den GB in ein sehr viel differenzierteres Modell sozialer Ordnung eingebaut. Hier genügt der Hinweis, daß die Einverständniskategorie diese Differenzierung noch in sich beschließt.
43 Zum Theorem der Einbettung, engl. embededness, vgl. in einem an Weber durchaus anschlußfähigen Sinne: Granovetter 1985: Economic Action and Social Structure.
44 KvS 471. Verband, Verein und Anstalt klar voneinander zu unterscheiden, ist unerläßlich für das Verständnis religiöser Gemeinschaftsbildung. Sie kehren in der Religionssoziologie als „Kirche" und „Sekte" wieder. Darüber unten mehr im Kapitel 4.

Daher könnte man die Grundbegriffe des *Kategorienaufsatzes* wie im unten folgenden Schaubild (Abb.1) anordnen.

Weber weist mehrmals darauf hin, daß 'Einverständnis' nicht mit Solidarität oder Zufriedenheit zu verwechseln sei. Eines seiner ersten Beispiele für Einverständnishandeln ist daher die Gewaltherrschaftsbeziehung. In ihr setzt der Herrscher das 'Einverständnis' seiner Untertanen in Form einer Gehorsamserwartung voraus. Diese Gehorsamserwartung beachten die Beherrschten als für ihr Handeln verbindlich geltend. Die Motive, aus denen heraus sie dies tun, bleiben zunächst dahingestellt, der Gehorsam mag durch reine Furcht motiviert sein.[45] Extreme oder dauernde Unzufriedenheit sind empirische Gründe, die das Einverständnis zerstören und in 'Kampf' umschlagen lassen können.[46]

Das substantielle Primat der Einverständnisgemeinschaft gegenüber der Vergesellschaftung wird aber an folgendem Punkt noch deutlicher. Die empirische *Geltung* rationaler Vereinbarungen und sogar der rationalen 'Ordnungen' beruht Weber zufolge auf einer Einverständnisvergemeinschaftung:

„Die empirische 'Geltung' g e r a d e einer 'rationalen' Ordnung ruht also dem Schwerpunkt nach ihrerseits wieder auf dem Einverständnis der Fügsamkeit in das Gewohnte, Eingelebte, Anerzogene, immer sich Wiederholende" (KvS 473).

Weber erklärt hier die Entstehung der Bereitschaft, sich einer rationalen Ordnung zu fügen durch Rekurs auf einen Eingewöhnungs- und Sozialisationsprozeß. Daß gerade rationale Ordnungen des Eingewöhnungseffektes bedürfen, deckt sich mit Webers Argument, daß der frühgeschichtliche „Wilde" (KvS 473) die Machenschaften seines Magiers besser verstünde als der moderne Mensch die rationale Ordnung seiner Gesellschaft.[47] Die massenhafte

---

45 Auch für Tönnies war die zentrale Frage, inwiefern gemeinschaftliche soziale Beziehungen als Zwangsverhältnisse dennoch auf einer Art von Einwilligung beruhen, Tönnies 1991: Gemeinschaft und Gesellschaft: XXXIII.
46 Weber führt als Grenzfall den „von jeglicher Art von Vergemeinschaftung mit dem Gegner ganz freie(n) Kampf" (KvS 464) an. M.E. ist aber die wechselseitige Identifizierung als Gegner eine einverständnisartige Sinnorientierung: die Kämpfenden verhalten sich, als ob (vgl. KvS 452-454) sie den Kampf vereinbart hätten. Ohne dieses Mindesteinverständnis, wie etwa im Falle hinterhältiger Überrumpelung, läge lediglich Gemeinschaftshandeln (soziales Handeln), aber kein Einverständnis (keine soziale Beziehung) vor.
47 Vgl. KvS 473. Der gleiche Gedanke findet sich übrigens auch bei Simmel: „Wieviele Arbeiter ...können denn heute die Maschine, an der sie zu tun haben, d. h. den in der Maschine investierten Geist verstehen?" (Simmel 1992): Persönliche und sachliche Kultur: 562.).

Abb.1

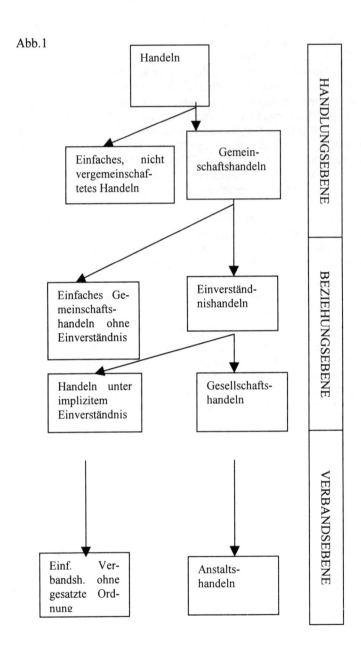

Ausbreitung der Hinnahmebereitschaft für rational Gesatztes gehe daher mit zunehmender Verständnislosigkeit für die Lebensumstände in zivilisierten Gesellschaften einher. Diese Verunsicherung kompensiere man durch einen spezifischen Glauben an die rationale Kontrollierbarkeit der Lebensbedingungen.[48] Die Begriffe von 'Anstalt' und 'Verband' bringen den Aspekt der Herrschaft ins Spiel. Sie sind für die hier gewählte Fragestellung von ausschlaggebender Bedeutung, weil sich in ihnen der Gegensatz von 'Kirche' und 'Sekte' spiegelt. In einem gewissen Sinn kann man 'Anstalt' als Kategorie auffassen, die schon in dem Begriff des 'vergesellschafteten Handelns' angelegt war.[49] Denn eine 'gesatzte Ordnung' muß nicht notwendig eine „ausdrückliche, beiderseitige Erklärung von Menschen zueinander" sein, sondern kann ebensogut eine „einseitige ... Aufforderung von Menschen an andere Menschen" sein (KvS 442f.). An die Stelle der Vereinbarung tritt nun diese 'einseitige Aufforderung' unter eventueller Androhung oder Anwendung von Zwang, i.e. das Oktroi.

Diese Definitionsweise wirft ein Folgeproblem auf: Wenn die Beteiligten sich nicht durch ausdrückliche Zustimmung am Gemeinschaftshandeln beteiligen, woran bemißt sich dann deren Zurechnung oder Zugehörigkeit zum Gemeinschaftshandeln? Weber nimmt dieses Problem zum Ausgangspunkt seines Anstaltsbegriffes: man wird „'ohne sein Zutun' an einer Einverständnisgemeinschaft beteiligt" (KvS 465). Im Gegensatz zum aktiven Beitritt zu einem Zweckverein liegt hier eine passive Beteiligung vor. Beim Zweckverein erfolgt die Zurechnung zum Gemeinschaftshandeln nach dem Kriterium einer ausdrücklichen Willensäußerung des Beitrittskandidaten, bei der Anstalt „beim Vorliegen gewisser objektiver Tatbestände" (KvS 465). So holen der Staat oder die Kirche Personen einer gewissen Abstammung oder Geburt oder eines gewissen Aufenthaltsortes in ihren Kreis hinein (KvS 466).[50]

Wenn das empirische 'In-Geltung-treten' der Ordnung bei der Anstalt einverständnismäßig erfolgt[51], so hat sie dies mit dem Verband gemeinsam. Der Verband funktioniert jedoch nicht nur in der Ordnungs*implementation* einverständnishaft, sondern auch in dem Akt der Ordnungs*konstitution*.[52] Dieser verläuft in der Anstalt durch aktive, persönliche Abstimmungen im Kreise

---

48 Weber redet im übrigen von „gewichtigen Konsequenzen" des Rationalitätsglaubens für das „Einverständnis", deutet sie aber nur an, ohne sie zu benennen (KvS 473).
49 Vgl. Gephart (1994: Gesellschaftstheorie und Recht. S. 496.
50 Rein theoretisch ist aber auch der Verzicht auf die Anwendung dieser „objektiven Tatbestände" möglich, ohne gleich zu den Willensäußerungen greifen zu müssen: die Oktroyierenden könnten die von ihnen als Oktroi-unterworfen Gedachten einfach namentlich einzeln auflisten. Sie berauben sich damit freilich der Möglichkeit, über die Behauptung gemeinsamer Merkmale ein Gemeinschaftsbewußtsein zu erzeugen.
51 Vgl. KvS 468: „Die gesatzte Ordnung tritt bei den Anstalten in empirische Geltung in Gestalt von 'Einverständnis'."
52 Zur Unterscheidung zwischen Implementation und Konstitution vgl. unten.

der Oktroyierenden, im Verband durch Hinnahme und Weitergabe vorfindlicher Ordnung.[53] Der Verband hat also Ämter, insbesondere „Gewalthaber" (KvS 466), und eine Ordnung vorzuweisen, aber keine Satzungen. Ein theoretisch besonders wichtiger Fall von verbandsartiger Gemeinschaftsbildung ist der von Weber so genannte 'voluntaristische Verband'. Er taucht jedoch nicht in den grundbegrifflichen Abhandlungen Webers auf, sondern in den Untersuchungen zum Protestantismus, weil er auf das engste mit dem protestantischen Sektenbegriff verknüpft ist. Seine Analyse gehört in den Zusammenhang der Darstellung der protestantischen Gemeinschaftsbildung. Es sei an dieser Stelle lediglich soviel gesagt, daß Weber für das Phänomen des voluntaristischen Verbandes später den Begriff des 'Vereins' einführt, woran ablesbar ist, daß Weber den Vereinsgedanken in engstem Zusammenhang mit dem protestantischen Sektenbegriff gesehen haben muß.

Webers Verstehende Soziologie setzt bei den offiziellen 'Satzungen' an. Doch dies stellt nur einen ersten, improvisierten Untersuchungsschritt dar. Weber ist sich bewußt, daß diese Satzungen nicht in jedem Fall auch die empirisch geltenden Verfassungen sind:

„Satzungen geben daher über die empirisch geltende, letztlich stets auf verbandsmäßigem 'Einverständnis' ruhende Oktroyierungsgewalt nur unsicheren Aufschluß. Denn in Wahrheit ist natürlich die jeweils nur abschätzbare Chance ... (sc. auf praktische Fügsamkeit, d. Verf.) der entscheidende Inhalt desjenigen 'Einverständnisses', welches die wirklich empirisch geltende 'Verfassung' darstellt." (KvS 469).

Diese Äußerung ist eine der pointiertesten Formulierungen Webers, in denen er die für seinen Ansatz gewählte methodische Bevorzugung des 'Gesellschaftshandeln' zurücknimmt und im Grunde genommen ein methodisches Dilemma einräumt: die Analyse der Vereinbarungen des 'Gesellschaftshandelns' ist nicht die Analyse des 'wirklich' und 'empirisch' Geltenden. Will man zur empirisch-kausalen Adäquatheit vordringen, muß man die 'Einverständnisgemeinschaften' in den Blick nehmen. Fast scheint es, als ob Webers Ansatz, je weiter er begrifflich differenziert und entfaltet wird, desto häufiger mit Warnungen davor versehen werden muß, die Realität nicht aus den Augen zu verlieren. Doch soll hier kein Exkurs in Webers neukantianisches Verständnis von „Wirklichkeitswissenschaft" (WL 107f.) unternommen werden. Es sei lediglich die Bemerkung gestattet, daß die *Verstehende Soziologie* einen enormen Aufwand betreibt, eine Methode zu entwickeln, die sinnhaft adäquate Deutungen und damit „kausale Hypothesen" (WuG 4) generiert, daß demgegenüber aber die Vorgehensweise, wie man „Erfahrungsproben" (WuG

---

53 Diese Unterscheidung läßt sich zuspitzen: Der Verband besteht ausschließlich aus Personen, die sich einer impliziten Ordnung fügen. Diese hat mindestens zum Inhalt zu bestimmen, wer Verbandsangehöriger, wer sein Gewalthaber und wozu er befugt sei. Die Anstalt hingegen kennt (mind.) eine weitere Person, die als Oktroyierende auftritt und daher zumindest bis zu dem Zeitpunkt des Oktrois (dem sie sich schließlich auch selbst unterwerfen kann) 'über der Ordnung' stand. Vgl. dazu Kap.4.2.

5) durchführt, um von der bloßen Hypothese zur „kausalen Zurechnung" (ebd.) zu gelangen, wie man also, kurz gesagt, wissenschaftliche Beweise für eine Hypothese beibringt, merkwürdig unterbelichtet bleibt.

1.2.4 Konstitution von Gemeinschaft

Die oben angestellte Betrachtung hat gezeigt, daß jeder Vergesellschaftung eine Einverständnisgemeinschaft zugrunde liegt. Diese geht zeitlich jeder Vergesellschaftung voraus und ist Resultat von Sozialisations- und Eingewöhungsprozessen. Es verbleibt die Frage, woher die Ordnungen und Verhaltensregeln, an die man sich zu gewöhnen hat, ihrerseits stammen. Auch für sie muß es einen Moment der Entstehung gegeben haben und Faktoren, die für ihre Existenz ursächlich waren.

Man kann sich dies zunächst am Modell der zweckrationalen Vergesellschaftung verdeutlichen. Weber unterscheidet zwei Arten des Gesellschaftshandelns: das 'Vergesellschaftungshandeln' und das eigentliche 'Gesellschaftshandeln' im engeren Sinn. Ersteres stellt den konstitutiven Akt dar, der die Reziprozität erst begründet, es ist das die „Vereinbarung bedeutende Handeln" (KvS 448). Letzteres, das 'Gesellschaftshandeln' im engeren Sinn, ist hingegen derjenige Akt, der eine getroffene Vereinbarung implementiert. Dieses Handeln nennt Weber auch 'gesellschaftsgeregeltes' Handeln. Neben dem konstitutiven und dem implementativen Akt könnte man noch die Revision der Vereinbarung als eigenen Typ des Gesellschaftshandelns anführen. Dieses Handeln nennt Weber „gesellschaftsbezogen".[54]

Die Unterscheidung zwischen der Konstitution und der Implementation der gesellschaftlichen sozialen Beziehung war Weber so wichtig, daß er sie in einem eigenen Abschnitt des *Kategorienaufsatzes* behandelt. Dieser Abschnitt trägt zudem das entsprechende Begriffspaar „Vergesellschaftung und Gesellschaftshandeln" als Überschrift. Um so erstaunlicher ist, daß die analogen Unterscheidungen beim Einverständnishandeln gänzlich fehlen. Man müßte sie also ergänzen. Im Grunde genommen fehlen sie aber auch bereits beim Gemeinschaftshandeln ('Beziehungshandeln'), bei dem man ebensogut zwischen Konstitutions-, Revisions- und Implementationsaspekt des Handelns hätte unterscheiden können. Folgende Tabelle stellt den Versuch dar, diese Lücken in Webers Begrifflichkeit zu füllen:

---

54 KvS 447. Weber definiert das „gesellschaftsbezogene" Handeln freilich nicht nur als dasjenige, das auf die „Änderung und Ergänzung" (i.e. Revision) der Ordnung gerichtet ist, sondern auch als das, welches „auf die planvolle allgemeine Durchsetzung ihrer empirischen Geltung" gerichtet ist. Dieses geltungserweiternde Handeln läßt sich meines Erachtens aber auch als 'Revision' der Vereinbarung auffassen in dem Sinne, als der Beteiligtenkreis revidiert, nämlich erweitert, wird. Denn idealtypischerweise ist natürlich auch die Definition des Beteiligtenkreises Bestandteil der Vereinbarung (vgl. KvS 447), seine Veränderung demnach eine Revision der Vereinbarung.

Tabelle 1 Handlungstypen des „Kategorienaufsatzes"

	Konstitutionsaspekt	Revisionsaspekt	Implementationsaspekt
Ohne doppelte Kontingenz	**Gemeinschaftshandeln**		
	Vergemeinschaftungshandeln[55]	Gemeinschaftsbezogenes Handeln[56]	Gemeinschaftsgeregeltes Handeln[57]
Mit doppelter Kontingenz aber ohne Explizität	**Einverständnishandeln**		
	Einverständnisherbeiführendes Handeln[58]	Einverständnisbezogenes Handeln[59]	Einverständnisgeregeltes Handeln[60]
Mit doppelter Kontingenz und Explizität	**Gesellschaftshandeln**		
	Vergesellschaftungshandeln[61]	Gesellschaftsbezogenes Handeln[62]	Gesellschaftsgeregeltes Handeln[63]

Wenn man mehr über die Entstehungsursachen und -mechanismen von Gemeinschaften in Erfahrung bringen wollte, müßte man Webers Voraussetzungen entsprechend fragen, warum und wie bestimmte Interaktionsgewohnheiten entstehen.[64] Diese Frage entspricht letztlich der nach dem Anfang menschlicher Sozialität und Kultur und sei an die Evolutionstheorie und Anthropologie verwiesen. Auf weitergehende diesbezügliche Betrachtungen muß an dieser Stelle verzichtet werden, da sie den begrifflichen und theoretischen Rahmen des *Kategorienaufsatzes* sprengen würden.

---

55 Erwerb von Wissen über Sinnorientierungen, die andere benutzen. Dadurch kommt ein Akteur in die Lage, Erwartungen über das Verhalten anderer zu hegen und dadurch zum Gemeinschaftsakteur zu werden.
56 Veränderung des durch Vergemeinschaftungshandeln erworbenen Wissens über Sinnorientierungen, die andere benutzen.
57 Nutzung des durch Vergemeinschaftungs- und gemeinschaftsbezogenen Handelns erworbenen Wissens, indem das eigene Handeln an den Erwartungen orientiert wird, die man über das Verhalten anderer hegt.
58 Eine Mehrzahl von Personen erwirbt Wissen darüber, daß die jeweils anderen Wissen über EGO erworben haben und aufgrund dessen Erwartungen über EGOs Verhalten hegen. Dieses Wissen (soz. ‚Wissen zweiter Ordnung') versetzt EGO in die Lage, Erwartungen zweiter Ordnung zu hegen, i.e. die sog. ‚Erwartungserwartungen' zu hegen.
59 Veränderung obiger Erwartungserwartungen.
60 Orientierung des eigenen Handelns an obigen Erwartungserwartungen.
61 Explikation (i.S.v. Artikulation mit dem Anspruch darauf, daß andere das Artikulierte als für sich verbindlich betrachten) von Erwartungserwartungen.
62 Veränderung explizierter Erwartungserwartungen.
63 Orientierung des eigenen Handelns an explizierten Erwartungserwartungen.
64 Viel Aufschlußreiches dazu in Shils 1981: Tradition.

1.2.5 Transformationen von Gemeinschaft

Blickt man von einer vollzogenen 'Vergesellschaftung' zurück zu den möglichen Ausgangszuständen, so lassen sich drei Transformationen unterscheiden:
a) Vergesellschaftung zwischen Akteuren, die zuvor nicht einmal Gemeinschaftsakteure (soziale Akteure) waren;
b) Vergesellschaftung von Gemeinschaftsakteuren (i.e. die Überführung von Gemeinschaftshandeln in rationales Einverständnishandeln);
c) Vergesellschaftung von Einverständnisakteuren (i.e. die Überführung eines bereits bestehenden einverständlichen Gemeinschaftshandelns in rationales Einverständnishandeln).

Da Weber seine Begriffe entlang des rationalsten Falles in idealtypischem Vorgehen bildet, erscheinen ihm die drei Ausgangszustände gleichermaßen „amorph"[65]. Indes, die sozialen Kontexte der vergesellschaftenden Vereinbarung weisen zwischen den drei Fällen enorme Unterschiede auf. Im Fall a) existieren keine vorgängigen Vergemeinschaftungen, im Fall b) fehlt ein der Vergesellschaftung vorgängiges Einverständnis und im Fall c) kann 'Vergesellschaftung' eine bloße Explizierung von längst vorhandenen und geltenden Einverständnissen sein.

Erst die Ausübung von Herrschaft mache „aus einem amorphen Gemeinschaftshandeln" eine „rationale Vergesellschaftung"[66]:

„Die Bürokratisierung ist d a s spezifische Mittel, {einverständliches} 'Gemeinschaftshandeln' in rational geordnetes 'Gesellschaftshandeln' zu überführen. Als Instrument der 'Vergesellschaftung' der Herrschaftsbeziehungen war und ist sie daher ein Machtmittel allerersten Ranges für den, der über den bürokratischen Apparat verfügt. Denn unter sonst gleichen Chancen ist planvoll geordnetes und geleitetes 'Gesellschaftshandeln' jedem widerstrebenden 'Massen'- oder auch 'Gemeinschaftshandeln überlegen."[67]

Webers zeigt sich sorglos gegenüber dem naheliegenden Einwand, daß in der von ihm gebildeten Begriffsapparatur außer der rationalen Vergesellschaftung seiner Soziologie im Grunde genommen nur 'Amorphes' sichtbar wird. In den unmittelbar folgenden Sätzen behauptet er die 'Überlegenheit' des 'Gesellschaftshandelns' über die beiden Typen des 'Massenhandelns' und 'Gemeinschaftshandelns'. Das 'Gemeinschaftshandeln' ist für Webers *Verstehende Soziologie* zunächst einmal in einem methodologischen Sinne 'amorph', jedenfalls im Vergleich zum Gesellschaftshandeln. Nun gesellt sich hier zu dem methodologischen Vorteil des 'Gesellschaftshandelns' offenbar noch ein em-

---

65 Als „amorph" bezeichnet Weber an einigen Stellen (KvS 461, 452, 462, 465) sowohl das einfache Gemeinschaftshandeln wie das einfache Einverständnishandeln.
66 WuG 541, ähnlich KvS 470f.
67 WuG 569f. Die Ergänzung „{einverständliches}" stammt von J. Winckelmann, der offenbar davon ausgeht, das alles soziale Handeln, welches nicht Gesellschaftshandeln ist, Einverständnishandeln sein muß - eine falsche Annahme, wie oben gezeigt wurde.

pirischer: Das 'Gesellschaftshandeln', so Weber, sei nicht nur weniger amorph, sondern auch anderen Arten des Handelns 'überlegen'. Diese These von der – machtmäßig aufgefaßten und herrschaftssoziologisch zu deutenden – Überlegenheit des 'Gesellschaftshandelns' über das 'Gemeinschaftshandeln' ist auch und nicht zuletzt evolutionstheoretisch relevant. Sie wird uns im Zusammenhang der Analyse der calvinistischen Gemeinschaftsbildung noch intensiver beschäftigen (s. u.).

Webers Argumentation wäre an dieser Stelle überzeugender gewesen, wenn er die drei objektiv möglichen Transformationswege, die zu einer 'Vergesellschaftung' führen, unterschieden hätte. Denn nur für einen von diesen gilt überhaupt das Argument machtmäßiger Überlegenheit: Nur die Explikation von vor jeglicher rationaler Vereinbarung bereits vorhandenen Einverständniselementen bringt überhaupt jenen organisatorischen Vorteil, den Weber hier im Auge hat. Nur die aus dem einverständlich-gemeinschaftlichen Bauch eines Kreises von Personen herauswachsenden zweckrationalen Vereinbarungen genießen überhaupt jene Verankerung in der Lebenspraxis, die verhindert, das eine 'in der Luft hängende' Organisation bloß übergestülpt wird. Ohne eine den rationalen Vereinbarungen in diesem Sinne entgegenkommende Kultur als einem Bestand von gemeinsamen Überzeugungen, selbstverständlichen Praktiken und fraglos innegehaltenen Traditionen würde die durch Vergesellschaftung gewonnene Macht bestenfalls zu ihrer eigenen Aufrechterhaltung ausreichen. Eine derart aufgebaute Herrschaftsbeziehung wäre wohl voll und ganz damit ausgelastet, ständig ihre eigene Akzeptanz zu beschaffen und zu sichern.[68] Damit hätte sie jeglichen Macht-Vorteil, der in Konkurrenz-Situationen oder gar evolutionär ausschlaggebend sein kann, eingebüßt. Also kann Weber hier nur die Vergesellschaftung von zuvor bereits wenigstens einverständnishaft Vergemeinschafteten gemeint haben. Allerdings ist noch ein zweite Möglichkeit der Vergesellschaftung denkbar, die einen Machtvorteil wahren würde. Sie besteht in einer gemeinschaftlichen Verankerung der 'Vergesellschaftung' post factum. Immerhin ist es denkbar, daß eine Personenmehrheit durch oktroyierte 'Vergesellschaftung' in ihren Wertüberzeugungen, ihrem Gefühlshaushalt und ihren Gewohnheiten derartig geändert wird, daß eine zunächst der Gemeinschaft fremde Regelung auch tiefenwirksam enkulturiert wird. Daher stellt Weber schon im *Kategorienaufsatz* fest:

„(Es) pflegt fast jeder Vergesellschaftung ein über den Umkreis ihrer rationalen Zwecke hinaus übergreifendes ('vergesellschaftungsbedingtes') Einverständnishandeln zwischen den Vergesellschafteten zu entspringen."(KvS 461)

---

68 Zu Begriff und Phänomen „Akzeptanz" ist sehr instruktiv Lucke 1995: Akzeptanz. Über die Notwendigkeit eines Akzeptanzunterbaus vgl. insbesondere den Versuch einer „Legitimation ohne Akzeptanz" (ebd. S. 475f.).

Gegenüber diesen beiden Fällen bleibt die 'einverständnisfremde Vergesellschaftung' in den handlungstheoretischen Begriffen der *Verstehenden Soziologie* unterbelichtet, wenn ihr auch in der Herrschaftssoziologie im Phänomen der bloß formal rationalen Bürokratisierung ein Großteil der Aufmerksamkeit Webers zuteil wird.

1.3 Gemeinschaft als Zusammengehörigkeitsgefühl: *„Soziologische Grundbegriffe'*

Die Definition der Begriffe 'Vergemeinschaftung' und 'Vergesellschaftung' in den *Soziologischen Grundbegriffen* aus *WuG* enthalten gegenüber der KvS-Terminologie einen neuen Grundbegriff: die 'soziale Beziehung'. Neu ist auch der Begriff der 'Einstellung' und der der „Zusammengehörigkeit" (WuG 21). Die vier Handlungstypen (zweck- und werrational, affektuell und traditional) tauchen erneut auf, werden aber von Weber durch folgende Formulierungen in den zwei Typen sozialer Beziehungen zusammengefaßt:

„'Vergemeinschaftung' soll eine soziale Beziehung heißen, wenn und soweit die Einstellung des sozialen Handelns ... auf subjektiv *gefühlter* (affektueller oder traditionaler) *Zusammengehörigkeit* beruht.

'Vergesellschaftung' soll eine soziale Beziehung dann heißen, wenn und soweit die Einstellung des sozialen Handelns auf rational (wert- oder zweckrational) motiviertem Interessen*ausgleich* oder auf ebenso motivierter Interessen*verbindung* beruht." (WuG 21, Hervorh. im Orig.)

Vor diesem Hintergrund könnte man nun also die Handlungstypen der „Soziologischen Grundbegriffe" nach ihrer sozialen Ausrichtung und ihrer Rationalität tabellarisch folgendermaßen anordnen:

Tabelle 2 Handlungstypen der „Soziologischen Grundbegriffe"

	Rationale Typen		Nichtrationale Typen	
Handeln (Sinnhaftigkeit)	zweckrationales Handeln	wertrationales Handeln	Affektuelles Handeln	Traditionales Handeln
Soziales Handeln (Orientierung an anderen)	zweckrationales soziales Handeln	wertrationales soziales Handeln	Affektuelles soziales Handeln	Traditionales soziales Handeln
Handeln in sozialen Beziehungen (Gegenseitigkeit der Orientierung an anderen)	gesellschaftliches Handeln = Vergesellschaftung Inhalt: Interessenkoordination Motivation: zweck- oder wertrational		gemeinschaftliches Handeln = Vergemeinschaftung Inhalt (und Motiv?): 'Gefühl' (=Intuition) affektueller oder traditionaler Zusammengehörigkeit	

'Subjektives Fühlen' bildet hier den Gegenbegriff zur 'rationalen Motivation'. Es faßt affektuelles und traditionales Handeln zusammen zu einer einzigen Beziehungskategorie 'Vergemeinschaftung'.[69] Diese liegt vor, wenn eine so-

---

69 Münch bspw. unterschlägt die „affektuelle Vergemeinschaftung", weil er das Gemeinschaftshandeln zur Gänze dem traditionalen Handlungstyp zuordnen muß. So wirken sich in seinem Modell Emotionen nur in der Form charismatischer Herrschaft gemeinschaftsbildend aus, nicht aber in der Stiftung von Zusammengehörigkeitsgefühl auch unabhängig von Herrschaft, wie Weber sie durchaus vorgesehen hatte. Wenn Münch sein Modell konsequent auf die von Weber gegebenen Beispiele affektueller Vergemeinschaftungen anwenden wollte, dann wären „eine pneumatische Brüdergemeinde, eine erotische Beziehung...eine 'nationale Gemeinschaft', eine kameradschaftliche zusammenhaltende Truppe", schließlich die „Familiengemeinschaft" (WuG 22) als „oktroyiertes Gesellschaftshandeln" bzw. „Machteinverständnishandeln" aufzufassen - eine reichlich fragwürdige Konsequenz aus Münchs Weber-Rekonstruktion. Die Integrationsfunktion im engeren Sinne, also der Webersche Vergemeinschaftung, obliegt in Münchs Schema allein dem traditionalen Handeln. Jedoch kommt Münch nicht ohne die bemerkenswerte Konzession aus, die Penetration des affektuellen Handelns durch das traditionale als „affektuelle Bindung an andere im affektuellen Handeln" Münch 1982: Theorie des Handelns: 565 zu bezeichnen. Während

ziale Beziehung in Abwesenheit zweck- oder wertrationaler Motive Bestand hat. Weber meidet das Wort 'Motiv' im Zusammenhang mit der Vergemeinschaftung, betont es hingegen für die Vergesellschaftung. Zwar stellt die Vergemeinschaftung einen Sinngehalt bzw. eine Handlungsorientierung dar (WuG 22), aber ein klares und bewußtes Handlungs*motiv* zur Kennzeichnung der Vergemeinschaftung fehlt. 'Bewußt' heißen bezeichnenderweise lediglich die „Gegensätze gegen Dritte" (WuG 23), die dann ein „Gemeinschaftsgefühl"[70] entstehen lassen können.

In diesem Zusammenhang hilft eine Erinnerung an Webers methodologische Feststellungen über das idealtypische Vorgehen:

> „das r e a l e Handeln verläuft in der großen Masse seiner Fälle in dumpfer Halbbewußtheit oder Unbewußtheit seines 'gemeinten Sinnes'. Der Handelnde 'fühlt' ihn mehr unbestimmt, als daß er ihn wüßte oder 'sich klar machte', handelt in der Mehrzahl der Fälle triebhaft oder gewohnheitsmäßig. Nur gelegentlich ... wird ein (sei es rationaler, sei es irrationaler) Sinn des Handelns in das Bewußtsein gehoben." (WuG 10)

Betrachtet man diese Textstelle aus der Sicht der Gemeinschaftsdefinition, stellt sich folgende Frage: Ist das 'subjektive Fühlen', von dem in der Vergemeinschaftungsdefinition die Rede ist, gleichzusetzen mit jenem 'unbestimmten Fühlen des gemeinten Sinnes' in obiger Textstelle? Ist dies der Fall, dann wäre der überwiegende Teil aller sozialen Beziehungen 'gemeinschaftlicher' Art, da die Mehrzahl aller realen Handlungen halb- oder unbewußt ihres 'gemeinten Sinnes' entweder 'triebhaft' oder 'gewohnheitsmäßig' ablaufen.

Man stößt hier auf die gleichen Schwierigkeiten, die in den Rekonstruktionsversuchen der vier Weberschen Handlungstypen auftauchen.[71] Der Ratio-

---

traditionales Handeln den Akteur an konkrete Norm- oder Wertinterpretationen bindet, erfolgt im affektuellen Handeln eine norm- und wertfreie Bindung der Affekte an die gewohnten Personen. Münch konzediert die Differenz zu Weber: „Weber versteht unter dem affektuellen Handeln mehr das spontane subjektiv-dispositional aus augenblicklichen Gefühlslagen heraus entstehende Handeln. Auf sozialer Ebene ist es die von charismatischen Führern mobilisierte Gefühlserregung. In dieser Bedeutung tendiert es im Handlungsraum zur Komponente der situativen Zielspezifikation und ist von der mehr in Solidarität verankerten affektuellen Verbundenheit der Mitglieder einer Gemeinschaft zu unterscheiden, die im Handlungsraum der normativen Schließung des Handlungsspielraums zuneigt. In dieser Bedeutung ist affektive Bindung ein generelles Medium des Gemeinschaftshandelns." (Münch 1982: Theorie des Handelns: 563f.). Man sieht: Münch erkennt, daß Webers „affektuelles Handeln" an sich noch keine erkennbaren gemeinschaftsstiftenden Qualitäten hat. Es ist insofern eine richtige Strategie, wenn Münch diesen Mangel durch Rückgang auf Webers herrschaftssoziologischen Charisma-Begriff einerseits und durch die Kategorie der Solidarität als einer affektuellen Vergemeinschaftung andererseits zu beheben versucht, wie es auch Gerhards versucht hat (Gerhards 1989: Affektuelles Handeln).

70 Vgl. dazu unten die Ausführungen zum „Gemeinsamkeitsglauben". Den „'ethnischen' Gemeinsamkeitsglauben" betrachtet Weber als einen der entscheidenden Faktoren für das Aufkommen von „Gemeinschaftsgefühl" (WuG 237ff.).

71 Döbert 1989: Max Webers Handlungstheorie: 210-249; Schluchter 1979: Entwicklung des okz. Rationalismus; Habermas 1981a: Theorie des kommunikativen Handelns Bd. 1; Kalberg 1981: Max Webers Typen der Rationalität.

nalitätsgrad von 'Vergemeinschaftung', bzw. des affektuellen und traditionalen Handelns ist fraglich. Ein Minimum an Rationalität im Sinne von Kommunikabilität muß aber rein methodologisch vorausgesetzt werden, um *Verstehende Soziologie* betreiben zu können[72]: auch das rein gefühlsmäßige wie das gewohnheitsmäßige Handeln muß sinnhaft verständlich aufgefaßt werden, um überhaupt verstehenssoziologisch faßbar zu sein, wird aber, je mehr dies der Fall ist, desto stärker dem zweck- oder wertrationalen Handeln angenähert sein. Jedenfalls hält Weber die Möglichkeit offen, sowohl im *Bewußtsein eines irrationalen Sinnes* als auch *ohne klares Bewußtsein, aber mit rationaler Sinnorientierung* zu handeln. Daraus muß man schlußfolgern, daß Handlungsbewußtsein und Handlungsrationalität unabhängig voneinander variieren können.[73]

Weber ist bemüht, die beiden Definitionen parallel zu konstruieren. Weniger auffällig ist die Abweichung von dieser Parallelität: die jeweiligen Klammerausdrücke '(affektueller oder traditionaler)' und '(wert- oder zweckrational)' haben unterschiedliche Bezüge. Ich versuche dies mithilfe folgender möglicher Formulierungen zu verdeutlichen, in der die beiden Definitionen abgeändert wurden, um sie wirklich strikt parallel zu konstruieren:

Möglichkeit 1:

Vergemeinschaftung soll eine soziale Beziehung heißen, wenn und soweit die Einstellung des sozialen Handelns auf *subjektiv (affektuell oder traditional) gefühlter* Zusammengehörigkeit beruht.

„Vergesellschaftung" soll eine soziale Beziehung dann heißen, wenn und soweit die Einstellung des sozialen Handelns auf *rational (wert- oder zweckrational) motiviertem* Interessenausgleich oder auf ebenso motivierter Interessenverbindung beruht." (WuG 21)

Möglichkeit 2:

„Vergemeinschaftung" soll eine soziale Beziehung heißen, wenn und soweit die Einstellung des sozialen Handelns – im Einzelfall oder im Durchschnitt oder im reinen Typus – auf *subjektiv gefühlter (affektueller oder traditionaler)* Zusammengehörigkeit der Beteiligten beruht." (WuG 21)

Vergesellschaftung soll eine soziale Beziehung dann heißen, wenn und soweit die Einstellung des sozialen Handelns auf *rational motiviertem (wert- oder zweckrationalem)* Interessenausgleich oder auf ebenso motivierter Interessenverbindung beruht.[74]

Webers Definitionen von 'Vergemeinschaftung' und 'Vergesellschaftung' sind entgegen dem ersten Anschein weder in sich eindeutig noch zum bisherigen Begriffsbildungsmodus passend. Bei der Vergemeinschaftung, auf die es

---

72 Vgl. Weiß 1981: Rationalität als Kommunikabilität.
73 Vgl. unten Fn. 75
74 Kursivsetzungen durch den Verf.

hier ankommt, beruht die Einstellung des sozialen Handelns nicht auf einer faktisch gegebenen Zusammengehörigkeit, die man dann subjektiv fühlen könne, sondern auf dem subjektiven Gefühl, dessen Inhalt 'Zusammengehörigkeit' ist.[75] Dies ist für alle weiteren Erwägungen unbedingt festzuhalten. Es gehört offenbar in Webers Programm der Entsubstantialisierung der Kollektivbegriffe.

Der Begriff der 'sozialen Beziehung' ist für die Analyse der Mechanismen der Gemeinschaftsbildung ebenfalls von entscheidender Bedeutung.[76] Eine solche Beziehung liegt vor, wenn „ein seinem Sinngehalt nach aufeinander gegenseitig eingestelltes und dadurch orientiertes Sichverhalten mehrerer" stattfindet (WuG 13). Da die Bedeutung der Beziehungskategorie bei der Analyse des *Kategorienaufsatzes* bereits deutlich wurde, kann an dieser Stelle auf weitergehende Ausführungen verzichtet werden.

1.3.1 Vergemeinschaftungsinhalt und Vergemeinschaftungsmotiv – Probleme einer notwendigen Unterscheidung

Obwohl Weber sicherlich darin zuzustimmen ist, daß die Übergänge zwischen den soziologischen Begriffen stets fließend sein werden und die Dynamik und Komplexität des empirischen Sozialen auch nicht annähernd erfassen können, müssen Begriffe dennoch so klar und scharf wie möglich geprägt werden. Erst nachdem Weber den Zweckverein präzise definiert hat, stellt er fest, daß selbst die nüchternsten Zweckvereine „Gefühlswerte stiften" (WuG 22). Auch seine subtile Unterscheidung von Vergemeinschaftung und Vergesellschaftung relativiert Weber durch den Satz: „Die große Mehrzahl sozialer Beziehungen aber hat teils den Charakter der Vergemeinschaftung, teils den der Vergesellschaftung" (WuG 22).

Eine Unterscheidung, auf die nicht verzichtet werden kann und die auch nicht relativiert werden sollte, ist m.E. die zwischen Vergemeinschaftungsmotiv und Vergemeinschaftungsinhalt. Weber differenziert hier nicht klar, obwohl er doch auf die äquivalente Unterscheidung im Falle der Vergesellschaftung großen Wert gelegt hatte. Im *Kategorienaufsatz* war eben nicht nur die subjektiv zweckrationale Orientierung an der Satzung ein Definitions-

---

75 Dies sind wesentliche Unterschiede wenn man bedenkt, mit welchem Anspruch auf Relevanz in der Alltagswelt Zusammengehörigkeiten behauptet, geglaubt und dann handlungsrelevant werden. Diesen Verdinglichungen von „Gemeinschaften" entzieht Weber schon hier rein begrifflich und definitorisch den Boden, indem er ein „subjektives Fühlen" zur eigentlichen Grundlage der Vergemeinschaftung erhebt.

76 Allerbeck bezeichnet zu Recht die „soziale Beziehung" als „gern vernachlässigte Webersche Kategorie". (Allerbeck 1982: Zur formalen Struktur einiger Kategorien: 668.) Diese relative Mißachtung eines integralen Konzeptes Weberscher Soziologie innerhalb der Fachliteratur trifft auf die „Vergemeinschaftung" als einer besonderen Form nichtrationaler sozialer Beziehungen umso stärker zu.

merkmal (= Vergesellschaftungsmotiv), sondern gleichfalls die Zweckrationalität der Satzung selbst (Vergesellschaftungsinhalt). Auch im Tausch ist die Aneignung eines Gutes beispielsweise das Vergesellschaftungsmotiv, die Tauschregeln bilden den davon verschiedenen Vergesellschaftungsinhalt: Beispielsweise die Regel, das eigene Gut ohne Rückforderungsanspruch herzugeben und die eigene Verfügungsgewalt darüber an den Tauschpartner abzutreten. Die Vergesellschaftungsmotive sind jeweils die 'Zwecke' und 'Werte' der Akteure, ihre Inhalte die Interessenausgleiche oder -verbindungen. Entsprechend gilt für die Vergemeinschaftung, daß 'Affekt' und 'Tradition' die *Motive* für das Eingehen der sozialen Beziehung bilden, während die 'Zusammengehörigkeit' den *Inhalt*, oder wie Weber sagt: den *Sinngehalt* der Beziehung ausmacht.

Weber wählt den Ausdruck 'subjektiv gefühlt' zur Abgrenzung von den beiden Formen der Rationalität, nicht zur Bezeichnung eines Affektes. Dieses 'Fühlen' ist der Ausdruck Webers für eine Klasse von subrationalen Quasi-Motiven, die affektuelle und traditionale Handlungsantriebe zusammenfaßt. Da keine benennbaren rationalen Motive die Schöpfer und Mitglieder der Vergemeinschaftung anzutreiben scheinen, es sich aber andererseits definitionsgemäß auch nicht um sinnfremdes Verhalten (also beispielsweise Massen-, Nachahmungs- oder psychosomatische Effekte) handeln soll, muß Weber eine griffige Kurzformel für jene Sinnorientierung aufbieten. Diese hatte er in den zuvor gegebenen Erläuterungen als ein Handeln „in dumpfer Halbbewußtheit oder Unbewußtheit seines 'gemeinten Sinns'" (WuG 10), den der Handelnde mehr 'fühlt' (!) als klar und bewußt vor Augen hat", beschrieben.[77]

'Zusammengehörigkeit' ist also Sinngehalt für 'Vergemeinschaftungen' wie 'Interessenverbindung und -ausgleich' für die 'Vergesellschaftung'. So wie vergesellschaftetes Handeln sich an einer *die Interessenverbindung explizierenden Vereinbarung* orientiert, orientiert sich vergemeinschaftetes Handeln an einer *die Zusammengehörigkeit implizierenden Intuition.*[78] Der 'Tausch' ist beispielsweise eine 'Vergesellschaftung', die durch Erwerbstrieb motiviert, aber durch die Tauschregeln konstituiert wird, die erotische Beziehung ist eine 'Vergemeinschaftung', die durch Zuneigungsaffekte motiviert, aber durch gewisse Regeln beispielsweise des Flirts konstituiert wird. Diese letzteren Regeln sind freilich den Akteuren intuitiv gegeben und nicht explizit

---

77 Methodisch strikt müßte jede 'Hebung ins Bewußtsein' als 'Rationalisierung' gelten, insofern jemand, der den irrationalen Sinn seines Handelns „sich klar machte" (WuG 10), dies natürlich nur von einem rationalen Standpunkt aus tun kann. Weber läßt hier ungeschieden zwei Rationalitätsbegriffe ineinanderfließen: Rationalität als Kontrolle eigenen Handelns qua aktueller Bewußtheit einerseits und Rationalität als Reflexion auf künftiges oder vergangenes Handeln andererseits. Nur im letzteren Fall ist ein Bewußtsein von Irrationalität logisch denkbar.

78 Ich schlage den Begriff „Intuition" als Ersatz für Webers irreführenden Begriff (Gemeinschafts-)"Gefühl" vor, um seiner Verwechselung mit „Affekt" und einer Unterschlagung der „Tradition" vorzubeugen.

vereinbart. Dennoch kann man ihre Existenz als Arbeitshypothese annehmen, weil sich ihre Geltung in den tatsächlichen Regelmäßigkeiten faktischer Handlungsabläufe zeigt. Da soziologisch relevante Dokumentationen des Sinngehaltes von Vergemeinschaftungen kaum jemals in Form von ausdrücklichen Willenserklärungen und Kontrakten der Beteiligten vorliegen, behilft sich die *Verstehende Soziologie* mit der Konstruktion, die Weber im *Kategorienaufsatz* 'als-ob'-Effekt genannt hat (KvS 452): Das praktische Handeln läuft im Effekt ganz so ab, 'als ob' es eine Vereinbarung bestimmten Inhaltes gegeben hätte. Da das funktionale Äquivalent der 'Vereinbarung' nur implizit als diffuse Zusammengehörigkeitsintuition vorhanden ist, die beteiligten Akteure es aber als für ihr Verhalten praktisch gültig behandeln, kann man mit Berechtigung annehmen, daß die Akteure zumindest prinzipiell den subjektiv gemeinten Sinngehalt auch artikulieren könnten.

Der Beziehungssinngehalt 'Zusammengehörigkeit' bildet sich in folgenden Schritten heraus. Beginnend bei einer bloß objektiven „Gemeinsamkeit der Qualitäten, der Situation oder des Verhaltens" (WuG 22) als der ersten Stufe, die begrifflich noch keinerlei Vergemeinschaftungsaspekte enthält, sondern nur ein Arsenal erster Anlässe dafür bereithält, kann man sich in einem zweiten Schritt eine räumlich oder soziale Isolierung (oder beides) gegenüber der sonstigen Umwelt als vergemeinschaftungserleichterndes Moment vorstellen. 'Soziale Isolierung' bedeutet hier eine Beschränkung des Umgangs mit der sozialen Umwelt, die über die geographische Segregation hinaus den Umgang mit anderen hemmt, wie es etwa endogame Traditionen, Xenophobie, Standeskonventionen oder restriktive Staatsbürgerrechtspraktiken tun.

Diesem zweiten Schritt ist allerdings bereits eine entscheidende Entwicklung vorausgegangen, die überhaupt erst die Bedingung der Möglichkeit derartiger sozialer Isolation darstellt: die *Markierung der zu Isolierenden*. Erst sie ermöglicht überhaupt die Unterscheidung zwischen den zu Isolierenden und ihrer Umwelt. Sie bedient sich zumeist jener objektiven Merkmale, die rein äußerlich auffällig sind und daher die beabsichtigte Markierung plausibel machen.

In einem dritten Schritt können dann die einzelnen Betroffenen erstmals die Ähnlichkeit ihrer Situation wahrnehmen und auf diese Situation gleichartig reagieren. Wenn sie sich dabei am Verhalten der 'Ausgrenzer' orientieren, liegt natürlich soziales Handeln vor. Allerdings legt Weber Wert darauf, daß er hier noch immer nicht von einer Vergemeinschaftung sprechen will, was nach allem bisher Gesagten nur konsequent ist, da die soziale Beziehung Reziprozität voraussetzt, die hier noch nicht gegeben ist. Vielmehr könnte man hier von einer 'Gemeinsamkeit'[79] sprechen. Ein Gemeinschaftsbewußtsein hat sich noch nicht entwickelt. Selbst wenn nun in einem vierten Schritt die Ak-

---

79 Im Grund genommen handelt es sich um eine bloße Merkmalsklasse. Allerdings geht es um Merkmale, die prädestiniert sind, Gemeinschaftsbildung hervorzurufen.

teure beginnen würden, ihr Verhalten aneinander zu orientieren und damit das Beziehungskriterium der Reziprozität erfüllen würden, läge wohlgemerkt noch immer nicht das vor, was Weber unter Vergemeinschaftung versteht. In der Tat wäre beispielsweise eine bloße Zunahme des Binnentauschverkehrs unter den Isolierten keine Vergemeinschaftung, sondern lediglich eine Zunahme von Gelegenheitsvergesellschaftungen.

Sogar ein gemeinsamer Straßenprotest der Isolierten gegen die Segregation und Ausgrenzung entbehrte noch des letzten Gliedes in der Kette, die zur Vergemeinschaftung führt: die Zusammengehörigkeitsintuition und das durch sie orientierte Handeln. Denn es könnte sich bei diesem Demonstrationszug ebenso um eine gänzlich ephemere Zweckvergesellschaftung handeln, die allein die Revision der Ausgrenzung anstrebt und nach der Erreichung dieses gemeinsamen Zweckes zerfällt. Dann haben die einzelnen Ausgegrenzten sich nur als Interessenten an dieser Revision zusammengefunden ohne daß ihr Handeln „eine gefühlte Zusammengehörigkeit dokumentiert" (WuG 22).

Was aber eine methodisch gültige Dokumentation gefühlter Zusammengehörigkeit sei, darüber gibt Weber wenig Auskunft. Klar ist lediglich, daß Akteure, die sich aus persönlichen Interessen mit einer Gruppe solidarisieren, keine solchen Zusammengehörigkeitsgefühle dokumentieren. Wenn man hier von Vergemeinschaftung im Sinne Webers sprechen wollte, dann wäre sie als im wesentlichen 'inadäquat verursachte' Vergemeinschaftung zu bezeichnen, da die Akteure zweckrational motiviert sind. Aber selbst diese Verwendung des Begriffs 'Vergemeinschaftung' würde voraussetzen, daß zumindest bei einem relevanten Teil der Akteure die Zusammengehörigkeitsvorstellung die Sinnorientierung mitbestimmt. Dieser Fall ist der Frage vergleichbar, wann man vom 'Gelten' einer 'legitimen Ordnung' sprechen könnte. Hier schreibt Weber nämlich:

„Wir wollen b) nur dann von einem 'Gelten' dieser Ordnung sprechen, wenn diese tatsächliche Orientierung an jenen 'Maximen' mindestens a u c h (also in einem praktisch ins Gewicht fallenden Maß) deshalb erfolgt, weil sie als irgendwie f ü r das Handeln geltend: verbindlich oder vorbildlich, angesehen werden. Tatsächlich findet die Orientierung des Handelns an einer Ordnung naturgemäß bei den Beteiligten aus sehr verschiedenen Motiven statt. Aber der Umstand, daß n e b e n den andern Motiven die Ordnung mindestens einem Teil der Handelnden auch als vorbildlich oder verbindlich und also gelten s o l l e n d vorschwebt, steigert naturgemäß die Chance, daß das Handeln an ihr orientiert wird..." (WuG 16).

Entsprechendes gilt für die Vergemeinschaftung und das Zusammengehörigkeitsgefühl.

Es kommt darauf an, daß sich Leute am Gemeinschaftshandeln beteiligen, die nicht über das Interesse, sondern über den interesseindifferenten Gegensatz zu Dritten, die das relevant gewordene oder gemachte äußere Merkmal nicht tragen, angeleitet sind. Ein solches Handeln wäre eine Dokumentation einer Zusammengehörigkeitsintuition und damit Vergemeinschaftung.[80] Gleichzeitig ist Weber hiermit zu der Entsubstanzialisierung und Subjektivierung vorgedrungen, die er sich selbst als methodisches Postulat vorgegeben hatte: die objektiven, äußeren Merkmale von 'Gemeinschaft' werden begrifflich zur Nebensache, nämlich zu Faktoren, die die Vergemeinschaftung als Randbedingungen erleichtern oder hemmen, aber diese in ihrem wesentlichen Begriffsinhalt nicht ausmachen.

Zum Abschluß diese Exkurses in die Webersche Gemeinschafts-Terminologie 'letzter Hand' ist es hilfreich, sie den Begriffen des *Kategorienaufsatzes* gegenüberzustellen.[81] Auf diese Weise kann man erkennen, wo verschiedene Begriffe gleiche Bedeutungen haben beziehungsweise gleiche Begriffe verschiedene Bedeutungen.[82]

---

80 Gleichzeitig zeigt sich, wie schwierig es im Einzelfall ist, die gedanklich notwendige Trennung zwischen Motiv und Inhalt der Vergemeinschaftung wirklich praktisch und innerhalb Weberscher Begriffe durchzuführen, ohne daß Weber selber dies vorexerziert hätte. Doch ein Verzicht darauf bedeutete auch, sich der Unterscheidungsmöglichkeit von Vergemeinschaftungshandeln und Gemeinschaftshandeln zu begeben. Ohne sie entfällt aber sogar die Chance, eine „inadäquat verursachte Vergemeinschaftung" begrifflich fassen zu können. Darauf kann allerdings angesichts der empirischen Bedeutung vorgetäuschter Solidarisierung (die in Wirklichkeit eine Ausnutzung ist) schlechterdings nicht verzichtet werden.

81 Besonders interessant an Prewos schon erwähnter Studie ist, daß er in diesem Zusammenhang nicht zwei, sondern drei Terminologien annimmt: Kategorienaufsatz, Soziologische Grundbegriffe und eine dritte Begrifflichkeit, die sich angeblich im Kap. IX, der Herrschaftssoziologie finden soll und in welcher die Einverständniskategorie eliminiert, aber die Beziehungskategorie noch nicht eingeführt sei, die also in bestimmter Hinsicht eine Zwischenstellung zwischen Kategorienaufsatz und „Grundbegriffen" einnehme.Daß dem Begriff „Gemeinschaftshandeln" „jener übergeordnete Rang nicht zukommt", den in KvS das „Gemeinschaftshandeln", in WuG 1-180 das „soziale Handeln" einnehmen, vermag ich gegenüber Prewos Behauptung (1979: 376) nicht zu erkennen. Denn bereits der erste Satz der „Soziologie der Herrschaft" von WuG fährt im vom KvS gewohnten Sprachgebrauch fort: „'Herrschaft' in ihrem allgemeinsten, auf keinen konkreten Inhalt bezogenen Begriff ist eines der wichtigsten Elemente des Gemeinschaftshandelns. Zwar zeigt nicht alles Gemeinschaftshandeln herrschaftliche Struktur..." (WuG 541). Hier ist „Gemeinschaftshandeln" offensichtlich bedeutungsgleich mit „sozialem Handeln" und fungiert wie dieses als Oberbegriff. Prewo stößt sich offenbar daran, daß der Ausdruck „Gemeinschaftshandeln" wie gewohnt einmal genau das bezeichnet, was bei Weber später „soziales Handeln" heißen wird, ein andermal aber in einer auf den ersten Blick merkwürdig unentschieden erscheinenden Formulierung Webers in der Funktion eines Alternativbegriffes zum Gesellschaftshandeln auftritt. Ich vermag Prewos Bedenken zwar zu teilen, sehe aber keinen Anlaß, von einer dritten Terminologie zu sprechen.

82 Ich folge mit diesem Verfahren in allem wesentlichen Prewo. Allerdings verzichte ich im Unterschied zu Prewo darauf, die Tabelle dadurch zu vervollständigen, daß man einträgt, welcher Terminus bei konsistenter Verwendung im Weberschen Text hätte „vorkommen können" (Prewo 1979: 376). Siehe dazu auch die folgenden Ausführungen.

Tabelle 3 Grundbegriffe

Kategorienaufsatz von 1913	Soziologische Grundbegriffe von 1919/20
Gemeinschaftshandeln	Soziales Handeln
Einverständnis	Soziale Beziehung
Vergesellschaftung	Vergesellschaftung
Gesellschaftshandeln	
Zweckverein	Zweckverein
Gelegenheitsvergesellschaftung am Beispiel des Tausches	Tausch als eigener Idealtypus
	Gesinnungsverein
Vergemeinschaftung durch Einverständnis, Einverständnisvergemeinschaftung (abzüglich des reinen Kampfes) Einverständnishandeln	Vergemeinschaftung

Diese Zuordnungen können, wie oben dargelegt, natürlich nur mit äußerstem Bedacht vorgenommen werden. Die mangelnde Eindeutigkeit Weberscher Begriffsbildung, die zwischen Klassifikation und Typologie pendelt, wiegt besonders schwer in dem Fall der Vergemeinschaftung. Hier war ohnehin durch Webers methodologische Vorentscheidungen der soziologische Zugang im Vergleich zu den rationalen, gesellschaftlichen Fällen mit weniger Deutungsevidenz verbunden. Hinzu kommt nun die Kategorie des 'Zusammengehörigkeitsgefühls'. Mit ihr modifiziert Weber in gewissem Sinne seine Begriffsbildung. Daher interpretiere ich Weber hier folgendermaßen: Während bei der Vergesellschaftung individuelle Motive den Grund für das Eingehen der sozialen Beziehung abgeben, ist bei der Vergemeinschaftung die soziale Beziehung Grund des individuellen Handelns. Die soziologische Grundbedingung der Vergesellschaftung ist das Individuum mit seiner Fähigkeit, beliebige Zwecke als Handlungsmotive zu haben. Einige dieser Zwecke legen dem Individuum soziales Handeln (oder Beziehungshandeln) nahe. So kommt es zur Vergesellschaftung. Die soziologische Grundbedingung der Vergemeinschaftung ist zwar nun ebenfalls das Individuum –so will es der methodologische Individualismus Webers, jedoch diesmal nicht mit seiner Fähigkeit, beliebige Zwecke als Handlungsmotive zu haben, sondern mit der Fähigkeit, 'Gefühle' als Handlungsmotive zu haben. Diese Gefühle heften sich an ein 'Kollektiv', sind eine soziale, solidarische Intuition. Welch gewaltiger Unterschied dadurch zustande kommt, wird am deutlichsten, wenn man sich die Konsequenzen vorstellt, die ein Wechsel der Beziehungspartner für den jeweiligen Akteur hat. Löst man eine Vergesellschaftung auf, verbleiben nämlich Individuen, die nach wie vor Träger von Interessen sind und die sich nun andere Bezihungspartner für die Befriedigungen derselben Interessen suchen können. Löst man hingegen eine Vergemeinschaftung auf, verbleiben Individuen, die Gefühle haben, die nicht in gleicher Weise `modular` verwendbar sind wie die Interessen. Denn war ihre ehemalige Vergemeinschaftungsbeziehung nicht das einzig mögliche, exklusive Objekt ihres Zusammengehörigkeitsempfindens?

Man wird zwar nicht behaupten können, die sozialen Kreise, denen ein Individuum sich zugehörig fühlt, könnten sich überhaupt nicht wandeln. Indes scheint es offensichtlich, daß die allgemeine Disponibilität von 'Zusammengehörigkeitsgefühlen' bei weitem geringer ist als die von zweckrationalen Motiven zur Interessenkoordination. Seine Gefühle und Intuitionen sucht man sich nicht aus, seine Zwecke schon, und in Webers Augen: seine Werte auch. Um es überspitzt zu sagen: Die Auflösung von Vergesellschaftungen gefährdet eventuell die Interessenbefriedigung der Gesellschafter, die Auflösung von Vergemeinschaftungen gefährdet hingegen die *Identität* ihrer Mitglieder.[83]

1.3.2 'Öffnung' und 'Schließung' sozialer Beziehungen

Weber führt aus, daß „Offenheit und Geschlossenheit ...traditionell (!) oder affektuell oder wert- oder zweckrational bedingt sein" (WuG 24) können. Betrachtet man Webers Beispiele (WuG 24), dann fällt auf, daß diese Formen der 'Bedingtheit' der Schließung dem Sinngehalt der sozialen Beziehung jeweils genau entsprechen. Die traditionale Vergemeinschaftung 'Familie' pflegt Weber zufolge auch 'traditional geschlossen' zu sein, die affektuelle erotische Beziehung 'affektuell geschlossen', der zweckrationale ökonomische Verband 'zweckrational geschlossen' und schließlich der wertrationale

---

[83] Leider kann nicht endgültig festgestellt werden, ob Weber parallel zu den beiden Arten der Vergesellschaftungsmotive, den Zwecken und den Werten, auch zwei Arten dieser „Intuitionen" unterschieden haben wollte. Dagegen spräche, wie oben gezeigt, die Syntax der Weberschen Vergemeinschaftungsdefinition, die affektuell und traditional als Attribute zu „Zusammengehörigkeit" und nicht zu „subjektiv gefühlt" setzt. Dafür spricht lediglich die konsequente Fortsetzung der Systematik der vier Handlungstypen Webers. Allerdings wäre dann noch immer offen, ob man zusätzlich zur Unterscheidung von affektuellen und traditionalen Gemeinschaftsintuitionen noch einmal affektuelle und traditionale Intuitionsinhalte unterscheiden wollte, sprich die „Zusammengehörigkeit" einmal affektuell, einmal traditional auffassen will. Damit geriete man allerdings in ein kompliziertes gemeinschaftstypologisches Vier-Felder-Schema: angetrieben entweder von einem Affekt oder von einer Gewohnheit können Akteure dann sowohl affektuelle wie traditionale Zusammengehörigkeit zum Sinngehalt ihrer Vergemeinschaftung nehmen. Im Falle der Vergesellschaftung ist diese Kreuztabellierung leichter darstellbar: eine zweckrational motivierte Beteiligung an einem „Gesinnungsverein" und die wertrational motivierte Beteiligung am „Zweckverein" sind die beiden „inadäquat verursachten" Varianten, denen die „sinnadäquaten" gegenüberstehen: der zweckrational motivierte Zweckverein und der wertrational motivierte Gesinnungsverein.

Gesinnungsverein 'wertrational geschlossen'. Diese Klassifikation weckt natürlich Zweifel an der Stichhaltigkeit der Weberschen Distinktionen. Offenbar kann man die Art der Schließung bereits analytisch aus dem Sinngehalt der Beziehung schlußfolgern, wie man aus dem Begriff des 'Schimmels' auf die Farbe des gemeinten Pferdes schließen kann. Kurzum: Es würde sich um eine Tautologie handeln. Weber übergeht die Frage nach den 'inadäquat verursachten' Schließungen, also beispielsweise die affektuelle Schließung des Gesinnungsvereins oder die traditionale Schließung eines Zweckvereins. Erst die Erläuterung dieser Fälle hätte die Zweckmäßigkeit seiner Typologie der Schließungsarten erwiesen und ihnen den eigenen kategorialen Status gesichert. Daß die Art der Bedingtheit der Schließung etwas vom Vergesellschaftungsmotiv Verschiedenes ist, erhellt daraus, daß Weber explizit eigene Schließungsmotive wie Sicherung der Qualität der Mitglieder bzw. bestimmte Verknappungen von Konsum- oder Erwerbschancen anführt. Mir scheinen auch hier Webers begriffliche Distinktionen 'vergesellschaftungslastig' zu sein. Denn das typische Schließungsmotiv der Vergemeinschaftungen hätte er konsequenterweise von der Prestige- oder Gewinnmaximierungsabsicht der Vergesellschaftungsschließungen abheben und mit 'Solidaritätssicherung' angeben können.

Den Begriffen 'Öffnung' und 'Schließung' sozialer Beziehungen kommt meines Erachtens eine wichtige Bedeutung zu, wenn man sie statt unter dem konstruiert wirkenden Aspekt ihrer 'Bedingtheit' in Zusammenhang mit Webers Unterscheidung von ephemeren und perennierenden sozialen Beziehungen bringt. Man muß sich freilich davor hüten, apriori irgendeine Korrelation zwischen Exklusivität und Kontinuität anzunehmen. Jedoch könnte eine Kreuztabellierung dieser beiden Kategorienpaare aufschlußreiche Einsichten bringen. In ephemeren Beziehungen wie dem Tausch oder der Konversation[84] orientieren sich die Beteiligten an einer vereinbarten Ordnung (z. B. an der Eigentumsordnung oder den Regeln der gemeinsamen Sprache, der Grammatik, vgl. KvS 451). Aber diese Ordnung konstituiert keine 'Verbandsorgane', die die Identität der sozialen Beziehung in Raum und Zeit und über den Wechsel der beteiligten Personen hinaus wahren könnten. Dennoch überdauern soziale Beziehungen wie Tausch und Konversation in einer gewissen Hinsicht das Handeln bestimmter Einzelakteure. Die Regeln, die den Tausch als für den Soziologen stets wiedererkennbaren, sinnhaften Vorgang konstituieren, bleiben dieselben bei verschiedenen Akteuren in verschiedenen Situationen. Für die Soziologie müssen die Beziehungstypen 'Tausch' oder 'Konversation' also in dem Sinne 'von Dauer' sein, daß sie diese wiedererkennbaren Merkmale tragen. Daß Akteure sich an dem Regelwerk dieser Sinngebilde orientieren, setzt voraus, daß die Regeln allgemein bekannt sind oder zumindest allgemein praktisch beherrscht werden.

---

84 Die Konversation wird von Weber als „aktuelle Sprachvergesellschaftung" aufgefaßt (WuG 24).

Die Eigenschaft, 'ephemer' zu sein, weisen der Tausch oder die Konversation also nicht in ihrer Gestalt als allgemein für Handlungsorientierungen verfügbare Sinngebilde auf, sondern als *unter Mitgliedschaftsgesichtspunkten universell offene soziale Beziehungen*. Wer hingegen Mitglied einer *perennierenden* Beziehung werden will, muß den Inhalt der Vereinbarung in Erfahrung bringen. Dieser besteht dann keineswegs aus allgemein Bekanntem oder Gebräuchlichem. Insofern könnte man sich jede perennierende soziale Beziehung als eine Enklave vorstellen, in der etwas anderes sinnhaft gültig ist als das, was in ihrer Umwelt als sinnhaft gültig vorausgesetzt wird. Im Grenzfall mag man sie vielleicht sogar als 'kognitiv geschlossen' bezeichnen. Alle Teilnahmewilligen müssen den von den bereits Beteiligten gemeinten Sinngehalt der Beziehung kennenlernen, um Beteiligung in Aussicht stellen zu können, denn es ist möglich, daß der Sinngehalt vom universell verbreiteten Schatz generalisierter Erfahrungen abweicht. Eine derartige Abweichung ermöglicht es dem soziologischen Beobachter, die betreffende Beziehung als eine je besondere zu identifizieren und eine nur ihr zukommende 'Identität' festzustellen, die im Strom aller menschlichen Handlungen sichtbare, gleichbleibende Konturen aufweist. Im Gegensatz zu der bloß aktuellen Gelegenheitsvergesellschaftung können die Beteiligten *als Beteiligte* identifiziert werden, *ohne daß sie aktuell entsprechend handeln,* wenn der Soziologe nur den Inhalt der Vereinbarung kennt.[85] Die Vereinbarungen perennierender sozialer Beziehungen enthalten einen Zukunftsbezug, die Beteiligten nehmen Handlungsregelungen als 'für sich gültig' auf sich, die über das aktuelle Beziehungshandeln hinausgreifen und sich auf künftiges Handeln erstrecken.

'Perennierend' bezeichnet also weniger eine Dauerhaftigkeit im Sinne der physikalischen Zeit, sondern meint zunächst offenbar nur, daß die 'Beziehung' über die Dauer einer einzelnen 'Beziehungshandlung' hinaus Bestand hat, während bei ephemeren Beziehungen Beziehungshandlung und Beziehung zeitlich kongruent sind. Beziehung und Beziehungshandlung sind bei ephemeren Beziehungen nur sinnhaft, nicht aber zeitlich unterscheidbar. Zwei Personen stehen eben nur so lange in einer Konversation, wie sie konversie-

---

85 Natürlich kann der Sinngehalt der Beziehung ganz und gar kongruent mit dem universell verbreiteten Wissen sein, ohne daß die Beziehung dadurch inexistent würde. Die Explizität der Vereinbarung unterscheidet sie dann noch immer von ihrer Umwelt, selbst wenn dem Soziologen ein originäres Beziehungshandeln unerkennbar ist. Wenn ein Kreis von einander anonym bleibenden Personen „vereinbart", daß sie ihr Handeln „von nun an" an der „Regel" orientieren werden, daß lebende Menschen einen Körper haben, mag das zwar nach Webers handlungstheoretischen Begriffen gänzlich irrelevant sein, weil diese Vereinbarung sich in keinem erkennbaren Handeln dokumentiert, aber beziehungstheoretisch hebt doch die bloße Explizität der Form der Vereinbarung, ganz unabhängig von ihrem Inhalt, diesen Personenkreis soziologisch aus der Masse aller anderen heraus. Sie, und nur sie, könnten sich künftig auf diese Vereinbarung berufen, falls zum Beispiel irgendeine allgemeine geistige Verwirrung sie dazu veranlaßt. (Nebenbei bemerkt ist der Inhalt selbst dieser Regel religionssoziologisch alles andere als handlungsirrelevant: viele Religionen kennen körperlose und dennoch „lebend" vorgestellte Personen.).

ren, während Vereinsmitgliedern ihre Beziehungsbeteiligung erhalten bleibt, auch wenn sie gerade kein Vereinshandeln praktizieren. Man kann also bei der perennierenden Vergesellschaftung eben das 'Gesellschaftshandeln' von dem 'Vergesellschaftungshandeln'[86] sinnhaft unterscheiden, damit sozusagen einen 'Gründungsakt' identifizieren. Bei der ephemeren Vergesellschaftung fallen diese beiden Handlungsarten in Eins, die 'Gründung' ist bereits die ganze und einzige Aktualisation des Sinngehaltes der Beziehung.

Wenn man hier dennoch Gesellschaftshandeln und Vergesellschaftungshandeln unterscheiden wollte, so müßte man das Handeln gemäß der ephemeren Beziehung wohl als reines Gesellschaftshandeln auffassen und die 'Vergesellschaftung' als präexistent betrachten. So liegen die Beziehungsformen 'Tausch' und 'Konversation' in allen konstitutiven Bestandteilen normalerweise vor aller Handlung bereits vor, müssen nicht erst 'vereinbart' werden, sondern nur noch aktualisiert werden. Wenn jemand ephemer eine Tausch- oder Konversationsbeziehung eingehen will, muß er dies nach bereits vorliegenden Regeln tun. Stellt er diese Regeln zur Debatte, eröffnet er eine erste Runde des 'Vergesellschaftungshandelns' und erfüllt damit die erste notwendige, wenn auch noch nicht hinreichende Bedingung für eine perennierende soziale Beziehung. Er vereinbart Regeln, mit denen er seinen freien Willen für einen künftigen Zeitabschnitt bindet. Die idealtypisch rein ephemere Vergesellschaftung enthält dagegen keine Akte der Vereinbarung von Regeln, sondern ist reine Regel-Implementation.

Vor diesem Hintergrund wird deutlich, daß die Beteiligung an einer sozialen Beziehung und die Frage nach ihrer Offenheit oder Geschlossenheit eigentlich nur bei perennierenden sozialen Beziehungen interessant ist. Zwar bringt Weber ein Beispiel für eine geschlossene und gleichwohl ephemere soziale Beziehung, die 'intime Mitteilung', aber der Ausschluß Dritter erfolgt hier nicht durch die Implementation eines äußeren Kriteriums, welches ein Merkmal zur Beteiligungsbedingung macht, das jene Dritten haben müssen oder nicht haben dürfen, sondern durch das Beziehungshandeln selber. Die ephemere Vergesellschaftung kann, wenn überhaupt, nur 'aktuell' geschlossen werden. Mit dem Ende der zur 'intimen Mitteilung' gehörenden Handlungssequenz endet auch die Exklusion. Eine Kreuztabellierung von Exklusivität/Inklusivität und Kontinuitätsgrad hätte demnach folgende Gestalt:

---

86 Vgl. KvS 448 sowie die oben getroffenen Unterscheidungen zwischen Konstitution, Revision und Implementation des Beziehungssinngehaltes.

Tabelle 4 Umweltbeziehungen von Gemeinschaften, nach Kontinuitätsgraden

	offen = inklusiv	geschlossen = exklusiv
Kontinuitätsgrad: ephemer	*Konversation*	*Intime Mitteilung*
Kontinuitätsgrad: perennierend	*Sprachgemeinschaft*	*Familie*

1.4 Der 'Gemeinsamkeitsglaube', Ethnie und Nation

Zum Abschluß der Rekonstruktion Weberscher Gemeinschaftsbegriffe ist nunmehr auf ein Konzept einzugehen, daß in der fachwissenschaftlichen Diskussion bisher kaum Beachtung gefunden hat, das aber dennoch Erklärungskraft hinsichtlich des Phänomens der Gemeinschaftsbildung besitzt. Die Rede ist vom 'Gemeinsamkeitsglauben' – ein Theorem, das Weber im Rahmen seiner Strukturanalyse der ethnischen Gemeinschaft und der 'Nation' benutzt.[87] Weber geht davon aus, daß historisch gesehen immer zu den Zeiten, in denen die größeren Gemeinschaftsformen der Sprach-, Religions-, Sitten- oder politischen Gemeinschaft an Einfluß gewinnen, sie ein sozusagen künstliches, nur wenig auf tatsächlicher Interaktion beruhendes Gemeinschaftsbewußtsein hervorrufen. Dies tritt „in der Form einer persönlichen Verbrüderung auf der Basis 'ethnischen Gemeinsamkeitsglaubens'„ (WuG 237) auf. Im Gegensatz zur real auf Blutsverwandtschaft beruhenden Sippe ist dieses Band bei der Ethnie nur fingiert. Das verhinderte jedoch nicht, daß gerade auch der 'ethnische Gemeinsamkeitsglaube' von gewaltiger historischer Wirksamkeit war, weil insbesondere politische, früher auch hierokratische Verbände die 'ethnische Fiktion' nachfragten und förderten, um sie für eigene (Herrschafts-) Zwecke zu nutzen.

---

87 WuG 237. Gephart macht zu Recht auf die Vernachlässigung des Weberschen Konzeptes des „Gemeinsamkeitsglaubens" als einem wichtigen Bestandteil einer bei Weber ansetzenden Theorie der Gemeinschaftsbildung aufmerksam (Gephart 1993: Zwischen „Gemeinsamkeitsglaube" und „solidarité social": 224-228).

Webers Argumentation liegt offenbar der Gedanke zugrunde, daß der ethnische Gemeinsamkeitsglaube in zweierlei Hinsicht eine Fiktion darstellt. Einerseits entbehrt die Annahme einer Abstammungsgemeinsamkeit, eines gemeinsamen Ahnen, beziehungsweise – damit zusammenhängend – der Gedanke der Blutsverwandtschaft, für die ethnische Großgruppe der realen Grundlage und sogar der rationalen Plausibilität und Wahrscheinlichkeit, andererseits hat die 'ethnische Gruppe' keine realen sozialen Beziehungen aufzuweisen.

Zur Erklärung des Phänomens der Ethnizität kann man das Konzept des 'Gemeinsamkeitsglaubens' heranziehen und zunächst auf die oben explizierte gemeinschaftstheoretische Grundbegrifflichkeit beziehen. Insofern die Entsubstanzialisierung der soziologischen Begriffe eines der Hauptanliegen Webers war, scheint mit dem Konzept des 'Gemeinsamkeitsglaubens' ein gewisser Höhepunkt dieser Strategie erreicht zu sein.

Alle Arten menschlicher sozialer Beziehungen sind für Weber lediglich gedankliche Gebilde, die handelnde Personen 'in ihren Köpfen tragen' und an denen sie ihr Handeln orientieren. 'Gemeinschaften', ganz gleich welcher Art, sind insofern nicht mehr als 'Erwartungen', die die einen in Bezug auf das Verhalten der anderen mit wechselndem Grad von objektiver Berechtigung hegen. Immerhin können 'Erwartungen' den Status kognitiver Gewißheit erreichen und insofern in der Form sicheren Wissens dem Handeln eine verläßliche Orientierung geben, können 'Einstellungen' eine quasi-naturale 'Härte' bekommen, insoweit sie sich im Gefühlshaushalt, in den festen Gewohnheiten oder den letzten Überzeugungen eines Menschen verankern. Der 'Gemeinsamkeitsglaube' jedoch scheint demgegenüber als die reine und seinerseits völlig substanzlose, bloße Form eines Sinngehaltes menschlicher Vergemeinschaftung dazustehen, dem entsprechend beliebige Inhalte eingefügt werden können. Entscheidend ist, daß die Frage, ob objektiv gesehen tatsächlich irgendeine Gemeinsamkeit der Vergemeinschafteten vorliegt, von den Köpfen der 'Gemeinsamkeitsgläubigen' offenbar systematisch ferngehalten werden kann.

Bei der oben angestellten idealtypischen und modellhaften Betrachtung der basalen Mechanismen der Einverständnisvergemeinschaftung war bereits deutlich geworden, daß die Begegnung zweier rationaler Akteure in eine Patt-Situation einmündet, wenn nicht einer von beiden sich zu irgendeinem nicht am aktuellen Verhalten des anderen orientierten Verhalten entschließt. Daraus folgte, daß mindestens einer von beiden sich an etwas Drittem orientieren muß. Dieses 'Dritte' ist das Einverständnis. Davon war oben bereits die Rede. Die sich zunächst anschließende Frage ist nun, wie ein Akteur aus der Vielzahl möglicher Einverständnisse seine Wahl trifft.

Der erste Blick EGOs fällt demnach nicht auf das *Verhalten* ALTERs, sondern auf seine *Eigenart*, insofern sie Rückschlüsse auf erwartbares Verhalten zuläßt. Das heißt, daß EGO sich der vorläufig durch bloße Verhaltensbeobachtung unbeantwortbaren Frage 'Wie wird sich ALTER verhalten?' auf einem Umweg nähert, indem EGO fragt: 'Wer oder was *ist* ALTER im Verhältnis zu mir?'

EGO muß ALTER erkennen als Träger bestimmter Eigenschaften, die EGO eine Rollenzuschreibung an ALTER ermöglichen. Gegenüber bekannten Personen verläuft diese Erkennung nach folgendem Schema: vom Bruder erwartet man brüderliches, vom Kollegen kollegiales und vom Ehepartner ehepartnerschaftliches Verhalten, vom Landsmann möglicherweise 'landsmännisches' Verhalten etc.

Gegenüber unbekannten Personen ist der Bedarf an Informationen über Eigenschaften, die eine Rollen- beziehungsweise Einverständniszuschreibung ermöglichen, besonders hoch, während die Wahrscheinlichkeit, diese Informationen zu besitzen, besonders gering ist. Daher vertrete ich im folgenden die These, daß diese Bedarfslücke der Grund dafür ist, daß sich hier sehr leicht 'Gemeinsamkeitsglaube' erzeugen läßt.

Weber definiert die ethnische Gruppe nicht als eine eigenständige Gemeinschaft, weil sie sich nicht durch aufeinander eingestelltes soziales Handeln ihrer Mitglieder auszeichnet, sondern lediglich eine Mehrzahl von Personen darstellt, die sich einander für abstammungsverwandt halten. Da dieser Glaube an eine Abstammungsgemeinsamkeit Weber zufolge kein spezifisches Gemeinschaftshandeln nach sich zieht, ist das Phänomen der Ethnizität handlungstheoretisch nicht konzipierbar, sondern kommt nur als Randbedingung, als ein die „Vergemeinschaftung erleichterndes Moment" (WuG 237) in den 'soziologischen Blick'. Der Wortlaut der Definition zeigt, worauf es Weber ankommt:

„Wir wollen solche Menschengruppen, welche auf Grund von Ähnlichkeiten des äußeren Habitus oder der Sitten oder beider von Erinnerungen an Kolonisation und Wanderung einen subjektiven Glauben an eine Abstammungsgemeinsamkeit hegen, derart, daß dieser für die Propagierung von Vergemeinschaftungen wichtig wird, dann, wenn sie nicht 'Sippen' darstellen, 'ethnische' Gruppen nennen, ganz einerlei, ob eine Blutsgemeinschaft vorliegt oder nicht" (WuG 237).

Offenbar soll eine ethnische Gruppe zwar faktische Gemeinsamkeiten des äußeren Habitus und der Sitten haben, aber genau das, was sie von sich selber glaubt, soll objektiv gleichgültig sein: die Abstammungsgemeinsamkeit. Hinzu kommt das bemerkenswerte Merkmal, daß der ethnische Stammverwandtschaftsglaube 'für die Propagierung von Vergemeinschaftungen wichtig wird'. Dieses Phänomen erinnert stark an die oben bereits besprochene Rekrutierungsweise der 'Anstalt', in die neue Mitglieder hineingeboren oder hineinerzogen werden, nachdem eine Leitungsinstanz sie aufgrund bestimmter objektiver Tatbestände und ohne ihre ausdrückliche Willenserklärung einzuholen, einfach als Anstaltszugehörige definiert hat. Dieses Propaganda-Motiv taucht noch ein weiteres Mal auf (WuG 240)[88] und wird dort ausdrücklich auch auf religiöse Gemeinschaften bezogen, ohne daß Weber hier oder an anderer Stelle die naheliegende Querverbindung zum Anstaltsbegriff zöge.[89]

Der Gedanke, daß Ethnifizierung eine oft benutzte Strategie ist, um Vergemeinschaftungen zu propagieren, steht im Zentrum der Weberschen Argumentation bezüglich der ethnischen Gruppen. Er deckt sich mit einem axiomatischen Satz aus der 'systematischen Religionssoziologie', wo Weber feststellt, daß „das nicht 'versachlichte' Denken" (WuG 265) bei der Gemeinschaftsbildung oft noch der persönlichen Verbrüderung und ihrer religiösen Garantie bedürfe. Eine ebensolche 'persönliche Verbrüderung' sei nun auch die Form, die das auf ethnischem Gemeinsamkeitsglauben beruhende Gemeinschaftsbewußtsein annehme, wenn rationale Vergesellschaftungen sich zu stabilisieren und zu erweitern suchen (WuG 237).

Die Neigung rationaler Vergesellschaftungen, zur Ethnifizierung Zuflucht zu nehmen, nimmt mit steigender Rationalisierung des Handelns Weber zufolge ab (WuG 238, 265) – ein Urteil, das heute, nach den Erfahrungen des 20. Jahrhunderts, wohl nicht mehr so ohne weiteres gefällt werden dürfte.

Weber benutzt den Begriff 'ethnische Gruppe' außerhalb der Definition kein einziges weiteres Mal, so daß man sich fragt, wozu Weber seine Definition eigentlich liefert, wenn er sich selber anschließend an keinen einheitlichen Begriffsgebrauch hält. Mal redet Weber vom „'ethnischen' Gemeinschaftsgefühl" (WuG 238 zweimal, 239), mal von „'ethnischen' Gemeinsamkeitsgefühlen" (WuG 238), mal vom „'ethnischen' Gemeinschaftsbewußtsein" (WuG 237), mal vom „'ethnischen' Gemeinsamkeitsglauben" (WuG 237 zweimal, 238). Dann heißt dasgleiche Phänomen aber an anderer Stelle auch „ethnische Verwandtschaftsgefühle" (WuG 238) oder „ethnischer Verwandtschaftsglauben" (WuG 239). Störend ist diese Begriffsvielfalt vor allem angesichts der Tatsache, daß aus den oben schon genannten Gründen Webers *Verstehende Soziologie* aufgrund ihrer Methodologie – nämlich der Modellierung entlang rationaler Typen – bei der Analyse nicht-expliziter und nicht-rational-bewußter Beziehungsformen ohnehin an Evidenz und Präzision einbüßt. Um hier Klarheit zu wahren, hätte Weber methodologische Stumpfheit wenigstens durch begriffliche Einheitlichkeit mildern können. Stattdessen geht er mit seiner selbstgewählten Terminologie lax um und läßt offen, ob es sich bei der Ethnizität um einen 'Glauben`, ein Bewußtsein oder ein Gefühl handelt, was immerhin einen Unterschied machen würde.

---

88 Hier findet sich auch die Zweiteilung der ethnischen Gruppe: Der eine Teil hat bereits ein bestimmtes Gemeinschaftshandeln „rezipiert" und über den anderen, restlichen Teil soll dieses Handeln weiterverbreitet werden. Pointiert gesagt könnte man zwischen Propagandisten und Akzeptierenden unterscheiden. Bei der Anstalt tauchte diese Unterscheidung als Differenz von Satzenden und Satzungsunterworfenen auf. Siehe oben.

89 Dies ist ein Beleg für die These, daß Webers Text über Ethnie und Nation (WuG 237ff.) älter ist als der Teil des 'Kategorienaufsatzes', der den Anstaltsbegriff entwickelt.

Hinzu kommen inhaltliche Widersprüche. So sagt Weber zunächst, daß der „'ethnische' Gemeinsamkeitsglauben" (WuG 237), falls er von der politischen Gemeinschaft geweckt wurde, deren Ende dennoch überdauert, während er wenig später konstatiert, der Gemeinsamkeitsglaube gehe zusammen mit den sozialen Beziehungen, die ihn stützten, unter.[90]

Unklar ist auch, warum Weber sich einerseits weigert, den Gemeinsamkeitsglauben als Handlungsbegriff zu konzipieren, andererseits aber explizit sagt, daß ethnischer Gemeinsamkeitsglaube den sozialen Verkehr nach außen handlungswirksam einschränkt (WuG 238). Überhaupt läßt Weber das Hauptproblem offen: Wenn die ethnische Gruppe nur als Erleichterungsbedingung eines sozialen Handelns, nicht aber als dessen orientierender Sinngehalt in Frage kommt, welche Verbindung hat sie dann überhaupt zu den Vergemeinschaftungen, die sie zu propagieren hilft? Man muß sich die Antwort auf diese vom systematischen und theoretischen Standpunkt doch sicher elementare Frage aus Webers Einzelbemerkungen selber zusammenstellen. Aus der schon erwähnten Bemerkung über die Propaganda religiöser Gemeinschaften (WuG 240) läßt sich schließen: Der ethnische Gemeinsamkeitsglaube verursacht ein Gemeinschaftsbewußtsein, welches wiederum die 'Nachahmung' befördert, und zwar die Nachahmung eines bereits praktizierten Gemeinschaftshandeln anderer Art (politische Gemeinschaft, Kultgemeinschaft, Sippe). In dieser Argumentationskette ist das 'Gemeinschaftsbewußtsein' nicht nur kein gesichertes und wohldefiniertes Konzept, sondern hat auch keinen kausalen Rang für die Gemeinschaftsbildung. Lediglich als Katalysator bereits ablaufender Gemeinschaftsbildungen anderer Art kommt es hier in den Blick.

Ohnehin ist die Gesamtanlage und das Gesamtanliegen dieses Kapitels IV schwer zu durchschauen. Die Kapitelüberschrift *Ethnische Gemeinschaftsbeziehungen* (WuG 234) dürfte wohl kaum von Weber selber stammen, da, wenn irgend etwas, doch zumindest dieser Punkt von Weber unmißverständlich klar gemacht wird, daß es sich bei der Ethnie nämlich mit Sicherheit *nicht um eine 'Gemeinschaftsbeziehung'* handelt.[91]

Den Herausgebern dieser Teile aus Webers Werk ist es schließlich anzulasten, dass es völlig undurchsichtig ist, in welcher Hinsicht dieses Kapitel IV inhaltlich mit dem voraufgegangenen Kapitel III in Zusammenhang steht. Der explizite Bezug auf die Wirtschaft verschwindet und weicht einer Perspektive, in der es vor allem um die Gewichtung von Vererbung und Sozialisation bei der Prägung des Handelns geht, also zunächst: um das Rassenproblem.

Die Lenkung der Wahrnehmung auf einen Unterschied zu äußerlich auffällig Andersgearteten ist eine notwendige Bedingung für die Empfindung einer Rassengemeinsamkeit. Ähnliches gilt für die Ethnie und die Nation. Grö-

---

90 Weber nennt auch hier die politische Gemeinschaft, aber auch die Kultgemeinschaft und die Sippe (WuG 238).
91 Vgl. Gephart 1993: Zwischen 'Gemeinsamkeitsglaube' und 'solidarité social'. S. 194.

ßere Gruppen von Personen, die einander weitgehend unbekannt sind, lassen sich offenbar erst dadurch zu koordiniertem kollektivem Handeln anleiten, daß ein ontischer Gegensatz gegen Dritte zu einem identitätsstiftenden Mechanismus hochstilisiert wird. Für die Betrachtungsweise der 'Verstehenden Soziologie' ist das an der Rasse orientierte Gemeinschaftshandeln ganz und gar abhängig von der rein subjektiven Empfindung rassischer Gemeinschaft. Die handlungstheoretische Perspektive Webers lenkt den Blick konsequent fort von eventuell für möglich gehaltenen biologischen Verhaltensursachen und fokussiert stattdessen die subjektive Ausdeutung von beliebigen äußeren Merkmalen. Allerdings hat dieser Subjektivismus höchst reale objektive Folgen. Als deren wichtigste führt Weber die gegenseitige „Anziehung und Abstoßung" (WuG 235f) an. Ein Indikator dieses Effektes wäre das Intensitäts- und Frequenzgefälle der Sexual- und Konnubialkontakte der Gemeinschaftsmitglieder untereinander und nach außen. Weber betont in diesem Zusammenhang, daß fast alle scheinbaren Rasseneffekte sozial bedingt sind. Sie sind sekundäres Produkt religiöser, politischer, ständischer, kultischer oder ökonomischer Gemeinschaftsbildungen. „Der bloße anthropologische Unterschied entscheidet ... durchweg nur in geringem Maße" (WuG 235).

Die treibenden Kräfte hinter der Ethnifizierung oder Nationalisierung sind Weber zufolge Personen, die ein Interesse an monopolistischer Schließung nach außen haben. Ihnen kommt das Fehlen einer „'Verständnis-Gemeinschaft'" (WuG 236) zu Hilfe: andersartige Gebräuche werden in ihrem Sinn nicht verstanden. An das Befremdliche devianter Sitten knüpft sich dann sehr leicht eine despektierliche Haltung. Sie wird aus Ehrbegriffen und einem Würdegefühl bezogen auf die eigene, positiv vorgestellte Art gespeist. So wird aus dem Anderen und Fremden etwas nicht Billigenswertes oder nachgerade Verabscheuungswürdiges.

Webers Kapitel über die ethnischen Gruppen führt zwei Konzepte gleichzeitig neu ein: die Ethnie und den 'Gemeinsamkeitsglauben'. Beide Begriffe wären tunlichst zu scheiden, ihr Zusammenhang ist nämlich nicht zwingend. Neben der Stammverwandtschaft können auch noch andere Ideen Inhalt eines Gemeinsamkeitsglaubens werden. So wäre etwa ein Glaube an ein gemeinsames Schicksal (in Vergangenheit, Gegenwart und/oder Zukunft) denkbar oder an eine Gesinnungsgemeinsamkeit. Diese Phänomene hätte Weber ebenfalls mit dem Konzept des Gemeinsamkeitsglaubens aufschlüsseln können, er tat es aber nicht. Diese Selektion ist offenbar durch mehr als nur durch die Wahl der zu Beginn des Kapitels eingenommenen Perspektive, nach den jeweiligen Anteilen biologischer und sozialer Einflüsse auf das Handeln zu fragen, begründet. Denn mit dieser Frage wird Weber schnell zugunsten der sozialen Faktoren fertig. Dabei ist das Konzept des 'Gemeinsamkeitsglaubens' sein stärkstes Argument für die Relativierung biologischer Einflußgrößen. Gleichzeitig wird deutlich, daß Weber offenbar glaubte, mit den Konzepten des *Kategorienaufsatzes* ('Vergesellschaftung', 'Gemeinschaftshandeln', 'Gemeinschaft' und 'Verband') an dieser Stelle nicht auskommen zu können, zumal er hier von dem Begriff des 'Einverständnisses' überhaupt keinen Gebrauch macht.[92] Die Differenzierung zwischen dem 'Einverständnis' und dem 'Gemeinsamkeitsglauben' ist wichtig. Denn auch das 'Einverständnis' beruht auf einem Glauben, nämlich dem „subjektiven Zählen des einzelnen Handelnden darauf: daß andere die von ihm gehegten Erwartungen als sinnhaft gültig behandeln werden" (KvS 456). Auch im Einverständnis liegt eine gewisse 'Gemeinsamkeit' vor: Wenn EGO unterstellt, daß ALTER EGOs Erwartung als 'sinnhaft gültig' behandelt oder als für sich „praktisch" „verbindlich" (KvS 458) betrachtet, dann heißt das doch wohl auch, daß ALTER irgendwie Kenntnis vom Inhalt von EGOs Erwartung hat. Woher hat ALTER diese Kenntnis? Woher kann ALTER ahnen, was EGO von ihm erwartet? Dem liegt offenbar eine bestimmte Erwartungs-Gemeinsamkeit zu Grunde. Im Maße der 'verständlich adäquaten Verursachtheit' ihrer Handlungsorientierung haben beide Anteil am gleichen Vermutungswissen um das „durchschnittliche objektive Gelten der Chance" (KvS 456) des Einverständnisses. Aber im Gegensatz zum 'Gemeinsamkeitsglauben' hat das 'Einverständnis' bei Weber eine handlungsorientierende Funktion. Der Gemeinsamkeitsglaube kann zwar die Chance eines Einverständnishandelns erhöhen, aber diese Chance seinerseits nicht konstituieren. Daher hat das Konzept des Gemeinsamkeitsglaubens bei Weber einen ähnlichen theoretischen Status wie die 'Nachahmung' oder das massenbedingte Handeln oder andere, stark von sinnfernen, also etwa physiologischen oder somatopsychischen Faktoren durchsetzten Verhaltensregelmäßigkeiten. Vor diesem Hintergrund muß zuletzt nun auch noch die Bezeichnung 'Gemeinsamkeits*glauben*' als äußerst unglückliche und mißverständliche Wortwahl Webers gelten, suggeriert sie doch einen Grad von Bewußtheit wie sie etwa der Wertglaube des wertrationalen Akteurs oder die Glaubensüberzeugung eines religiös Gesonnenen mit sich führen. Was oben schon bei der Analyse von Webers Begriff der 'Vergemeinschaftung' vorgeschlagen wurde, nämlich statt von 'Zusammengehörigkeitsgefühl' besser von einer Intuition zu sprechen, um die Ausklammerung des traditionalen Handelns und die Gleichsetzung des (Zusammengehörigkeits-)'Gefühls' mit der affektuellen Handlungsorientierung zu vermeiden, hätte wohl auch hier seinen Sinn. Weber hätte sicherlich besser daran getan, einen weniger mißverständlichen Begriff zu wählen.

---

92 Man kann dies natürlich auch als Indiz für das größere Alter des Kapitels über die ethnischen Gemeinschaftsbeziehungen nehmen.

1.5 Zusammenfassung

Die obige Analyse hat gezeigt, daß Weber den Begriff 'Gemeinschaft' an verschiedenen Stellen seines Werkes in unterschiedlichen Bedeutungen benutzt. Der Begriff hat dabei nicht immer den Status eines Grundbegriffs, sondern findet sich auch in einer eher alltagssprachlichen Verwendung. Aber selbst da, wo Weber ihn als Grundbegriff einführt und methodologisch abzusichern sucht, ist seine Bedeutung nicht einheitlich. Der Grund dafür sind die grundbegrifflichen Verschiebungen, die Weber vorgenommen hat, indem er den 1913 mit dem sogenannten *Kategorienaufsatz* aufgebauten terminologischen Apparat 1920 noch einmal umstürzte und in den *Soziologischen Grundbegriffen* in veränderter Form wieder aufbaute. Diese Revision läßt sich insgesamt als erhebliche Vertiefung, Erweiterung und Ausdifferenzierung des *Kategorienaufsatzes* verstehen. Insbesondere erarbeitet sich Weber mit ihr erst einen expliziten Begriff der 'sozialen Beziehung', mit dessen Hilfe die Reziprozität der Erwartungsorientierungen zum Kriterium einer neuen und eigenen Ebene der Begriffsbildung erhoben wird. Gleichzeitig läßt Weber die Begriffe 'Gemeinschaftshandeln' und 'Einverständnis' aus dem *Kategorienaufsatz* fallen. Ersteren ersetzt er ohne größere Bedeutungsveränderung durch 'soziales Handeln', zweiterer mündet im wesentlichen in die 'soziale Beziehung' ein.

Ausschlaggebend für die hier gewählte Fragestellung aber ist Webers neuer Begriff von 'Vergemeinschaftung', der von Weber nunmehr an das Theorem des 'Zusammengehörigkeitsgefühls' gekoppelt wird. Insofern verengt und verschärft Weber seinen Gemeinschaftsbegriff. Dennoch verbleiben Weber in der Handhabung dieses Gemeinschaftsbegriff gewisse Schwierigkeiten.

Eine Typologie der Gemeinschaften sollte bei folgenden drei Kriterien ansetzen: dem Motiv der Vergemeinschaftung, dem Inhalt der Vergemeinschaftung und dem äußeren Identifikationsmerkmal. Da der Vergemeinschaftung im Gegensatz zur Vergesellschaftung *rational* rekonstruierbare Motive in Gestalt von Zwecken oder Werten fehlen, muß als das Motiv der Vergemeinschaftung eine methodische Behelfskonstruktion fungieren, die oben als 'Intuition' bezeichnet wurde. Das Objekt dieser Intuition ist dann der 'Inhalt' der Vergemeinschaftung oder der 'Sinngehalt der sozialen Beziehung'. Der Sinngehalt läßt sich darstellen als Bündel von Ansprüchen und Verbindlichkeiten der Beteiligten zueinander. Die ungefähre theoretische Kenntnis und praktische Beherrschung dieses Bündels ist notwendige Voraussetzung für adäquates Beziehungshandeln. Dieser Sinngehalt kann im Falle der Vergemeinschaftung zwei Ausprägungen annehmen: affektuelle Zusammengehörigkeit und traditionale Zusammengehörigkeit. Im ersten Fall kann es nur um jene Affekte gehen, die handlungswirksam ein Zusammengehörigkeitsempfinden bereitstellen, Handlungssolidarität erzeugen können. Dafür kommen ausschließlich Affekte der Zuneigung, der Sympathie, der Liebe oder auch der Hingabe oder Identifikation mit den Beziehungsbeteiligten in Betracht. 'Zusammengehörigkeit' kann nur dann als Sinngehalt einer affektuellen Beziehung intuitiv von den Beteiligten erfaßt werden, wenn die Affekte selber diese Zusammengehörigkeit dokumentieren. Damit sind Haß, Neid, Eifersucht oder Abneigung ausgeschlossen. Ebensowenig können Angst, Wut, Ehrfurcht oder Ärger diese Zusammengehörigkeit sinnhaft aus sich heraus demonstrieren. So problematisch die Unterscheidung zwischen 'trennenden' und 'verbindenden' Affekten ist, hier hätte sich Weber ihrer bedienen müssen, um den idealtypisch reinen Sinngehalt der affektuellen Vergemeinschaftung konzipieren zu können. Weber redet in diesen Fällen von 'Brüderlichkeit' oder 'Kameradschaftlichkeit' und benutzt zur Kennzeichnung der entsprechenden Affekte zuweilen das Wort „Pneuma" oder „pneumatisch".[93]

Im Falle der traditionalen Vergemeinschaftung ist der intuitiv erfaßte Sinngehalt der sozialen Beziehung die 'traditionale Zusammengehörigkeit'. *Gewohnheiten* bilden hier jenes Bündel von Ansprüchen und Verbindlichkeiten, das das Handeln traditional Vergemeinschafteter orientiert. Aber auch hier sind es wiederum nur ganz bestimmte Gewohnheiten, die für die traditionale Vergemeinschaftung geeignet sind, und zwar Gewohnheiten, die die intuitive Erfassung von Zusammengehörigkeit sinnhaft ermöglichen. Alle auf Dauer gestellten, 'perennierenden' sozialen Beziehungen haben die Tendenz, zu einer traditionalen Vergemeinschaftung zu werden. Denn der ursprüngliche (zweckrationale, wertrationale oder affektuelle) Sinngehalt gerät in Vergessenheit und die entsprechende Handlungsorientierung wird routinisiert, habitualisiert oder internalisiert. Die dem Soziologen dann meist nur noch feststellbare Sinnhaftigkeit ist die traditionale, es sei denn, er weiß von dem ursprünglichen Sinn der sozialen Beziehung. Die Gewohnheiten, die den Sinngehalt der traditionalen Vergemeinschaftung ausmachen, könnte man als Solidaritätsgewohnheiten bezeichnen. Bestimmte Ansprüche auf solidarisches Handeln stellen die Beziehungsbeteiligten dann aneinander schon immer und von alters her. Sie akzeptieren und erfüllen diese Ansprüche (oder verhehlen die Nichterfüllung) in einer unbefragten Selbstverständlichkeit.

Das 'äußere Identifikationsmerkmal' als dem dritten Kriterium zur Erstellung einer Gemeinschaftstypologie bietet besondere Schwierigkeiten, ist aber zugleich das entscheidende und interessanteste. Dabei bedeutet 'äußerlich' keineswegs 'objektiv', denn das äußerlich zur Distinktion der Gemeinschaftsmitglieder von ihrer Umwelt herangezogene Merkmal kann fingiert sein, entscheidend ist, daß innerhalb und außerhalb der Gemeinschaft an das Vorhandensein dieses Merkmals geglaubt wird und es als gemeinschaftsrelevant interpretiert wird. Das Moment der ausdrücklichen Einwilli-

---

93 WuG 22; WL 612. Vgl. dazu unten das Kapitel „Pneuma und Gemeinde".

gung in die Mitgliedschaft und die damit verbundenen Rechte und Pflichten, wie es sich in den 'Vergesellschaftungen' findet, geht den traditionalen Vergemeinschaftungen ab. Sie rekrutieren den Kreis ihrer Beteiligten im wesentlichen nicht durch formell freien, bewussten Beitritt, sondern durch 'Eingeburt' oder 'Einerziehung'.

Bei der Frage nach der Bildung von Gemeinschaften hat es sich herausgestellt, daß Weber im Falle der Vergemeinschaftung nicht zwischen dem Konstitutions-, dem Revisionsaspekt- und dem Implementationsaspekt des Beziehungshandelns unterscheidet, obwohl er auf diese Differenzierungen im Falle des Gesellschaftshandelns großen Wert gelegt hatte. Das hängt offenbar damit zusammen, daß die Entstehung von Zusammengehörigkeitsgefühlen nach Webers Methode nur sehr schwer zu erklären ist. Daher beschränkt sich Weber zumeist auf die Angabe von Bedingungen, die die Vergemeinschaftungen erleichtern. Dies gilt vor allem auch für das aus dem älteren Teil von WuG stammende Theorem des 'Gemeinsamkeitsglaubens'. Der überlieferte Text weist jedenfalls erhebliche begriffliche Unstimmigkeiten auf.

Das am zweckrationalen Idealtypus orientierte Begriffsbildungsverfahren der Weberschen 'Verstehenden Soziologie' scheint alles in allem zwar auf der Seite des vergesellschafteten Handelns zu äußerst differenzierten und fruchtbaren Begriffen zu führen, erwies sich aber als relativ stumpfes Instrumentarium für die Konzeptualisierung vergemeinschafteten Handelns. Das wird im Verlaufe der vorliegenden Untersuchung weiter zu prüfen sein. Zunächst aber soll durch einen kurzen Vergleich des Weberschen Gemeinschaftsbegriffs mit dem von Ferdinand Tönnies ausgelotet werden, inwiefern Alternativen zu Webers Auffassung gangbar sein könnten bzw. Weber sich für den Einfluss von Tönnies empfänglich gezeigt hat.

Kapitel 2 Gemeinschaft bei Weber und Tönnies – ein Vergleich

Tönnies ist der wichtigste Ahnherr des Gemeinschaftsbegriffes und hat großen Einfluß auf den Weberschen Gemeinschaftsbegriffs ausgeübt. Erst vor dem Hintergrund einer Rekonstruktion des Tönniesschen Ansatzes kann man ermessen, ob sich auch in Webers Gemeinschaftsbegriff noch der gleiche Grad an Originalität und Eigenständigkeit wiederfindet, den Weber zu Recht für seinen handlungstheoretischen Ansatz beansprucht. Damit ist gleichzeitig die Frage gestellt, ob und wie Weber den Phänomenkomplex des 'Gemeinschaftlichen' und die mit ihm (notwendig?) verbundene Konzeptualisierungsmethode, wie sie von Tönnies dargelegt wurde, seinem Ansatz einfügen kann.

2.1 Gemeinschaft und Gesellschaft

Tönnies setzte dem herkömmlichen Begriffspaar 'Staat – Gesellschaft' 1887 die Dichotomie Gemeinschaft – Gesellschaft an die Seite. Bei aller berechtigten Kritik an der Begriffsbildung von Tönnies in „Gemeinschaft und Gesellschaft"[94] fand der Begriff 'Gemeinschaft' im Tönniesschen Sinne dennoch Anklang in der Soziologie und eroberte sich seinen Platz als Grundbegriff der soziologischen Fachterminologie. Weder Weber noch Simmel noch Parsons glaubten sich die Rezeption des Tönniesschen Gemeinschaftsbegriffs sparen zu können.[95] Die von Tönnies angestoßene „Enthistorisierung des Gesellschaftsbegriffs"[96] und die Verlegung der historischen Situiertheit in den Gemeinschaftsbegriff machte zumindest in der deutschen Soziologie Schule.[97] In der frühen Phase der Soziologie dominierte Tönnies Dichotomie von 'Gemeinschaft und Gesellschaft' und überragte alle anderen Begriffspaare wie Staat – Gesellschaft, Elite – Masse oder Kultur – Zivilisation. Der eigentliche publizistische Erfolg trat allerdings erst ca. 25 Jahre nach dem erstmaligen Erscheinen des Buches im Jahre 1887 auf. Dies kann man sicherlich als Indiz dafür ansehen, daß in Deutschland erst nach der Jahrhundertwende der für einen sich ausbreitenden Industrialisierungs- und Modernisierungsprozeß so charakteristische „Ruf nach 'Gemeinschaft'"[98] an breiterer gesellschaftlicher

---

94 Vgl. vor allem König 1955: Die Begriffe Gemeinschaft und Gesellschaft bei Ferdinand Tönnies.
95 Was die Tönnies-Rezeption von Parsons betrifft, so kann man wohl dem Urteil Schachingers zustimmen: Parsons „tends to approach Tönnies through Max Weber, assumes that Weber absorbed Tönnies' ideas" (Schachinger 1991: Tönnies in the Literature: 527). Zu Simmel vgl. die Beiträge von Deichsel, Frisby und Dahme in: Rammstedt 1988: Simmel und die frühen Soziologen.
96 Riedel 1979: Art. „Gesellschaft, Gemeinschaft": 859.
97 Riedel richtet an Weber den typischen Vorwurf, aus dessen methodologischer Festlegung auf das verständliche Handeln der Einzelindividuen folge der „Verzicht auf die Erkenntnis überindividueller, gesellschaftlich-geschichtlicher Zusammenhänge". Dies ist in dieser Form sicherlich unhaltbar. Denn methodologischer Individualismus hindert keineswegs an der Erkenntnis kollektiver Phänomene, sondern erklärt sie nur anders als der methodologische Kollektivismus. Dazu später mehr. Kaum nachvollziehbar ist auch die darauf folgende Behauptung Riedels, mit dem Begriff „Vergesellschaftung" gäbe Webers Soziologie den Anspruch auf, „den realen, auf rational motiviertes Handeln rückführbaren Zusammenhang der Gesellschaft kritisch zu begreifen." (Riedel 1979: Art. „Gesellschaft, Gemeinschaft": 858) Weber pflegt doch gerade dann von „Vergesellschaftung" zu sprechen, wenn die Einstellungen sozialen Handelns auf rational motiviertem Interessenausgleich beruhen (WuG 21). Daß diese Art der Einstellung in der bürgerlich-kapitalistischen Gesellschaft eine neue und größere Dimension erreicht, wußte niemand besser als der Autor der Protestantismusstudie. Und Weber einen Mangel an kritischem Bewußtsein gegenüber der kapitalistischen Gesellschaftsordnung vorzuwerfen, ist eine völlige Verkennung von Webers eindringlichen Warnungen vor dem „stählernen Gehäuse" des Kapitalismus.
98 Tönnies 1991: Gemeinschaft und Gesellschaft: 175.

Bedeutung gewann⁹⁹. Es sollte dabei nicht übersehen werden, für welche Mißverständnisse und Mißbräuche das Konzept der Gemeinschaft zugänglich war. So mußte Tönnies selbst einräumen, daß seine Gemeinschaftstheorie in gewissem Sinne in der nationalsozialistischen Ideologie präsent war¹⁰⁰. So scheinen im Gemeinschaftsbegriff stets antimoderne, antidemokratische und antiliberale Töne mitzuschwingen, enthält er in sich selbst die „Dialektik der Aufklärung"¹⁰¹. Insofern kann man mit ihm ebensogut progressive Fortschrittshoffnung wie rückwärtsgewandten Pessimismus, Wissenschaftsgläubigkeit wie Wissenschaftskritik verbinden¹⁰².

Tönnies teilt den kritischen Standpunkt der marxistischen Gesellschaftsauffassung, folgt ihr aber nicht auf dem Weg des Fortschritts durch Emanzipation des Individuums, sondern kehrt das Objekt der Hoffnung nach hinten. Er fordert die Rückkehr zu den nicht-entfremdeten, gemeinschaftlichen Lebensformen als unerläßliche Grundlegung für ein ansonsten haltloses gesellschaftliches Zeitalter.

2.2 Wesenwille, Kürwille und Wertrationalität

Die soziale Welt ist in der Sichtweise von Tönnies aufgebaut aus den Beziehungen der menschlichen Willen zueinander. Indem die Willen aufeinander einwirken, erzielen sie entweder eine bejahende und erhaltende oder eine verneinende und zerstörerische Wirkung auf den jeweils anderen Willen oder dessen Träger, den Körper des anderen. Tönnies Studie 'Gemeinschaft und Gesellschaft' widmet sich ausschließlich den bejahenden Verhältnissen. Diese heißen 'Gemeinschaft' und 'Gesellschaft'. Gemeinschaft ist „reales und organisches Leben" und stellt für Tönnies „das dauernde und echte Zusammenleben" der Menschen dar. Gesellschaft hingegen sei eine „ideelle und mechanische Bildung" und nur „vorübergehendes und scheinbares" Zusammenleben¹⁰³. Tönnies konzipiert seine Begriffe so, daß „Gemeinschaft selber als ein lebendiger Organismus, Gesellschaft als ein mechanisches Aggregat und Artefakt verstanden werden soll"¹⁰⁴.

Tönnies siedelt die Gemeinschaft im Reich des Organischen an¹⁰⁵:

---

99 Käsler 1991: Erfolg eines Mißverständnisses?
100 Käsler 1991: Erfolg eines Mißverständnisses?: 526.
101 Clausen 1991: Der Januskopf der Gemeinschaft: 12; Clausen 1991: Hundert Jahre „Gemeinschaft und Gesellschaft".
102 Bickel 1986: Ferdinand Tönnies' Soziologie.
103 Tönnies 1991: Gemeinschaft und Gesellschaft: 3.
104 Tönnies 1991: Gemeinschaft und Gesellschaft: 4.
105 Er billigt „jedem lebendigen Körper" einen Selbstbegriff zu und folgert: im Organischen sei der „Begriff selber Realität" als „Idee des individuellen Wesens". Ebd.: 6.

„Wo immer Menschen in organischer Weise durch ihre Willen miteinander verbunden sind und einander bejahen, da ist Gemeinschaft von der einen oder der anderen Art vorhanden..."[106].

Diese organische Verbundenheit ist das Produkt wechselseitiger 'wesenwilliger' Bejahung zwischen den Menschen. Der Wesenwille des Menschen ist von Tönnies als integraler Bestandteil menschlicher Lebensfunktionen gedacht. Er hält insofern Verbindung zu dem Vegetativen und Animalischen im Menschen, bezeichnet aber dennoch ein Humanspezifikum. Denn während Tiere in sich lediglich einen vegetativen und einen animalischen Willen vereinen, besitzt der Mensch darüber hinaus die besondere Begabung des „mentalen Willens"[107]. Dieser reagiert auf „intellektive oder geistige Reize", auf „Gedanken oder Wortempfindungen" (ebd.), während die beiden anderen Willensformen sich rein biochemischer oder sensomotorischer Stimuli verdanken. Diese Einzelheiten der Tönniesschen Willenspsychologie wären hier nicht weiter von Interesse, wenn sie nicht die Ursache für eine von der Weberschen Sichtweise radikal verschiedene soziologische Perspektive bildeten. Denn Tönnies schafft über die drei Formen des Wesenwillens, nämlich erstens das Gefallen, das auf Lustempfindungen gründet, zweitens die Gewohnheit, die sich aus Erfahrung und Einübung aufbaut sowie drittens das Gedächtnis, das wiederum die humanspezifische, mentale Form des Wesenwillens verkörpert und auf Erlernen beruht[108], im Grunde genommen die menschliche Freiheit ab. Der Mensch steht am Ende „als ein determiniertes Ganzes (...) den Dingen gegenüber, Wirkungen empfangend und Wirkungen ausübend"[109]. Und in der Tat will Tönnies dieses „Subjekt als wesentlich repräsentatives" begreifen, „von dem man auch sagen könnte, daß an ihm die Vorgänge stattfinden, anstatt: daß es sie selber vollzieht".[110] Aber beraubt Tönnies damit den Menschen nicht seines freien Willens und seines Subjekt-Seins?

Gerade gegen diese Ansicht, die von Spencer mit Nachdruck vertreten wurde, setzt sich Tönnies zur Wehr. Für ihn steht fest, daß sich nicht alle Sozialverhältnisse nach dem Modell des rationalen Kontraktes zwischen eigeninteressierten Individuen begreifen lassen, sondern ganz im Gegenteil sogar

---

106 Tönnies 1991: Gemeinschaft und Gesellschaft: 14.
107 Tönnies 1991: Gemeinschaft und Gesellschaft: 76.
108 Tönnies 1991: Gemeinschaft und Gesellschaft: 83.
109 Tönnies 1991: Gemeinschaft und Gesellschaft: 75.
110 Tönnies 1991: Gemeinschaft und Gesellschaft: 76. Tönnies schränkt diese Aussage freilich dadurch ein, daß der Mensch auch zur „Gesamtveränderung" fähig ist und davon dennoch ein „Bewußtsein" haben kann, so daß er nicht als bloßer Reaktions- und Lernautomat betrachtet werden kann. Indes nähert sich Tönnies so weit wie möglich diesem behavioristischen Determinismus, wenn er folgenden Ausspruch Spinozas zustimmend zitiert: „Die also glauben, daß sie aus freiem Beschlusse des Geistes reden oder schweigen oder etwas tun, sind Träumer mit offenen Augen." [Spinoza, Schol. zu Eth. III, prop. 2; zit. n. Tönnies 1991: Gemeinschaft und Gesellschaft: 84].

"gerade die ursprünglichen, immer fortwirkenden, familienhaften nicht. Sind sie nur Zwangsverhältnisse, wie sie Herbert Spencer erschienen? Offenbar nicht. Auch sie werden bejaht, aus freiem Willen, wenn auch in anderer Weise...In welcher Weise? das war nun mein Problem"[111].

Wenn der menschliche Wille ein persönlicher, freier, auf einem Bewußtsein von sich selbst gegründeter ist, dann sind die Zwänge und Determinationen sekundär und können, im Prinzip, vom Willen auch negiert werden. Mit anderen Worten: der menschliche Wille ist nicht gezwungen, dem Leben zu dienen. Die Möglichkeit des Freitodes oder der selbstzweckhaften Entsagung zeigt an, daß menschliche Freiheit auch lebensfeindlich sein kann und, zu soziologischen Zwecken, auch so gedacht werden könnte.[112] Es mag sein, daß der Mensch, empirisch gesehen, der Verwandtschaft, Nachbarschaft und dem Freundeskreis ähnlich ausgeliefert ist wie seiner Verdauung oder seinem Blutkreislauf, es mag sein, daß die verbindenden Kräfte der Gemeinschaft, also 'Gefallen', 'Gewöhnung' und 'Gedächtnis' seine transzendentale Willensfreiheit bis zur Unkenntlichkeit einschnüren, doch ändert all dies doch nichts an der Möglichkeit, daß der Mensch von der Soziologie so gedacht werden kann, daß er prinzipiell 'immer auch anders kann'. Diese Möglichkeit muß soziologische Begriffsbildung m.E. offenhalten.[113]

Insofern Willensfreiheit Bewußtsein bedeutet, impliziert sie auch die Fähigkeit zu bewußten Entscheidungen. Tönnies versucht in seiner Psychologie menschlicher Willensformen mit dem Konzept des 'Wesenwillens', der das gemeinschaftliche Handeln beherrscht, auch 'das Denken' zu verknüpfen. Während der Wesenwille ein Wille ist, der das Denken in sich enthält, ist der

---

111 Tönnies 1991: Gemeinschaft und Gesellschaft: XXXIII.
112 Warum Menschen sinnhafte Veränderungen ihrer empirischen Umwelt eigentlich wollen, ist bei Max Weber jedenfalls nirgendwo als determiniert gedacht. Menschliche Zwecke sind nach Weber zufolge keineswegs gekettet an den Leitzweck, das reale menschliche Leben irgendwie zu fördern oder zu beglücken. (Auch nicht im Sinne eines ganz gleich wie formalisierten subjektiven 'Nutzens'). So stellt auch Zander fest (Zander 1986: Pole der Soziologie: 347): „Gerade wer das kreatürlich-empirische Dasein aus zutiefst bewußten Gründen verneint, kann damit im höchsten Sinn Mensch sein, weil dazu überhaupt nur Menschen in der Lage sind. Der asketisch Weltflüchtige, um den Webers Denken so oft kreist, ist dazu das Beispiel (das Tönnies stets fremd bleibt)." Durch den dualistischen Ansatz (Sinn vs. empirisch-reale Welt) rückte für Weber die Figur des Charismatikers ins Zentrum des Interesses. Tönnies mußte aufgrund seiner theoretischen Voraussetzungen Charismatiker bestenfalls für „exotisch", oder einfach nur für „dumm" halten, wie im Falle Hitlers (Zander 1986: Pole der Soziologie: 347).
113 Zander findet bei Tönnies eine „durchgängige Determinierung der empirischen Realität" und daher eine Negation menschlicher Willensfreiheit (Zander 1986: Pole der Soziologie: 342). Er sieht dies hervorgerufen durch die extreme Ausdehnung der kantischen Kategorie der Gemeinschaft (Wechselwirkung zwischen Handelnden und Leidenden). Weber habe hingegen mit seiner Methodologie die Möglichkeit menschlicher Freiheit bewahrt, sein Begriff des Sinns sei ein kantisches „Ding an sich" (Zander 1986: Pole der Soziologie: 349), daher empirischen Zwängen gegenüber transzendent.

Kürwille ein Denken, das den Willen in sich enthält[114]. In beiden Fällen ist der Wille 'Ursache' der menschlichen Tätigkeit.

„Aber Wesenwille beruhet im Vergangenen und muß daraus erklärt werden, wie das Werdende aus ihm: Kürwille läßt sich nur verstehen durch das Zukünftige selber, worauf er bezogen ist. Jener enthält es im Keime; dieser enthält es im Bilde" (ebd.).

Eine menschliche Handlung ursächlich zu erklären erfordert den Rekurs auf Kür- oder Wesenwillen. Allerdings in je verschiedener Weise. Der Wesenwille kausiert Tönnies zufolge von hinten nach vorne ('Keim'), der Kürwille von vorne nach hinten ('Bild'), sozusagen 'teleologisch'. Philosophische Terminologie behilft sich mit der Unterscheidung zwischen ‚causa efficiens' und ‚causa finalis', obwohl damit wenig gewonnen ist. Denn eine menschliche Handlung als Wirkung eines Willens zu betrachten bedeutet, diesen Willen als Realgrund der Handlung hinzustellen – nicht mehr und nicht weniger. Die Handlung ist also in jedem Fall ein Effekt des Willens, der Wille stets causa efficiens der Handlung. Man kann weiter fragen, ob der Wille seinerseits durch etwas anderes verursacht wurde. An dieser Frage, nicht an der ersten, scheiden sich die Geister, scheidet Tönnies Wesen- und Kürwille. Die beiden Willensformen müssen also als Gründe zweiter Ordnung gelten, die den Grund erster Ordnung, den Willen, sei er nun frei oder unfrei, begründen. Auf dieser zweiten Ordnungsebene besteht die Möglichkeit, zwei völlig verschiedene Arten von Gründen zu unterscheiden: solche, die ihrerseits von Gründen dritter, vierter, ...n-ter Ordnung bewirkt wurden und solche, die ursächlich im Wortsinne sind, das heißt: selber unbewirkt sind, selber nicht Wirkung einer causa efficiens sind. Dies wäre dann die menschliche Urfreiheit, Spinozas 'causa sui'. Sie stellt eine anthropologische Prämisse für weiteres soziologisches Vorgehen dar, über die man streiten mag, die sich aber zwingend weder be- noch widerlegen läßt. Akzeptiert man diese Prämisse jedoch, dann blockiert man in bestimmten Fällen (den freien Handlungen) die Möglichkeit, menschliche Handlungen bis zu einer beliebigen Erklärungstiefe durch Angabe hintereinander geschalteter causae efficientes zu erklären.[115] Bei freien Handlungen bliebe dann nur noch der Hinweis, daß der Akteur seine Handlung 'eben so gewollt habe'. Um hier zu besseren Erklärungen zu kommen, kann man von der effektkausalen zur finalkausalen Analysemethode übergehen. Dazu benötigt man Tönnies' Konstrukt des Kürwillens.

Wenn der Kürwille Ursache menschlicher Tätigkeit ist, dann deswegen, weil der Mensch ein 'Bild' vor Augen hat, das den vom Handelnden erstrebten Zustand zeigt. Tönnies 'Bild'-Metapher beschreibt trefflich das Phänomen

---

114 Tönnies 1991: Gemeinschaft und Gesellschaft: 73.
115 Wenn hier gesagt wird, Urfreiheit sei unbewirkt, dann heißt das nicht, daß ihre Existenz keine Gründe habe, sondern nur, daß ihre jeweilige Ausprägung in einem Willen keine causa efficiens zweiter Ordnung hat. Das Vorhandensein von Freiheit kann dagegen sehr wohl effektkausal erklärt werden, 'Seinsgründe' (z. B. evolutionstheoretische) lassen sich für ihre Existenz angeben.

der Intentionalität: Wenn ein Akteur eine Absicht hegt, wenn er es auf etwas 'abgesehen' hat, dann strebt er auf die Verwirklichung des Bildes vor seinem inneren Auge zu. Webers rational-idealtypische Zweck-Mittel-Betrachtung (WL 129) ist von genau dieser Art. Tönnies zeigt, wie das Zweck-Mittel-Kalkül der beherrschende Gedanke kürwilliger Akteure ist[116], obschon die Zweckvorstellung etwas „Zukünftiges, Unwirkliches"[117] beinhaltet. Dagegen fallen für Tönnies das „Gebiet der Realität und des Wesenwillens" offenbar zusammen (ebd.), während „das individuelle und isolierte Dasein eines Zweckes und eines dazugehörigen Mittels" ebenso wie der Gedanke von menschlicher Individualität eine reine Fiktion sei[118]. Tönnies legt sich darauf fest, daß die gemeinschaftlichen Formen, nämlich „Eintracht, Sitte und Religion" die eigentliche „Substanz des sozialen Willens und Wesens" ausmachen und die Gemeinschaft daher auch im gesellschaftlich-zivilisatorischen Zeitalter „die Realität des sozialen Lebens" darstellt[119]. Auch im Resümé seiner Studie betont Tönnies die Eigentlichkeit und Substantialität der Gemeinschaft gegenüber der Fiktionalität der Gesellschaft. Der Gesellschaftsbegriff sei soziologisch daher nur ausnahmsweise notwendig:

„Aber unter gewissen Bedingungen, in manchen Beziehungen, die uns hier merkwürdig sind, erscheint der Mensch in willkürlichen Tätigkeiten und Verhältnissen als ein freier, und muß als Person begriffen werden. Die Substanz des gemeinen Geistes ist so schwach, oder das Band, welches ihn mit den anderen verbindet, so dünn geworden, daß es aus der Betrachtung ausscheidet"[120].

Ich interpretiere Tönnies hier so, daß er sagen will, daß empirisch-historische Bedingungen zu anderen soziologischen Begriffen nötigen, zu den Begriffen 'Freiheit', 'Willkür', 'Person' und sogar zu einer Ausscheidung (!) der gemeinschaftstheoretischen Perspektive aus der Betrachtung. Da Tönnies hier in aller Radikalität von einer theoretischen Ausblendung spricht, könnte man vermuten, daß er gemeinschaftstheoretische und gesellschaftstheoretische soziologische Begriffsbildung für schwer kombinierbar hält.

Der kürwillige Akteur unterdrückt Gefühle der Liebe, des Hasses oder des Mitleids, weil sie die Effizienz seines Zweckhandelns gefährden könnten. Wenn er dennoch gefühlsmäßige Handlungen zeigt, so ist dies Schauspielerei und Taktik. Denn die kürwillige Handlungseinstellung ordnet alle Kriterien zur Auswahl und Bewertung möglicher Handlungsabläufe dem Effizienzkriterium unter.[121] Einem derartigen Handeln stellt Tönnies das alternative Konzept des Handelns aus Pflichtgefühl gegenüber, weil es dem Wesenwillen ent-

---

116 Tönnies 1991: Gemeinschaft und Gesellschaft: 90,92.
117 Tönnies 1991: Gemeinschaft und Gesellschaft: 109.
118 Tönnies 1991: Gemeinschaft und Gesellschaft: 105.
119 Tönnies 1991: Gemeinschaft und Gesellschaft: 208, 217.
120 Tönnies 1991: Gemeinschaft und Gesellschaft: 208.
121 Tönnies 1991: Gemeinschaft und Gesellschaft: 101f.

springe[122]. Die Nähe dieses Motivtyps zu Webers Wertorientierung resp. Wertrationalität ist nicht zu übersehen. So wenig Zweifel Weber nun aber an dem Rationalitätsgrad des wertorientierten Handelns aus Pflichtgefühl läßt, so eindeutig ist Tönnies in der Behauptung des Gegenteils: Handeln aus einem Pflichtgefühl oder Handeln nach seinem Gewissen sei zwar nichts Geheimnisvolles, aber doch ein wesenwilliges, „organisches Wollen an sich", und dies sei nun einmal „dunkel, irrational und Ursache seiner selbst"[123]. Wenn dieses Wollen nun einer Rationalisierung ausgesetzt wird, dann wird Tönnies zufolge die Einheit von Theorie und Praxis, von Denken und Tun, in die Elemente von Zweck und Mittel auseinandergerissen. Wenn die Ideen nun in dieser Form zweckrational assoziiert werden und es eine Analogie zwischen der Assoziation der Ideen und der Assoziation der Menschen gibt, dann heißt das, daß die Menschen in der 'Gesellschaft' einander wie Zwecke und Mittel behandeln, in der 'Gemeinschaft' wie Teile eines Ganzen, eines lebendigen Organismus. Es heißt weiterhin, daß Menschen in gesellschaftlichen Lebensumständen voneinander die Herrschaft des Denkens über den Willen voraussetzen, während in gemeinschaftlichen Verhältnissen die Dominanz des Willens über das Denken unterstellt wird. Das hat zur Folge, daß Menschen in der 'Gesellschaft' voneinander eine hohe, allgemeine, rationale Disponibilität der Seele und des Willens unterstellen, daß, mit einem Wort Gellners, „modulare Menschen"[124] erwartet werden.

---

122 Tönnies nennt das Gedächtnis eine Form des Wesenwillens, „weil es Pflichtgefühl ist, oder eine Stimme und Vernunft, die das Notwendige und Richtige in solchem Werke anzeigt, Erinnerung dessen, was man gelernt, erfahren, gedacht hat und als einen Schatz in sich bewahrt, ganz eigentlich eine praktische Vernunft, opinio necessitatis, kategorischer Imperativ". Und gleich anschließend ist die Rede von dem „was unbedingterweise, unter allen Umständen das Richtige sei: das Schöne, Gute und Edle" (Tönnies 1991: Gemeinschaft und Gesellschaft: 103).
123 Tönnies 1991: Gemeinschaft und Gesellschaft: 104.
124 Gellner 1995: Bedingungen der Freiheit: 106ff. „Modulare" Menschen haben den Vorteil, daß sie außerhalb ihrer Ursprungsgemeinschaften 'funktionieren'. Sie sind Gellner zufolge auch ohne die enge soziale Kontrolle und stetigen face-to-face-Kontakte ihrer kommunitären Gruppen einigermaßen zuverlässige Mitarbeiter und Vertragspartner, einigermaßen gesetzestreue und loyale Staatsbürger. Wie Module lassen sie sich beliebig aus ihren angestammten sozialen Milieus herausholen und in neuen Formationen frei im sozialen Raum rekombinieren. Aber ihr Exodus aus den kommunitären Kreisen, in denen sie ihre Wurzeln haben und aus denen sie ihre Identität beziehen, mache sie nach Meinung dieses Autors andererseits überaus anfällig für die „Rhethorik" der Gemeinschaft, für den Nationalismus beispielsweise. Aber während Gellner die Anfälligkeit für Gemeinschaftsideologien als einen zwar bedauernswerte, aber vorübergehenden Irrtum des ansonsten rational und in glasklarem Eigeninteresse handelnden modularen Menschen betrachtet (Gellner 1995: Bedingungen der Freiheit: 117f.), nimmt Tönnies die Sehnsucht des gesellschaftlichen Zeitalters nach Gemeinschaft als ernstzunehmendes Symptom eines schleichenden Verfalls.

2.3 Gemeinschaft als Wachstum, Gesellschaft als Setzung

Die Analogie zwischen der Assoziation der Ideen und der der Menschen bedeutet für die 'Gemeinschaft' nun nach allem bisher Gesagten die Dominanz der „Gedächtniß"[125]-Orientierung. In der Gemeinschaft beziehen sich die Menschen so aufeinander, wie sich im Reich der Ideen die Teile der Erinnerung, der Denkgewohnheiten, der Erfahrung und des Gelernten zueinander in Beziehung setzen, wenn man das Zweck-Mittel-Kalkül ausschalten würde. Jede einzelne soziale Beziehung und das aus diesen sich zusammensetzende große Netzwerk ist gewachsen, nicht erdacht und dann umgesetzt, nicht, wie Weber sagen würde, 'gesatzt' und dann mit Hilfe des 'Zwangsapparates' durchgesetzt, sondern historisch herangereift. Letztlich finden sich in dem Gegensatz von Gemeinschaft und Gesellschaft also auch die Frontlinien des Duells zwischen Historismus und Rationalismus wieder[126]. Die pointierteste Zusammenfassung dieser Gedanken liefert Tönnies in einem Versuch der Abgrenzung vom Organizismus des bereits erwähnten Gierke:

> „Ich mache dagegen eine strengere Unterscheidung zwischen natürlichen Verbänden, deren Bedeutung für das soziale Leben freilich eminent ist, und kulturlichen oder künstlichen Einheiten geltend, wenn auch diese aus jenen hervorgehen können. Allerdings sind auch jene in unserem 'Bewußtsein' und für unser Bewußtsein vorhanden, aber nicht wesentlich durch unser Bewußtsein, wie die eigentlich und wahrhaft sozialen Verhältnisse und Verbindungen. Denn diese Erkenntnis behaupte ich als die fundamentale soziologische Erkenntnis, daß es außer den etwaigen realen Einheiten und Zusammenhängen der Menschen solche gibt, die wesentlich durch ihren eigenen Willen gesetzt und bedingt, also wesentlich ideellen Charakters sind. Sie müssen begriffen werden als von den Menschen geschaffen oder gemacht, auch wenn sie tatsächlich eine objektive Macht über die Individuen gewonnen haben, eine Macht, die immer die Macht verbundener Willen über Einzelwillen ist und bedeutet"[127].

Hier macht Tönnies den eigentlichen begrifflichen Unterschied zwischen gesellschaftlichen und gemeinschaftlichen sozialen Beziehungen unmißverständlich klar: gesellschaftliche Beziehungen beruhen immer auf einem Akt willentlicher und bewußter Setzung, gemeinschaftliche immer auf etwas anderem. Zwar kann die Bewußtheit und Willentlichkeit einer Sozialbeziehung im Laufe der Zeit erlöschen und durch Habitualisierung oder Routinisierung in bloße Gewohnheit übergehen, doch ändert dies nichts an der Rationalität ihres Gründungsaktes. Ebenso können bereits vorhandene gemeinschaftliche Beziehungen noch einmal willentlich und bewußt bekräftigt, präzisiert oder modifiziert werden, dann liegt eine Rationalisierung von Gemeinschaftsbezie-

---

125 In der Vorrede zur ersten Auflage spitzt Tönnies seine Bestimmung des Verhältnisses von Rationalismus und Empirismus und von „Geist" und „Thätigkeit" auf den Begriff „Gedächtniß" zu. Tönnies 1991: Gemeinschaft und Gesellschaft: XVI.
126 Breuer 1996: Von Tönnies zu Weber.
127 Tönnies 1991: Gemeinschaft und Gesellschaft: XXXII.

hungen vor. Doch auch dies ändert nichts an dem ursprünglichen 'Gewachsensein' der Beziehung.

Tönnies zielte mit seinem Begriff von 'Gesellschaft' in erster Linie auf eine Beschreibung moderner Zustände.[128] Die Moderne ist aber selber ein historisches Ereignis, etwas Gewachsenes, das seine gemeinschaftliche Vorgeschichte und seine gemeinschaftlichen Wurzeln hat. Um dies zu erklären, bedient sich Tönnies einer Dekadenztheorie der Moderne. Sie macht den häufig besprochenen Pessimismus der Tönniesschen Soziologie aus. Sie besagt, daß ab einem bestimmten Zeitpunkt in der Geschichte der Menschheit eine neue Form des Bewußtseins in die Köpfe der Menschen drang, nämlich das abstrakte Denken, das Tönnies zufolge den Menschen von seiner eigenen Natur entferne und mit sich selbst entzweie. Tönnies nennt diesen Vorgang auch die „Losreißung und Erhebung des Denkens"[129]:

„Das Denken aber wirft sich zum Herrn auf; es wird der Gott, welcher von außen einer trägen Masse Bewegung mitteilt. So muß es selber als von dem ursprünglichen Willen (daraus es doch hervorgegangen ist) abgelöst und frei gedacht werden"[130].

Dies betrachtet er nicht einfach nur als eine bedauerliche Fehlentwicklung, sondern als den Beginn einer Entwicklung, die „schliesslich allerdings zum Tode dieser Kultur führen muß"[131], so daß „nach etwa 500 Jahren die gesamte moderne Zivilisation ein Trümmerfeld hinterlassen wird"[132].

Eine solche Unheilsprophetie hat natürlich längst den Boden sozialwissenschaftlicher Beweisführung verlassen, ist aber beredter Ausdruck jenes nicht nur Tönnies überwältigenden Krisengefühls, das sich bei jedem gemeinschaftstheoretischen Blick auf die Moderne geradezu mit Notwendigkeit einstellt. Die sich unweigerlich aufdrängende Frage ist dann natürlich: Kann man das Unheil abwenden? Kann man den Gemeinschaftsverfall stoppen oder sogar neue Gemeinschaft wiedergewinnen inmitten der individualistischen und säkularisierten 'Gesellschaft'? Die Unausweichlichkeit und Dringlichkeit dieser Frage ist meines Erachtens der Grund für die „spiritualistische Wende"[133] in Tönnies' Denken. Er hält fortan die Schaffung neuer Gemeinschaften für

---

128 In diesem Sinne äußerte er sich in einem Aufsatz von 1899 in unmißverständlicher Klarheit: „In der Darstellung aber des Prozesses der Gesellschaft hat der Verfasser die moderne Gesellschaft im Auge gehabt" (Tönnies 1899: Zur Einleitung in die Soziologie: 248) und auch in „Gemeinschaft und Gesellschaft" betont er am Schluß noch einmal den Gegenwartsbezug seiner Studie (Tönnies 1991: Gemeinschaft und Gesellschaft: 219f.) Man darf andererseits nicht übersehen, daß für Tönnies die „Gesellschaft" nicht nur in der Moderne die dominierende Sozialform ist, sondern auch in den großen antiken, urbanen Kulturen, Athen und Rom, schon einmal zum herrschenden Typus geworden war (ebd.).
129 Tönnies 1929: Soziologische Studien und Kritiken Bd. III: 269.
130 Tönnies 1991: Gemeinschaft und Gesellschaft: 91.
131 Tönnies 1989: Briefwechsel: 65.
132 Tönnies 1925: Soziologische Studien und Kritiken Bd. I: 238f.
133 Breuer 1996: Von Tönnies zu Weber: 231.

jederzeit möglich[134]. Er sieht eine Chance, verlorene Gemeinschaft und verlorene Sitte durch eine sich selbst bejahende, mehr-als-nur-analytische Vernunft und eine „bewußte Ethik" zu ersetzen[135]. Tönnies zog konkrete Schlußfolgerungen aus dieser Erkenntnis. Er forderte einen deutschnationalen Staatssozialismus als Mittel gegen die kapitalistische Plutokratie, eine entschlossene Frauenpolitik und die Förderung von Ehe, Familie und Jugend sowie des Genossenschaftswesens.

Jedes empirische Sozialverhältnis weist ein bestimmtes Mischungsverhältnis von gemeinschaftlichen und gesellschaftlichen Elementen auf und keines dieser Mischungsverhältnisse kann ceteris paribus als pathologischer oder gesünder als ein anderes gelten. Die rein quantitative Variation der Anteile scheint Tönnies keine Sorgen zu bereiten. Sein moralisches und humanistisches Empfinden reibt sich vielmehr an einer anderen Konstellation, die sich dadurch kennzeichnen läßt, daß man ein weiteres qualitatives Merkmal in diese Mischungsverhältnisse einzieht: die oben schon angesprochene Entfremdung. Denn die Zunahme gesellschaftlicher Sozialverhältnisse kann offenbar auf zweierlei Weise vor sich gehen: in entfremdender und lebensfeindlicher oder in integrer und lebensfördernder Manier. Gesellschaft bedeutet für Tönnies den von der Gemeinschaft entfremdeten Grenzzustand, in dem Frieden oder Unfrieden, Freundlichkeit oder Feindseligkeit ausschließlich auf 'Furcht' oder 'Klugheit' beruhen und auf sonst gar nichts. Es ist nun genau dieser 'Zustand der gesellschaftlichen Zivilisation', den nach Tönnies' Ansicht der Staat durch seine Politik beschützt und den Wissenschaften und öffentliche Meinung zu legitimieren versuchen, indem sie ihn „teils als notwendig und ewig zu begreifen suchen, teils als Fortschritt zur Vollkommenheit verherrlichen". Daran schließt Tönnies die aufschlußreiche Bemerkung an:

„Vielmehr sind aber die gemeinschaftlichen Lebensarten und Ordnungen diejenigen, worin das Volkstum und seine Kultur sich erhält; welchen daher das Staatstum (in welchem Begriffe der gesellschaftliche Zustand zusammengefaßt werden möge), mit einem freilich oft verhüllten, öfter verheucheltem Hasse und verachtendem Sinne entgegen ist; in dem Maße, in welchem es von jenem abgelöst und entfremdet (!) ist. Also stehen auch im sozialen und historischen Leben der Menschheit Wesenwille und Kürwille teils im tiefsten Zusammenhange, teils neben- und widereinander"[136].

Tönnies votiert dafür, das Gemeinschaftliche als den eigentlichen Bewahrer von Kultur und somit auch als unaufgebbaren Bestandteil des Fortschritts zu begreifen und zu verteidigen.

---

134 Tönnies 1989: Briefwechsel: 40.
135 Tönnies 1909: Die Sitte: 94f.
136 Tönnies 1991: Gemeinschaft und Gesellschaft: 209.

2.4 Tönnies' Bild von Religion und Gemeinschaftsbildung

Der Übergang von Gemeinschaft zu Gesellschaft war für Tönnies nicht nur ein Gemeinschaftsverlust, sondern auch ein Übergang von Religion zu öffentlicher Meinung und damit ein Religionsverlust.[137] Diese Säkularisierung ist, recht verstanden, bei Tönnies eindeutig eine der entscheidenden Facetten des Übergangs von Gemeinschaft zu Gesellschaft. Während zunächst im 'Zeitalter der Gemeinschaft' der soziale Wille noch als Eintracht, Sitte, und Religion gegeben sei, träten im 'Zeitalter der Gesellschaft' Konvention, Politik und öffentliche Meinung an ihre Stelle. Eine „Gelehrten-Republik" löse die Kirche ab[138]. Das Leben in 'Gesellschaft' erfordere nunmehr „unskrupulöse, unreligiöse, leichtem Leben geneigte Menschen"[139]. An die Stelle der Religion trete die Wissenschaft[140] und kein Staat könne durch irgendwelche Gesetze, Zwänge oder durch Unterricht „abgestorbene Sitte und Religion" wiederbeleben[141]. Auch die Religion als Gemeinschafts- und Kulturphänomen ist also von Tönnies' Warnung betroffen,

„daß die von Christentum und Antike genährte, überwiegend nordeuropäische 'Kultur' in ihrer glänzenden jüngeren Gestalt (der 'Zivilisation') um so rascher und vollständiger sich erschöpfen wird, je weniger sie auf ihre sozialen Grundlagen, die der Gemeinschaft, sich zurückzubesinnen vermag; je mehr sie in eine reine Gesellschaft übergeht, die der staatlichen zentralen Regulierung nicht entraten kann, ohne daß diese doch ihr Wesen wirklich zu verändern im Stande wäre-..."[142].

Religion im eigentlichen Sinne prägt sich Tönnies zufolge erst im Zuge von Urbanisierungen aus.[143] Städte bräuchten besondere soziale Ordnungen, die durch die Kraft der Heiligkeit aufrecht erhalten werden, um den Frieden und das koordinierte Zusammenleben im urbanen Gedränge garantieren zu können. Daher sagt Tönnies über die städtischen Arbeits- und Wirtschaftsreglements, sie seien „heilige Ordnungen von unmittelbarer sittlicher Bedeutung" und schließt den vielsagenden Satz an: „Die Zunft ist eine religiöse Gemein-

---

137 Tönnies 1991: Gemeinschaft und Gesellschaft: 209, 215.
138 Tönnies 1991: Gemeinschaft und Gesellschaft: 215f.
139 Tönnies 1991: Gemeinschaft und Gesellschaft: 219.
140 Tönnies 1991: Gemeinschaft und Gesellschaft: 210.
141 Tönnies 1991: Gemeinschaft und Gesellschaft: 214.
142 Tönnies 1991: Gemeinschaft und Gesellschaft: XXXVII.
143 Weber wendet sich mehrfach energisch gegen Tönnies These, das Sektenwesen korreliere mit Urbanität. An Tönnies gewandt sagt er: Jene 'Sekten'form der Gemeinschaftsbildung aber findet sich, wie gesagt, zum erstenmal außerhalb der Städte. (GASS 462f.) Weber vermutet hinter Tönnies' Argumentation die Prämisse, urbanes, bürgerliches Sein bestimme das religiöse Bewußtsein - und dagegen bietet Weber alles auf, was ihm zu Gebote steht. Insbesondere verbietet er sich die allzu leichte These, der Protestantismus sei Produkt des Bürgertums. Weber wörtlich: „Umgekehrt! Das Bürgertum, das in Schottland geprägt wurde, hat z. B. John Keats als ein Produkt der dortigen Kirchenmänner bezeichnet. Und für Frankreich hat z. B. Voltaire das Richtige recht gut gewußt." (GASS 465).

de; so ist die Stadt selber"[144]. Religion sei Teil der Sitte und insofern selbstverständlicher Bestandteil der intergenerationellen Überlieferung, in die der einzelne – wie in Webers 'Einverständnisvergemeinschaftung' – hineingeboren und hineinerzogen wird[145]. Die eigentliche Funktion der Religion liege darin, daß sie die Ereignisse des Familienlebens mit einer besonderen 'Weihe' und das Gemeinwesen und die Geltung seines Rechts mit einer besonderen Heiligkeit ausstatte:

„Das religiöse Gemeinwesen ist insonderheit Darstellung der ursprünglichen Einheit und Gleichheit eines ganzen Volkes, das Volk als eine Familie, das Gedächtnis seiner Verwandtschaft durch gemeinsame Kulte und Stätten festhaltend"[146].

Diese Bedeutung des religiösen Gemeinwesens deckt sich sehr weitgehend mit den Ergebnissen der religionssoziologischen Studien Durkheims. Auch er hatte die Religion als anschauliche Maske für die unanschauliche Realität namens 'Gesellschaft' dekouvrieren wollen, auch bei Durkheim hat Religion die Funktion einer Repräsentation der sozialen Einheit eines Kollektivs.[147] Tönnies nennt für die Religion eine 'extensive' Funktion und grenzt sie von einer 'intensiven' ab, die darin besteht, die Sitte in ihrer Aufgabe zu ergänzen, das städtische Gemeinwesen zu koordinieren.[148]

Es spricht einiges für die These, Tönnies habe wie Weber den empirischen Beginn des gesellschaftlichen Zeitalters in der protestantischen Reformation gesehen.[149] Damit hätte sich Tönnies der Weberschen Erklärung angeschlossen. Also würde der Tönniesschen Theorie ganz ebenso wie der Weberschen das Paradox entstehen, daß ein religiöses Phänomen zum Auslöser für eine Säkularisierung würde. Und ebenso das Paradox einer Religionsgemeinschaft als Ursache für einen Gemeinschaftsverlust.[150]

---

144 Tönnies 1991: Gemeinschaft und Gesellschaft: 33.
145 Tönnies 1991: Gemeinschaft und Gesellschaft: 201.
146 Tönnies 1991: Gemeinschaft und Gesellschaft: 201.
147 Durkheim 1981: Die elementaren Formen: 560.
148 Dazu setzt die Religion die Einrichtung des Eides ein, um Treue und Wahrhaftigkeit zu fördern und Betrug und Lüge abzuschrecken. Über die Einrichtung der Ehe wirkt die Religion jedoch auch auf das Familienleben in einer „intensiven" Weise ein. Die Unterscheidung von „extensiver" und „intensiver" sozialer Funktion der Religion entspricht sehr weitgehend derjenigen zwischen äußerlich-symbolischer und innerlich-ethischer, wie sie sich auch bei Weber in der Unterscheidung von „Gemeinschaftskult" und religiöser „Lebensführung" wiederfindet (WuG 250, 267).
149 Diese historische Zuordnung ließe sich entnehmen aus Tönnies 1935: Der Geist der Neuzeit sowie aus Tönnies 1926: Die Kulturbedeutung der Religionen. Vgl. Waßner 1991: Tönnies Religionssoziologie: 439-452. Webers Protestantismusstudien liefern m.E. klare empirisch-historische Beweise für die Richtigkeit dieser Tönniesschen Annahme. Siehe dazu unten das Kapitel „Die Gemeinschaftsbildung des asketischen Protestantismus".
150 Ich vermag bei Tönnies keinerlei Ansätze für eine Abweichung von der seinerzeit orthodoxen und bis heute verbreiteten Auffassung erkennen, daß das Aufklärungszeitalter und seine Philosophie und Wissenschaften, die bürgerlichen Revolutionen und die industrielle Revolution die sozialen Ursachen für Modernisierung und Säkularisierung bildeten. Im

Angeregt durch die von Weber provozierte Diskussion um die protestantischen Sekten versuchte Tönnies, das Sektenphänomen in seine Soziologie einzuordnen.[151] Für ihn sind die Sekten zwar individualistische, gesellschaftliche Zusammenschlüsse, sie pflegen aber gemeinschaftliche Inhalte[152]. Wesenwillige Leistungen werden kürwillig ausgetauscht. Diese Deutung erinnert sehr stark an Webers 'Gesinnungsverein', den Weber auch als „rationale Sekte" bezeichnet (WuG 22). Auch hier heißt es, der Gesinnungsverein wolle ausschließlich einer 'Sache' dienen, auch hier bleibt also die Abgrenzung zum Zweckverein, zur reinen 'Gesellschaft' im Tönniesschen Sinn, unklar.

Mit Tönniesschen Theoremen läßt sich explizieren, warum und wie im einmal angebrochenen 'Zeitalter der Gesellschaft' die Symbole außer Gebrauch kommen, die die transzendente und metaphysische Dimension menschlichen Daseins veranschaulichen.[153] Klar wird dadurch auch, warum dies bedenkliche Folgen zeitigt. Die Religion kann in der Moderne nämlich zu einer Protestform der 'Vernunft des Leibes' werden. Die kürwillige Rationalität trocknet das Hintergrundverständnis für die religiösen Paradoxa aus und verleitet die Menschen, an der Oberfläche der Religion nach ihrem instrumentellem Nutzen zu suchen. Die Folge ist eine Verkümmerung des Wesenwillens, der Seele und der Bedürfnisse des Leibes, „psychosomatische Leiden" seien der sichtbare Ausdruck dieser Defekte[154].

Gegenteil scheint Tönnies sich in der Tradition Comtes und des Positivismus zu befinden, wenn er das „wissenschaftliche Denken" aus den praktischen Alltagstätigkeiten des Rechnens und Messens hervorgehen und die wissenschaftlichen Prinzipien sich weiterentwickeln sieht, „bis sie auf sich selber stehen und gänzlich von ihrem Ursprunge unabhängig zu sein scheinen" (Tönnies 1991: Gemeinschaft und Gesellschaft: XVIII). Dann sei eine Epoche des Denkens erreicht, „welches seinen Principien nach dem religiösen Glauben und volksthümlichen Anschauungen entgegengesetzt ist, wie sehr es auch noch die Spuren seiner Herkunft aus diesen Quellen tragen mag" (ebd.). Hier ist ersichtlicherweise nicht der Protestantismus und die vom neuen Ethos geprägten bürgerlichen Volksmassen Triebkräfte des sozialen Wandels, hier ist überhaupt nicht von einem besonderen, singulären, historischen Komplex als Auslöser der Transformation zum gesellschaftlichen Zeitalter die Rede, sondern von einem evolutionären Prozeß der Entwicklung des Denkens.

151 Tönnies 1935: Der Geist der Neuzeit: 74.
152 Tönnies 1931: Einführung in die Soziologie: 130f.
153 Man kann Tönnies hinsichtlich seiner erkenntnistheoretischen Behandlung der Religion hingegen schwer vor dem Vorwurf schützen, den man auch Comte, Hobbes, Spencer, Nietzsche oder Marx machen müßte, nämlich die symbolische Ebene des sozialen Lebens nicht stark genug von der naturalen unterschieden zu haben. Die Konsequenz dieser Sichtweise ist bei Tönnies wie bei anderen dann meist diegleiche: Religion sei letztlich wenig mehr als ein geistiger Irrtum, der auftritt, weil man Naturphänomene mit mystischen Mitteln zu erklären versuche, die sich aber nur 'wissenschaftlich' erklären ließen. Diese Perspektive leidet unter dem Manko, daß der religiöse Wahrheitsanspruch als Konkurrent des wissenschaftlichen Wahrheitsanspruches betrachtet wird, weil man nicht zwischen Sinnstiftung und instrumentell-rationaler Kontrolle unterscheidet. Zu dieser Beurteilung Tönnisscher Religionssoziologie kommt auch Waßner 1991: Tönnies' Religionssoziologie.
154 Waßner 1991: Tönnies' Religionssoziologie: 447.

2.5 Webers Tönnies-Rezeption

Tönnies' soziologischer Grundbegriff von 'Gemeinschaft' wurde hier erläutert, um die Übereinstimmungen[155] und Unterschiede[156] zu Weber aufzudecken. Für die hier gewählte Fragestellung ist es natürlich von besonderem Interesse, wie Weber den Tönniesschen Ansatz rezipierte.

Abgesehen davon, daß Weber Tönnies das Wertfreiheitspostulat nahebringen wollte[157], rieb sich Weber stets an Tönnies' Begriff des Wesenwillens. Die Lektüre der Tönniesschen Abhandlung über die Sitte[158] gab Weber Gelegenheit, sich über das Konzept des 'Wesenwillens' Gedanken zu machen. Weber rechnet dieses Konzept zu den „wichtigeren Dingen", in denen ihm Tönnies Theorie unklar geblieben sei und fragt, wie er sich zum Begriff des Wesenwillens „endgültig zu stellen" habe (MWG II/6: 237). Der Wert dieses Begriffes als „Komplementärfarbe" zur Zivilisation sei ihm zwar aufgegangen, aber er vermöge nicht zu entscheiden, ob Wesenwille als „ein empirischer Begriff und dann: – als 'Idealtypus...anzusehen ist oder ob Wertungen in ihm eingeschlossen sind – was Sie ja eigentlich ablehnen" (MWG II/6: 238).

Es ist bezeichnend für Weber, daß er in der Korrespondenz mit Tönnies auf das heikle Thema der Wertfreiheit anspringt. Die angebliche Unklarheit, die Weber mit dem Tönniesschen Wesenwillen noch zu haben vorgibt, ist eine höfliche Formulierung für den klaren Vorwurf an Tönnies, daß dieser Begriff versteckte Werturteile transportiere.[159]

Der systematische Ort, an dem Weber die versteckten Werturteile wittert, liegt in dem 'Realitäts-' und 'Substanz'-Gefälle zwischen Kür- und Wesen-

---

155 Die Übereinstimmungen betonen: Hennis 1987: Max Webers Fragestellung; Jacoby 1968: Zur reinen Soziologie; Parsons 1968: The structure of social action.
156 Die Unterschiede heben hervor: Breuer 1996: Von Tönnies zu Weber; König 1955: Die Begriffe Gemeinschaft und Gesellschaft bei Ferdinand Tönnies; Zander 1986: Pole der Soziologie.
157 In einem Brief vom 19.2.1909 kritisiert Weber auf das heftigste die Behauptung von Tönnies, daß man wissenschaftlich nachweisen könne, die Monarchie sei „schädlich" (MWG II/6: 66). Weber nimmt seinen Einwand gegen dieses Urteil zum Anlaß, seine Differenzen Tönnies „verständlicher" zu machen, Differenzen, die vor allem von Webers Wertfreiheitspostulat herrühren. Keiner ethischen Position könne man mit wissenschaftlichen Mitteln ihren normativen Geltungsanspruch absichern. Daher könne keine Wissenschaft religiöse oder kirchliche Grundannahmen im eigentlichen Sinne „widerlegen", so Weber in dem erwähnten Brief.
158 Tönnies 1909: Die Sitte.
159 Die Herausgeber des betreffenden Briefbandes geben den Kommentar ab, daß „die wertmäßigen Konnotationen in Tönnies' sozialphilosophischem Hauptwerk unübersehbar" seien und Tönnies die Gesellschaft als „pathologische Sozialform der Moderne" (MWG II/6: 238) verstanden habe. Die Editoren liefern aber keine direkten Belege für diese starke These, von der man bezweifeln mag, ob sie in einer rein dokumentierenden Edition wohlplaziert ist.

willen. Beide Begriffe bezeichnen Formen des menschlichen Willens, und doch habe, so Tönnies, der Wesenwille mehr Substanz und Realität als der Kürwille. Der logische Status der beiden Begriffe, also ihr Verhältnis zur empirischen Realität oder kurz gesagt: ihre Abstraktionshöhe, müßte eigentlich identisch sein. Wenn beide nur verschiedene Formen der gleichen Sache namens 'Wille' bezeichnen, liegen sie auf der gleichen Abstraktionsstufe. Wenn sie nicht auf gleicher Abstraktionsstufe stehen, dann bezeichnen sie auch nicht zwei verschiedene Formen der gleichen Sache.[160] Die Abstraktheit kürwilliger Motivation, von der Tönnies so oft spricht, ist keine logisch-begriffliche Abstraktheit, sondern eine anthropologische. Wesenwille und Kürwille differieren nicht im Sinne unterschiedlicher begrifflich-typologischer Nähe zur Empirie, worüber Weber sich Sorgen macht, sondern im Sinne unterschiedlicher Befangenheit der mentalen Operationen der beobachteten Akteure in animalisch-vegetativen Funktionszusammenhängen. Daß Tönnies die größere Befangenheit im Submentalen, wie sie der Wesenwille aufweist, per se als für die Menschennatur angemessener und für das Leben dienlicher hält – das ist der Gedanke, der dem Neukantianismus Webers immer fremd bleiben mußte. Weber und Tönnies stimmen darin überein, die sozialen Beziehungen für soziologische Zwecke in die willkürlich gesetzten gesellschaftlichen und die unwillkürlich gewachsenen oder sich einstellenden gemeinschaftlichen einzuteilen. Des weiteren sind sie weiterhin darin einig, daß die moderne Sozialform das Ergebnis einer 'Rationalisierung' von Gemeinschaften und von Gemeinschaftshandeln ist (WL 465ff.). Umso stärker meint Weber jedoch Tönnies' lebensphilosophische und spinozistische Einschläge ablehnen zu müssen. Webers artige Verweise auf sachliche Übereinstimmungen mit „F. Tönnies' dauernd wichtigem Werk ('Gemeinschaft und Gesellschaft')" (WL 427) oder auf „das schöne Werk von F. Tönnies 'Gemeinschaft und Gesellschaft'" (WuG 1) können darüber nicht hinwegtäuschen. Die auf Tönnies bezogene Erläuterung zu Webers eigener Dichotomie von „Vergemeinschaftung und Vergesellschaftung" wird dann auch schon klarer:

„Die Terminologie erinnert an die von F. Tönnies in seinem grundlegenden Werk 'Gemeinschaft und Gesellschaft' vorgenommene Unterscheidung. Doch hat Tönnies für seine Zwecke dieser Unterscheidung alsbald einen wesentlich spezifischeren Inhalt gegeben, als hier für unsere Zwecke nützlich wäre". (WuG 22)

Die 'Zwecke' der beiden soziologischen Klassiker dürften so verschieden nicht gewesen sein, ging es doch beiden um die Prägung der fachkonstitutiven Grundbegriffe. Auch wenn Weber 'Sinn', 'soziales Handeln' und 'soziale Handlungsorientierung' setzt, wo Tönnies mit 'Wille', 'Thätigkeit' und 'Be-

---

160 König gesteht Weber ein „höheres Abstraktionsniveau" zu als Tönnies: König 1955: Die Begriffe Gemeinschaft und Gesellschaft bei Ferdinand Tönnies: 369. Jacoby hält diese Frage für unentscheidbar: Jacoby 1968: Zur reinen Soziologie: 455.

jahung' operiert, scheint die Grundunterscheidung zwischen bewußter und unbewußter Sozialität immerhin doch die gleiche zu sein. Die für Weber inakzeptable Spezifizität der Tönniesschen Kategorien stammt von den im Wesenwillens-Begriff enthaltenen Wertungen, aber auch nur von dort. Es konnte gezeigt werden, daß Webers Gemeinschaftsbegriff zwar diese Wertungen weitgehend vermeiden kann, aber mit den Motivstrukturen und Entstehungsgründen der 'Vergemeinschaftungen' seinerseits eigene methodologische Schwierigkeiten hat.

Eine zugespitzte, wichtige Auseinandersetzung führt Weber mit Tönnies über die Frage eines Zusammenhangs zwischem städtischem Bürgertum und Sektenreligiosität. Weber unterstellt Tönnies eine „materialistische Geschichtsauffassung" (GASS 463) und attackiert Tönnies' Behauptung, Sekten-Religiosität stamme aus der Stadt, durch den Hinweis auf die Sekte der Donatisten im Altertum, die vielmehr agrarischem Milieu entstamme. Die Donatisten haben für Weber dabei nicht irgendeine randständige oder exotische Bedeutung, sondern bilden „die erste spezifische Sekte, die Mustersekte sozusagen, der alle späteren, eigentlichen Sekten in der Struktur entsprechen" (GASS 467). Die besondere „'Sekten'form der Gemeinschaftsbildung" finde sich also „zum erstenmal *außerhalb* der Städte."

An einer anderen Stelle bringt Weber den Tönniesschen Begriff von Gemeinschaft mit der russischen Religiosität, dem Kirchenbegriff von Solowiew und dem Akosmismus in der Religion in Zusammenhang. Deren Grundgedanke sei, daß eine „amorphe, ungeformte Liebesbeziehung" im Sinne der Liebe zum „Nächsten, das heißt zum Beliebigen, gleichviel wer der sei, zum Nächstbesten also" (GASS 467) gottwohlgefällig sei und das Paradies verbürge:

„Alle Grundideale von Leuten wie Wl. Solowjew gehen auf jene Basis zurück. Auf ihr ruht namentlich auch Solowjews spezifischer Kirchenbegriff, der – in Tönnies' Sinn – auf 'Gemeinschaft', nicht auf 'Gesellschaft' fußt." (GASS 467)

Wenn von den religiösen Menschen nicht dieser Liebesakosmismus gewählt wird, um ein Gefühl des religiösen Heilsbesitzes zu erlangen, dann gebe es, so Weber, nur noch eine Alternative: den Calvinismus. Ihn kennzeichnet Weber unter ausdrücklicher Bezugnahme auf Tönnies folgendermaßen: Die Calvinisten zeigten das

„für die Geschichte der Sozialpolitik praktisch äußerst wichtige Verhalten, daß der einzelne sich hineingestellt fühlt in die sozialen Gemeinschaften zu dem Zwecke, darin zum Heile seiner Seele 'Gottes Ruhm' zu verwirklichen. Diese letztere Eigentümlichkeit des Calvinismus bedingt dem Sinne nach die gesamte innere Gestaltung des sozialen Gebilde, die wir auf diesem Boden entstehen sehen. Immer steckt in diesen Gebilden ein eigentümliches Moment der Gesellschaftsbildung auf egozentrischer Grundlage; immer ist es der einzelne, der *sich* sucht, indem er der Gesamtheit, heiße diese wie immer, dient: immer ist es – um die Gegensätze zu gebrauchen, die in einem der Grundbücher unserer modernen sozial-philosophischen Betrachtungsweise, in Ferdinand Tönnies' Werk über 'Gemeinschaft und Gesellschaft' gebraucht worden sind – immer ist die auf diesem Boden erwachsende menschliche Beziehungsweise eine 'Gesellschaft', eine 'Vergesellschaftung', ein Produkt der das 'Menschliche' abstreifenden 'Zivilisation', Tausch, Markt, sachlicher Zweckverband, statt persönlicher Verbrüderung, immer ist dagegen jenes andere, jener Liebeskosmismus 'Gemeinschaft' auf rein menschlicher Grundlage der 'Brüderlichkeit',, (GASS 470).

Im Vergleich zu den methodologisch neutralisierten, sublimierten und raffinierten Definitionen aus KvS und GB findet sich in dieser Bemerkung noch eine etwas krassere und durchaus wertende Gegenüberstellung von Vergesellschaftung und Vergemeinschaftung: Vergesellschaftung gilt hier als Zivilisationsprodukt nach dem Modell von Markt und Tausch, als Egozentrik unter Abstreifung des 'Menschlichen', Vergemeinschaftung als Menschlichkeit und „Brüderlichkeit", als persönliche Verbrüderung und Liebeskosmismus. Weber ist der Ansicht, daß in den orthodoxen Kirchen der Glaube lebt,

„daß Bruderliebe, Nächstenliebe, jene eigentümlichen, uns so blaß anmutenden menschlichen Beziehungen, welche die großen Erlösungsreligionen verklärt haben, einen Weg bilden nicht etwa nur zu irgendwelchen sozialen Effekten – die sind ganz nebensächlich, – sondern zur Erkenntnis des Weltsinns, zu einer mystischen Beziehung zu Gott (GASS 466f.).

Zusammenfassend ist nunmehr festzuhalten, daß Webers Gemeinschaftsbegriff mit dem Tönniesschen zusammenhängt und aus ihm erwachsen ist, daß der Calvinismus und die griechische bzw. russische Orthodoxie Webers idealtypische empirische Referenzen für Vergesellschaftung und Vergemeinschaftung auf dem Gebiete der Religionssoziologie sind und daß schließlich Weber zufolge die Vergemeinschaftungs-Beziehungen, nicht aber die gesellschaftlichen Beziehungen, von den Erlösungsreligionen verklärt wurden. Außerdem hat sich erneut gezeigt, daß Weber die gemeinschaftlichen Beziehungen 'amorph', 'ungeformt' und 'blaß' erschienen, was den Blick freigibt auf Webers methodologische Präferenzen.

Kapitel 3 Max Webers Begriff von Religion und Religionsgemeinschaft

3.1 Religion als 'Gemeinschaftshandeln'

Weber will sich dem Phänomen der Religion nicht durch eine Definition und die „Feststellung ihres 'Wesens'" (WuG 245) nähern, sondern dadurch, daß er nach den „Bedingungen und Wirkungen einer bestimmten Art von Gemeinschaftshandeln" (ebd.) fragt. Damit verlagert Weber das schwierige Problem einer Definition des Begriffes 'Religion'. Solche Definitionen von 'Religion' sind ein kompliziertes und zeitraubendes Unterfangen und häufig Gegenstand ausgedehnter wissenschaftlicher Debatten.[161] Einige Definitionsbeispiele aus der Geschichte der Religionssoziologie mögen dies verdeutlichen. Sie zeigen, daß sogar die für ein nominalistisches Wissenschaftsverständnis eigentlich unzulässigen Realdefinitionen durchaus Verwendung fanden.

So formuliert etwa selbst ein Klassiker der Religionswissenschaft und -soziologie wie Gustav Mensching: „Nach unserer Auffassung ist Religion die erlebnishafte Begegnung des Menschen mit der Wirklichkeit des Heiligen und antwortendes Handeln des vom Heiligen bestimmten Menschen"[162]. Doch nicht nur Mensching zieht durch derartiges essentialistisches Definieren die kritische Nachfrage auf sich, ob und wie denn das Heilige „Wirklichkeit" sei, sondern auch Joachim Wach begibt sich auf dünnes Eis, wenn er feststellt: „Religion ist das Erlebnis des Heiligen. Dieser Religionsbegriff betont den objektiven Charakter des religiösen Erlebnisses im Gegensatz zu psychologischen Theorien von seiner rein subjektiven illusionären Natur"[163]. Daß ein Erlebnis 'objektiven' Charakter habe, mag man für soziologische Zwecke möglicherweise noch hinnehmen, daß diese Erlebnisse hingegen '*objektiv religiös*' seien, ist eine unbeweisbare und unnötige Prämisse.

Immerhin scheint irgendein Begriff des 'Heiligen' für die Religionssoziologie unentbehrlich zu sein. Aber man muß diesen nicht so phänomenologisch konzipieren, wie es Mircea Eliade tut,[164] sondern kann ihn mit Durkheim als Inhalt einer Zuschreibung auffassen, die prinzipiell an beliebigen Dingen vorgenommen werden kann:

„Eine Religion ist ein solidarisches System von Überzeugungen und Praktiken, die sich auf heilige, d. h. abgesonderte und verbotene Dinge, Überzeugungen und Praktiken beziehen, die in einer und derselben moralischen Gemeinschaft, die man Kirche nennt, alle vereinen, die ihr angehören"[165].

Abgesehen von dem Gemeinschaftsbezug, der von Durkheim bereits in den Religionsbegriff selber eingebaut wird, der aber für die hier gewählte Fragestellung gerade zur Debatte gestellt werden soll, scheint diese Definition so-

---

161 Zu den jüngsten Auseinandersetzungen über diesen Punkt vgl. Feil 1995: Zur Bestimmungs- und Abgrenzungsproblematik von 'Religion', Wagner 1986: Was ist Religion?, Kerber 1993: Begriff der Religion. Ohne klares Ergebnis endet auch die Tagung des IAHR zu diesem Thema, vgl. Bianchi 1994: The notion of 'religion'.
162 Mensching 1968: Soziologie der Religion: 17.
163 Wach 1951: Religionssoziologie: 22.
164 „Der Mensch erhält Kenntnis vom Heiligen, weil dieses sich manifestiert, weil es sich als etwas vom Profanen völlig Verschiedenes erweist. Diese Manifestationen des Heiligen wollen wir hier mit dem Wort Hierophanie bezeichnen." (Eliade 1957: Das Heilige und das Profane: 8). Auch diese Formulierung beläßt im Unklaren, wem sich das Heilige als verschieden vom Profanen erweist und gerät durch den Begriff der 'Manifestation' ebenfalls in die Nähe der Realdefinitionen.
165 Durkheim 1981: Die elementaren Formen: 75.

ziologischen Zwecken sehr angemessen. Sie vermeidet Bergers Bezugnahme auf einen Kosmos[166] und die von Spiro oder Tyler gezogene, umstrittene Verbindung zu „superhuman beings" beziehungweise zu „spirituellen" Wesen.[167] Wenn Weber nun in seiner 'systematischen Religionssoziologie' schreibt, daß er eine „Definition dessen, was Religion 'ist'" und die Bestimmung ihres „'Wesens'" „allenfalls am Schlusse" seiner Erörterung liefern könne (WuG 245), dann versucht er damit nicht etwa dem heiklen Problem der Definition von Religion überhaupt aus dem Weg zu gehen, sondern umgeht lediglich die Probleme essentialistischen Definierens[168] und hebt stattdessen auf die „Bedingungen und Wirkungen einer bestimmten Art des Gemeinschaftshandelns"[169] als Gegenstand seiner Religionssoziologie ab.[170] Für den uninformierten Leser scheinen damit bereits bei der Bestimmung des religionssoziologischen Gegenstandsbereiches die Begriffe 'Religion' und 'Gemeinschaft' über den Begriff 'Handeln' aufeinander zu verweisen. Die oben angestellte

---

166 „Religion ist das Unterfangen des Menschen, einen heiligen Kosmos zu errichten" (Berger 1973: Dialektik von Religion und Gesellschaft: 26). Das Kosmisierungstheorem Bergers impliziert notwendig Universalität, denn es bezeichnet einen sinnstiftenden Übergriff des Menschen auf 'das Ganze'. Das trifft zwar auf die kosmozentrischen Religionen Asiens ebenso zu wie auf die theozentrischen des Abendlandes, deckt aber nicht jene theistischen Religionen ab, die keine Universalgottheiten kennen. Der altisraelitische Jahwe und das von ihm erwählte Volk stellen eine Insel des Heiligen dar in einem ansonsten durchaus als unheilig vorgestellten Kosmos. Zu den von Schluchter geprägten Begriffen „kosmo-" und „theozentrisch" vgl. unten das Kapitel zum Konfuzianismus.
167 Spiro 1966: Religion: Problems of Definition: 96; Tylor 1903: Primitive Culture: 383f. Bei diesen Definitionen liegt ein Problem vor, das genau entgegengesetzt ist zu dem, das an Bergers Kosmisierungstheorem zu kritisieren ist: Spiro und Tylor verpassen mit ihrer Bezugnahme auf willensbegabte Sonderwesen die kosmozentrischen Religionen. Eine stichhaltige Kritik an Spiros These, daß „superhuman beings" nicht das wesentliche Kennzeichen religiöser Bedeutung sind, liefert Seiwert 1981: 'Religiöse Bedeutung' als wissenschaftliche Kategorie.
168 Das erkennt man bereits daran, daß er die Worte „ist" und „Wesen" in Anführungszeichen setzt (WuG 245).
169 Webers Behutsamkeit bei der Definition von „Religion" geht so weit, daß er den „Ablauf" religiösen Handelns gänzlich aus der Definition ausklammern will, weil dieser ein „höchst vielgestaltiger" sei. Daß das „Verständnis" sozialen Handelns vom „Sinn" auszugehen hat, ist ohnehin klar und entspricht seiner späteren Aufgabenfestlegung für die Verstehende Soziologie, die ja soziales Handeln „deutend verstehen" will. Dennoch blieben auch in dieser Festlegung sowohl Wirkung wie auch Ablauf des Handelns Ziel einer kausalen Erklärung. Demnach müßte Weber eigentlich religiöses Handeln auch in seinem Ablauf kausal erklären wollen. Vgl. WuG 1 u. 11f.
170 Da die Religionssoziologie aus WuG zum älteren Teil dieses Werkes gehört, ist sie in der Terminologie des 'Kategorienaufsatzes' abgefaßt (siehe oben). Daher nennt Weber hier das soziale Handeln noch „Gemeinschaftshandeln". Es sei nebenbei wiederholt darauf hingewiesen, daß nicht alles religiöse Handeln auch per se schon soziales Handeln sein muß. Weber selber führt „Kontemplation" und „einsames Gebet" als Beispiele für religiöses, aber nicht soziales Handeln an. Genau genommen ist also religiöses Handeln nicht „eine bestimmte Art des Gemeinschaftshandelns", sondern schlicht eine bestimmte Art des Handelns. Vgl. WuG 11.

Betrachtung hat jedoch gezeigt, daß Weber hier mit dem Terminus 'Gemeinschaftshandeln' belegt, was später 'soziales Handeln' heißen wird und daß diese Verwendung des Begriffs 'Gemeinschaft' noch wenig mit Zusammengehörigkeitsgefühl, Solidarität oder gar Brüderlichkeit zu tun hat.

Weber faßt das religiöse Handeln zunächst als das religiös oder magisch *motivierte* Handeln auf. Er verlegt damit das eigentlich Religiöse des religiösen Handelns in die Handlungsmotivation. Damit schuldet Weber uns den Aufweis dessen, woran man nun die Religiosität der *Motive* des religiösen Handelns identifizieren kann. Dies wird nicht dadurch eingelöst, daß er die Gemeinsamkeiten des religiösen mit dem gewöhnlichen Handeln auflistet: ursprünglich diesseitige Ausgerichtetheit, relative Rationalität durch Beachtung von Erfahrungsregeln, Zugehörigkeit zum alltäglichen Zweckhandeln, überwiegend ökonomische Zweckorientierung (WuG 245). Es bleibt bis hierher noch offen, was die religiösen Handlungsmotive von allen anderen Arten von Handlungsmotiven abhebt, was ihre differentia specifica ist.

Weber vermeidet es jedenfalls, bei der Definition des Begriffs 'Religion' das für eine erfahrungswissenschaftliche Soziologie äußerst problematische Kriterium des Transzendenzbezuges zu verwenden. Er arbeitet stattdessen mit einer doppelten Sichtweise auf den 'subjektiven Sinn' des jeweilig religiös Handelnden: Auf der Metaebene des soziologischen Beobachters steche am religiösen Handeln dessen spezifische Irrationalität im Sinne 'unrichtiger' Kausalzurechnungen hervor, auf der Objektebene falle dem hermeneutisch Verstehenden hingegen auf, daß das religiöse Handeln subjektiv durchaus rational ist, aber auf Außeralltägliches bezogen ist, und zwar auf außeralltägliche *Kräfte* (WuG 245).[171] Einen aktuell religiös-magisch handelnden Menschen müßte man also daran erkennen können, daß er oder sie sich vorstellen, mit derartigen Kräften umzugehen.

Diesen definitorischen Vorgaben bleibt Weber in der 'Einleitung' zur 'Wirtschaftsethik der Weltreligionen' treu. Auch hier ist der Religionsbegriff konsequent an dem Kriterium der 'Außeralltäglichkeit' entwickelt. Dazu kommt, daß Weber im Jahre 1920 in diesen Text, der erstmals 1915 publiziert worden war[172], eigens noch einmal eine sehr entschiedene Stellungnahme bezüglich des Begriffs der Religion im Unterschied zur Profanität einfügt: „Es gibt keinerlei Scheidung von 'religiösen' und 'profanen' Zuständlichkeiten

---

171 Weber sagt leider nicht, welches Element des Handelns im Falle des religiösen Handelns „Außeralltäglichkeit" aufweist, ob es also etwa bestimmte Merkmale der Handlungssituation oder der Bedingungen oder Objekte des Handelns sind, die außeralltäglich sind, oder ob die Folgen religiösen Handelns dieses Prädikat verdienen oder ob es sein Ablauf oder gar seine Sinnbezüge und Motive sind. Weber spricht von der „geringeren Alltäglichkeit der Erscheinungen", die dem magisch Handelnden die Unterscheidung zwischen religiösmagisch und profan ermöglichen. Welche „Erscheinungen" hat Weber hier im Blick? Aus dem Kontext wird einigermaßen klar, daß es um beliebige Gegenstände oder Personen geht, denen ungewöhnliche „Kräfte" Außeralltäglichkeit verleihen.
172 Vgl. Webers Eingangsfußnote RS I 237.

anders als durch die Außeralltäglichkeit der ersteren" (RS I 250). Die Absonderung und das 'Verbotensein' von 'Dingen, Überzeugungen und Praktiken' definieren also das Religiöse bei Durkheim, 'Außeralltäglichkeit' von 'Erscheinungen' oder 'Zuständlichkeiten' bei Weber – die Gemeinsamkeit der Begriffe liegt klar zutage. Allerdings scheint nuancenhaft eine gewisse Differenz darin zu bestehen, daß Webers religiöse Akteure einer Kraft (i. e. dem Charisma) teilhaftig werden wollen, wie sublimiert und vermittelt auch immer sie dies als Zweck anstreben mögen, während Durkheim auf ein derartiges individuelles Zweck-Mittel-Kalkül weniger Gewicht legt und die individuelle Motivation, aufgrund deren eine Person überhaupt gewisse Elemente ihrer Umwelt sakralisiert, ausklammert. Damit soll aber keineswegs gesagt sein, daß Webers Religionsbegriff nicht andere Aspekte ebenfalls ausklammert. Insbesondere wäre von Weber eine Bestimmung der 'Außeralltäglichkeit' einzufordern.[173]

3.2 Religion als Umgang mit Charisma und seinen Symbolisierungen

Religiös oder magisch Handelnde hegen die Vorstellung, daß das Charisma sich mit unterschiedlichen materiellen Erscheinungen verbinden kann. Es kann den Dingen oder Personen dauernd oder vorübergehend, exklusiv oder wechselnd innewohnen. Im idealtypischen Sinn will Weber aber als 'Charisma' nur das gelten lassen, was dem materiellen Objekt als unverlierbar und ungewinnbar beigegeben, was als von Natur aus und von allem Anfang an ihm innewohnend gedacht wird. Dies scheint Weber gleichzeitig als die „streng naturalistische Vorstellung" (WuG 246) zu bezeichnen.
Von ihr versucht er die symbolistische Vorstellung abzuheben. Dementsprechend unterscheidet Weber zwei Phasen der Entwicklung der Religion: eine frühere, die er als „Naturalismus" oder „Präanimismus" bezeichnet, und eine spätere, die von ihm als „Symbolismus" oder „Animismus" bezeichnet wird.[174] Die hier interessierende Frage ist, ob und wie sich eine Verbindung von 'Charisma' und 'Gemeinschaft', sei sie naturalistisch, sei sie symbolistisch, einstellen kann.

---

173 Die Bestimmung des Außeralltäglichen als Abweichung vom Alltäglichen ist jedenfalls nicht ausreichend, weil sie keine positive Bestimmung ist und deswegen suggeriert, daß jede Abweichung vom Alltäglichen charismatische Qualität besäße.
174 Dennoch ist die Frage, wie Weber animistische Religionen soziologisch in den Griff bekommen will, keineswegs nur von religionshistorischem Interesse, wie der Fall China und dessen Charakterisierung als „Zaubergarten" (RS I 513) zeigt. Siehe das Kapitel über „Gemeinschaftsbildung im Konfuzianismus".

Zunächst ist festzuhalten, daß Charismata für die Handelnden nicht 'an sich', sondern nur an ihren Wirkungen sinnlich wahrnehmbar sind.[175] Da magisches Handeln für Weber ein „relativ rationales Handeln...nach Erfahrungsregeln" (WuG 245) ist, stellt sich die Frage, worin es sich vom zweckrationalen Handeln unterscheidet. Darauf gibt Weber eine klare Antwort: einzig und allein durch die – von unserem modernen Standpunkt aus betrachtet – „unrichtige Kausalzurechnung" (WuG 245). Im Grunde genommen ist also für Weber das magische Handeln nichts weiter als eine im allgemeinen zwar eventuell wirksame, aber auf einem irrtümlichen Kausalglauben beruhende 'Technik'.

Hierbei ist vom Standpunkt moderner Erkenntnistheorie nun zu berücksichtigen, daß ein Kausalglaube an sich nicht irrtümlich sein kann. Hegt jemand einen Kausalglauben, dann nimmt er zwischen zwei Ereignissen eine Ursache-Wirkungs-Relation an. Die Unrichtigkeit dieser Annahme kann nur durch das Ausbleiben besagter Wirkung bei Anwesenheit jener Ursache bestehen, handlungstheoretisch gesprochen in dem Ausbleiben angestrebten Erfolges. Solange die vermuteten Wirkungen eintreten, hat die Annahme als 'richtig' im Sinne von 'vorläufig bestätigt' zu gelten.[176]

An Webers magischen Akteur müßte man also die Frage richten, warum er trotz regelmäßig wiederkehrender realer Mißerfolge seinen 'unrichtigen' Kausalglauben nicht aufgibt. Der von Weber angeführte 'Südeuropäer' spukke angeblich noch heute vor dem Heiligenbild aus, wenn es ihm nicht geholfen hat (WuG 246). Warum gibt er den irrtümlichen Kausalglauben nicht auf, wenn doch Magie 'mindestens relativ rationales Handeln ...nach Erfahrungsregeln' ist?

Ein solches Verhalten erscheint in dieser Hinsicht als eine Verweigerung, Erfahrungen zu machen und aus ihr Regeln abzuleiten, die dann in Zukunft mit Erfolg anzuwenden wären. Hier liegt anscheinend eine sogenannte normative Verhaltenserwartung gegenüber dem Heiligenbild vor. Denn diese stellt sich vom lerntheoretischen Standpunkt (um diesen geht es schließlich, wenn man von 'Erfahrungsregeln' und rationalem Handeln spricht) als 'Lernverweigerung' dar: Trotz der Mißerfolge wird von den magischen Gegenständen bei der nächsten Gelegenheit wieder die gleiche Hilfe erwartet – eine typische normative Erwartung im Sinne Luhmanns.[177]

---

175 Das müßten Charismata allerdings mit alltäglichen, z. B. physikalischen, Kräften gemeinsam haben. ‚Kraft' ist selber ein abstrakter Begriff.
176 Ein wissenschaftlicher Kausalglaube muß natürlich darüber hinaus gewissen formalen Anforderungen genügen, so darf er zum Beispiel keine unzulässigen Ableitungen und Schlußfolgerungen enthalten, keine unzulässigen Prädikate, keine undefinierten Begriffe etc. Dennoch gleichen sich der Kausalglaube des Alltagsmenschen und derjenige der Wissenschaften in der Unmöglichkeit endgültiger Verifikation des Ursache-Wirkungs-Konnexes.
177 Luhmann 1972: Rechtssoziologie: 31-64. Dieser Konservatismus, also Bewahrung eines Glaubens trotz widerstrebender Erfahrung, ist empirisch normal, denn:. Die Dauerrevision des Orientierungswissens wäre kognitiv nicht zu bewältigen.

Stellt der Übergang zum Symbolismus in dieser Hinsicht einen Fortschritt im Sinne der Lerntheorie, also im Sinne einer Revision des Geglaubten im Falle abweichender Erfahrungen, dar? Kennzeichen des Symbolismus ist der 'Geisterglaube', der laut Weber die Errichtung eines zweiten Reiches hinter den sinnlich wahrnehmbaren Erscheinungen beinhaltet. Jetzt wird die erwünschte Wirkung nicht mehr von Gegenständen, sondern von den hinter ihnen wohnenden übersinnlichen Wesenheiten, den 'Geistern', erwartet und herbeigezaubert. Dies ist der erste und bereits ein entscheidender Schritt auf dem Weg zum Weltbilddualismus, daher lohnt sich eine genaue Betrachtung der symbolistischen Transformation.

Durch den Symbolismus gewinnt der Kausalglaube gewisse Freiräume gegenüber dem rein Gegenständlichen. Anstatt die erwünschten charismatischen Wirkungen von diesem einen und keinem anderen Fetisch-Tier oder Fetisch-Stein oder ähnlichem zu erwarten, richtet sich die Hoffnung nun auf die 'Seele' des Tieres oder auf einen 'Steingeist', jedenfalls auf etwas, das nur in seinen Wirkungen, nicht aber in seinem sinnlich verifizierbaren 'Sein' real ist. Die entscheidende Qualifikation dieses neuen Magieadressaten ist nun seine Willensbegabung. *Die lernverweigernde und in diesem Sinne normative Verhaltenserwartung verschafft sich hiermit einen adäquaten Adressaten.* Gegenüber bloß seienden, gegenständlichen Dingen war es im Grunde genommen sinnlos, daß der magische Akteur bat und bettelte, auf sie einredete und sie beschwor, sie bestach und beschenkte, ihnen schmeichelte und sie bedrohte, solange er ihnen keinen eigenen Willen unterstellte. Tut er dies aber, dann beginnt die Beziehung zwischen magischem Akteur und außeralltäglicher Kraft sich zu wandeln: Sie formt sich zusehends nach dem Modell der sozialen Beziehung, in der der eine Wille einem zweiten Willen gegenübersteht.[178]

Die Stufen der Abstraktion vom Naturalismus und Präanimismus über den Symbolismus und Animismus bis hin zur 'Kulturreligion' konstruiert Weber entlang der Flexibilität der charismatischen Kraft in bezug auf die Frage, welcher Materie sie für wie lange Zeit innewohnt. Je flexibler und mobiler das Charisma hier gedacht ist, desto mehr Abstraktion muß der magisch Handelnde leisten. Die maximale Abstraktion gestattet nun den Gedanken,

---

178 Man hat hier natürlich ein religionshistorisches Entwicklungsschema vor sich, was Weber von der zu seiner Zeit gängigen Forschung übernommen hat. Es ist nicht nur in seiner Weberschen Variante häufig kritisiert worden, vgl. z. B. Matthes 1993: Was ist anders an anderen Religionen? Neuere Ergebnisse der Entwicklungspsychologie stellen überhaupt die Annahme in Frage, daß der Anthropomorphismus Produkt späterer Entwicklung sei und stellen ihn stattdessen an den Beginn (Keil 1989: Concepts, kinds and cognitive development). Sie stützen sich unter anderem auf die naheliegende Beobachtung, daß der Mensch eher von sich selbst auf seine Umwelt schließt als umgekehrt, daß also die reifizierende Objektivierung unwahrscheinlicher und fernliegender ist als die Ego-analoge Anthropomorphisierung. Diese Kritik ist übrigens nicht nur gegen Weber, sondern vor allem auch gegen Piaget besonders stichhaltig.

daß die materielle Erscheinung den charismaverleihenden Geist nur „symbolisiert".[179]

An Webers Magiebegriff im Übergang vom Naturalismus zum Animismus oder Symbolismus läßt sich nun der problematische Prozeß der Weltbildverdopplung verdeutlichen. Magie im naturalistischen Weltbildmonismus ist irrationale Technik, die sich empirischer Mittel bedient, um mit Kräften, die für außeralltäglich gehalten werden, zu interagieren oder diese hervorzurufen, damit sie die vom magisch Handelnden gewünschten diesseitigen Wirkungen erzeugen. Magie im animistisch-symbolistischen Weltbild ist auch irrationale Technik, bedient sich aber symbolischer Mittel.

Damit ist offenbar gemeint, daß im Übergang vom Naturalismus zum Symbolismus sich zwar nichts an der Unrichtigkeit des Kausalglaubens ändert, daß aber der magische Akteur nun nicht länger zu technischen, sondern vielmehr zu symbolischen Mitteln greift, um das Charisma zu aktivieren. Der Zauberer wird dadurch vom Werkzeuggebraucher zum Symbolbenutzer.

Wenn man aber als soziologischer Beobachter innerhalb dieses Zweck-Mittel-Schemas mit symbolischen Vermittlungen rechnen muß, dann dringt eine extreme Unsicherheit in die Modellierung ein. Wie sollte man denn ausschließen, ob ein bestimmtes Symbol irgendeinen 'Geist' nicht tatsächlich zu irgendeiner therapeutischen Betätigung veranlaßt, wenn wir nicht wissen, welche natural-realen Wirkungen durch die Symbole jeweils bezeichnet werden. Man müßte das gesamte System der Codierung und Decodierung der Symbole kennen und entschlüsseln, um durch den Satz der Symbole hindurch

---

179 Weber spricht hier von einer ‚höchsten Stufe der Abstraktion'. Das widerspricht seiner sonstigen Vorsicht in der Benutzung evolutionärer Schemata über historische Fragen. Dem Protestantismusaufsatz hatte er 1920 nachträglich den Satz eingefügt, daß der calvinistische Prädestinationsglaube „den Abschluß" des Entzauberungsprozesses bildete, aber selber darauf langsam wieder verfiel, weil er Symptom einer eher krampfhaften Suche nach dem Gottesreich, dem Charisma, war. Nach der Darstellung der calvinistischen Dogmatik fragt Weber sogleich, wie diese Lehre ertragen wurde, und fügt Bemerkungen darüber an, wie sie sich nach und nach wieder abschwächte. Vgl. RS I 102ff. Hier springen Parallelen ins Auge, wenn man die „nach eigenen Gesetzen lebenden Geister" mit der Unverständlichkeit des calvinistischen ‚deus absconditus' vergleicht. Das Charisma geht nach calvinistischer Gnadenwahllehre einerseits zwar eine „streng naturalistische" Verbindung mit den electi ein, das heißt, die göttliche Gnade ist vollkommen immobil, unverlierbar und ungewinnbar von Gott an seine Auserwählten verliehen worden, aber andererseits ist die Sakramentenlehre des Calvinismus im auffälligen Unterschied zum Luthertum wie zum Katholizismus streng symbolistisch. Während nach katholischer Abendmahlslehre beispielsweise das Brot durch eine Transsubstantiation zum Leib Christi wird, ist es den reformierten Protestanten lediglich ein Symbol. Dies hat bei dem Rang, den die Abendmahlsgemeinschaft für die Gemeindebildung hat, enorme Konsequenzen für die Frage, ob jemand von der Kommensalität ausgeschlossen werden soll und muß und wenn ja: wer? Der Frevel einer „manducatio impii" sinkt sozusagen mit zunehmendem Symbolismus in dieser Frage. Für den Calvinisten hat die konsekrierte Hostie an sich keinen charismatischen Wert, ihre Vergabe an Ungläubige oder Unwürdige ist also an sich und natural gedacht kein religiöses Vergehen.

wieder zu den naturalen Realien vorzudringen, über die allein wir einigermaßen sichere Kausalzurechnungen vornehmen können. Mit anderen Worten: Uns fehlt die Falsifikationsmöglichkeit gegenüber den von den animistischen magischen Akteuren (im Gegensatz zu denen der Präanimisten) unterstellten Kausalzurechnungen. Das heißt aber im Rahmen des Weberschen Magiebegriffs: Wir sind, solange wir Webers Begriffe verwenden, weitgehend unfähig, innerhalb des Symbolismus Magie überhaupt zu identifizieren. Dies ist der Grund dafür, warum Weber das Eindringen des Symbolismus in den ursprünglichen Naturalismus gleich zu einer Weltbilddualisierung stilisiert. Von der Totenseele gelangt er direkt zum

„Reich der Seelen, Dämonen und Götter, welches ein nicht im Alltagssinn greifbares, sondern regelmäßig nur durch Vermittlung von Symbolen und Bedeutungen zugängliches hinterweltliches Dasein führt, – ein Dasein, welches infolgedessen als schattenhaft und immer wieder einmal direkt als unwirklich sich darstellte,..." (WuG 248).

Wenn man die Addressaten der Symbolisierungen allesamt in einem einzigen 'Reich' vereinigt und dieses Reich dann als fiktional darstellt, kann man den gesamten Symbolismus in einem Zug erledigen. Die Magizität seiner Handlungsmuster rührt dann jedoch nicht mehr von der Unrichtigkeit von Kausalzurechnungen her, sondern von der Irrealität des 'Daseins' der Symboladdressaten. Ob irgendeine magische Maßnahme instrumentell geeignet ist, irgendeinen Geist zu beeinflussen, ist nun plötzlich eine uninteressante Frage, da die Existenz des Geistes zur Debatte steht. Das aber ist eine gewaltige Verschiebung innerhalb des Magiebegriffs, die Weber hier unter der Hand vornimmt. Aus einer realen Intervention in die äußere Welt mit *unrichtiger Kausalzurechnung* ist eine symbolvermittelte Kommunikation mit einer *unrichtigen Welt* geworden. Die Spaltung des Seinsbegriffs, die diese Weltbildverdopplung mit sich führt, wird von Weber nicht weiter diskutiert, von Schluchter aber weiter ausgeführt.[180]

---

180 Schluchter 1988b: Religion und Lebensführung 2: 22-27. Schluchter zufolge entsteht religiöses Handeln in dem Moment, wo sich „die Welt des Menschen 'verdoppelt', wenn Menschen, Dinge und Vorgänge nicht mehr nur bedeuten, was sie sind, sondern selber zu Symptomen oder Symbolen einer anderen Realität werden, einer 'Hinterwelt' mit 'Seelen', 'Göttern' und 'Dämonen'" (ebd. S. 24f.) Diese Aussage soll offenbar eine Wiedergabe der Behauptung Webers sein, daß aus dem magisch-technischen Zauber dadurch eine „Symbolik" wird, „daß jetzt nicht nur Dinge und Vorgänge eine Rolle im Leben spielen, die da sind und geschehen, sondern außerdem solche, welche und weil sie etwas 'bedeuten'. Dadurch entstünde Weber zufolge eine 'Hinterwelt' von Geistern, die den „Sinn der magischen Kunst" ändert: „Steckt hinter den realen Dingen und Vorgängen noch etwas anderes, Eigentliches, Seelenhaftes, dessen Symptome oder gar nur Symbole jene sind, so muß man nicht die Symptome oder Symbole, sondern die Macht, die sich in ihnen äußert, zu beeinflussen suchen durch Mittel, die zu einem Geist oder einer Seele sprechen, also etwas 'bedeuten': durch Symbole." (WuG 248) Mit diesem letzten Satz hat Weber freilich den Begriff „Symbol" bereits in zwei unterschiedlichen Bedeutungen verwendet: zuerst ist es der Begriff für diejenigen Dinge der 'Vorderwelt', die außer ihrem Sein noch „Bedeutsamkeiten" (WuG 248) tragen, dann aber auch die Bezeichnung für die „Mittel", mit denen man

Aber von Weber wie von Schluchter wäre in jedem Fall doch die Abgrenzung zwischen religiösem und nicht-religiösem Symbol einzufordern. Insgesamt scheint nur eine Ausarbeitung und Klärung eines handlungstheoretischen Begriffs des 'Symbols' weiterhelfen zu können.[181]. Für das Stadium des Symbolismus bleibt bei Weber wie bei Schluchter unklar, wie man magische oder religiöse Symbole von nicht-magischen oder nicht-religiösen Symbolen unterscheiden soll, da Weber den Eindruck erweckt, als ob erst und nur die Errichtung der Hinterwelt den Menschen zum Symbolbenutzer mache. In Wahrheit aber ist die Fähigkeit des Menschen, sich symbolischer Zeichen zu bedienen, von so fundamentaler anthropologischer Bedeutung, daß man sie sogar als Humanspezifikum handeln kann.[182] In dieser Perspektive aber besitzt das Symbolische nur dann noch eine spezifische Wahlverwandtschaft zum Religiösen, wenn man auch das Religiöse als die Menschlichkeit verleihende Eigenschaft des Menschen betrachtet.

3.3 Das Charisma zwischen Individuum und Gemeinschaft

3.3.1 Das Charisma und die individuellen Heilswege von Askese und Mystik

Nach diesen grundsätzlichen Bemerkungen zu den Konzepten des religiösen Gemeinschaftshandelns und des Symbols, die notwendig waren, um einen handlungstheoretisch brauchbaren Begriff des religiösen Handelns zu gewinnen, ist nunmehr die genaue gemeinschaftstheoretische Bedeutung des Konzepts 'Charisma' zu ermitteln.

---

sich zu den Mächten der 'Hinterwelt' Zugang verschafft. (Der Satz ließe sich gekürzt auf folgende Form bringen: 'Stecken hinter den realen Dingen die Mächte einer anderen Welt, deren Symbole diese realen Dinge sind, dann muß man diese Mächte durch Symbole beeinflussen.') Das aber sind verschiedene Symbolbegriffe. Nicht alles, was außer einem 'Dasein' noch Bedeutung besitzt, ist darum schon auf das Reich religiösen Handelns bezogen. Jedes Wort, jedes Zeichen, jeder Begriff oder jede Mitteilung gehören zu jenen Dingen oder Vorgängen, die außer ihrem 'Sein' noch Bedeutung tragen, müssen aber deshalb noch lange nichts mit Religion zu tun haben. Schluchters Formulierung, daß bestimmte Dinge und Vorgänge „nicht mehr nur bedeuten, was sie sind, sondern selber zu ...Symbolen...werden" sorgt hier für noch weitere Verwirrung, weil Schluchter damit über Webers Argument hinaus annimmt, daß Seiendheit Bedeutungsträgerschaft impliziert, wo Weber doch nur zwischen Seiendheit mit und Seiendheit ohne Bedeutung unterschieden hatte. Schluchter müßte also noch einmal zwischen „Bedeutung" und „symbolischer Bedeutung" unterscheiden.
181 Wichtige Ansätze dazu bei Dolgin 1977: Symbolic Anthropology; Kippenberg 1984: Religionssoziologie ohne Säkularisierungsthese; Langer 1980: Philosophy in a New Key.
182 Vgl. etwa Cassirer 1994: Philosophie der symbolischen Formen.

Mit dem Begriff des Charismas versucht Weber zu bezeichnen, was Magie und Religion gemeinsam haben. So kann er einen weiteren und einen engeren Begriff von Religion konstruieren. Der weitere schließt magisches Handeln mit ein, der engere hebt mehr das spezifisch Religiöse am religiösen Handeln hervor, nämlich „das der Magie gegenüber prinzipiell Neue: eine rationale Metaphysik und religiöse Ethik" (WuG 260). Damit reproduziert Weber im wesentlichen die religionswissenschaftliche Unterscheidung natürlicher und ethischer Religionen.[183] Ob die Übernahme dieser Differenzierung in eine 'verstehende', handlungstheoretische, am zweckrationalen Typus entlang konzipierte Soziologie ein glücklicher Handgriff Webers war, muß offen bleiben. Beim Versuch einer konsequent zweckrationalen Analyse religiösen Handelns fällt an den Weberschen Distinktionen auf, daß der religionssoziologische Fundamentalbegriff Webers, das Charisma, nicht eindeutig in das Zweck-Mittel-Schema eingeordnet werden kann. Religiöses Handeln liege vor, wenn ein Akteur glaubt, sich in seinem Handeln mit außeralltäglichen Erscheinungen auseinanderzusetzen. Dabei bleibt unklar, ob 'Charisma' der Zweck oder das Mittel des religiösen Handelns sein soll.[184]

Wenn Charisma der Zweck eines religiösen Handelns ist, dann kann das nur bedeuten, daß ein Akteur unter Verwendung vielfältiger Mittel beabsichtigt, das Charisma herbeizurufen, zu wecken und aktuell zu aktivieren. Dies ist das *Charisma erwirkende* Handeln. Weber bringt einige Beispiele der dafür geeigneten Mittel, allen voran die Rauschmittel und Narkotika und andere ekstatisierende Maßnahmen wie orgiastischer Tänze oder Musik, daneben könnte man die Verwendung von Blut, so in rituellen Schlachtungen und Opferhandlungen anführen und natürlich die hier seinen realen Ausgang nehmende Metaphorik des Blutes. Schließlich gehören hierher auch die stärker methodisierten Mittel der Charismaaktivierung wie zum Beispiel Askese oder Kontemplation beziehungsweise Mystik.

Auf der anderen Seite steht jenes religiöse Handeln, das den Akteuren oder ihren (nicht-soziologischen) Beobachtern als *durch Charisma gewirkt* gilt. Dieses Handeln ist wiederum in seinen Zwecken sehr vielfältig, aber stets wird dabei das Charisma als Grund der Erreichung dieser Zwecke, also als Mittel, angesehen. Jede Zauberhandlung, jede Heilung, jede glückliche Fü-

---

183 Vgl. Schluchter 1988b: Religion und Lebensführung 2: 26. Vgl. dazu ebenfalls Küenzlen 1978: Unbekannte Quellen; Küenzlen 1980: Religionssoziologie Max Webers.
184 Die hier vorgenommene, idealtypisierende Strategie, den Abstand bzw. die Nähe des charismabezogenen Handelns zum zweckrationalen Handeln zu bestimmen, bedeutet, Webers schärfste methodische Waffe gegen seine eigene Religionssoziologie zu richten. Davon wird hier und im folgenden ausführlich Gebrauch gemacht. Den Hinweis darauf, dass man daneben Charisma als „Transzendenzglaube" parallel bspw. zu Webers „Legitimitätsglauben" konzipieren könnte und sollte und damit eher vom wertrationalen Handlungstypus aus operieren würde, verdanke ich Werner Gephart. Dem wird jedoch nicht hier, sondern weiter unten im Zusammenhang mit Webers Begriff des „wertrational motivierten Gesinnungsvereins" weiter nachgegangen.

gung oder Abwendung bösen Schicksals, jede Erlösung von Übeln, von Krankheiten und zuletzt von Sünden oder gar von der Sündhaftigkeit schlechthin gilt dann als Wirkung des Charismas.

Natürlich könnte man zur Entlastung Webers darauf verweisen, daß angesichts dieser Distinktionen dann eben nur jenes Handeln als religiös zu gelten habe, das sowohl in seinen Zwecken wie in seinen Mitteln charismatische Elemente aufweist. Doch dies führt leider in einen ähnlichen logischen Fehler wie ihn die bequeme, aber falsche Definition des ökonomischen Handelns als Maximierung von Nutzen bei Minimierung von Kosten enthält: Der Akteur kann, begrifflich-theoretisch gesehen, nicht beides gleichzeitig anstreben, denn dies würde ihn handlungsunfähig machen, da die gleichzeitige Veränderung beider Parameter dem rationalen Kalkül jeglichen Boden entzöge. Ebensowenig kann ein rationaler Akteur das Charisma in ein und derselben Handlung sowohl wecken als auch zu seinen Zwecken nutzen. Vielmehr sind dies unbedingt zwei verschiedene und säuberlich zu trennende Handlungen.

Wenn Weber aber andererseits Handlungen schon in dem Augenblick als religiös bezeichnet, sobald sie entweder im Zweck oder Mittel mit Charisma operieren, dann birgt diese zweckrationale Handlungsmodellierung eine Quelle für Unklarheiten. An dieser Stelle beginnt eine Konfusion, deren Spuren man bis in Webers Unterscheidung von Mystik und Askese zurückverfolgen kann. Religiöses Handeln als Charisma erwirkendes Handeln verfolgt den Zweck, charismatische Kräfte herbeizuzaubern, zu aktivieren oder zu konservieren. Charisma soll geweckt und dann festgebannt oder loziert werden, um es bei bestimmten Gegenständen, Zeiten, Menschen oder Handlungen zu fixieren.[185] Sofern der religiöse Akteur versucht, sich selbst mit charismatischer Kraft auszustatten, verfolgt er eine aktive Heilsmethode.[186] Er empfindet sich selbst als Zielfläche seines eigenen Charisma-erwirkenden Handelns, als 'Gefäß' der charismatischen Kraft, als „Gefäß des Göttlichen" (WuG 331). Man sieht, daß dies dem religionssoziologischen Idealtypus zugehört, den Weber 'Mystiker' nennt. Dabei ist es natürlich schwierig, dies als Typus des religiösen Handelns aufzufassen, wenn für Weber idealtypisch reine Mystik in letzter Konsequenz mit „Nicht-handeln" (WuG 331) gleichzusetzen ist, denn dann wäre Nichthandeln ein eigenständiger Handlungstyp. Abschwächend sagt Weber daher, daß der typische Mystiker wenigstens das rationale

---

185 Das Streben nach Kontinuierung des charismatisierten Zustandes, nach Dauerhaftigkeit des status spiritualis also, ist dabei dem Charisma erwirkenden Handeln als zweckrationalem Typus inhärent, also keine Abweichung vom Ausgangsmodell, sondern charakteristische Eigenschaft der auf Charisma gerichteten Intentionalität des homo religiosus.

186 Einer „Methode" folgt die Charismaerwirkung natürlich erst im Stadium relativ systematisierter und rationalisierter Religiosität. Auch das Streben nach „Heil" als einem dauerhafter erreichbaren Ziel gehört bereits späteren Entwicklungen der Religionsgeschichte an. Nichtsdestotrotz müssen Webers analytische Begriffe, also zum Beispiel Rationalität, Zweck, Mittel und für die Religionssoziologie auch Charisma, auf alle Epochen anwendbar sein.

Zweckhandeln zu vermeiden trachtet, weil dies „Handeln mit einem Ziel" eine heilsgefährdende Verweltlichung darstellt.[187] In Wahrheit aber ist der Mystiker in höchstem Maße zielbewußt, wenn man ihn mit Webers religionssoziologischem Grundbegriff des Charismas beschreibt. Denn die 'unio mystica', die Vereinigung mit der charismatischen Kraft, ist doch der klar und bewußt erkannte, konsequent und mit Methode verfolgte Zweck mystischer Heilssuche.

Auf der anderen Seite steht dasjenige religiöse Handeln, das aus Charisma entspringt und durch Charisma bewirkt und ermöglicht wird. In diesem Fall handelt der (für Weber: religiöse) Akteur im Dienste irgendwelcher nicht-religiösen Zwecke, aber getrieben und ermächtigt, man könnte sagen: bemittelt, durch die charismatisch-religiöse Kraft. Der gesamte Religiositätscharakter dieses Handelns konzentriert sich im Handlungselement des Mittels, weswegen die Betätigung an sich, das Ausströmenlassen des in sich geglaubten Charismas in irgendwelche Zwecke das religiöse Handeln ausmacht. Das Erweckungserlebnis, die Aneignung oder Aktivierung des Charismas also, hat der Akteur bereits hinter sich. Jetzt geht es darum, die charismatische Kraft anzuwenden und in die Tat umzusetzen. Aber in welche Tat? Zu welchen Zwecken?

Diese Handlungsdisposition ist zweckoffen. Darin gleicht sie einem Werkzeug, das auf seinen Benutzer wartet, damit er es als Instrument zu seinen eigenen Zwecken verwendet. Dies ist ersichtlich der Habitus des Weberschen protestantischen Asketen, der danach strebt, ein 'Werkzeug Gottes' zu sein. Im Calvinismus entfällt dann aufgrund der Prädestinationslehre das Charisma-erwirkende Handeln. Da die Dogmatik alle Mittel zur Weckung des Charismas im Menschen beseitigt und überhaupt dieses Ziel als Beleidigung der göttlichen Majestät und als Kreaturvergötterung, sozusagen als ein Hineinpfuschen des Menschen in Gottes Pläne, hinstellt, ist auch die calvinistische Askese im Grunde genommen kein Heilsweg mehr, sondern Heilsfolge: Wem das Charisma geschenkt ist, kann und wird asketisch handeln, nicht aber: Wer asketisch handelt, darf auf Charisma hoffen.

3.3.2 Charisma und Gemeinschaft

Welche Bedeutung haben diese Unterscheidungen Webers nun für die Gemeinschaftsdimension der Religion? Wenn das Charisma sich nach den Vorstellungen der Religionsanhänger in realen Menschen repräsentiert, dann wird von diesen – so Weber – erwartet, in einen ekstatischen oder ähnlichen Zustand zu geraten. Oder auch umgekehrt: Geraten Menschen in ekstatische Zu-

---

187 Daher lehnt Weber zufolge auch die „buddhistische (Maximal-)Ethik" jede Zweckhandlung ab. Vgl. WL 530.

stände, so wird dies von ihren Beobachtern als eine Repräsentation des Charismas interpretiert. Das gleiche kann natürlich auch einer Mehrzahl miteinander interagierender Personen widerfahren. Dann spricht Weber von der 'Orgie'. Sie gilt ihm als „die urwüchsige Form religiöser Vergemeinschaftung" (WuG 246). Das Interessante an Webers Begriffsbildung ist nun, daß er die Orgie – als soziale Form der Ekstase – als ein Gelegenheitshandeln, ihre individuelle Ausprägung in Form des Magiers aber als einen rationalen *Betrieb* darstellt. Die religiöse Vergemeinschaftung wird dadurch zu einer ephemeren sozialen Beziehung von magischen Laien, die nur vorübergehend mit Charisma ausgestattet werden, während einigen wenigen besonderen Menschen ein Dauercharisma geschenkt ist, daß sie zur Inhaberschaft eines magischen Berufes qualifiziert. Dies ist der Beruf des Zauberers, den Weber als den ältesten aller Berufe bezeichnet. Seine individuelle Tätigkeit macht aus der Ekstase eine kontinuierliche Veranstaltung.

Doch Weber kennt noch einen anderen, sozialen Weg der Kontinuierung magisch-religiösen Handelns. Dies ist der 'Kultus'. Seine Entstehung hängt zunächst von der schwierigen Abstraktionsleistung ab, den Geistern eine perennierende Gestalt zu verleihen (WuG 252). Anthropomorphisierung und Personifikation der charismatischen Kräfte und Geister erleichtern diese Abstraktionsleistung. Welche Vorstellungselemente und -veränderungen aber genau dazu führen, daß Geister irgendwann zu mit sich selbst durch Raum und Zeit hindurch identischen Göttern werden, läßt Weber offen. Für ihn scheint dies keine Frage sich selbst antreibender kognitiver Prozesse zu sein, nicht von endogen induzierten kognitiven Rationalisierungen, sondern von einem spezifischen Handeln menschlicher sozialer Verbände abzuhängen.

Das Streben nach der Errichtung und Erhaltung einer Dauergemeinschaft äußert sich religiös in der kontinuierlichen Praktizierung eines Kultus'. Dieses Handeln schafft sich einen adäquaten Addressaten, indem die Geist-Kräfte gedanklich nun zu dauerhaften Wesen verdichtet und auch für iteratives, alltägliches Handeln konkretisiert werden. In einer diesbezüglich aufschlußreichen Formulierung schreibt Weber:

„Es gibt aber, wie keinerlei individuelles Handeln, so auch kein Gemeinschaftshandeln, das nicht seinen Spezialgott hätte und {seiner} auch, wenn die Vergesellschaftung dauernd verbürgt sein soll, bedürfte. Wo immer ein Verband oder eine Vergesellschaftung nicht als eine persönliche Machtstellung eines einzelnen Gewalthabers erscheint, sondern als ein „Verband", da hat sie ihren besonderen Gott nötig. Das gilt zunächst für die Verbände des Hauses und der Sippe." (WuG 252)

Diese Äußerung Webers ist für die hier gewählte Fragestellung von entscheidender Bedeutung. Denn Weber arbeitet hier mit einem Axiom, das ihn mit Durkheim verbindet: der Religion als Garant der Dauerhaftigkeit sozialer

Verbände, als Stifter kollektiver Kontinuität und Identität. Nur monokratische Gewalt könnte diese Religionsfunktion erübrigen.[188]

Weber entnimmt den historischen Quellen, daß der Haus- und Ahnenkult fast überall einen wichtigen Ausgangspunkt der Religionsgeschichte bildet.[189] Wie jeder andere Zusammenschluß von Individuen evoziert das Interesse an der Dauerhaftigkeit und Stabilität des Verbandes eine magische Garantie der Solidarität.[190] Da die Hausgemeinschaft ein streng persönlicher Zusammenschluß ist und seine persönlichen, exklusiven Götter hat, die nicht dulden, daß hausfremde Personen am Kult beteiligt sind, wirkt diese Religiosität extrem gemeinschaftsbildend, entfesselt eine perennierende Solidarität unter den Hausgenossen und einen harschen Exklusivismus. Diese religiös gestützte patriarchalische Hausgemeinschaft sedimentiert sich in der kulturellen Entwicklung mit solcher Nachhaltigkeit, daß sie jeder politischen Verbandsbildung klare Grenzen setzt. Das antike Rom wie das kaiserliche China konnten in ihren Reichsbildungen daher nicht anders, als den Kult um den 'genius' des Prinzeps oder die Ahnen des chinesischen Kaisers den bereits existierenden

---

188 Aus diesem Zusammenhang ließe sich die These einer Summenkonstanz aus herrschaftlicher Gewaltsamkeit und Verbandsreligiosität ableiten: Je weniger soziale Bedeutung die Religion hat, desto mehr muß der Bestand einer Vergesellschaftung durch Herrschaft gesichert werden. Doch ein solches Urteil ist beim bisherigen Argumentationsstand noch Spekulation. Zunächst muß der Zusammenhang von Religion, Symbol, Kultus und religiöser Gemeinschaft weiter geklärt werden. Festzuhalten ist lediglich, daß Weber den Begriff „Verband" an dieser Stelle in Anführungszeichen setzt, und damit entweder eine begriffliche Unsicherheit offenbart oder aber indiziert, daß er einen bestimmten soziologischen Grundbegriff benutzt. Dann aber muß verwundern, warum Weber den Verband hier in Opposition zum Phänomen der Herrschaft, beziehungsweise der 'Kephalie' bringt. Denn sowohl im Kategorienaufsatz wie in den Grundbegriffen aus WuG von 1920 ist „Verband" diejenige soziale Beziehung, die Kephalie aufweist, also eine Leitungsperson oder -instanz hat.
189 WuG 25. Weber steht hier mit den Forschungen Fustel de Coulanges' in Übereinstimmung (Coulanges 1907: Der antike Staat: 136-139). Dieser arbeitet überzeugend heraus, daß die Religionen der Griechen und Römer aus zwei verschiedenen Quellen stammten: die Anschauung der Natur führte zur Vorstellung von Naturgöttern, das Gedenken an die verstorbenen Ahnen zur Hausreligion.
190 Weber hatte die soziale Bindung des Vaters an seine Kinder und deren Mutter als ursprünglich „gänzlich labil und problematisch" (WuG 212) bezeichnet. Gegen die Einschätzung der Familie als naturgegebener und urwüchsiger Gemeinschaft hatte Weber darauf hingewiesen, daß die Muttergruppe in der Frühgeschichte meist ohne den biologischen Vater ein Gemeinschaftsleben führte. Erst wenn zu dieser reinen Mutter-Kinder-Gemeinschaft, die biologisch erforderlich ist zur Aufzucht der Kinder, eine ökonomische Versorgungsbeziehung zwischen Vater und Mutter hinzutreten, entstünde eine etwas weniger labile Familiengemeinschaft. Die nachhaltigste Stabilisierung erfahre die Familiengemeinschaft jedoch durch den Haus- und Ahnenkult. Und zwar wirkten hier Weber zufolge Patriarchalismus und Ahnenreligiosität ineinander (WuG 252f.) Wenn der Hausherr gleichzeitig Priester des Haus- und Ahnenkultes sein darf, steige sein Interesse an der Hausgemeinschaft. Seinen nur schwach ausgeprägten ökonomischen Interessen (beispielsweise dem erwarteten Genuß der Früchte der Arbeit seiner Kinder) träten nun starke Herrschaftsinteressen an die Seite, die er religiös begründen und absichern könne.

Haus- und Ahnenkulten der Familien hinzuzufügen, um auf diesem Wege der staatlich-politischen Gemeinschaft wenigstens sekundäre religiöse Garantien zu verschaffen. Der urwüchsigen familiären Hausgemeinschaft wird dann ein kaiserlicher Großhaushalt hinzugedacht, so daß sich die politische Beziehung zwischen Herrscher und Beherrschten in diesen Fällen derjenigen des Hausherrn zu den Hausbewohnern ihrem Sinngehalt nach annähert.

Eine andere Entwicklung stellt in Webers Augen die Entwicklung des Jahwe-Kultes dar. Außer als Großhaushalt kann ein Zusammenschluß von ahnenkultgestützten Hausgemeinschaften und Sippen[191] von den Beteiligten nämlich auch als Konföderation aufgefaßt werden.[192] Dabei schließen sich die Sippen zu einem größeren politischen Verband zusammen ohne die Sippenstruktur aufzugeben. Wie jede politische Verbandsbildung bewirkt auch diese bestimmte Verschiebungen in der Religiosität. Für Weber ist es eine universelle Erscheinung, daß sich neu konstituierte politische Verbände stets auch einem eigenen Verbandsgott unterstellen, der diesem neuen sozialen Gebilde dann sakrale Weihen zu geben vermag und ihren Bestand magisch garantiert. Ganz und gar nicht universell, sondern religionshistorisch ausgesprochen singulär, ist jedoch der folgenschwere 'berith'-Gedanke des Jahwe-Kultes: Die Göttergestalt erscheint als Vertragspartner einer Konföderation von Sippen. Sie ist nicht die Hausgottheit der Herrscherfamilie und ihr Kult hängt nicht mit dem Ahnenkult der königlichen Geschlechter zusammen. Weber streicht vielmehr den „Verheißungscharakter der israelitischen Religiosität" (WuG 253) besonders heraus, um die Eigenart dieses Konföderationsgottes zu bezeichnen.[193]

Das beschriebene 'patrimoniale' und 'synoikistische' Denken gilt Weber als der empirische Regelfall, weil es mit dem Fortbestand der urwüchsigen Haus- und Herdkulte und ihrer Götter am besten vereinbar war. Ich bezeichne diese Art religiöser Gemeinschaftsbildung hier als ‚synoikistischen Patrimonialismus‘, weil in ihm das religiöse Denken dem sozialen Denken insoweit strukturähnlich ist, als die Vergesellschaftung der Götter wie die der Menschen nach der Art eines Großhaushaltes gedacht wird. So erwächst die Pantheon-Vorstellung sehr leicht in Folge der militärischen Expansion eines politischen Verbandes, weil die Sieger die Götter der Besiegten in ihre eigene Religion mit aufnehmen und dort 'vergesellschaften'. Der synoikistische Patrimonialismus als Typus religiöser Gemeinschaftsbildung ist inklusivistisch und polylatrisch. Seine Götter teilen mit ihrem säkularen Pendant, der Patrimonialbürokratie, die labilen Kompetenzen und die wenig rationalisierten

---

191 Weber unterscheidet in der Religionssoziologie von WuG nicht länger zwischen Familie, Hausgemeinschaft und Sippe. Er rechnet alle drei Gemeinschaftsarten offensichtlich einheitlich dem Haus- und Ahnenkult zu.
192 Vgl. zur Gemeinschaftsbildung in Form der Konföderation insbes. auch im Kapitel „Die Gemeinschaftsbildung im Islam" den Abschnitt über die Gemeindeordnung von Medina.
193 Vgl. dazu unten das Kapitel über die Gemeinschaftsbildung im antiken Judentum.

Funktionsteilungen. Seine Stabilität rührt vielmehr von seinem inhärenten Traditionalismus her: er läßt die herkömmlichen Hauskulte im wesentlichen unangetastet.

Ein anderer Typus religiöser Gemeinschaftsbildung ist der politisch-religiöse Partikularismus. Er hebt sich durch strengsten Exklusivismus und eine signifikante Monolatrie vom synoikistischen Patrimonialismus ab. Ein eigens für den politischen Verband zuständiger Verbandsgott sichert sich die Devotion einer in seinem Zeichen zusammengeschlossenen Kultgenossenschaft, ohne neben sich andere Götter zu dulden. Damit gelangt man zu dem wichtigen Thema der symbiotischen Beziehungen zwischen einer Kultgenossenschaft und einem säkularen sozialen Verband.

Während im Synoikismus diese Beziehung, wie die der Pantheon-Götter untereinander und zu den Haus- und Ahnengöttern, koexistentiell angeordnet waren, bildet der typische politisch-religiöse Partikularismus eine spezifische Symbiose. Weil die partikularistischen Verbandsgötter die Verehrung durch Ungenossen verabscheuen, lassen sich die Gottheiten und Kulte politisch Unterworfener nämlich nicht einfach 'synoikisieren'. Die Besiegten sehen sich vielmehr vor der Alternative entweder zum Kult der Sieger überzutreten oder aber ausgegrenzt zu werden. Wie kommt es zu diesem bemerkenswerten qualitativen Unterschied des Partikularismus gegenüber dem Synoikismus? Was ist die treibende Kraft hinter dieser religiösen Ausschließlichkeit, die gegen das großherzig-unverbindliche Pantheon nun plötzlich den Keim einer spezifischen religiösen Intoleranz aussät?

Weber erklärt diese Entwicklung durch einen ausgesprochen weitreichenden Gedanken, der in Form einer axiomatischen Prämisse auftritt und nicht unterschätzt werden darf. In auffallender Ähnlichkeit zu Durkheim operiert Weber mit einer funktionalen soziologischen Entsprechung zwischen den Totems und Fetischen aus der Zeit der totemistischen Religionen einerseits und den Göttern der Kulturreligionen andererseits. So wie die exogame Sippe ihr Totem nötig hatte, um ihre Sexualtabus, also vor allem das Inzesttabu, magisch zu garantieren oder die Arbeitsteilung und ihren Binnenhandel durch sakrale Stereotypierung zuverlässiger zu reglementieren, benötigt jeder säkulare soziale Verband religiöse Stützung für bestimmte organisatorische Reglements. Für Weber ist deren wichtigstes interessanterweise die sogenannte 'Verbrüderung'. Er behauptet in einer komplizierten Formulierung,

„daß das Totem, der Funktion nach, das animistische Gegenstück der Götter jener Kultgenossenschaften ist, welche, wie früher erwähnt, mit den verschiedensten Arten von sozialen Verbänden sich deshalb zu verbinden pflegen, weil das nicht 'versachlichte' Denken auch einen rein künstlichen und sachlichen 'Zweckverband' der persönlichen und religiös garantierten Verbrüderung nicht entbehren konnte."[194]

---

[194] WuG 265. Die Bedeutung dieses Satzes ist meines Erachtens schwer zu entschlüsseln, da „entbehren" sowohl mit direktem Objekt als auch mit einem Genitiv verbunden werden

Weber wird mit dieser etwas verdrehten Formulierung leider genau an der Stelle schwer verständlich, an welcher der Gedanke seiner Argumentation besonders komplex wird und eine entscheidende Wendung nimmt. Was ist das von ihm in Anführungszeichen gesetzte 'nicht versachlichte Denken'? Warum benötigt dieses Denken den künstlichen und sachlichen Zweckverband der persönlichen Verbrüderung? Und vor allem: Inwiefern ist die 'Verbrüderung' ein der zweckrationalen Interessenorientierung, die den 'Zweckverband' kennzeichnet, eingängiger sachlicher Zweck? Gilt ihm die Bruderbeziehung andernorts nicht stets als Paradebeispiel der pietätsbegründeten 'traditionalen Vergemeinschaftung'? Eine eingehendere Betrachtung dieser Stelle und die Auflösung ihrer Unklarheiten ist für die hier gewählte Fragestellung unentbehrlich.

Im Falle des von Weber benutzten konkreten historischen Beispiels der exogamen Sippe scheinen die Dinge klar: Die Verhinderung des Inzestes ist das klare sachliche Anliegen, dessen Erfüllung so unbedingt erforderlich ist, daß die Sippe sich magischer Tabus bedient. Sachliches Denken, nämlich sexualpolitische Klugheit, attrahiert hier die unsachliche Magie als Mittel und bedient sich ihrer Ehrfurcht einflößenden Wirkung, um vom Inzest abzuschrecken.

Wie stellt sich dieser Zusammenhang nun bei der Kultgenossenschaft und ihrem Verbrüderungsbedarf dar? Weber argumentiert im obigen Zitat genau umgekehrt: Nicht-versachlichte Denkweisen, nämlich kultgenossenschaftliche Vorstellungen, attrahieren hier die säkular-soziale Verbrüderung als ihren Sachzweck. Die Kultgemeinschaft 'verbindet sich' mit einem weltlichen sozialen Verband, weil ihr nicht-versachlichtes Denken die weltliche Solidarisierung als Verbandszweck benötigt. Dieser Gedanke, nur versteckt von Weber geäußert, steht aber nun wiederum in einem krassen Gegensatz zu der zuvor festgestellten universellen Regel, wonach politische Verbände sich stets ihren eigenen Verbandsgott suchen. Denn hier ist es der religiöse Verband, der sich einen weltlichen Zweck sucht. Im ersten Fall betätigt sich der politische Verband religiös, im zweiten macht der religiöse Verband Politik. Man sieht auch hier wieder, daß Weber versucht, 'Religion' einmal als unabhängige, einmal als abhängige Variable aufzufassen, um keine Seite möglicher Kausalbeziehungen zu übergehen. Es handelt sich freilich nicht um irgendeinen beliebigen politischen Zweck, vielmehr ist Weber unmißverständlich darin, daß es ihm um die 'Verbrüderung' geht. Das führt zu einer weiteren wichtigen Unterscheidung.

---

kann. Stellt man die Möglichkeit einer ungenauen Textüberlieferung in Rechnung, dann könnte der Sinn des Satzes sich leicht umkehren, indem er um die Präposition „für" ergänzt wird: „'...weil das nicht 'versachlichte' Denken auch für einen rein künstlichen und sachlichen 'Zweckverband' der persönlichen und religiös garantierten Verbrüderung nicht entbehren konnte".

Weber hatte die Bedeutung partikulärer Verbandsgötter für die Perennierung von Vergesellschaftungen hervorgehoben (WuG 252). Sollte man also die Perennierung sozialer Beziehungen als die Leistung der Religion für die Sozialwelt, die Solidarisierung aber als Leistung der Sozialwelt für die Religion bezeichnen? Eine solche Schlußfolgerung setzte natürlich voraus, daß der Solidaritätsgedanke rein säkularen Ursprungs ist, während der Perennierungsgedanke typisch religiöser Herkunft ist. Gibt es sachliche Anhaltspunkte, die diese Annahme stützen?

Da die Perennierung der Vergesellschaftung sehr oft Handlungen erfordert, die nur sehr entfernt oder gar nicht mit dem Eigeninteresse Einzelner in Verbindung gebracht werden können, ist eine besondere Legitimation dieser Handlungen erforderlich, aber gleichzeitig stets eine prekäre Angelegenheit. Insofern ist der 'Legitimitätsglaube', also die Akzeptanz der Pflichtbegründungen, ähnlichen Gefährdungen ausgesetzt wie der Geisterglaube. So wie dem Einzelnen die Bewohner der Hinterwelt „als schattenhaft und immer wieder einmal direkt als unwirklich" (WuG 248) erscheinen mögen, kann es auch den Pflichtbegründungen im Namen eines sozialen Verbandes ergehen, dessen Existenz ebenfalls nur 'symbolvermittelt' plausibel gemacht werden kann, wenn anders die Anbindung an Einzelinteressen und damit an die sinnlich wahrnehmbaren Gemeinschaftsgenossen versperrt ist. Was läge in dieser Situation näher, als bereits stabilisierte religiöse Glaubensgewohnheiten zu Legitimationszwecken heranzuziehen[195], beziehungsweise gut funktionierende profane Legitimationsverfahren zur Stabilisierung religiösen Handelns und religiöser Gemeinschaften zu verwenden?[196]

Der ursprüngliche und typische Kollektivzweck ist aber nun der zunächst rein physische, und in diesem Sinne natürlich profane Fortbestand des Gemeinwesens. Hochgradig abhängig ist sein Bestand aber von der Frequenz und Intensität kollektiven Handelns. Irgendeine Form von Solidarität ist also Bedingung der Möglichkeit kollektiven Handelns. Kollektives Handeln teilt mit den religiösen Kräften die Eigenschaft, nur in seinen Wirkungen sinnlich wahrnehmbar zu sein, aber einer eigenständigen und beständigen Substanzhaftigkeit zu entbehren. Man darf daher annehmen, daß sich die Menschen

---

195 Dieses Vorgehens bedient sich auch die Kantische Definition von Religion als „das Erkenntis aller unserer Pflichten als göttlicher Gebote". (Kant 1991: Die Religion innerhalb der Grenzen der blossen Vernunft: 822).

196 Dies implizierte dann die Einsicht, daß religiöses Handeln (auch) Dienst an der Gemeinschaft ist, oder, mit Kant: die Anerkenntnis göttlicher Gebote als sozialer Pflichten. Freilich darf man bei diesen Konstruktionen nicht vergessen, daß die Auffassung der Religion als eines bloßen Pflichtenkatalogs nur dann plausibel ist, wenn der von Weber beschriebene religionshistorische Prozeß der Entmagisierung bereits weit fortgeschritten ist. Außerdem ist der Zusammenhang alles andere als zwingend, deswegen kleide ich diese Aussage in die Form einer rhethorischen Frage. Das Geschäft des Zauberers beruht nahezu ausschließlich auf einer Anknüpfung an das Eigeninteresse seiner Klienten und auch das Versprechen auf ein Weiterleben in einer besseren, jenseitigen Welt appelliert im Grunde genommen an den Egoismus des Einzelnen.

wesentlich leichter tun, sich Vergesellschaftungen als perennierende vorzustellen, wenn sie dieses Denken auf religiösem Bereich bereits von den perennierend, aber übersinnlich existierenden Geistern und Göttern her gewohnt sind. Das gleiche gilt natürlich auch umgekehrt: Die Erfahrung der Langlebigkeit sozialer Gebilde begünstigt die Fixierung und Kanonisierung der Geister- und Göttergestalten.[197]

3.3.3 Soziale Beziehungen und Gottesbeziehungen

Die gewonnenen Erkenntnisse sind nunmehr anzuwenden auf das Problem der religiösen Exklusion als einem Kerninstrument religiöser Gemeinschaftsbildung. Religiöse Exklusion bezieht sich auf das Gegensatzpaar von heilig und profan.[198] Wenn in irgendeiner Form Religiosität zum Kriterium der Mitgliedschaft in einer Gemeinschaft wird, dann ist Profanität konsequenterweise als Exklusionsgrund zu betrachten. Profan nach Webers Begriffen sind diejenigen Handlungen, die es weder im Zweck noch in den Mitteln mit charismatischen Kräften zu tun haben, also weder auf die Erwirkung von Charisma abzielen noch durch Charisma gewirkt sind. Dies sind die alltäglichen Handlungen. Je stärker einer Klasse von Handlungen die Eigenschaft der Alltäglichkeit zugeschrieben werden muß, desto weniger religiös sind sie. Der entsprechende Akteur ist der uncharismatische Alltagsmensch. Als der typisch areligiöse Mensch gehört er nicht im vollen Sinne zum Kreis religiöser Personen. Diese Art von Ausschließung ist zwar zunächst nur diejenige, die der Religionssoziologe zur Konstituierung seines Gegenstandsbereichs vornimmt, es kann aber nicht ausgeschlossen werden, daß nicht auch eine Religionsgemeinschaft selber nach dem gleichen Kriterium vorgehen wird und den für kein Charisma empfänglichen Alltagsmenschen aus ihren Kreisen verbannen wird. Dann liegt auf der Objektebene allerdings eine erste Art von Exklusivismus vor, und zwar eine idealtypisch *religiöse* Art von Exklusivismus. Der Betroffene wird aus einer Religionsgemeinschaft aus religiösen Gründen und nach einem religiösen Kriterium ausgeschlossen. Es kommt dann darauf an, nach welchen Kriterien dieser Personenkreis zu erkennen glaubt, einen uncharismatischen Alltagsmenschen vor sich zu haben. Vor allem ist entscheidend, ob sein religiöser Mangel als Mangel an Fähigkeit und Begabung oder als Mangel an Willen und persönlichem Einsatz aufgefaßt wird. Im ersten Fall ist die Exklusion endgültig, insofern der Mangel als irreparabel zu gelten hat, im

---

[197] Man könnte das psychologische Argument hinzunehmen, daß es ein menschliches Bedürfnis nach Sicherheit und Gewissheit gebe, das die Ausbildung von Vorstellungen der Dauerhaftigkeit begünstigt.

[198] Durkheims Religionssoziologie leistet in bezug auf dieses Problem sicherlich wesentlich feinere Differenzierungen, dem soll hier jedoch nicht nachgegangen werden.

zweiten Fall kann der Ausschluß jederzeit revidiert werden, da bereits ein bloßer Willensakt den Mangel im wesentlichen beheben würde. Innerhalb des Bezugsrahmens der Weberschen Begriffe wird man unter religiöser Exklusion die „Schließung" (vgl. WuG 23f.) derjenigen Gemeinschaften verstehen müssen, die Träger oder Sucher, Anbieter oder Nachfrager religiösen Charismas ist. Der Ausschluß aus ihnen rekurriert demnach ebenfalls in irgendeiner Form auf dieses Charisma, sofern es ein religiös bedingter Ausschluß ist. Die religiöse Schließung einer sozialen Beziehung bezeichnet man daher in Anlehnung an Webers Begriffe am besten als 'charismatische Schließung'.[199]

Es hängt viel davon ab, was jeweils unter Charisma verstanden wird, vor allem davon, ob allgemein geglaubt wird, daß man es aktiv erwerben könne oder nur passiv empfangen dürfe.

Die Religionsgemeinschaft kennt neben der naturalen noch eine andere passiv empfangene Begabung: das göttliche Gnadengeschenk. Konsequent zu Ende gedacht, hat man auf ein Gnadengeschenk zwar ebensowenig eigenen Einfluß wie auf die Gaben der Natur, doch ist seine Zuteilung statt von der Natur von einem göttlichen Willen abhängig. Der Erwerb des zum Eintritt in die Gemeinschaft berechtigenden Charismas ist also weder eine rein passive noch eine rein aktive Veranstaltung. Der Versuch einzutreten ist in der Regel weder vollkommen aussichtslos noch vollkommen erfolgssicher.[200]

---

199 Weber verwendet dieses Konzept nur implizit, daher bleibt es eine offene Frage, ob die charismatische Schließung letztlich als eine affektuelle oder als eine wertrationale aufzufassen ist. Sicher ist nur, daß sie weder traditional noch zweckrational bestimmt ist. Das heißt natürlich in keiner Weise, daß Religionsgemeinschaften sich nach außen nicht traditional oder zweckrational schließen, vielmehr ist das in der Realität wohl besonders häufig der Fall, sondern damit ist lediglich gesagt, daß die charismatische Schließung nicht aufgrund von Abstammungs- und Familienbeziehungen (also nicht traditional) und auch nicht aufgrund äußerer Interessen (also nicht zweckrational) vollzogen wird. In der religionssoziologischen Anwendung der Soziologischen Grundbegriffe Webers treten die bereits oben kritisierten Unschärfen deutlich und störend hervor. Insbesondere stört, daß Weber nicht immer scharf zwischen dem Motiv und dem Kriterium der Schließung trennt.
200 Die calvinistische Prädestinationslehre ist von Weber nicht zuletzt deshalb ausgewählt worden, weil sie einen der wenigen logisch konsequenten Religionstypen verkörpert, die tatsächlich von dieser Regel abweichen: Dem Calvinisten gilt menschliches Bemühen als aussichtslos. Wer nicht zur wahren Kirche gehört, gehört eben auf alle Ewigkeit nicht dazu. Demgegenüber verbürgt zum Beispiel der Heldentod des Moslems im Religionskrieg den sicheren Eintritt in die paradiesische Gemeinschaft der Heiligen. Ein demgegenüber nur relativ erfolgversprechendes Mittel ist das Leben gemäß den Vorschriften einer religiösen Ethik und die fromme Lebensführung. Indes ist kein wirklicher Verlaß darauf, durch ethisches Wohlverhalten das Gnadengeschenk per Verdienstlichkeit herbeizumanipulieren. Dies gilt umso mehr, wenn eine Religionsgemeinschaft den „Glauben" statt auf die „Werke" legt. Beides sind ersichtlich individuelle Willensakte. Freilich kann man, wie Luther, den Glauben, oder zumindest die Fähigkeit dazu, seinerseits wiederum als bereits erfolgtes Gnadengeschenk auffassen, das unabhängig von Verdienst und Schuld erteilt wurde. Dann entspricht aber die Gnadengabe exakt der Naturanlage, womit man letztlich wieder bei irgendeiner Form der Prädestination angelangt ist.

Die Religionsgemeinschaften unterscheiden sich empirisch in den Arten und Häufigkeiten, in denen sie Exklusionen vornehmen, kaum von profanen Vergemeinschaftungen und Vergesellschaftungen. Doch trotz aller begrifflichen und typologischen Vielfalt scheint ein bestimmter Exklusionsmodus in Webers Augen dennoch eine besondere Nähe zur Religion aufzuweisen: die wertrationale Schließung. Weber bezeichnet die „strikte Glaubensgemeinschaft" (WuG 22) als typischen Fall einer wertrational geschlossenen sozialen Beziehung. Diese ist als „rationale Sekte" ein „wertrational motivierter Gesinnungsverein", der „von der Pflege emotionaler und affektueller Interessen absieht und nur der 'Sache' dienen will" (WuG 22). Sofern Weber also mit seinem Ausdruck 'strikte Glaubensgemeinschaft' die 'rationale Sekte' meint – dafür sprechen alle Anzeichen -, steht fest, daß diese ein betont sachlicher Personenverband ist und zu Gefühlsangelegenheiten eine bewußte Distanz hält. Diese Sachlichkeit ist aber andererseits nicht Ausdruck zielstrebigen Zweckhandelns, sondern als Wertrationalität bestimmt durch den Glauben an den Eigenwert bestimmter Handlungsmuster. Wenn dieser Glaube nun als Schließungskriterium benutzt wird, braucht die rationale Sekte ein Verfahren, nach dem festgestellt wird, ob ein Mitgliedschaftsaspirant diesen Glauben hegt und ihm gemäß handelt. Es wird vom Bewerber also nicht verlangt, irgendeine Kompetenz, irgendein instrumentelles Können, vorzuweisen, sondern die rechte Gesinnung. Der Sinn der Aufnahme neuer Mitglieder besteht bei der wertrational geschlossenen rationalen Sekte also offenbar nicht darin, rechte Gesinnungen und rechten Glauben bei irgendjemandem zu wecken, sondern glaubensmäßige Reinheit und hohes Gesinnungsniveau unter der Mitgliedschaft zu wahren. Wenn sich eine solche Sekte nun aber öffnet, um den rechten Glauben und – was etwas anderes ist – eventuell die Mitgliedschaft zu mehren, ist damit jener Schritt vollzogen, der sich in Webers religionssoziologischer Terminologie als Wandel von Außerweltlichkeit zu Innerweltlichkeit darstellt. Denn mit dieser Unterscheidung wollte Weber nicht etwa Weltbilder, Weltbegriffe oder Weltverhältnisse in dem Sinne der Beziehung des Subjekts zur Totalität der ihn umgebenden Außenwelt typisieren; es ging ihm vielmehr um einen sehr spezifischen Teil dieser Totalität und ausschließlich um diesen, und zwar um „die 'Welt' im Sinne des religiösen Sprachgebrauchs" (WuG 238). Das heißt um die sozialen Beziehungen.

'Außerweltliche' Lebensführung bedeutet dann ein „förmliches Ausscheiden aus der 'Welt', aus den sozialen und seelischen Banden der Familie, des Besitzes, der politischen, ökonomischen, künstlerischen, erotischen, überhaupt aller kreatürlichen Interessen" (WuG 329). „Innerweltliche" Lebensführung erfordert dagegen „die Betätigung der eigenen, spezifisch heiligen Gesinnung ... gerade innerhalb und gegenüber den Ordnungen der Welt" (ebd.). Die Anhänger von Religionen, die innerweltliche Lebensführung lehren, werden daher aus religiösen Motiven in ebendiese 'sozialen und seelischen Banden' hineingedrängt. Ein religiöses Verpflichtungsgefühl treibt sie an, säkularen Vergesellschaftungen und Vergemeinschaftungen anzugehören und sich in sie einzubringen.

Weber hat freilich die Typen der Heilswege von der außerweltlichen Mystik über die Mischtypen bis hin zur innerweltlichen Askese streng individualistisch konzipiert. Wenn man sie aber auf die Beziehungsebene überträgt, wird ihre Nähe zu seinen späteren Begriffen von 'Öffnung' und 'Schließung' augenfällig. Die an das Paradoxe grenzende 'weltverneinende Innerweltlichkeit' des asketischen Protestanten ist unter diesem Aspekt eine besonders delikate Mischung aus wertrationalem Exklusivismus bei zweckrationalem Universalismus.[201]

Wie jede säkulare Gemeinschaft kann auch die Religionsgemeinschaft durch einen bestimmten 'Gemeinsamkeitsglauben' exklusivistisch werden.[202] Dieser Glaube kann sich die verschiedensten äußeren Merkmale oder Ereignisse zum Inhalt nehmen und zum Zwecke der kollektiven Identitätsbildung hochstilisieren. Religionssoziologisch interessant sind die Offenbarungs- oder Verheißungsgemeinschaften. Durch das Sehen und Miterleben eines Offenbarungsgeschehens kann eine Gemeinschaft der Offenbarungsrezipienten entstehen. Wenn die Offenbarung mehr den Charakter einer rational kommunikablen Botschaft als den eines Erlebnisses hat, bedeutet 'Rezipieren' das Hören und Glauben dieser Botschaft. Ein mündlich oder schriftlich verbreiteter Text begründet daher eine weit weniger exklusivistische Offenbarungsgemeinschaft als die Ereignis- oder Erlebnisoffenbarung, die stets die volle Gemeinschaftsmitgliedschaft auf die Augen- und Ohrenzeugen zu begrenzen droht. Eine besondere Art der gemeinschaftsstiftenden Offenbarung ist schließlich die Verheißung an einen bestimmten Adressaten. Wenn die Gemeinsamkeit der Addressatenschaft zum Inhalt eines Gemeinsamkeitsglaubens wird, dann entsteht etwas vom oben beschriebenen politisch-religiösen Partikularismus noch einmal charakteristisch verschiedenes. Denn der Verheißungspartikularismus ist mit einem universalistischen Gottesbild verträglich. So hat der Gott Jahwe zwar Macht über alle Menschen und die ganze Welt, reserviert seine Heilsgabe aber für ein ganz bestimmtes Volk, das Volk Israel. Auch der islamische Begriff der 'ummah' bezeichnete von seiner Wurzel her zunächst nur das je besondere Volk, dem Gott einen je besonderen Propheten gesandt hat, das heißt also an die ‚ummah' des Volkes Israel Moses, an die ‚ummah' der Christen Jesus von Nazareth und an die ‚ummah' der Muslime den Mohammed.[203] Auch hier sieht man also eine Verschränkung von Partikularismus und Universalismus.

Wenn ein Gott also von einem bestimmten Personenkreis als Gott aller Menschen vorgestellt wird, sich von allen Menschen verehren lassen will und

---

201 Vgl. dazu unten das Kapitel über die Gemeinschaftsbildung im asketischen Protestantismus.
202 Vgl. zum 'Gemeinsamkeitsglauben' oben das so betitelte Kapitel.
203 Vgl. dazu unten das Kapitel über die Gemeinschaftsbildung im Islam.

sich dafür im Gegenzug für alle Menschen und die gesamte Welt zuständig erklärt, dann liegt religiöser Universalismus vor. Er setzt voraus, daß die Gott-Mensch-Beziehung eine 'offene' ist, daß also jeder, der dazu willens und in der Lage ist, in sie eintreten kann. Damit ist nicht gesagt, daß in einer universalistischen Religion alle Menschen von gleicher religiöser Qualifikation und gleichem religiösen Rang seien. Dies wäre vielmehr religiöser Egalitarismus, der in letzter Konsequenz Menschen nur dafür ins Paradies lassen würde, daß sie Menschen gewesen sind. Universalismus ist mit einer 'Leistungs'-differenzierung durchaus vereinbar, ebenso mit einem Auserwählungsglauben eines bestimmten Volkes. Er setzt ein Bild vom Göttlichen voraus, das stets auf dem Weg zum Monotheismus ist und einen „internationalen Weltgott" (WuG 256) zeichnet. Doch ist der Weg, den die sogenannte Primatbildung vom Pantheon bis zum absoluten, universalistischen Monotheismus nehmen muß, lang und verschlungen und kein evolutionärer oder gar gradliniger Verlauf. Allerdings hat diese Entwicklung einen wichtigen Steigbügelhalter und eine ganze Fülle erleichternder Bedingungen. Ersterer ist die 'ratio'. Sie verlangt Weber zufolge „den Primat der universellen Götter"[204]. Ihre Herrschaft ist ein Sieg der Denk- und Glaubensökonomie über magisch-praktische Alltagsbedürfnisse und in diesem Sinne auch ein Sieg der Priester über die Zauberer. Diese Siege sind selten und prekär, weil sie Siege der Theorie über die Alltagspraxis sind. Denn die nahen und lokalen Götter sind in der Regel wesentlich alltagsrelevanter als die überweltlichen und majestätisch entrückten Universalgötter. Sie haben einen eng begrenzten Wirkungs- und Zuständigkeitsbereich und gelten als leichter beeinflußbar. Daher stimulieren sie immer wieder aufs Neue magische Praktiken und empfehlen sich der Volksfrömmigkeit als vor Ort zur Hand gehende Ad-hoc-Helfer.

Weber unterscheidet zwei Quellen der Entstehung von Universalgottheiten. Die eine Quelle bilden die Gestirne und ihr Lauf am Himmel, die andere Quelle ist Jahwe. Dies ermöglicht auch die Unterscheidung zweier verschiedener Typen des religiösen Universalismus. Die Astralgottheiten ermöglichen die Vorstellung eines 'kosmologischen Universalismus', wie ich es hier nennen möchte, während Jahwe als ein Gott der Geschichte die Entstehung eines

---

204 WuG 256. Warum die 'ratio' den Primat von Universalgottheiten fordert, sagt Weber nicht. Allerdings scheinen mir seine Formulierungen zumindest dahingehend unmißverständlich zu sein, daß die 'ratio' diesen Prozeß jedenfalls nicht aus sich selbst heraus vorwärtstreiben kann. Dies hielt Weber offensichtlich für objektiv unmöglich, denn stets sind es bestimmte Interessen, hier: Priesterinteressen und das rationale Ordnungstreben von Laien, die die Entwicklung vorwärtstreiben, die dann allerdings nach Webers Ansicht offenbar notwendigerweise gewissen interkulturell identischen Denkgesetzen folgen. Man könnte also formulieren: Wenn überhaupt irgendwelche Ordnungsinteressenten irgendeinen Einfluß auf den Gang der religiösen Entwicklung ausüben können, dann stets in Form einer Anwendung „systematisch-rationaler Prinzipien". Das typische Resultat ist, daß mehr unverbrüchliche Regelmäßigkeiten, mehr gedankliche Fixpunkte und weniger Mehrdeutigkeiten als vorher im Gottes- und Weltbild auftreten.

'prophetischen Universalismus' begünstigte. Beide Konzeptionen gelten Weber zwar als Rationalisierungen, doch bedeutet ihm der kosmologische Universalismus eine theoretisch-intellektuelle Rationalisierung, die durch ausdrücklich konservative Ordnungsinteressen angetrieben wird, während der prophetische Universalismus Resultat ethischer Rationalisierungen ist. Der kosmologische Universalismus ist die Inklusionsstrategie kosmozentrischer Religiosität. Die harmonische Einordnung des Einzelnen in ein konzentrisch angelegtes System von Gemeinschaften ist sein sozialtheoretisches Inklusionsideal. Der prophetische Universalismus dagegen hält ein Potential für die Vorstellung bereit, daß einzelne Menschen als Einzelne das Heil erreichen können. Der ethische Auftrag aus dem Munde des suprakosmischen Weltgottes ist wichtiger als die kosmische Harmonie. Daraus entsteht ein gemeinschaftsnegatorisches Potential.[205]

Für die Fragestellung dieses Kapitels ist entscheidend, daß die Universalisierung und Monotheisierung des Gottesbildes eine einschneidende Veränderung in der Beziehung des Menschen zu den Göttern verursacht und das unterschiedliche Konzeptionen des Verhältnisses Gott-Mensch-Kosmos zu unterschiedlichen Mischungsverhältnissen zwischen Partikularismus und Universalismus in der Gemeinschaftsbildung führen.

Die wichtigste Entwicklung ist daher in Webers Augen die Ausdifferenzierung des 'Gottesdienstes' aus der magisch geprägten Welt der 'Gotteszwang' ausübenden Gottesbeziehungen. Sie ist im Prinzip ausgesprochen unwahrscheinlich, weil Magie und Gotteszwang den ursprünglichen Bedürfnissen des Menschen weitaus besser entgegenkommen. Die Geister und Götter magischer Religionen lassen sich in vielfältiger Weise durch Zaubertechniken zwingen, das Übel abzuwenden oder Heilung zu bringen.

Weber deutet an, daß in dieser Art der religiösen Relation die Götter „irgendwie nach Analogie des beseelten Menschen" (WuG 257) konzipiert wurden, sagt aber gleichzeitig, daß die „naturalistische 'Kraft' eines Geistes" auf ähnliche Weise herbeigezwungen werden kann (ebd.). Wenige Zeilen später heißt es, der 'Gottesdienst' entspringe ebenfalls einer Anthropomorphisierung der Göttergestalten, und zwar der Anthropomorphisierung Gottes nach dem Modell eines mächtigen irdischen Herrschers. Diesen Bemerkungen muß man entnehmen, daß 'Zwang' dem Menschen als Handlungsmöglichkeit sowohl gegenüber der Natur als auch gegenüber Mitmenschen zur Verfügung steht, 'Dienst' jedoch von der Erfahrung irdischer Herrschaftsmacht herrührt.

Nun sind irdische Herrscher natürlich auch Mitmenschen. Die 'Dienst'-Beziehung ist daher im Grunde genommen mit der Zwangsbeziehung identisch und unterscheidet sich von dieser nur durch den Blickwinkel: 'Dienst' ist das Mittel des Schwächeren gegenüber dem Stärkeren, um dessen Wohlverhalten zu bewirken, 'Zwang' ist das Mittel des Stärkeren, um das Wohl-

---

205 Vgl. zu diesen Unterscheidungen auch die Ausführungen unten zum Konfuzianismus als „politischer Religion".

verhalten des Schwächeren zu bewirken. Daher ist dem Argument Webers zuzustimmen, daß in magischen Religionen der charismatische Mensch stärker sei als die Götter und sie daher zwingen könne. In ethischen Religionen (oder 'Kulturreligionen') ist die Kräfteverteilung umgekehrt: Die Götter überragen die Menschen an Macht und Kraft bei weitem. Oben habe ich versucht, die magische Götterbeeinflussung von der religiösen wie die Technik von der Ethik zu unterscheiden. Ein technisch Handelnder agiert gegenüber der natural gedachten Welt und nutzt seine Kenntnis kausaler Ursache-Wirkungs-Zusammenhänge, um seine Zwecke zu erreichen. Der ethische Akteur handelt gegenüber der willensbegabten Welt und nutzt Kenntnisse der 'Manipulierbarkeit' von Menschen (oder im vorliegenden Zusammenhang auch von Göttern), um sinnhafte Zusammenhänge und insbesondere die bei anderen herrschenden Verbindlichkeitsvorstellungen für seine Zwecke zu mobilisieren.

Webers Unterscheidung zwischen Gotteszwang und Gottesdienst läßt diese Technik/Ethik-Differenzierung nun fragwürdig erscheinen. Denn während diese letztere Unterscheidung nach der Art des 'Gegenübers' des jeweils Handelnden konzipiert ist, führt erstere ein rein relationales Kriterium ein. Technik funktioniert im Reich der Notwendigkeit, also gegenüber der Natur; Ethik funktioniert im Reich der Freiheit, also gegenüber willensbegabten Entitäten; Zwang funktioniert gegenüber Schwächeren, Dienst gegenüber Stärkeren. Diese Differenzierungen führen nicht etwa zu einem Parallelismus, sondern zu einer Vier-Felder-Tafel:

Tabelle 5: Gottesbeziehungen

	naturales Gegenüber	**willensbegabtes Gegenüber**
Stärkeres Gegenüber	*Ausgeliefertsein/ Kontingenzerfahrungen*	*Dienst/ Gehorsam/ Bitte/ Gebet*
Schwächeres Gegenüber	*Technisches Zwingen/ Manipulation*	*Herrschaftlicher Zwang/ Machtausübung/ Autorität*

Die Herausbildung des Primates der universellen Götter impliziert für Weber jedenfalls eine relative Entrückung und Machtsteigerung dieser Götter. Im Zuge dieser Entwicklung steigt die Bedeutung dessen, was Weber 'Gottesdienst' nennt, weil das Machtgefälle zwischen Göttern und Menschen anwächst. Dadurch werden dem Menschen die Mittel, die die Götter zum Beistand zwingend nötigen, nach und nach aus der Hand geschlagen, während im Gegenzug die Götter immer mehr Kräfte bei sich monopolisieren. Aber was Weber hier mit den kompakten Begriffen 'Gotteszwang' und 'Gottesdienst' bezeichnet, deckt weder den Spielraum der anthropomorphen Gotteskonzeptionen ab, noch beleuchtet es in irgendeiner Weise die Eigenart der alternativen, also der nicht nach anthropomorphen Analogien ausgestalteten Gottesbeziehungen.

Es war oben bereits in Anlehnung an Schluchter festgehalten worden, daß die Unterscheidung zwischen magischen und nicht-magischen Religionen die weitreichendste in Webers Religionssoziologie ist. Doch eine zweite Differenzierung ist für den Vergleich zwischen den asiatischen und den vorderasiatisch-okzidentalen Religionen von ebensogroßer Bedeutung. Das ist, in Schluchters Begriffen, die Unterscheidung der kosmozentrischen von der theozentrischen Religiosität. Kosmozentrische Anschauungsweisen, wie sie den Hinduismus, den Buddhismus, den Konfuzianismus und den Taoismus im wesentlichen bestimmen, kennen zwar auch Göttergestalten, doch thronen diese nicht hoch über dem Kosmos, sondern sind Teil von ihm und daher seinen Gesetzmäßigkeiten unterworfen. Das schwächt ihre Position gegenüber Menschen, die sich um die Kenntnis dieser Gesetzmäßigkeiten bemüht haben, so sehr, daß die Praxis des 'Gotteszwangs' begünstigt wird.

Allerdings ist das religiöse Handeln gegenüber jenem Kosmos schlechterdings nicht in Begriffen des 'Gotteszwangs' zu fassen. Denn dies setzte voraus, daß das Gegenüber des Menschen in der religiösen Beziehung willensbegabt ist, wie Weber durch die oben zitierte Ausdrucksweise von der 'Analogie des beseelten Menschen' klargestellt hatte. Der Kosmos aber hat keinen freien Willen, man kann ihm daher weder dienen noch kann man ihn im eigentlichen Sinne des Wortes 'zwingen'. Natürlich kann man dem Kosmos seine Zwecke abtrotzen wie man der Natur seinen eigenen menschlichen Willen aufzwingt, doch geht dies nur in Kenntnis der Naturgesetze, niemals aber gegen sie, da sie unaufhebbar und ewig gleich sind und keine Ausnahmen zulassen. Wenn hier überhaupt eine Ethisierung der Religion stattfindet, dann nicht dadurch, daß die Göttergestalten anthropomorpher und universaler gemacht werden, sondern dadurch, daß der Kosmos soziomorph und die Gesellschaft kosmomorph gedacht wird. Die kosmischen, vor allem die astronomischen Regelmäßigkeiten dienen dann als Modell der sozialen Ordnung und folglich wird man mit dem Wandel der sozialen Ordnung auch Modifikationen in der Kosmologie beobachten können.

Weber verzichtet trotz der stets wiederkehrenden Argumentation mit den anthropomorphen Analogien im Gottesbild seltsamerweise darauf, die Gottesbeziehungen systematisch nach seiner soziologischen Beziehungslehre zu typisieren. So bietet es sich an, Gottesbeziehungen nach ephemeren und perennierenden so zu unterscheiden, wie es Weber mit seinen Begriffen von der Gelegenheits- und der Dauervergesellschaftung tut. Namentlich seine herrschaftssoziologischen Kategorien wären darüber hinaus geeignet gewesen, die Gottesbeziehungen begrifflich schärfer zu fassen. Den 'Gottesdienst' hätte er aufschlüsseln können nach der persönlichen, zweckrationalen Gottesbitte und dem sachlichen, legal-wertrationalen Gottesgehorsam sowie einer traditional motivierten Gottesverehrung. Die Bitte wiederum ließe sich danach differenzieren, ob sie eine reine, idealtypische Bitte ist und also ein Geschenk, einen Gefallen oder einen Gnadenakt erfleht oder ob sie als rationale Bitte nur eine Einladung zu einem Geschäft, einem Vertragsabschluß oder zu einem Tausch darstellt. Auch beim Gottesgehorsam läßt sich eine rationalere von einer weniger rationalen unterscheiden. Die untertänige Demut, die sich dem Willen Gottes vorbehaltlos unterwirft, hebt sich klar ab von der methodischen Regeltreue in Form eines Gehorsams gegenüber gottgegebenen Gesetzen. Die resultierende Gottesbeziehung ist im Falle vertraglicher Abmachungen natürlich perennierend geworden und man könnte sie als 'Gottesbund' bezeichnen. Der 'berith'-Gedanke der hebräischen Gotteskonzeption zeigt, daß derlei Elemente die Gottesbeziehung folgenreich prägen können, verhält sich der Gottesbund doch zu den übrigen Gottesbeziehungen wie die Vergesellschaftung zur Vergemeinschaftung, da in ihm die reine Pietätsbeziehung modifiziert wird durch die Einfügung kontraktueller Elemente.[206] Sie artikulieren explizit und nachvollziehbar Rechte und Pflichten, die verläßliche Anhaltspunkte für die Scheidung von rechtem und falschem Tun bieten. Dem Wildwuchs gotteszwingender symbolistischer Magie werden dadurch ebenso Grenzen gesetzt wie der ethisch irrationalen, weil beliebig regellos agierenden Willkürherrschaft eines Allmachtgottes.[207]

3.4 Die Gemeinde

Religion ist nach Webers Begriffen der Umgang mit charismatischen Kräften. Sie speist sich aus den Erfahrungen, die Menschen mit außeralltäglichen Erscheinungen machen. Sie überdauert aber die außeralltäglichen Momente und den Wechsel der Generationen und Zeiten nur, wenn sie gleichzeitig eine Angelegenheit und Erfahrung des Alltags wird. Soziologisch gesprochen bedeutet das: Organisation und Institutionalisierung. Religiös ursprüngliches Leben und religiöses Überdauern stehen somit in der gleichen Spannung zueinander wie Charisma und Routine. Nimmt man die Arbeitsteilung als Maß für den Organisations- und Routinisierungsgrad einer religiösen Anhängerschaft, dann ist die Herausbildung des Zaubererberufs die religionsgeschichtlich erste Organisationsleistung. Indes entspricht seine Stellung und Reichweite zu-

---

206 Siehe dazu unten das Kapitel über die Gemeinschaftsbildung im Judentum.
207 Die Geschichte des Hiob im Alten Testament präsentiert zwar einen allmächtigen, aber keinen willkürlichen Gott. Trotz aller Kontingenzerfahrungen gleitet Hiob nicht in einen akosmistisch-pathologischen Masochismus ab, vielmehr bleibt ihm das Geschehen sinnhaft deutbar. Zum Masochismus als religionssoziologischen Begriff vgl. Bergers Ausführungen zum Thema „Religion und Entfremdung", Berger 1973: Dialektik von Religion und Gesellschaft: 80ff..

meist ungefähr der eines freiberuflichen Dienstleistungsunternehmers. Er ist weder von einer Gemeinschaft beauftragt noch besoldet, sondern handelt auf eigene Faust. Seine Kunden sind untereinander nicht zu religiösen Zwecken organisiert und haben keine eigene kollektive religiöse Identität. Sie gleichen sich nur zufällig und äußerlich in ihrem Vertrauen auf den gleichen Zauberer und seine götterbezwingenden Kräfte.

Nimmt man hingegen Umfang und Intensität eines kollektiven Handelns als Maß für den Organisationsgrad einer religiösen Anhängerschaft, dann ragen die Kultgenossenschaften der Antike als besonders solidarische und kompakte Kollektive hervor. Indes handelt es sich hier nur sekundär um eine religiöse Organisation, da die ursprüngliche Gemeinschaftsbildung unter dem Primat der Politik stand. So wie diese Gemeinschaften für ihre gemeinsamen militärischen Unternehmungen Heerführer aus ihrer Mitte erkoren und für politische Projekte Staatenlenker und Beamte, so beauftragten sie auch Priester, die im Namen der gesamten Kultgenossenschaft die nötigen Opferrituale abhielten. Will man aus dieser kompakt plurifunktionalen Gemeinschaftsbildung überhaupt einen primären Vergemeinschaftungssinn isolieren, dann muß man wohl die politisch-militärische Kooperation als den ursprünglichen und wirkungsstärksten Vergemeinschaftungsfaktor annehmen. Um eine religiöse Vergemeinschaftung im engeren Sinne handelt es sich bei der Polis aber nicht.

3.4.1 Gemeindebegriff und Gemeindebildung

Für das originär religiöse Gemeinschaftsgebilde verwendet Weber vielmehr den Ausdruck 'Gemeinde'. Damit ist die dauernde Vergesellschaftung der Anhänger einer Religion gemeint, soweit diese eigene religiöse Rechte und Pflichten begründet (WuG 276). Man kann die religiöse Gemeinschaftsbildung einmal als unabhängige, ein andermal aber als abhängige Variable, das heißt als Resultat profaner Faktoren, konzipieren. Konkret gesprochen bedeutet das, daß eine religiöse Gemeinde ihre Ausdifferenzierung aus ihrer sozialen Umwelt entweder politischen, ökonomischen und anderen historisch-säkularen Gründen verdankt oder aber durch bestimmte Sinngehalte ihrer Religion selber zur religiösen Gemeindebildung veranlaßt wurde. Wenn letzteres der Fall ist, nennt Weber dies „Gemeindereligiosität", ihre soziale Organisation heißt „Laiengemeinde" (WuG 276f.). In diesem Begriff sind mehrere Elemente vereint, die den von Weber bisher benutzten Theoremen entgegengesetzt sind. Bisher hatte Weber behauptet, daß soziale Verbände sich zur Stabilisierung ihrer Solidarität und ihrer sozialen Reglements magisch-religiöser Garantien bedienen. Die tabuisierende Kraft des Religiösen sichert die Einhaltung gemeinschaftswichtiger Verhaltensvorschriften innerlich ab. Weber benannte damit klar eine säkulare Funktion der Religion: Stabilisierung eines sozialen Verbandes durch Stereotypisierung seiner sozialen Normen. Mit dem Begriff der Gemeindereligiosität nimmt Weber aber nun die gemeinschaftstheoretische Umkehrung dieses Axioms vor. Hier nimmt die Eigengesetzlichkeit des Religiösen konkrete soziale Gestalt an, hier stellt Weber erstmals eine Religiosität als theoretisch möglich dar, die die überkommenen anderen sozialen Gemeinschaften stören und beunruhigen, in ihrem Bestand bedrohen und umgestalten kann, die überlieferte Normen enttabuisieren und derogieren, Familien- und Sippenverbände durchschneiden und eventuell entsolidarisieren kann. Um dies zu verdeutlichen sind zunächst die verschiedenen Arten von Gemeindebildung darzustellen.

So wie die Typologie der Weberschen Herrschaftssoziologie an dem Verhältnis des Herrschers zu seinem Verwaltungsstab orientiert ist, konzipiert Weber die Gemeindearten entlang der Beziehung, die die religiösen Führer zur religiösen Laienschaft haben. Der charismatischen Herrschaft entspricht dabei die rein persönliche Beziehung, die die Jünger zu ihrem Propheten haben.[208] Doch diese Art persönlicher Beziehungen ist nicht das, was eine Gemeinde konstituiert. Sie umfaßt vielmehr jenen Kreis von dauerhaft organisierten Personen, der den religiösen Führern Unterstützungsleistungen anbietet und dafür seine religiösen Heilsinteressen von ihnen befriedigt sehen möchte. Zwischen der Prophetie und der Gemeinde liegt zeitlich also stets ein Veralltäglichungsprozeß, der im wesentlichen im Interesse der Sicherung der ökonomischen Existenz der Heilsanbieter angestoßen wurde. Um ihnen die religiöse Spezialtätigkeit zu ermöglichen, müssen sie wirtschaftlich von Leuten ausgehalten werden, die durch profane Tätigkeiten einen Überschuß erwirtschaften. Im gleichen Zug muß man sicherstellen, daß diejenigen, die die Unterstützung aufbringen, auch diejenigen sind, die die religiösen Vorteile haben. Daher werden Rechte und Pflichten auf beiden Seiten monopolisiert und es entsteht eine Gemeinde als dauerhafte Institution. Dieses Arrangement ist das gemeinsame soziologische Merkmal aller Varianten von Gemeindebildung. Daneben verweist Weber jedoch auf Unterschiede zwischen einzelnen Gemeindearten, die die 'Laiengemeinde' mit ihrer typischen 'Gemeindereligiosität' zum typologisch wichtigsten Fall von Gemeinschafts- und Gemeindebildung in der Weberschen Religionssoziologie machen.

Die idealtypische 'Laiengemeinde' ist ausschließlich zu religiösen Zwecken institutionalisiert worden. Sie ist das typische Produkt der Routinisierung eines prophetischen Stimulus'. In Religionen mit ausgeprägter Gemeindereligiosität spielen die Laien eine aktive Rolle im religiösen Gemeinschaftshandeln. Aber die Verbindung zwischen Prophetie und Gemeindereligiosität ist

---

208 Das läßt sich aus Webers Bemerkung schließen, daß er die persönliche Anhängerschaft der Jünger an ihren Propheten als Beziehungstyp anläßlich der „Kasuistik der Herrschaftsformen" noch erörtern wolle. Vgl. WuG 275. Besonders deutlich wird die Verwandtschaft zwischen Religions- und Herrschaftssoziologie Webers aber in RS I 267-275.

für Weber keine notwendige. Denn neben den aus der Veralltäglichung prophetischer Anfänge hervorgehenden Gemeinden gebe es auch solche, die nicht aufgrund der Eigengesetzlichkeit ihrer Religion entstanden sind, sondern ihre Existenz in erster Linie säkularen Kräften, Ereignissen oder Zusammenhängen verdanken.

Der typische Fall einer solchen Gemeinde ist die – wie sie hier in teilweiser Anlehnung an Weber genannt werden soll[209] – Parochialgemeinde. Sie entsteht aufgrund der Abgrenzung religiöser Angebots- und Nachfragebezirke und ist insofern Resultat regionaler Arbeitsteilung der Hierokraten. Die Priester grenzen ihre Kompetenzen und Zuständigkeitsbereiche untereinander ab und der so entstandene 'Verwaltungssprengel' bedeutet zwar eine Dauervergesellschaftung einer religiösen Anhängerschaft mit und unter ihren Leitern, impliziert aber gleichzeitig eine gewisse religiöse Passivität der Vergesellschafteten, zumindest ging der konstitutive Akt der Vergesellschaftung nicht auf die Initiative aller zurück. Daher erkennt Weber einer so entstandenen Gesamtheit religiöser Laien den Begriff 'Gemeinde' in einem engeren Sinne ab.

Die typische Ereignisfolge, an deren Ende eine Parochialgemeinde entstanden ist, beginnt mit einem Wechsel der Herrscher in einem politischen Verband, wie er als Folge verlorener Kriege und erlittener Eroberung leicht eintreten kann. Die Fremdherrscher können nun die bestehende Religion ihrer neuen Untertanen unangetastet lassen, die Priester und Hierokraten sogar in ihrer Stellung bestätigen und sich auf diese Weise der Religion „als ein Mittel der Domestikation der Unterworfenen" bedienen (WuG 277).[210]

---

209 Die Webersche Begrifflichkeit zieht folgende Unklarheit nach sich: Weber verwendet den Begriff „Gemeinde" in einem engeren und in einem weiteren Sinne. Was „Gemeinde" im weiteren Sinne bedeutet, ist oben explizier worden: die dauernde Vergesellschaftung einer religiösen Anhängerschaft mit festen Rechten und Pflichten. Dieses Merkmal hat aber auch jene Vergesellschaftung, die Weber von der „Gemeinde" unterscheiden will: die Parochie. Diese sei nämlich „passiver kirchlicher Lastenverband und Kompetenzbezirk des Pfarrers" (WuG 278). Das beraubt die Parochie in der Tat jeder aktiven Laienmitwirkung, aber doch offensichtlich nicht jeglicher auf Dauervergesellschaftung beruhender, fester Rechte und Pflichten. Mithin ist auch die Parochie eine „Gemeinde im weiteren Sinne". (Weber verzichtet auf klassifikatorische zugunsten typologischer Begriffsbildung, obwohl eine Klassifikation im Sinne einer vollständigen Zuordnung von Objekt und Merkmal, statt der unvollständigen typologischen, möglich und daher methodologisch auch wünschenswert gewesen wäre. Vgl. zu diesen Unterscheidungen Friedrichs 1985: Methoden empirischer Sozialforschung: 88f..

210 Webers Gedanke eines Übergangs „vom politischen Verbandspriestertum zur religiösen Gemeinde", wirft die Frage auf, inwiefern dieser Übergang das soziale Handeln der Laienanhänger überhaupt irgendwie verändert. Kann hier von Gemeinde- und Gemeinschaftsbildung gesprochen werden, wenn sich doch nur das Verhältnis zwischen politischen Machthabern und Hierokratie im Sinne eines Übergangs von Autokephalie zu Heterokephalie gewandelt hat? Der Sinngehalt der sozialen Beziehung zwischen Priestern und Laien muß sich durch den Wandel der politischen Verhältnisse schließlich nicht verändert haben. Zwar sind solche Veränderungen empirisch wahrscheinlich und historisch ein häufig vor-

Eine weitere, von Weber besprochene Möglichkeit einer solchen nicht gemeindereligiösen Gemeinschaftsbildung von Religionsanhängern, die empirisch vor allem für das hinduistische Indien ins Gewicht fällt, liegt Weber zufolge vor, wenn ein „Opferpriestergeschlecht" (WuG 277) die Anhängerschaft seines speziellen Gottes exklusiv organisiert. Gegenüber der prophetischen Gemeindebildung hebt sich diese Variante offenbar durch das gentilcharismatische Prinzip der Hierokratie hervor. Doch läßt Weber diesen Punkt unerwähnt, obwohl er meines Erachtens von ausschlaggebender Wichtigkeit ist und auch rein begrifflich zur Unterscheidung von der prophetischen Gemeindebildung benötigt wird, da diese auch eine exklusive Organisation von Religionsanhängern darstellt. Stattdessen sagt Weber, daß die auf Initiative der Opferpriester zurückgehende Gemeindebildung stets in Verbindung „mit mystagogischer oder exemplarischer Prophetie" (WuG 277f.) auftrete, womit der Unterschied zur prophetischen Gemeindebildung weiter verwischt wird. Da-

---

gekommener Fall, aber dies rechtfertigt nicht, die begrifflich und theoretisch entscheidenden Glieder dieser Kausalkette zu überspringen: Die durch die Eroberung und Fremdherrschaft in den religiös-politisch zuerst noch kompakten Verband eingezogene Trennlinie zwischen politischer und religiöser Gemeinschaft stellt eine erleichternde Bedingung für die Entwicklung eines spezifisch religiösen Gemeinschaftsbewußtseins dar. Dem Volk sowie seinen politischen und religiösen Leitern wird nun eine klarere Rollendifferenzierung zugemutet zwischen Politik und Religion. Konnten die autokephalen politischen Herrscher aus der Gemeinsamkeit ihrer Religion mit ihren Untertanen noch Legitimität ziehen, so entfiele diese Möglichkeit für die heterokephalen Machhaber, es sei denn, diese konvertierten zur Religion ihrer Untertanen oder synoikisierten ihre Götter mit denen der Unterworfenen, wie es beispielsweise die Römer gegenüber unterworfenen Völkern und ihren Göttern praktizierten. Bleibt hingegen die religiöse Scheidewand zwischen Machthabern und Untertanen bestehen, dann benötigen weltliche wie geistliche Obrigkeit eine gewandelte Legitimierungsstrategie und das unterworfene Volk einen neuen, nun zwischen Politik und Religion differenzierenden „Legitimitätsglauben" (Vgl. hierzu WuG 16, 122, 130. In modernerer Fassung desgleichen Problems spricht viel für die Verwendung eines Konzeptes wie dem der 'Akzeptanz', vgl. Lucke 1995: Akzeptanz). Je weniger eine Religion „politische Religion" (s. u. im Kap. zur Gemeinschaftsbildung in Konfuzianismus, der den empirisch reinsten Typus einer 'politischen Religion' abgibt) ist, je weniger säkulare Ambitionen aus ihren Heilszielen abgeleitet werden, desto leichter dürfte ihr diese Differenzierung fallen. Zu den Grundideen einer typischen Erlösungsreligion gehört die Vorstellung eines erlösten, paradiesischen Zustandes, der an einen Ort und in eine Zeit gehört, die different ist von der Alltagswelt. Dies erleichtert eine Differenzierung von Religion und Politik zumindest insofern, als Paradiesvorstellungen die Hinnahmebereitschaft der Religionsanhänger für irdisches Gegenwartsleid erhöhen. Dann können solche religiösen Vorstellungen von Fremdherrschern als Domestikationsmittel im Sinne einer Vertröstungsstrategie und der Erzeugung von Frustrationstoleranz instrumentalisiert werden. Die ursprüngliche und eigentliche Domestikationswirkung entfaltet die Religion natürlich bei religiöser Autokephalie. Denn bei Bekenntnisgleichheit zwischen weltlichen Herrschern und Beherrschten mögen die herrschaftsbegrenzenden Effekte stereotypierter religiöser Traditionen der Obrigkeit in ihrer Machtentfaltung ebensogut einengen wie legitimieren. Diese Einengung entfiele bei Heterokephalie. Es kommt jedoch auf den Grad an, in dem sich die Laienanhängerschaft als vom politischen Verband verschieden erlebt. Dies ist der soziologische Ausgangspunkt für religiöse Gemeinschaftsbildung, aber noch nicht diese selber. Dies belassen Webers Formulierungen leider im Unklaren.

mit stellt sich die Frage, warum Weber diesen Fall überhaupt als eigenen Entwicklungstypus einer Gemeinde konzipiert. Diese Unklarheiten zeigen m.E. eine Lücke in Webers Theorie religiöser Gemeinschaftsbildung an, die sich aber durch eine etwas strengere und systematischere Verwendung der Methode und Grundbegrifflichkeit des *Kategorienaufsatzes* schließen läßt. Zu diesem Zweck sei an dieser Stelle resümiert, was bisher für eine Theorie religiöser Gemeindebildung gewonnen wurde.

Wenn Weber als 'Gemeinde' nur jene Personenkreise gelten lassen will, die zu einer dauerhaften, „ausschließlich religiösen Zwecken dienenden Vergesellschaftung" (WuG 276) zusammengeschlossen sind, dann liegt klar zutage, daß eine religiöse Gelegenheitsvergesellschaftung keine Gemeinde ist. Daher bildet der Kundenstamm eines Zauberers keine Gemeinde, denn ihm fehlen nicht nur die internen reziproken Beziehungen, sondern überhaupt jegliche Dauerhaftigkeit; handelt es sich doch lediglich um eine Vielzahl einzelner Tausch-Gelegenheitsvergesellschaftungen zwischen Zauberern und deren Kunden. Schwieriger ist diese Abgrenzung im Falle von Mystagogengemeinden, wie sie Weber zufolge beispielsweise die eleusinischen Mysterienkulte hervorbrachten. Sie erfüllen obengenanntes Kriterium für Gemeindebildung und dennoch spricht Weber ihnen den eigentlichen Gemeindecharakter ab, weil diese Art religiöser Vergemeinschaftung, „im Zustand einer nach außen nicht geschlossenen und in ihrem Bestand wechselnden Vergemeinschaftung" (WuG 276) verbleibt. Daraus folgt: Nicht nur Dauerhaftigkeit, sondern auch 'Schließung nach außen' und stabiler Personalbestand sind erforderlich, um aus einer religiösen Vergemeinschaftung eine Gemeinde werden zu lassen.

Weber redet mehrfach von den Abgrenzungen und Konkurrenzen der religiösen Gemeinde zu anderen 'Verbänden'. Heißt das, daß die Gemeinde ein 'Verband' ist im grundbegrifflichen Sinne des *Kategorienaufsatzes*, also: Leitungsorgane für die Gemeinde begriffsnotwendig sind?

Weber legt sich darauf fest, daß die religiöse Gemeinde eine Vergesellschaftung sei. Das schließt die Möglichkeit aus, Gemeinden als Einverständnisvergemeinschaftungen zu begreifen. In Webers Versuchen, einen klaren Begriff von 'Gemeinde' zu gewinnen, macht sich erneut das Manko bemerkbar, daß er das Merkmal der Reziprozität und damit den Begriff der sozialen Beziehung noch nicht zur Verfügung hat. Daher rührt möglicherweise Webers Entscheidung, die Gemeindedefinitionen stets von der Beziehung zwischen religiösen Führern und ihrer Anhängerschaft her zu gewinnen.[211]

---

211 Er läßt seine Typologie religiöser Leitungsfiguren derart stark in seinen Begriff von Gemeinde einfließen, daß er an einer schon erwähnten Stelle sogar von dem „Übergang vom politischen Verbandspriestertum zur religiösen Gemeinde" (WuG 277) spricht. Mit dieser Formulierung läßt Weber aus Priestern eine Gemeinde hervorgehen und überspringt die eigentlich anstehende Frage, was denn in diesem Übergangsprozeß mit den Laien geschieht, die doch die Gemeinde bilden sollen.

Das hier zugrundeliegende Problem läßt sich dadurch fassen, daß man fragt, wer bei der Gemeindebildung mit wem eine soziale Beziehung eingeht und was deren Sinngehalt ist. Es ist bereits gesagt worden, daß die 'Kunden' eines Priesters zunächst nur zu diesem selbst, nicht aber untereinander eine soziale Beziehung unterhalten. Das gleiche gilt natürlich auch für alle anderen Typen religiöser 'Fachleute', also für Propheten, Zauberer und Mystagogen. Diese könnte man daher einheitlich als 'religiöse Fachleute' oder 'religiöse Charismatiker' bezeichnen, die den Laien gegenüber irgendeine Form charismatischer Qualifikation besitzen:

Tabelle 6 Priester-Kundschaft und echte Gemeinde

religiöses Gemeinschaftshandeln Einzelner:	*echte religiöse Gemeinde:*
Untereinander unverbundene Laien sind 'Kunden' desselben religiösen Charismatikers.	Die Laien haben sich untereinander zu einem religiösen Zweck dauerhaft verbunden. Selbst die Fortnahme der religiös-charismatischen Führerfigur bedeutet nicht die Auflösung der Religionsgemeinschaft.

Mit diesen Unterscheidungen erklärt sich nun Webers Begriff von Gemeindereligiosität wesentlich leichter. Dessen entscheidendes Merkmal ist die Laienaktivität.[212] Da jeder soziale Akteur per definitionem in dem Sinne 'aktiv' ist, daß er überhaupt irgendwie sozial agiert, muß Weber hier wohl noch eine andere Art von Aktivität im Sinn gehabt haben. Hier helfen die oben entfalteten Unterscheidungen zwischen konstitutiven, revidierenden und implementativen Akten weiter. Gemeindereligiosität liegt vor, wenn die Laien an der Konstitution und den etwaigen Revisionen des Sinngehaltes der Gemeindebeziehungen mitwirken und nicht nur diejenigen sind, die ihr Handeln an den von anderen gesatzten Regeln orientieren. Vor diesem Hintergrund erklärt sich ebenfalls zwanglos, daß die Machtstellung der religiösen Fachleute enorme Relativierungen erfährt, wenn die Laien an dem Ursprungsereignis der Gemeindebildung, sozusagen an dem 'contrat religieux', beteiligt waren. Wenn Weber damit Recht hat, daß die hauptsächlichen Interessenten der Perennierung religiösen Gemeinschaftshandelns die religiösen Leiter sind, dann steht freilich in jeder Gemeindebildung eine hierokratische Tendenz zu erwarten, weil Priester, Propheten und ihre Jünger den größten Anreiz haben, die in Re-

---

212 WuG 277. Weber wiederholt bei seiner Definition von Gemeindereligiosität überflüssigerweise die Merkmale der „Gemeinde", nämlich Vergesellschaftung der Laien und deren Dauerhaftigkeit. Es wäre ausreichend gewesen zu sagen, daß Gemeindereligiosität vorliegt, wo eine religiöse Gemeinde (im zuvor eigens definierten Sinne) aktiv auf den Ablauf des religiösen Gemeinschaftshandelns Einfluß nimmt.

geln angebbaren Sinngehalte der sozialen Beziehung namens 'Gemeinde' überhaupt festzulegen und auf seine Umsetzung und Einhaltung in realem Handeln hinzuwirken. Sofern sie dabei im Eigeninteresse, also zweckrational handeln, werden sie die Regeln so satzen, daß sie von ihrer Einhaltung durch die Laien profitieren. Die Pointe der Weberschen Theorie religiöser Gemeinschaftsbildung ist nun aber, daß er mit dem ethischen oder exemplarischen Propheten eine Figur aufbietet, die zugleich religiöser Fachmann und religiöser Laie sein soll. Das ist freilich nur durch eine Differenzierung innerhalb des Begriffes des Nicht-Laien möglich. Der Prophet ist im Vergleich zum Alltagsmenschen natürlich ein homo religiosus, aber im Vergleich zu den Priestern dennoch ein Alltagsmensch, dem das priesterliche Charisma fehlt. Der Widerspruch ist also nur dadurch aufzulösen, daß man annimmt, daß der Prophet an den Priestern und ihrer Lehre vorbei neue Regeln dafür aufstellt, was als Charisma zu gelten hat. Seine Kunst besteht darin, virtuos in einer Religiosität zu sein, deren Sinngehalt er im Grunde gerade erst selber definiert: 'Es steht geschrieben, ich aber sage euch...'.

Es liegt somit auf der Hand, daß sich in der Prophetie eine Einbruchstelle für Laieneinfluß auftut, insofern dem Priester-Establishment eine charismatische Konkurrenz entsteht.

Empirisch betrachtet stellt die Gemeindereligiosität Weber zufolge dennoch eine Ausnahmeerscheinung dar.[213] Allerdings fällt auf, daß das Auftreten dieser Ausnahme seinerseits einer Regel folgt, die Weber an dieser Stelle leider nicht expliziert. Gemeindereligiosität habe, so Weber, „das altbuddhistische Mönchtum, wie die altislâmische Kriegerschaft, wie das Judentum wie die alte Christenheit" (WuG 278) gekannt. Damit verlegt Weber die Gipfelpunkte des Laieneinflusses jedenfalls für Christentum und Islam in die jeweiligen Frühphasen der Entwicklungsgeschichte dieser Kulturreligionen.[214] Allein für das Judentum scheint er überhaupt keine historischen Sonderphasen gemeindereligiöser Strömungen anzunehmen. Indes läßt sich seiner Judentumsstudie entnehmen, daß das Wirken der Pharisäer die jüdische Laien-Gemeinde stärkte in ihrer Position gegenüber Priestern und Leviten.[215]

Wenn also der alte Islam und das alte Christentum gemeindereligiöse Bekenntnisse darstellten, das mittelalterliche, anglikanische und lutherische Christentum jedoch parochial, also auf passive Laien, ausgerichtet waren, dann liegt der Gedanke nahe, daß die Transformation einer Gemeinde in eine

---

213 In einer merkwürdig inkohärenten Auflistung nennt Weber als die Religionen, denen jeglicher Gemeindecharakter fehlt: „die mittelalterliche okzidentale, anglikanische, lutherische, orientalische, christliche und islâmische..." (WuG 278).
214 Das altbuddhistische Mönchtum als Gemeindereligiosität zu bezeichnen, widerspricht hingegen den von Weber selbst gewählten Begriffen: Mönche sind keine Laien, sondern religiöse Elite, ihre Dauervergesellschaftung untereinander ist daher nicht als „Gemeinde", sondern als Zunft, Stand oder Genossenschaft, vielleicht auch als Sekte zu bezeichnen, dazu müßt man nähere Einzelheiten ihrer Gemeinschaftsbildung kennen.
215 Vgl. RS III 404 sowie unten das Kapitel zur Gemeinschaftsbildung im Urchristentum.

Parochie sich auch nach dem Modell der Veralltäglichung von Charisma beschreiben läßt. Dieser Befund deckt sich mit jener vielzitierten Passage aus „Wissenschaft als Beruf", wonach in früherer Zeit noch etwas „als prophetisches Pneuma in stürmischem Feuer durch die großen Gemeinden ging und sie zusammenschweißte" (WL 612), was aber dann verloren ging und heute nur noch in den allerkleinsten Kreisen und ohne große soziale Bedeutung existiert. Dies ist insofern von Interesse, als für gewöhnlich angenommen wird, daß der Prozeß der Veralltäglichung in erster Linie auf das Charisma des Propheten bezogen ist. Hier hingegen sieht man, was Veralltäglichung sonst noch bedeuten kann: den Wechsel des Solidarisierungsmodus von der pneumatischen Vergemeinschaftung aktiver Laien zu einer passiven Gehorsamsgemeinschaft der von einer Elite Verwalteten.[216]

Wenn man mit Weber annimmt, daß die Gesamtheit der Laien die Inhaber religiöser Ämter ökonomisch sustentiert, ist allein schon von daher verständlich, daß die Amtsinhaber an dem *Fortbestand und dem Wachstum* der Mitgliedschaft der Religionsgemeinschaft interessiert sind. Weitere Motive für Propaganda und Mission mögen rein religiöser Natur sein oder auch einem an der Quantität orientiertem Prestigedenken entspringen. Klar ist jedenfalls, daß eine Gemeinde, die die Entscheidungsbefugnis über die Mitgliederaufnahme innehat, ein wichtiges Machtinstrument gegenüber den Priestern in Händen hält. Noch stärker fällt hier aber das Recht der Gemeinde ins Gewicht, die Kandidaten für die priesterlichen und anderen Ämter zu nominieren und einzusetzen.

Bei dem Versuch, den Laieneinfluß auf die religiöse Vergesellschaftung zu erfassen, erwähnt Weber eigens noch die Unterscheidung zwischen einem de-facto und einem de-jure-Einfluß der Laien. Diese Unterscheidung scheint Weber wohl vor allem angesichts des großen Einflusses der schiitischen Laien auf die Ämterbesetzung wichtig zu sein, da diese einer förmlichen und „fest geregelten örtlichen Gemeindeorganisation" (WuG 278) ermangeln.[217]

---

216 Zwar ist es richtig, daß der religiöse Laie per definitionem zunächst religiös uncharismatisch ist, sich also auch nicht mit anderen Laien charismatisch vergemeinschaften kann; jedoch wandelt sich diese Lage, wenn sich ein Priestertum institutionalisiert hat. Jetzt ist der Laie der Nicht-Priester und derjenige, der sich seine religiösen Bedürfnisse von Amtscharismatikern beeinflussen und befriedigen läßt. Erst für die historisch-empirische Phase des religiösen Ämtercharismatismus und besonders nach dessen Routinisierung macht es Sinn, den Begriff des „Laien" vom 'Nicht-Charismatiker' zum Nicht-Inhaber spezifisch religiöser Ämter abzuwandeln.

217 Nach den oben erörterten methodologischen und grundbegrifflichen Prämissen Webers wäre es im Prinzip überflüssig gewesen, auf die Möglichkeit beziehungsgeregelten Verhaltens bei Abwesenheit expliziter Vereinbarungen hinzuweisen. Denn Webers Verstehende Soziologie muß stets damit rechnen, daß Handlungsregeln auch ohne Explizitmachung empirische Gültigkeit besitzen und also eine Gemeinde als Einverständnisvergemeinschaftung bereits existieren kann, bevor feste Regeln und formale Organisation eingeführt werden.

Zu Recht hebt Weber das Prinzip der Lokalität der Gemeindebildung hervor. Diese scheint für Weber eines der entscheidenden Merkmale der Gemeindereligiosität zu sein. In den Status eines Wesensmerkmals kommt das Lokalitätsprinzip dann aber für die 'Sekte'. Von ihr sagt Weber an dieser Stelle, „daß sie auf der geschlossenen Vergesellschaftung der einzelnen örtlichen Gemeinden geradezu als auf ihrer Grundlage beruht" (WuG 278). Man kann dem Zusammenhang entnehmen, daß Weber die Sekte als Zusammenschluß mehrerer Ortsgemeinden auffassen will, und zwar in dem Sinne, daß die Sekte 'nach innen geschlossen' ist, es also kein Sektenmitglied geben kann, das nicht auch Mitglied einer Ortsgemeinde wäre. Für sich allein genommen ergibt dieser Tatbestand freilich noch keine Besonderheit gegenüber der Kirche, die man sich auf die gleiche Weise als 'nach innen geschlossen' vorstellen kann. Entscheidend ist vielmehr, daß dem hier maßgeblichen täuferischen, independentistischen oder kongregrationalistischen Selbstverständnis nach zwei elementare Befugnisse bei der Ortsgemeinde verbleiben trotz des interlokalen Zusammenschlusses zur Sekte. Dies ist das Recht, Beitrittsaspiranten die Mitgliedschaft zu gewähren oder zu verweigern, sowie das Recht, Amtsträger mitauszuwählen und zu benennen.

3.4.2 Gemeinde zwischen Exklusion, Inklusion, Universalismus und Partikularismus

Hat jede Religionsgemeinschaft stets ein intrinsisches Bedürfnis, sich gegenüber anderen Gemeinschaften abzugrenzen? Die Fähigkeit einer Gemeinschaft, sich von anderen Gemeinschaften abzugrenzen, bedarf eines Bewußtseins darüber, wer man eigentlich ist. Dies ist das sogenannte 'Wir-Bewußtsein'. Es leistet seinen Dienst nur dann, wenn man entweder die In-group oder die Out-group oder aber beide benennen und identifizieren kann. Dazu benötigt man ein Merkmal, das die einen an sich tragen und dessen die anderen entbehren. Dies ist die formale Struktur des kollektiven Abgrenzungsverhaltens, etwas anderes ist die Frage, ob man ein Abgrenzungsbedürfnis als anthropologisches, also konstantes Bedürfnis unterstellen kann. Dagegen spricht zunächst die prinzipielle Fähigkeit des Menschen, relativ frei darüber zu disponieren, ob er sich solidarisch oder dissolidarisch verhalten soll und zu wem er dies jeweils tut. Aber Distinktion und Dissolidarität sind verschiedene Dinge. Das Wir-Bewußtsein einer Gruppe hat einige Ähnlichkeiten mit dem Ich-Bewußtsein des Einzelnen. Ein Individuum ohne Ich-Bewußtsein ist ein pathologischer Fall, es ist unfähig zur Verantwortung, weil es keine Auffassung von seinen Grenzen und dementsprechend auch keinen Begriff von der Persönlichkeitssphäre anderer hat. Kann man etwas ähnliches auch von dem Wir-Bewußtsein behaupten? Dies ist eine diffizile Frage, denn sie berührt das Problem des methodologischen Individualismus. Wohl läßt sich sagen, daß Familien wie Gemeinden wie auch Staaten zueinander gewisse Grenzen und Zuständigkeitsräume respektieren und voneinander auch erwarten, daß Verantwortung für ebendiese eigenen Räume übernommen und Abstand zu den fremden Räumen eingehalten wird. Aber sind Gruppen ohne Wir-Bewußtsein pathologische Fälle? Dies ist offenbar eine sinnlose Frage, da das Wir-Bewußtsein Definiens einer Gruppe ist. Wohl ließ sich als Entgegnung auf diesen Einwand fragen, ob dann, wenn schon nicht eine Gruppe, denn irgendeine Personenmehrheit ohne Wir-Bewußtsein etwas Pathologisches an sich hätte. Doch dies ist zu verneinen. Es ist völlig normal und unproblematisch, daß die Gesamtzahl der Deutschen, die sich in irgendwelchen Merkmalen gleichen, kein Wir-Bewußtsein haben. Indes bilden sie auch keine Gemeinschaften, sondern bestenfalls Klassen, Kategorien oder Aggregate.[218] Eine Gemeinschaft liegt erst dann vor, wenn Einzelne die Zugehörigkeit zu einem Personenkreis als *Bestandteil ihres je individuellen Ich-Bewußtseins* empfinden. Diese Einstellung bezeichnet man daher auch als Identifikation, als ein zumindest partielles Identisch-Werden von Ich-Bewußtsein und Wir-Bewußtsein.

Was bedeutet das nun genau? Ein Individuum fühlt sich oder erlebt sich als identisch mit seiner Gemeinschaft; ein Gemeinschaftsangehöriger rechnet seine Mitgliedschaft zur Gemeinschaft zu den Bedingungen, die sein Subjekt-Sein erst ermöglichen. Hinter dieser Behauptung zurückzubleiben bedeutet, eine unbegründete Vorentscheidung für den methodologischen Individualismus gefällt zu haben. Genau das soll hier aber vermieden werden. Allerdings bedeutet die Akzeptanz dieser Behauptung, einem Kaspar Hauser das Subjekt-Sein absprechen zu müssen, was ebenfalls eine problematische Konsequenz einer Vorentscheidung wäre, nur dieses Mal zugunsten eines methodologischen Kollektivismus.

Es dürfte klar geworden sein, daß das Distinktionsbedürfnis in gewissem Sinn durch ein Solidarisierungs- und Anlehnungsbedürfnis in Schach gehalten wird. Beide Bedürfnisse entspringen dem gleichen menschlichen Grundbedürfnis nach Handlungsorientierung. Indes gibt es Grund zu der Annahme, daß der Mensch nicht nur ein Bedürfnis hat, sein eigenes Handeln an sich selbst und anderen zu orientieren, sondern ebenso gern das Handeln anderer orientieren will. Pessimistisch-hobbesianisch ausgedrückt: Der Mensch hat einen Drang zu Herrschaft und zur Ausübung von Macht und Autorität über andere. Optimistisch ausgedrückt: Den Menschen drängt es zur Übernahme von Mitverantwortung für das Handeln anderer, zur Sorge für andere. Wenn man nun also den Solidarisierungs- und den Dominierungstrieb nebeneinanderhält, so wird deutlich, welche treibenden Mechanismen hinter menschlichem Distinktionsverhalten stehen: Distinktion dient der Selektion und Allo-

---

218 Die fachsoziologische Terminologie ist hier bekanntlich leider uneinheitlich.

kation von Solidarität und der Abwehr von unerwünschter Dominierung. Da die menschliche Handlungsenergie begrenzt ist, hat selbst freiwillige und ungebetene Solidarität ihre Grenzen. Sie endet an den Grenzen der Gemeinschaft. Die Distinktion der eigenen Gemeinschaft von der fremden dient der Sichtbarmachung dieser Grenze und verhindert somit das Sich-Verausgaben der Solidarität. Andererseits ist das übliche Gewand, in dem Dominierungsversuche an uns herantreten, die Einforderung von Solidarität. Zur Begrenzung dieser Anforderung dient erneut die Distinktion. Wer nicht zu *uns* gehört, hat auch keinen Anspruch auf *meine* Solidarität oder *meine* Fügsamkeit gegenüber seinen Appellen.

Nach dieser ersten Überlegung ist somit festzuhalten:
Distinktion dient der Allokation von Solidarität.

Nun ist dieser Satz auf die Religionsgemeinschaft anzuwenden. Er würde dann lauten: Religiöse Distinktion dient der Allokation religiöser Solidarität. Konzipiert man Solidarität wie eben als begrenzte Ressource, dann kann man das Distinktionsverhalten aus einer menschlichen Kräfteökonomie erklären. Konzipiert man sie als beliebig schnell und breit mobilisierbare und verfügbare Ressource, sozusagen als 'freies Gut' statt als knappes Gut, dann entfällt diese Erklärungsmöglichkeit und das Allokations- oder Distributionsproblem würde sich nicht stellen. Die Selektivität des menschlichen Zusammengehörigkeitsgefühls müßte dann anders erklärt werden, beispielsweise als Folge von Einübung und Gewohnheit, als Sozialisationsergebnis also. Die Frage wäre aber dann, wieso dies eine *Erklärung* ist.

Oben ist deutlich geworden, daß Weber die Priester aufgrund ihrer Interessenlage zu den treibenden Kräften der Bildung und Perennierung religiöser Gemeinden rechnet. Zwar begünstigen sie nicht die Ausbildung von Gemeindereligiosität und Laienaktivität, wohl aber die feste Organisation von Parochialgemeinden. Das Priestertum ist daran interessiert, den Mitgliederbestand seiner Parochien möglichst zu sichern und zu erweitern. Das bedeutet, daß sie in eine Wettbewerbssituation geraten können, in der sie mit Priesterschaften anderer Religionen und Kulte um ihre Anhängerschaft und deren Loyalität konkurrieren müssen. Dazu bedienen sich die Priester Weber zufolge insbesondere folgender vier Mittel: der Kanonisierung heiliger Schriften, der Dogmenbildung, der Predigt und der Seelsorge. Der Kanon und die Dogmatik bilden die wichtigsten Gegenstände dessen, was Weber auch die „Priesterlehre" nennt, während die Predigt[219] und die Seelsorge die Hauptbestandteile des priesterlichen Betriebes ausmachen.[220]

---

219 Als Erbstück aus der prophetischen Religiosität stellt sich Weber die Predigt freilich in erster Linie als durchaus charismatische, ethische Ermahnung und Erweckungsbotschaft der Priester an die Laien vor. Daher und aufgrund der Abhängigkeit der Predigt vom individuellen Rednertalent und persönlicher Ausstrahlung enthält die Predigt intrinsische Schranken der Veralltäglichung im Priesterbetrieb.
220 Es fällt auf, daß Weber dem Ritus kein eigenes Kapitel in seiner systematischen Religions-

Weber behauptet nun, daß das priesterliche Propaganda- und Perennierungsinteresse die Priester dazu bewegt, Kanonik und Dogmatik zur Entwicklung von „*Unterscheidungslehren*" (WuG 281, Hervorh. d. Verf.) zu benutzen, sprich: der Laienanhängerschaft ein Distinktionsbewußtsein, eine religiöse Gemeinschaftsidentität einzurichtern. Auf diese Weise bekämpfe die Priesterschaft vor allem auch den für sie gefährlichen „Laienindifferentismus" (ebd.). Erfolgreiche Propaganda bedarf der Inklusionsfähigkeit, erfolgreiche Distinktion der Exklusionsfähigkeit – theoretisch streng genommen liegt hier also ein Handlungsdilemma vor. Die praktische Leitungskunst der Priester besteht nun aber gerade darin, die beiden Strategien geschickt zu kombinieren. Der Durchbruch zur Weltreligion, also zur Gewinnung einer Massenanhängerschaft verdankt sich dabei der Umstellung von – wie es hier genannt werden soll – 'naturaler Exklusion' zu 'rationaler Exklusion', also zu der Ausschaltung des naturalen Partikularismus und der Aktivierung des naturalen Universalismus, der auf dem Begriff des 'Menschen' beruht, der keine weiteren äußeren Merkmale als ebendieses sein Menschsein benötigt, um als Vollmitglied der Religionsgemeinschaft in Frage zu kommen. Die nach dieser Umstellung weiterhin unverzichtbare Distinktion läuft nun über den Dual von Recht- und Irrgläubigkeit, ist also eine Angelegenheit des Bewußtseins des Gläubigen und schließt daher niemanden von vornherein aus. Die unten folgenden Tabellen (Tab. 6 und Tab. 7) sollen diesen Unterschied zwischen universalistischen und partikularistischen Religionen verdeutlichen und zusammenfassen.

Hinter dem Ausdruck 'rational-sinnhaft' verbirgt sich hier nichts weiter als die Idee der 'Glaubensreligiosität', die für Weber ein „willensmäßig festzuhaltendes Charisma" darstellt (WuG 346). Daher kann man davon ausgehen, daß Glaubensreligiosität ihr Universalismuspotential der Willens- und Bewußtseinsbegabung eines jeden Menschen verdankt, ihr Exklusivismus jedoch durch den spezifischen psychischen Streß verschärft wird, der sich dadurch ergibt, daß die Anhänger ihr Charisma in Form von Rechtgläubigkeit 'willensmäßig' festhalten müssen, auch und gerade in der Auseinandersetzung mit Irrgläubigen. Da 'willensmäßig festzuhaltendes Charisma' nach Maßgabe der menschlichen Willenskraft ungleich gefährdeter und unsicherer ist als angeborenes oder ererbtes, hat sein Träger allen Grund, um sein Charisma besorgt zu sein. Insofern beunruhigen die religiösen Ungenossen und Irrgläubi-

---

soziologie widmet. Die Sakramentenpraxis wird von ihm der Magie an die Seite gestellt, gehört also zu den priesterlichen Mitteln, die Heils- und Trostbedürfnisse der Laien zu befriedigen und ist daher eher dem 'Konsumenteneinfluß' als dem Systematisierungs- und Perennierungsinteresse der Priester unterworfen. Andererseits ist der Ritus jedoch das große Betätigungsfeld der Stereotypierungsversuche und von daher nicht weniger als Distinktionsquelle zu gebrauchen wie die Dogmatik und Kanonik. Daher ist es überraschend, daß Weber den Ritus nicht eigens behandelt.

Tabelle 7 Universalistische Religionen

Inklusions- bzw. Exklusionskriterien	Inklusionsobjekte	Exklusionsobjekte
naturale und traditionale Kriterien	'Menschen'	(...)
rational-sinnhafte Kriterien	Rechtgläubige	Irrgläubige

Tabelle 8: Partikularistische Religionen

Inklusions- bzw. Exklusionskriterien	Inklusionsobjekte	Exklusionsobjekte
naturale und traditionale Kriterien	'Artgenossen' (=Volks-, Stammes-, Sippen-, Standes-, Geschlechts-, Schicksalsgenossen)	'Art-Ungenossen'(= Volks-, Stammes-, Sippen-, Standes-, Geschlechts-, Schicksalsfremde)
rational-sinnhafte Kriterien	{...}	meist: dogmatischer Inklusivismus (resp. Synkretismus)

gen ihn viel stärker, als wenn er sicher sein könnte, daß ihm sein Charisma von Natur aus und unverlierbar mitgegeben sei. Diese Beunruhigung kann Ursache einer Exklusionsneigung werden, insofern der Exklusionsakt dem Exkludenten als eine Bestätigung der eigenen Zugehörigkeit und Charismaträgerschaft gelten mag.

3.4.3 Pneuma und Gemeinde

'Pneuma' ist bei Weber die kollektive Form des Charismas. Das Konzept erlange besondere Bedeutung durch Paulus; die Verbindung von Pneuma und Gemeinde sei sogar diejenige Idee gewesen, die die Zeitgenossen an der paulinischen Glaubenskonzeption am stärksten rezipierten (WuG 310).

Der Begriff 'Pneuma' wird von Weber uneinheitlich verwendet. Weber redet in einigen Fällen von 'Brüderlichkeit' oder 'Kameradschaftlichkeit' und benutzt zur Kennzeichnung der entsprechenden Affekte oder Emotionen oft das Wort „Pneuma" oder „pneumatisch" (WuG 22, WL 612).[221] 'Pneuma' ist

---

221 Weber spricht von Pneumatik auch im Zusammenhang mit den Täufern (RS I 155). Bei diesen habe sich das pneumatische Element gegenüber dem bibelobservanten Skriptura-

bei Weber mit dem Gemeinschaftsbegriff, insbesondere aber mit dem Begriff der religiösen Gemeinschaft, der Gemeinde, und ihrem inneren Zusammenhalt konnotiert. Die soziologische und religionssoziologische Relevanz des Konzeptes liegt also auf der Hand.[222] Dennoch bleibt das Konzept im Dunkeln, schwebt Webers Begriff von 'Pneuma' ähnlich wie der des 'Charismas' in der Grauzone, die zwischen Affektualität und Wertrationalität liegt.[223] Für die hier gewählte Fragestellung aber liegt es auf der Hand, daß das Konzept des Pneumas wegen seiner gemeinschaftstheoretischen Relevanz nicht übergangen werden kann.

Weber führt die „pneumatische Brüdergemeinde" als Beispiel für eine „Vergemeinschaftung" im Sinne der *Soziologischen Grundbegriffe* (WuG 22) an. Daher steht fest, daß es sich bei der pneumatischen Beziehung um eine nicht-rationale Beziehungsform handelt.

Wenn Weber von 'Erlösungswegen' spricht, betrachtet er das charismaerwirkende Handeln. Erweckung oder Erringung eigenen Charismas gilt ihm modellhaft zunächst als Zweck und Ziel eines rationalen religiösen Akteurs,

---

lismus sogar durchgesetzt, insofern es zum entscheidenden Merkmal der wahren Kirche wurde. Das Vorbild der christlichen Urgemeinde schien diese Auffassung bestätigen zu können. Die täuferische Idee der individuellen Offenbarung ist für Weber dementsprechend auch eine „Renaissance urchristlicher pneumatisch-religiöser Gedanken" (RS I 154). Nicht die heilige Schrift war das entscheidende Element der Offenbarung, sondern die Wortwirkung des Heiligen Geistes hier und jetzt, im Alltag der Gläubigen, als eine wiederkehrende Offenbarung. Dies begründete die Lehre vom „inneren Licht" jedes einzelnen Christen und in deren Gefolge die Idee des persönlichen „Gewissens" als einer letzten, maßgeblichen Instanz (RS I 156, 155). Weber bringt die religiöse „pneumatische Brüdergemeinde" oder ein religiöses „Pietätsverhältnis" als Beispiele für affektuelle und traditionale Vergemeinschaftungen (WuG 22). Andernorts spricht er von frühchristlichen Auferstehungsvisionen, die „einen gewaltigen Ausbruch pneumatischer Charismata und die Gemeindebildung ... zur Folge" hatten (WuG 380f). In WL 612 redet Weber von dem „prophetischen Pneuma", das die urchristlichen Gemeinden zusammenschweißte.

222 Schluchter (1988b: Religion und Lebensführung 2: 27) stellt „Pneumatik" als dritten Heilsweg neben Askese und Mystik. Doch weder er noch Weber führen den Gedanken aus. Über die Gründe kann man einstweilen nur spekulieren. Weber galten Askese und Mystik evtl. wichtiger, weil sie größeren Einfluß auf die individuelle Lebensführung zu haben schienen als die Pneumatik. Indes scheint mir Pneumatik für die Ausbildung von Institutionen, Ämtern und anderen Gemeinschaftsstrukturen so erheblich, daß eine theoretische Perspektive aufscheint, die den angeblichen individualistischen 'bias' Webers relativieren könnte. Außerdem war die strikt bibelobservante, asketische Lebensführung innerhalb des Protestantismus schließlich auch in einer individualistischen Perspektive nicht länger alternativlos, wenn innere Erleuchtungen einen anderen Lebenswandel legitimieren konnten.

223 Darin gleicht „Pneuma" jenem „Pflichtgefühl", durch das Weber den Schrecken verursacht sieht, den ein Beamter empfindet, wenn er unpünktlich ist (WuG 16). Weber behauptet, daß das Pflichtgefühl eine Verletzung des Dienstreglements „wertrational perhorresziert". Darin wird zweifach deutlich, wie für Weber unterschwellig Affekt und Wertgläubigkeit psychologisch verbunden sind: Nicht nur bezeichnet er Pflichtbewußtsein als ein „Gefühl", also als etwas Emotionales, sondern billigt diesem Gefühl auch noch zu, im Falle seiner Verletzung einen Schrecken („perhorresziert"!) auslösen zu können. Den Vorgang nennt Weber ‚wertrationalen', der Schrecken und die Wertrationalität fließen ineinander.

der von dem Interesse an der eigenen Erlösung angetrieben wird. Unter diesem Aspekt entfaltet Weber seine Konzepte von Askese und Mystik. Doch mit der Pneumatik steht es offenbar anders. Sie ist kein Weg zur Erweckung von Charisma, kein Erlösungsweg, sondern Erscheinungsform eines Handelns, das von bereits vorhandenem Charisma durchwirkt ist. Damit aber gehört Pneumatik zu den aktuell charismatisierten, religiösen Zuständlichkeiten und rückt in die Nähe der religiösen Ekstase und der Orgie.[224] Aber von der Ekstase der israelitischen Propheten, die ihre charismatische Gabe einsam und als einzelne von Jahwe erhielten, unterscheidet sich das Pneuma durch seinen Gemeinschaftsbezug. Die Urchristen verstanden die versammelte Gemeinde als Empfänger der charismatischen, pneumatischen Gnadengaben. Auf diesen Tatbestand führt Weber die „ganze kulturhistorisch so unendlich wichtige religiöse Schätzung der Gemeinde als solcher, als der Trägerin des Geistes, im Urchristentum"[225] zurück. Über die israelitischen Propheten schreibt er demgemäß:

„Die Propheten wissen sich nicht, wie die alten Christen, als Glieder einer pneumatischen Gemeinschaft, die sie trägt. Im Gegenteil. Unverstanden und gehaßt von der Masse der Hörer wissen sie sich, niemals von ihnen getragen und gehegt als von gleichgestimmten Genossen, wie die Apostel in der alten christlichen Gemeinde. Nicht ein einziges Mal sprechen daher die Propheten von ihren Hörern oder Adressaten als von ihren 'Brüdern', was die christlichen Apostel immer tun." (RS III 307).

Während der altjüdische Charismatiker einsam den Laien gegenübersteht, ist der christliche Charismaträger Teil einer Gemeinde, 'Genosse' und 'Bruder'. Daher gehört es zu den Anliegen der christlichen Apostel und Prediger, das pneumatische Charisma auf die Gemeinde herabzurufen, während der israelitische Prophet sein Charisma als persönliche Sonderbegabung, als „Privileg", wie Weber es ausdrückt, verstand.[226]

Die pneumatische Auffassung vom Charisma bedeutet also nach dem bisher Gesagten eine enorme Aufwertung der religiösen Rolle der „Gemeinde".[227] Dies hat natürlich Konsequenzen für die Machtverteilung zwischen Laiengemeinde und Hierokraten. Zwar stellt Weber betont nüchtern fest, daß die „Polizei der Priestermacht" „innerhalb der jüdischen Gemeinde der ekstatischen Prophetie ganz ebenso Herr wurde wie das bischöfliche und Presbyter-Amt der pneumatischen Prophetie in der altchristlichen Gemeinde."[228]

---

224 Zur Orgie vgl. WuG 246; RS III 306.
225 RS III 307. Vgl. unten Kap. 6 und 7.
226 RS III 309 heißt es: „Die Propheten scharten daher keine Gemeinde um sich, innerhalb derer Massenekstasen ... gepflegt wurden... Niemals ist es ihr Ziel, wie das der christlichen Propheten, den Geist über ihre Hörer kommen zu lassen.
227 Theologisch könnte man sogar von einer gewissen Analogie zwischen der Menschwerdung des Sohnes Gottes und der „'Kirchewerdung' des Hl. Geistes" sprechen. Knauer 1991: Geist, Hl./Pneumatologie: 167.
228 RS III 397. Weber stellt ekstatische Prophetie in jüdischen und pneumatische Prophetie in altchristlichen Gemeinden gegenüber, führt dies aber leider nicht weiter aus.

Aber die Revitalisierung der Pneumatik durch die täuferischen Sekten scheint in Webers Theorie dennoch den entscheidenden Baustein für eine relative Entmachtung der Hierokratie zu liefern. Die urchristliche Gemeinde war trotz ihrer pneumatischen Tendenzen der Priesterschaft langfristig unterlegen. Es ist dabei gleichgültig, ob die Prophetie als Ekstase wie im alten Israel oder als Pneuma wie im antiken Christentum, ob sie als Privileg von Virtuosen wie Jesaja oder Jeremias oder als kollektive Charismatisierung einer versammelten Gemeinde wie im Pfingstereingnis in Erscheinung tritt. Das Ergebnis war jeweils gleich, die Hierokratie blieb siegreich. Dies ändert sich erst im asketischen Protestantismus der Neuzeit.[229]

Die Spannung zwischen Hierokratie und Charismatokratie kann als Gegensatz von institutionellen Strukturen einerseits und persönlich-zwischenmenschlichen und außeralltäglich-charismatischen Strukturen andererseits gelten. Korinth galt als Idealtypus einer voramtlichen 'wahren Kirche'. Die amtsartige Institutionalisierung von Gemeindestrukturen wurde als das „Mißverständnis der Kirche" betrachtet.[230] Von dem Wechselspiel zwischen Thora-Legalismus und Pneumatik wird noch zu reden sein.[231]

3.5 Zusammenfassung

Die Rekonstruktion des Weberschen Religionsbegriffs aus gemeinschaftstheoretischer Perspektive konnte anhand der Analyse der sogenannten 'Systematischen Religionssoziologie' aus *Wirtschaft und Gesellschaft* folgendes zutage fördern:
1. Weber konzipiert 'Religion' zunächst zwar als 'soziales Handeln' (= „Gemeinschaftshandeln") (WuG 245), weist aber später (WuG 11) eigens darauf hin, daß auch nicht-soziales Handeln religiös sein kann. Ähnliches

---

229 Siehe unten das Kapitel zur „Gemeinschaftsbildung des asketischen Protestantismus".
230 Brunner 1951: Das Mißverständnis der Kirche, Sohm 1892: Kirchenrecht. Sohms Abhandlung wurde wichtig für Webers Auffassung (Schluchter 1988b: Religion und Lebensführung 2: 245). 1 Kor. 12-14 müht sich Paulus, die vielen Gaben des Geistes (i.e. Zungenreden, prophetisches Reden, Lehren von Weisheit, Heil- und Wunderkräfte etc.) gelten zu lassen und in geordnete Bahnen zu lenken. Öffentliche Glossolalie trüge der Gemeinde den Vorwurf der Unzurechnungsfähigkeit ein (1 Kor 14, 23-25). Daher sei sie nur unter Glaubensgenossen zuzulassen, nach außen sollten jedoch die prophetischen und sittlichen Qualitäten zur Geltung kommen. So versucht Paulus, die pathischen Zuständlichkeiten zu einer Angelegenheit zwischen dem Individuum und Gott zu verengen, die rationalisierbaren und kommunikablen charismatischen Fähigkeiten jedoch davon abzuheben und für Gemeindeaufbau und Mission einzusetzen.
231 Vgl. RS III 7, sowie die Prüfung der Weberschen These von der kirchenbildenden und alltagsprägenden Wirkung des AT für den charismatisch-pneumatischen Christuskult unten in den Kapiteln 6 und 7.

gilt für die – tiefer liegende – Abgrenzung zwischen sinnhaft verständlichem und unverständlichem Handeln: religiöses Handeln muß nicht sinnhaft verständlich sein, um religiöses Handeln zu sein, schon gar nicht muß es *jedem* sinnhaft verständlich erscheinen.
2. Webers Konzepte von Symbol, Animismus und Symbolismus weisen erhebliche Inkonsistenzen und Unklarheiten auf. Auch sein Konzept einer 'Hinterwelt' und damit das Theorem eines Weltbilddualismus überhaupt sind davon betroffen.
3. Neben der klaren Bestimmung einer gemeinschaftsstabilisierenden Funktion der Religion (WuG 252) erwägt Weber auch den Gedanken einer Instrumentalisierung der Politik durch die Religionsgemeinschaft (WuG 265). Dies entspricht seinem religionssoziologisch-methodischen Postulat (z. B. RS I 240f.), beide Richtungen möglicher Beziehungen zwischen Religion und weltlichen Interessenssphären zu erfassen.
4. Man kann die für Webers Religionssoziologie zentralen Konzepte von 'Mystik' und 'Askese' als typischer religiöser Heilswege an den Charismabegriff und eine auf ihn gestützte Zweck-Mittel-Analyse heranführen, was Weber versäumt hat. In der Vorstellung, 'Gefäß Gottes' zu sein, wird dann Charisma als Zweck verstanden, während in dem Gefühl, 'Werkzeug Gottes' zu sein, Charisma als Mittel aufzufassen ist.
5. Gegenüber der weitverbreiteten Ansicht, Charisma sei bei Weber ein herrschaftssoziologischer Begriff, wurde deutlich, daß dies eine unzulässige Verengung wäre. Das Konzept gehört ursprünglich in die Religionssoziologie und bezeichnet außeralltägliche Kräfte. Diese können zu Herrschaftsaufbau und -sicherung eingesetzt werden. Sie können aber auch zu einer 'horizontalen', i.e. herrschaftsfreien Vergemeinschaftung genutzt werden. Eben hier zeigt sich die Notwendigkeit der Explikation des Pneuma-Konzeptes.
6. Von 'Pneumatik' läßt sich in Anlehnung an Schluchter zwar durchaus als dritttem Heilsweg neben Askese und Mystik reden, jedoch darf nicht übersehen werden, daß das Pneuma im Unterschied zu den beiden anderen, individualistisch gedachten Heilswegen eine Gemeinschaftsangelegenheit wird.
7. 'Gemeindereligiosität' ist Webers Begriff für jene Art vergemeinschafteten religiösen Handelns, das sich am schärfsten von herrschaftsinduzierter Gemeinschaftsbildung abhebt. Ihr Kennzeichen ist Laienaktivität und Laieneinfluß.

Schließlich ist kritisch anzumerken, daß die sogenannte *Systematische Religionssoziologie* Webers eine nicht unbeträchtliche Zahl begrifflich-logischer Unstimmigkeiten und oft auch Redundanzen enthält. Die Definitionsprobleme im Begriff 'Religion' sind auch durch die Konzepte 'Charisma' und 'Außeralltäglichkeit' von Weber letztlich nicht gelöst.

Teil II Theoretische Erklärungen: Der Modellfall des Protestantismus

Im Folgenden wird Webers Protestantismus-Studie und die anschließende Theoriedebatte unter dem Aspekt der religiösen Gemeinschaftsbildung analysiert. Webers Studie und deren Rezeption als Modernisierungs- und Säkularisierungstheorie haben die soziologische Theoriebildung dermaßen beeinflusst, daß es geraten schien, ihnen in der vorliegenden Studie einen eigenen Teil zu widmen. Dieser liegt systematisch gesehen zwischen soziologischer Begriffsbildung und empirisch-materialer Soziologie. Denn der Protestantismus hat innerhalb der Weberschen Soziologie gleich in dreifacher Hinsicht Modellcharakter: Erstens bildet er das empirische Phänomen innerhalb der Religionssoziologie, mit dem Weber sich zuerst und intensiv befasst hat. Eine große Zahl seiner Begriffe und Theoreme hat er am Beispiel des Protestantismus entwickelt. Zweitens entdeckte die Weber-Rezeption in der Protestantismusthese einen gemeinsamen Bezugspunkt, der der Weber-Forschung eine bestimmte Ausrichtung gab. Dadurch wurde in diesem Bereich eine breitere Debatte geführt und ein höheres Niveau erreicht als in anderen Zweigen der Weber-Forschung. Dies und das Übermaß an Sekundärliteratur verlangen, den Protestantismus anders – nämlich stärker theoriegestützt – zu untersuchen als die anderen Religionen, die Weber seinem Kulturvergleich unterzieht. Drittens haftet die breit geführte Diskussion um Webers Säkularisierungstheorie am Phänomen des asketischen Protestantismus und gestattet der vorliegenden Studie, die Rolle der Religion bei der Gemeinschaftsbildung unter Säkularisierungsaspekten auf dem Theorieniveau zu untersuchen, das dort bereits erreicht wurde.
Für die vorliegende Studie ist außerdem die interkulturelle Dimension des Säkularisierungskonzeptes relevant, da mit ihm die Behauptung der Universalität bestimmter westlicher Kulturelemente verknüpft ist. Denn Institutionen, die sich von einer vermeintlichen Partikularität ihrer religiösen Herkunft ablösen und universalisieren lassen, also in diesem Sinne tatsächlich säkularisierbar sind, empfehlen sich natürlich in besonderer Weise für kulturübergreifende soziologische Theoriebildung, weil sie dann „von universeller Bedeutung und Gültigkeit" (RS I 1) wären.[232]

---

232 Gerade auch im Zusammenhang mit der Frage, inwiefern den Gesellschaften des islamischen Kulturkreises die Trennung von Religion und Politik nach westlichem Muster abverlangt werden kann und sollte, wären derartige Überlegungen relevant. Dazu unten mehr.

„The deepest community is found not in institutions or corporations or churches, but in the secrets of a solitary heart."[233]

Kapitel 4   Die Gemeinschaftsbildung des Protestantismus

4.1 'Innerweltliche Askese' – Sachlichkeit als Form sozialer Beziehungen

Die Schlüsselrolle der Protestantismusstudien in Webers Gesamtwerk ist kaum umstritten.[234] Das für Webers Argumentation entscheidende Merkmal des protestantischen Ethos ist die sogenannte 'innerweltliche Askese'. Sie stellt die eigentliche tragende Kraft für den 'Geist des Kapitalismus' dar. Ohne sie wäre es nicht nur in Westeuropa nicht zur frühneuzeitlichen Form des Kapitalismus gekommen, sondern ohne sie käme es nirgendwo zu moderner kapitalistischer Entwicklung. Sie ist gleichzeitig der Begriff für eine Verhaltensform, die sich sowohl aus religiösen wie aus profanen Motiven speisen kann und deswegen ein Kontinuum innerhalb eines wie auch immer verstandenen Säkularisierungsprozesses darstellen würde.

In seinem interkulturellem Vergleich der Weltreligionen macht sich Weber daher auf die Suche nach 'innerweltlicher Askese' außerhalb des Einflußbereichs des asketischen Protestantismus'. Von Interesse ist hier daher zunächst, was genau unter 'innerweltlicher Askese' zu verstehen ist und welchen Einfluß sie auf die Gemeinschaftsbildung ausübt.

Daß es eine Ethik der Askese sein würde, die den Anteil der Religion am Aufbau des kapitalistischen Ethos ausmacht, war nach den von Weber gemachten Voraussetzungen nicht mehr überraschend. Denn das hervorstechende soziologische Merkmal des neuzeitlichen Kapitalismus ist das ständige Vorhandensein von Kapital zu Zwecken der Reinvestition. Wie anders denn durch Konsumverzicht, oder zumindest Konsumaufschub, also Askese, hätte

---

233 Dowden: Puritan and Anglican: 234. Zit. n. RS I 93.
234 So, fast übereinstimmend, Schluchter und Tenbruck. Vgl. Schluchter 1988b: Religion und Lebensführung 2: 562; Tenbruck 1975: Das Werk Max Webers. Bogner mißt der RS I eine „Schlüsselrolle" bei, Bogner 1989: Zivilisation und Rationalisierung: 132ff.

derartiges Kapital jemals beschafft werden können in Zeiten des ökonomischen Traditionalismus'?

Askese zeichnet den Protestantismus unter den Religionen der Welt nicht besonders aus, da sie vielmehr eines der wichtigsten Heilsmittel in fast allen Religionen, ganz besonders aber im Jinismus, im Hinduismus und Buddhismus ist. Das gesuchte Spezifikum des okzidentalen religiösen Ethos liegt also nicht in dem Begriff 'Askese', sondern in seiner Verbindung mit dem Begriff 'innerweltlich'.

Das in dem Begriff 'innerweltlich' enthaltenene Verständnis von 'Welt' ist kein philosophisches oder ontologisches. Weber selber setzt den Begriff 'Welt' daher oft in Anführungszeichen (WuG 303, 308). Was Weber genau unter 'Welt' versteht, wenn er die für seine Religionssoziologie so zentrale Typik von 'innerweltlicher' und 'außerweltlicher' Askese verwendet, erhellt aus einer Bemerkung im §10 der 'Religionssoziologie' aus WuG. Denn dort heißt es lapidar, die „'Welt' im Sinne des religiösen Sprachgebrauchs" seien die „sozialen Beziehungen"(!) (WuG 328). Das protestantische Ethos der innerweltlichen Askese kann demnach aufgefaßt werden als das Ethos einer Askese *in den sozialen Beziehungen*, so daß man 'innerweltliche Askese' auch beschreiben könnte als 'innergesellschaftliche' oder 'innergemeinschaftliche Askese' (vgl. WuG 329). Man gelangt also zu einem dezidert *soziologischen* Begriff von 'Welt'.

Askese als Enthaltung von den Genüssen des menschlichen Trieblebens[235] dient der Beseitigung widerstandsloser Hingabe an die Naturtriebe. Denn diese Art von Hingabe gefährdet bestimmten Lehren zufolge das religiöse Heil des Menschen. Webers Begriff von 'innerweltlicher Askese' meint nach dem oben Gesagten also jenes Ethos, das von den Menschen verlangt, sich genüßlicher Hingabe in sozialen Beziehungen zu enthalten. Diese Haltung läuft darauf hinaus, soziale Beziehungen zwar knüpfen zu dürfen, sie aber nicht zu genießen, sich nicht an sie oder in ihnen zu verlieren. Erst recht muß der homo religiosus sich davor hüten, über seine Beteiligungen an sozialen Beziehungen das nach religiöser Auffassung Wichtigste aus den Augen zu verlieren: das religiöse Heil. 'Innerweltliche Askese' ist zwar eine Enthaltung, aber keine Enthaltung *von* den sozialen Beziehungen, sondern eine Enthaltung von der Unbefangenheit und Affektualität *in* den sozialen Beziehungen.

Max Weber konstruiert den Verhaltenstypus der 'innerweltlichen Askese' also derart, daß in ihm das religiöse Element des Asketismus mit dem profanen der gesellschaftlichen oder gemeinschaftlichen Beziehungen vereint ist. Dies tut Weber nicht zuletzt deswegen, um das augenscheinliche Paradoxon zu überbrücken, daß im Falle des Calvinismus und verwandter Denominationen gesteigerte Religiosität zu gesteigerter 'Welt'-Zugewandtheit und einem rationalen, diesseitsorientierten Aktivismus führte. Innerweltliche Askese ist

---

235 Vgl. Schneider 1987: Askese.

eine paradoxe Lebenseinstellung und eine paradoxe Auffassung des Verhälnisses zwischen Religion und weltlich-sozialem Handeln. Denn sie bedeutet Enthaltung von der ‚Welt' inmitten der ‚Welt'. Die Askese besteht hier nicht in einem Rückzug von sozialen Beziehungen, sondern beinhaltet massives Einwirken auf die Welt. Rein logisch und psychologisch gesehen muß die Entstehung und Verbreitung einer solchen Einstellung als unwahrscheinlich gelten. Denn es wäre für den religiösen Menschen naheliegender und leichter, die Arena der Versuchung ganz zu meiden, anstatt sich in sie hinein zu begeben und zu versuchen, in ihren Verstrickungen sündenfrei und enthaltsam zu bleiben. Wieso sollte man aus der religiösen Warnung vor sozialen Beziehungen nicht die praktische Konsequenz der Eremitage ziehen, sondern diese Beziehungen verstärkt suchen?

Diese Unwahrscheinlichkeit innerweltlicher Askese erklärt meines Erachtens ihre empirische Seltenheit vor dem historischen Auftritt des Protestantismus. Ihre praktische Wirkmächtigkeit andererseits erklärt, warum sie dennoch „in einer Entwicklungsrichtung von ...universeller Bedeutung und Gültigkeit" (RS I 1) liegen konnte. Diese Spannung sorgt dafür, daß der asketische Protestantismus sich unter den Religionen geradezu abnorm ausnimmt, sich aber als profanes Weltverhältnis nachgerade rigoros durchsetzt. Dieses Kuriosum verlangt nach einer Erklärung, die den asketischen Protestantismus sowohl als Religion wie als Ethik einer Analyse unterwirft. Daher kommt man nicht umhin, zur Erklärung dieser Spannung zuerst einen religionssoziologischen Blick auf die dogmatischen Grundlagen des asketischen Protestantismus zu werfen.

Weber sagt, man müsse die „konsequentesten" (RS I 87) Glaubensformen auswählen, um die spezifischen historischen Wirkungen eines religiösen Phänomens abschätzen zu können. Heißt das im Zusammenhang seiner Fragestellung, daß er diejenige empirische Erscheinung in den Blick nimmt, welche die Merkmale des theoretischen Konstrukts der innerweltlichen Askese am konsequentesten verkörpert? Offenbar nicht, denn wenn er zum Beweis seiner These, daß eine religiöse Dogmatik grundsätzlich in der Lage ist, innerweltliche Askese hervorzurufen, diejenige dogmatische Richtung auswählt, die dies am konsequentesten tut, dann hätte Weber vorausgesetzt, was er doch erklären wollte. Was also heißt hier 'konsequent'?

Weber bleibt an dieser Stelle des Protestantismusaufsatzes eine präzise Angabe schuldig, in welcher Hinsicht die 'religiösen Gedanken' 'konsequent' sein sollen. Man kann allerdings mit einer großen Wahrscheinlichkeit vermuten, daß er ihre logische und rationale Stringenz meint. Dies würde mit zwei Argumenten aus anderen, späteren Zusammenhängen übereinstimmen: Es entspräche einerseits der methodologischen Vorgabe der größeren Evidenz des Rationalen für die *Verstehende Soziologie* (WuG 2f.), andererseits dem aus der *Zwischenbetrachtung* bekannten, nicht methodologischen, sondern substantiellen Argument von der empirischen Macht des Rationalen über den

Menschen.[236] Man darf hierbei allerdings nicht übersehen, daß es 'Konsequenz' auch noch in einem ganz anderen Sinne als dem logischen und rational-intellektuellen geben kann, nämlich im ethischen Sinne. Dann würde man jene 'religiösen Gedanken' 'konsequent' nennen, die so konzipiert und formuliert sind, daß sie helfen, die Kluft zwischen ethischer Norm und faktischem Handeln zu minimieren. 'Konsequenz' bezeichnet dann den Grad der Ernsthaftigkeit, mit dem eine religiöse Ethik postuliert und ihre tatsächliche Umsetzung intendiert wird in notwendiger Verbindung mit dem Grad des (anthropologischen und sozialen bzw. soziologischen) Realismus, den sie enthält. Sie muß einerseits den Menschen fordern, darf ihn andererseits aber nicht permanent überfordern in dem Sinne, daß sie mit vollem Ernst Menschenunmögliches verlangen würde.

Webers methodologische Grundannahme in diesem Zusammenhang ist, daß die logisch-theoretische Konsequenz eines Gedankens oder Gedankenzusammenhangs spezifischere empirische Auswirkungen zeige als inkonsistente Gedankensysteme. Weber geht also davon aus, daß sich die typische oder innerlich adäquate empirisch-soziale Wirkung einer Religion erst bei denjenigen Religionsanhängern zeigt, die sich unter einer Mehrzahl möglicher verwandter Dogmatiken die logisch stringenteste zu ihrem Glaubensinhalt wählen.

Die religiösen Gruppen, die überhaupt so etwas wie innerweltliche Askese in nennenswertem Umfang ausprägten, faßt Weber, und mit ihm Troeltsch, unter der Bezeichnung 'asketischer Protestantismus' zusammen.[237] Dazu zählen Calvinismus, Pietismus, Methodismus und die täuferischen Sekten (Bapisten, Quäker, Mennoniten). Pietismus und Methodismus behandelt Weber als Derivate des Calvinismus, die diesem gegenüber als sekundäre Erscheinungen zu gelten haben. Das Täufertum hat in Webers Erklärungsmodell jedoch eine eigenständige, wichtige Bedeutung. Somit bleiben zwei Glaubensrichtungen übrig, unter denen man die 'konsequenteste' im Sinne der logischen Konsistenz der Dogmatik auswählen muß: Calvinismus und Täufertum. Weber entscheidet sich für den Calvinismus. Warum?

Der Calvinismus genießt in Webers Gedankengang zunächst nur aus methodischen, nicht aus empirischen Gründen einen systematischen Vorrang. Weber behauptet nicht, daß der Calvinismus in besonderer Intensität oder Extensität den Kapitalismus mitbegünstigt hätte. Diese Auslegung wäre mißverständlich, auch wenn sie naheliegt. Weber beansprucht, die Erklärung eines begünstigenden Einflusses des frühneuzeitlichen Christentums auf den bürgerlichen Kapitalismus für jenen gesamten Komplex von Bekenntnissen geliefert zu haben, den er und Troeltsch als 'asketischen Protestantismus' bezeichnen. Die Basisargumente dieser Erklärung müssen also für alle von We-

---

236 RS I 537, vgl. auch RS I 111f. Fn. 4. Diese Argumente sind vor allem für jene Auslegungsstrategie wichtig, die Tenbruck 1975: Das Werk Max Webers praktiziert.
237 Vgl. RS I 84ff. und Troeltsch 1912: Soziallehren.

ber explizit angeführten asketisch-protestantischen Religionsgemeinschaften gelten, für den Pietismus und Methodismus ebenso wie für Täufertum und Calvinismus. Dies relativiert zugleich die Bedeutung der Prädestinationslehre. Innerweltliche Askese kann sich auch ohne sie entwickeln und hat dann eben andere dogmatische Grundlagen. Weber bevorzugt den Calvinismus nur deswegen, weil er dasjenige Bekenntnis darstellt, von dem aus man durch rational-logische Deduktionen das Ethos der innerweltlichen Askese am schlüssigsten ableiten kann. Daher glaubt Weber – dies ist eine methodologische Prämisse von kaum zu überschätzendem Gewicht –, daß hier die innerlich adäquate, psychologisch-praktische und ethische Wirkung am leichtesten *zu ermitteln* sei.[238] Daß die calvinistische Dogmatik hingegen maximalen Druck auf die *Ausbildung* der Ethik der innerweltlichen Askese ausübt, also in dieser Hinsicht vor den anderen Denominationen ausgezeichnet sei, scheint Weber im Protestantismusaufsatz nicht zu behaupten. Er gibt stattdessen den täuferischen Sekten eine mindestens ebenbürtige kausale Bedeutung. Bei den Täufern geht offenbar die gleiche Ethik aus logisch weniger konsequenten Glaubenslehren hervor, aber eben nur aus *logisch* weniger konsequenten, nicht aus *ethisch* weniger konsequenten. Ihr Beispiel ist nur deswegen weniger instruktiv, weil der logisch-rationale Standpunkt hier nicht so leicht verständlich machen kann, *warum* sich jene Ethik entwickelte. Die Deutung ist hier, so wird Weber es später in den *Soziologischen Grundbegriffen* ausdrücken, weniger „evident".[239] Vom Standpunkt des sinnhaften Verstehens aus sticht der Calvinismus für den Soziologen durch seine schärferen Konturen hervor.

---

238 Weber hatte vorausgesetzt, daß die gleiche Ethik aus verschiedener Dogmatik hervorgehen kann. (RS I 85). Den Calvinismus als den „konsequentesten" Fall auszuwählen bedeutet, daß Weber die Beziehung zwischen Ethik und Dogmatik in bestimmter Hinsicht für enger hält, als es diese Voraussetzung vermuten läßt. Man muß Webers dynamische Sichtweise einnehmen, um ihn hier richtig zu verstehen und historisch Einmaliges nicht für theoretisch Zwingendes zu halten. Weber beginnt mit dem historischen moralisch-ethischen Wandels des 16. und 17. Jahrhunderts. Notwendige Bedingung dieses Wandels war die damalige Verknüpfung von Glaube und Ethos bei den „innerlichsten Menschen jener Zeit" (RS I S: 86). Um diese Verknüpfung zu verstehen, sei die Kenntnis des „ursprünglichen Gedankengehaltes" (ebd.) unerläßlich. „Ursprünglich" – das verweist auf den Anfang des Wandels, auf den Initiator des Neuen. Die Innovation (= die Devianz, die sich durchsetzt) ist das eigentlich zu erklärende, weil unwahrscheinliche Phänomen. Sie sei unter den damaligen Umständen nur durch eine Zusammenballung theoretischer und praktischer Kräfte möglich gewesen. „Abstrakte Dogmen" und „praktische religiöse Interessen" müssen zumindest im Anfangsstadium synergetisch zusammenwirken, um dem Neuen Geltung zu verschaffen. Für eine erklärende soziologische Theorie könnte man formulieren: Nicht Differenzierung von Religion und Wirtschaftsethik, sondern deren Kontraktion stößt den Wandel an.
239 WuG 2. Weber war sich bewußt, daß die Evidenz einer Deutung noch keinen Rückschluß darauf erlaubt, ob sie auch die „kausal gültige Deutung" ist (WuG 4). Evidenz erleichtert die Hypothesenbildung, erübrigt aber nicht die Hypothesenüberprüfung.

Dieser Zusammenhang muß hervorgehoben werden, weil er sich auf das Problem der Gemeinschaftsbildung übertragen läßt. Auch hier darf man erwarten, daß der Calvinismus das klarste Profil einer religiös induzierten kommunitären Innovation zeigt – jedenfalls solange man den methodischen Postulaten der „Verstehenden Soziologie' gehorchen will. Diese Innovation nennt Weber „voluntaristische Gemeinschaftsbildung"[240]. Sie ist für die hier gewählte Fragestellung und für die Entwicklung erklärender Theorie von zentraler Bedeutung.

4.2 Die voluntaristische Gemeinschaftsbildung des asketischen Protestantismus

Das von Weber eingehend betrachtete Glaubenselement innerhalb der *calvinistischen* Dogmatik ist die Prädestinationslehre. Ihr schreibt er eine große historische Wirkung zu, unabhängig davon, ob man sie für die calvinistische Religion als charakteristisch auffaßt oder nicht. Denn sie war der eigentliche Stein des Anstoßes für die religiösen und säkularen Gegner des Calvinismus. Die religiöse Bedingung der Möglichkeit von innerweltlicher Askese war sie nicht, wie das Beispiel der Täufer zeigt, bei denen die Prädestinationslehre von geringer Bedeutung war. Es bleibt zu prüfen, ob sie notwendige Bedingung der 'Entzauberung' war. Doch auch hier sind angesichts der radikalen Entzauberung, die Weber den Täufern zuschreibt, Zweifel angebracht. Auch eine dynamische Interpretation dieses Tatbestandes – also etwa, daß die Täufer zwar nicht explizit die Pädestinationslehre vertraten, aber die Calvinisten doch in dem Ethos, das aus dieser Lehre resultierte, beerbten – entspricht nicht den Ausführungen Webers. Er stellt vielmehr fest: „Calvinismus und Täufertum standen am Anfang ihrer Entwicklung sich schroff getrennt gegenüber" (RS I 86). Auch wenn Weber hervorhebt, daß die Prädestinationslehre ihren Anhängern „als fester Halt gedient", „bei großen Neuerweckungen das Schlachtgeschrei abgegeben" hat und die „ecclesia militans" mit überzeugten Helden versorgte (RS I 90), kann sie angesichts der täuferischen Beispiele keine notwendige Bedingung der Entwicklung der innerweltlichen Askese sein. Was aber ist dann das entscheidende, Calvinismus und Täufertum gemeinsame Element für die Entwicklung innerweltlicher Askese?

Die Calvinisten wie auch die Täufer verwarfen Webers Angaben zufolge nichts energischer und radikaler als die sogenannte 'Kreaturvergötterung'. Sie beseitigten deswegen rückhaltlos jeden Anschein der Realpräsenz Gottes sei es in naturalen Gegenständen oder in irgendwelchen menschlichen Institutio-

---

240 RS I 162; vgl. auch den Ausdruck „voluntaristischer Verband" RS I 215.

nen. Die entscheidende Innovation des asketischen Protestantismus war die darauf beruhende konsequente Entwertung kirchlich-sakramentaler Heilsmittel.[241] Die traditionellen rituellen Handlungen der Katholiken standen ihm im Verdacht, Gottes Willen zwingen oder manipulieren zu wollen. Damit waren sie für Calvinisten wie Täufer untragbar und gleichbedeutend mit Magie oder Aberglaube: eine Beleidigung der unbestechlichen und souveränen Majestät Gottes. Das aber war für sie ein religiöser Frevel. Denn Gott allein gebührte alle Ehrfurcht und Devotion. Allein ihm waren sie bereit, sich zu beugen, nicht aber anderen Menschen, nicht seiner Kirche oder Gemeinde. Wirklichen Respekt zollte der asketische Protestant nur dem Allmächtigen, vor dessen Macht jede menschliche Kreatur erschaudern muß. Psychologisch resultieren aus diesem Glauben Weber zufolge zwei Verhaltensdispositionen: einerseits ein bigotter Haß auf alles, was der 'Kreaturvergötterung' verdächtig war, andererseits eine nüchterne Distanz gegenüber den Dingen dieser Welt, die Mitmenschen eingeschlossen.

So beschreibt Weber den calvinistischen Gläubigen als in weltlichen Dingen, besonders auch in sozialen Belangen, betont nüchtern, um nicht zu sagen respektlos. Mit der calvinistischen Dogmatik, die alle Heiligkeit sozusagen bei Gott monopolisierte, war eben auch eine radikale Entwertung der Welt, der natürlichen wie der sozialen, verbunden. Der Mitmensch sinkt herab zu einer 'Kreatur', deren Vergötterung nach calvinistischem Verständnis eine der schwersten Sünden wäre. Folglich hatte der calvinistische Gläubige in den wichtigen religiösen Belangen Weber zufolge keine Gefährten, keine Begleiter, keine Helfer. Er war ganz auf sich allein gestellt in der Frage seines religiösen Heils und was er dafür tun müßte. Diese psychologisch-religiöse Zwangssituation nennt Weber „ein Gefühl einer unerhörten inneren *Vereinsamung des einzelnen Individuums*" (RS I 93).

Noch deutlicher wird die wichtige psychologische Wirkung des Verbots der Kreaturvergötterung bei der täuferischen Sekte der Quäker. Sie sind dafür bekannt geworden, daß sie es ablehnten, vor anderen Menschen den Hut abzunehmen, sich vor ihnen zu verbeugen oder sie in der Höflichkeitsform eines Plurals anzureden (RS I 154). Während der Calvinismus zunächst wegen seiner Prädestinationslehre als staatsgefährdend von den politischen Instanzen bekämpft wurde (RS I 89), kann man am Beispiel der Quäker sehen, daß die typische Autoritätsfeindlichkeit des asketisch-protestantischen Milieus in Wahrheit eine andere Ursache hatte: das Verehrungs- und Herrschaftsmonopol Gottes. Die säkulare Erbin dieser Einstellung kann man Weber zufolge in den angelsächsischen Demokratien und in der „Respektlosigkeit" (RS I 155)

---

241 RS I 84-134, bes. 93f. Diese antimagische Ausrichtung der calvinistischen Glaubenslehre ist für Weber insgesamt von größerer Bedeutung als die Prädestinationslehre. Dies zeigt sich an Webers Beurteilung des Täufertums, das auch ohne Prädestinationslehre allein aufgrund radikal vollzogener Entzauberung eine Ethik der innerweltlichen Askese hervorbrachte (RS I 155f.).

der Amerikaner bewundern. Weber entdeckt dementsprechend eine mächtige Kulturwirkung der protestantischen Religion auf dem politischen Sektor:

„Der politische 'Individualismus' der westeuropäischen 'Menschenrechte' ... wurde, soweit er 'ideell' bedingt war, zum einen Teil ... geschaffen durch religiöse Überzeugungen, welche menschliche Autoritäten als widergöttliche Kreaturvergötterung bedingungslos verwarfen." (GPS 39)

Die seelische Situation, in die der asketische Protestantismus seine Anhänger bringt, hat zwei wichtige Auswirkungen: die Ablehnung des Sinnlich-Gefühlsmäßigen und den pessimistischen Individualismus. Das Sinnlich-Emotionale gilt als für das Heil unnütze Sentimentalität, meist sogar – in Bezug auf andere Menschen – als gefährliche Kreaturvergötterung. Den „illusionslosen und pessimistisch gefärbten Individualismus" (RS I 95) erkennt Weber bis in seine Zeit im „'Volkscharakter' und in den Institutionen der Völker mit puritanischer Vergangenheit".[242] Weber verweist hier auf die zentrale kulturelle Bedeutung von Jer.17,5: „Verflucht ist der Mann, der sich auf Menschen verläßt" und beschreibt die „Menschenfeindlichkeit" und das einsiedlerhafte Lebensgefühl der Puritaner und Pietisten, denen das allmorgendliche Verlassen des Heimes angeblich wie der Eintritt „in einen Wald voller Gefahren" vorkam (RS I 97). Die Frage ist nun, wie eine solche Religion stabile und solidarische Gemeinschaften hervorbringen kann.

Weber zeigt anhand der seelsorgerischen Literatur des englischen Puritanismus, daß die Gläubigen einander oft davor warnen, sich auf die Hilfe und Freundschaft anderer Menschen zu verlassen. Verbreitet der Calvinismus damit aber nicht universales zwischenmenschliches Mißtrauen – also gerade jene Einstellung, die kontraktualistische Sozialformen unterminieren würde? Wie soll es nach Weber möglich sein, daß gerade diese gemeinschaftsfeindliche Religiosität soziale Beziehungen hervorbringt, die anderen organisatorisch überlegen sind?

Eine Kernthese der Protestantismusstudie Webers besagt, daß die sinnhafte Wahlverwandtschaft zwischen calvinistisch geprägter Lebensführung und kapitalistischem Ethos darin zu sehen sei, daß sich beide durch eine rationale Kultur sachlichen Vertrauens auszeichnen. Eine solche Kultur ist eine unabhängige Voraussetzung für die modernen, kontraktfundierten Sozialbeziehungen. Das sachliche Vertrauen liefert erst die Rahmenbedingungen dafür, daß man sich an Vereinbarungen auch in relevantem Maße gebunden fühlt und überhaupt binden kann. Es stellt der Aushandlungs- und Vertragsgesellschaft die non-kontraktuellen Hintergrundelemente zur Verfügung, ein basales Vertrauen, das die Akteure der Notwendigkeit enthebt, eine lückenlose

---

242 Man kann an dieser Ausdrucksweise Webers einmal mehr erkennen, daß die puritanische Religiosität, die er im Blick hat, eindeutig der Vergangenheit angehört und somit als Säkularisierungsopfer gelten kann. Andererseits lebt sie in säkularer Form fort, und zwar in Gestalt von „Institutionen".

Kontrolle zu installieren. Das universale Mißtrauen, das calvinistische Seelsorger den Gläubigen einschärfen, widerspricht nun in auffallender Weise diesem Erfordernis sachlichen Vertrauens. Wieso stellt ausgerechnet eine vereinsamende, individualisierende, isolierende und gemeinschaftsfeindliche Lehre den psychologischen Treibstoff für eine integrierte und stabile Markt- und Kontraktvergesellschaftung bereit? Wieso wirkt dieser religiöse Individualismus nicht sozial destabilisierend und desintegrierend? Ich untersuche diese Frage zunächst im Hinblick auf den Calvinismus.

Webers Antwort auf diese Frage arbeitet mit einem logischen Paradoxon. Für den Anhänger des Prädestinationsglaubens stand fest, daß weder persönliches noch kollektives Bemühen etwas an seinem Heil würde verändern können, da es ja bereits von Gott vorherbestimmt war. Einen heilsrelevanten Sinn konnte die Errichtung und Pflege religiöser Gemeinschaften also keinesfalls haben. Wozu also Gemeinschaft, wozu Kirche, wozu Brüderlichkeit? Wozu überhaupt sein Dasein auf Erden in einer bestimmten und nicht in einer anderen Weise fristen? Die Prädestinationslehre blockierte jeden Antwortversuch, der zur Legitimation weltlicher Institutionen oder zur Begründung ethischer oder moralischer Postulate auf das Seelenheil Bezug nahm. Keinem Calvinisten konnte man je wieder die Einhaltung sittlicher Gebote oder kirchliches Engagement mit dem Argument ansinnen, daß er nur dadurch Eingang in den Himmel finden konnte. Es mußte also ein anderes Argument gefunden werden, das für die Existenzberechtigung der Welt und des Menschen wie für die Einrichtung religiöser Institutionen Legitimationspotential besaß. Dies war die Idee des „in maiorem gloriam dei"[243]. Da das Heil bereits prädestiniert war, konnte alles irdische Geschehen nur diesen sekundären, für das Menschenheil im Grunde genommen irrelevanten Sinn haben[244]. Die diesseitige menschliche Geschichte und die sozialen Institutionen konnten nur noch als Verherrlichung Gottes einen Sinn haben, nicht mehr aber als Mittel, ins Paradies zu gelangen. Die menschliche Kreatur war in den Augen der Calvinisten also wohl oder übel dazu bestimmt, sich für die Zeit ihres Aufenthaltes auf Erden an dem Welttheater, das Gott zur Mehrung seines Ruhmes aufführt, zu beteiligen.

---

243 Es wäre sicherlich aufschlußreich zu untersuchen, wieso in der Formel „in maiorem gloriam dei" der Komparativ „maiorem" verwendet wurde. Darin könnte sich ein Fortschritts- und Perfektionierungsstreben ausdrücken, das wiederum als typisch für den calvinistischen Aktivismus angesehen werden könnte. Denn das Gebot, zu Gottes Ruhm zu wirken, könnte noch progressiv wie konservativ ausgelegt werden, die Betätigung zum größeren Ruhm Gottes aber impliziert einen Veränderungswillen gegenüber dem status quo. Denn dabei ist mitgedacht, daß die Welt imperfekt ist und nach Verbesserung ruft. Die Schöpfung selber gereicht natürlich auch aus Sicht des Calvinisten bereits per se Gott zum Ruhme. Aber dieser läßt sich offenbar durch menschliches Verhalten weiter steigern. Hier zeigt sich der Gedanke der „Weltbeherrschung". Vgl. Schluchter 1980: Rationalismus der Weltbeherrschung.
244 Denn selbstverständlich verschaffte auch die Herbeiführung von natürlichen oder sozialen Zuständen, die Gottes Ruhm mehrten, dem Calvinisten keine größeren Heilschancen.

Was aber genau konnte der Calvinist sich denn nun zum Gegenstand seines Willens machen, wenn schon nicht das direkte Streben nach dem Seelenheil? Hier erst, sozusagen an dritter Stelle nach dem Prädestinations- und dem 'in-majorem-gloriam-dei'- Gedanken, kommt die Offenbarung ins Spiel. Allerdings zählt nur ein einzelner, charakteristischer Aspekt der Offenbarung in der Bibel. Denn zum Zwecke seiner Selbstverherrlichung hatte Gott es Calvins Lehre zufolge für gut befunden, den Menschen einige wenige Spuren der Wahrheit in Form von Gesetzen und Geboten mitzuteilen, deren Innehaltung das Mittel zur Mehrung seines Ruhmes darstellte. Wenn der Calvinist also nun daran ging, soziale Beziehungen einzugehen, dann geschah dies zum *Zwecke* des größeren Ruhmes Gottes und mit dem *Mittel* der sozialen Maximierung des Gehorsams gegenüber den von Gott geoffenbarten Gesetzen. Das persönliche Wohl einzelner Menschen muß gegenüber diesem Ordnungsstreben zurücktreten, die Perspektive ist vielmehr umgedreht: Die Menschen sind für Gott da, und nicht: Gott ist für die Menschen da (RS I 92). Deswegen war die Erhöhung des Menschen, die „Kreaturvergötterung", die Sünde, die die Calvinisten am meisten verabscheuten und fürchteten. Aus diesem Grunde verlangten sie von sich, Gott ein exklusives, konkurrenzloses Vertrauen zu schenken, das keine menschlichen oder anderen irdischen Nebenbuhler duldete.

Es ist nun eine ausgesprochene dogmengeschichtliche Kuriosität, daß der Calvinismus bei diesen dogmatischen Voraussetzungen und angesichts der historischen Entwicklungen von der katholischen Kirche den Grundsatz „extra ecclesiam nulla salus" übernahm. Der Calvinist steht vor seinem Gott in innerlicher und sozialer Isolierung, und dennoch wird ihm eingeschärft, daß es heilsnotwendig sei, zur „wahren Kirche" zu gehören. Über diese seltsame Verbindung schreibt Weber:

„Gerade *diese* Kombination ist für die Beurteilung der psychologischen Unterlagen der calvinistischen *Organisationen* so wichtig. Sie ruhen *alle* auf innerlich 'individualistischen', 'zweck'- oder 'wertrationalen' Motiven. Nie geht das Individuum *gefühls*mäßig in sie ein. 'Gottes Ruhm' und das *eigene Heil* bleiben stets *über* der 'Bewußtseinsschwelle'. Das prägt der Eigenart der sozialen Organisation bei Völkern mit puritanischer Vergangenheit noch heute bestimmte charakteristische Züge auf." (RS I 97 Fn.2).

Diese unscheinbare, in einer Fußnote auftauchende Bemerkung Webers gestattet es nun, die Verbindung zu den oben vorgenommenen begrifflich-theoretischen Erwägungen herzustellen. Die begrifflich-theoretische Differenz von Vergemeinschaftung und Vergesellschaftung bekommt hier nämlich einen empirischen Bezugspunkt. Es ist unübersehbar, daß Webers Beschreibung der calvinistischen Gemeinschaftsbildung exakt die Merkmale der Vergesellschaftung enthält.[245] Er erwähnt ihre zweck- beziehungsweise wertratio-

---

245 Die Fußnote ist eine Einfügung aus dem Jahre 1920, als Weber anläßlich der Herausgabe der GARS die Protestantismusaufsätze überarbeitete. Sie ist meines Wissens gleichzeitig

nalen Motivgrundlagen und grenzt sie von affektuellen Beziehungen ab. Die sozialen Beziehungen der Calvinisten weisen einen wesentlich geringeren Anteil an den Merkmalen der Vergemeinschaftung auf als beispielsweise die katholischen oder jansenistischen Milieus, vor allem aber als die russisch- und griechisch-orthodoxen Kulturen.[246] Der Calvinist sucht die Beziehung zu seiner Religionsgemeinschaft aus rationalen Motiven wie dem der Mehrung von Gottes Ruhm oder der Versicherung der Symptome des eigenen Heils – beides Beweggründe, die über der Schwelle des Bewußtseins liegen. Dies entspricht ziemlich genau Webers Unterscheidung von Vergemeinschaftung und Vergesellschaftung, letztere als bewußte, rationale, interessengesteuerte Vereinbarungsloyalität, erstere aber als unbestimmt gefühlte Traditions- oder Affektsolidarisierung. Außerdem gestattet die Feststellung, daß calvinistische soziale Beziehungen stets oberhalb der Bewußtseinsschwelle liegen, einen Verweis auf das Rationalisierungstheorem. Wem Motive und Gründe seines Handelns bewußt werden, der ist nach Webers methodologischen Voraussetzungen bereits auf dem Wege, aus affektuellem oder traditionalem Handeln wert- oder zweckrationales zu machen.[247] Die Ausbreitung 'calvinistischer' – das heißt also nun: rationaler – Sozialformen entspricht der Zunahme der Vergesellschaftung gegenüber der Vergemeinschaftung und verkörpert somit einen Meilenstein in der empirisch-historischen Geschichte der Rationalisierung.

Gleichzeitig muß man den werkgeschichtlichen Aspekt miteinbeziehen. Denn Webers Verweis auf die 'zweck- oder wertrationalen' Motive ist ein Einschub, den er anläßlich der Revision der religionssoziologischen Aufsätze im Jahre 1920 hinzufügte, nachdem er bisher nur behauptet hatte, das besondere der calvinistischen 'sozialen Organisation' sei ihr Aufruhen auf 'innerlich 'individualistischen' Motiven'. Man kann meines Erachtens an dieser Textveränderung zweierlei ablesen: Erstens ist Weber selber erst im Laufe der Jahre *nach* dem Erscheinen der Protestantismusstudie klar geworden, daß er hier mit dem Calvinismus in der Tat das empirisch-historische Korrelat des Übergangs von überwiegend gemeinschaftlichen zu überwiegend gesellschaftlichen Sozialstrukturen vor sich hat und zweitens wird an dieser For-

---

die einzige Textstelle der GARS, in der Weber explizit einen theoretisch-systematisch relevanten Gebrauch von den in WuG 1-30 erarbeiteten, neuen Soziologischen Grundbegriffen macht.

246 Siehe oben im Kapitel „Webers Gemeinschaftsbegriff im Vergleich zu Tönnies'".
247 WuG 12. Allerdings kann man aus WuG 10 entnehmen, daß 'Bewußtmachung' des Handlungssinnes nicht unbedingt mit Rationalisierung gleichzusetzen ist. Denn dort heißt es, daß einzelne Akteure sich zuweilen auch den irrationalen Sinn ihres Handelns ins Bewußtsein heben können. Damit steht man vor dem schwierigen Problem der Abgrenzung von „Sinnhaftigkeit" und „Rationalität". Fest steht allerdings meines Erachtens, daß der Akteur sich dieses irrationalen Handlungssinnes nicht während des Handlungsvollzuges bewußt machen kann ohne in rationales Handeln überzuleiten. Die Bewußtmachung irrationalen Handlungssinnes ist nur ex post möglich, in allen anderen Fällen transformiert sie irrationalen in rationalen Handlungssinn.

mulierung offenbar, daß er Wertrationalität und Zweckrationalität gleichermaßen zu jenem 'innerlich individualistischen' Motivkomplex rechnen würde, die das gesellschaftliche Zeitalter kennzeichnen. Die kategorische Wertbindung gehört für Weber nicht in die Kategorie der Gemeinschaft, in ihre Gewohnheiten und ihren Gefühlshaushalt, sondern zum Rationalismus der 'innerlich individualistischen' 'Vergesellschaftung'.

Die von Weber angesprochene Eigenart der puritanisch geprägten Völker läßt sich am besten am amerikanischen Antiautoritarismus ablesen. Da die kirchliche Fürsorge für das Seelenheil des einzelnen durch den Glauben an die Prädestinationslehre ihren Sinn und Wert verlor, entglitt den Hierokraten auch ein wichtiges Herrschafts- und Legitimationsmittel. Die zwischenmenschliche Reserviertheit und die heilstechnische 'self-centeredness' der Täufer und Calvinisten entzieht dann aber auch den politischen Herrschaftssystemen die psychologischen Quellen fragloser, vor-rationaler Autoritätsgläubigkeit. Es ist daher nicht ganz unwichtig, daß Weber am Beispiel der angstbetonten Jenseitsorientierung der Calvinisten den Gegensatz dieser Einstellung zu patriotischen oder kriegerischen Ethiken wie bei Macchiavelli oder Richard Wagners Siegmund hervorhebt[248]: Calvinistische Religiosität erzieht den Einzelnen dazu, seine Mitmenschen religiös unwichtig zu finden, weil sie Bestandteile des stets suspekten und sündigen Diesseits' sind.[249] Aufopferung für das Gemeinwesen, Verherrlichung der Republik oder des Vaterlandes oder gar eine kalte Verachtung des Todes und des nach ihm zu erwartenden Jenseits – all dies muß dem orthodoxen Calvinisten Weber zufolge fremd sein.[250] Wenn der Calvinist in die Schlacht zieht und sich als solidarischer und zuverlässiger Kamerad erweist, dann nicht deswegen, weil er Gefühle patriotischer Brüderlichkeit hegt, sondern weil er für Gottes Sache zu kämpfen glaubt, der gegenüber er bedingungslosen Gehorsam zeigt.

Hiermit komme ich zu einer zweiten, erstaunlichen Behauptung Webers: die These von der „unbezweifelbaren Überlegenheit des Calvinismus in der sozialen Organisation" (RS I 98). Nachdem Weber in großer Ausführlichkeit dargelegt hat, daß der calvinistische Glaube die Einzelindividuen isoliert und 'entvergemeinschaftet', behauptet er nun in scheinbar paradoxer Spannung

---

248 RS I 98. Der Bezug auf Wagner ist ebenfalls eine Einfügung aus dem Jahre 1920.
249 Man muß natürlich in Rechnung stellen, daß in jede Religion mit Transzendenzbezug und Erlösungsgedanken das Diesseits radikal entwerten kann. Insofern ist es nichts typisch calvinistisches, die Mitmenschlichkeit gegenüber dem transzendenzorientierten Heilsinteresse herabzustufen. Aber in Verbindung mit der Magiefeindlichkeit und dem absoluten Individualismus der Prädestination ergibt sich doch ein den Calvinismus charakterisierender, einzigartiger Rationalisierungsdrang bezüglich des sozialen Lebens.
250 Dies ist besonders deswegen erwähnenswert, weil den angelsächsischen Völkern im Zusammenhang mit einem religiös gespeisten Bewußtsein, Gottes auserwähltes Volk zu sein, oft ein besonderer Nationalismus zugeschrieben wird. Die hier vorgeführte Gedankenreihe Webers widerspricht dieser Annahme. Es ist eben ein gewaltiger Unterschied, ob der einzelne sich zum Heil prädestiniert sieht, oder ob ein ganzes Volk sich als von Gott unter allen anderen Völker auserwählt betrachtet.

dazu, daß innerlich entbundene und isolierte Calvinisten Gemeinschaften mit unerhörter sozialorganisatorischer Durchsetzungskraft begründen? Worauf beruht jene Überlegenheit des Calvinismus in der Organisation? Weber selber bezeichnet dies als „Rätsel" (RS I 98), versucht jedoch nichtsdestotrotz eine Erklärung. Doch bevor ich zur *Erklärung* des vermeintlichen Faktums dieser Überlegenheit komme, sei zunächst gefragt, ob es sich tatsächlich um ein Faktum handelt und ob es 'unbezweifelbar' ist. Wer eine 'Überlegenheit' behauptet, hat einen Vergleich durchgeführt und die verglichenen Kandidaten in eine Rangskala eingestuft. Wer sind diese Kandidaten, und nach welchem Maßstab werden sie beurteilt? Dem Zusammenhang der Weberschen Argumente kann man wohl entnehmen, daß zunächst Calvinismus und Luthertum verglichen werden, da Weber im folgenden ausführlich die „sittliche Ohnmacht des Luthertums" (RS I 125) zu erklären versucht. Bezeichnenderweise geht Weber auch hier wie selbstverständlich davon aus, daß dieses Urteil empirisch zutreffend ist und beschränkt sich auf den Versuch seiner theoretischen Erklärung. Seine Wortwahl suggeriert, daß 'Ohnmacht' zum Luthertum gehöre wie 'Überlegenheit' zum Calvinismus. Doch diese Entgegensetzung enthält eine weitere Ungereimtheit; die besagte 'Überlegenheit' betreffe die *'soziale Organisation'* des Calvinismus, während die lutherische 'Ohnmacht' eine *'sittliche'* sei. Damit ist man anscheinend zurückverwiesen auf die bis heute in der Religionssoziologie übliche Unterscheidung von 'religiöser Ethik' und 'religiöser Organisation'. Mir scheint jedoch die gesamte Anlage der Weberschen Argumentation ebendiese unfruchtbare Unterscheidung auf einer höheren Ebene ‚aufheben' zu wollen.

Das Dogma 'extra ecclesiam nulla salus' tritt auf, wenn sich die Religionsgemeinschaft die Verfassung einer 'Anstalt' gegeben hat, also wenn sie, wie Weber es definiert, ihre Mitglieder nicht durch freiwillige Vereinbarung rekrutiert, sondern sie bei Vorliegen bestimmter äußerer Merkmale einfach als zugehörig behandelt.[251] So haben der 'Staat' als politische Gemeinschaft und die 'Kirche' als religiöse Gemeinschaft soziologisch beide gleichermaßen als 'Anstalten' zu gelten. Ohne den Begriff 'Sekte' an dieser Stelle zu benutzen, will Weber die sozialorganisatorische Überlegenheit des Calvinismus mit dessen sekten-ähnlicher Organisation erklären. Der Wirkungszusammenhang zwischen dem Dogma 'extra ecclesiam nulla salus' und der Sekten-Gemeinschaft führt an die theoretischen Grundlagen des Problems heran, das sich die vorliegende Untersuchung gestellt hat. Es soll daher im folgenden in einem eigenständigen Kapitel eingehender analysiert werden. Da gezeigt werden konnte, daß die calvinistische Religionsgemeinschaft sich signifikant dem Typus der Vergesellschaftung nähert, liegt nun auch die Hypothese für diese Analyse auf der Hand: Die von Weber behauptete sozialorganisatori-

---

251 RS I 98, Fn. 1; WL 466.

sche Überlegenheit der calvinistischen Gemeinschaftsbildung beruht auf ihrem vergesellschaftungsähnlichen (in der Terminologie von 1920) Charakter.

4.3 Heilige Gemeinschaft oder Gemeinschaft der Heiligen?

4.3.1 Kirche und Sekte

Max Weber erklärt den Zusammenhang zwischen Protestantismus und Kapitalismus nach eigenem Bekunden, indem er die 'psychologischen Antriebe' herausarbeitet, die ein religiöser Glaube für die Lebensführung seiner Anhänger bereitstellt (RS I 86). Dieses Vorgehen könnte man als die psychologische Seite seines Erklärungsversuches bezeichnen. Daneben findet sich jedoch auch eine ausgesprochen soziologische Argumentationslinie, die mit dem Begriffspaar 'Kirche' und 'Sekte' operiert und sich den Mechanismen der Gemeinschaftsbildung widmet. Diese beiden Linien laufen bei Weber oft nur lose verbunden nebeneinander her. Es kommt darauf an, sie explizit und systematisch zu verknüpfen.

Da die 'Kirche', soziologisch aufgefaßt, eine Heilsanstalt ist, gehört es zu ihrer Eigenart, daß sie den Einzelnen zum Objekt einer elterlichen Fürsorge macht. Sowohl der Katholizismus wie auch das spätere Luthertum sind Kirchenbildungen, die sakramentale Heilsmittel für die Masse der Gläubigen bereithalten und auf diese Weise das existentielle Problem der certitudo salutis für den Einzelnen abmildern. Die heilsanstaltliche Kirchenorganisation entzieht dem Streben nach Heilsgewißheit viel von seiner psychologischen Sprengkraft, indem sie es immer wieder auf sich selbst, die Kirche, lenkte und durch die Gabe ihrer Sakramente entschärfte. Das minderte die Heilsbedeutung des 'sonstigen' Lebensweges, verringert die ethisch-psychologische Anforderung an das Alltagsleben. Deswegen hat die anstaltsartige religiöse Gemeinschaft wie zum Beispiel die katholische Kirche in Webers Augen nicht die „psychologische Kraft, gemeinschaftsbildende Initiative zu wecken" (RS I 98 Fn. 1). Auf diese Weise erklärt Weber die sozialorganisatorische Unterlegenheit kirchlich gestalteter Religionsgemeinschaften. Was aber ist die Erklärung für die Überlegenheit des asketischen Protestantismus in der Weckung gemeinschaftsbildender Initiative? Weber hat bisher lediglich festgestellt, daß
a) der asketische Protestant durch die Art seines Glaubens psychisch stärker unter Druck steht, da sein Heilsstreben vor der totalisierten Alternative 'erwählt oder verworfen' steht, aber er selber nichts für ihren Entscheid tun kann und

b) der Protestant folglich nur nach Anzeichen seines Heilszustandes an sich selbst suchen kann und dabei auf die individuelle Ethik und die Lebensführung als Ganze verwiesen.

Man kann Weber darin folgen, daß diese Faktoren das Gewicht vergrößern, das die Religion auf die Ethik legt, aber es bleibt die Frage offen, wieso daraus 'gemeinschaftsbildende Initiative' erwachsen soll. In aller Kürze lautet also die Frage: Wieso sollte die Ethisierung einer Religion dieser eine besondere Kraft zur Gemeinschaftsbildung verleihen?

Um sich die psychologische Situation zu verdeutlichen, von der Weber hier so nachdrücklich spricht, muß man sich in die Position eines um seines religiösen Heils zutiefst besorgten Calvinisten versetzen. Die Art seines Glaubens suggeriert ihm: 'Ich muß mein Leben so führen, daß es Gottes Ruhm vermehrt? An der Bibel, und zwar am Leben der Erzväter, erkenne ich direkt, an der zweckvollen Ordnung der Schöpfung indirekt, welche Lebensführung dazu geeignet ist. (Vgl. RS I 109f.) Aber was auch immer ich tue, ich darf mich nicht persönlich und emotional an andere Menschen binden, das wäre Kreaturvergötterung. Dennoch muß ich das Gebot der Nächstenliebe erfüllen. Wie soll ich mich den Menschen gegenüber verhalten?' Auf diese Frage konnte der calvinistische Glaube nach Webers Meinung antworten, daß man nur 'unpersönliche', 'rational bedingte' Beziehungen zu Menschen eingehen sollte:

„Den Calvinisten begeistert der Gedanke: daß Gott in der Weltgestaltung, auch der sozialen Ordnung, das *sachlich Zweckvolle* als Mittel der Verherrlichung seines Ruhmes wollen müsse. Nicht die Kreatur um ihrer selbst willen, aber die *Ordnung* des Kreatürlichen unter seinen Willen. Der durch die Gnadenwahllehre entbundene Tatendrang der Heiligen strömt daher ganz in das Streben nach Rationalisierung der Welt ein." (RS I 99 Fn. 1 von S. 98)

Gläubige Calvinisten empfanden es als Schwäche oder Sünde, sich unter menschliche Autorität zu beugen. Daher verlangten sie umso mehr nach Zwecken, die sie als 'sachliche' ansehen konnten und die daher fernab des Verdachts der Kreaturvergötterung lagen. Das einzig gültige Kriterium für diese Sachlichkeit war der 'in maiorem gloriam dei-Gedanke': „Gute Werke, die zu *irgend*einem andern Zweck als der Ehre *Gottes* willen, getan werden, sind *sündhaft*", zitiert Weber aus der Hanserd Knollys Confession (RS I 100 Fn.2)[252]. Aber woran erkennen die Calvinisten nun, welche Werke zu diesem Zwecke geeignet sind und welche nicht? Wie können sie wissen, welche sozialen Leistungen Gott zum Ruhm gereichen?

Zum einen knüpft der Calvinismus Webers Meinung nach an den Gedanken Luthers an, daß die arbeitsteilige Berufsarbeit ein Werk der Nächstenliebe sei. Der Calvinismus mache diesen Gedanken zum primären Prinzip der Lebensführung. In calvinistischer Sicht ist durch die lex naturae eine be-

---

252 Diese Bemerkung ist ebenfalls von Weber erst 1920 eingefügt worden.

stimmte Aufteilung und Ordnung beruflicher Tätigkeiten gegeben. In der Hingabe an diese Tätigkeiten kann der Calvinist nun das Gebot der Nächstenliebe erfüllen, ohne sich in die perhorreszierten persönlichen Beziehungen zu anderen Menschen zu verstricken. Daher bekommt die Nächstenliebe im Calvinismus den überaus bezeichnenden Charakter „eines Dienstes an der rationalen Gestaltung des uns umgebenden gesellschaftlichen Kosmos" (RS I 101). Weber spricht wiederholt davon, daß dem Calvinisten die Vollstrekkung der göttlichen Gebote die heiligste Pflicht auf Erden war. Dabei wollte er nicht nur sich selbst und seine Glaubensgenossen zum Gehorsam unter diese Gesetze zwingen, sondern auch und vor allem die, die man für Verworfene hielt. Aber Weber hatte bisher noch nicht klargestellt, um welche Gebote es sich dabei handeln sollte. Da Weber hier seine Argumentation auf das Gebot der Nächstenliebe – einem zentralen christlichen Gebot – konzentriert, kann man davon ausgehen, daß dieses den Kern der ethischen Gebote bildet, die er im Auge hat, auch wenn er dies nicht explizit sagt.

Dem fügt sich Webers leicht nachvollziehbare Beobachtung passgenau ein, daß dem Calvinisten durch seine Hingabe an ein vorgängiges 'Reich der sachlichen Zwecke' die Theodizeefrage und die Frage nach dem Sinn des Lebens relativ unproblematisch wurden. Wenn Gott die obersten Zwecke menschlichen Handelns unmittelbar in die weltlichen Ordnungen eingebaut hatte, dann mußten sie nur noch entdeckt und erfüllt werden, standen aber selber weder zur Debatte noch mußten sie verantwortet werden. In ähnlicher Weise kann Weber daraus weiter folgern, daß die calvinistische Ethik einen „Zwiespalt zwischen dem 'Einzelnen' und der 'Ethik'"[253] nicht kenne. Damit ist gemeint, daß die calvinistische Anschauung davon ausging, daß das, was ethisch gut ist, auch für den einzelnen ethisch handelnden Menschen gut und angemessen sei. Kierkegaards Auffassung vom Christentum bestritt genau das. Für ihn war die bürgerliche Ethik das Allgemeine und Objektive, das die subjektivistisch-ästhetisch aufgefaßte Individualität und Autonomie bedrohte. Während Kierkegaard die Ethik als etwas empfand, das das Selbst mit sich entfremdete, weil sie es an die gesellschaftlichen Ordnungen auslieferte, leitete die calvinistische Auffassung den Einzelnen desto mehr mitten in diese Ordnungen hinein, je ethischer er handeln wollte.

Wer dem calvinistischen Auserwählungsglauben anhing, ging daher davon aus, daß die zur Seligkeit Auserwählten mitten unter allen anderen Menschen lebten und ebenso wie sie in den Ordnungen ihrer Gesellschaft ihren Aufgaben nachgingen. Äußerlich waren die Auserwählten – der orthodoxen calvinistischen Lehre nach – nicht vom verworfenen Rest der Menschheit zu unterscheiden, aber innerlich trennte sie von diesem eine unüberbrückbare Kluft. Denn wer sich selbst für auserwählt hielt – oder sich doch zumindest bemühte, die entsprechenden Erkennungszeichen an sich selbst zu entdecken

---

[253] RS I 101. Weber erwähnt eigens, daß er an dieser Stelle „Ethik" im Sinne Kierkegaards verstanden wissen will.

– trat dem verworfenen Rest der Menschheit mit einer anderen inneren Einstellung entgegen. Ein Katholik oder Lutheraner konnte angesichts sündigender Mitmenschen noch Gefühle der Barmherzigkeit oder Hilfsbereitschaft empfinden und versuchen, die Sünder auf die rechte Bahn zurückzuholen. Der Anhänger des Prädestinationsglaubens hingegen wußte, daß all dies vergebliche Mühe war, da Gottes Entscheidung längst feststand und für das Heil der Sünder niemand mehr etwas tun konnte. Distanz war demnach die einzig angemessene Haltung des Calvinisten gegenüber denen, die er für Verworfene hielt. Es liegt auf der Hand, daß dies nicht ohne Folgen für die soziale Gemeinschaftsbildung der Calvinisten bleiben konnte. Die erste wichtige Folge war, daß dem Calvinisten jegliche Unbefangenheit in der Wahl und Gestaltung der zwischenmenschlichen Kontakte verlorenging. Die Frage, ob man es mit einem Verworfenen zu tun hatte oder nicht, blockierte die sozialen Emotionen, hemmte die Entwicklung des 'Zusammengehörigkeitsgefühls', sei es affektueller oder traditionaler Art. Der Brief der Herzogin Renata von Este an Calvin zeigt, daß diese innere Blockade selbst zu einem Mißtrauen gegen die eigenen Eltern führen konnte.[254] Das Vergemeinschaftungsgefühl, das Weber auch als ein „natürliches" bezeichnet,[255] läuft beim Calvinisten gleichsam gegen eine innere Wand.[256]

In ihrem Verhältnis zu denen, die als verworfen gelten, waren die Calvinisten von zwei sich widersprechenden Prinzipien beeinflußt, die man als *Reinheitsgedanke* und als *Herrschaftsgedanke* bezeichnen könnte. Dem ursprünglichen calvinistischen Glauben lag der Gedanke er Errichtung einer

---

254 Weber erwähnt diesen Brief RS I 121 Fn.4 (von RS 120).
255 RS I 121. Pädagogische und entwicklungspsychologische Studien können zeigen, daß Webers Annahme einer naturgegebenen, ursprünglichen Prosozialität vieles für sich hat. Vgl. z. B. Herzog 1991: Die Banalität des Guten.
256 Die Haltung des Calvinismus gegenüber der Sünde und den Sündern verdient genauere Beachtung. Nach theoretisch konsequenter Auslegung der Gnadenwahllehre ist Sünde die notwendige und unvermeidbare Folge der Tatsache, daß die Verworfenen überhaupt handelten. Interaktion mit Sündern konnte vor diesem Hintergrund von den Calvinisten entweder als besonders harte Bewährungsprobe oder aber als zu vermeidende Verunreinigung interpretiert werden. Daraus resultieren zwei mögliche Einstellungen: mitleidlose Härte oder sorgsame Distanz. Sehr wichtig ist, daß der Calvinist die gleiche Haltung natürlich auch gegen sich selbst einnehmen müßte, wenn er Sünde an sich entdeckt. Diese Überlegung führt aber zu einem weiteren, entscheidenden Punkt: Reue und die ihr zugehörige Bußfertigkeit werden damit in den Augen der Calvinisten zu einem Zeichen mangelnder Distanz zur Sünde. Wer Reue zeigt, gibt Sünde zu, wer Reue von anderen erwartet, erwartet Sündengeständnisse. Reue und Bußbereitschaft aber waren genauso Zeichen der Verworfenheit wie Beharrlichkeit und Unbeirrbarkeit Zeichen der Seligkeit. Das Klima der Unbarmherzigkeit gegenüber der Sünde färbte ab auf die sozialen Beziehungen zum Sünder, der nun seinerseits bei Calvinisten vergeblich um Barmherzigkeit oder versöhnliches Verzeihen nachsuchen würde. So waren die 'kognitiven Weichen' in calvinistischen Milieus eingestellt auf gemeinsame Verdrängung der Tatsache, daß die Sünde unter ihnen weilen könnte. Belohnt wurde hingegen die im Gegensatz zur Reue nicht rück-, sondern vorwärtsgewandte Selbstsicherheit im Kampf um die Vermeidung künftiger Sünden.

Herrschaftsordnung über die Verworfenen nahe, konnte doch damit die Geltung der göttlichen Gebote ausgeweitet und somit Gottes Ruhm weiter vermehrt werden. Dies setzte allerdings eine religiöse Gemeinschaftsbildung in Form einer hierarchisch gegliederten Universalkirche voraus, in welcher auch Sünder und Verdammte Aufnahme finden könnten. Dagegen sträubten sich jene, die die Idee von der Reinheit der Mitgliedschaft in der Gemeinschaft der calvinistischen Heiligen vertraten. Denn wer die Sünde wirklich haßte, wollte auch den Umgang mit Sündern meiden und die Gemeinschaft von unreinen Elementen freihalten. Wenn dieser Gedanke die Oberhand behält, kann die Religionsgemeinschaft sich nur noch als 'Sekte' im Sinne Webers und Troeltschs konstituieren. Der Prüfstein dafür war regelmäßig die Abendmahlsgemeinschaft. Hier gab es den geringsten Interpretationsspielraum; die Gemeinschaft mußte irgendwie organisatorische Vorsorge dafür treffen, daß keine Unwürdigen Kommensalität mit den Würdigen pflegten.

Doch all dies ist sozusagen nur die negative Seite der calvinistischen Einstellung zur Gemeinschaftsbildung, sie erklärt die Unterbindung traditionaler und emotionaler Vergemeinschaftung. Ihr gegenüber steht als zweite Folge des Prädestinationsglaubens die hohe Wertung rationaler Gemeinschaftsbildung, also der 'Vergesellschaftungen'. Denn die sozialorganisatorische Überlegenheit einer bestimmten religiösen Kultur erklärt sich natürlich nicht einfach aus der Ablehnung der herkömmlichen pietäts- oder affektfundierten sozialen Beziehungen und der daraus resultierenden inneren Vereinsamung und Isolierung der jeweiligen Gläubigen. Vielmehr muß eine alternative Sozialform religiös positiv gefordert und gefördert werden, damit die entstandenen Bindungsverluste wettgemacht werden können. Ein Calvinismus, der aus nichts anderem als innerlich isolierten Individuen ohne soziale Bindungen bestanden hätte, wäre soziologisch zu einem raschen Untergang verurteilt gewesen.

Solche positiven Anreize entdeckt Weber, wie gesagt, in der besonderen calvinistischen Motivation und Initiative zur Gemeinschaftsbildung. Soziologisch bemerkenswert ist daran vor allem, daß Weber hier nicht nur von 'Gemeinden' als der religiösen Form der Gemeinschaft spricht, sondern vielmehr ausdrücklich auch weltliche Gemeinschaften miteinschließt: „Gerade auch *außerhalb* der göttlich vorgeschriebenen, kirchlichen Gemeindeschemata in der 'Welt' wirkte sich diese seine gemeinschaftsbildende Tendenz aus." (RS I 98 Fn.1). Die Erklärung der calvinistischen Gemeinschaftsbildung wäre folglich von allgemeinem soziologischen Interesse und beschränkte sich keineswegs auf die Religionssoziologie. Sie machte eine sozialmorphologische Innovation verständlich, die von den Bereichen außerhalb der Religion, also von Politik, Recht, Wirtschaft, Wissenschaft oder anderen säkularen Sphären dieser Art übernommen werden könnte.

Weber arbeitet zur Erklärung der Überlegenheit der calvinistischen Gemeinschaftsbildung zunächst mit einem Argument, das dem Energieerhaltungssatz aus der Physik ähnelt. Die Lehre von der fides efficax treibe den Puritaner zur Tätigkeit, zum aktiven Wirken innerhalb der gesellschaftlichen Ordnungen zum größeren Ruhme Gottes. Die Verteufelung persönlich-emotionaler Sozialbeziehungen und die Ablehnung der Kreaturvergötterung verhinderten aber, daß er seine Energie in persönliche Beziehungen zu anderen Menschen investierte. Folglich widmen Calvinisten oder Puritaner ihre Energie den sachlichen Aufgaben, denn dorthin kann ihr aufgestauter Betätigungs- und Bewährungsdrang fließen, ohne daß die Gefahr der 'Kreaturvergötterung' besteht. Denn sachlichen Zwecken kann man 'unpersönlich' dienen, ohne das Gebot von der Exklusivität des Gottvertrauens zu verletzen. Aufgrund dieser Annahmen sieht Weber den Calvinisten 'prädestiniert' zur sachlichen Arbeit am Gemeinwohl, am „öffentlichen Nutzen". Den „persönlichen Dienstleistungen" ist er jedoch eher abgeneigt (RS I 99). Hier koinzidiert also der strikte Individualismus der Prädestinationslehre mit einem Interesse am allgemeinen, öffentlichen Nutzen, mit entschlossener Gemeinwohlorientierung. Für den Calvinisten versöhnen sich so das eigene Heilsstreben und die Belange der Gemeinschaft in dem Konstrukt des 'sachlich Zweckvollen'.

An der 'ecclesia militans' läßt sich das Zusammenwirken von individuellem Charakter und sozialer Organisation gut verdeutlichen; sie ist für Weber schlichtweg die nach außen gekehrte und der Welt zugewandte Form des katholischen Mönchtums.

Die calvinistische ‚ecclesia militans' und das katholische Mönchtum praktizierten konstante ethische Reflektion und methodische Selbstkontrolle. Das Ziel dieser Bemühungen war, den planlosen und affektabhängigen Genuß des Trieblebens auszumerzen und sich unter rationale Kontrolle zu bringen. Gegen die als regellos und chaotisch geltenden Affekte brachten die Mönche ebenso wie die calvinistischen 'Electi' konstante und bewußte Motive in Stellung.[257] Daraus erwuchs eine Disziplin, die Affektkontrolle mit Loyalität und Lenkbarkeit mit Antiautoritarismus verbinden konnte. Hierin lag die Bestandsfestigkeit der katholischen Mönchsgemeinschaften genauso wie der der calvinistischen 'ecclesia militans' begründet; der Unterschied war lediglich, daß letztere sich der 'Welt' im Sinne der 'Gesellschaft' zuwandte und sich in ihr auswirkte, während erstere primär hinter den Klostermauern wirkte. Luthers Lehre vom allgemeinen Priestertum wurde in ihrer calvinistischen Variante sozusagen zur Lehre vom allgemeinen Mönchtum. Der Priester besaß die Kompetenz der Austeilung sakramentaler Heilsmittel, der Mönch diejenige zur Heiligung seines Lebenswandels. Wo Luther das Sakramentale an der

---

257 Die anthropologischen Prämissen dieses Argumentes sind durchaus nicht unbestritten. Emotionen, als ein Sonderfall von Affekten, können selbstverständlich ebenfalls eine gewisse Kontinuität und Konstanz aufweisen. Die Rolle, die Weber der Leidenschaft in „Politik als Beruf" zuerkennt, zeigt die Offenheit dieser Frage.

Religion egalisieren und generalisieren wollte, wollte der Calvinismus dasgleiche eher mit den ethischen Dimensionen der Religion tun.

Bevor die Eigenarten der Sektenorganisation analysiert werden, ist noch auf die soziale Bedeutung des Problems der sogenannten 'Werkgerechtigkeit' einzugehen. Die Prädestinationslehre brachte in ihren praktischen Konsequenzen genau das hervor, wogegen sie ursprünglich eingesetzt worden war, nämlich Werkgerechtigkeit. Doch war die calvinistische Werkgerechtigkeit kein bloßes Spiegelbild der katholischen. Denn dogmatisch hatte der Calvinismus der Idee der Werkgerechtigkeit äußerst wirkungsvoll vorgebaut. Jeder Gedanke daran, seine eigenen Heilschancen durch gute Werke verbessern zu können, war durch die Prädestinationslehre vollends unmöglich geworden. Doch was diese Lehre dogmatisch zur Vordertür hinausgeworfen hatte, kam ethisch durch die Hintertür wieder herein: „eine zum System gesteigerte Werkheiligkeit" (RS I 114).

Das für die Gemeinschaftsbildung entscheidende Kriterium im Hinblick auf die 'Werkgerechtigkeit' ist die Frage, wem ethische Schuld und ethisches Verdienst angerechnet werden. Eine streng individualistische Deutung kennt natürlich keinerlei Abgleich zwischen dem Verdienst des Einen und der Schuld des Anderen. Die katholische Lehre enthält dagegen bis heute das Konzept des sogenannten 'thesaurus ecclesiae': die guten Werke der Heiligen können im Himmel ‚aufgespeichert' und zur Entsühnung der Schuld anderer eingebracht werden.[258] Daraus ergibt sich eine ethisch-religiöse Verbundenheit und gegenseitige Verpflichtung der Kirchenmitglieder untereinander. Für die ‚Abrechnung' vor Gott können die guten Werke anderer mit in die Waagschale geworfen werden. So mag das Kirchenvolk als solidarische Gemeinschaft vor Gott bestehen können, selbst wenn einzelne zuviel Schuld auf sich geladen haben. Neben dieser sozialen Saldierung lassen sich frühere und spätere Taten ein- und desselben Akteurs miteinander verrechnen. Auch in

---

[258] Das gedankliche Negativpendant dazu, also ein aufgelaufener Bestand unabgegoltener Sündenschuld der Kirchenmitglieder, würde die Position der Kirche als einer Verwalterin der Überschüsse schmälern, weil sie dann auch als Eintreiber ausstehender Tribute auftreten müßte. Aus dem thesaurus wären dann Passiva geworden. Man kann sich den Zusammenhang am Modell einer Wohltätigkeitskasse verdeutlichen: Lediglich Überschüsse werden in den thesaurus eingezahlt, also jene verdienstvollen Werke, die nach einer gewissen ethischen Grundversorgung eines jeden, die für den Eintritt ins Himmelreich ausreicht, noch übrigbleiben. Aus dem 'surplus' werden die Minderbemittelten gnädig versorgt ohne daß die Überbemittelten Schaden nehmen. Es liegt auf der Hand, daß diese Vorstellung dazu führt, daß der Grenznutzen ethischen Verhaltens ab einer gewissen Schwelle rapide abnimmt. Jenseits dieser Schwelle bringt ethisches Verhalten für den Einzelnen keinen Zugewinn mehr, sondern kann nur noch altruistisch motiviert werden als Mitwirkung an der Vergrößerung des thesaurus. Dem steht allerdings der Gedanke gegenüber, daß sündiges Verhalten den thesaurus verkleinert, also gemeinschaftsschädigend ist. Folglich hat die Gemeinschaft ein Interesse an der Sündlosigkeit ihrer Mitglieder. Zu diesem Gedanken ist die konsequent individualistische Auffassung nicht fähig. Die Sündhaftigkeit anderer kümmert sie nicht. Sie kennt weder Solidarhaft noch Solidarnutzen.

dieser Hinsicht ist der Katholizismus 'saldierungsfreundlicher': der einzelne kann frühere Sünden durch gute Werke in der Gegenwart ausgleichen, sogar für die Zukunft vorsorgen, in der er sich dann schon einmal – je nach 'Kontostand' – den ein oder anderen Schnitzer erlauben kann. Weber behauptet daher, der Katholik lebe ethisch gesehen, „von der Hand in den Mund" (RS I 113).

Den Calvinismus stellt Weber hingegen so dar, als ob er mit beiden Saldierungsarten radikal Schluß gemacht habe. Daraus würde dann in der Tat ein sehr weitgehender ethischer Individualismus folgen. Indes verträgt sich dieses Bild ganz und gar nicht mit dem Begriff von 'Sekte', den Weber anhand des Pietismus und Täufertums gewinnt. Die Reinheitsvorstellung, die die protestantischen Sekten insbesondere bezüglich ihrer Abendmahlsgemeinschaft entwickelten, speist sich gerade aus dem Gedanken der Solidarhaft vor Gott (RS I 225). Die protestantische Gemeinde fühlte sich Gott gegenüber *als Kollektiv* in der Pflicht, die Abendmahlsgemeinschaft von Unwürdigen rein zu halten. Diese Verunreinigung konnte natürlich nicht als heilsgefährdend gelten, das hätte der Prädestinationslehre widersprochen. Dogmatisch gesehen handelte es sich hier höchstens um eine Schmälerung des Ruhmes Gottes, weil gegen eines seiner Gebote verstoßen wurde. Die religiöse 'Prämie', die auf die Exklusion des Sünders aus der Abendmahlsgemeinschaft gesetzt war, müßte demnach in der katholischen Kirche größer als in der calvinistischen gewesen sein. Für einen Katholiken lag auf dem Abendmahlssakrament ein viel größerer, heilsbezogener Akzent, die Transsubstantiationslehre machte schließlich aus profaner Kommensalität eine sakramentale Heilsgemeinschaft. Die Transsubstantiationslehre aber kannte der Protestantismus, am wenigsten der reformierte, nicht. Trotzdem bildet sich bei ihm entgegen dem, was – auch nach Webers Voraussetzungen – die Dogmatik hätte erwarten lassen müssen, ein religiöser Exklusivismus. Dies bedarf einer Erklärung. Mit ihr kommen wir nun zu den Feinheiten und Problemen in Webers Sektenbegriff. Das für die hier gewählten Zwecke brauchbarste empirische Beispiel für die Sektenorganisation bilden die täuferischen Religionsgemeinschaften.

4.3.2 Die Gemeinschaftsbildung der täuferischen Sekten

Die täuferischen Gemeinschaften verstanden sich als Zusammenschluß all jener Glaubensgenossen, die einen tadellosen Lebenswandel pflegten. Die Zugehörigkeit zu ihr erlangte man zwar, wie in der mittelalterlichen Kirche, über den rituellen Akt einer Taufe, doch wurde diese Taufhandlung nicht an unmündigen Kindern, sondern bezeichnenderweise an besonders auszuwählenden Erwachsenen vorgenommen. Die eigentliche Eintrittshürde war die Zulassung zu einer solchen Erwachsenentaufe, denn um sie zu erhalten, mußte man vor Mitgliedern einer bereits bestehenden Täufergemeinde seine religiöse Würdigkeit beweisen. Somit wurde es für den Einzelnen zum vorrangigen religiösen Interesse, diese Würdigkeit zu erlangen, zu demonstrieren und zu bewahren, während die Frage der Zuerkennung dieser Würdigkeit an Einzelne zu einer wichtigen Angelegenheit der täuferischen Gemeindeorganisation wurde.

Die Eigenart der täuferischen Gemeindebildung verdeutlicht der Vergleich mit der calvinistischen Kirchenbildung. Die Calvinisten unterscheiden zwischen einer sichtbaren und einer unsichtbaren Kirche. Da die Erwählten sich äußerlich nicht eindeutig von den Verworfenen unterscheiden ließen, galt die von ihnen gebildete wahre Kirche als unsichtbar. Der sichtbaren calvinistischen Kirche hingegen gehörten sowohl 'Gerechte' wie 'Ungerechte' an. Sie machte es sich zur Aufgabe, möglichst viele Menschen zum rechten Glauben und zur gottwohlgefälligen Lebensführung anzuhalten. Die Unterwerfung des privaten und öffentlichen Lebens unter die Gebote Gottes war als Ziel kirchlichen Handelns wichtiger als die Sammlung der 'electi' und ihre Abscheidung und Reinhaltung von der sündigen Umwelt. Der Herrschaftsgedanke überwog das Reinheitsprinzip, weil letzteres aus dogmatischen Gründen als faktisch undurchführbar galt. Nach der Prädestinationslehre aber galt die Gnade als ungewinnbar und unverlierbar, also konnte die calvinistische Kirche keine 'Gnadenanstalt' im Sinne der katholischen Kirche sein. Sie hatte überhaupt keine Gnade zu vergeben. Andererseits gab es keine wirklich sicheren Erkennungszeichen dafür, ob jemand, der sich zum Calvinismus bekannte, ein zum Heil Prädestinierter oder ein Verworfener war. Das einzige Kriterium, daß diese Frage entscheiden konnte, war nicht alltagstauglich und daher ungeeignet, als Grundlage der Gemeindeorganisation zu dienen: das 'finaliter' beharrende, gläubige Gottvertrauen. Wie sollte dieses Kriterium angewendet werden, um sicherzustellen, daß nur Würdige an der Abendmahlsgemeinschaft partizipieren? Die orthodoxe calvinistische Lehre erwies sich in diesem Punkt als überaus unpraktikabel. Die Seelsorger und Gemeindeorganisatoren mußten ratlos sein, wenn Inklusions- und Exklusionsangelegenheiten zu entscheiden waren. Denn hier ging es nicht mehr nur darum, sich selbst die Gewißheit des eigenen Gnadenstandes zu erarbeiten, sondern nun mußte an anderen, beitrittswilligen Menschen, gleichsam von außen, deren religiöse Würdigkeit objektiv festgestellt werden. Wie aber sollte man von außen erkennen, ob jemand einen 'finaliter' beharrenden Glauben besaß?

Dieses Problem verdeutlicht, daß der calvinistischen Orthodoxie trotz ihres Rationalismus ein wichtiger Baustein zur Entwicklung innerweltlicher Askese noch fehlte: die Gemeindemitgliedschaft war ursprünglich nicht eindeutig an einen ethisch asketischen Lebenswandel gebunden. In diesem Punkt stimmte die ursprüngliche calvinistische Lehre noch mit Luther überein: die guten Werke und der fromme Lebenswandel konnten weder vor Gott noch vor der Gemeinde zur eigenen Rechfertigung eingesetzt werden. Nur dies aber hätte den maximalen Anreiz zur innerweltlichen Askese abgegeben. Wo ethisches Wohlverhalten als 'Frucht des Glaubens' galt, mußte man sich um den rechten Glauben bemühen, nicht um den rechten Wandel. Dementsprechend mußte die Gemeinde Aufnahmekandidaten auf ihren rechten Glauben hin überprüfen – eine organisatorische Unmöglichkeit, die ebenso schnell zur Farce geraten muß wie die 'Gewissensprüfung', die die Kreiswehrersatzämter an den Wehrdienstverweigerern vornehmen mußten. In dieser Unmöglichkeit liegt der Impuls zur praktischen Abwandlung der Lehre Calvins. Für die Gemeindeorganisatoren und die Seelsorge mußten Handlungsmöglichkeiten und Handlungsregeln bereitgestellt werden. Man konnte schließlich nicht in dem dogmatisch begründeten Schweigen auf die Frage 'Was sollen wir tun?' verharren.[259]

Die besondere Bedeutung des genuinen Calvinismus findet sich also nicht auf ethischem Gebiet, sondern allein in seinem Gottesbild. Daß der transzendente und majestätische deus absconditus Calvins der Ausgangspunkt für die 'zum System gesteigerte Werkheiligkeit' der innerweltlichen Askese wurde, haben die Initiatoren der Reformation, haben weder Luther noch Calvin, gewollt oder vorhergesehen. Wir haben hier also in Reinform das Paradox der nicht-intendierten Folgen rationalen Handelns vor uns, das Weber durch den Hiatus zwischen dem logisch und dem psychologisch zu Erwartenden aufzulösen versucht (RS I 111 Fn.4).

Die calvinistische Religionsgemeinschaft ging einen Mittelweg zwischen der Anstaltsverfassung einer Kirche und der heilsaristokratischen Sektenverfassung. So radikal sie sich dogmatisch von der katholischen Kirche unterschied, so ähnlicher war sie ihr in der sozialen Organisation.

Dagegen stellt das Täufertum ein sehr typisches empirisches Beispiel für eine Sekte im Weberschen Sinne des Begriffes dar. Auch dies hatte zunächst dogmatische Gründe. Obwohl die Täufer die Prädestinationslehre ablehnten (RS I 158), kannte ihre Glaubenslehre eine ähnlich radikale Entgegensetzung von Göttlichem und Kreatürlichem wie der Calvinismus. Die Entmagisierungsfortschritte des asketischen Protestantismus sind ersichtlicherweise nicht von dem dogmatischen Detail der Prädestinationslehre abhängig. Entscheidend ist vielmehr die durch die protestantische Gnadenlehre bewirkte, generelle Verbreitung der Kluft zwischen Heiligem und Profanem. Die auf Erden noch sichtbaren Spuren des Heiligen entdeckte der Calvinist dort, wo man aus der Heiligen Schrift und aus der lex naturae der Schöpfung auf Gottes Willen schließen konnte. Gegen beide Methoden hegten die Täufer Vorbehalte. Sie lehnten nicht nur die calvinistische Anknüpfung an die lex natu-

---

259 RS I 104 Fn. 3. Weber verweist auf eine Wandlung im calvinistischen Kirchenbegriff, der zunächst die „Kirche" als den Ort der reinen Lehre und der Sakramente konzipierte, dann aber als drittes Merkmal mehr und mehr die „disciplina" in den Kirchenbegriff aufnahm. Also - so muß man Weber hier wohl verstehen - ist die soziale Organisation der ethischen Disziplinierung ein sekundäres Produkt des Calvinismus.

rae ab, sondern entwickelten darüber hinaus eine Methode, die Bibliokratie zu durchbrechen. Sie glaubten an eine weitere, andere Quelle der Offenbarung, die in ihrer sozialen Tragweite kaum überschätzt werden kann. Dies ist die Idee vom 'inneren Licht' als einer stets möglichen, wiederkehrenden und inneren individuellen Offenbarung. Diese Idee relativierte das Vertrauen in die „natürliche Vernunft" (RS I 156 Fn.2). Für den Täufer stand im Gegensatz zum Calvinisten fest, daß ihm nicht die Vernunft den Weg zur Rechtschaffenheit zeigen würde, sondern nur sein eigenes, individuelles Gewissen. Das bedeutete für die Frage nach dem kapitalistischen Ethos, daß das Täufertum den Calvinismus in einigen Punkten an Berufsaskese übertraf, in anderen hinter ihm zurückblieb. Ebenso differenziert müßte man die beiden Religionsgemeinschaften wohl auf der Skala der Rationalisierung einander zuordnen. Mißt man Rationalität am Maßstab der Entmagisierung, dann mag die calvinistische Lehre als 'rationaler' gelten als das Täufertum.[260] Ebenso steht es, wenn man Rationalität anhand des Kriteriums der Systematisierung und der inneren, logischen Widerspruchsfreiheit der Glaubensgehalte messen würde. Betrachtet man hingegen die Ethisierung, vor allem die praktische Seite der Ethisierung, als Maßstab für religiöse Rationalisierung, dann hat das Täufertum nach Weberschen Begriffen wohl als rationaler zu gelten.

Doch nicht nur der natürlichen Vernunft und ihrem Rationalismus war mit dem 'inneren Licht' ein religiöser Konkurrent erwachsen. Auch die Alleinherrschaft der Bibel innerhalb des Protestantismus war dadurch gebrochen. Die strikt bibelobservante Lebensführung war nicht länger alternativlos, wenn innere Erleuchtungen einen anderen Lebenswandel legitimieren konnten. Von der 'Pneumatik' als einem dritten Heilsweg neben Askese und Mystik war oben bereits die Rede und wird weiterhin noch zu sprechen sein.[261]

---

260 Weber mißt dem Täufertum offenbar diegleiche radikale Entzauberung zu wie er sie zuvor dem Calvinismus als dem „Abschluß des religionsgeschichtlichen Entzauberungsprozesses" (RS I 94f.) zuerkannt hatte. Die Täufer führten die Entzauberung Weber zufolge „in ihren letzten Konsequenzen" durch (RS I 156). Mir erscheint dieses Urteil jedoch zweifelhaft, zumal Weber nicht den Calvinismus als „Abschluß" der Entzauberung darstellen kann, um die Täufer diesen Prozeß dann doch noch weitertreiben zu lassen. Dieser innere Widerspruch kann auch nicht dadurch verständlich gemacht werden, daß Weber jenen Satz (RS I 94f.) erst 1920 in den Text einfügte, denn auch die Bewertung der Täufer (RS I 156) stammt aus der Überarbeitung von 1920. Angesichts Webers sonstiger Beurteilung der Pneumatik - als Kennzeichen der urchristlichen Gemeinde präsentiert Weber sie stets als 'Rückschritt' gegenüber der Magiefeindlichkeit des Judentums - scheint der Schluß gerechtfertigt, daß die Täufer weniger „entzaubert" sind als die Calvinisten. Möglicherweise wollte Weber darauf hinweisen, daß die Sakramente bei den Täufern noch stärker entwertet sind als bei den Calvinisten. Dann müßte Weber sich meines Erachtens allerdings die Frage gefallen lassen, warum er die innere Erleuchtung ansieht, da sie doch durchaus magisch-ekstatische Züge trägt, die der Calvinismus so nicht kennt.

261 Siehe Fn. 260. Weber spricht von Pneumatik im Zusammenhang mit den Täufern RS I 155. Als möglichen dritten Heilsweg stellt sie Schluchter hin (Schluchter 1988b: Religion und Lebensführung 2: 27). Er beläßt es allerdings im wesentlichen bei dieser Andeutung.

Die Idee vom 'inneren Licht' als der dogmatischen Eigenart des Täufertums hat wichtige soziale Konsequenzen. In der calvinistischen Kirche wurde über die religiöse Qualifikation des Einzelnen durch eine – wie Weber es nennt – „forensische Zurechnung" entschieden (RS I 153). Im Täufertum kam nun aber alles auf dieses innere Licht, auf die innerliche Aneignung der Gläubigkeit an. Die täuferische Religionsgemeinschaft verstand sich infolgedessen als Versammlung der innerlich jeweils individuell Erleuchteten. Nicht als *heiliges Kollektiv*, sondern als *Kollektiv von Heiligen* tritt die Religionsgemeinschaft hier auf. Der Gedanke einer unsichtbaren Kirche als einer Teilmenge der sichtbaren war ihr fremd, denn für sie gab es nur eine wahre Kirche, und die war sichtbar, weil sie nichts weiter als die 'Gemeinschaft der persönlich Gläubigen und Wiedergeborenen' (RS I 153) darstellte. Die forensische Zurechnung der religiösen Qualifikation im Calvinismus setzte voraus, daß es Ämter und eine Institution gab, die diese Zurechnung vornehmen. Dies impliziert Arbeitsteilung, formale Organisation und Hierarchie. Dem setzte das Täufertum einen radikalen Demokratismus entgegen. Wo irgend möglich, entschied die gesamte Laiengemeinde über die Würdigkeit eines Kandidaten. Dem strikten Heilsaristokratismus nach außen entsprach somit ein konsequenter Egalitarismus nach innen. Dies zeitigte wichtige politische Konsequenzen, etwa in der Entwicklung der amerikanischen Demokratie. Andererseits trieb der Heilsaristokratismus die Täufer in eine sehr staats- und politikferne Haltung. Stärker als die Calvinisten vermieden sie den Umgang mit den 'Unreinen'. Das war kapitalistischem Gebaren abträglich und erschwerte die weitmaschige Anknüpfung von Absatz- und Handelsbeziehungen. Der Calvinist konnte sich hier stets auf eine formalistische Legalität zurückziehen, während die Täufer sich vor ihrem eigenen Gewissen verantwortlich glaubten.

Die täuferische Idee der individuellen Offenbarung ist für Weber eine „Renaissance urchristlicher pneumatisch-religiöser Gedanken" (RS I 154)[262]. Auch die christliche Urgemeinde verstand sich als Zusammenschluß von Gläubigen, die persönlich von Gott erweckt und berufen waren. Im Unterschied zum Calvinismus galt den Täufern diese Erweckung und Berufung aber als äußerlich erkennbar. Der Grundsatz, daß die Gnadengabe Gottes an den Einzelnen sich in einem bestimmten Verhalten des Einzelnen mit Gewißheit manifestiere und für Glaubensgenossen erkennbar sei, war unter den Täufern allgemein akzeptiert. Darauf beruhte die Möglichkeit der Sektenbildung. Weil die orthodoxen Calvinisten dieses Prinzip ablehnten, waren sie daran gehindert, zu einer voluntaristischen Form der Gemeinschaftsbildung vorzudringen. Solange Menschenverstand nicht sicher zwischen Heiligen und Unheiligen unterscheiden konnte, war Exklusion kein brauchbares Mittel zur Reinhaltung der Religionsgemeinschaft von Reprobierten und Sündern. Denn man wußte ja nicht, wen man exkludieren sollte. Die Täufer beschafften sich

---

262 Vgl. zu dieser wichtigen Parallelisierung auch unten das Kapitel zur Gemeinschaftsbildung im Urchristentum.

ein Mittel, um dieses Wissen zu erlangen. Sie entwickelten relativ präzise Vorstellungen darüber, wie ein authentisches Erweckungserlebnis abzulaufen hatte und welchen Lebenswandel ein Erweckter führen würde. Natürlich bestand auch im Calvinismus früh ein Bedürfnis nach einer derartigen Gewißheit. Wiedersprach diesem Bedürfnis auch die Lehre von der Unerkennbarkeit des eigenen und fremden Gnadenstandes für Menschenaugen, so verlangten doch praktische Alltagsinteressen nach brauchbaren Anhaltspunkten der sozialen Orientierung. Mit wem darf ich Umgang pflegen, mit wem nicht? Jede Form der Gemeinschaftsbildung verlangte Antworten auf diese Frage. Deswegen hatte auch der Calvinismus seine voluntaristischen Sondergemeinschaften, die die Exklusion der Unreinen aus ihrer eigenen Mitgliedschaft betrieben. Da sie jedoch innerhalb der Kirche als einer Dachorganisation, die auch unreine Mitglieder beherbergte, verblieben, nennt Weber sie nicht Sekten, sondern Konventikel. Hierzu zählen die independentistischen, pietistischen und methodistischen Religionsgemeinschaften.

Hingegen war die Exklusion der Unreinen bei den Täufern ein *gemeinschaftskonstitutives*, nicht ein *gemeinschaftsfraktionierendes* Prinzip. Im Falle der Täufer muß Weber erklären, inwiefern der Soziologe die Selbstetikettierung der täuferischen Religionsgemeinschaft als 'Kirche' ablehnen muß und sie stattdessen unter die Sekten einordnen muß (RS I 153 Fn.1). Dies geschieht mit Hilfe des Nachweises, daß der Täufergemeinschaft die Merkmale einer 'Anstalt' fehlen. Da die Täufer es ablehnen, Mitglieder ohne deren ausdrücklichen Wunsch und der gleichzeitigen Billigung durch die Gemeinde aufzunehmen, bilden sie keine 'Anstalt', sondern einen 'Verein', religionssoziologisch also keine 'Kirche', sondern eine 'Sekte'. Weber nennt diese Art der religiösen Gemeinschaftsbildung in Anlehnung an Owen, dem independentistisch-calvinistischen Vizekanzler von Oxford unter Cromwell, auch die „believers' church":

„Das heißt: daß die religiöse Gemeinschaft, die 'sichtbare Kirche' nach dem Sprachgebrauch der Reformationskirchen, nicht mehr aufgefasst wurde als eine Art Fideikommißstiftung zu überirdischen Zwecken, eine, notwendig Gerechte und Ungerechte umfassende, Anstalt – sei es zur Mehrung des Ruhmes Gottes (calvinistisch), sei es zur Vermittlung von Heilsgütern an die Menschen (katholisch und lutherisch) – , sondern ausschließlich als eine Gemeinschaft der persönlich Gläubigen und Wiedergeborenen und nur dieser: mit anderen Worten nicht als eine 'Kirche', sondern als eine 'Sekte'." (RS I 152f.).

4.3.3 Theoretische Zwischenbetrachtung

Die im Teil I dieser Arbeit rekonstruierten Grundbegriffe sind nunmehr in Erinnerung zu rufen, um die Bedeutung des Prinzips der Sektenbildung ermessen und beurteilen zu können, inwiefern der 'asketische Protestantismus' einen Modellfall für die soziologische Theoriebildung darstellt. Es kommt dabei insbesondere darauf an, die der grundbegrifflichen Terminologie fremden Begriffe 'voluntaristischer Verband' oder 'voluntaristische Gemeinschaft', die Weber in der *Protestantischen Ethik* zur Beschreibung der Sekten verwendet, richtig einzuordnen.

Calvinistische Kirche und täuferische Sekte liegen auf der gleichen Ebene der Gemeinschaftsbildung, nämlich auf der Ebene der perennierenden sozialen Gebilde. Diese heißen bei Weber 'Verbände'. Ihre differentia specifica zur nächstniedrigeren Ebene, der Ebene der sozialen Beziehungen, sind die Leitungsorgane.

Das Vorliegen von Leitungsorganen macht es möglich, Webers Unterscheidung zwischen autokephal und heterokephal anzuwenden. Daher könnte man das Kriterium für den Verbandscharakter sozialer Beziehung als 'Kephalität'[263] bezeichnen.[264] Eine Kirche ist wie jede Anstalt nun für Weber in jedem Fall kephal, eine Sekte, so meine These, nicht unbedingt.

Kirchen und Sekten sind als Verbände selbstredend Formen sozialer Beziehungen. Das Handeln in Kirchen und Sekten steht daher in doppelter Kontingenz, ist also auf rational gesatzte oder einverständnishaft geltende Ordnungen angewiesen. Das Vorhandensein von Ordnungen gestattet es, soziale Beziehungen nach dem Weberschen Begriffspaar von autonom und heteronom zu unterteilen. Daher könnte man das Kriterium für den Beziehungscharakter sozialen Handelns als 'Nomität' bezeichnen. Kirchen wie Sekten sind natürlich Bereiche nomischen Handelns, daher läßt sich sinnvoll danach fragen, ob ihre Ordnungen autonomen oder heteronomen Ursprungs sind.

In dieser Aufstellung von Kriterien der Gemeinschaftsbildung ist das Verhältnis von Nomität und Kephalität eindeutig: Ohne eine geltende Ordnung würden Leitungsorgane nicht wirksam werden können, wären also handlungstheoretisch und soziologisch inexistent. Nomität ist Bedingung der Möglichkeit von Kephalität. Die beiden Begriffe pointieren den definitorisch entscheidenden Unterschied zwischen Beziehungen und Verbänden. Aber sowohl Kirchen wie Sekten werden in der *Protestantischen Ethik* noch als Verbände bezeichnet: die Kirchen sind per definitionem Anstalten und alle Anstalten sind für Weber eine Sonderform der Verbände; die Sekten nennt

---

263 Dieser und der folgende Neologismus („Kephalität' und „Nomität') mögen kompliziert und überflüssig wirken. Jedoch schließen sie genau an Webersche Terminologie an und füllen deren Lücken. Man hat hier m.E. nur die Wahl, Webers Begriffe zu übernehmen und auszubauen oder ansonsten die gemeinte Sache jedesmal wortreich zu umschreiben.

264 Alle weiteren Arten von „Organen" hängen von der Kephalität ab, so zum Beispiel der sogenannte „Zwangsapparat", ein Stab von Menschen, die sich eigens dafür bereithalten, von Verbandsmitgliedern beziehungsgemäßes Handeln zu erzwingen. Er wird natürlich nur auf Anweisung der Leitungsorgane, der Träger 'kephaler' Ämter tätig. Definitorisch fällt daher zur Abgrenzung der Verbände von anderen sozialen Beziehungen nur die Kephalität ins Gewicht.

Weber 'voluntaristische Verbände'. Nach welchem Kriterium lassen sich aber 'voluntaristische' und 'anstaltsmäßige' Verbände unterscheiden? Der *Kategorienaufsatz* hilft hier nicht weiter, da er den Begriff des Voluntarismus nicht entwickelt. Er bietet nur die 'rational gesatzte Ordnung' als Spezifikum der Anstalt gegenüber dem einfachen, nicht-anstaltlichen Verband. Ein voluntaristischer Verband aber kann eine rational gesatzte Ordnung haben, das unterscheidet ihn nicht von der Anstalt.

Wenn man sich aus Gründen der Vereinfachung zunächst auf die Gemeinschaften mit rational gesatzter Ordnung beschränkt, sieht man klarer: Der begriffliche Unterschied liegt darin, daß im voluntaristischen Verband die Satzenden und die Satzungsunterworfenen identische Personenkreise darstellen, in der Anstalt jedoch nicht. Formell gesehen erzeugt jede Mitgliedschaftsveränderung für den voluntaristischen Verband daher einen Zwang zur Neu- oder Wiedergründung. Nicht so bei der Anstalt. Schon ihre Konstitution beruht auf einem Oktroi und dessen Hinnahme durch diejenigen, deren Handeln das Oktroi maßregeln will. Der wesentliche Unterschied zwischen voluntaristischem Verband und anstaltsartigem Verband läßt sich also auf die Formel der Identität von Satzenden und Satzungsunterworfenen bei ersterem reduzieren. Es ist also folgendes festzuhalten:
1. In einem voluntaristischen Verband ('Verein') sind die, die eine Vereinbarung treffen oder ein Einverständnis erzielen, identisch mit denen, für die die Vereinbarung oder das Einverständnis ihrem jeweiligen Sinn nach gelten soll.
2. In einem anstaltsartigen Verband ('Anstalt') sind diese Personenkreise nicht deckungsgleich.

Diese Unterscheidungen müßten parallel für die nicht-rationalen Fälle der Gemeinschaftsbildung gelten. Hier zeichnet den voluntaristischen Verband dann die Identität des Personenkreises, der das Einverständnis herbeiführt, mit demjenigen, der das Einverständnis zeigt, aus. In nicht-Weberscher Terminologie ausgedrückt: Im voluntaristischen Verband liegt die Definitionsmacht über das, was beziehungsgemäßes Handelns sei und was nicht, bei allen Beziehungsbeteiligten gleichmäßig verteilt. Das heißt nicht, daß jegliche Macht im voluntaristischen Verband egalitär gestreut ist und etwa keinerlei Kephalie bestünde. Im voluntaristischen Verband besteht lediglich keinerlei Kephalie, der im Definitionsakt nicht einstimmig zugestimmt worden wäre. Das läßt sich am Beispiel des Zweckvereins, der ja nichts weiter als der rationale Fall des voluntaristischen Verbandes ist, am leichtesten demonstrieren: Die von allen Mitgliedern verabschiedete Satzung des Zweckvereins kann Leitungsorgane etablieren und bestimmte Mitglieder in Leitungsämter heben. Jeder Beitritt erfordert de iure, sofern die Satzung nicht eigene Beitrittsprozeduren enthält, eine Neusatzung, zu der wiederum alle Mitglieder mitsamt der Beitrittsaspiranten hinzuzuziehen sind.

Im nicht-rationalen, voluntaristischen Verband tritt lediglich an die Stelle von Vereinbarung und Satzung das 'Einverständnis', alles andere bleibt sich gleich. Er besitzt die gleichen Merkmale, die auch den Zweckverein kennzeichnen, nämlich die Deckungsgleichheit des Personenkreises, der das Einverständnis herbeiführt mit jenem, der es durch entsprechendes Handeln als für sich gültig anerkennt. Dementsprechend müßte auch die 'Anstalt' als der rationale Fall des nicht-voluntaristischen Verbandes den 'counterpart' eines nicht-rationalen Falles eines nicht-voluntaristischen Verbandes haben. Dies ist dann der Fall, wenn die 'Sich-einverstehenden' als Gruppe anders zusammengesetzt sind als die 'Einverstandenen'. Man kann erstens beim 'Einverständnis' ebenso zwischen einem konstitutiven und einem implementativen Akt unterscheiden wie bei der 'Vereinbarung' – dies war oben bereits postuliert worden –, und zweitens kann der implementative Akt auch von Akteuren vollzogen werden, die nicht am konstitutiven Akt beteiligt waren. Insofern findet auch hier ein Oktroi, oder zumindest eine Akzeptanz ohne vorangegangene Partizipation, statt. Wenn dieses Oktroi oder diese Art von Akzeptanz vorliegt, kann der Verband nicht mehr als voluntaristisch gelten, die Religionsgemeinschaft nicht mehr als 'Sekte'.

Tabelle 9 Religiöse Verbände

	Oktroi	Voluntarismus
Gesellschaft (=*rationaler Fall*)	Anstalt resp. Kirche	Voluntaristischer Verband/ Verein resp. Sekte
einverständliche Gemeinschaft (=*nicht-rationaler Fall*)	? (von Weber nicht begrifflich erfaßt)	? (von Weber nicht begrifflich erfaßt)

Das Objekt der hier angesprochenen Konstitution und Implementation ist natürlich, wie oben gesagt, der Beziehungssinn, der 'Sinngehalt' der Beziehung. Er kann vor der Interaktion bereits vorhanden sein wie beim Tausch; dann werden Menschen durch bloße Implementation zu 'Beziehungsbeteiligten'; er kann aber auch konstituiert werden wie beim autonomen Zweckverein, dann werden Menschen erst durch Konstitution *und* Implementation zu 'Beziehungsbeteiligten'.

Der Verbandsbegriff des *Kategorienaufsatzes* etabliert dagegen die Nichtpartizipation an der Konstitution des Beziehungssinns als Kriterium für den Verbandscharakter des Verbandes (WL 466). Der Ausdruck 'voluntaristischer Verband' ist also innerlich widersprüchlich. Nichtsdestotrotz charakterisiert Weber damit die täuferischen Sekten, sowohl in der älteren Fassung des Protestantismusaufsatzes von 1904 als auch noch in der jüngeren von 1920. Daß 'voluntaristisch' als Begriff weder im *Kategorienaufsatz* noch in den *Soziologischen Grundbegriffen* vorkommt, ist vor diesem Hintergrund überraschend. Diese Vokabel bringt schließlich eine kategoriale Unterscheidung auf den Begriff und ist auch in der politischen Soziologie Webers von großer Bedeutung.[265]

Man kann sich diese diffizilen Unterscheidungen am Beispiel der Rollentheorie leichter veranschaulichen. Hier ist die Differenzierung zwischen role-taking und role-making üblich, wobei 'role'/'Rolle' lediglich der rollentheoretische Begriff für Webers 'Sinngehalt der Beziehung' ist. In der voluntaristischen Gemeinschaft sind im idealtypischen Falle alle 'role-takers' auch gleichzeitig die 'role-makers' oder sind dies zumindest in den Zeiträumen, in denen die Rolle noch nicht abschließend allgemein definiert ist.[266] An nicht-voluntaristischen Verbänden wie zum Beispiel Anstalten (Kirchen oder Staaten) oder patriarchalischen Hausgemeinschaften oder Sippen sind dagegen immer auch Personen beteiligt, die ausschließlich 'role-takers' sind.

Man kann nach dem bisher Gesagten also feststellen, daß die Voluntarität eines Verbandes theoretisch und prinzipiell von dem Kriterium der Rationalität abgekoppelt werden kann. Daran würde sich als erste Frage anschließen, ob Voluntarität und Rationalität auch empirisch unabhängig voneinander variieren. Diese Frage läßt sich kaum generell beantworten, aber man könnte vermuten, daß Interessenkonstellationen und Machtverteilungen darauf einen großen Einfluß ausüben.

Voluntarität ist nur dann verstehenssoziologisch erkennbar, wenn entweder Beziehungen neu gestiftet werden oder aber bestehende Beziehungen in

---

265 In der alten wie in der neuen Herrschaftssoziologie (WuG 167 u. 866) taucht der Begriff „voluntaristisch" auch in WuG auf. Er beschreibt hier interessanterweise den Rekrutierungsmodus, den die politischen Parteien in der parlamentarischen Demokratie anwenden. Eine politische Partei ist für Weber eine Fraktion des politischen Verbandes. Da ihre Rekrutierungen „auf freier Werbung" (WuG 167) von Mitgliedern beruhen, finden sich in ihr hauptsächlich politische „Interessenten". Damit meint Weber offenbar politisch eigenmotivierte und deswegen die Parteibeziehung aktiv suchende Bürger. Diese politischen 'Voluntarier' erlangen aber aufgrund ihres relativ größeren politisch-intrinsischen Interesses die Gestaltungsmacht über die Politik ihres Verbandes, der sich deswegen aufteilen läßt in aktive und passive Mitglieder, oder - wie Weber es polemisch ausdrückt - in „Leiter" (inklusive deren „Stäbe") und „Akklamanten"(!). Man kann leicht ersehen, daß die oben eingeführte Unterscheidung von konstituierenden und implementierenden Beziehungsbeteiligten sich gut mit der Verwendungsweise des Begriffes „voluntaristisch" verträgt, die Weber in seiner politischen Soziologie noch 1920 (=WuG, neu) praktiziert. Sie ist meines Erachtens jedoch präziser und zugleich allgemeiner als die Begriffspaare „aktiv/ passiv" bzw. „Interessenten/ Akklamanten".

266 Von den individuellen Ausgestaltungsspielräumen nach der Übernahme einer vordefinierten Rolle ist hier zunächst gänzlich abgesehen. Es kommt hier nur auf die gemeinschaftsweit gültige und sozial akzeptierte allgemeine Definition des Rolleninhaltes an. Wer ihr grundsätzliches Vorhandensein auch noch leugnet, muß erklären, warum nicht alle Erwartungen labil sind und soziale Koordination dann nicht unmöglich sein soll.

ihrem Sinngehalt verändert werden. Wenn keines von beiden stattfindet, können sinnkonstitutive von sinnimplementativen Akten nicht unterschieden werden, weil es dann eben nur implementative Akte gibt. Also kann soziologisch auch nicht geklärt werden, ob alle Beziehungsbeteiligten an den sinnkonstitutiven (oder rekonstitutiven) Akten beteiligt worden sind oder beteiligt werden würden, ob die Beziehungen und Verbände folglich voluntaristisch sind oder nicht. Das aber hat zur Folge, daß keine der Beziehungen, in die der Mensch durch Geburt, Erziehung und Eingewöhnung 'hineingewachsen' ist, als voluntaristisch erkannt werden kann. Denn keine von diesen Beziehungen bietet dem soziologischen Beobachter das, was er zur Feststellung von Voluntarität benötigt: expliziten und dokumentierbaren Einfluß aller Beziehungsbeteiligten auf die Stiftung des 'Beziehungssinnes'. Diese Feststellung scheint auf einen 'blinden Fleck' in der Theorie Webers zu verweisen.

Auf die gleiche Spur führte die oben schon gemachte Beobachtung, daß Weber bei den Vergesellschaftungen im *Kategorienaufsatz* das Gesellschaftshandeln vom Vergesellschaftungshandeln eigens abgrenzt, der parallele Fall für das Einverständnishandeln aber fehlt. Das Problem ist, daß im gesamten Bereich des Einverständnishandelns prinzipiell die Möglichkeit fehlt, beziehungssinnkonstitutive Akte zu identifizieren. Folglich fehlt auch die Möglichkeit, sie auf eventuelle Voluntarität zu prüfen. Aus dieser methodischen Unzulänglichkeit würde ein substantieller Fehler, wenn man daraus folgerte, nicht-rationale Beziehungen seien nicht-voluntaristisch. Denn zu diesem Schluß fehlt jegliche Handhabe. Es kann lediglich festgestellt werden, daß man die Frage nach der Voluntarität von Vergemeinschaftungen (Einverständnisgemeinschaften) bei der Verwendung Weberscher Methodik nicht entscheiden kann.

Was sind, empirisch gesehen, solche Beziehungssinn konstituierenden Akte? Es muß sich um Interaktionen handeln, die die Regel, an der sich das beiderseitige Verhalten orientieren soll, zumindest für einen Moment einer Mehrzahl von kommunikativ untereinander verbundenen Personen gleichzeitig zur Disposition stellen. Alle Personen, die der so disponierten Regel in diesem Moment zustimmen, werden durch diesen Zustimmungsakt zu Beziehungssinnkonstituierenden. Empirische Erscheinungsformen eines solchen Aktes sind zum Beispiel Abstimmungen unter Anwesenden oder fernmündliche, schriftliche oder über andere Zeichen vermittelte Vereinbarungen.

Die Menge der nicht-zustimmenden Personen zerfällt in diejenigen, die die Regel ablehnen und diejenigen, die gar nicht erst gefragt wurden. Keine dieser beiden Gruppen enthält nunmehr Personen, die man als Beziehungssinnkonstituierende bezeichnen könnte. Wenn der Akt des 'Vergesellschaftungshandelns' beendet ist, folgt das 'Gesellschaftshandeln'. Es setzt bereits die Geltung einer Beziehungsregel voraus. Das verwirrende an dieser Sache ist aber nun, das aus dem Kreis der Personen, die der Beziehungsregel nicht zustimmten, 'Gesellschaftshandeln' gezeigt werden kann. Das setzt natürlich die Kenntnis der soeben von den anderen vereinbarten Regel voraus, aber eben auch nur die 'Kenntnis', nicht hingegen die Teilnahme an der Konstitution der Regel. Diese Möglichkeit hat zwei wichtige Konsequenzen.

Zum einen beruht auf diesem Zusammenhang überhaupt die ganze Möglichkeit des einfachen sozialen Handelns, welches nicht Beziehungshandeln ist und also nicht aus Situationen doppelter Kontingenz entsteht. Wenn Weber soziales Handeln definiert als dasjenige, welches sich am Verhalten anderer orientiert, dann heißt das, daß ein Akteur sich an der Geltung einer Beziehungsregel 'bei anderen' orientiert, an deren Entstehung er nicht selbst mitgewirkt hat, von welcher er aber in Kenntnis gesetzt wurde. Ein solches Wissen kann dieser Akteur zweckrational ausnutzen, indem er die Erwartung hegt, daß jene anderen sich in ihrem Verhalten untereinander an der unter ihnen vereinbarten Regel orientieren. Da er zu diesen anderen jedoch nicht in einer sozialen Beziehung steht, kann er ihre Erwartungen nicht enttäuschen. Denn ihm gegenüber hegen diese anderen, den hier gemachten Voraussetzungen gemäß, keine Erwartungen.

Zum anderen folgt daraus die Möglichkeit des Verbands- und Anstaltshandelns, welches ebenfalls Gesellschaftshandeln sein kann, ohne zuvor Vergesellschaftungshandeln gewesen sein zu müssen. Im Unterschied zum einfachen sozialen Handeln ist es aber durchaus vollgültiges Beziehungshandeln, denn in ihm liegt die Möglichkeit wechselseitiger Erwartungsenttäuschung beschlossen. Das liegt daran, daß es nicht dadurch zustande kommt, daß ein Akteur sich nur in der Weise an einer bei anderen geltenden Regel orientiert, als er diese zweckrational ausnutzt, sondern indem er sie als auch für sein persönliches Handeln *gültige* Regel akzeptiert, obwohl er an ihrem Zustandekommen nicht beteiligt war; dabei wird eben diese Akzeptanz auch von denen vorausgesetzt, die die Regel vereinbart hatten. Das heißt, daß die Beziehungssinnkonstituierenden den Geltungsbereich der von ihnen aufgestellten Regel von vornherein ausgedehnt wissen wollen über den Kreis der aktuell Zustimmenden hinaus.

Mit seinem Begriff von Voluntarismus verbindet Weber darüber hinaus offenbar die Vorstellung von Eigeninitiative und Eigenaktivität auf seiten der Beziehungsbeteiligten. Weil Mitglieder voluntaristischer Gemeinschaften in gleichem Maße Ordnung initiieren wie Ordnung akzeptieren und implementieren, könnte man dies als einen Idealfall von 'Autonomie' und der Erfüllung des kantischen Postulates der 'Selbstgesetzgebung' ansehen. Voluntarismus beinhaltet den Zustand der geordneten Freiheit.

Doch der voluntaristische Verband wirft auch ein spezifisches Problem auf. Je mehr sich seine Mitglieder die Tatsache bewußt machen, daß die Regeln, denen sie sich unterwerfen, ihrer eigenen Willkürfreiheit entstammen, von ihnen selbst 'kürwillig', wie Tönnies sagen würde, gesatzt wurden und ihre Geltung von ihrem ausdrücklichen Einverständnis herrührt, desto näher liegt der Gedanke, daß sie auch anders sein könnten, desto wahrscheinlicher wird es also, sie aufgrund dieses kontingenten Ursprungs bei nächster Gelegenheit wieder zur Disposition zu stellen. Jeder Beitrittsaspirant beschwört bei einem streng voluntaristischen Verband dieses Kontingenzbewußtsein wieder herauf. Damit ist ein relativ höheres Risiko an 'Regel'-Fluktuation verbunden. Auch folgt daraus, daß der voluntaristische Verband stets wesentlich näher an der doppelten Kontingenz operiert als der nicht-voluntaristische. Die Identität von 'pouvoir constituante' und 'pouvoir constitué', wenn man so will, birgt eben stets ein höheres Anomierisiko als die Separierung beider, weswegen die großen Legislatoren der Weltgeschichte zumeist über und außerhalb der Gemeinschaft der Gesetzesunterworfenen standen, also zum Beispiel Götter waren.

Geht man davon aus, daß physische Ungleichheit doppelte Kontingenz abbaut, weil die Stärkeren Regeln setzen und durchsetzen können, dann könnte man annehmen, daß physische Gleichheit mehr doppelte Kontingenz heraufbeschwört und daher auf Dauer den Voluntarismus fördert. Die physische Ungleichheit in der Eltern-Kind-Relation übertrifft bei weitem beispielsweise die zwischen erwachsenen, männlichen Dorfgenossen. Insofern ist die Dorfgemeinschaft theoretisch eher dazu disponiert, voluntaristische Beziehungen zu etablieren als die Familiengemeinschaft. Dies entspricht, soweit ich sehe, auch den empirischen Tatsachen. Die Familien- und Hausgemeinschaften sind in weit geringerem Maße Quellen von Voluntarismus als Nachbarschafts- oder Siedlungsgemeinschaften.

Wie stellt sich nun dieser Zusammenhang bei den Religionsgemeinschaften dar? Hier hängt das allermeiste von der Frage ab, wie die charismatischen Qualifikationen verteilt sind. Haben alle (der Vorstellung nach) grundsätzlich den gleichen Zugang zu und die gleiche Chance auf charismatische Kräfte, dann neigt sich die Waagschale wohl zugunsten einer voluntaristischen Gemeinschaftsbildung. Jede Art von 'Gnadenpartikularismus' hingegen müßte ceteris paribus die anstaltliche, nicht-voluntaristische Gemeinschaftsbildung befördern. Man kann sich vor diesem Hintergrund leicht ausmalen, welches enorme soziologische Gewicht Theologie und Dogmatik nun plötzlich bekommen.

Dieser Deduktion widerspricht der empirische Befund der Protestantismusstudie. Hier tendiert eine äußerst gnadenpartikularistische religiöse Lehre zu voluntaristischer Gemeinschaftsbildung. Doch dies ist nur ein scheinbarer Widerspruch. Denn dieser Einwand ist, wie oben gezeigt werden konnte, dadurch zu entkräften, daß im Calvinismus der Gnadenpartikularismus durch die Lehre von der Unmöglichkeit, die göttliche Gnadenverteilung zu kennen, in Schach gehalten wird. Damit gelangt man zu einem Universalismus, wenn auch zu einem negativen Universalismus, nämlich dem Universalismus der Unsicherheit – Unsicherheit verstanden als gefühlte Notwendigkeit, den eigenen Gnadenstand zu erkennen, unmittelbar und unvermittelt neben der klar erkannten Unmöglichkeit, ebendiesen jemals mit Gewissheit erkennen zu können. Und zwar gilt dies für den Calvinisten ebenso in Bezug auf sich selbst wie in Bezug auf die Mitmenschen.

4.4 Zusammenfassung: Der Ertrag für eine Theorie der Gemeinschaft

Die gesinnungsaristokratischen Electi des Prädestinationsglaubens schärfen ihr Reinheitsbewußtsein nicht durch Vermeidung sozialer Kontakte und Beziehungen mit dem verworfenen Rest der Welt, wozu beispielsweise die Reinheitsregeln des indischen Kastensystems[267], aber auch die mittelalterlichen katholischen Mönchsregeln tendierten, sondern durch 'weltliche' und in 'weltlichen' Verstrickungen. Die Anhänger des asketischen Protestantismus suchen regelrecht die profanen Vergesellschaftungen mit all ihren religiösen Gefahren, jedoch nicht in propagandistischer oder missionarischer Absicht, sondern in dem ordnungsinteressierten Gestaltungswillen des Bewußtseins, Gottes Werkzeug zu sein. Die universalistische Vorderseite der protestantischen Gemeinschaftsbildung ist eine profane und liegt in dem göttlichen Auftrag, die Welt den göttlichen Ordnungen ‚ad maiorem gloriam dei' zu unterwerfen. In diesem Sinne ist der innerweltliche Asket nicht nur zu einer 'Erwerbsmaschine' geworden, sondern auch zu einer sozialen Organisationsmaschine, einem agilen Rationalisierer der sozialen Beziehungen. Die exklusivistische Hinterseite dieser Gemeinschaftsbildung ist die religiöse und liegt darin, daß der Protestant nicht etwa zur Verbesserung der religiösen Chancen seiner Mitwelt agiert, die er hinsichtlich ihres religiösen Heils ohnehin für unrettbar verloren hielt, sondern zur Aufrechterhaltung der Symptome des eigenen Heils. Die Heilssymptome erkennen aber nur er und seine Glaubensgenossinnen und -genossen. Das ist ein besonders subtiler Exklusivismus, der sich die Welt und die anderen Menschen als Material und Schaubühne der eigenen Bewährung unterwirft. Religiös gesehen handelt der Calvinist also dem kategorischen Imperativ geradezu entgegengesetzt: Er benutzt andere Menschen als Mittel zur eigenen religiösen Bewährung, behandelt sie aber nicht als religiösen Zweck an sich. Denn diese Zweckbestimmung war Gottes – und längst unwiderruflich beschlossene – Sache. Als religiöse Mittel hingegen taugen die Mitmenschen durchaus, sie sind namentlich die willkommene Objektmasse für den rationalen Ordnungs- und Gestaltungsdrang des puritanischen ‚Gottesknechts'.

Daraus ergibt sich ein Bestreben, die 'Welt' im Sinne der 'Gesellschaft' unter eine rationale Kontrolle zu bringen und in diesem Sinne Herrschaft auszuüben. Die Folge ist die sozialorganisatorische Überlegenheit der asketisch-

---

267 Siehe unten Kapitel 9

protestantischen Gemeinschaftsbildung.²⁶⁸ In ihren Gemeinschaften sind asketische ProtestantInnen ebenso Subjekte wie Objekte jenes Ordnungs-, Gestaltungs- und Herrschaftsdranges. Sie müssen bei den Ihrigen mit dem gleichen Mangel an intuitiv wirksamem Zusammengehörigkeitsgefühl und der gleichen rationalen, „egozentrischen"²⁶⁹ Einstellung rechnen, wie sie sie selbst an den Tag legen. Die Folgen sind eine Vergesellschaftung des Gemeinschaftlichen, eine Erschütterung aller Instanzen, die aufgrund von 'Einverständnissen' oktroyieren konnten und deren Ersetzung durch vereinbarte, voluntaristische Beziehungen.

Kapitel 5 Säkularisierung des Protestantismus?

5.1 Webers Säkularisierungsthese

Webers Religionssoziologie gilt vielen als Versuch einer Erklärung der „Entzauberung der Welt"²⁷⁰, Weber selber betrachtet man dabei oft als den „ersten großen Analytiker jenes umfassenden Prozesses der Moderne ..., der allgemein als ‚Säkularisierung' bezeichnet wird"²⁷¹. Es ist sogar vorgeschlagen worden, Webers religionssoziologische Studien insgesamt unter dem Schlagwort „Säkularisierung" zu subsumieren.²⁷²

Dies ist angesichts von Webers äußerst sparsamer Verwendung des Terminus 'Säkularisierung' zunächst einmal eine gewagte These.²⁷³ Der Sekten-

---

268 Das religiöse Dignitätsgefälle zwischen den Erwählten und den Reprobierten kontrastiert auffällig mit dem säkularen Egalitarismus der Menschenrechtsidee, steht andererseits offenbar zu ihm in intimer Verbindung.Vgl. Jellinek 1919: Die Erklärung der Menschenrechte. Aufschlußreich dazu auch Tyrell 1993: Potenz und Depotenzierung der Religion.
269 Weber, GASS 470. Vgl. dazu o. das Kapitel „Webers Tönnies-Rezeption".
270 Vgl.Schäfers 1988: Die Moderne und der Säkularisierungsprozeß: 129; sowie Abramowski 1966: Das Geschichtsbild Max Webers: 21.
271 Bily 1990: Die Religion im Denken Max Webers:59f., 20.
272 Vgl. Lübbe: Säkularisierung: 69. Freilich bedarf es keiner besonderen „Anstrengung des Begriffs", etwas unter einem solch diffusen und multiplen Wort wie „Säkularisierung" zu subsumieren. Zu den vielen Definitionen von Säkularisierung vgl. Dobbelaere 1981: Secularization; Lübbe 1965: Säkularisierung; Savramis 1986: Säkularisierung; Shiner 1967: The meanings of secularization; Martin 1991: The secularization issue; Morel 1966:Glaube und Säkularisierung.
273 Zwar redet Weber zweimal relativ global von einer „Säkularisierung des Denkens" (WuG 453, 469), doch finden sich diese beiden Verwendungen gerade nicht in seiner Religionssoziologie, sondern in dem Abschnitt über Rechtssoziologie. Die einzige Verwendung des Wortes „Säkularisation" innerhalb des religionssoziologischen Abschnittes von WuG steht zwischen Anführungszeichen und obendrein an einer wenig zentralen Stelle (WuG 269).

aufsatz Webers zeigt noch am ehesten, was Weber an der Säkularisierung eigentlich interessiert.[274] Es sind die „sozialen Prämien und Zuchtmittel und überhaupt die gesamte organisatorische Grundlage des protestantischen Sektentums", die Weber zufolge säkularisierte Entsprechungen in der Gegenwart haben. Diese Entsprechungen bezeichnet Weber als „Rudimente, Ausläufer einer ehemals penetrant wirkenden Organisation kirchlicher Lebensreglementierung" oder als „gradlinige Ausläufer, Rudimente und Überbleibsel jener einstmals in allen asketischen Sekten und Konventikeln herrschenden Verhältnisse, die heute im Verfall sind" (RS I 219f., 233).

Das Säkularisierungstheorem wird als Prozeßkateogrie leicht Bestandteil der immer wieder aufflammenden Diskussionen um Webers angebliches „evolutiontheoretisches Minimalprogramm"[275].

Im asketischen Protestantismus wurde die Berufsarbeit zum letztmöglichen Feld einer religiös-ethischen Bewährung. Durch ihn erhielt sie jene religiösen Weihen, die ihr der christliche Antichrematismus jahrhundertelang verweigert hatte. Dem weltlichen Berufsleben wird ein religiöses Ethos eingehaucht und es erhält einen sittlich-religiösen Eigenwert. Die entstehende Allianz von kapitalistischem Geist und asketischem Protestantismus ist mächtig genug, das mittelalterliche Wirtschaftsethos, das sich noch des selbstzweckhaften Erwerbsstrebens schämte, zu sprengen und die Gesellschaft moralisch zu revolutionieren. Am Ende steht als Produkt der Sozialisation in den

---

Eine genauere Prüfung der übrigen Textstellen mit dem Terminus „Säkularisierung" oder „Säkularisation" vertieft den Eindruck, daß Weber ihn nur beiläufig und sporadisch verwendet. Von den elf Nachweisen in WuG beziehen sich vier ausschließlich auf die Verweltlichung des Rechts oder der Rechtspflege (WuG 449, 466, 468, 472) und drei auf die ursprüngliche Wortbedeutung eines Übergangs kirchlichen Besitzes an weltliche Herren (WuG 429, 703, 706). Lediglich an einer Stelle redet Weber von einer „materialen Säkularisierung des römischen Lebens" (WuG 464), um das Abgleiten antik-römischen Religiosität in einen extrem formalistischen Ritualismus zu erklären, womit Weber im Ansatz jener Wortbedeutung von Säkularisierung nahekommt, die Lübbe anführen müßte, um seine These zu stützen. Am meisten verwundert freilich die Tatsache, daß Lübbe keine Nachweise aus RS I-III heranzieht, obwohl er doch gerade über die religionssoziologischen Schriften Webers urteilen will. Unter den in den GARS vorkommenden Verwendungsweisen (RS I 24, 87Fn., 196, 199, 212, 217) verdeutlicht der Sektenaufsatz am besten Webers Auffassung von einer angemessenen Verwendung des Begriffs „Säkularisierung". Dort ist die Rede von einem „stetigen Fortschreiten jenes charakteristischen „Säkularisations"- Prozesses, dem solche aus religiösen Konzeptionen geborene Erscheinungen in der modernen Zeit überall verfallen" (RS I 212). Gemeint sind hier die Rekrutierungsverfahren der amerikanischen Klubs, Vereine und Gesellschaften, die Weber wenige Seiten später nochmals deutet als „weitgehend Produkt eines Säkularisierungsprozesses von der ehemaligen weit ausschließlichen Bedeutung des Prototyps dieser voluntaristischen Verbände der Sekten..." (RS I 217).

274 Berger 1973: Die Sekten und der Durchbruch in die moderne Welt: 241-263
275 Seyfarth and Sprondel 1973: Seminar: Religion und gesellschaftliche Entwicklung: 361 Auch Schluchter gesteht Weber ein „evolutionstheoretisches Minimalprogramm" (Schluchter 1976: Paradoxie der Rationalisierung: 262) zu. Dagegen: Bendix 1964: Max Weber. Das Werk: 404.

protestantischen Milieus ein neuer Charaktertyp, der „moderne(n) ‚Wirtschaftsmensch(en)'" (RS I 195).

Wieso ist die Deckungsgleichheit von religiösem und kapitalistischen Habitus später zerbrochen? Wie und wieso widerfuhr der beschriebenen Lebenseinstellung des asketischen Protestantismus eine solch gründliche Säkularisierung, daß die Nachwelt nicht einmal mehr die religiöse Herkunft ihrer kapitalistischen Lebensbezüge spürt?

Weber sucht die Ursachen für die Säkularität der Moderne nicht wie viele vor ihm in religionsfeindlichen und -kritischen Zügen der Vergangenheit. In der Religion selber findet er die Keime der säkularisierten Moderne. Weber hält die reformatorische Situation gesteigerter Religiosität für exzeptionell und episodenhaft. Diese Religiosität sei ständig bedroht von einem „utilitarischen Kollaps" als dem zu erwartenden Rückfall in die Normalität, in die „Unbefangenheit des status naturalis" (RS I 127). Die „grandiose(n) Geschlossenheit" der calvinistischen Lehre war es,

„welche in der schicksalvollsten Epoche des 17. Jahrhunderts den Gedanken: Rüstzeug Gottes und Vollstrecker seiner providentiellen Fügungen zu sein, in den kämpfenden Vertretern des <heiligen Lebens> aufrecht erhielt und den vorzeitigen Kollaps in eine rein utilitarische Werkheiligkeit mit nur diesseitiger Orientierung hinderte, die ja zu so unerhörten Opfern um irrationaler und idealer Ziele willen niemals fähig gewesen wäre." (RS I 125)

Neben den Gedanken der Unvermeidlichkeit der Säkularisierung in jener besonderen Situation tritt bei Weber der der Unumkehrbarkeit: Die Rede ist von

„jener allgemeinen Tendenz zur <Säkularisation> des amerikanischen Lebens, welche in nicht langer Zeit den historisch überkommenen Volkscharakter aufgelöst und den Sinn mancher grundlegenden Institutionen des Landes völlig und *endgültig* verändert haben wird." (RS I 87, Hervorh. d. Verf.)

Wie hier so bringt Weber auch an anderer Stelle die mordamerikanische Kultur mit der umfassendsten 'Säkularisation' in Verbindung. Hier sei die Sinnentleerung der ehemals religiös ausgedeuteten Berufspflicht am weitesten getrieben, so daß das Erwerbstreben „nicht selten geradezu den Charakter des Sports" bekomme. (RS I 204)

Eine Erklärung für das Absterben der religiösen Wurzel des Kapitalismus findet Weber lediglich in der „säkularisierende(n) Wirkung des Besitzes" (RS I 204), durch die auch die puritanische Askese immer wieder in weltliche Versuchungen geführt wurde. Weber verwendet diesen Zusammenhang fast wie eine gesetzmäßige Notwendigkeit: „Wo immer der Reichtum sich vermehrt hat, da hat der Gehalt an Religion in gleichem Maße abgenommen", zitiert Weber aus John Wesleys Schriften als das „Motto über allem bisher Gesagten".[276]

---

[276] RS I 196. Hier könnte Weber statt als Säkularisierungs- auch als Kompensationstheoretiker interpretiert werden und auf den Marxismus bezogen werden: Zunehmender Wohlstand erübrigte die Kompensation sozialer Not durch Religion.

Die Charakteristika des Weberschen Säkularisierungkonzeptes lassen sich folgendermaßen festhalten: Säkularisierung zeigt sich in den Protestantismusstudien als ein unbeabsichtigtes und unbemerktes Kollabieren eines religiösen Ideals, das nur unter moralischen Anstrengungen von solidarischen Religionsgemeinschaften und in Zeiten religiöser Erregtheit realisierbar war. Es schlägt daher alsbald in einen psychologisch komfortableren Utilitarismus um. Längst aber hatte jenes religiöse Ideal über einen langwierigen Erziehungsprozeß sozialethische Handlungs- und Denkstrukturen habitualisiert, die aufgrund ihrer eigenwilligen weltlichen Rationalität und praktischen Nützlichkeit genügend starke Geltungsgründe und Durchsetzungskräfte hatten, um den Kollaps ihrer religiösen Wurzel zu überdauern, wenn nicht gar ihn selber herbeizuführen.

Weil der Calvinismus der Eigengesetzlichkeit der wirtschaftlichen Welt, namentlich der beruflichen Welt, den weitestmöglichen Entfaltungsraum gewährte und sogar positive Antriebe für sie bot, drohte in seinem Einflußbereich am ehesten die Verselbständigung und der Umschlag der wirtschaftlichen Sphäre zur reinen Säkularität. Wie, wann und warum dieser Umschlag genau stattfand, darauf bleibt Webers *Protestantische Ethik* eine eingehende Antwort schuldig. Weber gibt sich zufrieden mit dem Aufweis der 'Wahlverwandtschaft' der beiden idealtypischen Konstrukte der asketisch-rationalen Lebensführung des Protestanten und des 'kapitalistischen Geistes'.

Diese weitausgreifende Erklärung der Genese des Kapitalismus verzichtet auf die genauere Darlegung der einzelnen Zwischenschritte in der Entwicklung vom Altprotestantismus zum modernen Kapitalismus. Insofern stellt sie zunächst einmal eine gewagte 'Sprunghypothese' dar. Die Rekonstruktion dieser Zwischenschritte hätte, entsprechend Webers individualistischer soziologischer Methode, zu beginnen bei der individualpsychologischen Motivlage der handelnden Subjekte. Woran sich der calvinistische und täuferische Gläubige dogmatisch klammerte, hat Weber deswegen durch die Auswertung der theologisch-dogmatischen und seelsorgerlich-pädagogischen Literatur jener Zeit gezeigt. Daß es möglich, erwünscht, ja erforderlich war, nach diesen Vorstellungen und Vorschriften praktisch zu handeln und zu leben, ist dabei freilich vor allem den genannten Religionsgemeinschaften zu verdanken als den 'Trägern' der Dogmen und Vorschriften, als den Zuteilern von Prämien und Sanktionen, von Anerkennung und Verdammung, als den Zuchtmeistern dieser beispiellosen Umerziehung. Im Gedankengang Webers fehlt zwar nicht der Hinweis, daß erst die unerhörte moralisch-ethische Ernsthaftigkeit und Penetranz quasi-theokratischer Institutionen diese Erziehung in die Hand nehmen mußte, um überhaupt von soziologischer Relevanz zu sein, d.h. eine sichtbare Massenwirkung entfalten zu können. Aber dennoch scheint hier die historische Durchsetzungschance des asketisch-rationalen Habitus in Webers Augen eher von der logischen Konsequenz und psycho-logischen Eindringlichkeit des Inhaltes des Glaubens und der Lehre abzuhängen als von der soziologischen Architektur der Religionsgemeinschaften. Im Sektenaufsatz (PE I 207ff.) legt Weber bereits mehr Gewicht auf den sozialorganisatorischen als auf den ethischen Aspekt. Dieser Linie ist hier weiter zu folgen.

5.2 Das Säkularisierungskonzept der Religionssoziologie

In der Religionssoziologie dient der Säkularisierungsbegriff zur Zusammenfassung der beobachtbaren Veränderungen im Verhältnis von Religion und moderner Gesellschaft. Trotz seiner Mehrdeutigkeit ist er ein zentrales theoretisches Konzept der Religionssoziologie. Seit er das erste Mal auftauchte, hat dieses Wort eine kapriziöse Begriffsgeschichte durchlebt, die hier nicht im Einzelnen verfolgt werden kann.[277] Der sich trotz aller Bedeutungswechsel und ideologischer Aufladungen durchhaltende Grundzug des Säkularisierungsbegriffs verweist demnach auf die Existenz zweier unterschiedener, voneinander abgesonderter Denk- und Lebenswelten, dem Heiligen oder Sakralen und dem Profanen oder eben „Säkularen".[278]

Die Religionssoziologie wird 'Säkularisierung' zweckmäßigerweise nach zwei Seiten hin betrachten. Sie kann sowohl das 'Weltlich-werden' der Religion als auch das 'Weltlich-werden' der 'Welt' bezeichnen. Es hängt dann noch von der jeweiligen Definition von Religion ab, ob Säkularisierung mehr auf das Verschwinden von Religion oder mehr auf Veränderung von Religion oder 'Welt' abhebt.

Zu unterscheiden ist jedenfalls die Säkularisierung der Welt von der Säkularisierung institutionalisierter Religion. Diese religionsinterne Säkularisierung ließe sich nach der Herkunft ihrer Ursachen weiter ausdifferenzieren. Sie kann nämlich aus religiösen Gründen in Gang gekommen sein oder sich profanen Faktoren verdanken. So könnte man beispielsweise die abendländische Reformation als eine endogen verursachte Säkularisierung auffassen und einen Entwicklungsschritt wie etwa die Aufhebung des kanonischen Zinsverbotes als eine exogen induzierte Anpassungsreaktion.

Elemente der sozialen Welt, die säkularisiertwerden, verlieren ihren religiösen Charakter. Auch hier sollte man zwei unterschiedliche Versionen der Säkularisierung unterscheiden. Auf der einen Seite steht jenes Phänomen, welches man gemeinhin als erstes mit 'Säkularisierung' assoziiert: der Prozeß des Verschwindens der Religion, im Christentum sichtbar als „Entkirchlichung" oder „Entchristlichung".[279] Hierzu gehören all jene Zeichen der Sä-

---

277 Vgl. dazu die hervorragende Studie Lübbe 1965: Säkularisierung.
278 Dies ist das Ergebnis der Studie Nijk 1968: Secularisatie.
279 Fürstenberg (Art. „Religionssoziologie". In: RGG 3.A., Sp.1027f.) definiert Säkularisierung mit „Entkirchlichung".

kularisierung, die sich im bloßen Verschwinden der bekannten institutionalisierten Formen der religiösen Praxis im eigentlichen Sinne äußern: sinkende Kirchenbesuchszahlen, steigende Kirchenaustritte, das Verschwinden der religiös-sakralen Symbole, Tatbestände und Handlungen aus den öffentlichen Räumen, wie z.b. das Verschwinden der Tischgemeinschaft und Tischgebete, des Kreuzzeichens oder der Bibel aus der profanen Alltagswelt.[280] Diese wichtige Seite der Säkularisierung wird von einem nicht immer wertneutralen Standpunkt aus als Verfall oder Niedergang der Religion bezeichnet. Religiöse Institutionen, die vormals die Gesellschaft durchwirkten, verlieren ihren Einfluß. Die Vertreter dieser Säkularisierungsthese malen nicht selten als Endzustand einer solchen Entwicklung das Bild einer Gesellschaft ohne Religion.[281] Eine Grundschwierigkeit dieser Säkularisierungstheorie ist es freilich, ein normales Maß an Religion und Religiosität festzulegen, von dem aus der Verfall meßbar wäre. Dieser Theorie liegt häufig eine Überschätzung des religiösen Einflusses auf das Leben im Mittelalter zugrunde.[282] Für die Zwecke der vorliegenden Untersuchung ist es jedoch zunächst ausreichend, von einem Rückgang organisierter Religion zu sprechen.[283]

Säkularisierung als Differenzierung bezeichnet die zunehmende Trennung von Gesellschaft und Religion im systemtheoretischen oder strukturfunktionalistischen Sinne. 'Gesellschaft' emanzipiert sich als autonomer Sektor und veranlaßt die Religion ihrerseits zu einer stärkeren Funktionalisierung, die sich in einer Konzentration auf die als spezifisch religiös betrachteten Aufgabenbereiche äußert, häufig beobachtbar als Privatisierung der Religion.[284]

Als 'Transformation' könnte man die Übertragung religiöser Glaubens- und Verhaltenskomponenten auf die Welt bezeichnet werden. Sie läßt sich auch verstehen als Realisierung des Christentums oder auch nur seines (säkularen) Erbes in der Gesellschaft[285]. Max Webers Protestantismusstudie kann als Paradebeispiel dieser Säkularisierungsversion gelten. Jedenfalls gründen aber auch geschichtsphilosophische Entwürfe zuweilen auf dieser Säkularisierungsvorstellung, so vor allem bei Hegel.[286] Fürstenberg faßt die verschiedenen Aspekte in einer Definition zusammen:

---

280 Vgl. Schäfers 1988: Die Moderne und der Säkularisierungsprozeß: 138.
281 Vgl. Shiner: The meanings of secularization: 52. Vertreter dieser Version von Säkularisierung sind nach Shiner: Yinger, Sorokon, Lynd, Flint.
282 Vgl. Martin 1966: Utopian Aspects of the Concept of Secularization: 92.
283 Vgl. Shiner: The meanings of secularization: 55.
284 Allen voran wäre hier natürlich die Religionstheorie Luhmanns zu nennen. Vgl. etwa Luhmann 1972: Religiöse Dogmatik und gesellschaftliche Evolution; Luhmann 1977: Funktion der Religion; Luhmann 1991: Religion und Gesellschaft.
285 So vor allem Rendtorff 1966: Zur Säkularisierungsproblematik: 54. Rendtorff verweist auch bes. auf Richard Rothes Säkularisierungsthese.
286 Vgl. Lübbe 1965: Säkularisierung: 35; Matthes 1967: Religion und Gesellschaft: 75f.

(Säkularisierung) „beinhaltet den fortdauernden Prozeß der Freisetzung weltlicher Verhaltens- und Bewußtseinsstrukturen aus dem Einflußbereich religiös bestimmter, meist theologisch fixierter Vorstellungen, wobei deren Formen und teilweise auch Inhalte, ihrer Heilsbedeutung entkleidet, nun als Bestandteil „vernünftiger" Weltinterpretation fortwirken können."[287]

Diese Formulierung bündelt die für die Religionssoziologie wesentlichen Aspekte der Säkularisierungsthese.

Betrachten manche Weber als den „Repräsentanten einer typologisch vergleichenden Universalgeschichte"[288], so finden andere bei ihm im Zusammenhang mit einem Säkularisierungskonzept doch ein „evolutionstheoretisches Minimalprogramm"[289] oder gar eine ausgewachsene Evolutionstheorie[290]. Im folgenden kommt es nunmehr darauf an zu überprüfen, ob und wie die in diesen Diskussionen gewonnenen Konzepte zur Erklärung der Rolle der Religion bei der Gemeinschaftsbildung beitragen.

5.3 Theoretische Positionen im Anschluß an Weber

Wichtige Weber-Interpretationen mit einer fruchtbaren Anschlußfähigkeit an das Kernproblem dieser Studie bieten die „Theorie des kommunikativen Handelns" von Jürgen Habermas und das von Richard Münch im Anschluß an Talcott Parsons entwickelte Interpenetrationstheorem. Besonders zur Klärung einiger fundamentaler begrifflicher Fragen wie der nach der Definition von Rationalität und zur Konzipierung der elementaren, objektiv möglichen Weltbegriffe erweist sich Habermas' Beitrag als außerordentlich aufschlußreich.

Die aufwendigste und detaillierteste Weber-Interpretation aber stammt von Wolfgang Schluchter. Durch seine souveräne Beherrschung der Primärtexte erzielt Schluchter eine hohe Authentizität in seinem Versuch, Webers soziologisches Werk durch Systematisierungen leichter zugänglich zu machen. Durch die Darstellung des Weberschen Werkes als einer Typologie der Rationalismen, die notwendig die Klärung der elementaren Welteinstellungen impliziert, nähert sich Schluchter in einigen Punkten den Argumenten von Habermas. Jedoch verhindert Schluchters konsequente Bindung an Webers

---

287 Fürstenberg 1970: Problemgeschichtliche Einleitung: 17 Diese Definition verwenden z.B. Prisching 1990: Soziologie: 333; Otto 1988: Handlungsfelder der Praktischen Theologie: 33.
288 Schluchter 1988b: Religion und Lebensführung 2: 4. Weber als den Gegner evolutionistischer Theorien schlechthin betrachten: R.Bendix, J. Winckelmann, G. Roth, vgl. Schluchter Religion und Lebensführung 2: 6.
289 So Seyfarth and Sprondel 1973: Seminar: Religion und gesellschaftliche Entwicklung: 361; Schluchter 1976: Paradoxie der Rationalisierung: 262; Schluchter 1979: Entwicklung des okzidentalen Rationalismus: 12f.
290 So v.a. Tenbruck 1975: Das Werk Max Webers.

Fragestellungen, daß das hier zur Debatte stehende, eher 'durkheimianische' Problem, allein durch eine Verwertung der Lösungsvorschläge von Schluchter angegangen werden kann.

Zu einer säkularisierungstheoretischen Beurteilung der Religionssoziologie Webers haben darüber hinaus Matthes, Dux, und Berger wichtige Beiträge geliefert. Deren Standpunkte sollen im folgenden dargelegt und in ihren gemeinschaftstheoretischen Gehalten analysiert und kritisiert werden.

5.3.1 Vertreter und Kritiker des Säkularisierungskonzeptes

Eine Zuspitzung der Weber-Interpretation auf das Säkularisierungsthema findet sich bei Dux.[291] Er versucht zu zeigen, daß Webers Religionssoziologie eine religiöse Evolution beschreibt, auch wenn Weber selber sich dies aus methodologischen Gründen nicht habe eingestehen können. So spielt Dux die konstruktivistischen Postulate der Weberschen neukantianischen Methodologie immer wieder gegen Webers Sachaussagen über die „Eigengesetzlichkeit" der Dinge aus.[292] Damit verfolgt Dux den Zweck, den Befund der Eigengesetzlichkeit als das eigentliche und richtige an der Weberschen Religionssoziologie darzustellen, und die Methodologie als falsch zu erweisen.[293] So versucht Dux, aus Weber einen Evolutionismus herauszulesen und auf einer wissenssoziologischen Ebene zu rehabilitieren. Seine Kernthese läßt sich folgen-

---

291 Dux 1971: Religion, Geschichte und sozialer Wandel. Auszugsweiser Wiederabdruck: Dux 1973: Religion, Geschichte und sozialer Wandel: 313-337.
292 Dux´ Vorwurf, Webers „Eigengesetzlichkeits"-Theorem widerspreche dem methodologischen Konstruktivismus, muß geprüft werden. Evtl. kann man die Eigengesetzlichkeit (trotz ihres impliziten Objektivismus) als ein abgeleitetes Phänomen verstehen. Sie wäre dann eine abhängige Variable des okzidentalen Weltbildes und träte nur dann und dort auf, wo Akteure dieses Weltbild haben. Soziologie könnte diese Weltbildabhängigkeit der Eigengesetzlichkeit durchschauen, die Eigengesetzlichkeit historisieren und so wieder mit dem methodologisch geforderten Konstruktivismus versöhnen. Allerdings sei zugegeben, daß Weber in seinen Formulierungen oft mehrdeutig ist, besonders wenn er dem „Polytheismus der Werte" zugute hält, eine „innerlich wahre Plastik" zu haben (WL 604). Das monotheistische Mittelalter wird dementsprechend zu einer Epoche mit einer 'unwahren Plastik', weswegen Weber auch sagen kann, das Pathos seiner christlichen Ethik habe uns ein Jahrtausend lang die Augen geblendet (WL 605).
293 Dux bestreitet, dass Kulturwissenschaft notwendig wertbezogen sei. Die Geschichte als Stoff stelle der Analyse vielmehr objektive Anhaltspunkte zur Verfügung. M. E. müßte zwischen Objektivität und Universalität unterschieden werden. Letztere hielt Weber für unbeweisbar, erstere für dringend erforderlich. Dux sieht den Neukantianismus im Dualismus von konstruktivistischer Wirklichkeitsauffassung und Objektivitätspostulat verstrickt. Daher sei für Weber die „Unterscheidung zwischen der Frage nach dem Sinn des Handelns und nach dem Sinnzusammenhang von naturalen Vorgängen ...völlig undurchsichtig." (S. 318). Aber ist die scharfe Trennung von intrinsisch sinnhaften Vorgängen wie dem menschlichen Handeln einerseits und den sinnfremden Abläufen der Natur andererseits nicht eine von Webers großen methodologischen Leistungen?

dermaßen zusammenfassen: Ethnologische und kulturanthropologische Studien belegen, daß in allen frühen Kulturen die Elemente der Wirklichkeit in der Form „subjektivisch konzipierter Agenzien"[294] vorgestellt wurden. Damit meint Dux offenbar, daß der Frühmensch nicht nur seinen Mitmenschen, sondern auch den Dingen der äußeren Welt Willen und Bewußtsein zugesprochen hat. Daraus folgt er, daß Menschen die Wirklichkeit stets sozial generieren und daß dies die konstante Tiefenstruktur jeder menschlichen Wirklichkeitsauffassung sei. Dennoch sei die neuzeitliche Wirklichkeitsauffassung eine andere. Die Frage ist nun, wie sich dies jemals ändern konnte und ein Wandel vom „'ursprünglich-subjektivischen' zum neuzeitlichen Paradigma" möglich war.[295] Hierfür sieht Dux nur eine Möglichkeit: den Umbau des subjektivischen Schemas „in eine interpretative Matrix, deren Erklärungsprinzip darin besteht, ein Phänomen in seinem durchgehend interrelationalen Verbund anzugeben."[296] Damit möchte Dux zum Ausdruck bringen, daß in der Neuzeit die wahrgenommene Wirklichkeit auf andere Weise „erklärt" wird als vorher: nicht durch die Vorstellung einer Emanation von Etwas aus seinem Ursprung, sondern durch die Einordnung des Explanandum in ein ganzheitliches und regelhaftes Relevanzsystem. Der Übergang vom subjektivischen zum relationalen Erklärungsprinzip sei der

„Prozeß, den Max Weber mit dem als universalhistorische Kategorie konzipierten Begriff der Säkularisierung belegte. Dieser Wandel der der Wirklichkeitsauffassung zugrunde liegenden Matrix war in einem ein Prozeß der Entsubjektivierung und der Rationalisierung."[297]

Mit Entsubjektivierung meint Dux, daß die Menschen aufhörten, hinter allen Dingen und Ereignissen transzendente Ursprünge zu vermuten. Mit Rationalisierung sei dann die Ersetzung der „subjektivischen Agenzien" durch die „innere Dynamik des Beziehungszusammenhangs" gemeint. Zu diesem Schritt sind die Menschen motiviert gewesen, weil sie Herrschaft über die Natur und die sozialen Verhältnisse gewinnen wollten. Der Übergang zum neuzeitlichen Erklärungsparadigma ist für Dux folglich identisch mit dem Vorgang der Herrschaftsgewinnung. Gerade dies habe Weber mit seiner Säkularisierungstheorie sagen wollen: „Denn für ihn war ... der Prozeß der Säkularisierung sowohl in seiner Genese wie in seinem Resultat ein Herrschaftsprozeß und eben deshalb das Bewußtsein der Herrschaft das auszeichnende Moment der Gegenwart".[298]

---

294 Dux 1973: Religion, Geschichte und sozialer Wandel: 332.
295 Dux 1973: Religion, Geschichte und sozialer Wandel: 334.
296 Dux 1973: Religion, Geschichte und sozialer Wandel: 333. Der hier ausgedrückte Sachverhalt ist, obwohl er abstrakte Epistemologie betrifft, nicht so kompliziert, als daß Dux' nicht auf diese an Unverständlichkeit grenzende Ausdrucksweise hätte verzichten können.
297 Dux 1973: Religion, Geschichte und sozialer Wandel: 334.
298 Dux 1973: Religion, Geschichte und sozialer Wandel: 335.

Dux stellt seine Weber-Interpretation ganz unter den Aspekt der Säkularisierung, die er mit der Entzauberung wie mit der Rationalisierung in Zusammenhang setzt:

„Wenn irgendein Zweifel aufkommen konnte, ob Weber wirklich von einem universalhistorischen Prozeß der Rationalisierung als Säkularisierung seit Beginn der Geschichte der Menschheit ausgegangen sei, spätestens die Einsicht in den inneren Zusammenhang von Entzauberung und Rationalisierung muß ihn beseitigen. Denn Entzauberung bedeutete deshalb ein Vorgang der Versachlichung der Welt und Lebensführung, weil die Entsubjektivierung nur in einer einzigen Weise erfolgen konnte: durch die Gewinnung von sachlichrationaler Herrschaft. Subjektivierung und Herrschaftsentzug, Rationalisierung und Herrschaftsgewinn sind jeweils nur zwei Seiten ein und desselben Vorgangs. Eben deshalb waren immanente Sachlichkeit und Wissen um Herrschaft auch die beiden Attribute, durch die Weber die Neuzeit gekennzeichnet sah. Die Säkularisierung im engeren Sinn ist nur ein Moment in einer Geschichte, die immer wieder Chancen eröffnet hat, zu einer ausgedehnteren Diesseitigkeit zu kommen."[299]

Ausschlaggebend ist an dieser Auffassung, wie der Säkularisierungsgedanke mit dem Theorem der Herrschaft verbunden wird:

„Es ist nicht schwer, sich vorzustellen, weshalb sich für Weber der Gang der Geschichte als eine einzige Säkularisierung darstellen mußte. Gerade im Merkmal des Jenseitigen artikulierte Weber nicht irgendeine, wie immer zu verstehende, weltübersteigende Transzendenz, sondern den Entzug der Verfügungsgewalt über die Dinge und Vorgänge, deren innere Dynamik in die unzugängliche Subjektivität der von ihnen abgelösten Agenzien fiel. Für die religiöse Epoche kennzeichnend war deshalb auch nicht irgendeine qualitative Überlegenheit der Geister, Götter und Dämonen; ausschlaggebend war die schwere soziale Zugänglichkeit; auf sie aber war das – wie Weber sagte – versachlichte Denken und Handeln so gut wie jedes andere angewiesen."[300]

Die Argumentation von Dux kann also folgendermaßen rekapituliert werden: Indem das Subjekt sich selbst aus der von ihm betrachteten Welt der Dinge herausnimmt (= „Entsubjektivierung") und sein Weltverhältnis objektiviert, um Herrschaft und Kontrolle über die Dinge zu gewinnen, nimmt auch die Entzauberung der weltlichen Dinge ihren Lauf. Je mehr Herrschaft über die äußere Welt gewollt und errichtet wird, desto mehr ist das Subjekt auf Nicht-Weltliches angewiesen, um „Sinn" zu finden. Dieses Nicht-Weltliche ist das Jenseits, die Transzendenz. Je mehr das Unverfügbare diesem jenseitigen Reich zugerechnet wird und je stärker Profanität mit Beherrschbarkeit gleichgesetzt wird, desto weniger Platz bietet die Alltagswelt für das Heilige. Daraus resultiert eine Desakralisierung des Immanenten zugunsten einer Sakralisierung des Transzendenten, aus welcher der „Sinn" geschöpft werden kann.

Wie ist dies zu beurteilen? Dux setzt das Religiöse mit dem für menschliche Herrschaft Unverfügbaren gleich. Diesem Vorgehen ist der Begriff der Transzendenz kongenial, weil er das schlechthin Unverfügbare bezeichnen

---

299 Dux 1973: Religion, Geschichte und sozialer Wandel: 328.
300 Dux 1973: Religion, Geschichte und sozialer Wandel: 327.

kann. Nur hat sich Dux damit sehr weit vom Religionsbegriff Webers entfernt, der das rationale Element des religiösen Handelns gerade herausstreicht und selber aus guten, methodologischen Gründen darauf verzichtete, früher als nötig mit Transzendenz zu argumentieren.[301]

Auch hätte Dux sicherlich besser daran getan, das Verhältnis des Menschen zu Gott und zur Welt voneinander zu unterscheiden und nicht unter dem Begriff „Wirklichkeitskonstitution" in einen Topf zu werfen. Auf diesem Wege gelangt man dann auch zu der unbedingt erforderlichen Differenzierung innerhalb des Herrschaftsbegriffes: So wie Weber Gotteszwang und Gottesdienst unterscheidet, müßte man auch „Weltzwang" und „Weltdienst" voneinander trennen. Dann würde man sehr schnell erkennen, daß die Herrschaft über Sachen nicht mit der Herrschaft über Menschen verwechselt werden darf. Außerdem ist zwischen der Welt der äußeren Dinge und der „Welt" im religiösen Sinne, nämlich den sozialen Beziehungen und gesellschaftlichen Verhältnissen, unbedingt zu unterscheiden. Subjekte, die eine objektivierte, herrschaftsorientierte Haltung gegenüber der äußeren Welt einnehmen, werden wohl kaum einander ebenso begegnen, wenn sie um die Subjektivität des anderen wissen. Zwar verweist Dux noch auf das hier drohende Legitimationsproblem politischer Herrschaft, wenn er die Frage aufwirft, wie denn „die Subjektivität des Menschen, die als einzige übriggeblieben ist, dem relationalen Gefüge einzuordnen ist, ohne ihrem schöpferischen Vermögen Abbruch zu tun"[302], doch er dringt nicht zu dem Gedanken vor, daß das Soziale möglicherweise auch durch horizontale Vergemeinschaftung statt durch das (vertikale) Herrschaftsprinzip geordnete Wirklichkeit werden kann.

Bei Matthes (siehe unten) und Dux finden sich Verarbeitungen Weberscher Religionssoziologie, die in Theorien über die Konstitution von Wirklichkeitsstrukturen und Weltverhältnissen münden, also in Wissenssoziologie umschlagen. Explizit wird diese Rezeptionsmethode bei Tenbruck, Berger und Luckmann.[303] Die beiden letzteren verbindet mit Habermas und Luh-

---

301 Dux zufolge behaupte Weber eine Affinität jeder Religion zur Rationalität (S. 316). Doch Weber hatte lediglich festgestellt, daß das religiöse Handeln in seiner urwüchsigen Form ein relativ rationales sei (WuG 245). Er meint die alltagspraktische Erfahrungsrationalität, die diesseitige Heilwirkungen und materielle Vorteile erstrebt. Ungenau ist Dux' Behauptung, jede Religion schlage monotheistische Wege ein, weil ihre Rationalitätsaffinität dies als Systematisierungseffekt mit sich brächte und nur historisch-soziale Bedingungen diesen Trend stoppen. In Wirklichkeit sind die Hälfte der von Weber untersuchten Religionen noch nicht einmal theistisch, geschweige denn monotheistisch. Schon gar nicht ist 'Monotheisierung' der einzig mögliche Systematisierungsweg. Damit verfehlt Dux die asiatischen, kosmozentrischen Religionen. Webers These, die 'ratio' fordere den „Primat der universellen Götter" (WuG 256), meint mit 'ratio' nicht die praktische Alltagsrationalität, sondern den theoretischen Ordnungsdrang des Priesterintellektuellen.
302 Dux 1973: Religion, Geschichte und sozialer Wandel: 336.
303 Tenbruck 1975: Das Werk Max Webers; Berger 1973: Dialektik von Religion und Gesellschaft; Luckmann 1972: Das Problem der Religion; Luckmann 1996: Die unsichtbare Religion; Berger 1980a: Zwang zur Häresie; Berger 1980: Die gesellschaftliche Konstruktion.

mann, daß sie nicht eine in erster Linie authentische Rekonstruktion des Weberschen Werkes anstreben, sondern vielmehr bei Weber anknüpfen, um eigenständige und weiterführende Ansätze zu entwickeln. Eine exemplarische Pointierung des Säkularisierungskonzeptes auf die Gemeinschaftsproblematik findet sich bei Berger.[304] Obwohl er mit Luckmann den phänomenologisch-wissenssoziologischen Ansatz teilt, kommt er nicht zu dessen Auffassung, daß Religion etwas anthropologisch Konstantes und soziologisch Ubiquitäres ist, das bestenfalls seine äußere Erscheinung von sichtbaren zu unsichtbaren Formen wechseln, aber niemals ganz verschwinden kann.[305] Berger ist im Gegenteil der Ansicht, daß im Zuge der Entstehung der modernen, industriellen Kapitalismus immer mehr Teile von Kultur und Gesellschaft aus dem Einflußbereich religiöser Institutionen und Symboliken entlassen werden.[306]

Die Ursache für diese Entwicklung sei im Christentum selber zu finden, nämlich in der radikaleren Dualisierung der Welt in Transzendenz und Immanenz durch den Protestantismus.[307] Die Tiefenursache dafür wiederum sieht Berger in der religiösen Vorstellungswelt des alten Israels und in dem alttestamentlichen Gottes- und Menschenbild. Dort stehe Gott außerhalb des Kosmos und der Menschenwelt als magiefeindlicher, ethisch fordernder und historisch handelnder Gott dem Menschen gegenüber. So bekommt der einzelne Mensch ein religiöses Eigengewicht und wird zu einem „historischen Akteur im Angesichte Gottes":

„Individuelle Menschen sind immer weniger Repräsentanten mythischer Gesamtheiten wie im archaischen Denken, sondern personale und einmalige Individuen, die als Individuen bedeutende Taten vollbringen ... das alte Testament hat einen religiösen Rahmen für die Konzeption des Individuums geschaffen, für seine Würde und Handlungsfreiheit"[308].

Berger hat mit dieser Argumentation die Säkularisierung als radikale Dualisierung gedeutet und mit einer Individualisierung in Verbindung gebracht. Um den Plausibilitätsschwund des Religiösen zu erklären, behauptet Berger, daß zwei Varianten der Säkularisierung am Werk seien: die subjektive und die objektive. Die erstere zeige sich in einer Verweltlichung des Bewußtseins, die zweite in der Säkularisierung der Sozialstruktur. Das moderne Bewußtsein empfinde die traditionelle religiöse Wirklichkeitsdefinition immer stärker als unglaubwürdig. Es herrsche hier sozusagen auf der Nachfrageseite eine Ver-

---

304 Berger 1973: Dialektik von Religion und Gesellschaft.
305 Vgl. Luckmann 1996: Die unsichtbare Religion.
306 Berger 1973: Dialektik von Religion und Gesellschaft: 103.
307 Leider führt Berger den interkulturellen und interreligiösen Vergleich, den er zu den Themen Welterhaltung, der Theodizeen und der religiösen Entfremdung noch zieht, nicht für das Thema der Säkularisierung durch.
308 Berger 1973: Dialektik von Religion und Gesellschaft: 114. Man sollte allerdings bedenken, wie sehr die jüdische Religion ihre Verheißung an das Volk Israel und nicht an einzelne Individuen richtet. Vgl. dazu auch die Ausführungen unten im Kapitel über die Gemeinschaftsbildung im antiken Judentum.

unsicherung darüber vor, wieweit aus der Sicht eines „gesunden Menschenverstandes" religiöse Wahrheitsbehauptungen akzeptabel sind. Die objektive, sozialstrukturelle Säkularisierung hingegen finde auf der Angebotsseite dadurch statt, daß in einer pluralistischen Situation viel religiöse und quasireligiöse ‚Gunstbewerber' auftreten, ohne daß auch nur einer von ihnen irgendeine Erzwingungs- und Verbindlichkeitskraft aufbieten könnte.

In der Konsequenz dieser doppelten Säkularisierung liege die „Polarisierung der Religion zwischen öffentlichen und privatesten 'Orten' der institutionellen Ordnung, zwischen den Institutionen des Staates und der Familie"[309].

Berger hält es für eine der bedeutendsten Folgen der Säkularisierung, „daß der Staat nicht länger als Vollzugsorgan für die einst dominierende religiöse Institution dient"[310]. Er wird noch deutlicher, wenn er schreibt:

„Den Verfechtern des alten Schutz- und Trutzbündnisses zwischen Staat und Religion dürfte unserer Meinung nach nichts anderes übrigbleiben, als dem sozioökonomischen Modernisierungsprozeß in den Arm zu fallen und ihn abzuwenden, das heißt also zur vorindustriellen Gesellschaft zurückzukehren, eine Vorstellung, die jeder Kenner der Geschichte als aussichtslose Phantasterei abtun wird."[311]

Berger koppelt also die Säkularisierung an die ökonomisch-industrielle Entwicklung, so daß sie als notwendige Voraussetzung für Wirtschaftswachstum und Industrialisierung erscheint. Seiner Meinung nach diffundiert sie von ihrem zentralen Ursprungsort im ökonomischen Sektor langsam in den Bereich des staatlich-politischen Handelns.[312] Berger verwendet ein Modell der 'Polarisierung' der Religion. Sie habe folgenden „Gesamteffekt":

„Religion manifestiert sich als öffentliche Rhetorik und private Tugend. Insoweit sie also gemeinschaftliche ist, fehlt ihr 'Wirklichkeit', und insoweit sie 'wirklich' ist, fehlt ihr Gemeinschaftlichkeit."[313]

---

309 Berger 1973: Dialektik von Religion und Gesellschaft: 124. Berger schließt daran die Behauptung an: „(Es) steht nach wie vor fest, daß weder Krieg noch Ehe ohne traditionelle religiöse Symbole begonnen werden." Da Berger diese Beobachtung als Erläuterung seiner Polarisierungsthese bringt, meint er damit wohl die Verdrängung der Religion an die zwei extremen Ränder des sozialen Lebens: zum Staat als der maximal öffentlichen und zur Familie als der maximal privaten Institution. Ich halte diese Behauptung für in logischer Hinsicht unausgereift und in empirischer Hinsicht falsch: Erstens sind Staat und Familie nicht die beiden Extrempole des Kontinuums „öffentlich/privat", sondern die öffentliche Meinung (der Zivilgesellschaft) und das individuelle Gewissen. Zweitens sind weder Staat noch Familie signifikant stärker oder schwächer vom Säkularisierungsprozeß betroffen als andere Institutionen oder Verbände. Das von Berger selbst diagnostizierte Kraftzentrum des Säkularisierungsprozesses, der ökonomisch-industrielle Komplex, fehlt hier. Außerdem vermißt man eine Anknüpfung an meso-soziologische Konzepte wie Kirche, Sekte und Gemeinde.
310 Berger 1973: Dialektik von Religion und Gesellschaft: 125.
311 Berger 1973: Dialektik von Religion und Gesellschaft: 126.
312 Berger 1973: Dialektik von Religion und Gesellschaft: 127.
313 Berger 1973: Dialektik von Religion und Gesellschaft: 128.

Als reine Privatsache wäre die Religion sozial ohnmächtig und könnte nur eingeschränkt in sozialen Institutionen aufgehoben werden. Als öffentliche, gemeinschaftliche Angelegenheit hingegen ist die Religion in der modernen Gesellschaft den Kräften der Wirtschaft und des Rechtsstaates hoffnungslos unterlegen und zu einer relativen sozialen Wirkungslosigkeit verdammt. Als Regulator öffentlicher Angelegenheiten scheint es der Religion dabei nicht nur an Effektivität, sondern auch an Legitimität zu mangeln. Diese Feststellungen sind richtig und bedeutsam, doch leider verdichtet Berger seine Einzelargumente nicht zu einem in sich schlüssigen theoretischen Entwurf. So versäumt er es beispielsweise, sein polares Kontinuum von 'öffentlich' und 'privat' in eindeutiger Weise von jenem anderen Merkmalspaar 'gemeinschaftlich' und 'wirklich' zu unterscheiden und die beiden eindeutig aufeinander zu beziehen. Er scheint das Gemeinschaftliche mit der Politik und das Private mit der Familie zu identifizieren. In Wahrheit ist aber die Familie eine soziale Institution und eine kleine Gemeinschaft. Wer in ihr Tugenden erlernt, entfaltet eine soziale Wirkung damit. Aus einem Netzwerk mehrerer Familien können Nachbarschaften oder Gemeinden entstehen, die der Religion gemeinschaftliche Wirkung verleihen. Denn nicht jeder staatsferne oder -freie Raum ist reine Privatangelegenheit. Berger mangelt es hier an einem Begriff von 'Zivilgesellschaft' oder 'societal community'. So ist auch seine Äußerung abzulehnen, daß alle Gebiete der Privatsphäre, insbesondere die Familie und mit ihr die Religion, „notorisch zerbrechlich"[314] seien. Die Strukturen einer privaten Marktwirtschaft sind das beste Gegenbeispiel um diese Behauptung zumindest in dieser Allgemeinheit zu widerlegen.

Richtig bleibt allerdings Bergers Diagnose der Privatisierung der Religion.[315] Doch auch hier hat er meines Erachtens die Stärke seiner eigenen Argumente nicht ausgespielt. Er klärt nirgendwo den systematischen Zusammenhang zwischen Plausibilisierung und Privatisierung. Dabei hatte er explizit festgestellt, daß jede Religion unabdingbar und notwendig ihren Bedarf an Gemeinschaft befriedigen muß, weil sie völlig abhängig sei von der Beständigkeit ihrer 'Plausibilitätsstruktur'. Mit diesem Begriff bezeichnet Berger die gesellschaftliche Basis jeder Welterhaltung. Er behauptet,

„daß alle überlieferten Religionen für die Beständigkeit ihrer Plausibilität eine spezifische Gemeinschaft benötigen. In diesem Sinne ist die Maxime extra ecclesiam nulla salus praktisch allgemeingültig"[316].

---

314 Berger 1973: Dialektik von Religion und Gesellschaft: 129.
315 Berger läßt unklar, warum Privatisierung nicht nur die objektive sozialstrukturelle Seite der Säkularisierung erklärt, sondern auch, inwiefern die subjektive („private") Aneignung, i.e. die Internalisierung, von Säkularisierung betroffen ist. „Familie" als einflußreichste Sozialisationsinstanz könnte dabei noch immer als Säkularisierungsblockade fungieren.
316 Berger 1973: Dialektik von Religion und Gesellschaft: 46. Berger setzt dabei ausdrücklich voraus, daß er „salus" hier als „beständige Plausibilität" interpretiert, was theologisch zugegebenermaßen sehr gewagt ist.

Eine theoretische Erklärung dieser Zusammenhänge könnte, wenn man Bergers Ausgangspunkte akzeptiert, folgendermaßen aussehen: Als Institutionen erster Ordnung legitimieren sich religiöse Vergemeinschaftungen qua Faktizität, als erwünschte Alternativen zum unerwünschten 'Nichts', wenn man so will. Daß sie überhaupt ins Leben gerufen werden, mag auf naturalen Notwendigkeiten und – beziehungsweise: oder – historischen Zufällen beruhen.[317] Daß sie im und am Leben bleiben, beruht bereits auf Erfahrungen der Beteiligten, die sie nur machen konnten, weil jene religiöse Institution bereits existierte. In dieser Hinsicht handelt es sich um eine Vergemeinschaftung, die sich selbst stabilisiert. Dies erklärt, warum Religionsgemeinschaften nahezu ausnahmslos für sich selbst ihre Existenz nicht aus historischen Zufällen oder kontingenten Entwicklungen ableiten, sondern warum sie eine plausible Legitimation ihrer Existenz benötigen. Diese beschaffen sie sich aus der Erzählung und Tradierung mythischer Schöpfungsakte oder charismatischer Stiftungen. Sofern es sich nicht um skripturalistische, sondern um kosmozentrische Religionen handelt, kann unter Umständen natürlich auf einen Entstehungsmythos ganz verzichtet werden und die Religionsgemeinschaft als 'immer schon' existent vorgestellt werden.

Wenn Institutionen erster Ordnung nun also von Privatisierung heimgesucht werden, vervielfältigen sich die Erfahrungen und Motive, individualisieren sich die beteiligten Individuen und die Vergemeinschaftung samt ihrer legitimatorischen Ideationen wird in ihrem Verbindlichkeitsanspruch unplausibel. Die Frage ist nur, woher der Anstoß zu einer solchen Privatisierung kommt. Woher kommen die abweichend Handelnden und wieso haben sie überhaupt die Möglichkeit, abweichende Erfahrungen zu machen, abweichende Motive zu hegen und abweichende Handlungen zu begehen? Berger erwähnt, daß interreligiöse Kontakte gewaltige Replausibilisierungs- und Legitimierungsanstrengungen provozieren. Er erläutert ausführlich die praktischen und kognitiven Schwierigkeiten, die Religionen bekommen, wenn ihre Monopolstellung verlorengeht und sie sich plötzlich in einer pluralistischen Situation wiederfinden. Die Explosion der Devianz- und Negationsmöglichkeiten ihr gegenüber mag aus der Sicht eines Exmonopolisten in der Tat desaströs erscheinen. Allein man fragt sich, warum Berger seine Behauptung, daß der Pluralismus für die Religion ein Strukturproblem aufwerfe, nicht an der Frage überprüft, warum andere Systeme der Welterrichtung mit dem Pluralismus soviel weniger Probleme haben. Warum erodiert unter Konkurrenzbedingungen nicht auch die Plausibilitätstruktur namens 'Wissenschaft'? Warum floriert die Plausibilitätstruktur 'Wirtschaft' im pluralistischen Wettbewerb im Gegenteil besonders gut? Warum haben humanistische oder säkularisierte Philosophien hier einen leichteren Stand als Religionen? Vor allem:

---

317 Dies gilt freilich nur für die Sichtweise der methodologisch atheistischen Soziologie: Sie ignoriert die Möglichkeit, daß religiöse Vergemeinschaftung tatsächlich auf der Wahrheit einer Offenbarung des Göttlichen beruht.

Wieso bereitet der Pluralismus dem Gewaltmonopolisten namens 'Staat' und seiner Plausibilitätsstruktur keine Schwierigkeiten? Berger zufolge steigert eine Monopolstellung die Festigkeit einer Plausibilitätsstruktur; dies garantiert ihr eine erfolgreiche Welterhaltung. Da nun notwendigerweise irgendeine Art der Welterhaltung wohl auch in modernen Gesellschaften stattfindet, müßte auch deren Stabilität einem Monopol zu verdanken sein. Aber wo ist dieses Monopol, und von welcher Art ist es? Hierüber verliert Bergers Religionstheorie kein Wort.

Um eine mögliche Antwort Bergers auf diese drängenden Fragen rekonstruieren zu können, müßte offenbar das Spezifikum jeder religiösen Plausibilitätsstruktur gegenüber allen profanen Plausibilitätsstrukturen herausgearbeitet werden. Denn die Religionen sind in Bergers Sicht Welterrichtungs- und Welterhaltungssysteme, die im Gegensatz zu anderen ihre Degradierung von einer gesamtgesellschaftlichen zu einer subgesellschaftlichen Plausibilitätsstruktur nicht verarbeiten können. Wenn jemand den Religionen Wirklichkeit bewahren will, muß er für sie Plausibilitätsstrukturen erfinden, aufbauen und konservieren.[318] Diese praktische Problem nennt Berger 'gesellschaftliche Steuerung'; es sei bei monopolistischen Religionen wesentlich leichter zu lösen als im Pluralismus. Sie könnten zu Methoden der physischen Vernichtung (Beispiel Inquisition) oder der räumlichen Segregation (Beispiel: das islamische Millet-System) greifen, um Abweichende zu kontrollieren, die territoriale Grenze zu sichern und durch Kontaktsperren beziehungsweise starke Kontaktselektionen auch zu einer kognitiven Grenze werden zu lassen. Sie könnten ihre Monopolstellung über die Sozialisationsinstanzen wie Erziehung, Wissenschaft und Recht festigen und ausbauen. Eine Dissoziierung von der Gesamtgesellschaft und eine organisierte Rückkehr zu ihr durch eigene profane 'Arme' steht auch nicht-monopolistischen Religionen als Möglichkeiten offen. Ihre Apologetik wird sich auf die Freiheit der Religionsausübung und des Gewissens berufen, während die Apologetik monopolistischer Religionsgemeinschaften Ansprüche auf Wahrheit und Allgemeinverbindlichkeit erheben wird.[319]

---

318 Berger 1973: Dialektik von Religion und Gesellschaft: 47.
319 Berger konzipiert Religion als menschliche Weise der Welterrichtung. Dabei will er auf die Frage nach der Wahrheit oder Illusion des Religiösen verzichten und stattdessen phänomenologisch vorgehen, indem er „Welt" als eine Entität behandelt, deren ontologischen Status man ausklammert (S. 4). Mit dem Begriff „Gesellschaft" bezeichnet er jenes ordnende Handeln der Menschen, das „Welt" nicht nur errichtet, sondern gleichzeitig in eine Sinnordnung bringt. Diese Ordnung heißt bei Berger „Nomos" (S. 24f). Dieser Nomos kann von Menschen anthropologisch oder kosmologisch verdinglichend gedeutet werden: „Kosmisierung impliziert die Gleichsetzung der als sinnvoll gewollten Welt mit der Welt überhaupt, wobei die Menschenwelt in der kosmischen gründet, sie widerspiegelt oder in ihren fundamentalen Strukturen entstanden ist...Religion impliziert die Projektion menschlicher Ordnung in die Totalität des Seienden. Anders ausgedrückt: Religion ist der kühne Versuch, das gesamte Universum auf den Menschen zu beziehen und für ihn zu beanspruchen." (S. 28). Berger konzediert, daß nicht jeder Kosmos heilig sein muß, sondern

Durkheims Religionssoziologie offenbare Berger zufolge ihre 'entscheidenden Schwächen', wenn man versucht, mit ihrer Hilfe religiös pluralistische Gesellschaften zu analysieren. Durkheim habe diesen Fall einer Religion, die nicht die gesamte Gesellschaft umfasse, nicht vorgesehen. Deswegen verweist Berger an dieser Stelle auf Max Weber. Dessen Konzepte von 'Sekte' und 'Kirche' seien geeignetere Ansatzpunkte, auch wenn Weber die „kognitiven (im wissenssoziologischen Sinne) Implikationen des Sektenwesens" nicht berücksichtigt habe.[320]

Matthes bezweifelt die interkulturelle Übertragbarkeit des religionssoziologischen Ansatzes von Weber. Er rezipiert Weber zwar als einen Säkularisierungstheoretiker, kritisiert aber vehement die Fragerichtung und Blickverengung, die Weber dem Fach 'Religionssoziologie' damit gegeben habe. In Matthes' Wahrnehmung ist der soziologische Blick auf Religion durch Webers Verschulden zu einem Blick auf ausdifferenzierte und daher gesellschaftlich minderbedeutsame 'Säkularisate' degeneriert. Dazu zählt er die Phänomene der „Kirchlichkeit als besonderes soziales Verhalten und der kirchlichen Organisation als besondere Organisation."[321] Man kann in der Tat Matthes' Hinwendung zu einer kommunikationstheoretischen Bestimmung des Phänomens Religion als „diskursiven Tatbestand"[322] als Folge von Erfahrungen mit empirischen Feldstudien in nicht-westlichen Ländern und theoretischen Impulsen mit und aus der interkulturellen Forschung verstehen, die Matthes darin bestärkten, die 'Besonderung' des Religiösen als das Kirchliche als aporetische Gefahr für die allgemeine Religionssoziologie wahrzunehmen.[323]

Matthes spricht angesichts der globalen 'westernization' das Problem uneingestandener christlicher Vorurteile an. Es läge in der okzidentalen Denkweise beschlossen, eine „Logik der Bestimmtheit" zu verfolgen, deren Wurzel der „exklusive Wahrheitsanspruch der im Offenbarungscharakter des Christentums beschlossen liegt und der, säkularisiert, unseren Wahrheitsbegriff

---

profan sein kann wie der der Naturwissenschaften. Damit schrumpft Bergers Religionsbegriff trotz allen wissenssoziologischen Aufwandes aber wieder auf die Durkheimsche Dichotomie von heilig und profan zusammen.
320 Berger 1973: Dialektik von Religion und Gesellschaft: 47.
321 Matthes 1967: Religion und Gesellschaft: 10. Mit dem Begriff „Säkularisat" hat Matthes einen eleganten und möglicherweise fruchtbaren Begriff für die Resultate okzidentaler Religionsentwicklung ins Spiel gebracht. Warum er allerdings an der hier erwähnten Stelle ausgerechnet Kirche und Kirchlichkeit als Säkularisate darstellt, ist meines Erachtens unverständlich. Begrifflich konsequent wäre es doch wohl eher gewesen, eben die säkularen Institutionen, die aus religiösen Institutionen durch eine Säkularisation hervorgegangen sind, so zu bezeichnen. Also beispielsweise die Berufspflicht als Säkularisat der protestantischen innerweltlichen Askese oder das Recht auf Meiungs- und Gewissensfreiheit als Säkularisat der Dignität der religiösen Glaubensüberzeugung.
322 Matthes 1992a: Suche nach dem „Religiösen".
323 Matthes 1983: Religion als Thema komparativer Sozialforschung; Matthes 1992b: „Zwischen den Kulturen?"; Matthes 1993: Was ist anders an anderen Religionen?

trägt."³²⁴ So richtet Matthes wie zuvor an Weber und an die an Weber orientierte Religionssoziologie auch an die Theologie den Vorwurf, den „Möglichkeitsraum" Religion auf die Wirklichkeit Kirche zu verengen:

„Wird heute im öffentlichen Diskurs von 'Religion' geredet, nimmt man zuvörderst Bezug auf das, was sich an Merkmalen von 'Religion' an kirchlichen, theologisch definierten Vorgaben ablesen läßt. Doch gerade in diesen Merkmalen bleibt, sieht man sich nach ihrem nachweisbaren Vorkommen um, wenig hängen, und anderes bringt sich kaum mehr als 'Religion' zur Geltung, seit die eigene Kohäsion einer christlichen Laienschaft unter dem Druck von fortschreitender Individualisierung und Zersplitterung von Lebens- und Erfahrungsräumen zerbröckelt ist und die Kraft zur gesellschaftlichen Selbstdarstellung verloren hat. Und wenn und wo sich anderes als 'Religion' zur Geltung zu bringen versucht, unterliegt es sofort der kirchlichen Einrede."³²⁵

Alles in allem ergibt sich der Befund, daß Matthes die Elemente der Weberschen Religionssoziologie mißfallen, die mit der Theologie gewisse säkularisierungstheoretische Sichtweisen gemeinsam haben, weil er sie als christozentrisch empfindet. Dieser Zentrismus führe zu einem einseitigen Religionsbegriff im Alltagsverständnis nicht weniger als im sozialwissenschaftlichen Verständnis. Nur im Westen hielte man die Religion für etwas von der Gesellschaft Getrenntes und Apartes. Diese Perspektive nennt Matthes die „differenztheoretische" Betrachtungsweise, die nicht-christlichen Kulturen fremd sei.³²⁶ Er sieht die agnostischen Soziologen darin mit den Angehörigen eines „säkularisierten, zunächst natürlich vor allem protestantischen Kleinbürgertums" wie auch „mit der Orthodoxie institutionell verfaßter Kirchlichkeit" einig. Der einzige Konkurrent dieser Differenztheorie sei seit Durkheim das „Allgemeinkonzept" von Religion, wonach alle beobachtbaren Religionen nur „Abarten einer und derselben Gattung" seien.³²⁷ Im Blick auf die außerchristlichen Kulturen formuliert Matthes dann:

„Mit Indifferenzen in der Zuordnung zu einer 'Religion' und mit Unbestimmtheiten in ihrer Ausübung kann die christliche, zumal die protestantisch geprägte Welt schwer leben, die Kirche ebensowenig wie der einzelne bekennende Christ und, schließlich, der zeitgenössische westliche Alltagsagnostiker. Wenn woanders solche Indifferenzen und Unbestimmtheiten auftreten und gerade in diesem ihren Charakter im Alltagsleben ständig präsent sind, zugleich aber keinen gesellschaftlich wirksamen Widerpart auf der Ebene institutioneller Verfaßtheit haben, erscheinen sie uns als eigentümlich und erklärungsbedürftig; unser 'Kausaltrieb' (Georg Simmel) gönnt uns auch da keine Ruhe. Bestimmte, zumeist arg verdünnte Fassungen der 'Säkularisierung', über die sich die westliche Welt mit den Aporien ihrer eigenen 'religiösen' Überlieferung auseinandersetzt, bieten sich in aller Regel zur

---

324 Matthes 1992a: Suche nach dem „Religiösen": 130.
325 Matthes 1992a: Suche nach dem „Religiösen": 132f. Matthes zufolge führen die Theologen mi Hilfe einer „offiziellen Eigentheorie" (S. 132) seit der Reformation einen Zwei-Fronten-Krieg. Nach innen versuchten sie, außerkirchliche Religiosität durch Inklusion zu domestizieren, nach außen durch „Nostrifizierung" (ebd.) das Nicht-Christliche als minderreligiös aussehen zu lassen.
326 Matthes 1993: Was ist anders an anderen Religionen?: 23.
327 Durkheim 1981: Die elementaren Formen: 21.

Sättigung dieses Erklärungsbedürfnisses an. Projiziert man nun eine solche Theorie auf außer-christliche Kulturwelten, dann müßte man, die islamische und die jüdische ausgenommen, überraschenderweise von den meisten von ihnen als schon immer säkularisiert sprechen – was mit dem evolutionistischen, epochalen Sinn des Konzepts 'Säkularisierung' ins Gehege käme. Denn vielerorts zeigt sich, daß 'Religion' gerade aus solchen unprätentiösen Indifferenzen und Unbestimmtheiten, ohne institutionell verfaßtes Maß für ihre Bestimmtheit lebt."[328]

Mit dieser Deutung des Säkularisierungskonzeptes als einer westlichen Erklärung für Widersprüchlichkeiten im religiös-sozialen Alltagsleben verbindet Matthes eine Attacke auf die Synkretismus-Forschung, die er genauso als konzeptuelle Fehlleistung auffaßt wie Max Webers evolutionstheoretische Deutungen:

„Eine weitere Strategie-Variante, die sich anbietet, besteht darin, uneindeutig auftretendes 'Religiöses' evolutionstheoretisch herabzustufen, auf jener konzeptuellen Jakobsleiter, die uns vor allem das 19. Jahrhundert beschert hat. Dieser Strategie hat sich auch Max Weber bedient, als er, gerade im Blick auf die 'Religionswelt' der chinesischen Kultur, davon sprach, sie habe sich aus dem 'Zaubergarten der Magie' nicht zu befreien vermocht."[329]

Mit seiner Entgegensetzung von „Differenz"- und „Allgemeinkonzept" hat Matthes zwar ein wichtiges Problem der Begriffsbildung im Phänomenbereich der Religion angesprochen, aber freilich noch recht wenig zu dessen Lösung beigetragen. Schließlich bezeichnet jeder Begriff etwas Allgemeines, indem er Einzelerscheinungen ein Gemeinsames zuweist, aber auch etwas Besonderes, indem er eine Grenze zieht zu allen anderen Phänomenen, die dieses gemeinsame Merkmal nicht haben. Man kann die beiden Konzepte bequemer auch daran unterscheiden, daß im ersten eine Säkularisierung möglich und im zweiten Fall unmöglich ist. Denn wenn Religion etwas abgesondertes darstellt, dann kann sie differenziert werden oder sogar separat degenerieren, ohne daß dieser „Tod Gottes" im Sinne Nietzsches gleich die gesamte Gesellschaft mit in den Tod risse. Ist Religion hingegen etwas allgemeines, dann wird sie wohl jeden historischen Wandel, wenn auch oft in neuem Gewande, überleben. Dann ist objektiv unmöglich, sie zum Verschwinden zu bringen.

Matthes' Fassung der Religion als 'diskursiven Tatbestand' verlagert die begrifflichen Probleme nur auf eine andere Ebene. Wenn er von „der Geburt der Religion aus dem Geist der Forschung über sie" spricht[330], dann impliziert er natürlich, daß es ohne Religionsforschung keine Religion gäbe und dementsprechend ohne Säkularisierungstheoretiker auch keine Säkularisierung. Letztlich kritisiert Matthes offenbar nicht in erster Linie den Zentrismus des religionssoziologischen Denkens, sondern dessen uneingestandenen Konstruktivismus. Insofern zwingt er die Religionssoziologie zu dem Eingeständ-

---

328 Matthes 1993: Was ist anders an anderen Religionen?: 24.
329 Matthes 1993: Was ist anders an anderen Religionen?: 25.
330 Matthes 1993: Was ist anders an anderen Religionen?: 26.

nis, daß ihr Untersuchungsobjekt ein Konstrukt ist; was eigentlich niemanden überraschen dürfte, da diese Feststellung wissenschaftstheoretisch trivial ist. Der Konstruiertheit entrinnt man auch nicht dadurch, daß man sie eingesteht, noch kann man sich auf diesem Wege dem Erfordernis wissenschaftlicher Objektivität entziehen. Immerhin könnte man die Konstrukteure eines wissenschaftlichen Religionsbegriffs von den Konstrukteuren eines alltagssprachlichen Religionsbegriffs unterscheiden und letztere zu einem Objekt der forschenden Betrachtung machen. Auf diesen Gedanken geht Matthes mit keinem Wort ein. Dabei könnte man auch auf diesem Wege eine Säkularisierung diagnostizieren, sobald die Alltagsdiskurse immer seltener auf religiöse Begriffe und Themen Bezug nehmen. Doch selbst hier steht man vor der Frage, wann ein Diskurs „religiös" und wann er „säkular" ist. Daran wird ersichtlich, daß Matthes das Problem nur verlagert. Man kommt der Lösung möglicherweise näher, wenn man nach den sozialen Bedingungen des Diskurses Ausschau hält und fragt, wer mit wem in Diskurs tritt, wer in ihm bleibt und wer austritt bzw. ausgeschlossen wird. Die Frage nach dem Bestand und der Zusammensetzung der Diskursgemeinschaften hebt den sozialen Aspekt des ‚diskursiven Tatbestandes' Religion auf eine theoretisch begreifbarere und forschungspraktisch leichter durchführbare Untersuchungsebene.

5.3.2 Die kommunikationstheoretische Sichtweise: Habermas

Habermas vermutet einen inneren, systematischen Zusammenhang zwischen der beim zweckrationalen Handlungstyp ansetzenden sinnverstehenden Methode Webers und dem okzidentalen Rationalismus als seinem vorrangigem Thema.[331] Habermas will diesen Zusammenhang als logisch zwingend darstellen und somit widerlegen, daß es sich um eine forschungspsychologische Zufälligkeit handelt.[332]

Die Behauptung der Strukturidentität von Methode und Thema ist zweifellos eine sehr weitreichende These, bei der es letztlich um die Universalität der Rationalität geht. Habermas will daher den universalistischen Gehalt des Weberschen Rationalitätskonzeptes nachweisen. Dazu benötigt er zunächst einen Begriff von Rationalität, der wesentlich klarer sein muß als derjenige Webers, den er zu Recht für verwirrend hält.[333]

---

331 Habermas 1981a: Die Theorie des kommunikativen Handelns Bd. 1: 20-23.
332 Oben wurde gezeigt, daß die calvinistische Art der Gemeinschaftsbildung Webers soziologischer Methode kongenial ist. 'Sachliche Gemeinschaft' als Fundament des okzidentalen Rationalismus wäre aber durchaus der von Habermas gesuchte Zusammenhang.
333 Habermas 1981a: Die Theorie des kommunikativen Handelns Bd. 1: 226.

Rational sind für Habermas diejenigen menschlichen „Äußerungen", die „einer objektiven Beurteilung zugänglich"[334] sind. Einer solchen Beurteilung werden sie immer dann zugänglich, wenn sie transsubjektive Geltung beanspruchen. Als „rational" kann jede Äußerung gelten, für die der Sprecher geltende Gründe anführen kann, wenn er gefragt würde, warum er sich so äußerte, wie er es tat. „Geltend" sind Gründe, wenn andere sie als Gründe anerkennen.[335]

Habermas bindet "Objektivität" an Kommunikabilität, Unverständliches kann demnach unmöglich "wahr" sein, denn alles, was wahr ist, muß in rationalen Diskursen auch verständlich artikuliert werden können. Der Glaube an die Möglichkeit der Wahrheit des Absurden, den Weber als ein Spezifikum christlicher Theologie unter Berufung auf Tertullian ins Spiel bringt, würde den Habermasschen Argumentationsrahmen sprengen. In höchstem Maße irrational ist in Habermas' Begriffen dann der calvinistische Prädestinationsglaube, der religiös und ethisch gerade das wichtig nimmt, was vollkommen unverständlich ist: der ewige Ratschluß Gottes über die Zugehörigkeit zum Kreise der Erwählten. Das gemeinschaftliche Einverständnis über heilswichtige Angelegenheiten wird durch diesen Glauben zunächst grundsätzlich dogmatisch und theologisch gefährdet. Denn er radikalisiert die Ungewißheit. Statt einer sakralen Überhöhung des Gemeinschaftlichen droht dessen Auflösung oder zumindest ihre Säkularisierung zu einer religiösen Unsicherheitsgemeinschaft zueinander reservierter und distanzierter Individuen. Was Weber als der Höhepunkt des religiösen Rationalisierungsprozesses gilt, erscheint in Habermas' Begriffen als Musterbeispiel von Irrationalität. Diese

---

334 Habermas 1981a: Die Theorie des kommunikativen Handelns Bd. 1: 25ff.
335 Habermas scheint unentschieden in der Frage, ob die Rationalität kommunikativer Verständigung notwendig an die propositionale Wahrheit einer konstativen Äußerung angekettet bleibt oder ob auch Verständlichkeit ohne Wahrheit einen Rationalitätstypus darstellt. Seine Definition von Objektivität als einer "Vergewisserungsleistung einer kommunikativen Gemeinschaft", die er nun ihrerseits als die "Gemeinschaft der Zurechnungsfähigen" bezeichnet, scheint auf letzteres hinauszulaufen Habermas 1981a: Die Theorie des kommunikativen Handelns Bd. 1: 31f. „Wahrheit" wäre dann nichts anderes als eine Verständigungs- und Verständlichkeitsleistung. In dem Habermasschen Ausdruck der "kooperativen Wahrheitssuche" bleibt ebenfalls unklar, ob die "Wahrheit" oder ob die "Kooperativität" das entscheidende Merkmal kommunikativen Handelns abgibt. Diese Frage ist wichtig, weil sich nach ihrer Beantwortung die Möglichkeit eines radikalen Individualismus bemißt. Die Berufung auf die Wahrheit gewährt dem einzelnen Individuum ein Negationspotential gegenüber spezifischen Konsensen seiner Gemeinschaft, weil sie Universalität impliziert. Das Universale überwindet im Zweifelsfalle die Grenzen spezifischer Gemeinschaften. Die Frage ist nur, ob es auch die Grenzen der Gemeinschaft der Zurechnungsfähigen überwinden kann. Äußert sich jemand in einer unverständlichen Weise, dann ist seine Äußerung keiner objektiven Überprüfung zugänglich; niemand kann in einem solchen Falle wissen, was der Sprecher oder Akteur eigentlich im Sinn hat. Das macht ihn nun im Habermasschen Sinne „unzurechungsfähig". Damit scheidet er aus der universalen Kommunikationsgemeinschaft aus, seine Äußerung verliert jede Chance, als „rational" zu gelten.

Feststellung wirft die Frage auf, ob es Habermas tatsächlich gelungen ist, eine Einheitlichkeit im Weberschen Rationalitätsbegriff freizulegen, die Weber selber nicht gesehen hat noch sehen wollte. Wenn das Attribut „rational" auschließlich von Menschen durch eine entsprechende Äußerung den „Äußerungen" anderer Menschen zuerkannt wird, dann muß weiter gefragt werden, ob und wie Rationalitätsstandards dann Universalität beanspruchen können. Nimmt man eine Kontextabhängigkeit der Rationalität an, muß man bei der Untersuchung fremder Kontexte entweder ganz auf die Hermeneutik und das Verstehen verzichten und beispielsweise zu einer objektivistischen Methode greifen, oder aber seinen Verstehensversuch mit der Unterstellung neuer und unbekannter Rationalitätsstandards beginnen. Im ersten Fall opfert man den Anspruch des Verstehens, im zweiten die Universalität. Habermas will diesem Dilemma durch eine Unterscheidung zwischen Gründen (die Rationalität herbeiführen) und „Ideen der Wahrheit, der normativen Richtigkeit und der Wahrhaftigkeit oder Authentizität"[336] abhelfen. Letztere verbürgen den universalen Gehalt rationaler Äußerungen, selbst wenn diese (nur) nach fremdkontextuellen Standards „rational" sein sollten. In jedem Kontext und in jeder Sprache gelte 'Wahrheit' als mit universalem Geltungsanspruch ausgestattet, daher sei die Idee der Wahrheit nicht partikularistisch und nicht kontextabhängig. Diesen Standpunkt versucht Habermas in einer Auseinandersetzung mit P. Winch am Beispiel von Weltbildern klarzumachen.[337] Daraus leitet er ein dann Rationalitätskriterium ab, das er "kognitive Angemessenheit" nennt.[338] Hier wird eine der entscheidenden Grundannahmen der Habermasschen Theorie deutlich: Für Habermas sind die Weltbilder erkenntnistheoretisch hintergehbar, sie lassen sich daher nach ihrem Rationalitätsniveau hierarchisieren.[339]

---

336 Habermas 1981a: Die Theorie des kommunikativen Handelns Bd. 1: 88.
337 Winch zufolge ist es unsinnig, Weltbilder nach irgendwelchen anderen Kriterien als ihrer Kraft zur Sinnstiftung zu vergleichen. Daher hält Winch es für einen Kategorienfehler des abendländischen Wissenschaftlers, wenn er aus Weltbildern die logisch-theoretischen Inkonsistenzen ausmerzen wolle und sie danach etwa in eine Skala ihrer jeweiligen Rationalität bringen wollte.
338 Habermas 1981a: Die Theorie des kommunikativen Handelns Bd. 1: 93.
339 Ein erster Schritt zur Bewältigung dieser Aufgabe ist die Klassifikation von Rationalitäten. M. E. lassen sich Habermas' Rationalitätstypen in konzentrischen Kreisen anordnen und nach ihrer Nähe oder Ferne zum Zentrum unterscheiden. Mit der Entfernung vom Zentrum sinkt auch der Universaltitätsanspruch der jeweiligen Rationalitätstypen. Dieses Zentrum bildet diejenige Rationalität, die das teleologische Handeln mit sich führt. Es hat, wie aus den obigen Aufführungen schon hervorging, zwei Kerne: die Rationalität auf Grund propositionaler Wahrheit und die Rationalität auf Grund teleologischer Wirksamkeit. Will man ihre Rationalität bestreiten, müßte man im ersten Fall die Falschheit der Behauptung beweisen und im zweiten Fall die Unwirksamkeit der Mittel. Dieser Rationalität angelagert, aber mit abgeschwächtem Universalitätsanspruch, ist das nicht-teleologische Handeln, zunächst dasjenige, das seinen Geltungsanspruch auf normative Richtigkeit gründet, dann dasjenige, das sich auf die subjektive Wahrhaftigkeit einer Äußerung beruft. Dann folgt eine Rationalität, die evaluative Äußerungen dadurch aufweisen können, daß sie einen

Habermas unterstellt Weber trotz dessen Aufklärungsskepsis und Kulturpessimismus eine „vorsichtig universalistische Position"[340]. An dem Geschichtsoptimismus der Aufklärungsphilosophie, der sich aus dem Glauben an die fortschrittlichen Kräfte der Wissenschaft speist, lasse Weber zwar kein gutes Haar, werde vielmehr zu einem pessimistischen Kulturkritiker von der Art Nietzsches. An diesem Punkt setzt Habermas jedoch seine kritische Weber-Rekonstruktion an, indem er die Geschichtsphilosophie Condorcets als Kontrastfolie zu Weber entfaltet.[341]

Condorcets Festhalten am Wissenschaftsglauben beim Übertritt in die Domäne der religiösen Themen und Probleme imponiert Habermas so sehr, daß er die Wissenschaftssekpsis der Weberschen Soziologie nicht als substantielle, sondern als methodische darstellt. Einer von Webers maßgeblichen Ausgangspunkten sei die Erkenntnis, daß eine Soziologie und Historiographie der Wissenschaften die gesellschaftliche Rationalisierung nicht demonstrieren könne, ohne gleichzeitig den rational unauflösbaren Problemrest im Bereich des Religiösen sichtbar zu machen und selbstrelativierend übrig lassen zu müssen. Daher habe Weber die Entwicklung der religiösen Weltbilder zum Leitfaden genommen. Er enthrone Wissenschaft und Technik als Alleinparadigmen der Kulturentwicklung und nehme stattdessen die „moralisch-praktischen Grundlagen der Institutionalisierung zweckrationalen Handelns"[342] in den Blick. Dies bringt ihn zu einer doppelten Themenstellung: Hier die Rationalisierung der Weltbilder, dort die Rationalisierung der gesellschaftlichen Institutionen.

Weber habe es versäumt, seine Handlungstheorie, die notwendig auf "praktische Rationalität" beschränkt sei, mit einer Kulturtheorie, die eine "theoretische Rationalität" der praktischen hinzufüge, zu vereinen.[343] Außerdem sei Webers Skeptizismus im Bereich der Rationalität der Wertpostulate unangebracht, weil man Werte durchaus nach ihrem jeweiligen Rationalitätsgrad zu ordnen vermag. Man könne sie als umso rationaler bezeichnen, je fundamentaler, prinzipieller, abstrakter, generalisierter, formalisierter, prozeduralistischer und intensiver handlungsorientierend sie seien. Denn in diesem Maße steigt Habermas zufolge auch ihre Potenz zur Systematisierung von

---

vernünftigen Gebrauch von Wertstandards innerhalb einer Sprach- und Kulturgemeinschaft machen. Die äußerste Grenze bildet Rationalität im Sinne von Verständlichkeit beziehungsweise Wohlgeformtheit symbolischer Konstrukte.

340 Habermas 1981a: Die Theorie des kommunikativen Handelns Bd. 1: 222.
341 Condorcet erwartete vom Fortschritt durch Wissenschaft die Abschaffung des Todes; dies ist für Habermas „nicht einfach ein Kuriosum", sondern Ausdruck eines Vertrauens auf die universale und restlose Problemlösungsfähigkeit der Wissenschaft, die sich damit auch über die „Kontingenzerfahrungen und Sinnprobleme, die bisher religiös gedeutet und kultisch abgearbeitet worden sind" erstreckt. Habermas 1981a: Die Theorie des kommunikativen Handelns Bd. 1: 215.
342 Habermas 1981a: Die Theorie des kommunikativen Handelns Bd. 1: 223.
343 Habermas 1981a: Die Theorie des kommunikativen Handelns Bd. 1: 248ff.

Lebensführung und zur Stiftung von Identität. Wenn Werte diese Form annehmen, haben sie „eine derart intensive handlungsorientierende Kraft, daß sie einzelne Situationen übergreifen, im Extremfall alle Lebensbereiche systematisch durchdringen, eine ganze Biographie, gar die Geschichte sozialer Gruppen unter eine einheitsstiftende Idee bringen können."[344] Mit dieser Feststellung versucht Habermas, den zentralen Baustein aus der Weberschen Werttheorie herauszubrechen, die auf dem Gedanken einer unhintergehbaren, letzten Irrationalität der Werte beruht. Webers letztes Wort war der Polytheismus dezisionistisch gewonnener Werte, Habermas glaubt an die Rationalisierbarkeit dieses Werte-Himmels, jedenfalls nach seiner „formalen" Seite hin.

So wie Parsons die moderne Gesellschaft als historische Durchbrechung der Summenkonstanz aus persönlicher Freiheit und sozialer Integration betrachtet, als einen Zugewinn in beide Richtungen, so glaubt Habermas, daß die Werte der modernen Gesellschaft die Summenkonstanz aus praktischer Steuerungskraft und theoretischer Allgemeingültigkeit außer Kraft setzen können. Gerade ihre Abstraktheit, Generalität, Formalität sichere den modernen Wertformen eine außerordentliche Wirkungsmacht.

Ich teile diese Ansicht von Habermas nicht. Meiner Meinung nach ist davon auszugehen, daß jede Formalisierung und Generalisierung von Werten und Normen den ohnehin stets prekären Zusammenhang zwischen Vergehen und Bestrafung oder zwischen Verdienst und Belohnung gefährden. Werte mit universalen und daher notwendig anonymen sozialen Bezügen überfordern in aller Regel das gemeinschaftliche Prämien- und Sanktionensystem, weil sie ihm die Kriterien für die objektive Beurteilung jedes Einzelnen nehmen.

Habermas teilt Webers Einschätzung der historischen Bedeutung der Ethik des asketischen Protestantismus. Er stelle das historisch erste Beispiel für eine kompakte Rationalisierung in praktischer Hinsicht dar, vereine instrumentelle Effektivitätssteigerungen mit höherer „Wahlrationalität" bei gleichzeitig gestiegener „normativer Rationalität".[345] Doch Habermas vermißt an der Weberschen Rationalisierungstheorie die Unterscheidung der praktischen von der theoretischen Ebene. Weber erkläre zwar die Entstehung moderner kapitalistischer Wirtschaftsformen und moderner Politik zureichend und richtig durch die Veränderung der „Bewußtseinsstrukturen" in der Folge

---

344 Habermas 1981a: Die Theorie des kommunikativen Handelns Bd. 1: 244.
345 Unter „Wahlrationalität" versteht Habermas die „Richtigkeit der Kalkulation der Zwecke bei präzise erfaßten Werten", also sozusagen die Wertadäquatheit von Zwecken. „Normative Rationalität" liegt vor, wenn Wertmaßstäbe eine „einheitsstiftende und systematisierende Kraft und Penetranz" haben. (Ebd. S. 244f.). Falls Habermas mit „einheitsstiftend" die soziale Einheit einer Gruppe meint, fragt man sich, inwiefern darin höhere Rationalität beschlossen liegen soll. Ähnlich steht es mit seiner Annahme, die Rationalität einer Norm steige mit ihrer Kraft zur Systematisierung. Systematisierung wovon? Einer Lebensführung? Dann fragt man sich, wieso ein systematisches Leben ein rationaleres sein sollte?

der Reformation, verstehe aber unter „Bewußtsein" viel zu sehr nur die motivationalen Rationalisierungen, die der Protestantismus vollbrachte.[346] Darüber lasse Weber es aber bei der Betrachtung „kultureller Rationalisierungen" an Differenzierungen fehlen. Er verschleiere den Unterschied zwischen der formalen Durchgestaltung von Weltbildern und der Ausdifferenzierung von Weltbegriffen. Das erste nennt Habermas die „Systematisierung der Weltbilder", das zweite „Dezentrierung von Weltperspektiven", beruhend auf einer „Eigenlogik der Wertsphären". Die Einführung dieser Unterscheidung macht den Kern der Habermasschen Weber-Kritik aus.

Habermas stößt sich an Webers Kriterienkatalog[347] zur Evaluation von Weltbildern, weil Weber ebendiese fundamentale Unterscheidung nicht treffe. Habermas möchte diese Kriterien entsprechend in zwei Gruppen reorganisieren. Die erste Gruppe von Kriterien gestattet die Feststellung des Grades, in dem ein Weltbild „formal durchgestaltet" ist, die zweite betrifft die „Dezentrierung von Weltperspektiven". Intellektualisierung und Systematisierung gehören offenbar in die erste, Entmagisierung und Gesinnungsethisierung in die zweite Gruppe.

Die „formale Durchgestaltung" beziehungsweise „Systematisierung von Weltbildern" beinhaltet die Anwendung formaler Denkoperationen auf die Weltbilder. Sie erweitert und entspezialisiert den Anwendungsbereich dieser Operationen, einzelne Bestandteile werden 'zu-Ende-gedacht' und auf Prinzipien reduziert.[348]

Die „Dezentrierung von Weltperspektiven" überwindet die Soziozentrik mythischer Weltbilder und gestattet es erstmalig, die Sprache von der mit ihr bezeichneten Welt der Dinge zu unterscheiden und als kontingentes Deutungssystem aufzufassen. Die Welt zerfällt nun in drei Teilwelten: die objektive, die soziale und die subjektive. Jede dieser drei ist mit dem nur ihr eigenen Geltungsanspruch ausgestattet, die objektive mit dem Anspruch auf Wahrheit, die soziale mit dem auf normative Richtigkeit und die subjektive mit dem auf Authentizität. Die entsprechende Ausdifferenzierung von kognitiven, normativen und expressiven Grundeinstellungen menschlichen Handelns bezeichnet Habermas auch als „Wertsteigerungen". Eine Wertsteige-

---

346 Habermas 1981a: Die Theorie des kommunikativen Handelns Bd. 1: 252.
347 In seiner Judentumsstudie (RS III 2 Fn.) hatte Weber fünf Kriterien vorgeschlagen, nach denen man Religionen erfahrungswissenschaftlich beurteilen könnte, ohne sofort in Werturteile über den jeweiligen Entwicklungsstand religiöser Konzeptionen verstrickt zu werden. Diese Kriterien sind: 1. Altertümlichkeit, „gemessen an den sonst in der Entwicklung der Religionen zu findenden Stufenfolgen", 2. Intellektualisierung, 3. Entmagisierung, 4. Systematisierung, 5. Gesinnungsethisierung. Diese Kriterien lassen sich auf die Gotteskonzeption, die Gottesbeziehung und die religiöse Ethik anwenden.
348 Habermas denkt hier an eine intellektuelle Bearbeitung schriftlich fixierter Symbolsysteme unter formalen Gesichtspunkten. Bedeutungen werden präzisiert, Begriffe expliziert, Gedankenmotive systematisiert, Inkonsistenzen zwischen einzelnen Sätzen beseitigt und das Ganze methodisch aufgebaut.

rung gilt zwar sowohl Weber wie Habermas als eine Rationalisierung, ist aber dennoch etwas qualitativ von praktischer Rationalisierung wie von Weltbildsystematisierung völlig verschiedenes. Denn während letztere eine Vereinheitlichung und Vereinfachung darstellt, bedeutet die „Dezentrierung" natürlich einen Zuwachs an Uneinheitlichkeit und eine Verkomplizierung. Denn das menschliche Denken und Handeln wird natürlich komplizierter, wenn es in dem Bewußtsein stattfindet, daß das Wahre normativ falsch sein könnte und das normativ Richtive unauthentisch oder schließlich das Authentische gar unwahr oder unmoralisch sein könnte. Daher braucht der Mensch in der Moderne eine Zusatzqualifikation, um überhaupt handlungsfähig zu werden: er muß lernen, Geltungsansprüche bereichsspezifisch zu begrenzen, er muß lernen, ein 'Bürger dreier Welten' zu werden.

Habermas Augenmerk bezüglich der Weberschen Religionssoziologie gilt der Bewegung der Weltbilder. Deren Entwicklung will er als einen Lernprozeß darstellen. Was in der Weberschen Terminologie zumeist als religiöse Rationalisierung zu bezeichnen wäre, analysiert Habermas als einen evolutionäres, sich selbst weitertreibendes und durch eine Weltbild-Dualisierung radikalisiertes kognitives Fortschreiten hin zur Moderne. Im Anschluß an Tenbruck, Bellah und Döbert[349] zeichnet Habermas ein Bild der Weberschen Religionssoziologie, das Weber wie einen 'Weltbild-Evolutionisten' aussehen läßt. Der Prozeß der religiösen Rationalisierung sei von Weber als in allen Religionen gleichgerichtet dargestellt worden. Der Okzident habe diese universale Entwicklungstendenz nur am weitesten und radikalsten fortgetrieben und in der Moderne zu einem gewissen Finale geführt. Entscheidend ist dabei, daß Habermas die Weltbildrationalisierung als die eigentliche und entscheidende Ursache für das In-Gang-Kommen des Modernisierungsprozesses herausarbeitet. Die institutionellen und motivationalen Faktoren werden von Habermas gleichsam zu abhängigen Variablen degradiert. Dafür steigen „Bewußtseinsstrukturen" zum primären Kausalfaktor auf:

„Für Weber aber ist entscheidend, daß dieser Prozeß aufgrund der Art von Bewußtseinsstrukturen, denen er institutionelle und motivationale Wirksamkeit verleiht, selber einen Rationalisierungsvorgang darstellt."[350]

Die Diffusion zweckrationalen Handelns ist also nicht die Ursache der Modernisierung, sondern bereits ihr Ablauf. Die Entstehung modernen Rechts ist folglich nicht eine ihrer Vorbedingungen, sondern bereits der „Pfad" ihrer „Verkörperung in Institutionen"[351], die Entstehung moderner Familien- und Gemeindeformen ist entsprechend die Verkörperung der Moderne in Persönlichkeitssystemen. Daher findet Habermas am Beginn des Weberschen Entwicklungsmodells die religiöse Rationalisierung: die Entzauberung mythi-

---

349 Vgl. Habermas 1981a: Die Theorie des kommunikativen Handelns Bd. 1: 272-279.
350 Habermas 1981a: Die Theorie des kommunikativen Handelns Bd. 1: 238.
351 Habermas 1981a: Die Theorie des kommunikativen Handelns Bd. 1: 238.

scher Deutungssysteme auf der Ebene der Weltbilder. Ihr folgt der Bewußtseinszustand des okzidentalen Rationalismus: die Ausdifferenzierung der Wertsphären. Erst danach finden wir in der Gemeinschaftsbildung des asketischen Protestantismus die Ausbildung eines ethischen Rationalismus, in der Entstehung des Naturrechts den juristischen Rationalismus und in der modernen Wissenschaft und Kunst den intellektuellen und, im engeren Sinne: 'kulturellen' Rationalismus. Das heißt die Rationalisierung der Weltbilder als einer im weiteren Sinne 'kulturellen' Rationalisierung sei bei Weber ihrer rechtlichen und moralischen Umsetzung zeitlich und logisch klar vorgeordnet.

Habermas' Rekonstruktion der Weberschen Rationalisierungstheorie unterscheidet strikt zwischen der ethischen und der kognitiven Rationalisierung. Eine ethische Rationalisierung eines Weltbildes liegt vor, wenn die Welt vorgestellt wird als Arena praktischer Betätigungen, die ethischen Urteilen unterworfen werden. Der handelnde Mensch bewegt sich dem ethisch rationalisierten Weltbild zufolge nicht 'in der Welt', sondern ihr gegenüber als ein moralisches Subjekt, das von außen an die Welt herantritt mit dem inneren ethischen Gebot in seinem Herzen. Ethische Rationalität definiert sich für Habermas daher als Kombination des Gott-Welt-Dualismus mit einer aktiven Weltzugewandtheit.[352] Kognitive Rationalisierungen finden Habermas zufolge statt, wenn ‚Welt' unter einem einzigen Aspekt, aber als Gesamtheit, kognitiv ausdifferenziert wird. Wenn man sich die Welt in ihrer Totalität als ‚das Seiende' theoretisch vergegenwärtigt, hat man eine solche kognitive Rationalisierung vollzogen. In China und in der griechischen Philosophie sieht Habermas historische Beispiele dafür. Doch habe die Dominanz theoretischer Bedürfnisse die Griechen in die Bahn der vita contemplativa und also zu einer Welt-'Anschauung' geführt, während praktische Interessen die Chinesen zur Weltanpassung, zur vita activa drängten. Außer diesen beiden gingen die übrigen betrachteten Kulturkreise den Weg einer ethischen Rationalisierung, so der Hinduismus, der Buddhismus, das Judentum und das Christentum. Doch aus ihrer weltverneinenden und nach jenseitiger Erlösung strebenden Haltung konnten auch hier wieder zwei verschiedene Konsequenzen gezogen werden. Juden und Christen prägten das Weltbeherrschungsmotiv besonders aus, während ansonsten die Weltflucht die vorwiegende Entwicklungstendenz darstellte. Habermas interpretiert Weltbeherrschung und Weltanschauung als Rationalisierungsbegünstigung, während Weltanpassung und Weltflucht die Rationalisierung hemmen. Das Zusammentreffen jüdisch-christlicher Religion und griechischer Philosophie im spätmittelalterlichen Europa führte demnach zu der damals größtmöglichen Rationalität, die nach Habermasschen Begriffen gleichzeitig eine maximale Dezentrierung der Weltbegriffe darstellt.

Habermas schaltet also vor die Institutionalisierung des Handelns die Institutionalisierung des Bewußtseins.

---

352 Habermas 1981a: Die Theorie des kommunikativen Handelns Bd. 1: 284ff.

Eine kritische Anfrage an Habermas wäre nun, was diese beiden Prozesse voneinander unterscheidet. Die Institutionalisierung des Handelns läßt sich als eine soziale Verallgemeinerung und Typisierung von Verhaltensmustern verstehen. Diese Verhaltensmuster, die zuvor nur sporadisch oder spontan regelhaft abliefen, verfestigen sich dadurch und erhalten den Rang einer Selbstverständlichkeit. Dies geschieht auf dem Wege der Eingewöhnung und durch das Prestige der Legitimität. Jede Institutionalisierung bedeutet per definitionem eine Veränderung des bisherigen Institutionengefüges. Dies beinhaltet folglich eine mehr oder minder große Irritation des Alltagswissens um die Selbstverständlichkeiten des Zusammenlebens. Diese Wissensirritation schafft natürlich Raum für einen Bewußtseinswandel und das gewandelte Bewußtsein mag sich dann auch verfestigen. Es sei Habermas gestattet, dies dann als „Institutionalisierung des Bewußtseins" zu bezeichnen, nur sollte man damit nicht den Eindruck erwecken, daß der Bewußtseinswandel eine conditio sine qua non für den Wandel von Handlungsstrukturen darstellt. Meines Erachtens ergibt sich aus jeder säkularisierungstheoretischen Betrachtung der Weberschen Religionssoziologie doch gerade der umgekehrte Fall: Das Bewußtsein hinkt dem realen Handeln hinterher und passt sich ihm nachträglich an. Weder die Reformatoren noch die Bekenner des asketischen Protestantismus hatten ein säkularisiertes Bewußtsein von der Welt, als sie begannen, dort zweckrational zu handeln, wo bisher Traditionalismus vorherrschte. Es ist doch gerade das Kernargument Webers, daß die kognitive Schizophrenie des Prädestinationsglaubens, i. e. die Spannung zwischen dem alles überwölbendem Heilsinteresse und der Unerkennbarkeit des status spiritualis, die konsistente Wirkung des Bewußtseins auf das praktische Handeln unterbricht und als unbeabsichtigte, ungewollte und damit *unbewußte* Nebenfolge einen Habitus implementiert, der für uns spätere Betrachter das Etikett maximaler Zweckrationalität zu verdienen scheint. Diesen Weberschen Gedanken stellt Habermas auf den Kopf. Er wirft Weber vor, übersehen zu haben, daß die okzidentale Rationalisierungsgeschichte das Potential ethisch rationalisierter Weltbilder nur selektiv verwirklicht, nämlich durch die Versachlichung der Berufsauffassung, die die traditionalen Pietätsbande nur um den Preis wachsender Unbrüderlichkeit aufbrechen könne. Dies aber ist für Habermas ein

„gnadenpartikularistischer Rückfall einer egozentrisch verkürzten, in die Brüderlichkeitsfeindschaft der kapitalistischen Wirtschaft sich einfügenden asketischen Berufsethik unter das in der kommunikativ entfalteten Brüderlichkeitsethik bereits erreichte Niveau"[353].

Weber beschreibt die realen Auswirkungen der calvinistischen, ethischen Weltbildrationalisierung als einen Suchprozeß, der die Seelsorger und Gläubigen auf die Berufsarbeit als Mittel zur Abreaktion religiöser Angstaffekte stießen ließ. Hier kann man Weber nicht vorwerfen, den Möglichkeitsspiel-

---

353 Habermas 1981a: Die Theorie des kommunikativen Handelns Bd. 1: 313f.

raum der Rationalisierung verengt zu haben. Habermas will aber noch auf ein weiteres hinaus. Gegen Weber und dessen Interpretation durch Schluchter klagt er die Möglichkeit einer *Versachlichung unter Beibehaltung der Brüderlichkeit* ein. Kapitalistisches Wirtschaften ist für Habermas partikularistisch, egozentrisch und brüderlichkeitsfeindlich. Webers Protestantismusstudie stellt aber diesem Urteil nichts in den Weg, ihre Stoßrichtung ist vielmehr, daß die Geburt des Kapitalismus sich eben nicht auf einen egoistischen Bereicherungstrieb, auf agonale Leidenschaften oder einen Gruppenegoismus zurückführen läßt, sondern auf einen ernst und ehrlich gemeinten religiösen Glauben. Der Puritaner glaubte, durch kapitalistisches Verhalten den Willen Gottes zu erfüllen und dabei auch dem „common best" (RS I 173) zu dienen. Habermas verwendet wenig Aufmerksamkeit auf den Übergang vom protestantischen zum utilitaristisch motivierten Kapitalismus. Erst gegen diesen letzteren scheint mir Habermas' Verdikt des Kapitalismus nachvollziehbar. Habermas kritisiert die Webersche Bürokratietheorie und versucht „die fragwürdige Säkularisierungshypothese, mit der die Erosion berufsethischer Einstellungen erklärt werden sollte, überflüssig zu machen, indem er sie als unproblematische Folge gelingender Verrechtlichung von Ethik darstellt.[354] Er behauptet, daß in Webers These vom Sinnverlust ein Zusammenhang zwischen privaten Orientierungsproblemen und öffentlichen Legitimationsproblemen bürokratisch-legaler Herrschaft aufscheine:

„Politisches Handelns reduziert sich auf den Kampf um die Ausübung von legitimer Macht. Weber beobachtet 'die gänzliche Ausschaltung alles Ethischen aus dem politischen Räsonnement'. Die Legitimität der Macht, die der moderne Staat monopolisiert, besteht in der Legalität von Entscheidungen, in der Einhaltung rechtsförmiger Verfahren, wobei sich Legalität letztlich auf die Macht derer stützt, die definieren können, was als rechtsförmiges Verfahren gilt."[355]

Zunächst ist hier anzumerken, daß Weber hier vollkommen sinnentstellend zitiert wird. Die Entethisierung der Politik, von der Weber im angeführten Zitat spricht, war keineswegs als empirische Beobachtung gemeint. Sie findet sich in der *Zwischenbetrachtung*, also in einem explizit theoretischen Zu-

---

354 Habermas 1981b: Theorie kommunikativen Handelns Bd. 2: 471. Habermas unterscheidet die „Mediatisierung" der Lebenswelt von der „Kolonialisierung" der Lebenswelt. Nur letztere sei ein sozialpathologisches Phänomen, zu erklären aus einer versuchten Ausdehnung mediengesteuerter Interaktion auf nicht-materielle Bereiche. An Parsons Medientheorie hatte Habermas die Erkenntnis gewonnen, „daß nur die Handlungsbereiche, die ökonomische und politische Funktionen erfüllen, auf Steuerungsmedien umgestellt werden können. Diese Medien versagen in Bereichen der kulturellen Reproduktion, der sozialen Integration und der Sozialisation; sie können den handlungsorientierenden Mechanismus der Verständigung in diesen Funktionen nicht ersetzen. Anders als die materielle Reproduktion der Lebenswelt kann deren symbolische Reproduktion nicht ohne pathologische Nebeneffekte auf die Grundlagen systemischer Integration umgepolt werden." (Ebd. S. 477).
355 Habermas 1981b: Theorie kommunikativen Handelns Bd. 2: 479. Binnenzitat: Weber, RS I 548.

sammenhang, als eine von mehreren theoretisch möglichen Werturteilen über den politischen Gewaltkampf aus einer religiös rationalisierten (d.h. gesinnungsethisch sublimierten) Position heraus. Außerdem stellt Weber diese Entethisierung der Politik nicht als das hin, was der religiöse Gesinnungsethiker schlechthin perhorresziert, sondern als ein dem religiösen Brüderlichkeitsempfinden weitaus erträglicherer Politikstil als die „Äffung der Ethik" (RS I 547), die nur den Schein des Moralischen um ihre Politik hüllt. Der religiöse Gesinnungsethiker bevorzuge den von Ethik freien Macchiavellismus vor der pseudoethischen Augenwischerei religiöser Politiklegitimationen. Habermas hingegen will die Sinnverlustthese Webers so reformulieren, daß zwischen einem ehrlichen Macchiavellismus und einer pseudoethischen Politik noch ein goldener Mittelweg übrigbleibt, der die substantielle Vernunft rekonstruiert und verkörpert und der wenigstens die Hoffnung auf eine Wiederkunft des verlorenen Sinnes gestattet. Dazu transformiert er den Sinnverlust zu einer 'Sinnvereinseitigung' um, indem er der politischen Rationalisierung eine lebensweltfremde Fixierung auf das Kognitiv-instrumentelle und die entsprechende Vernachlässigung des Moralisch-praktischen und Ästhetischen vorwirft.[356] Auch die Ausdifferenzierung der Wertsphären Wissenschaft, Moral und Kunst, die in eine Professionalisierung und Expertokratie münden, die die Kontakte zum breiten Publikum und den Lebenswelten durch immer größere Distanzen gefährden, ist nach Habermas keine Rationalisierung ohne Wiederkehr, deren Überwindung ein Rückschritt sein müßte, sondern eine lebensweltlich-kommunikativ einzuholende und einzulösende Herausforderung.

Während Weber den modernen Sinnverlust durchaus als Säkularisierung im Sinne eines irreparablen Zerbrechens der einheits- und sinnstiftenden religiös-metaphysischen Weltbilder versteht, rekurriert Habermas auf seine Kolonialisierungsthese. Damit bewahrt Habermas der Moderne aber die prinzipielle Potenz zur Wiedererlangung des verlorenen Sinnes und behauptet die Existenz unausgeschöpften Rationalisierungspotentials. Der „Sinn" ist der Moderne also nicht eigentlich verloren gegangen, sondern nur überdeckt und zeitweise fehlgeleitet worden. Was bei Weber ein unwiederbringlicher Verlust ist, wird bei Habermas zu einer Bedrohung, die man abwehren oder der man erliegen kann. Die „kommunikative Alltagspraxis" müsse eben die Kultur „auf ganzer Breite" überliefern, nur so könne man der „systemisch induzierten Verdinglichung" und „kultureller Verarmung" begegnen..[357]

Psychobewegungen und religiöse Fundamentalismen sind in Habermas' Sicht ein krasser, aber verständlicher Protest gegen etwas, was auch bestimmte alternative Bewegungen und Bürgerinitiativen nicht hinnehmen wollen: kulturelle Verarmung. Um sich vor ihr zu schützen, suchten die Menschen Zuflucht bei Sondergemeinschaften, die eine eigene, abgeschirmte

---

356 Habermas 1981b: Die Theorie des kommunikativen Handelns Bd. 2: 481.
357 Habermas 1981b: Die Theorie des kommunikativen Handelns Bd. 2: 483.

Kommunikation pflegen und so Identität vermitteln könnten. Diese drängten zwar auf den Aufbau von „Gegeninstitutionen"[358], seien aber darob nicht als antimodern einzustufen. Ihr Auftreten sei auch kein Grund zu glauben, die Moderne sei an ihr Ende gekommen. Vielmehr mobilisierten sie erst unnötig verschüttetes Rationalisierungspotential des Projektes der Moderne.[359]

Daß Modernisierungsprozesse Identitätskrisen und Anomiezustände heraufbeschwören, die kulturell kompensiert werden müssen, ist eine durchaus gängige Ansicht in der Soziologie sozialen Wandels. Die sogenannte vertikale und horizontale Mobilisierung der Gesellschaftsmitglieder verunmöglicht die Fortführung traditioneller Gemeinschaftsformen. Die Frage ist nur, ob und wie dies ertragen wird, beziehungsweise, falls es nicht ertragen wird, was dagegen getan werden kann.

Habermas schließt in seine Liste der Gegeninstitutionen und Protestbewegungen ausdrücklich auch den religiösen Fundamentalismus und den „Widerstand gegen modernistische Reformen" mit ein: „International von Bedeutung sind ferner autonomistische Bewegungen, die um regionale, sprachliche, kulturelle, auch um konfessionelle Selbständigkeit kämpfen"[360]. Wer gar nicht oder nur wenig an den Segnungen der Modernisierung teilnehmen kann, die um ihn herum alles in die Bewegung einer sich stets beschleunigenden Wachstumsdynamik setzt, reagiert Habermas zufolge mit einer Aufwertung askriptiver Merkmale: Hautfarbe, Geschlecht, Religion sowie regionale Gemeinsamkeiten und sprachliche Eigenarten markieren dann plötzlich bewußt und verbindlich die Zugehörigkeit zu Gemeinschaften, „die der Suche nach persönlicher und kollektiver Identität entgegenkommen."[361] Dies wirft unweigerlich die Frage auf, ob der soziale Wandel im Zuge der Modernisierung notwendigerweise zu einer Aufwertung kultureller, ethnischer und religiöser Differenzen führt und ob dies in westlichen und nicht-westlichen Gesellschaften gleichermaßen der Fall sein muß. Das institutionelle Gerüst der Moderne könnte eben auch von nichtwestlichen Gesellschaften jene prekäre Balance von individualistischem Universalismus und kollektiver Loyalität verlangen.

Habermas schwebt hier eine kommunikative Verklammerung der gemeinschaftlichen Gesellschaft mit den zweckrationalen Systemen vor. Dabei hat seine Behauptung, man könne die kommunikative Ethik als eine lebensweltliche Rationalität über die Welt ökonomischer und administrativer Systeme hin ausbreiten, durchaus einen formal universalistischen Anspruch. Leider aber hat er keine interkulturelle Überprüfung seiner Thesen vorgenommen, obwohl er methodisch und theorietechnisch allen Grund dazu gehabt hätte.[362]

---

358 Habermas 1981b: Die Theorie des kommunikativen Handelns Bd. 2: 582.
359 Habermas 1981b: Die Theorie des kommunikativen Handelns Bd. 2: 583.
360 Habermas 1981b: Die Theorie des kommunikativen Handelns Bd. 2: 578.
361 Habermas 1981b: Die Theorie des kommunikativen Handelns Bd. 2: 581.
362 Gephart 1994: Gesellschaftstheorie und Recht: 149.

In der Sichtweise von Habermas erlangt der moderne Okzident in seinem spezifischen Kulturcharakter einen klaren Rationalitätsvorsprung vor den anderen Kulturen. Sein dezentriertes Weltbild erfüllt die formalen Geltungsaspekte der Habermasschen Rationalitätsdefinition wie keine zweite Kultur. Erst vor dem Hintergrund der Gültigkeit dieses Weltbildes konnte der Westen auch den Weg zur Rationalisierung der Lebenswelt einschlagen und Formen rationaler Lebensführung und rationalen Handelns entwickeln. Soweit mag man Habermas noch folgen können, problematisch wird dieser Ansatz jedoch, sobald man fragt, wieso dieses nach intellektuell-theoretischen Maßstäben rationalere Weltbild sich auch praktisch durchsetzte und normative Relevanz erlangte. Schließlich hat das Rationale allein kaum wirkliche Macht über Menschen und das oft herbeigesehnte 'Charisma der Vernunft' scheint historisch chancenlos, gegen das Charisma des Religiösen nicht minder wie gegen die auf Gewalt gegründete Herrschaftsmacht.

5.3.3 Die funktionalistische Sichtweise: Münch

Gegen Marx und mit Weber betont Münch die unentrinnbare Schicksalhaftigkeit der „Wertantinomien des modernen okzidentalen Rationalismus".[363] Die Unversöhnlichkeit der einzelnen Handlungssphären rühre von der Wirksamkeit sphärenspezifischer Eigengesetzlichkeiten her. Deren Entfesselung sei allerdings kein notwendiger, sondern ein historisch-kontingenter Prozeß.

Hat der zweckrationale Handlungstyp seine Vorherrschaft errungen, kommt ein Prozeß in Gang, in dem die Sphären des Handelns ihre prinzipiell überall (und nicht nur im modernen Okzident) angelegte „Eigengesetzlichkeit" immer stärker entfalten, weil in ihnen der Anteil des zweckrationalen Handelns stark anwächst. Denn diese Art der Rationalisierung entkleidet Schritt für Schritt die irrationalen Einschläge in jeder Kultur ihres traditionellen, normativen oder affektiven Beiwerks und führt so zu einer Exponierung der sphärenspezifischen Elemente. Dadurch werden aber die Widersprüche zwischen den Handlungssphären offensichtlich. Wertantinomien treten auf und werden stetig schärfer und schließlich bewußt als solche empfunden.

Münch verteidigt Parsons' voluntaristische Handlungstheorie energisch gegen konkurrierende Ansätze.[364] Dabei ist seine Abgrenzung zu Luhmann

---

363 Münch 1982: Theorie des Handelns: 467.
364 Münch beleuchtet die Schwächen der Eliasschen Zivilisationstheorie, des „property-rights"-Ansatzes von North und Thomas sowie von Luhmanns Systemtheorie und der „idealistisch-materialistischen Entwicklungslogik" von Habermas. Jeder dieser vier Ansätze sei aus jeweils verschiedenen Gründen ein theoretischer Rückschritt gegenüber Parsons, wenn es darum geht, die Eigenart der okzidentalen Moderne zu erklären. Elias und North/Thomas vernachlässigten nämlich das eigentlich zu Erklärende: die Entstehung der kategorischen Selbstbindung individueller und kollektiver Akteure an Normen, bes. an das

von besonderem Interesse. Luhmann rede zwar von Interpenetration, passe sie aber unter Mißachtung der Logik[365] seinem konsequent und universal angewendeten Differenzierungstheorem an. Er interpretiere Parsons' Inklusionskonzept falsch, wenn er es als bloße Öffnung einer Handlungssphäre für alle Menschen auffasse und nicht als ein Interpenetrationsphänomen zwischen Gemeinschaften mit der Folge einer „Universalisierung".[366]

Mit seiner Theorie der Interpenetration versucht Münch, die Fixierung auf Webers Rationalisierungstheorem zu durchbrechen und für die Rationalisierung noch einmal eine Erklärung zu liefern. Damit stellt er sich freilich gegen die überwältigende Mehrheit der Weber-Interpreten, die die Rationalisierung als Entfaltung sphärenspezifischer Eigengesetzlichkeiten ins Zentrum ihrer Weber-Deutung rücken. Dagegen liefert Münch den wichtigen und fruchtbaren Hinweis, daß Weber selber eine Art Interpenetrationstheorie geliefert habe in Gestalt seines Modells der Beziehungen zwischen Ethik und Welt.[367]. Auch betont Münch mit Recht, daß dieses Modell zwischen analytischen Konzepten und empirischen Beobachtungen vermitteln kann, was weder die „materialistischen" noch die „idealistischen" Ansätze leisten würden.[368]

Die interessanteste Auseinandersetzung liefert sich Münch mit Schluchters Modell der „Paradoxie der Rationalisierung"[369]. Münch sieht diese Paradoxie durch das Interpenetrationsmodell neutralisiert, weil Interpenetration

---

Recht. Weder Gewaltmonopolisierung und die Verlängerung der Handlungs- und Verantwortungsketten (Elias) noch der ökonomische Erfolg (North/Thomas) haben aus sich heraus diese Wirkung.

365 Münch 1982: Theorie des Handelns: 477.
366 Münch 1982: Theorie des Handelns: 479f.
367 Münch 1982: Theorie des Handelns: 488.
368 Die „materialistische" Weber-Interpretation Breuers (Breuer 1977: Politik und Recht; Breuer 1978: Die Evolution der Disziplin) leide beispielsweise unter der Annahme, die äußeren Zwänge des Marktgeschehens in der mittelalterlichen Stadt bewerkstelligten per se die für eine Rationalisierung erforderliche Disziplinierung des Verhaltens. Daher entgingen ihm die eigentlichen Wandlungskräfte, die aus der universalistischen Gemeinschaftsbildung stammten. Tenbruck (1975: Das Werk Max Webers) verstelle sich in ähnlicher Weise durch eine Fixierung auf die Rationalisierung der Ethik durch Priester-Intellektuelle den Blick auf das eigentlich zu Erklärende, die religiös-ethische Prägung des praktischen Alltagshandelns und die Tatsache, daß der Calvinismus auf die Laien einen praktisch-ethischen Einfluß hatte. Daß die calvinistische Lehre die Trennung zwischen einer Spezialethik für die Geistlichen und der Alltagsethik der Laien zum Verschwinden brachte, ist historisch äußerst folgenreich für die Moderne geworden, aber daß diese Nivellierung nicht 'nach unten', sondern eher 'nach oben' stattfand, erkläre eigentlich erst die ausschlaggebende Kraft einer religiösen Ethik für den sozialen Wandel. Letztlich interessiert also vor allem die Methode dieser ethischen Nivellierung auf höherem Niveau. Dies erkennt Münch in seiner Tenbruck-Kritik und in Anlehnung an eine Abhandlung Kalbergs (1979: The search for thematic orientations) durchaus. Allerdings erklärt er mit der Paraphrase „Intensivierung des Gemeindelebens" (Münch 1982: Theorie des Handelns: 492) nicht, wie diese Methode aussieht.
369 Schluchter 1976: Paradoxie der Rationalisierung; Schluchter 1979: Entwicklung des okzidentalen Rationalismus.

die Summenkonstanz zwischen religiöser Ethik und Welt aufbreche. Schluchter begrenze seinen Begriff von Ethik unnötigerweise auf die Brüderlichkeitspflichten des Nachbarschaftsverbandes. Deshalb verflüchtige sich diese Ethik, sobald sich die sozialen Kreise über die örtlichen Gemeinschaften hinaus ausdehnen. An ihre Stelle treten dann die Ordnungen der Welt, so daß der Ausdehnungsversuch der Ethik paradoxerweise das Gegenteil des von ihr gewollten hervorbringe: Säkularisierung und „Entzauberung", Nihilismus und Anomie.

Gegen diese Sichtweise gibt Münch drei Punkte zu bedenken. Erstens könne von einer „Ent-ethisierung" im Modernisierungsprozeß keine Rede sein, weil die Geltungseinbußen der nachbarschaftlichen Brüderlichkeitsethik durch die Geltungsgewinne der universalistischen „Equity"[370] aufgewogen werden; zweitens sei daher auch der Calvinismus nicht als Ursache einer Ent-ethisierung vorzustellen, sondern als „paradigmatischer Fall"[371] der Interpenetration von Ethik und Welt; drittens sei die Frage durchaus offen, ob dieses Fließgleichgewicht der Interpenetration nur temporär oder gar permanent den modernen Okzident kennzeichne. Schluchter sehe jedenfalls die religiösen und ethischen Kräfte der vom Calvinismus und seinen Äquivalenten durchdrungenen Gesellschaften überall auf dem Rückzug. Münch hingegen glaubt eher an die Perseveranz eines kulturellen Nukleus in der Interpenetrationszone von religiöser Ethik und Welt. Jedenfalls sei die Verdrängung der Religion durch Wissenschaft keinesfalls gleichbedeutend mit einer Verdrängung von Werten oder eines Wertkonsenses überhaupt. Denn nicht die Wissenschaft, die Intellektuellen, die Religion oder die Priester seien Träger und Wurzel der realen Wirkung von Werten, sondern die Gemeinschaften.

In Münchs Sichtweise hat der Säkularisierungsprozeß nur eine sekundäre Bedeutung für das Integrationsproblem moderner Gesellschaften:

„Der Verlust der Religion und ihre Verdrängung durch die Wissenschaft ist insofern gar nicht das Problem, von dessen Lösung die Integration der modernen Gesellschaft abhängt, weil diese Integration nie die Funktion der Religion als Ideen- und Glaubenssystem war und weil die Intellektuellenreligion und die Wissenschaft im Prinzip in ein- und derselben Beziehung zur Gemeinschaftsethik stehen. Das eigentliche Problem ist vielmehr die Universalisierung der Gemeinschaftsbildung durch die Interpenetration von partikularen Gemeinschaften und die gegenseitige Durchdringung der universalisierten Sphäre der Gemeinschaft und der kulturell-wissenschaftlichen, ökonomischen und politischen Sphären. Wertnihilismus, nicht als rein intellektuelles Phänomen, sondern als gesellschaftliches Phänomen, oder der Kampf unversöhnlicher Wertorientierungen, Anomie, sind immer die Folge der unzureichenden Universalisierung der Gemeinschaftsbildung und der unzureichenden Interpenetration der Sphären. Die Konstitution einer gemeinsamen Ordnung ist insofern nicht erst durch die Verdrängung der Religion durch die Wissenschaft prekär geworden, sie ist schon durch die Ausdifferenzierung der religiösen Sphäre als eine Sphäre der intellektuellen Beschäftigung zusammen mit der Ausdifferenzierung anderer eigenge-

---

370 Münch 1982: Theorie des Handelns: 493.
371 Münch 1982: Theorie des Handelns: 494.

setzlicher rationalisierbarer Sphären prekär geworden. In dieser Hinsicht unterscheiden sich Religion und Wissenschaft in ihrer Wirkung auf die Konstitution einer gemeinsamen Ordnung überhaupt nicht."³⁷²

Münch identifiziert als das Proprium der modernen okzidentalen Gesellschaft eine ganz bestimmte gemeinschaftsethische Einfriedung der reinen (wissenschaftlichen) 'ratio' einerseits und eine ethische 'Praktikabilisierung' der Moraltheorie andererseits. Schluchter aber spreche von der „Überwindung" der calvinistischen Ethik durch die reflexive Verantwortungsethik, damit verwische er die Grenze zwischen den „intellektuell-diskursiven" Moralkomponenten und ihren „gemeinschaftlich-verpflichtenden" Bestandteilen. Deswegen erkenne er nicht, daß konsequente intellektuelle Rationalisierung der Moral gleichzeitig die Auflösung ihrer Verbindlichkeit und praktischen Wirksamkeit bedeute, wenn der moralischen Autonomie des Individuums nicht doch in Institutionen feste Bahnen gegeben werde. Genau dies sei aber im modernen Okzident geschehen in Form einer „Verpflichtung auf die institutionalisierten Grundnormen der universalistischen Gemeinschaft".³⁷³.

Aus kulturvergleichender Perspektive bleibt hinzuzufügen, daß Münch hierin einen „ethischen Zugewinn" des Okzidentes gegenüber nichtwestlichen Gesellschaften erblickt.

Im Stadium der differenzierten Gesellschaft trete Münch zufolge das Problem auf, den einzelnen heterogenen Sphären eine gemeinsame Ordnung zur Grundlage zu geben. Die traditionelle Form der „mechanischen Solidarität" scheitere an der Verschiedenheit und Eigengesetzlichkeit der Sphären. Hier sei Interpenetration die Lösung des Integrationsproblems. In der okzidentalen Gesellschaftsentwicklung habe nicht etwa das nackte utilitaristische Gewinnstreben über die Brüderlichkeitsethik des Sippen- oder Nachbarschaftsverbandes den Sieg davongetragen und Anomie und eine zerstörte Tradition hinterlassen, sondern es sei eine neue, nüchterne Geschäftsethik der Fairneß auf den Plan getreten.

Daß Interpenetration, nicht aber Differenzierung das Spezifikum des modernen Okzidents sei, gehe schon daraus hervor, daß sehr weit entwickelte Gesellschaften wie China und Indien durchaus eine äußerst weitgehende Ausdifferenzierung der Handlungssphären kannten, aber entweder den Weg der Anpassung wie in China oder den der gegenseitigen Isolierung bzw. Versöhnung wie in Indien gingen, es aber nicht zu einer vergleichbaren Interpenetration gekommen sei.³⁷⁴

---

372 Münch 1982: Theorie des Handelns: 498.
373 Von diesen führt Münch explizit sechs an: „Rationalität des Handelns", „universalistische Geltung von ethischen Prinzipien, im Sinne von Kants kategorischem Imperativ", - „Selbstverantwortung und Equity", „Verantwortung für die Folgen eigener Handlungen", „Anerkennung restitutiver Sanktionen", „Institutionalisierter Individualismus". Münch 1982: Theorie des Handelns: 501.
374 So fiel die chinesische Religion immer wieder zurück in das Stadium der Magie, wurde religiöse Ethik zum Spielball der Standesinteressen konfuzianischer Literaturbeamter, die

Daher kommt Münch zu der Feststellung, daß das auszeichnende Merkmal des Okzidentes die Interpenetration zwischen und die gemeinsame Ordnung über den differenzierten Sphären des Handelns sei.[375]

Insofern Münchs Argumentation eine Rekonstruktion des Weberschen Ansatzes zu sein beansprucht, treten folgende Schwierigkeiten auf:
1. In Webers *Zwischenbetrachtung* bildet das Recht keine eigene Sphäre, bei Münch aber nimmt es den relativ größten Raum ein.
2. Eine Sphäre der Gemeinschaft kennt Weber unter dieser Bezeichnung nicht. Bei Münch wird sie zum zentralen Faktor, seine Theorie der Interpenetration kreist ständig um den soziologischen Tatbestand der Gemeinschaft, als ob er ein Phänomen darstelle, das keiner weiteren Erläuterung bedarf. Münch läßt die Interpenetration beim Faktum der Gemeinschaft beginnen und eben dort sich entfalten, und zwar dadurch, daß Gemeinschaft zwischen den beiden voneinander getrennten „Perspektiven"[376] der Interpenetration vermittelt – zunächst als eine unter drei Sphären, die in Interpenetrationsbeziehungen mit der „sozial-kulturellen religiösen Sphäre"[377] geraten, dann als alleinige Sphäre, die drei Interpenetrationsbeziehungen eingeht, und zwar mit der kulturellen, der politischen und der ökonomischen Sphäre.
3. Dieser Blick auf die Gemeinschaftsbeziehungen verdeutlicht dann auch, daß Münch mit dem Begriff „Interpenetration" zwei völlig verschiedene Phänomene gleichlautend bezeichnet, die eigentlich unbedingt unterschieden werden müssen: Und zwar handelt es sich einerseits um Interpenetration als die gegenseitige Durchdringung verschiedener partikularer Gemeinschaften[378] mit dem sich hierbei einstellenden Ergebnis der Sy-

---

Technologie blieb ohne Theorie eine bloße technische Klugheitslehre und das Recht wurde zur Beute der Mächtigen und Reichen. Also waren in China die steuernden, ideellen Faktoren Anpassungsopfer der überwältigenden Kraft der „dynamisierenden" materiellen und politischen Interessen. In Indien finde sich im Gegenteil eine fast konfliktlose Koexistenz nebeneinanderstehender, teilweise höchstentwickelter und -rationalisierter Handlungssphären. Höchstleistungen in Philosophie, Mathematik, religiöser Ethik und Logik waren die Folge und auch praktische Technologie und Regierungskunst waren sublim entwickelt worden. Aber die gegenseitige Isolierung dieser Bereiche voneinander, ermöglicht durch das einigende Band der Wiedergeburtslehre und Kastenpflichten, verhinderte jene produktive Dynamisierung, die im Okzident einerseits religiös-ethische Energien in die Ordnungen der Welt fließen ließ und andererseits die Affektivität der Brüderlichkeitsethik kühler und nüchterner werden ließ, weil sie sich der Bewährungsprobe in den weltlichen Ordnungen aussetzen mußte. Münch 1982: Theorie des Handelns: 527.

375 Münch 1982: Theorie des Handelns: 527.
376 Münch 1982: Theorie des Handelns: 537.
377 Ebd.
378 Münch läßt offen, um welche partikularen Gemeinschaften es sich in toto handelt. Erwähnt wird der auch von Weber herausgestellte Fall der „Interpenetration" einer religiösen Gemeinschaft (='Gemeinde'), die eine prophetische Religiosität pflegt, mit den Familien- und Sippenverbänden, die auf 'Pietät' gründen.

stematisierung³⁷⁹ und Universalisierung ihrer jeweiligen Ethiken³⁸⁰, so daß eine universalistische Gemeinschaft mit einer universalistischen Ethik entsteht, die praktisch angewendet wird. Dies ist die Geburtsstunde des „Kerns der normativen Ordnung"³⁸¹, die in die Moderne mündet. Münch bezeichnet dies abwechselnd als Universalisierung der Gemeinschaftsbeziehungen oder als Universalisierung der Gemeinschaftsbildung.³⁸². Andererseits finde sich die Interpenetration der so entstandenen „Gemeinschaft" mit den Sphären des Handelns, und zwar mit der „kulturellen" (oder wahlweise auch die „intellektuell-diskursive" bzw. die „kulturell-wissenschaftliche" Sphäre genannt³⁸³), der politischen und der ökonomischen Sphäre. Ergebnis dieser zweiten Interpenetration ist die Entstehung der jeweiligen Ordnungen der Welt, und zwar entsprechend einer kulturellen, einer ökonomischen und einer politischen Ordnung.³⁸⁴ Dies hat wiederum Auswirkungen auf die Gemeinschaftsethik, die nun sachlicher, aber auch relevanter³⁸⁵ und verpflichtender ausgestaltet wird. Dies ermöglicht die Begrenzung der Eigengesetzlichkeiten von Politik und Ökonomie, mithin die Aufrechthaltung der Systemgrenzen und damit die Differenzierung.

4. Im Gegensatz zu Münch befaßt sich Webers *Zwischenbetrachtung* ausschließlich mit den Spannungsverhältnissen zwischen Welt und Religion, nicht aber mit den Spannungsverhältnissen zwischen Gemeinschaftshandeln einerseits und dem politischen, ökonomischen und kulturellen Handeln andererseits. Vielmehr steht bei Weber die Entgegensetzung von Religion und Gemeinschaft auf der gleichen Ebene wie die Entgegensetzung von Religion und Politik, Religion und Ökonomie, etc. Das heißt „Gemeinschaftshandeln" ist für Weber eine weltliche Handlungssphäre wie jede andere. Münch hingegen ersetzt unter der Hand „Religion" als primären Träger der Interpenetration durch „Gemeinschaft", wenn er von der ersten zur zweiten Phase der Interpenetration übergeht. Um die damit verbundenen Probleme zu verdecken, läßt er ‚Gemeinschaft' danach zuweilen schlicht als ‚religiöse Gemeinschaft' erscheinen, wenn es seiner

---

379 Diese Behauptung findet sich S. 537. S. 531 setzt Münch „partikularistische" und „unsystematische" Ethik in eins und beruft sich dabei auf Weber. Ansonsten bleibt offen, ob und wie sich Systematisierung und Universalisierung einer Ethik theoretisch zueinander verhalten können und sich praktisch tatsächlich zueinander verhalten haben. Aber ich halte es für fruchtbar zu fragen, ob nicht auch unsystematisierte Ethiken universalisierbar sind.
380 Münch geht offenbar davon aus, daß diese Interpenetration aus sich heraus eine gemeinsame 'Dach-Ethik' hervorbringt, die die Gemeinschaften übergreift. Auf die Partikularethiken geht er nicht weiter an, offenbar gehen sie in der ‚Dach-Ethik' auf.
381 Münch 1982: Theorie des Handelns: 490.
382 Vgl. Münch 1982: Theorie des Handelns: 479, 481, 490, 497.
383 Münch 1982: Theorie des Handelns: 481, 497. „Sphäre", „Handeln" und „Ordnung" scheinen hier austauschbare Vokabeln zu sein!
384 Münch 1982: Theorie des Handelns: 537.
385 Vgl. Münch 1982: Theorie des Handelns: 481, in Auseinandersetzung mit Habermas.

Argumentation nützlich ist. Ob die Interpenetration getragen wird von religiösen, ethischen oder vollkommen anders gearteten profanen Gemeinschaften, beispielsweise von Clubs oder Vereinen, scheint Münch einerlei zu sein. Es ist zwar ersichtlich, dass Gemeinschaftshandeln in Münchs Gedankengang mit brüderlichkeitsorientiertem Handeln gleichzusetzen ist, daß sein Begriff von Gemeinschaft dennoch unterdefiniert ist, beweist auch die Vielseitigkeit und Leichtigkeit, mit der Münch das eigentlich paradoxe Phänomen einer 'universalistischen Gemeinschaft' in seiner Theorie benutzen kann.[386]
5. Trotz der wenig einheitlichen und sehr unanschaulichen Bezeichnungen für die Elemente, die Gegenstand der Interpenetration sind, läßt Münch den Ausdruck, den Weber vornehmlich verwendet, gänzlich unerwähnt und unkommentiert: die „Sphären äußeren und inneren, religiösen und weltlichen, Güterbesitzes"[387].
6. Münch betont die hohe normative Integriertheit westlicher Gesellschaften im Vergleich zu den zwar entwickelten, aber nicht modernen, außerokzidentalen Kulturen, die an einer zu krassen Differenzierung bzw., was hier gleichbedeutend ist, an Interpenetrationsdefiziten litten. Über diesen Zusammenhang vergißt Münch nicht, den Unterschied zwischen entwickelten und unentwickelten Gesellschaften zu benennen, der aber wieder auf das Differenzierungstheorem Bezug nimmt.[388] Die nicht-okzidentalen, entwickelten, das heißt differenzierten Hochkultur-Gesellschaft unterschieden sich von der 'primitiven' Gesellschaft durch die Differenzierung der Handlungssphären.

Dies Interpenetrationsmodell kann aber nicht beschreiben, wie sich der Integrationsmodus beim Übergang von der primitiven zur nicht-okzidentalen hochkulturellen Gesellschaft verändert. Denn das Modell funktioniert nur als Ergänzung zum Differnzierungstheorem, nicht aber als seine Ersetzung. Ausdifferenzierte, 'entfesselte' Handlungsprinzipien werden über Interpenetration ethisch wieder eingefangen, dies ist die Leistung der gesellschaftlichen Gemeinschaft nach dem Beginn der Differenzierungen. Insofern ist das gesamte Interpenetrationstheorem eigentlich nicht mehr als der Versuch einer genetischen Erklärung des Phänomens der „organischen Solidarität", mit dem sich Durkheim in seiner Studie zur Arbeitsteilung schon beschäftigt hatte.

Münch sieht den theoretischen Ertrag seines Interpenetrationsansatzes darin, daß nur in dieser Perspektive die unterscheidende Eigenart der westlichen Gesellschaftsordnungen erkennbar werde, die nämlich nicht – wie zumeist angenommen – in einer stärkeren Rationalisierung und Differenzierung

---

386 Vgl. Gephart 1998: Die geschlossene Gemeinschaft. Gephart spricht vom „Paradox der Universalisierung des Partikularen".
387 Weber, RS I 541f.
388 Frühe Gesellschaften haben nach Weber spannungslose, undifferenzierte Weltverhältnisse, vgl. RS I 541f.

liegt, sondern in einer stärkeren Integration der Handlungssphären, genauer: in der im Vergleich zu außerokzidentalen Gesellschaften höheren normativen Integration differenzierter Sphären. Dabei bekräftigt Münch die für jede Weber-Interpretation fundamentale Unterscheidung zwischen der Entwicklung zum Calvinismus und der postcalvinistischen Phase noch einmal aus Sicht der Interpenetrationstheorie:

„Es ist unzweifelhaft, daß für Weber die Entwicklung zum Calvinismus nicht durch die bloße intellektuelle Rationalisierung der religiösen Ethik gekennzeichnet ist, sondern durch die vergleichsweise weitestreichende Interpenetration von Gemeinschaftshandeln, religiöser Ethik und Welt. Dagegen sieht Weber die postcalvinistische Entwicklung in die Richtung der zunehmenden Rationalisierung und Differenzierung von Sphären und des wachsenden Wertkonflikts verlaufen."[389]

Diese These Webers wird von Münch allerdings relativiert. Er sieht in der postcalvinistischen Entwicklung Tendenzen einer weitergehenden Interpenetration. Beispiele dafür seien: die Universalisierung der Menschen- und Bürgerrechte und die „Inklusion der Arbeiterklasse in die gesellschaftliche Gemeinschaft". Schließlich führt Münch hier auch ein von ihm nicht näher kommentiertes Phänomen an: die „verbindliche Geltung ethischer Grundsätze in den verschiedenen Sphären des Handelns"[390]. Vor diesem Hintergrund drängt sich unter modernisierungs- und säkularisierungstheoretischem Aspekt in interkultureller Perspektive die Frage auf, ob von der Theorie des voluntaristischen Handelns her ähnliche Interpenetrationsmaxima auch ohne Calvinismus denkbar sind.

Nach allem bisher Gesagten liegt der Schlüssel zu diesem Problem zunächst in einer präzisen Beschreibung der Ursachen und Bedingungen der Initialphase der Interpenetration, die bei Münch als eine gegenseitige Vernetzung und Durchdringung partikularer Gemeinschaften mit dem Resultat der Universalisierung dargestellt wird. Doch es muß natürlich weit mehr gegeben sein als nur diese bloße 'Interpartikularität', denn zwischengemeinschaftliche Interaktion hat es stets und überall gegeben. Sie bedarf einer besonderen Qualität und Intensität, um in Universalismus zu münden. Religiöse Motive können den universell verbreiteten Sippenpartikularismus brechen. Damit taucht erstmals überhaupt eine Denk- und Verhaltensalternative zur Pietät gegenüber den Hausgemeinschafts- und Sippenautoritäten auf.[391] Da diese sich ihre

---

389 Münch 1982: Theorie des Handelns: 545.
390 Münch 1982: Theorie des Handelns: 546. Besonders der letzte Punkt verdient die Beachtung all jener Weber-Interpreten, die bei ihm eine dekadenztheoretisch verstandene Säkularisierung vorherrschen sehen und sie in Verbindung mit einer herrschaftssoziologischen „Ägyptisierungsthese" bringen. Gegen diese pessimistische Deutung scheint Münch auf der Existenz eines vitalen, universalistischen und weiter inklusionsmächtigen, normativen Kerns des modernen Kulturmusters zu beharren. Offenbar macht sich hier der über Durkheim zu Parsons und Münch gelangte Optimismus der kantischen politischen Philosophie gegen Webers nietzscheanischen Pessimismus bemerkbar.
391 Ein instruktives Beispiel ist die Prophetie Mohammeds. Vgl. unten Kapitel 8.

Stellung aber nicht ohne weiteres streitig machen lassen, entsteht ein nicht auflösbarer Konflikt zwischen Sippe und Religionsgemeinschaft, der beide Seiten aufgrund von Konkurrenzbedingungen immer weiter dazu treibt, die Merkmale der Gemeinschaftszugehörigkeit und ihre stets interpretationsfähige Anwendung der Konfliktsituation anzupassen oder aber aus dem Felde geschlagen zu werden. Webers Theorie der Öffnung und Schließung von Gemeinschaften müßte sehr detailliert auf den Calvinismus angewendet werden, um anschließend sagen zu können, ob und wie maximale Interpenetration zwischen partikularen Gemeinschaften hier die Initialzündung zur Universalisierung abgegeben hat. Das hat Münch im einzelnen nicht mehr unternommen.

Die voluntaristische Handlungstheorie geht nicht von einer schrittweisen Ausdehnung der Gemeinschaftsaffekte und Diskursgrenzen aus, sondern von einer schlagartigen Universalisierung. In einem einzigen gewaltigen Befreiungsschlag wird der ethische Partikularismus und die Sippenbrüderlichkeit vom Tisch gefegt und durch die Redlichkeit, Zuverlässigkeit und Rechtmäßigkeit gegen jeden ersetzt. Die Begrenzung ethischer Reguliertheit des Handelns auf den Kreis der Gemeinschaftsgenossen wird durch den Puritanismus also durchbrochen, soviel scheint festzustehen, aber der genaue Mechanismus der Überwindung bleibt undurchsichtig. Vor allem ist 'affektuelle Vergemeinschaftung' jenseits der Grenze alltäglicher face-to-face-Gemeinschaften alles andere als ein selbsterklärliches Phänomen. „Diskurse", selbst über „generelle Sinn- und Werthaltungen" mögen ja expandierbar sein, aber die Erweckung emotionaler Zusammengehörigkeit in Interaktionen mit beliebig fremden Tauschpartnern entbehrt der Anschaulichkeit. Der Abbau religiös-ethischer Blockaden gegen Kommerzialisierung und Venalisierung, der Verzicht auf das religiöse Verdikt über ökonomische Tätigkeit – das alles sind sicherlich Interpenetrationsresultate, die in der Richtung der Beeinflussung der religiösen Ethik durch die Ökonomie liegen. Aber diese Interpenetration war weder das Entscheidende noch das okzidental-modern Spezifische, wie Weber mehrmals betont. Nicht die Eliminierung des religiösen Negationspotentials gegenüber der Ökonomie kennzeichnet den modernen Okzident, sondern eine ganz bestimmte religiös positive Prämierung eines Habitus, der sich zunächst ganz ohne Absicht seiner Träger wirtschaftsfördernd auswirkte. Dies ist das zuallererst von Weber herausgearbeitete Spezifikum okzidentaler Gesellschaftsentwicklung, und es handelt sich hier nicht um eine Interpenetration, sondern um eine einseitige, religiöse Determination, deren Ursache wiederum rein intrareligiös erklärlich ist und von Weber mit der Prädestinationslehre erklärt wurde. Diese Erklärung ist, wie Weber selber immer wieder betont, logisch inkonsistent, aber psychologisch plausibel und verständlich, womit unter anderem ausgesagt ist, daß Weber hier den kausalen Regressus aus methodischen (nicht aus arbeitsökonomischen!) Gründen abbrechen mußte. Dies und nicht irgendeine Interpenetration ist der Kern der Weberschen Erklärung.

Wie man sieht, ist in dieser Weberschen Analyse der religiöse Faktor gegen alle Interpenetrationsversuche von außen durchaus zur Selbstbehauptung befähigt.

5.4 Zusammenfassung

Es ist in dem bisher Dargestellten deutlich geworden, daß die Säkularisierung der asketisch-protestantischen Religion für Weber ein Veralltäglichungs- und Normalisierungsprozeß ist. Der besondere Rationalisierungsweg, den die protestantischen Gemeinschaften eingeschlagen haben, führt zu einem immer zweckrationaler eingerichteten Alltag. Diese täglich erfahrbare, nüchterne Alltagspraxis etabliert sich als ungewollte Nebenfolge der religiös-charismatisch motivierten Berufsarbeit der asketischen Protestanten. Die Abkehr von magischen Vorstellungen und von allem, was der „Kreaturvergötterung" verdächtig war, wird im Wirkungsbereich des asketischen Protestantismus radikal beschleunigt. Diese radikale Attacke auf die Magie und alles, was dem calvinistischen Gottesglauben als religiös suspekt und als ablenkendes Blendwerk gilt, traf auch die Gemeinschaftsstrukturen. Die Vorherrschaft traditionaler und affektueller Gemeinschaftsstrukturen mußte in Webers Augen an einem historisch wichtigen Schnittpunkt charismatisch durchbrochen werden, um jenen unwahrscheinlichen und außergewöhnlichen Rationalisierungssprung hin zur Moderne zu initiieren. Danach mag die neu erworbene Rationalität veralltäglicht und in Routine, vor allem in bürokratische Routine, überführt werden. Sie bleibt dann bestehen, ohne daß es noch länger eines massenhaften Auftretens religiöser Virtuosen bedarf, die die bisherigen Traditionen und Routinen mit heiligem Zorne zerstören.

Die Zerstörung traditionaler und affektueller Gemeinschaftsstrukturen ist im Rahmen der hier gewählten Fragestellung der wichtigste Teil des religiös motivierten Neuerungswerkes des asketischen Protestantismus. Das Verdikt der Kreaturvergötterung traf alle Versuche, menschliche Gemeinschaften in eine sakrale Aura zu hüllen. Weder die Liebesbeziehung zum Ehepartner und zu den eigenen Kindern oder Eltern noch die Gemeinschaft in der kirchlichen Gemeinde verdiente in den Augen des Calvinisten irgendeine Art pathetischer Hingabe. Im Gegenteil verlangte seine religiöse Überzeugung, der eigenen Familie, Kirche, Sippe, Nation usw. mit Vorbehalten zu begegnen und alle Pietät für die persönliche Gottesbeziehung zu reservieren. Bestenfalls die gottgewollte Ordnung, das göttliche Gesetz, verdiente in dieser Welt noch die Ehrfucht des religiösen Menschen. Dies ist das Einfallstor, durch welches der Anhänger der calvinistischen Lehre der diesseitigen Welt begegnet. Daraus folgt eine unerhörte „Versachlichung" des ansonsten so oft mit Pathos auftretendem menschlichen Gemeinschaftsbedürfnisses. In diesem Sinne säkularisiert der Calvinismus und mit ihm die asketischen Denominationen des Protestantismus die Prozesse der Gemeinschaftsbildung. Unterwirft man religiöse Vergemeinschaftungen einem solchen Säkularisierungsprozeß, dann entfernt man die charismatischen Elemente aus den Beziehungen der Menschen zueinander und projiziert sie ganz auf den transzendenten Gott. Zurück bleibt eine entzauberte, an Charisma insgesamt ärmere Welt der Sachlichkeit in den sozialen Beziehungen. Das Zusammengehörigkeitsgefühl, das auf religiösen Affekten und auf religiösen Gewohnheiten gründete, müßte im Zuge der Säkularisierung verändert werden. Es kann entweder ganz verschwinden oder sich eine neue, säkulare Grundlage suchen. Im ersten Fall wären soziale Desintegrationsprozesse die Folge. Ihnen kann man dann freilich begegnen, indem die betroffenen sozialen Beziehungen in ihrem „gesellschaftlichen" Aspekt verstärkt werden. Statt der Solidaritätsaffekte und -gewohnheiten müßten dann rationale Vereinbarungen die Beziehung aufrecht -erhalten. Eine religiöse „pneumatische Brüdergemeinde" oder ein religiöses „Pietätsverhältnis"[392] würden dann zu Zweck- oder Gesinnungsvereinen oder zu bloßen Tauschbeziehungen umgeformt. All dies wäre dann in Webers Sinne als Rationalisierung sozialer Beziehungen zu bezeichnen. Sollte allerdings der zweite Fall eintreten und also die Vergemeinschaftung fortbestehen und lediglich ihre sinnhafte Grundlage ändern, dann würde diese Rationalisierung ausbleiben. Die religiösen Affekte würden durch säkulare ersetzt, die religiösen Gewohnheiten durch säkulare Traditionen.

Der Webersche Religionsbegriff erstreckt sich zwischen den Polen der reinen Magie einerseits und der reinen Ethik andererseits. Zwischen diesen beiden Polen, die monistische Weltbilder implizieren, liegt die religiöse Phase als das Stadium einer Weltbilddualisierung. Säkularisierung und Rationalisierung stehen infolge des offenen Religionsbegriffes bei Weber in keiner eindeutigen Relation zueinander. Damit verkomplizieren sich alle Fragen nach evolutionären Abläufen, sei es das Problem der funktionalen Differenzierung, sei es das der Interpenetration oder das der Dezentrierung der Weltbegriffe im Zuge einer kognitiven Weiterentwicklung.

Mit der calvinistischen ‚Versachlichung' der sozialen Beziehungen impliziert Weber, daß ‚Ethik' die Emotionen aus den sozialen Beziehungen verdrängt. Ein Großteil des Streites um die angemessene Auslegung Webers scheint in der Diskussion darüber zu bestehen, ob man diese Entwicklung als Fortschritt willkommen heißen oder als Degeneration umkehren sollte.[393]

---

392 Dies sind Webers Beispiele für affektuelle und traditionale Vergemeinschaftungen. Vgl. WuG 22.
393 Brentano wie Habermas kritisieren, daß Weber den puritanischen Asketismus als außerordentlich rational bezeichnen kann und im gleichen Atemzug unumwunden zugesteht, daß dessen Berufsauffassung hochgradig irrational ist. Habermas widerstrebt, daß die Unterdrückung der eigenen Natur und die Repressivität gegen eigene Bedürfnisse schon das letzte Wort der Rationalisierung gewesen sein soll. Vgl. Habermas 1981a: Die Theorie des kommunikativen Handelns Bd. 1.

Teil III Vergleichende empirisch-historische Beobachtungen

Kapitel 6 Gemeinschaftsbildung im antiken Judentum – der konfessionelle Verband?

6.1 Die Pariavolksthese

Über das Mit- und Gegeneinander von Religionsgemeinschaft und ethnischer Gruppe ist mit Bezug auf den Nahen Osten gesagt worden: „Stets haben in der Geschichte Vorderasiens religiöse Traditionen die Aufgabe gehabt, ethnische Gruppen ostentativ zu integrieren."[394] Ein solches Urteil setzt voraus, daß die Religionen grundsätzlich das Potential haben, transethnische oder interethnische Gemeinschaft zu stiften. Aber diese Voraussetzung ist nicht unproblematisch. Sie mag für die meisten Religionen gegeben sein, doch darf man sich nicht darüber hinweg täuschen, daß Ethnien ihre Religion auch und gerade zur sozialen Abgrenzung gegen ihre Umwelt einsetzten. Die Stabilisierung der eigenen Solidaritätstrukturen, die Stiftung einer Gruppenidentität und die Distinktion nach außen fiel einer ethnischen Gruppe eben dann besonders leicht, wenn die Religion die ethnisch bereits gegebenen Unterschiede nur absicherte und verstärkte. Die Sakralisierung der Ethnizität kann also ebenso eine Funktion der Religion werden wie die Integration verschiedener Ethnien. Eines der besten historischen Beispiele für diese Bi-Funktionalität der Religion ist das antike Judentum. Hier bringen sich ethnische und konfessionelle Gemeinschaft je nach historischen Umständen nur unterschiedlich weit zur Deckung. In dieses Spiel tritt als dritter Faktor die politische Gemeinschaft oft ausschlaggebend mit ein.

Setzt man zur Aufarbeitung dieser Problemstellung mit einem Versuch der Rekonstruktion des Werkes Max Webers an, kommt man in die glückliche Lage, mit seiner Studie über das antike Judentum ein sehr umfangreiches literarisches Produkt benutzen zu können, welches Weber selber noch zur Publikation freigegeben hatte. Diese wird im folgenden zum Ausgangspunkt einer Analyse der Eigenart jüdischer Gemeinschaftsbildung genommen. Mühlmann bezeichnet sie als "die klassische Studie über Assimilation und

---

[394] Kippenberg 1981: Intellektualismus und antike Gnosis: 209. Obwohl Kippenberg mit dieser Formulierung eine weitgehende und eindeutige Feststellung getroffen hat, gibt er zu, daß „eine umfassende Untersuchung dieses Phänomens fehlt" (ebd. 217 Fn. 40).

Ethnogenese"[395]. Ihre Auswertung liefert wertvolle Vergleichs- und Anhaltspunkte für eine Untersuchung des Urchristentums als einer anfänglich jüdischen Sekte, die sich später zur Weltreligion aufschwang und die welthistorisch bedeutsame Gemeinschaftsinstitution der mittelalterlichen Kirche ins Leben rief.

Im Rahmen des antiken Judentums sind vor allem drei Phänomene gemeinschaftstheoretisch von besonderer Bedeutung: die (von Weber so genannte) Pariavolkslage, die berith-Konzeption und die Prophetie.

Doch bevor darauf eingegangen werden kann, soll kurz die methodische Ausgangslage der Weberschen Judentumsstudie in Erinnerung gerufen und gefragt werden, wie sich seine Analyse der jüdischen Geschichte in seinen interkulturellen Vergleich einordnet. Die Antwort auf diese Frage muß ein Tertium Comparationis zwischen dem antiken Judentum und dem asketischen Protestantismus aufzeigen, weil letzterer als Kontrastfolie jeden Vergleichs den roten Faden liefert.

Der Calvinismus hatte in Webers Augen den religionssoziologisch entscheidenden Anteil an der Entwicklung der modernen Gesellschaftsform. Wie die anderen reformatorischen Strömungen war auch der Calvinismus eine innerchristliche Erneuerungsbewegung, fand also in der christlichen Überlieferung vor, was eine Erneuerung im Sinne des Protestantismus motivierte und ermöglichte. Aber auch das Christentum seinerseits betrat die Bühne der Weltgeschichte als eine Erneuerungsbewegung, und zwar als eine innerjüdische. Wenn es sich auch später vom Judentum löste, so lagen doch bereits in der israelitisch-jüdischen Überlieferung jene Kulturelemente bereit, die einen Aufbruch, wie ihn die Jesusbewegung darstellte, ermöglichten.[396] Die Frage nach diesen Kulturelementen macht das Judentum für den interkulturellen historischen Vergleich interessant, erhält es doch in Webers Erklärungsmodell aufgrund der ethischen Wirkung des Alten Testamentes auch noch eine ganz unmittelbare Bedeutung für den Protestantismus und die Moderne. Der Protestantismus greift nämlich auch direkt auf Motive der alttestamentlich-jüdischen religiösen Vorstellungswelt und ihrer Ethik zurück.

Die altjüdische Prophetie hatte nach Webers Ansicht den universalhistorischen „Prozeß der Entzauberung der Welt" (RS I 94f.) angestoßen, und der Protestantismus hat ihn dann vollendet. So radikal, wie der calvinistische Puritanismus die Magie aus der Religion ausmerzte, vermochte in Webers Augen nur noch eine weitere Religion zu sein: die jüdische (RS I 114). Dabei wurde vor allem wichtig, daß die Puritaner ihre eigene Lebensführung an den alttestamentlichen Erzvätern maßen und wie sie erwarteten, für gottwohlge-

---

395 Mühlmann 1966: Max Weber und die rationale Soziologie: 7.
396 Bendix bezeichnet Webers Judentumsstudie als "Soziologie der Innovation" und grenzt sie von Webers Studien über China und Indien ab, die die Dominanz und Beharrung des vorherrschenden Ethos zu erklären versuchten (Bendix 1963: Max Webers Religionssoziologie: 278).

fälliges Verhalten noch im Diesseits entlohnt zu werden.[397] Einer „inneren Verwandtschaft mit dem Judentum" (RS I 179) waren sie dabei selber gewahr und der Lehre Calvins kamen die Implikationen des Buches Hiob sehr entgegen. Alttestamentliche Normen durchdrangen das Leben der Protestanten nach Webers Urteil so sehr, daß schon Zeitgenossen von einem „English Hebraism"[398] sprachen. Es taucht also neben der Frage nach den Ermöglichungsbedingungen, die aus dem Schoße des Judentums das Christentum hervorgehen ließen und aus diesem wiederum den Protestantismus, eine weitere Frage auf: Welche auf den modernen Rationalismus hindrängenden Kräfte gab die alttestamentliche Ethik den protestantischen Reformern direkt an die Hand?

Je stärker man nun diese zweite Frage zuläßt, desto mehr bedarf es der Erklärung, warum denn unter diesen Voraussetzungen das Judentum nicht selber jene rationale Ethik hervorgebracht hat, die in der Neuzeit das christliche Abendland zur ersten Heimstatt moderner Gemeinschaftsbildung werden ließ. Welche Faktoren blockierten den direkten Weg der jüdischen religiösen Ethik zu jenem Rationalismus und Universalismus, der die moderne Gemeinschaftsbildung charakterisiert? Durch diese Fragen wird der Kulturvergleich von den Gemeinsamkeiten wieder auf die Unterschiede zwischen Judentum und Christentum, insbesondere dem Protestantismus, zurückverwiesen. Dabei ergibt die Tatsache, daß das Alte Testament für eine religionssoziologische Analyse des alten Israel methodisch gesehen eine Quelle, für den Protestantismus aber ein autoritativer heiliger Text und deswegen religionssoziologisch anders zu handhaben ist, eine schwierige Problemverschlingung.

Eine Auswertung und Überprüfung von Webers Studie zum antiken Judentum mit Blick auf die Vergemeinschaftungswirkung der Religion muß daher die Grenzen und Möglichkeiten eines interkulturellen Vergleichs beachten, der von Weber sowohl synchron wie diachron angestellt wird, ohne daß er selber die Konsequenzen dieses Vorgehens für die Kriteriologie des Vergleichs näher bestimmt und überprüft. Er vergleicht die antiken Religionen untereinander, verfolgt aber auch ihren Bestand, Wandel oder Untergang durch den Lauf der Jahrhunderte. Man gewinnt daher stellenweise den Eindruck, als ob Weber die Zeit angehalten habe. Die Religion des Volkes Israel setzt er stets in Bezug zu ägyptischen, mesopotamischen, phönizischen und anderen entwickelten und historisch dokumentierbaren religiösen Konzeptionen jener Zeit. Gleichzeitig gibt er komparative Verweise auf religiöse Entwicklungen, die dem antiken Judentum nachfolgten, also beispielsweise das talmudische Judentum, das Urchristentum, das christliche Mittelalter, und natürlich verweist er auch auf die für ihn entscheidende Ethik des asketischen Protestantismus, die in das Europa des 16. und 17. Jahrhunderts gehört. Da-

---

397 Die calvinistische Seelsorge empfahl den Gläubigen, ihren spirituellen Zustand mit den Erzvätern, wie das Alte Testament sie beschreibt, zu vergleichen, um die certitudo salutis zu finden. Vgl. RS I 110.
398 Dowden, zit. n. Weber: RS I 181.

neben finden sich allerorts Vergleiche zu den anderen großen, von Weber untersuchten Kulturräumen, also zum Konfuzianismus und Taoismus genauso wie zum Hinduismus und Buddhismus und zum Islam. Angesichts dieser historischen und geographischen Entgrenzung und der Tatsache, daß Weber die synchrone mit der diachronen Perspektive kombiniert, braucht er sehr leistungsfähige Bezugsrahmen, um der Fülle der Einzelfakten Herr zu werden.[399] Der Vergleich zwischen Israel und anderen antiken Völkern ist ein interkultureller, synchroner Vergleich, derjenige zwischen dem Israel des ersten und des zweiten Tempel sowie zwischen diesen beiden und dem talmudischen Judentum ist ein intrakultureller diachroner Vergleich. Aber ist der Vergleich zwischen dem Judentum seit der Makkabäerzeit und dem Urchristentum auch noch ein intrakultureller oder schon ein interkultureller? Dies ist die Frage nach den Strukturähnlichkeiten zwischen der Jesusbewegung, die zu Lebzeiten Jesu die Landesgrenzen Palästinas nicht überschritt, und der heidenmissionarischen Paulusbewegung. Der Unterschied zwischen beiden wird von Weber in gewisser Hinsicht durchaus als Kulturscheide aufgefaßt. Andererseits muß man sich fragen, ob nicht das römisch besetzte und hellenistisch beeinflußte Israel selber schon ein Ort der interkulturellen Kontakte und Konflikte war.

Weber selber expliziert einen einheitlichen, notwendig religionsübergreifenden Bezugsrahmen nur kurz, in groben Zügen und ohne ihn für jede einzelne von ihm untersuchte Religion noch einmal eigens zu konkretisieren.[400] Daher ist im folgenden darauf zu achten, inwiefern dieser Rahmen gemeinschaftstheoretische Begriffe von der Art enthält, wie sie im ersten Teil dieser Untersuchung dargelegt wurden.

---

399 Eisenstadt beobachtet zutreffend, daß die Judentumsstudie vergleichsweise „weniger gradlinig", „überladen" und fehlerhaft sei, auch an sachlich zentralen Stellen. Neben ideologischen und forschungsgeschichtlichen Gründen hebt er vor, daß „das eigenartige Nebeneinander von Richtigem und Falschem" auf Webers Fragestellung zurückzuführen sei (Eisenstadt 1981: Max Webers antikes Judentum: 135f.): Die Rationalisierungsprozesse Chinas und Indiens stünden nicht mit demjenigen des Okzidentes in Zusammenhang, während Israels Entwicklung dessen Wurzel darstelle, aber eben auch nur die Wurzel. Denn später wurde es relativ zum abendländischen Rationalisierungsprozeß marginalisiert (vgl. ebd. S. 137). Zur historischen Metapher der „Wurzel" und ihres „Absterbens", deren 'Frucht' aber als „caput mortuum" fortlebt vgl. in Webers Protestantismusstudie RS I 199. So bewahrte Weber die Kontinuität des Habitus der innerweltlichen Askese über den Wegfall seiner religiösen Motivation hinaus. Das verschaffte der protestantischen Ethik in Webers Theorie trotz der utilitaristischen Säkularisierung die Bedeutung eines 'Steigbügelhalters' des Kapitalismus, auch wenn sie als religiöse Ethik gesellschaftlich zunehmend randständig wurde. Weber muß dementsprechend versuchen, trotz der Marginalisierung der Juden die jüdische Ethik als 'Steigbügelhalter' okzidentaler Rationalisierung in Anschlag zu bringen. Der Marginalisierung der Religion relativ zur modernen Gesellschaft entspräche dann die Marginalisierung des Judentums relativ zum Christentum und seiner Kirche.
400 In der „Einleitung" zu WEWR. Die „Zwischenbetrachtung" (RS I 536-573) legt nicht den Bezugsrahmen dar, sondern einen ersten Ansatz zu einer erklärenden Theorie. Sie ist kein Leitfaden des interkulturellen Vergleichs, sondern dessen theoretischer Ertrag.

Aber wie kann man nun aus der Fülle der von Weber benutzten Begriffe den einheitlichen Bezugsrahmen ausfindig machen, so daß es möglich wird, in ihm das Konzept der religiösen 'Vergemeinschaftung' zu identifizieren? Anhand welcher Kriterien arbeitet Weber denn überhaupt sein Material in der Studie über das antike Judentum ab?

Diese Frage ist von vielen Rezipienten der Weberschen Judentumsstudie immer wieder gestellt und nicht immer in einer für Weber günstigen Weise beantwortet worden. Oft hat man dieser Studie einen Mangel an Systematik und Stringenz nachgesagt und Webers idealtypische Methode der Willkürlichkeit und Subjektivität verdächtigt.[401]

Um einen Bezugsrahmen aufbauen zu können, benötigt man zwei Dinge: die Analyseinstrumente einer konsolidierten wissenschaftlichen Disziplin und eine Hypothese. Die Soziologie zu Webers Zeiten konnte ihm ersteres noch nicht bieten, seine Hypothese aber stand zumindest in ihrer allgemeinen Ausrichtung fest: Das antike Judentum ist eine der wichtigsten Ursprungskulturen für den modernen okzidentalen Rationalismus, also mit diesem wesensverwandt, doch dem Judentum fehlt irgendein entscheidendes Element für diejenige weitergehende Realisierung des Rationalismus, wie sie dem asketischen Protestantismus später gelang. Welches Element ist dies? Webers Antwort auf diese Frage enthält interessante Implikationen für eine Analyse der Rolle der Religion bei der Gemeinschaftsbildung, sie leitet zugleich über zu dem ersten hier zu untersuchenden Phänomenkomplex: Die jüdische Religionsgemeinschaft bilde ein „Pariavolk ... ein rituell, formell oder faktisch, von der sozialen Umwelt geschiedenes Gastvolk" (RS III 2f.).

6.1.1 Parialage und Kastenbegriff

Bei der Pariavolksthese handelt es sich um eine der am heftigsten kritisierten Thesen Webers.[402] Insbesondere hat man ihm vorgeworfen, ein mittelalterli-

---

401 Vgl. die Beiträge in Schluchter 1981: Max Webers Studie des antiken Judentums; Schluchter 1985: Max Webers Sicht des antiken Christentums.
402 Vgl. Klein 1975: Theologie und Antijudaismus, Hoheisel 1978: Das antike Judentum in christlicher Sicht; Liebeschütz 1967: Das Judentum im deutschen Geschichtsbild, Crüsemann 1985: Israel in der Perserzeit. Talmon stellt lapidar fest: „ Die palästinensische Judenheit kann sicher nicht als eine Paria-Gemeinschaft dargestellt werden..." Talmon 1985: Jüdische Sektenbildung: 249. Er schließt sich der 'Retrojektionsthese' von A. Causse an, wonach Weber ein mittelalterliches oder neuzeitliches Bild des Judentums in die Antike zurückprojiziert habe. Causse 1937: Du groupe ethnique à la communauté religieuse: 9. Mühlmann hingegen verteidigt Webers Pariavolksthese, verweist auf die Ursprünge des Paria-Motivs in dem Gedankengut der Judenemanzipateure in den 1820ern. So bei Goethe "Der Gott und die Bajadere" (1797), Paria-Trilogie (1823), "Kunst und Altertum" (1824). M. Beers Tragödie "Der Paria" (1823) wurde Goethe überreicht, der von ihr inspiriert wurde. (Mühlmann 1964: Rassen, Ethnien, Kulturen: 8).

ches oder neuzeitliches Bild der jüdischen Soziallage in die Antike zurückverlagert zu haben. In der Tat gestatten Webers Formulierungen diese Deutung, wenn er die Pariavolksthese ohne nähere Orts- und Zeitangaben[403] aufstellt. Gegen Webers These muß zunächst in aller Klarheit festgestellt werden, daß die Juden *in der Antike* nicht mehr und nicht weniger von ihrer Umwelt abgesondert waren als andere Völker, die unter Deportationen zu leiden oder Migrationsfolgen, wie zum Beispiel einen religiösen Minderheitsstatus, zu verarbeiten hatten.[404] Aber bevor man diese vergleichende empirische Beobachtung für eine Widerlegung Webers ausgibt, sollte man Webers Pariavolksthese zunächst systematisch-soziologisch einordnen, um sie in ihrem Kontext zu verstehen. Anhand der zuvor im theoretischen Teil explizierten Begriffe läßt sich Webers These nämlich in einen gemeinschaftstheoretischen Zusammenhang stellen, der ein anderes Licht auf die Eigenart der jüdischen Gemeinschaftsbildung wirft als das eine oberflächliche Zur-Kenntnis-Nahme der Pariavolksthese tun kann.

Wenn Weber die Juden als 'Gastvolk' bezeichnet, dann hat er damit den vom ihm selbst als soziologisch problematisch befundenen Begriff ‚Volk' benutzt.[405] Wenn man unter 'Volk' eine Vielzahl von Personen versteht, die sich einander für abstammungsverwandt halten und diesem Glauben entsprechend bei gegebenem Anlaß solidarisch handeln, dann kann diese Bezeichnung für das 'Volk Israel' sicherlich aufrecht erhalten werden.[406] Denn einer der wichtigsten Inhalte des israelitischen 'Gemeinsamkeitsglaubens' war die gemeinsame Abstammung von den Stammvätern Abraham, Isaak und Jakob. Damit erfüllen sie Webers wichtigstes Kriterium für eine ethnische Gemeinschaft

---

403 In RS III 2 heißt es knapp: „Denn was waren soziologisch angesehen, die Juden? Ein Pariavolk".
404 Auch Meeks weist darauf hin, daß die Juden in der Antike wohl kaum stärker als Pariagruppe galten und lebten als andere Immigrantengemeinschaften (Meeks 1985: Die Rolle des paulinischen Christentums: 374f.)
405 WuG 240-244. Das Kapitel ist so angelegt, daß Weber intensiv nach den „Realitäten" sucht, „welche hinter dem im übrigen inhaltlich vieldeutigen Begriff von 'Stamm' und 'Volk' letztlich steckt." (WuG 241) Wie gezeigt, bleibt diese Suche soziologisch gesehen eine Jagd nach einem Phantom. Weber findet außer der von ihm nicht zu diesen Hintergrund-Realitäten gerechneten Selbstreferentialität, daß eine Personengruppe nämlich schlichtweg glaubt, ein Volk zu sein, und dadurch soziologisch angesehen eines wird, nur noch „das potentielle Aufflammen des Willens zum politischen Handeln" (WuG 241).
406 Raphael versucht, Webers Pariavolksthese durch eine 'Gastvolksthese' zu ersetzen. Weil er die Verwendung des Idealtypus „Pariavolk" für die Juden ablehnt, schlägt er vor, sie als ideales Beispiel für ein „Gastvolk" gelten zu lassen: „Das Verbot von Konnubium und Kommensalität, die strikte Sabbateinteilung sowie die wirtschaftlichen Aufgaben dieses zerstreuten marginalen Volkes lassen es als den Idealtypus des 'Gastvolkes' erscheinen." Folgt man jedoch Webers Begrifflichkeit, sind es genau diese drei Merkmale, also Konnubiums- und Kommensalitätsschranken sowie das Sabbatgebot als rituelle Schranke, welche es erforderlich machen, die Juden nicht nur als einfaches Gastvolk, sondern eben als Pariavolk, das heißt als rituell abgesondertes Gastvolk, aufzufassen. (Raphael 1981: Die Juden als Gastvolk im Werk Max Webers: 229f., 256f.).

oder für den Begriff 'Volk': Sie glauben an eine gemeinsame Abstammung.[407] Die antike Welt war in diesem Sinne freilich voll von Völkern und jedes von ihnen war in der beschriebenen Weise ein 'von der sozialen Umwelt geschiedenes' Volk, indem es nämlich seine je eigenen Stamm- und Blutsverwandtschaftsmythen hegte. Unterschiedliche klimatische und geographische Bedingungen sowie vor allem unterschiedliche historische Schicksale sorgen allerdings dafür, daß sich die Völker faktisch dennoch in weit mehr als nur in ihren Stamm- und Blutsverwandtschaftsmythen unterscheiden, daß sie sich nämlich in ihren Sitten, Bräuchen und Traditionen unterschiedlich ausprägen, mögen auch die diesbezüglichen Grenzen zwischen ihnen nicht sonderlich klar gezogen sein.

Die Besonderheit eines Volkes wird jedenfalls erst dann zu einem staunenswerten und soziologisch erklärenswerten Faktum, wenn sie ein anderes soziologisches 'Gesetz' bricht, dessen Geltung Weber unterstellt, nämlich das der „universellen Macht der Nachahmung" (WuG 236). Diese Theorie bleibt bei Weber im Hintergrund, ist aber wichtig und ließe sich folgendermaßen explizieren: das Zusammenleben von Menschen verschiedenartiger Herkünfte und Traditionen sorgt normalerweise über kurz oder lang für eine *Nivellierung* der Unterschiede im äußeren Habitus und in der Lebensführung. Die Anpassung an die kulturell fremde Umgebung ist – ceteris paribus – pragmatischer und opportuner, weil sie Mißverständnisse vermeidet und Kräfte spart, die sonst für langwierige Verständigungs- und Aushandlungsprozesse verausgabt werden müßten. Der übliche Weg führt daher meist zu einer Ausbreitung dessen, was die Mehrheit zu tun gewohnt ist. Die Einhaltung abweichender Sitten ist auf die Dauer äußerst lästig und erscheint auch überflüssig, da sie Diskoordinationen des sozialen Lebens 'ohne Not' hervorruft.[408]

Wenn trotz des universellen Konformitätsdruckes die Assimilation ausbleibt, liegt offenbar eine Anomalie vor. Dies ist bezüglich des Judentums der Fall. Auf diesen soziologischen Zusammenhang will Weber mit seiner Pariavolksthese und dem Vergleich zum indischen Kastensystem aufmerksam machen. Ganz in diesem Sinne will Schluchter zu Recht Webers unglücklich formulierte These „positiv wenden": „Warum eigentlich hat das jüdische

---

407 Mühlmann hält den Begriff „Volk" für eurozentrisch, weil er an das Territorialprinzip gebunden sei, während für die „Naturvölker" das Verwandtschaftsprinzip entschieden wichtiger gewesen sei (Mühlmann 1964: Rassen, Ethnien, Kulturen: 54-58). Im Begriff 'Gastvolk' bringt Weber gerade die Lösung vom Territorialprinzip zum Ausdruck. Er will damit eine Besonderheit des Judentums kennzeichnen. Doch um das Besondere benennen zu können, müßte man wissen, was in der Antike das Allgemeine, das Normale war. Weber setzt das Territorialprinzip hier als das allgemeine voraus. Meines Erachtens wäre aber zunächst die Frage durchaus offen zu halten, ob in der Antike „Verwandtschaft" oder „Territorium" die Volksgrenzen primär definierten.

408 Im Anschluss an das oben Gesagte ließe sich hier von einem größeren Ausbreitungs- und Beharrungsvermögen 'homogener' und 'komplementärer' Relationen gegenüber 'erratischen' Relationen sprechen.

Volk nach dem Verlust einer dauerhaften territorialen politischen Selbstorganisation seine religiöse Identität trotz Verfolgung über zwei Jahrtausende bewahrt?"[409].

Formuliert man Webers Frage in dieser Weise und begreift die Pariavolksthese als Antwort auf diese Frage, dann erhält man ein angemesseneres Verständnis von Max Webers Studie über das antike Judentum. Das explanandum ist nun nicht länger die Absonderung der Juden, sondern ihre erstaunliche Identitätsbewahrung. Nicht das jüdische Abgrenzungsverhalten an sich ist Gegenstand der Weberschen Hypothese, sondern sein Beharrungsvermögen bei der Aufrechterhaltung kultureller Eigenart.

Die jüdische Sonderstellung muß also nun auf irgendeine Weise die Folge eines mehr oder minder bewußten Distinktionsverhaltens sein, das von Motiven gespeist wird, die jede noch so starke Anpassungstendenz in die Schranken weisen. Die Träger eines solchen Verhaltens können sowohl die Distinguierten wie die Distinguierenden sein. Das ist eine Frage des Standpunktes. Denn Abgrenzungsverhalten kann grundsätzlich sowohl auf Selbst- wie auf Fremdzuschreibungen zurückzuführen sein. Da sich die Juden jedoch ihre spezifisch jüdische Identität in den allerverschiedensten sozialen Umwelten bewahrten, kann man davon ausgehen, daß der primäre Grund für das Beharrungsvermögen bei ihnen selbst und nicht in den Fremdzuschreibungen, die die sie umgebenden nichtjüdischen Kulturen an ihnen vornehmen, zu suchen ist.

Ein erster Erklärungsversuch könnte bei einem besonderen Ehrgefühl der Juden ansetzen. Denn zu den wirksamsten Abgrenzungsmotiven gehören Weber zufolge die Vorstellungen von einer spezifischen ethnischen oder ständischen „Ehre" oder „Würde"[410]. Doch ein hier ansetzender Erklärungsversuch würde abermals nicht das Spezifische der jüdischen Gemeinschaftsbildung erfassen können, da es sich bei den Ehrbegriffen und dem ihnen zugehörigen Verhalten durchaus um weitverbreitete Usancen des interethnischen Umgangs in der Antike handelt. Die Griechen waren beileibe nicht die einzigen, die Nicht-Genossen als 'Barbaren' ansahen, und denen es als ehrenrührig galt, sich wie diese zu verhalten. Nicht wenige Stämme reservieren die Bezeichnung 'Menschen' für die eigenen Stammesangehörigen und sprechen den Fremdstämmigen mit den jeweiligen sprachlichen Äquivalenten für 'Barbar' regelmäßig die volle oder eigentliche Menschlichkeit ab[411]. Es sind also nicht

---

409 Schluchter 1981a: Altisraelitische Ethik: 8.
410 WuG 239. Charles Taylor markiert im Gegensatz zu Weber einen wichtigen Unterschied zwischen „Würde" und „Ehre", ein Unterschied, der gleichzeitig die Neuzeit von allen vorangegangenen Epochen scheidet: Während „Ehre" ein hierarchisierender Begriff ist und eine Bevorzugung ausdrückt, repräsentiere sich im Konzept der „Würde" die subjektive Wendung der neuzeitlichen Kultur. Mit „Würde" benennt der moderne Mensch ein universalistisches und egalitäres Konzept individualisierter Identität. Vgl. Taylor 1993: Multikulturalismus und die Politik der Anerkennung: 15ff.
411 Mühlmann 1964: Rassen, Ethnien, Kulturen: 168.

einfach nur gewöhnliche Ehrbegriffe, die die Anomalie jüdischer Gemeinschaftsbildung hervorrufen.

Das Besondere des jüdischen Abgrenzungsverhaltens läßt sich leichter erfassen, wenn man es anhand der Weberschen soziologischen Grundbegriffe von Klassen, Ständen und Kasten beschreibt. Im älteren Teil von *Wirtschaft und Gesellschaft* entfaltet Weber zum Zwecke der Beschreibung der Machtverteilung zwischen und innerhalb politischer Gemeinschaften einen Begriff von sozialer Ordnung, der allein an der Verteilung der Ehre zwischen verschiedenen sozialen Gruppen gewonnen wird.[412] Anhand dieses Einteilungsmodells kann man das Besondere der kastenartigen 'Parialage' der Juden herausarbeiten.

Eine 'Klasse' ist für Weber keine soziale Beziehung, also keine Gemeinschaft. Wenn Weber eine Zahl von Personen als 'Klasse' bezeichnet, dann ist damit lediglich festgestellt, daß diesen Menschen bestimmte sozioökonomische Lebenschancen rein äußerlich gemeinsam sind; dies gilt unter der Voraussetzung, daß diese Gemeinsamkeit durch ähnliche Besitzverhältnisse und dadurch bedingte Marktmacht (oder –ohnmacht) hervorgerufen wurde. Es folgt daraus, daß eine Klasse bestehen kann, ohne daß die Beteiligten davon wissen. Es ist zunächst nur die Soziologie, die diese Klasseeinteilung vornimmt.

Dies ist anders bei den 'Ständen'. Sie entstehen nicht erst durch die Zuschreibung der Soziologie, sondern durch Eigen- und Fremdzuschreibungen der betrachteten Akteure. Der Inhalt der Zuschreibungen ist jeweils ein unterschiedlicher Grad sozialer Ehre. Alle relevanten Akteure haben das Modell eines bestimmten Ehrgefüges im Kopf, in welchem sie selber eine benennbare Position einnehmen. Diese Einordnungen veranlassen die nun ständisch Positionierten zu einer bestimmten Lebensführung, insbesondere zu Diskriminationen in der Aufnahme und Ausgestaltung sozialer Kontakte. Angehörige niederer Stände werden entweder gemieden oder aber mit der entsprechenden, Respekt heischenden Herablassung behandelt. Standesgleiche hingegen suchen und mehren ihre Kontakte und Interaktionen zueinander. Weber legt Wert auf die Feststellung, daß das standesbedingte Verhalten mehr sein muß als „bloß individuelle und sozial irrelevante Nachahmung", es müsse vielmehr „einverständliches Gemeinschaftshandeln" (WuG 535) sein, womit Weber ausgedrückt hat, daß ständische Gliederung dadurch zustande kommt, daß die einen einen gewissen Anspruch auf soziale Ehre erheben, den andere dann billigen oder hinnehmen. Eine Stände-Gesellschaft ist insofern das Ergebnis von Prätendierung und Akzeptanz, während Klassenverhalten kausal, das heißt: nicht-intentional, verursacht ist. Dementsprechend verwundert es nicht, daß Weber die Bemerkung anschließen kann, daß ständische Rangpositionen

---

412 WuG 531-540. Machtverteilung und Ehrverteilung sind begrifflich zu trennen, hängen aber empirisch fast immer sehr stark zusammen. Weber kommt es in diesem Abschnitt hauptsächlich auf den Zusammenhang von ökonomischer Macht und ständischer Ehre an.

letztlich fast immer auf eine erfolgreiche Usurpation zurückgehen. Im Laufe der Zeit lebt sich die ständische Ordnung gewohnheitsmäßig ein und verschafft sich ökonomische und vor allem rechtliche Absicherungen, so daß die Ehrverteilung auch eine bestimmte Machtverteilung hervorruft. Die radikalsten innergesellschaftlichen Abstufungen werden jedoch erreicht, wenn die Standesangehörigen ihre Positionen auch durch *rituelle Garantien* zu verteidigen beginnen. Der soziale Verkehr und sogar die bloße Berührung mit Niedrigergestellten gilt dann als magische Verunreinigung. Sie muß von ihnen durch religiöse rituelle Praktiken gesühnt werden. Diesen Grad sozialer Ordnung nennt Weber dann 'Kastensystem'.

Eine Bedingung der Möglichkeit von Kastenbildung ist, daß die gesellschaftlich geglaubte Verteilung von Ehre eine Verbindung eingeht mit dem ethnischen Gemeinsamkeitsglauben. Dies ergibt eine soziale Situation, in der Inhaber gleicher Ehre sich einander für Menschen gleichen Blutes und gleicher Abstammung halten. Das ist nicht mehr weit entfernt von dem Gedanken, daß Personen eine gewisse Ehre beanspruchen, *weil* sie ganz besonderes Blut in ihren Adern fließen sehen. Der Anspruch auf Ehre kann sich dann auf etwas Natürliches berufen. Wer auf biologische Unabänderlichkeiten wie sein Blut und seine Abkunft verweisen kann und dafür Glauben findet, wird unabhängiger von tatsächlicher Machtstellung und von dem Zwang, ständig durch seine standesgemäße Lebensführung die Ehrprätention zu legitimieren. Der Verweis auf das naturale Kriterium irgendeiner ethnischen Zugehörigkeit erspart zwar nicht völlig den Einsatz von tatsächlicher Macht und die Demonstration guten Geschmacks, vornehmer Bildung und edlen Charakters, aber er öffnet doch Türen, indem er dort gesellschaftlichen Anschluß vermittelt, wo man Prätendenten tatsächlich für ethnisch Verwandte hält.

Das Entscheidende ist, daß sich die ständische Gliederung umso eher zu einer kastenartigen verhärtet, je stärker die Standesangehörigen sich einander blutsverwandt fühlen und die anderen Stände demgemäß nicht bloß als weniger ehrenhaft, sondern auch als ethnisch fremd betrachten. Denn fast immer, so Webers Kernargument, griffen ständische und ethnische Genossen bald auch zu religiösen Mitteln der Absonderung: zur Kastenbildung: „Die 'Kaste' ist geradezu die normale Form, in welcher ethnische, an Blutsverwandtschaft glaubende, das Konnubium und den sozialen Verkehr nach außen ausschließende Gemeinschaften miteinander 'vergesellschaftet' zu leben pflegen" (WuG 536). Wie kommt Weber zu der Ansicht, daß Standesbildung plus Ethnifizierung die günstigste Konstellation für das Entstehen eines Kastenwesens sei? Ausschlaggebend ist die interethnische Ausdehnung der Vorstellung ständischer, also ehrbezogener Gliederung bei gleichzeitiger intraethnischer Nivellierung dieses Ehrgefüges. Dies kann man sich an folgender Modellvorstellung leicht klar machen:

Im Ausgangszustand leben verschiedene Ethnien exklusiv nebeneinander her. Ihr Stammverwandtschaftsglaube veranlaßt sie zu Endogamie und anderen Kontakteinschränkungen zueinander. Wenn den Angehörigen aufgrund einer eigenen intraethnischen ständischen Gliederung der Gedanke an soziale Ehre nicht fremd oder möglicherweise sogar sehr wichtig ist, dann kann sehr leicht angesichts ethnisch fremder Nachbarn eine Art 'ethnischer Stolz' aufkommen. In Abwesenheit einer übergreifenden interethnischen Vergesellschaftung bleibt dies noch weitgehend handlungsirrelevant. Daher sagt Weber, es bleibe „jeder ethnischen Gemeinschaft *gestattet*, die eigene Ehre für die höchste zu halten." (WuG 536, Herv. d. Verf.) Dies gibt dem „horizontalen unverbundenen Nebeneinander" (ebd.) verschiedener Ethnien möglicherweise sogar ein besonderes Maß an Stabilität, da allseits das Bedürfnis nach Ehre in hohem Maße befriedigt wird. Die notwendige Bedingung dieses Zustandes ist freilich ein besonders geringes Maß an interethnischer Kommunikation, da eine jede solche sofort kognitive Dissonanzen auslösen würde, sobald man erfährt, daß alle Beteiligten jeweils ihre eigene Ethnie für die ehrenvollste halten – eine logische und kognitive Unmöglichkeit, die jedem Kind und jedem Einfaltspinsel auffallen muß und zumindest 'kognitives Unbehagen', wenn nicht sogar Empörung und Aggression verursachen wird. Doch nach dem vorausgesetzten exklusiven Nebeneinander der Ethnien sind die Kontakte derart eingeschränkt, daß Situationen, die solches Unbehagen hervorrufen, unwahrscheinlich sind: Wer von der eigenen ständischen Deklassierung durch seine Nachbarn nichts erfährt, kann seinerseits die Nachbarethnien in gleicher Weise ungestört weiter deklassieren. Auch die wahrscheinliche Tendenz der Angehörigen niederer Stände, im interethnischen Vergleich Kompensation für ihre ständische Deklassierung zu suchen, funktioniert daher in diesem Modell desto besser, je weniger tatsächlichen interethnischen Austausch es gibt.

Der entscheidende Anstoß zur Veränderung dieses prekären Gleichgewichtszustandes kommt nach Webers Auffassung von außen, wenn nämlich die Notwendigkeit zu einem gemeinsamen politischen Handeln verschiedener Ethnien auftaucht.[413] Eine größere militärische Bedrohung oder politische Erpressung kann den Anlaß dazu liefern, daß sich Ethnien untereinander vergesellschaften, um ein gemeinsames Handeln zuwege zu bringen. Natürlich könnte sich auch eine Ethnie oder eine Gruppe dieser aus endogenen Motiven zu politisch-militärischer Expansion aufmachen, dann käme der Anstoß zwar von innen, wäre aber nach außen gerichtet. Der bedeutendste Punkt bleibt sich jedenfalls gleich: daß in einer solchen Dach-Vergesellschaftung verschiedene Aufgaben an verschiedene Ethnien verteilt werden und diese Aufgaben als verschieden wichtig und daher als unterschiedlich ehrenvoll gelten. Die Rolle der arabischen Ethnie im Zeitalter der großen islamischen Erobe-

---

413 Natürlich stören nicht nur politische, sondern alle Arten von Interaktionen, die die ethnischen Grenzen überschreiten, das oben beschriebene Gleichgewicht. Dies ist aber nur Destruktion des Gleichgewichts ohne rekonstruktive Potentiale. Diese besitzt Weber zufolge erst wieder ein politischer Wille zu transethnischer Vergesellschaftung.

rungen war beispielsweise die einer speziellen Führer- und Herrschergruppe. An diese interethnische Ehrenverteilung kann nun der alte ethnische Stolz anknüpfen und endlich plausible Gründe für die Deklassierung anderer Ethnien anführen. Was zuvor unweigerlich kognitive Dissonanzen heraufbeschworen hätte, weil Prätention gegen Prätention stand, kann nun durch einen Verweis auf empirische Fakten plausibilisiert werden. So beanspruchten die Leviten innerhalb des israelitischen Stämmeverbandes mit ihrer priesterlichen Tätigkeit auch das Prestige des Priesterberufs. Nachdem sie eine Weile lang in dieser Funktion tätig waren und dadurch faktisch ein Priesterstand geworden waren, fanden sie für ihre Prätentionen bereitwillige Akzeptanz.

Eine besonders wichtige treibende Kraft für diese Entwicklung bildet der Umstand, daß diejenige Ethnie mit den größten Chancen auf eine 'ehrenvolle' Funktion in der neuen Dach-Vergesellschaftung natürlich auch ein besonderes Interesse daran hat, das bisherige Nebeneinander der Ethnien in eine vertikale Gliederung zu bringen und dort zu halten. Eine militärisch besonders erfolgreiche oder führende ethnische Gruppe wie die fränkische im Merowinger- und Karolingerreich hat von daher einen besonderen, immanenten Drang zur Aufrechterhaltung eines politisch-militärischen Daches über einer Mehrheit von Ethnien. Für die indischen Brahmanen gilt ähnliches bezüglich religiöser Führerschaft und religiöser Dachvergesellschaftung. Beide Gruppen profitieren vom Bestand eines interethnischen Handlungsgefüges, weil es ihnen ein mehr oder weniger allgemein akzeptiertes Plus an Ehre (vgl. WuG 238) im Vergleich zum Ausgangszustand der losen horizontalen Anordnung mehrerer Ethnien einbringt.[414]

---

414 Mühlmann konzipiert einen „interethnischen Gradienten" anhand des Kriteriums der technisch-zivilisatorisch bedingten Fähigkeit zur Naturbeherrschung (Mühlmann 1964: Rassen, Ethnien, Kulturen: 58-73). Die Menschen möchten zu jener Ethnie gezählt werden, die in dieser Hinsicht am weitesten fortgeschritten sei. Die Assimilation gehe aufwärts in Richtung auf diese technisch vergleichsweise am höchsten entwickelte Ethnie, allogene Gruppen würden in diese integriert und strebten sogar danach. Meines Erachtens bleibt diese Auffassung interethnischer Beziehungen hinter der Webers zurück, weil keineswegs in allen Völkern die bloß technische Überlegenheit den entscheidenden Anpassungsdruck auslöst, sondern vielmehr primär nach höherer „Ehre" gestrebt wird. Man könnte Mühlmann den Vorwurf eines unbemerkten Eurozentrismus machen, weil er die Bewegungsgesetze der technisch-wissenschaftlichen Zivilisation des Abendlandes auf Naturvölker ausgedehnt hat. Diese Projizierung vermeidet Weber. In Webers Modell ist nicht die technisch am weitesten entwickelte Ethnie das Ziel der Prätendenten, sondern die, die als die ehrenhafteste Ethnie gilt. Freilich: Technische Überlegenheit verleiht politische, militärische und ökonomische Macht, und Machtbesitz kann Ehrbesitz fundieren. Aber das ist nicht zwingend. Es kann gleichwohl zwingend werden, wenn die technisch überlegene Ethnie expandiert und allogene Gruppen gewaltsam integriert. Mühlmann arbeitet im Hintergrund offenbar mit diesem Gedanken einer Selektion aufgrund von Machtgefällen: machtlosere Ethnien werden im Daseinskampf auf lange Sicht entweder ausgemerzt oder passen sich an. Dies gilt aber nur unter der Voraussetzung, daß eine selegierende Situation inszeniert wird, wie zum Beispiel im westlichen Kolonialismus des 16. und 17. und dann wieder des 19. Jahrhunderts. Aber gewaltsamer „Kampf" und verdrängender „Wettbewerb" sind an-

So einleuchtend das hier vorgestellte Modell auf den ersten Blick auch sein mag, es bleibt eine entscheidende Frage unbeantwortet im Raum stehen: Jede interethnische Vergesellschaftung deklassiert die einen im gleichen Maße wie sie die anderen privilegiert. Warum können diejenigen, die eine Deklassierung zu erwarten haben, diese nicht verhindern? Drei Faktoren hier angeführt werden: Macht, Legitimitätsglaube und Intransparenz. Die Rolle der Macht und die Überlappungen der Machtverteilung mit dem Ehrgefüge sind schon angesprochen worden. Der Legitimitätsglaube bewirkt, daß die Minderprivilegierten ihre Situation akzeptieren und die Privilegierung anderer für berechtigt halten. Die Intransparenz stellt einen ebenfalls nicht zu unterschätzenden Faktor bei der Aufrechterhaltung von Stratifikationen dar.[415]

Die historisch wirkungsvollste Methode, soziale Klassifizierungen zu bewahren, liegt für Weber jedoch darin begründet, daß negativ privilegierte Schichten ihr Würdegefühl dauerhaft aus einer ganz anderen, nicht aktuell sozialen Quelle schöpfen können. Dann deuten sie das bestehende System zwar als ungerecht, erhoffen aber seine Umwandlung nicht von eigenen Taten, sondern von irgendwelchen für die Zukunft zu erwartenden Ereignissen. Damit wird aber der bestehende Zustand faktisch stabilisiert und entschärft. Dies ist für Weber eine Einstellung, die sich typischerweise bei Pariavölkern und am besten bei den Juden veranschaulicht findet. Diese sind Weber zufolge „das großartigste historische Beispiel" (WuG 536) für ein Pariavolk.

Nach allem bisher Gesagten muß es nun scheinen, als ob eine Kaste nicht mehr ist als ein Stand, dem ein Stammverwandtschaftsglauben hinzugefügt wird, beziehungsweise eine Ethnie, der ein ständischer Ehrbegriff beigegeben ist. Indes wollte Weber die Ethnie keineswegs in dieser Weise in die Begriffsreihe von Klasse, Stand und Kaste einfügen. Es ging ihm an dieser Stelle nicht um die Bildung des Begriffs 'Kaste', auch nicht um die Bildung irgend-

---

thropologisch gesehen um nichts „natürlicher" oder wahrscheinlicher als „Kooperation" und „Koexistenz", jedenfalls gibt es wenig Grund, dies a priori anzunehmen. Und selbst wenn eine Verdrängungssituation besteht, ist noch längst nicht ausgemacht, daß die technisch Überlegenen sich durchsetzen. Denn die Inhaber dieser Technik mögen ihrerseits nach der Rangstellung einer Ethnie streben, die sie für höherstehend im Ehrgefüge halten. Ein anschauliches, historisches Beispiel dafür sind die Römer, die seit der Zeit der späten Republik zu der Kultur und Philosophie des von ihnen militärisch unterworfenen und politisch kontrollierten Griechenlands dennoch aufschauten. Ähnliches gilt für die militärisch siegreichen Mongolen, die dem chinesischen Reich zwar die politische Herrenschicht und eine ganze Dynastie gaben, aber sich dennoch sinisieren ließen (Eberhard 1942: Kultur und Siedlung der Randvölker Chinas).

415 Die von den englischen Kolonialherren unternomme Zählung und Erfassung des indischen Kastenwesens hat per se schon zu Unruhen und Streitereien geführt, weil nur die traditionelle Intransparenz Raum ließ für akzeptanzsteigernde Illusionen über die eigene Rangposition. Sobald zum Zwecke eines Zensus wirklich auf genaue und explizite Selbst- und Fremdpositionierung gedrängt wurde, entstand statt der erwarteten Transparenz nichts als Streit, weil sich die Fremd- und Selbsteinschätzungen nicht zur Deckung bringen ließen. (Rothermund 1994: Indien: 233)

eines anderen Begriffs, sondern um die Aufstellung einer empirischen Gesetzmäßigkeit. Diese könnte man folgendermaßen formulieren: Je stärker Standesangehörige die Standesunterschiede auf ethnische Unterschiede zurückführen, desto höher ist die Wahrscheinlichkeit, daß sich deren ständische Gliederung zu einer kastenartigen steigert. Die Ethnifizierung einer Standesgliederung ist keine notwendige Bedingung der Kastenbildung, sondern nur ein der Kastenbildung förderlicher Umstand. Begrifflich notwendig ist für die Kaste vielmehr ein religiöses Element, das der ständischen Distinktion zur Seite tritt. Der Weg vom Stand zur Kaste führt über die soziale Schließung des Standes zu einer „Steigerung und Transponierung dieser sozialen Abschließung ins Religiöse oder vielmehr ins Magische" (RS II 44). Unter 'geschlossene Stände' faßt Weber jene, denen man durch seine Geburt angehört. Dies gilt zum Beispiel nicht für den Ritterstand, in den man durch militärische Leistungen aufsteigen konnte und der deswegen einen 'offenen Stand' darstellt. Weil die Kaste genauso wie der Geburtsstand oder zuweilen die Sippe einen 'gentilcharismatischen' Modus der Gemeinschaftsbildung praktiziert, hat sie ohnehin schon ein enormes Integrationspotential und wirkungsvolle Anknüpfungspunkte für Exklusionen. Dies wird nun durch die rituell-religiösen Absonderungspraktiken weiter verschärft.

6.1.2 Stamm und Zunft

Was dies im einzelnen bedeutet, erhellt der Vergleich zu zwei anderen Arten der Gemeinschaftsbildung: dem „Stamm" und der „Zunft" (beziehungsweise „Gilde").[416] In der ausgesprochen eleganten und klaren Terminologie Webers zeichnet sich der Stamm durch eine territoriale Bindung aus, freilich mit der gleich zu besprechenden, für die Analyse des Judentums so wichtigen Ausnahme der Gast- und Pariavölker. Außerdem sind in einem Stamm die verschiedenartigsten Berufstätigkeiten anzutreffen, während eine Kaste ein bestimmtes Berufsfeld monopolisiert. Dieser ökonomischen Vollständigkeit des Stammes entspricht seine relative politische Eigenständigkeit. Die Kaste ist weder ökonomisch noch politisch als ein unabhängiges Ganzes anzusehen, stellt vielmehr nur einen Teilverband innerhalb eines größeren Ganzen dar. In diesem besteht zudem ein benennbares Über- und Untereinander der Kasten, während die Stämme, wie oben schon gesagt, horizontal nebeneinanderliegen.

Im Vergleich zu den Zünften fällt an den Kasten auf, daß sie keine 'zwischenkastlichen' Verbrüderungen zulassen. Dies hängt natürlich mit der Unübersteigbarkeit der rituellen Schranken zwischen den einzelnen Kasten zusammen. Diese Schranken wirken auch über die Generationen hinweg. Während die Söhne von Zunftangehörigen im europäischen Mittelalter durchaus

---

416 Diesen Vergleich führt Weber RS II 33 ff. aus.

den Beruf wechseln und in eine andere Zunft als der Vater Eingang finden konnten, war dies für Kasten aufgrund der strengen Erblichkeit ihrer Zugehörigkeit nicht möglich. Weber betont in diesem Zusammenhang gleich an zwei Stellen, daß ein Stamm seine Bodenständigkeit verlieren und dann ein Gast- oder Pariavolk werden kann. Er sei dann nahezu ununterscheidbar von der Kaste (RS II 33, 35). Das Merkwürdige an dieser Behauptung ist, daß Weber seine eigene, soeben aufgestellte Kriteriologie zur Unterscheidung von Stamm und Kaste, die immerhin fünf klare Merkmale auflistete, im Grunde genommen unbenutzt läßt. Denn selbst bei einem Verlust der Bodenständigkeit müßte ein Stamm eigentlich nach wie vor eine Vielfalt von Berufen beherbergen, eine eigene politische Struktur und eine eigene interne soziale Differenzierung haben. Das alles würde ihn selbst dann noch von der Kaste unterscheiden, wenn er kein eigenes Territorium mehr bewohnte. Auch ist nicht einzusehen, wieso der Bodenverlust Gast- und Pariavölker zu religiösritueller Absonderung, also zur eigenen 'Verkastung', bringen sollte. Hinzu kommt die eigentlich unnötige Verwirrung, die dadurch entsteht, daß Weber statt von Gast- oder Pariastämmen von ebensolchen '*Völkern*' redet. Durch die Benutzung des Begriffs 'Volk' werden hier wiederum Konnotationen gemacht, die das angemessene Verständnis des von Weber gemeinten Sachverhalts eher erschweren.

M. E. erklären sich diese Ungereimtheiten daraus, daß Weber stets die Juden der mittelalterlichen oder neuzeitlichen Diaspora vor Augen hat, wenn er über 'Gastvolk' oder 'Pariavolk' schreibt. Man kann jedoch einen Zwischengedanken einfügen, der die faktische, soziologische Ununterscheidbarkeit eines 'Gastvolkes' von einer 'Kaste' plausibler macht. Oben war schon von der 'universellen Macht der Nachahmung' die Rede, die Assimilationen zum Normalfall und die dauerhafte Identitätsbewahrung von Minoritäten im Status von 'Gästen' zur Ausnahme macht. Jetzt, mit der Begrifflichkeit der 'ständischen Ehre' und des interethnischen Gefälles im Hintergrund, kommt ein weiterer Punkt hinzu: Da das 'Wirtsvolk' eine größere ökonomische und polititische Macht hat als das 'Gastvolk' und im interethnischen Ehrgefüge einen höheren sozialen Rang einnimmt, sieht sich das 'Gastvolk' einem großen Assimilationsdruck ausgesetzt. Denn jede Anpassung an die gastgebende Ethnie wäre ein Schritt in die Richtung sozialen Aufstiegs. Sie wäre ein Gewinn an ökonomischen Chancen, an politischer Teilhabe und an Prestige. Denn die eigene Ethnie ist in die Abhängigkeit ihres Wirtes geraten, lebt von seiner Duldsamkeit und Toleranz. Ohne die buchstäbliche Bedeutung des Begriffes der 'Entwurzelung' für den Verlust territorialer Heimat bemühen zu wollen, liegt hier doch ein Entfremdungsphänomen vor. Dies ist unter normalen Umständen ein sehr schwerer Schlag für die ethnische Identität, die stets die eine oder andere Form ethnischen Stolzes kultivierte. Mühlmann bewertet diese Situation folgendermaßen:

"Es ist die Erschütterung dieser Wertwelt, der Bruch der ethnischen Lebenslinie, die Zerstörung des als selbstverständlich von den Ahnen überkommenen Selbstgefühls unter der Wucht eines fremden 'Gefälles', die zur Entfremdung führen und den Wechsel einleiten. Die Beeinträchtigung des Selbstgefühls führt zum Verlust des Lebenswillens, bringt eine 'Tendenz zum Tode' auf, die selbst zur physischen Selbstvernichtung verleiten kann.[417] Die Ethnographen haben diese Erscheinungen gerade bei Stämmen, die unter starken fremdethnischen Druck stehen, oft geschildert. Die psychische Grundhaltung vieler dieser Stämme, die oft klar ihre 'Verlorenheit' erkennen, ist die der Resignation, wie zahllose Selbstzeugnisse beweisen. Als Ausweg bietet sich den Anpassungswilligen der Kollaps ins fremde Volkstum, vorausgesetzt natürlich, daß dieses aufnahmebereit ist"[418].

Vor dem Hintergrund dieser Überlegungen wird das jahrtausendelange Überleben der jüdischen Kultur in Diasporasituationen in der Tat zu einem erstaunlichen Fascinosum. Als ethnische Gruppe ohne eigenes Territorium und ohne politische Souveränität, mit eingeschränkten ökonomischen Möglichkeiten und in der prekären Stellung von Metöken, verzichten die Juden dennoch auf die Anpassung an die fremde Umgebung und konservieren damit selber ihre Stellung als Entwurzelte und Fremde. Gleichzeitig geraten sie aber nicht in jene resignative, selbstzerstörerische Gemütsverfassung, die Gastvölker ansonsten regelmäßig in der Nachbarschaft ökonomisch und politisch Machtüberlegener erleiden, sondern errichten und bewahren eine lebendige Eigenkultur und Sondergemeinschaft[419]. Die gemeinschaftstheoretisch entscheidende Frage lautet folglich: Wie war dies möglich? Man könnte dieser Konstellation die Hypothese entnehmen, das Judentum beherberge eine Solidaritätsform von evolutionärer Bedeutung, welche jeden Wandel und jeden widrigen Geschichtsverlauf überdauere. In diesem Fall stellt sich als Anschlußproblem, das Ausbleiben der Diffusion dieses Kulturelementes zu erklären. Wieso dehnt sich ein Vergemeinschaftungsmuster, das die Untiefen der historischen Zeit unbeschadet durchmessen kann, nicht auch in die Breite des sozialen Raumes aus? Warum überträgt sich die erfolgreiche Form des jüdischen Vergemeinschaftungsmusters nicht auf andere Völker?

Man kann sich diesem Problem nähern, indem man Webers Ausgangsfrage nach der „universellen Bedeutung und Gültigkeit" (RS I 1) okzidentaler Kulturerscheinungen wieder aufnimmt. Dabei ist genauestens darauf zu achten, ob Weber eine „typologisch vergleichende Universalgeschichte"[420], ein „evolutionstheoretisches Minimalprogramm"[421] oder gar eine ausgewachsene

---

417 Aus Mühlmanns sonstigen Bemerkungen läßt sich schließen, daß er hier wohl Drogenmißbrauch und Alkoholismus unter den Angehörigen kolonialisierter Naturvölker wie z. B. der nordamerikanischen Indianer, im Auge hat.
418 Mühlmann 1964: Rassen, Ethnien, Kulturen: 168.
419 Nagelstock 1990: Kultureller Konservatismus.
420 Schluchter 1981a: Altisraelitische Ethik: 4; Bendix, Winckelmann und Roth halten Weber für einen Gegner evolutionistischer Theorien, vgl. Schluchter 1981a: Altisraelit. Ethik: 6.
421 So Seyfarth 1973: Protestantismus und gesellschaftliche Entwicklung: 361; vgl. Schluchter 1976: Paradoxie der Rationalisierung: 262; Schluchter 1979: Entwicklung des okzidentalen Rationalismus: 12f..

Evolutionstheorie[422] verfolgt, da diese scheinbar nur theoretische Frage große inhaltliche Konsequenzen hat.

Als vorläufigen kleinsten gemeinsamen Nenner für die Vielfalt okzidentaler Kultur führte Weber in der *Vorbemerkung* zu seinen religionssoziologischen Aufsätzen den Terminus des okzidentalen Rationalismus ein. Ordnet das Judentum sich mit seinem bemerkenswerten Vergemeinschaftungsmodus in Webers Theorie der Rationalisierung und des okzidentalen Rationalismus ein? Oder liegt seiner evolutionären Bedeutung noch etwas anderes zugrunde?

Bezogen auf das antike Judentum ergeben diese Forschungsinteressen ein zweigeteiltes Vergleichsverfahren: Zunächst ist zu untersuchen, wie das Judentum als Bestandteil der okzidentalen Kultur an der Entwicklung des Rationalismus beteiligt ist. Dies ist die Frage nach den interkulturellen Gemeinsamkeiten des christlichen Okzidentes mit dem antiken Judentum. Hier verfolgt Weber die These, daß das Judentum eine originäre „**rationale, das heißt von Magie sowohl wie von allen Formen irrationaler Heilssuche freie religiöse Ethik des innerweltlichen Handelns**" (RS III 6) entwikkelte. Diese Leistung mache das Judentum für universalhistorische Betrachtungen interessant. Daraus kann man den Schluß ziehen, daß diese Ethik ganz oder zumindest in wesentlichen Teilen ein bleibendes Element der okzidentalen Entwicklung darstellt. Desweiteren aber wäre zu fragen, warum hat das Judentum selber diesen Rationalismus nicht aus sich heraus zu jenem Durchbruch gebracht, der zur modernen Gesellschaft führte? Hier lagert Weber seine Pariavolksthese an, die mithin erklären soll, warum die jüdische rationale Ethik eben doch nur von *relativer* – sozusagen insularer – historischer Bedeutung war.

In der *Einleitung* zur *Wirtschaftsethik der Weltreligionen* bemüht sich Weber zu begründen, warum er das Judentum thematisiert, obwohl es doch seine Definition von Weltreligionen, „welche besonders große Mengen von Bekennern um sich zu scharen gewußt haben" (RS I 237), verfehlt: Das Judentum böte „entscheidende geschichtliche Voraussetzungen" für das Verständnis von Christentum und Islam.[423] Auch hier taucht also wieder jene merkwürdige Spannung zwischen der auf geringem Niveau stagnierenden *quantitativen* Bedeutung des Judentums und seinem offenbar kaum hoch genug einzuschätzenden historischen Gewicht in *qualitativer* Hinsicht auf. In diesem Spannungsfeld charakterisiert Weber das Judentum für die Zeit nach dem Exil als „Religion eines bürgerlichen 'Pariavolkes'" (RS I 240).

---

422 So v.a. Tenbruck 1975: Das Werk Max Webers.
423 RS I: 238. Der zweite Grund, den Weber an dieser Stelle für sein Interesse am Judentum anführt, bezieht sich offensichtlich auf die seinerzeit aktuelle Debatte mit W. Sombart. Ihm wirft Weber vor, die „Eigenbedeutung" des Judentums für die moderne Wirtschaftsethik viel zu hoch zu veranschlagen.

6.1.3 Der Abstammungsglaube

Wichtig ist daher die Rekonstruktion des Bildes, das sich die „volkstümliche Tradition der Königszeit" von dem Charakter und dem Ethos der Kleinviehzüchter Abraham, Isaak und Jakob macht. Denn dieses Bild sei „für das Judentum folgenreich geworden" (RS III 57). Es hat folgende Züge: Die Kleinviehzüchter sind pazifistische, politisch unorganisierte Hausväter und in der Stellung geduldeter Metöken.

„Es fehlt ihnen jeglicher Zug von persönlichem Heldenmut. Eine Mischung von vertrauensvoll gottergebener Demut und Gutmütigkeit mit einer von ihrem Gott unterstützten geriebenen Verschlagenheit kennzeichnet sie...Es sind das Züge von Pariavolksethik, deren Einfluß auf die Außenmoral der Juden in der Zeit ihrer Zerstreuung als internationales Gastvolk nicht unterschätzt werden dürfen. (sic!) und die mit dem sehr ausgeprägten gläubigen Gehorsam zusammen erst das Gesamtbild der von der Tradition verklärten inneren Haltung dieser Schicht geben. Diese aber ist eben unzweifelhaft eine Schicht von, als machtlose Metöken, zwischen wehrhaften Bauern sitzenden Kleinviehzüchtern" (RS III 59).

Weber ist nun durchaus der Ansicht, daß man sich ein Zerrbild der Kleinviehzüchterstämme mache, wenn man diese Lage, diese innere Haltung und diese Ethik für die halbnomadischen Hirten als eine in der Natur der Sache liegende betrachte. Sie sei vielmehr Folge der durch klar benennbare historische Entwicklungen eingetretenen sozialen und militärischen Deklassierung. Weber kontert die Textstellen, mit denen die Autoren der Königszeit den Erzvätern „utilitarischen Hirtenpazifismus" andichten mit jenen, die von dem „Kriegerehrgefühl" der Kleinviehzüchter wissen (RS III 60f.). Die entscheidende Beobachtung aber ist, daß diese Autoren sich nicht scheuen, auch unhistorische Konstruktionen zu bemühen, um ihr Bedürfnis nach Identifikation mit Stammvätern des israelitischen Jahwebundes mit Figuren zu befriedigen, die Träger einer Pariavolksethik sind. Woher kommt dieses spezifische Bedürfnis?

Hier wie überall diente eine mythische Erzählung von einem gemeinsamen Ahnen zum Aufbau einer Gruppenidentität und zur Festigung ihrer Solidarität. Diese Narration strebte in erster Linie nach plausibler Identitätsstiftung, nicht nach historischer Authentizität. Daher ist es nicht verwunderlich, wenn der Gemeinsamkeitsglaube aus dem mythisch Überlieferten immer wieder einmal neue Selektionen und Umdeutungen vornimmt, um dem Identitätsbedürfnis zu entsprechen. Unter diesen Voraussetzungen kann man annehmen, daß zwischen der jeweils kolportierten Charakteristik des Ahnen und den Kolporteuren eine soziologische Kovarianz auftritt. Bei allem zeitlichen Abstand zum Ahnen muß doch irgendetwas Gemeinsames mit ihm behauptet werden, denn nur dies qualifiziert ihn zum Identitätssymbol. Mit dem realen sozialen und historischen Wandel gerät daher auch das Bild, das man sich von den Stammvätern machte, in Bewegung. Konstant müßte freilich das Bemühen bleiben, an eine *positive* Eigenart glauben zu können. Vor diesem Hintergrund könnte die Identifikation mit den Ahnen dazu neigen, diese als Vorbilder und Helden voller Kraft, Macht, Weisheit, Reichtum und Geschick darzustellen. Warum überdeckt die Überlieferung des Alten Testamentes nun gerade die heroischen Züge der Erzväter, also jene Stellen, in denen Abraham als siegreicher Militärführer (Gen. 14) oder Jakob als starker, heldischer Kämpfer (Gen. 32, 23-33) oder Isaak als reicher und mächtiger Patron (Gen. 26, 12-14) durch eine Fülle von Geschichten, in denen diese drei als demütig, nachgiebig oder friedfertig dargestellt werden?

Für Weber scheint die Antwort darauf klar zu sein: wer die Erzväterlegende in diesem Stil redigiert, befindet sich in einer sozial und ökonomisch deklassierten, entpolitisierten und entmilitarisierten Soziallage. Dies trifft aus Webers Sicht auf die Bauern und Kleinviehzüchter zu, die sowohl vor wie nach dem Exil unter der Bewucherung und Entmündigung durch mächtige und reiche Stadtpatrizier zu leiden hatten.

Aus Webers Einzelbeobachtungen läßt sich also die Hypothese ableiten, daß die altisraelitischen Kleinviehzüchter ihrer sozialen Deklassierung durch Betonung und Ausbau ihrer konfessionell-religiösen Gemeinsamkeit mit den deklassierenden Städtern und Grundbesitzern entgegenwirken wollten. Religiöse Gemeinschaftsbildung fungiert hier als Mittel gegen soziale und vor allem politische Ungleichheit.

Die Pariavolksthese und die These von der welthistorischen Bedeutung der jüdisch religiösen Ethik stehen nun in einem bemerkenswertem Kontrast zueinander. Hier die in einem kleinen Winkel der Weltgeschichte ihr isoliertes Dasein fristende Randexistenz, dort das welthistorisch 'schwergewichtige' ethisch-religiöse Fundament der Kultur Europas und Vorderasiens. Wie können diese beiden widerstreitenden Beobachtungen in ein verständliches Verhältnis gebracht werden? Zur Lösung dieses Problems muß man auf theoretische Annahmen über die Ausbreitungs- und Entwicklungsdynamik von ideellen Gebilden zurückgreifen. Denn eine religiöse Ethik kann religionssoziologisch zunächst einmal als ein solches Gebilde verstanden werden. Bestimmte Elemente der jüdischen religiösen Ethik waren aufgehoben in einer solchen Konzeption von Ideen, die sich erst außerhalb ihres sozialen und historischen Entstehungs- und Entdeckungszusammenhangs geschichtswirksam verbreitete. Denn erst die missionarischen Bemühungen von Paulus und Mohammed sorgten für die außerisraelitische Propagierung dieses ideellen Gebildes. Die Tatsache, daß diese Missionierungen keine Ausbreitung des Judentums, sondern eine Ausbreitung von etwas anderem darstellt, was nichtsdestotrotz jüdisch ist, bedarf offenbar einer eigenen Erklärung. Diese gehört aber bereits in das unten folgende Kapitel über das Urchristentum.

6.2 Die berith-Konzeption – der Archetyp konfessioneller Vergemeinschaftung?

Das antike Israel entwickelte die Vorstellung, daß ein mächtiger Gott sich das israelitische Volk gewählt habe, um mit ihm eine 'berith', also einen Vertrag, zu schließen. Damit trat eine völlig neuartige Konzeption religiöser Gemeinschaftsbildung in die Geschichte ein, eine Konzeption, die sich historisch durchsetzte. Diese Gotteskonzeption regte die Ausbildung einer Ethik an, die, so Webers schon zitiertes Urteil, „in weitgehendem Maße noch der heutigen europäischen und vorderasiatischen religiösen Ethik zugrunde liegt" (RS III 6). Daher enthalte das Judentum auch maßgebliche historische Voraussetzungen für das Verständnis von Christentum und Islam und könne in einer Analyse der Weltreligionen nicht fehlen, obwohl seine Anhängerschaft zahlenmäßig stets relativ klein war (RS I 238). Die besondere Form des israelitischen kollektiven Selbstverständnisses, nämlich sich als Jahwes auserwähltes Volk zu sehen und den Vertrag mit ihm als eine kollektive geschichtliche Mission aufzufassen, ist für eine religionssoziologische Analyse der Gemeinschaftsbildung von maßgeblicher Bedeutung.

6.2.1 Sozialverfassung des alten Israel

Die älteste rekonstruierbare Frühform eines 'Volkes Israel' ist ein Zusammenschluß von Kleinviehzüchterstämmen. Unter charismatischen Kriegsführern werden mehrere Sippen für die Dauer eines Kriegszuges lose zu einem Stamm zusammengefaßt. Die Sippen selber stellen stabilere Vergemeinschaftungen dar. Sie werden von den „Schechs", den Oberhäuptern der Sippen, dauerhaft geleitet. Die Einzelsippe ist Weber zufolge nicht nur im alten Israel „der durch Blutrachepflicht am festesten zusammengekittete Verband" (RS III 14).

Weber versucht die ältesten Sozialformen Israels nun dadurch zu erfassen, daß er ihre Position auf einem polaren Kontinuum zwischen reinem Wüsten-Beduinentum auf der einen Seite und fester Stadtsässigkeit auf der anderen Seite bestimmt.

Für die Sozialorganisation Israels ist das Nebeneinander von Sippen-Prinzip und Stadt-Prinzip wichtig (RS III 19f). In der Stadt kann man Mitgliedschaftsrechte durch Beteiligung am Grundbesitz erwerben, in der Sippe nur durch die Geburt. In Webers Modellvorstellung bildet das reine Sippen-Prinzip den Ausgangszustand des alten Israel. Jeder freie Israelit gehört einer Sippe an, die Sippe ist unterteilt in mehrere Hausgemeinschaften oder Familien, die im patrilinearen Israel auch Vaterhäuser (beth aboth) genannt wurden.

Wie schon gesagt, bilden mehrere Sippen einen Stamm. Wenn irgendwelche Quellen von dieser Sozialorganisation sprechen, dann nehmen sie Weber zufolge wie selbstverständlich an, daß es keine israelitischen Männer gibt, die keiner Sippe angehören. In diesem Sinne war das Volk Israel eine 'nach innen geschlossene' Gemeinschaft.

Den ersten Keim zum Durchbrechen des Sippen-Prinzips und zum Aufbau städtischer Sozialstrukturen sieht Weber nun in einer inneren Differenzierung der Kriegerschaft vorliegen. Mit steigender Kostspieligkeit der „Selbstequipierung" (RS III 21, WuG 566) schrumpft der Kreis der faktisch Wehrfähigen.

Weber vertritt die Ansicht, daß im Krieg gegen die kanaanäischen Städte noch freie israelitische Bauern das Gros des Heeres stellten, aber seit Einführung der teuren Streitwagen wurden diese zunehmend plebejisiert. Sie galten zwar als Volksgenossen, waren aber ihrer eingeschränkten Wehrfähigkeit wegen ohne aktive politische Rechte. Metöken sind Beisassen, die vor den Toren der Stadt wohnen, Handwerksberufe ausüben, aber keinen Grundbesitz haben noch das Recht, solchen zu erwerben (RS III 77).[424]

Die eigentlichen Metöken waren nach Weber Handwerker und Kaufleute, die nach Art einer Pariakaste außerhalb der israelitischen Eidgenossenschaft lebten. Durch die Reform unter Esra wurden sie zu Volljuden, auch wenn sie, wie die freien Bauern, politisch amtsunfähig blieben. Damit war Weber zufolge ein städtischer 'Demos' entstanden. Eine derartig typische ständische Schichtung nach ritterlichem Adel, Priestern und städtischem Demos (was ist mit dem ländlichen Demos?) gab es vor dem Exil nicht. Zu dieser Zeit waren die Metöken noch Stammfremde (vgl. RS III 36). Dieses Prinzip der Stammfremdheit wird nun verdrängt durch das der „rein persönlichen Zugehörigkeit zum 'kahal' oder 'cheber haj-jehudim', dem jüdischen konfessionellen Verbande, und diese wurde nunmehr entweder durch jüdische Abstammung und Übernahme der Ritualpflichten oder durch persönliche Aufnahme erworben" (RS III 36). Der Konfessionsverband beginnt hier also, die ethnischen Grenzziehungen zu überwinden und Personen als Mitglieder zu betrachten, die zuvor aufgrund ihrer Abkunft nicht als Israeliten angesehen wurden. Metöken oder gerim kommen in den Genuß einer religiösen und rechtlichen Integration.

---

424 Weber gibt an, daß die Kampfwagentechnik „von der Mitte des 2. Jahrtausends an sich über die ganze Erde, von China bis Irland" verbreitete. (Diese empirische Beobachtung spricht übrigens gegen Eisenstadts oben (Fn. 399) erwähnte These, die Entwicklung Chinas und Indiens stünde nicht in Zusammenhang mit der des Okzidentes). Weiter heißt es: „Der Übergang zur kostpieligeren Rüstung schaltet, bei Geltung des Prinzips der Selbstequipierung des Heeres, die ökonomisch dazu nicht fähigen kleineren Grundbesitzer überall aus dem voll wehrfähigen Heeresverbande aus, zumal ihre ökonomische 'Unabkömmlichkeit' schon an sich wesentlich geringer ist als die der Grundherren, die von Renten leben." (RS III 29) Dies letztere ist natürlich falsch, die Unabkömmlichkeit der Besitzer kleinerer Grundstücke war nicht geringer, sondern größer als die der Großgrundbesitzer.

An dieser Entwicklung hebt Weber besonders hervor, daß die ökonomischen Grundlagen und damit der Gegensatz zwischen Patriziern und Landvolk unverändert geblieben waren. Die aktiven politischen Rechte waren im Grunde genommen genauso ausschließlich in patrizischen Händen wie vorher. Umso überraschender ist es, daß der neu entstandene städtische Demos von Kleinbürgern im Laufe der Zeit immer mehr in eine religiöse Schlüsselrolle gelangen konnte. Er entwickelte von sich selbst das Bild der 'Gemeinde der chasidim', der wahren Frommen.

Die rechtlichen und moralischen Vorschriftenkataloge, die aus der nachexilischen Zeit stammen, schärfen die rechtliche Gleichbehandlung von Israeliten und gerim ein – für Weber ist dies ein klares Zeichen: „die konfessionelle Assimilation der gerim war im Gange" (RS III 39f.), ehemalige Metöken übernehmen die Ritualpflichten des mosaischen Gesetzes und beginnen, im jüdischen Sinne religiös korrekt zu leben. Weber hebt diese Entwicklung besonders für zwei ansonsten sehr unterschiedliche metökische Gaststämme hervor: die seßhaft werdenden Kleinviehzüchter und die Leviten. Beide galten als gerim und dennoch erhielten beide eine besondere religiöse Bedeutung in Israel: aus den Kleinviehzüchterstämmen gingen die 'Erzväter' hervor, die Leviten besorgten als Priesterstamm den Jahwekult. Dies alles sind wichtige Elemente der von Weber für Palästina beobachteten „universelle(n) Wandlung zur Stadtsässigkeit" (RS III 50).

In Webers Argumtentationsgang führen Königtum und Polisverfassung zu einer enormen Schwächung der Stellung der Kleinviehzüchter. Ihre Sippen wurden zersplittert, sie wurden entmilitarisiert, und zwischen den Fronten des Stadtpatriziates einerseits und der seßhaften Bauernschaft andererseits zerrieben.[425]

6.2.2 Der 'berith'

Nach Webers Urteil unterliegen die Rechtssammlungen des Alten Testamentes im Laufe der Geschichte Israels einer zunehmenden 'Theologisierung', die israelitische Sozialordnung erfährt dementsprechend eine „Theokratisierung" (RS III 81). Der entscheidende Begriff ist in diesem Zusammenhang der der 'berith'. Er bezeichnet eine Schwurverbrüderung, die für gewöhnlich durch Speisegemeinschaft vollzogen wurde. Zwar seien in der Antike politische und privatrechtliche Abmachungen stets durch einen Eid bekräftigt worden, aber

---

[425] Weber hegt den Verdacht, daß die sozialethischen, karitativen Bestimmungen des Buches Leviticus, die Schutzbestimmungen für die „Armen", dieser Gruppe verarmender Kleinviehzüchter zugute kommen sollten. Doch er konzediert, daß eine sozioökonomische Deutung der Institutionen des Sabbatjahres, des siebenjährigen Schuldenerlasses, der Überlassung der Nachlese und so weiter, ungewiß bleibt (RS III 57).

in Israel sei die berith als Grundlage von Rechts- und Moralbeziehungen ungewöhnlich weit verbreitet gewesen. Sogar als politischer Verband habe Israel sich selbst als eine „Eidgenossenschaft" (RS III 82) gesehen. Von besonderem religionssoziologischen Interesse ist nun der Umstand, daß die Israeliten die Vorstellung entwickelten, auch zu ihrem Gott Jahwe in einer berithfundierten Beziehung zu stehen. Dies wirft die wichtige Frage auf, ob man unter der Voraussetzung der Übersetzung von 'berith' als 'Bund' sich einen 'foedus iniquum' oder einen 'foedus aequum' vorzustellen hat.[426] Weber findet für beide Auffassungen Belege, doch der Bund mit Jahwe gilt natürlich stets als Abmachung zwischen Ungleichen. Weber sieht einen folgenschweren Zusammenhang zwischen dem berith-Gedanken, dem Volk Israel und seiner Religion: Eigentlich herrsche unter Beduinen und Viehzüchtern eine „besonders große Labilität aller politischen Verbände". In auffälligem Kontrast dazu stünde „die außerordentliche Stabilität eines bestimmten Verbandstypus, der sich gerade bei diesen nicht vollseßhaften Schichten findet: des religiösen Ordens oder ordensartigen Kultverbandes. Als tragfähige Basis für politische und militärische Organisation auf lange Sicht scheint geradezu nur ein derartiger religiöser Verband geeignet gewesen zu sein" (RS III 87).

Beispiele für derartige Verbände sind in Webers Augen die Rechabiten, der jahwistische Keniterstamm und vor allem der Islam, aber auch möglicherweise der Stamm Juda.[427]

Ein solcher Verband sei die israelitische Eidgenossenschaft nun eindeutig gewesen, ein „Kriegsbund unter und mit Jahwe als dem Kriegsgott des Bundes, Garant seiner sozialen Ordnungen und Schöpfer des materiellen Gedeihens der Eidgenossen" (RS III 89). Der frühen Vorstellung nach war Jahwe tatsächlich der Anführer des eidgenössischen Heereszuges. Deswegen beherbergte man im israelitischen Heerlager die Bundeslade und bat Jahwe, sich von der Lade zu erheben und das Heer zu führen, um nach der Schlacht wie-

---

426 Diese Frage ist von grundsätzlicher soziologischer Bedeutung, auch in methodologischer und grundbegrifflicher Hinsicht, wie Webers Konzipierung des Begriffs „Vergesellschaftung" im 'Kategorienaufsatz' zeigt. Denn dort ist Vergesellschaftung entweder eine „einseitige ...Aufforderung" oder eine „beiderseitige Erklärung" (KvS 442f.).
427 Weber legt besonderes Gewicht darauf, hier nicht einer kausal-materialistischen Geschichtsdeutung geziehen zu werden. Denn behaupte keineswegs, daß nomadische Lebensumstände ordensartige Religionsverbände notwendig verursachen, sondern nur, daß diese, erst einmal - wodurch auch immer - entstanden, die größten Selektionschancen gegenüber anderen politischen Organisationen hatten (Interessant ist freilich, daß Weber diese Ordensverbände ohne weitere Erläuterung in einem „Auslesekampf" zu den „übrigen, labileren , politischen Gebilden" sieht. Man erkennt hieran Webers Vorannahme, daß religiöse und politische Organisation noch nicht gegeneinander differenziert seien). Für die islamische und rechabitische Gemeinschaftsbildung gilt daher, daß sie zwar in erster Linie auf den Verkündigungen Mohammeds und Jonadab ben Rechabs beruhten und insofern „Ausdrücke persönlicher Erlebnisse und Absichten" sind, aber ihre geistig-soziale Durchsetzung und ihr Erfolg doch von klar benennbaren äußeren Lebensumständen bedingt wurden (RS III 88f.).

der in ihr Platz zu nehmen. Die Institutionen, die der Bund mit Jahwe begründete, waren also neben den „schofetim", den Richtern, vor allem der heilige Krieg.[428]

Doch zurück zur berith-Konzeption. Die von den Propheten angeleitete Opposition gegen König und Stadtadel konzentriert ihre religiös-politische Argumentation ganz auf die berith. Der Bund, den Mose im Namen Israels mit Jahwe geschlossen hat, ist das Herzstück ihrer Theologie und Ethik. Er begründet aus Sicht der Israeliten die Sonderstellung Israels unter allen Völkern der Erde. In Webers Auffassung ist die berith-Idee gleichzeitig das, was die religionsgeschichtliche Besonderheit Israels ausmacht, weil der Gott nicht nur als Garantie für einen Vertrag unter Menschen angerufen wird, wie in den anderen Religionen, sondern selber Vertragspartner sei. Beide Seiten, Jahwe wie Israel, machen Versprechungen, sagt Weber, und, so wird man ergänzen dürfen, erwarten dafür Gegenleistungen. Israel bietet Gehorsam, Jahwe seine Verheißungen. Ein Bruch dieser Vereinbarungen seitens der Israeliten wird damit zu einem 'Abfall' von Jahwe.[429] Was ist nun das besondere an dieser Konzeption? Hat es zweiseitige Abmachungen mit den Göttern nicht in vielen Religionen gegeben? Weber sieht die besondere Bedeutung des berith-Gedankens darin, daß er „die Grundlage für die nirgendwo sonst erreichte Bedeutung der Prophetie und Heilsweissagungen" sei (RS III 127). Diesseitige Heilsversprechen hätten zwar die Priester aller Götter an die Gläubigen übermittelt und damit Hoffnung gegeben. „Aber weil das Verhältnis zu ihm (sc. Jahwe, B.G.) auf einer berith beruhte, gewann diese Hoffnung eine äußerst feste Grundlage und galt als auf ausdrücklicher Verheißung: einem Schwur des Gottes, beruhend." (RS III 128) Die berith-Konzeption sorgt Weber zufolge für drei Besonderheiten der israelitischen Religion:
1. Sie verleiht der Heilshoffnung der Gläubigen eine besondere Festigkeit.
2. Sie etabliert die „Vorstellung von der 'Abgötterei' als eines Frevels" und verleiht ihr „penetrante Bedeutung".
3. Sie suggeriert dem Volk Israel, daß Jahwes Entschluß und nicht Israels Höherwertigkeit der Grund dafür war, daß Jahwe Israel statt anderer Völker für seine berith wählte.

---

428 (RS III 92ff.). Zur Bedeutung des 'heiligen Krieges' vgl. u. die Ausführungen zum dschihad im Kapitel über die „Gemeinschaftsbildung im Islam". Bestimmte Formen der Askese dienten der Vorbereitung auf einen solchen Krieg und dem Herbeirufen der göttlichen Unterstützung. Man mußte sicherstellen, daß nur Beschnittene unter den Kriegern waren, mußte fasten und sich sexuell enthalten. Zu beachten ist an dieser Stelle ganz besonders, daß die Israeliten für Übertretungen der asketischen Ritualpflichten des Heiligen Bundeskrieges gegenüber Jahwe solidarisch hafteten. Das hieß unter anderem, daß jemand eine Ersatzperson geopfert werden mußte, wenn der Delinquent nicht gefunden wurde, denn nur auf diese Weise konnte der Zorn Jahwes besänftigt und seine Kriegshilfe wiedergewonnen werden.
429 Weber verweist zustimmend auf Hehn, der den Nachweis führt, daß die Vorstellung des „Abfalls von Gott" religionsgeschichtlich etwas für den vorderasiatischen Raum Einmaliges sei. RS III 127.

Wieso aber sollten nun Religionsanhänger einer Schwurverbrüderung mit ihrem Gott mehr Hoffnung abgewinnen können als ihrem Vertrauen auf magische Praktiken oder kultische Handlungen? Menschen werden wohl genau dann eine festere Hoffnung haben, wenn sie auf bereits gemachte positive Erfahrungen zurückblicken können. Dieser Zusammenhang kann bei Magie und Kult natürlich viel eher auftreten als bei der berith. Denn die berith versetzt die beteiligten Menschen lediglich in die Lage, hoffnungsvoll abzuwarten, daß die Verheißung erfüllt wird, während Kult und Magie praktische religiöse Vollzüge darstellen. Wenn dann tatsächlich eine der gewünschten Wirkungen eintritt, kann sie als Folge dieses Vollzuges interpretiert werden. Dies wäre dann eine positive Erfahrung, die die Hoffnung fester machen könnte. Freilich kann auch jede Wirkung ausbleiben, dann macht man eine negative Erfahrung, erfährt also eine Enttäuschung. Gegen diese ist die berith-Konzeption nun zugegebenermaßen unempfindlicher, und zwar desto mehr, je zeitlich unspezifischer die Versprechungen gemacht wurden.[430] Die Israeliten glaubten nun, daß die berith, die ihre 'Väter' mit Jahwe für alle Zeiten geschlossen hatten, die Forderung an sie stellte, Jahwe als ihren Gott zu behandeln. Weber will offensichtlich sagen, daß hier ein Schwerpunkt der religiösen Handlungseinstellung gesetzt wird, der eine relative Unabhängigkeit von der tatsächlichen Erfüllung der Verheißungen, vom 'Handlungserfolg', erlangen kann (RS III 128). In der Hoffnung, in dem eschatologischen Glauben, daß Jahwe seine Heilsversprechen einhalten wird, besteht das zweckrationale Element fort. Indes, Weber hebt eigens hervor, daß Jahwe keine Bedingungen an das Verhalten Israels stellte. Demnach könnte Israel sein eigenes Verhalten nicht als Mittel zum Zweck einsetzen. Soll das also heißen, daß Israel tun mag, was es will, Jahwe würde seine Versprechen dennoch einhalten? So gesehen könnte

---

430 Magisches und kultisches Handeln läßt sich natürlich zweckrational modellieren: der Akteur vollzieht dann die Handlung x, um den religiös heilsrelevanten Zweck y zu erreichen. Hier wäre dann nicht „Hoffnung" im Spiel, sondern eher eine konkrete Erfolgserwartung. Weber zählt eine Reihe dieser Erwartungen auf: Reichtum, langes Leben, zahlreiche Nachkommen, militärische Siege, reiche Ernten usw. (RS III 127). Derlei Erwartungen sind natürlich alles andere als enttäuschungsfest. Um nun von „Hoffnung" in einem begrifflich möglichst reinen, idealtypischen Sinne sprechen zu können, muß man sie von solchen konkreten Heilserwartungen abgrenzen. Zu hoffen bedeutet vor diesem Hintergrund die Erwartung zu hegen, daß sich ein Erfolg in fernerer Zukunft einstellen wird. Der zeitliche Abstand zwischen aktuellem Verhalten und erwartetem Erfolg wird also stark vergrößert. Hoffnung bedeutet, auf etwas zu harren, das sich nur vielleicht erfüllt. Man könnte es auch so ausdrücken: Hoffen bedeutet, Erwartungen eines Besseren selbst bei Enttäuschungen zu hegen. Es liegt auf der Hand, daß Handlungen in dieser Einstellung sich vom Schema der Zweckrationalität so weit entfernen, daß es ratsam ist, Webers zweiten Rationalitätstypus anzusetzen: die Wertrationalität. Um sie zu definieren, verwendet Weber zwar nicht den Begriff „Hoffnung", aber doch den vergleichbaren Begriff „Glauben". Wertrationales Handeln ist gekennzeichnet durch „bewußten Glauben an den ... unbedingten Eigenwert eines bestimmten Sichverhaltens rein als solchen und unabhängig vom Erfolg. Es ist stets ein „Handeln nach 'Geboten' oder 'Forderungen', die der Handelnde an sich gestellt glaubt." (WuG 12)

229

Israel sich sein Heil gar niemals verscherzen. Dies ist jedoch beileibe nicht der Fall, Jahwe stellt sehr wohl seine Bedingung und diese ist der Glaube an ihn. Glaube aber ist für Weber kein besonderes Verhalten, auch nicht ein ethisches, sondern die Alternative zu den instrumentalisierbaren Erwartungen, die als Mittel oder Bedingungen zu Elementen des zweckrationalen Handelns werden. Etwas von seinem eigenen Handeln zu erwarten, bedeutet, mit einer Zustandsveränderung in der Zukunft zu rechnen, die durch dieses Handeln kausal mitverursacht wurde. Dies müßte bei dem Glauben, der im Falle der Wertrationalität eben ein Glauben an den Eigenwert einer bestimmten Handlungsweise ist, entfallen. Die Zukunftserwartung spielt begrifflich keine besondere Rolle bei der wertrationalen Handlungsprägung. 'Handeln in einer Hoffnung' ist zwar 'Handeln mit einer Zukunftserwartung', wird aber in seinem Ablauf nicht korrigiert, wenn diese Erwartung enttäuscht wird. Stattdessen wird die gleiche Erwartung weiter in die Zukunft verschoben. Dies führt zu einer Aussetzung des Prinzips von 'trial and error' und ist daher aus Sicht reiner Zweckrationalität eine Lernverweigerung. Wollte Weber also sagen, daß die israelitische Religiosität sich dank der eschatologischen Aushebelung der kurzsichtigen religiösen Zweckrationalität durch die berith zu einer evolutionär wichtigen Religion entwickelt hat? Stiftete der berith-Gedanke der israelitischen Religion ein 'deferred gratification pattern' im Sinne des Aufschubs der Heilsverwirklichung? Vieles spricht nach den bisherigen Erörterungen für diese Auslegung, selbst wenn Weber an vielen Stellen die Dynamik der israelitischen Religion jeweils den Phasen gesteigerter Naherwartung, also der Wieder-Annäherung an Zweckrationalität, zuschreibt.

Wie oben angeführt hatte Weber der berith-Konzeption für Israel deshalb besondere Bedeutung zugemessen, weil Israel selber soziologisch aus einer berith zwischen „grundbesitzenden Kriegersippen mit Gaststämmen als rechtlich geschützten Metöken" (RS III 87) entstanden war. Dieses Gemeinschaftsgebilde bezeichnet Weber gleichzeitig als eine „durch Kontrakt regulierte(n) Dauerbeziehung" und als „Verbrüderung" (RS III 87).

Die begrifflichen und theoretischen Analysen des ersten Teils dieser Untersuchung hatten ergeben, daß zwischen Kontraktbeziehungen als 'Vergesellschaftung' und 'Verbrüderungen' als 'Vergemeinschaftungen' die Grenze von Rationalität und Nicht-rationalität, die Fundamentalunterscheidung der handlungstheoretischen Soziologie Webers, verläuft. Was will Weber also an der berith eigentlich hervorheben, die Fraternisierung durch Zusammengehörigkeitsgefühl oder die Kontraktualität? Oder gerade die Verbindung beider? Webers terminologische Ungenauigkeit erschwert die Antwort auf diese Frage. Man könnte daher ein zweites Indiz verfolgen. Weber hebt an der berith nicht nur 'das Prinzip Hoffnung' hervor, sondern auch, daß sie „als auf ausdrücklicher Verheißung: einem Schwur des Gottes, beruhend" (RS III 128) verstanden wurde. Die Ausdrücklichkeit einer Vereinbarung ist ebenfalls ein Kennzeichen rationaler Vergesellschaftung, während nicht-rationale Vergemeinschaftung implizit und diffus die Sinngehalte der Beziehung aktiviert.[431] Läßt sich die Exzeptionalität der israelitischen Religionsentwicklung auf die Explizität der Sinngehalte ihrer Gott-Mensch-Beziehung zurückführen. War dies der entscheidende Rationalisierungsschritt?

Diese wichtige Frage kann zu diesem Zeitpunkt noch nicht eindeutig beantwortet werden, jedoch spricht sehr viel für die Annahme, daß es Weber nicht auf die Explizität der Sinn*inhalte* der israelitischen Gottesbeziehung ankommt, sondern auf der berith als der *Form* dieser Beziehung. Es ist religionssoziologisch für Weber zweitrangig, welche Regeln die Israeliten sich durch die Schwurverbrüderung mit Jahwe auferlegt hatten, wichtiger ist, daß sie es nach der Form der berith taten. Und dies bedeutete: Als durch Tischgemeinschaft zu bekräftigende Verbrüderung durch Eidschwur, als Bündnis und Solidaritätsversprechen.[432] Die berith wurde im alten Israel stets feierlich begangen und aus dem Alltag herausgehoben. Der Vorgang war rituell durchreglementiert, aber dennoch ein übliches und wohlbekanntes Zeremoniell der Schaffung von Recht und Rechtsbeziehungen. Sie war insofern eine jedem Israeliten geläufige Alltagsinstitution. Vollkommen außergewöhnlich aber war die Benutzung dieser Alltagsinstitution für die Gott-Mensch-Beziehung. Denn Jahwe war eine ganz außeralltägliche, mysteriöse, unnahbare Gestalt, vor der man große Furcht und Ehrfurcht zu haben hatte, ein machtgewaltiger, ferner, oft zorniger Gott. Daß dieser Jahwe höchstpersönlich mit Israel eine berith schloß, wurde zum charimatischen Kern der jüdischen Religion.

Weber behauptet, daß die berith mit Jahwe zur Grundlage der Selbstbeurteilung Israels in bezug auf die anderen Völkerschaften wurde (RS III 87). Hier spielt Weber auf das Erwählungsbewußtsein an, das für die jüdische Religionsgeschichte so bedeutungsvoll wurde. Webers Frage lautet in diesem Zusammenhang: Wieso wurde der berith-Gedanke in Israels Religion bewahrt und in seiner Wichtigkeit immer weiter gesteigert? Wieso zeigte dieses Kulturelement ein solches Durchsetzungs- und Beharrungsvermögen?

Als Nomade oder Viehzüchter zu leben bedeutete, seine Boden-, Wasser- und Weiderechte durchsetzen zu müssen. Dazu war Solidarität und Organisation erforderlich. Gerade das aber war bei der Zersplitterung der sozialen Verbände und der mangelnden Seßhaftigkeit von jeher ein Problem. Mit einem Wort: Es gab einen hohen Bedarf an Solidarität und nur wenig Mittel, ihn zu befriedigen. In diese Lücke springt nun die religiös-politische Idee der

---

431 Vgl. die Dichotomie von Diffusität und Spezifizität in Parsons' „pattern variables" (Parsons 1951: The Social System; Parsons 1960: The Pattern Variables Revisited.)
432 Weber führt Gen. 26, 30 und Jos. 9, 14 als Beispiele von Schwurverbrüderungen an, die durch Speisegemeinschaft bekräftigt werden. In beiden Fällen scheint die Verpflichtung, gegeneinander Frieden zu halten und keine bösen Absichten zu hegen, der Hauptbestandteil der Vereinbarung zu sein. RS III 133 erwähnt Weber (allerdings ohne Belegstellen aus der Bibel anzuführen), daß nach der alten Überlieferung die Ältesten der Israeliten in der Tat mit Jahwe Speisegemeinschaft hatten. Am ehesten kann man noch Ex. 24, 9-11 in dieser Richtung deuten.

berith Israels mit Jahwe. Sie begründet einen neuen Gemeinschaftstypus, den „religiösen Orden oder ordensartigen Kultverband" (RS III 87). Er besticht durch seine sozialorganisatorischen Vorteile: Als 'religiöse Verbrüderung' mobilisiert er kohäsive Kräfte, die den ethnischen Vergemeinschaftungen nicht nur Paroli bieten können, sondern die von ihnen gesetzten Grenzen sogar überwinden und transethnische Solidarität stiften können.[433]

Dabei sind es besonders zwei Mechanismen, die diese Solidarisierungsleistungen möglich machen. Der eine ist der der Solidarhaftung vor Jahwe, der andere der, den Vertragsbruch als 'Abfall von Jahwe' hinzustellen. Der Solidarhaftgedanke aktiviert die Mechanismen der sozialen Kontrolle, weil alle für die Sünden jedes einzelnen büßen müssen und daher an dessen Rechtschaffenheit ein 'öffentliches' Interesse besteht. Der Gedanke des 'Abfalls von Jahwe' dramatisiert religiöses Fehlverhalten und tendiert zu einer graduellen Steigerung der religiösen Sanktionen für derartiges Fehlverhalten: eine Übertretung der berith ist dann kein Einzelvergehen mehr, sondern die Offenbarung innerer Treulosigkeit. Damit werden die berith-Idee und ihre Bestimmungen beispiellos dramatisiert. So ordnet Mose für die Übertretung des Sabbatgebotes die Todesstrafe durch Steinigung an und die Leviten bestrafen die Israeliten für ihren Tanz um das Goldene Kalb, indem sie 3000 von ihnen hinrichten (Nu 15, 32-36; Ex. 32, 25-28).

Der berith-Gedanke besitzt jedoch noch eine weitere Potenz, die nicht mehr auf der Ebene des vorfindlichen Bündnisschlusses liegt, sondern wirksam wird, sobald die Spekulation darüber einsetzt, warum sich denn der Gott Jahwe überhaupt Israel zur Seite stellt. Hierzu vertritt Weber die These, daß der Niedergang der politischen Macht Israels nach der Königszeit den Anlaß gab für derartige theologische Reflexionen. In der neuen Situation zunehmender außenpolitischer Gefährdung und Ohnmacht verfielen die Jahwegläubigen auf den Gedanken, daß nur ihr Gehorsam gegen die Gebote der berith die Gnade Jahwes wiedergewinnen könne. Dies entfaltet die bemerkenswerte Dynamik, daß die berith-Idee für die Religiosität Israels desto zentraler wurde, je politisch machtloser Israel wurde. Das bedeutete aber auch, daß politisches Unglück, und später jede Form von Unglück, die Jahweorientierung und den Jahweglauben nur weiter festigten. Das Motiv des bedingungslosen Glaubens, wie es die Geschichte von Abrahams Opferung des Isaak veranschaulicht, ist nach Webers Meinung daher auch ein Urbestandteil der Jahwereligion.[434]

---

433 Weber nimmt diesen Zusammenhang beispielsweise für die Bildung des Stammes Juda an. RS III 89f.
434 RS III 129. Folgenreich waren auch die anderen, mit der berith zusammenhängenden Elemente der israelitischen Gotteskonzeption: Jahwe war nicht immer der Gott Israels gewesen, sondern zeigte sich erst durch Moses dem Volk: sein Auftreten hat einen geschichtlichen Anfang. Dieser ist die berith. Weiterhin hat er auch bei anderen Völkern und an anderen Orten gewirkt, war sozial oder lokal nicht an das Volk Israel gebunden. Vor allem aber war Jahwe ein 'Gott aus der Ferne' (RS III 133), was ihn in Webers Augen eindeutig von Orts- und Stammesgottheiten unterscheidet. Dies alles dramatisiert die Frage der Israeliten:

Was aber läßt sich über den Inhalt der berith mit Jahwe sagen? Weber bestreitet, daß sie ursprünglich eine Sammlung rechtlicher oder ethischer Vorschriften gewesen sei, sondern vermutet, daß sie lediglich die allereinfachsten Ritual- und Brüderlichkeitsvorschriften enthielt, die für jene Zeit und jene Kultur üblich waren. Hier liegt also nicht der geringste Anhaltspunkt für eine Besonderheit Israels vor. Diese leitet Weber vielmehr aus einigen Hypothesen *über die innovative und individualisierende Wirkung interkultureller Kontakte* ab. Im Falle des nach Kanaan eingewanderten Volkes Israel verbindet sich der „primitive ungebrochene Naturalismus" der israelitischen Auffassung vom religiösen Heil mit den „überall verbreiteten Elementen einer rationalen und geistig differenzierten Kultur" (RS III 136). Weber zeigt die Wirkung der Verschmelzung des Sublimen mit dem Urwüchsigen am Beispiel des Bildes, das man sich von Jahwe machte.[435]

Ein weiterer Umstand tritt Weber zufolge geschichtswirksam hinzu. Die Abwesenheit einer das Volk Israel als Ganzes integrierenden profanen Institution neben der berith drängt Israel auf die Bahn, jede Volksangelegenheit als Jahweangelegenheit zu betrachten. Nicht mehr nur die Kriege des Stäm-

---

„Warum erwählte sich Jahwe uns?", allerdings ohne Chance auf eine Antwort. So kehrte die Spekulation zurück zur Unhintergehbarkeit des berith-Gedankens: „Mit unseren Vätern hat Jahwe den Bund geschlossen." Angesichts des politischen Niedergangs beginnt die Prophetie dies zu ergänzen um den Satz: „An uns ist es nun, die berith einzuhalten. Dann wird Israel wieder erhöht werden."

435 Jahwe bewies seine Macht in historischen Ereignissen, als Kriegsgott oder Gott der Naturkatastrophen. Von Gottheiten, die als Hüter und Garanten einer ewigen und unabänderlichen Naturordnung verehrt werden, ruhig und gleichmäßig in ewiger Wiederkehr walten, unterscheidet sich Jahwe durch sein Handeln im Affekt, leidenschaftlich und willkürlich. Erst ägyptische und mesopotamische Einflüsse machen aus Jahwe einen sanftmütigen Gott des Himmels und der Naturschöpfung (RS III 139). Doch diese „Sublimierung und Rationalisierung des Bildes des Gottes zu einem weisen Weltenlenker" (RS III 139) bringt den Unterschied der beiden Gotteskonzeptionen nicht zum Verschwinden. Der berith-Gedanke setzt sich durch und hält auch dem Assimilationsdruck des Interkulturellen stand. Weber betont, daß Jahwe der Gott der „P e r s o n e n gemeinschaft des israelitischen Bundesheeres" (RS III 141) war. Zwar ‚betreuten' auch andere Götter ihre sozialen Verbände und übernahmen die religiöse Patronage über den Heereszug. Aber Jahwes Beziehung zu Israel stammte aus einer wechselseitigen Wahlentscheidung. Beide Seiten, Jahwe wie Israel, hätten sich anders entscheiden können. In der Folge entsteht ein großer Druck, gegebene Zusagen einzuhalten. Erst eine neue berith, ein Aufhebungsvertrag sozusagen, könnte Jahwe oder Israel von diesen Versprechen lösen. Gleichzeitig impliziert eine derartige Gott-Mensch-Beziehung, daß dem Glauben größeres religiöses Gewicht zukommt als dem Wissen. Ein solcher Gott haust nicht in der Natur, tritt nicht als der Lenker der Sonne und der Sterne oder als Hüter der Zeiten auf. Die Versenkung in die Ordnungsprinzipien des Kosmos, die Aneignung theoretisch geordneten Heilswissens und die Erkenntnis ewiger Bewegungsgesetze ist kein Weg zu diesem Gott. Jahwe war, so Weber, auch niemals wie viele antiken Götter Gott einer besonderen sozialen Institution im alten Israel (RS III 141). Da er nicht an bestimmte Orte und an das Land gebunden war, sondern den Lebensverhältnissen von Halbnomaden entsprechend 'mobil' war, könnte man den Jahwismus als universalistische Gotteskonzeption bezeichnen. Allerdings ist die berith natürlich partikulär, sie war nur mit Israel und sonst niemandem geschlossen worden.

me-Verbundes Israel wurden aufgrund der berith mit Jahwe und in seinem Namen geführt, sondern auch die innenpolitischen Angelegenheiten des gesamten Volkes wurden auf diese Weise geregelt. Die kollektive Identität der Israeliten lehnte sich an die berith an: das Volk Israel ist unter allen Völkern dasjenige, welches die berith mit Jahwe eingegangen ist. Hier liegt der Keim für religiöse Durchbrechungen des ethnischen Prinzips der Gemeinschaftsbildung schon vor. Man könnte hier eine der religiösen Wurzeln der Vertragsethik vor sich haben, da die berith askriptive Mitgliedschaftskriterien relativiert und auf freie Wahlentscheidungen zurückgeführt werden kann.

Zusammenfassend ist festzuhalten, daß die berith-Konzeption in vierfacher Hinsicht eine Blockadewirkung auf religiöse Entwicklung ausübt:
1. Die berith-Konzeption ist eine Blockade gegen Mystik, Ekstase und andere ‚irrationale' religiöse Heilsmittel.
2. Die berith-Konzeption ist eine Blockade gegen kosmologische Spekulation und Grübelei über universelle Sinnfragen. „Handeln nach Gottes Gebot, nicht Erkenntnis des Sinns der Welt frommte dem Menschen" (RS III 332).
3. Die berith-Konzeption ist eine Blockade gegen Transzendentalismus, weil sowohl Jahwes Forderungen wie seine Verheißungen in der berith positiv niedergelegt waren und Diesseitiges betrafen.
4. Die berith-Konzeption ist eine Blockade gegen religiösen Individualismus, weil sie zwischen Jahwe und Israel eine Solidarhaftbeziehung etablierte, die die Israeliten untereinander und in Bezug auf ihre Ahnen und Nachkommen in eine Verantwortungsgemeinschaft brachte.

6.3 Die Prophetie

6.3.1 Die sozialen Ursprünge der Prophetie

Die sozialen Ursprünge der Prophetie liegen in der Kriegerekstase und Kriegeraskese der Nasiräer und Nebijim. Dies waren ursprünglich Formen magisch-religiöser Kriegsvorbereitungen, in denen das Volk Israel den Beistand ihres Kriegsgottes Jahwe herbeirief.

Die Wandlung zum Königtum brachte schließlich den Aufbau eines bürokratischen Apparates, eines stehenden, wohlausgerüsteten Heeres, einer zentralen Kultstätte und die außenpolitische Teilnahme an den Auseinandersetzungen der großen Mächte mit sich. Das alles kostete viel Geld. So kam mit der Intensivierung der Herrschaft auch eine zunehmende Steuer- und Abgabenlast auf die israelitischen Bauern und Viehzüchter zu. Im Umfeld der alten Nebi-Milieus begann man, sich der alten bäuerlichen Befreiungskämpfe gegen die patrizischen Fronherren zu erinnern. Das war die entscheidende Weichenstellung für das Entstehen einer königsfeindlichen, volkstümlichen und kritischen Prophetie.[436]

Unheilsweissagungen sind, soziologisch-individualistisch betrachtet, zunächst eine Unwahrscheinlichkeit, weil es keine Individuen gibt, denen sie nützen, weil sich mit ihnen kein Geld verdienen läßt. Sie beunruhigen die Gemüter, verderben die Lebens- und Arbeitsfreude und säen Unzufriedenheit. Für eine solche Dienstleistung wird wenig Nachfrage bestehen. Daher werden Unheilspropheten in aller Regel gesellschaftlich gemieden, so daß sie allein von daher in die Situation der Einsamkeit, wenn nicht sogar der sozialen Deklassierung, geraten. Natürlich spielt hier auch die Psychologie der Ekstase eine Rolle. Im Gegensatz zu den Kriegsekstatikern der Nebijim, die orgiastisch-massenekstatisch zu ihren besonderen Kräften und Fähigkeiten kamen, standen die Propheten in der Tradition der individuellen apathischen Ekstase der „Traumseher" (RS III 118). Aber gerade die Einsamkeit machte einen Mann wie Elia innerlich und äußerlich nur noch unabhängiger, gradliniger und kompromißloser in seiner Gesellschaftskritik. Diese Kritik speiste sich aus den religiösen Traditionen des Jahwe-Glaubens genauso wie aus den ekstatisch-visionären Gaben der Propheten. Individuelle Begabungen und soziale Konstellation liefern hier also zusammengenommen eine sozio- und psychodynamische Erklärung für die rücksichtslose Radikalität und die unbeugsame Eigenständigkeit der Propheten, die auf diesem Wege zu den „großen Ideologen des Jahwismus" (RS III 119) wurden. Doch diese Sozio- und Psychodynamik allein hätten niemals eine solche gewaltige historische Erscheinung wie die israelitische Prophetie hervorbringen können, wenn für den inhaltlichen Impuls der prophetischen Botschaften im israelitischen Volk neben den jahwistischen Traditionen nicht auch noch eine bestimmte, situativ bedingte Resonanzfähigkeit vorhanden gewesen wäre. Diese beruhte natürlich in erster Linie darauf, daß die Unzufriedenheit nicht erst von den Propheten erzeugt werden mußte, sondern unter den freien Bauern und Viehzüchtern Israels durch die objektive Lage bereits gegeben war. Die Propheten lenkten dieses Protestpotential lediglich in eine bestimmte Richtung. Sie verherrlichen eine gute alte Zeit, in der ein Bauernheer im Vertrauen auf seinen Kriegsgott Jahwe seine Freiheit durch glorreiche Siege erfochten hatte. Dieses Bild hielten sie den Zuständen der Königszeit gegenüber, in der man sich ihrer Ansicht nach nicht mehr auf Jahwe, sondern auf die neueste Kriegstechnik

---

436 Der israelitische König war im Vergleich zu Königtümern in anderen Kulturen religiös von geringerer Bedeutung. Seine religiösen Befugnisse unterschieden sich kaum von denen der gewöhnlichen Israeliten. Die wichtigsten religiösen Handlungen wie Orakel, Weihen oder Entsühnung blieben den Propheten und Leviten vorbehalten. Die Opferhandlungen der Kultgemeinschaft waren ebenfalls aufgrund der ethisierenden Gotteskonzeption im Jahwismus von minderer Bedeutung. Dies alles erleichterte die Entstehung einer vom König und seiner Verwaltungsbürokratie unabhängigen religiösen Kraft.

und die Mittel der geopolitischen Diplomatie verließ. Mit diesen Hinweisen weckten sie unter ihren Zuhörern „die alten demokratischen Erinnerungen", schreibt Weber und meint damit wohl in erster Linie das Demokratische der alten Wehrverfassung (RS III 121). Daß die Propheten ebenso wie ihre Zuhörer faktisch völlig entmilitarisiert waren, ist für Weber paradoxerweise gerade die Erklärung für ihre Blutrunst und ihren Kriegsdurst, wie er nicht ohne einen Seitenhieb auf den Bellizismus der Literaten seiner Zeit feststellt.[437]

6.3.2 Prophetie und Gemeinschaftsbildung

Ein wichtiges Spezifikum der israelitischen Prophetie ist, daß sie nicht an ekstatische *Gemeinschafts*erlebnisse anknüpfte und daher nicht jenes religiöse Gemeinschaftselement beförderte, das neben dem Kult eine wichtige Kraft religiöser Vergemeinschaftung war: die Orgie (RS III 306, WuG 246), sondern an individuelle Ekstase. Die israelitischen Propheten erhalten ihre charismatische Gabe nämlich einsam und persönlich von Jahwe, während die spätere christliche Vorstellung stets die versammelte Gemeinde als primären Empfänger der pneumatische Erweckung verstand. Auf diesen Tatbestand führt Weber die „ganze kulturhistorisch so unendlich wichtige religiöse Schätzung der Gemeinde als solcher, als der Trägerin des Geistes, im Urchristentum" (RS III 307) zurück. Das Verhältnis der israelitischen Propheten zu ihren Zuhörern war nicht das von Brüdern oder Genossen. Sie tragen ihr Charisma einsam und allein als ein Geschenk Jahwes, sie stehen den Israeliten gegenüber als 'Mahner in der Wüste' und als einzeln und persönlich charismatisch privilegierte Sonderlinge (RS III 307, 309). Andererseits verbleiben sie mit ihrer eigenen Lebensweise wie mit ihren Forderungen moralisch und ethisch auf dem Durchschnittsniveau und weder vollbringen noch fordern sie rituelle oder asketische Virtuosenleistungen. Die israelitischen Propheten sind von ihrem soziologischen Typus her keine Intellektuellen oder Literaten, keine Priester oder Philosophen; auch unterscheiden sie sich von der Masse nicht durch virtuose Askese, Ekstase oder Kontemplation. Ihr sozialer Habitus ist vielmehr derjenige „praktischer Seelsorger" (RS III 309f.) Ihre einzige Legitimation ist, daß sie die seltene Gabe besitzen, die Stimme Jahwes hören zu können.

---

[437] „Die utopische Phantasie ihrer Träger (sc. der demokratischen Erinnerungen, B. G.) sättigte sich um so mehr mit blutigen Bildern kriegerischer Heldentaten Jahwes, je unmilitärischer sie selbst inzwischen geworden waren, - ganz so, wie wir ja auch heute in allen Ländern das Höchstmaß von Kriegsdurst bei jenen Literaten-Schichten erleben, welche vom Schützengraben am weitesten entfernt und ihrer Natur nach am wenigsten kriegerisch geartet sind" (RS III 121f.).

Der israelitische Prophet stellt nach Webers Dafürhalten an sich selbst keine anderen ethischen Anforderungen als an alle anderen. Wenn er unbedingtes Gottvertrauen fordert, dann liegt diesem Anspruch die Trennung der verkündeten Botschaft von dem persönlichen Verhalten des Propheten zugrunde, so daß damit keineswegs impliziert ist, daß der Prophet sich selber frei von Schuld und Anfechtungen fühlt (RS III 313).

Das Entscheidende für Weber ist nun, daß dieser Umstand dem Inhalt, dem Sinn und dem ganzen 'Geist' der Thora eine religionshistorisch besondersartige Note verlieh (RS III 309f.).

Die israelitischen Propheten galten bemerkenswerterweise für umso glaubwürdiger, je weniger sie irgendjemandem nach dem Mund redeten, je weniger sie selbst als Bringer oder Verkünder von Heil und Erlösung auftraten und je mehr sie stattdessen Drohungen, Schmähungen und Unheilsprophezeiungen ausstießen. Es ist erstaunlich, daß schonungslose ethische Ermahnung und rücksichtsloses Anprangern seiner Verfehlungen beim Volke Israel überhaupt eine derartige Resonanz fand. Die Propheten befriedigen keine Bedürfnisse, sondern reißen Wunden auf, sie bieten nichts Hilfreiches oder Nützliches, sondern Kritik und Beunruhigung, sie lösen keine Probleme, sondern zerren sie rücksichtslos ans Licht. Wieso finden sie also überhaupt Gehör? Mit dieser Frage entsteht der eigentliche soziologische Erklärungsbedarf bezüglich der Geschichtswirksamkeit der altisraelitischen Prophetie.

Webers Charakteristik der israelitischen Propheten läßt sich einbauen in seine bekannte Unterscheidung von ethischer und exemplarischer Prophetie. Der exemplarische Prophet ist typologisch am reinsten in Buddha verkörpert. Er beschreitet persönlich den einzuschlagenden Heilsweg, ist in dieser Hinsicht religiöses Vorbild. Die ethische Prophetie hingegen benötigt die Annahme eines „persönlichen überweltlichen ethischen Gottes" (WuG 273), in dessen Auftrag der Prophet Gehorsam fordert. Dies hält Weber für eine vorderasiatische Vorstellung (ebd.). Die griechischen oder indischen Propheten sind nach Weber im Vergleich zu den israelitischen eher Heilsbringer. Dagegen hatte die Prophetie Israels typischerweise „Unheil, und zwar diesseitiges Unheil und zwar wegen Sünden gegen das allgemein, für jeden Israeliten, gültige Gesetz ihres Gottes" (RS III 310) zum Inhalt.

Für die hier anstehende Frage ist die Bildung des soziologischen Typus des 'ethischen Propheten' jedoch nur ein erster Schritt. Die eigentliche Frage nach der Besonderheit der israelitisch-jüdischen Entwicklung ist in Bezug auf die Propheten nunmehr zuzuspitzen: Welche Art von Gemeinschaftsbewußtsein ist überhaupt zu der Unwahrscheinlichkeit fähig, ethischer Prophetie einen Resonanzboden zu bieten?

6.3.3 Prophetie und Alltagsethik

Weber betont drei Eigenarten der israelitischen Entwicklung, die berith, die levitische Thora und deren Herkunft aus praktisch veranlagten Seelsorger-Kreisen. Diese Faktoren sind dafür verantwortlich, daß es im israelitischen Volk ein allgemeines Wissen um allgemein akzeptierte ethische Anforderungen gibt. Dies erscheint als „selten ausdrücklich bezeichnete, weil ganz selbstverständliche, Voraussetzung der gesamten Prophetie" (RS III 310).

Die Alltagsethik Altisraels wich inhaltlich kaum von vielen anderen gebräuchlichen und geltenden Ethiken ab, ihre Besonderheit kommt erst dann zum Vorschein, wenn man fragt, aus welchen Quellen sich der 'Legitimitätsglaube' speiste, der diese Ethik als verbindlich einstufte und zu einer geltenden machte. Israel hebt sich also von anderen Völkern faktisch nicht dadurch ab, daß es ganz besondere ethische Regeln beachtete, sondern daß es ganz gewöhnliche ethische Regeln aus besonderen Gründen, aufgrund besonderer Motive beachtete (RS III 310f.). Die Deutungen, die die israelitischen Propheten der politischen und religiösen Geschichte Israels gaben und die das Volk Israel akzeptierte, verschärften das Strafmaß für Vergehen gegen die Alltagsethik bis auf eine fast schon absurde Höhe[438]. Die Israeliten begriffen die Einhaltung einer ganz gewöhnlichen und durchaus machbaren Ethik als ihre ureigenste Spezialpflicht. Diese bemerkenswerte Konstellation brachte drei verschiedene Faktoren, die für gewöhnlich gegeneinander arbeiteten, in eine Synergie-Beziehung: das religiöse Heilinteresse (1), die Bewältigung des Alltags (2), das Bedürfnis nach Zusammengehörigkeit und kollektiver Identität (3).

1. Das religiöse Heilsinteresse der Menschen drängt in der Regel hin zu außeralltäglichen Mitteln und Zwecken, also zur Erlangung eigener oder zur Fruchtbarmachung fremder charismatischer Kräfte. Nicht so das israelitische Heilsinteresse, es konzentrierte sich vielmehr immer stärker auf eine an sich gänzlich uncharismatische, alltägliche, Gebrauchsethik. Für die meisten religiösen Konzepte gilt, daß ihren Anhängern Alltagsangelegenheiten desto unwichtiger sind, je stärker sie sich für ihr religiöses Heil interessieren. In Israel entwickelte sich dies genau umgekehrt.
2. Die Bewältigung des sozialen Alltags läßt regelmäßig einen Bedarf an Koordinationsregeln und Solidarität entstehen, der nur mit Unterstützung moralischer oder ethischer Motive gedeckt werden kann. Da deren Einhaltung stets prekär ist, wird sehr leicht auf religiöse Garantiemechanismen zu ihrer Stützung zurückgegriffen. Dies gilt vor allem im Falle maximalen Solidaritätsbedarfs: im Krieg. Wenn man aber Desertion und Feigheit effektiv religiös perhorreszieren und Solidarität und Tapferkeit

---

438 Die durchaus übliche Gottesstrafe, die Jeremia den von Jahwes Gesetzen abfälligen oder unzüchtigen Israeliten androht, ist die Vernichtung. Vgl. z. B. Jer 9, 1-23.

prämieren will, benötigt man einen partikularistischen Gott für den eigenen politisch-militärischen Verband, ein Gott, der nicht gleichzeitig auch der Schutzgott der Feinde sein kann. Dies bringt die religiösen Konzeptionen stets auf einen partikularistischen Weg, zumal sich auf diese Weise auch das Identitätsbedürfnis befriedigen kann. Obwohl sich die Völker in ihren Alltagsproblemen sehr ähneln und daher die Wahrscheinlichkeit ähnlicher Moralen und Ethiken hoch ist, ist dennoch religiöser Partikularismus der Normalfall. Er wird gepflegt von allen, die von der Möglichkeit und dem Vorhandensein religiösen Sonder- und Geheimwissens und ebensolcher Qualifikationen profitieren. In ihrem Interesse liegt die Verkomplizierung und Mystifizierung von Kult- und Zauberpraktiken, von ethischen und rituellen Regeln. Die Schlichtheit, Sparsamkeit, Klarheit und Einfachheit des altisraelitischen religiösen Regel- und Gedankenwerkes setzen dieser Tendenz eine Schranke.

3. Die Konzeption der berith als einer vertraglichen Abmachung, die auf Publizität und Verständlichkeit angewiesen ist, verleiht der isralitischen Konzeption einen universalisierbaren Kern in einer Form, die das Identitätsbedürfnis trotz dieses Universalismus dennoch befriedigt. Alles, was eine Religion an gemeinschaftlichem Pathos freizusetzen vermag, geriet in Israel in den Dienst einer Alltagsethik, die jeder halten konnte und die irgendwann einmal auch tatsächlich von allen praktisch befolgt werden würde, so die religiöse Erwartung der Israeliten.

Weber will also hervorheben, daß die Israeliten zu Jahwe eine Beziehung pflegten, die bei ihnen für die Gegenwart Beunruhigung und Bedrückungsgefühle auslöste. Da man sich Jahwe wie einen strengen König mit unbegrenzter Machtfülle vorstellte, stand man ihm mit einer angstbehafteten Ehrfurcht und untertänigen Distanz gegenüber; in dem Maße jedoch, in dem er als rationaler Lenker desjenigen Geschehens galt, das sein auserwähltes Volk Israel zu erleben hatte, mußte der Jahwegläubige für die Zukunft andererseits Hoffnung haben.

Die Gotteskonzeption Israels war in Webers Augen dem mystischen Heilsstreben abträglich, sie begünstigte vielmehr das „aktive Handeln im Dienst des überweltlichen, aber prinzipiell verständlichen Gottes" als das „mystische Haben eines außerweltlichen Göttlichen" (RS III 330). Dem Gott Jahwe gegenüber machte Weber zufolge das Philosophieren über den Grund des Daseins wenig Sinn, denn er forderte vor allem die Unterwerfung unter die göttlichen Gebote. Dies ist für Weber der Grund, warum ein Bedüfnis nach philosophischer Theodizee gar nicht erst wach wurde und die kosmologischen Fragen dem ursprünglichen Jahweglauben unwichtig waren. Ihre religiöse Bedeutung verblaßte neben der berith als dem religiösen Urereignis Israels.

6.3.4 Wirkungen der Prophetie und Wandlungen der jüdischen Gemeinschaft

Webers Analyse der israelitischen Prophetie kann anhand der Effekte, die sie für die religiöse Konzeption, für die Ethik und die Soziologie Israels und des späteren Judentums hatte, zusammengefaßt werden. Dabei ist der Bogen zu schlagen zum Urchristentum und damit zurück zu Webers Ausgangsthese von der weltgeschichtlichen Bedeutung des Alten Testamentes. Es sind insbesondere drei Entwicklungen hervorzuheben, die Weber als Leistungen der Prophetie veranschlagt:

Erstens: Die Prophetie begünstigte die Umgestaltung des politischen Verbandes eines 'Volkes Israel' zum konfessionellen Verband der Gemeinschaft der Juden. Dies war die religionssoziologische Voraussetzung für das kulturelle Überleben des Judentums nach dem Verlust der politischen Souveränität und territorialen Integrität. Weber gibt als Grund für die gewaltige Resonanz, die die Propheten beim Volk Israel fanden, dessen „Rachedurst und Hoffnung" an (RS III 350). An diese Leidenschaften konnten die Propheten anknüpfen, indem sie deren Befriedigung noch zu Lebzeiten in Aussicht stellten. Indem die Israeliten daran glaubten, fand ihre politisch desintegrierte Gemeinschaft einen neuen, diesmal primär religiösen Zusammenhalt.

Zweitens: Die Prophetie positionierte die Idee eines göttlichen Unheils- und Heilsplanes so, daß sie eine mächtige Stütze der Alltagsethik wurde.

Drittens: Die israelitischen Propheten bewerkstelligten eine „weitgehende gesinnungsethische Sublimierung der Sünde und des gottwohlgefälligen Sichverhaltens" (RS III 348). Sie stifteten in diesem Sinne keine neue Relgionsgemeinschaft, sondern entwickelten die überkommene Religion in bestimmter Richtung fort. Diese Richtung nennt Weber 'gesinnungsethische Sublimierung'. Dies geriet zum „unmittelbar praktisch-ethischen Inhalt ihrer eschatologischen Verkündigung" (RS III 350). Daher bot die Prophetie eigentlich überhaupt „keinerlei Handhabe für die Bildung einer neuen religiösen Gemeinschaft", obwohl es theoretisch, wie Weber an andere Stelle zeigt (WuG 269-279), durchaus zu erwarten gewesen wäre, daß Prophetie zur Bildung neuer Gemeinden führt. Hier liegt der Fall in Webers Augen jedoch anders. Die Sublimierung des Alten ermöglicht es der äußerlich völlig verwandelten Gemeinschaft, sich innerlich dennoch als Fortsetzung der überlieferten Volksgemeinschaft zu fühlen. Diese Identifikation mit der Tradition sei dem Christentum langfristig gesehen unmöglich gewesen.

Dieses letzte Argument Webers bedarf genauerer Betrachtung. Weber betrachtet die gesinnungsethische Sublimierung als Ermöglichungsbedingung eines Gemeinsamkeitsglaubens, der einen neuen konfessionellen Verband sich als Fortsetzung der alten rituellen Volksgemeinschaft fühlen läßt. Weber definiert nicht genau, was er mit Sublimierung meint, ist aber eindeutig, wenn er aktuelle Rachegefühle und Hoffnungsaffekte als Ansatzpunkte und die leidenschaftlichen Erwartungen ihrer nahen Befriedigung als Grundlage für die religiöse Kohäsion des Exilvolkes anführt. In aller Regel versteht Weber unter der 'gesinnungsethischen Sublimierung' die Verlagerung des ethischen Kriteriums von äußerer Regelkonformität zu innerer Motivauthentizität. Methodisch strikt gesprochen könnte man die gesinnungsethische Sublimierung auch als Erweiterung eines normativen Postulates um die Forderung nach 'adäquater Verursachtheit' bezeichnen. Die Norm soll dann eben nicht einfach nur befolgt, sondern geltungsgläubig befolgt werden. Entsprechend fällt 'inadäquate Verursachtheit' nun unter das Verdikt, unethisch zu sein, so als ob sie eine Normwidrigkeit darstellt. Die Propheten haben mit ihrer Entwertung des Opfers und der Rituale[439] sicherlich dem ethischen Wohlverhalten eine höhere religiöse Wertung verschafft. Aber reicht es nicht aus, dies als Ethisierung zu verstehen. Welches zusätzliche Merkmal hat denn die 'gesinnungsethische Sublimierung' gegenüber der einfachen Ethisierung? Daran schließt sich die Frage an, inwiefern eine derartige Sublimierung Traditionsbewahrung erleichtert. Webers Gedankengang müßte schließlich auch den Umkehrschluß gestatten, daß die Exilszeit ohne die Prophetie nach der politischen Desintegration auch den religiösen Traditionsverlust gesehen hätte. Dies aber widerspricht seiner sonstigen theoretischen Annahme, daß das prophetische Element gerade das innovative, traditionswandelnde Element der Religionen sei. Es gibt wohl nur eine Möglichkeit, diese widersprüchlichen Theoreme zu vereinen: das Exilsvolk täuschte sich den Traditionserhalt selber vor, betrieb aber in Wahrheit einen rapiden religiösen und sozialen Wandel. Das Mittel dieser Selbsttäuschung war, daß der exilierte Verband ‚sich rituell einkapselte'. Dies war faktisch zwar alles andere als eine Traditionsbewahrung, stützte und nährte aber das subjektive Gefühl dieser Gemeinschaft, nicht von ihrer Identität, ihrer Geschichte, ihrer Heimat und schließlich auch nicht von ihrem Gott abgeschnitten zu sein. Die Rückkehr der Exilanten sollte dann auch in der Tat den klaren Beweis dafür erbringen, daß sich ein radikaler Wandel vollzogen hatte und zu den Daheimgebliebenen eine schwer überbrückbare Differenz eingetreten war. Man sollte aus Webers komplizierten und ein wenig unsystematischen Argumenten daher möglicherweise folgende These ableiten: Die Daheimgebliebenen praktizierten die traditionellen ethischen und rituellen Regeln Israels in gesetzesethischer Einstellung, die Exilanten und späteren Rückkehrer in gesinnungsethischer. Erstere erfüllten damit ihre religiöse und soziale Pflicht, letztere realisierten damit ihr Selbstgefühl und stabilisierten ihre Identität. Was bei ersteren lediglich Pflichtverletzung wäre, mutiert bei letzteren zu einer Selbstaufgabe, zu einem Verrat an sich selbst, an ihrer Identität. Läßt sich diese These bei einer Betrachtung der nachfolgenden Entwicklungen halten?

---

439 Das anschaulichste Beispiel ist hier stets Jeremias Reden von der notwendigen Beschneidung der „Vorhaut des Herzens". Vgl. Jer. 9,25.

Nach Webers Meinung bringen Prophetie und Ritualpraxis die Pariastellung des Judentums hervor.[440] Wie alle antiken Ethiken war auch die israelitische ursprünglich in für jene Zeiten normalem Maße exklusivistisch. Eine besondere Note erhielt dieser Exklusivismus erst im Zuge der Umwandlung des israelitischen Volkes von einem politischen zu einem konfessionellen Verband. Diese Entwicklung beginnt paradoxerweise zunächst mit Inklusionen. An den ursprünglichen Kriegerverband werden durch berith die Gaststämme (gerim) angeschlossen, in der Exilszeit wird ein Verfahren zur Aufnahme völlig Fremder entwickelt[441]. Diese Veränderungen dienten primär einer rechtlich-rituellen Vereinheitlichung, der große Umschwung kam jedoch mit der Zusammenfügung des Motivs ritueller Einheitlichkeit mit dem Motiv der rituellen Reinheit der im Lande Israel ansässigen Bevölkerung. Rituell Unreine sollten fortan nicht mehr in der Wohnbevölkerung Israels geduldet werden. Diese Forderung stammt merkwürdigerweise erst aus der Exilszeit. Die ideelle Sakralisierung des israelitischen Bodens koinzidiert also mit dessen realpolitischem Verlust (RS III 353).

Dem „jahwistischen Puritanismus" als der „späteren konfessionellen jüdischen Auffassung" waren Kommensalität und Konnubium mit Angehörigen der Völker Unbeschnittener ein Greuel. „Diese 'Fremdenfeindlichkeit' fehlte der älteren Zeit" (RS III 353), sie stammt vielmehr aus der Exilszeit, die auch tatsächlich Mischeheverbote kodifizierte. Während es dem alten Israel noch durchaus gestattet war, aus politischer Klugheit oder Pragmatismus mit Ungläubigen vereinzelt Kult- oder Tischgemeinschaft zu pflegen, wurde dies mit zunehmender Konfessionalisierung als Sakrileg gewertet.

Webers Argument ergibt sich aus einer theoretischen Annahme über die Wechselwirkung von Gemeinschaftsbildung und Gotteskonzeption: Die berith war ursprünglich Ergebnis der „historisch bedingten sozialen Form des politischen Verbandes" (RS III 356). Jahwe als Vertragspartner war Schutz- und Kriegsgott der israelitischen Eidgenossenschaft. Dieses Gemeinschaftsgebilde befand sich in Friedenszeiten in einem schwebenden Zustand zwischen Ordnung und Anarchie. Das war für einen Kleinviehzüchterverband durchaus typisch[442]. Im Kriegsfall war daher ein besonders mächtiger religiöser Beistand gefragt, der den militärischen Solidaritätspflichten der eigentlich nur locker verbundenen Sippen religiösen Nachdruck verlieh.

Die sich wiederholenden Niederlagen und die dauernde Bedrohung ab dem neunten Jahrhundert verlangten jedoch nach neuen und nachvollziehbaren theologischen Erklärungen. Ein typisches Theodizee-Bedürfnis stellte sich ein und wollte befriedigt sein. Das Volk Israel fand folgenden kognitiv-

---

440 RS III 352 heißt es: „Die Leistung der Prophetie wirkte zusammen mit den überkommenen rituellen Gewohnheiten Israels, um das hervorzubringen, was dem Judentum seine Pariastellung in der Welt eintrug."
441 Weber zufolge läßt sich dies an Dtn. 23,8 ablesen. Vgl. RS III 352.
442 Vgl. dazu Schäfer 1981: Stadtstaat und Eidgenossenschaft.

rationalen Weg der Befriedigung der Theodizee-Problematik: Jahwe hat Israel keineswegs verlassen, wenn es auch so scheinen mag, sondern sendet ihm vielmehr all diese Niederlagen und Erniedrigungen, um es zu züchtigen und für seine Sünden zu strafen.

Dieser theoretisch unwahrscheinliche, aber in Israel historische empirische Wirklichkeit gewordene Gedanke bringt das theologische Nachdenken auf den Weg der universalistischen Rationalisierung: Jahwes Macht erstreckt sich auch über andere Völker, seine Reichweite erscheint zunehmend als unbegrenzt. Erst jetzt und vor diesem gedanklichen Hintergrund erhält das Motiv der Auserwählung des Volkes Israel soziologische Relevanz. Denn jetzt war die berith plötzlich ein Paradoxon: Wieso sollte ein allmächtiger und allgegenwärtiger Herr, der alle Völker dieser Erde lenken kann, zu dem kleinen, politisch deklassierten Volk Israel eine *besondere* Beziehung eingegangen sein und einhalten?

Darauf fanden die Priester und Theologen drei mögliche Antworten: eine grundlose Liebe und Gnade Jahwes zu Israel, eine durch die Verdienste der Vorfahren begründete Liebe und Gnade Jahwes zu Israel oder einfach nur Jahwes Abscheu vor dem Unglauben der anderen Völker (RS III 356).

Wie Israel versuchte, dieses Paradoxon aufzulösen, läßt Weber offen. Ihm kommt es darauf an, daß sich der Erwählungsgedanke an diesem Paradoxon zu einer „pathetischen" (RS III 357) Intensität steigerte anstatt vergessen zu werden. In seiner intensivierten Form eignete sich dieses Motiv wie kein zweites zur Einschärfung ethischer und ritueller Sonderpflichten Israels. In dieser pathetischen Grundlage des jüdischen Distinktionsverhaltens liegt nun nach Weber die relative Assimilationsresistenz des nachexilischen Diasporajudentums begründet:

„Niemals aber würde sich eine zunehmend 'bürgerliche' Glaubensgemeinschaft in diese Parialage freiwillig begeben und ... (dafür) Proselyten gewonnen haben ohne die Verheißungen der Prophetie. Die unerhörte Paradoxie, daß einem Gott, der sein erwähltes Volk ... in Schmach und Verknechtung stürzen läßt und selbst stürzt, nur um so inbrünstiger angegangen wurde, findet in der Geschichte sonst kein Beispiel und ist nur aus dem gewaltigen Prestige der prophetischen Verkündigung erklärlich."[443]

Die Prophetie verlor im Judentum später an Bedeutung. Weber führt dies nicht nur auf die Macht der konservativen Hierokratie zurück. Neben den Gegensatz von Priestern und Propheten habe seit eh und je derjenige zwischen

---

[443] RS III 378f. Die religiöse Verklärung des Leidens ist natürlich weit verbreitet und vom Masochismus nicht mehr allzu weit entfernt, wie Berger 1973: Dialektik von Religion und Gesellschaft: 80ff. überzeugend darlegt. Die Sinnstiftungskompetenz der Religion reicht eben in das Leid, auch das zunächst sinnlos erscheinende Leid, weit hinein. Aber diese allgemeine religiöse Leidenstheodizee ist an dieser Stelle nicht das, was Weber hervorheben will. Wenn, wie im Buddhismus, das Leben als Ursache des Leidens gilt, resultiert daraus eine weltflüchtige Haltung. Die Besonderheit Israels liegt in der Kombination von Weltzuwendung und Leidenstheodizee.

dem Demos und den wohlhabenden Geschlechtern bestanden. Die neuartige Entwicklung im nachexilischen Judentum sei nun, daß sich im Demos langsam ein „bürgerlicher Rationalismus" (RS III 399) ausbreitete, der durch die relative Befriedung Palästinas unter persischer und hellenistischer Herrschaft ermöglicht und gefördert wurde. Diese Erkenntnis formuliert Weber eher vorsichtig und verschlüsselt. Was genau gemeint ist, kann aus dem Vergleich der vorexilischen mit den nachexilischen 'Demagogen' rekonstruiert werden: erstere fasst Weber unter die Kategorie der charismatisch-ekstatischen Propheten, letztere unter die der 'bürgerlich-rationalen', also wohl: politischen, Anführer des einfachen Volkes gegen die Vornehmen und Reichen.[444] Auch der „städtische(n) Charakter" (RS III 400) sei das Neuartige der Makkabäerzeit. Was er damit meint, muß man der Schlußpassage seiner Judentumsstudie indirekt entnehmen. Dort heißt es über den städtischen Demos:

„In der vorexilischen Prophetie noch lediglich Objekt der von den prophetischen und levitischen, insbesondere deuteronomistischen Kreisen gepredigten Karität, beginnen die Frommen jetzt ihrerseits sich auszusprechen und als Jahwes erwähltes Volk im Gegensatz zu ihren Gegnern zu fühlen."[445]

---

444 Daß der soziale Gegensatz zwischen dem Demos und den vornehmen Geschlechtern sich mit dem von Stadt und Land decken konnte, zeigen die Invektiven des Jeremias gegen die Stadt Jerusalem und den priesterlichen Opferbetrieb im Tempel (z. B. Jer. 7 oder 13). Der Gegensatz der vorexilischen Zeit läßt sich auf die Formel bringen: stadt- und landsässige Vornehme gegen ländlichen Demos. Diese Konstellation sieht Weber seit den Reformen Esras und Nehemias im Wandel zu einer stärkeren Verstädterung des Demos, so daß die Formel lauten würde: stadt- und landsässige Vornehme gegen städtischen Demos. Webers Formulierungen sind ambivalent, wenn er schreibt, dieser Gegensatz sei „an sich nichts Neues" gewesen, das Neuartige läge vielmehr in der Art und dem Grad des Kampfes dieser beiden Kontrahenten, also eben nicht in ihrer sozialen Zusammensetzung oder Lage (RS III 400). Andererseits sei es gerade der „städtische Charakter", der den Modus und die Intensität des Kampfes verlagere. Aber worin soll der „städtische Charakter" des Demos bestehen, wenn nicht in seiner sozialen Lage und Herkunft? Stellt man die Frage in dieser zugespitzten Weise, dann werden Webers Ausführungen klarer. Denn das Neuartige an der Makkabäerzeit läßt sich eben mit objektiv-sozialen Kriterien wie Klassen- oder Schichtzugehörigkeit oder Urbanität und Ruralität überhaupt nicht erfassen.

445 RS III 400. Weber sieht im Psalter, also im ersten Buch der Psalmen, den Psalmen 1-41, den typischen Ausdruck dieser Frömmigkeit. Ein Großteil der Psalmen stammt aus den Zeiten Davids und Salomos oder ist sogar noch älter. Da in den Psalmen häufiger der König erwähnt wird, muß man ihre Entstehung jedenfalls in die vorexilische Zeit datieren. Die „religiöse Stimmung", die Weber im Psalter ausgedrückt sieht, ist m. E. diejenige des hingebungsvollen Vertrauens auf den mächtigen Herrschergott in Situationen äußerer oder innerer Not und Ohnmacht. Auffällig ist die häufige Wiederkehr des Motivs, daß der Herrgott Beistand gibt, wenn man von Feinden umringt und in aussichtslos scheinender Lage ist. Der Psalter vermittelt das Bild des großmächtigen, rächenden, zuweilen grimmiggrausamen, aber gerechten Gottes, der die gottlosen Feinde endlich schlägt und die Gerechten belohnt. Dies ergibt insgesamt eine bedrückte und leidende Stimmung gegenüber der Welt, kombiniert mit einer demütigen, aber zuversichtlich hoffenden und vertrauensvollen Haltung gegenüber Gott. Gemeinschaftstheoretisch entscheidend ist jedoch die häufige Abgrenzung gegenüber den Gottlosen, den Frevlern und Übeltätern, den Sündern und

Diese Formulierungen enthalten die für Weber typischen Bausteine zur soziologischen Beschreibung des Prozesses religiöser Gemeinschaftsbildung. Die objektive, soziale Lage tritt in den Hintergrund, entscheidend ist die gefühlte Selbstdefinition, eben der 'Gemeinsamkeitsglaube'. Er wird wie hier typischerweise dann geboren, wenn ein relevanter Gegensatz gegen Dritte empfunden wird. Das Zusammengehörigkeitsgefühl ist hier offenbar ein religiös-traditionales, denn es knüpft an das alte berith-Motiv an, wonach Jahwe sich ein besonderes Volk für einen Bundesschluß auserwählt habe. Der Erwählungsglaube beinhaltet ein intensives Vergemeinschaftspotential, weil er neben dem Gefühl der Zusammengehörigkeit das einer positiven Eigenart vermitteln kann. Der Gegensatz gegen Dritte wird daher zu einem Gegensatz zwischen Gottesvolk und Gottlosen hochstilisiert. Die These, die Weber am Schluß seiner Studie zum antiken Judentum formuliert, läßt sich – mit der gebotenen Vorsicht – folgendermaßen zusammenfassen: Die israelitische Religiosität wurde seit dem Exil zunehmend konfessioneller und hierokratischer. Sie wurde konfessioneller, weil sich der politische vom religiösen Verband zu unterscheiden begann. Die außenpolitische Souveränität Israels konnte immer weniger Bestandteil religiöser Naherwartung sein. Jahwes Verheißung mußte deswegen umgedeutet werden. Die jüdische Religion wurde hierokratischer, weil die Zeit des Zweiten Tempels auf erfolgreichen religionspolitischen Reformen zugunsten der Priesterschaft gegründet war, womit die ekstatische politische Prophetie an Bedeutung verlor. Beide Entwicklungen lassen sich als Schritte in die gleiche Richtung deuten, nämlich als Bedeutungsverlust der israelitischen 'Zivilgesellschaft'. Die andauernde Fremdherrschaft entlastete die israelitische Religiosität von der Funktion, militärische und außenpolitische Solidarisierungen zu stützen und 'abzusegnen', die Priesterherrschaft entlastete sie von Kultpflichten, die ansonsten selbständig und gemeinschaftlich zu erfüllen gewesen wären. Vor allem aber unterbricht die religiöse Machtübernahme der Priester die prophetische Tradition Israels. Die israelitische Prophetie verkörpert eine nicht-institutionalisierte Form religiöser Autorität. Wenn man sich auch hüten muß, den Propheten demokratische *Intentionen* zuzuschreiben[446], so hat der Inhalt ihrer Botschaft aufgrund der Zeitumstände doch in gewissem Sinne eine demokratisierende *Funktion* erhalten.[447] Sie brachten die israelitische Religiosität auf einen Weg, der den Kultus relativieren und zu einer alltagstauglichen, religiösen Jedermanns-Ethik führen konnte. Dabei legten ihre Drohbotschaften und Orakel sowie ihre theologischen

---

Heiden. Der ethische Appell und die Emphase auf den rechten Lebenswandel im Vergleich zu ihnen sind unübersehbar, reichen zuweilen an Selbstgerechtigkeit heran (Ps. 26). Im Verein mit der Hochschätzung des Gesetzes (Ps. 19, 8-12; 25,10) ergibt sich jene religiöse Grundhaltung, deren Hauptträger und Protagonisten nach Webers Einschätzung die Pharisäer sind.

446 Vor dieser Fehleinschätzung warnt Weber RS III 292.
447 Weber spricht vom „Resonanzboden", den die politische Situation der prophetischen Verkündigung gewährte.

Deutungen ein derart gesteigertes Gewicht auf die Gottwohlgefälligkeit jedes einzelnen in *ethischer* Hinsicht, daß die theoretische Kenntnis und die praktische, tatsächliche Umsetzung dieser Ethik für jeden einzelnen Gläubigen religiös heilswichtig wurden. Die Propheten steigerten so besehen die religiösethische Selbstbetroffenheit und Selbstzuständigkeit aller. Dies ließe sich wenn schon nicht als Demokratisierung, so doch zumindest als eine religiösethische Egalisierung deuten. Die Propheten wollten einen jeden Volksgenossen demgleichen einzigen Gott, demgleichen einzigen religiösen Gesetz und dergleichen einzigen religiösen Ethik unterworfen wissen. Die Hierokratie aber unterdrückte diese Schwerpunktsetzung immer dort, wo sie zum Träger der religiösen Entwicklung wurde. Ihre Macht wurde erst wieder durch den Aufstieg der Pharisäer ernstlich gefährdet. Die Soziologie der pharisäischen Gemeinschaftsbildung aber läßt sich bereits in direkten Zusammenhang mit der Gemeinschaftsbildung des Urchristentums stellen.

Kapitel 7 Gemeinschaftsbildung im Urchristentum – die pneumatische Gemeinde?

7.1 Die Urchristen – jüdische Splittergruppe?

Weber hatte geplant, über das Urchristentum eine eigene Abhandlung zu schreiben, ist jedoch nicht mehr dazu gekommen. Aus verstreuten Bemerkungen in seinen religionssoziologischen Studien läßt sich dennoch ein Bild seiner Vorstellung urchristlicher Gemeinschaftsbildung gewinnen. Das Phänomen, von dem Weber sich leiten ließ und für das er eine soziologische Erklärung suchte, war die Abtrennung christlicher Gemeinschaften vom Judentum und die Herausbildung eigener christlicher Identität und Organisation. Seine Position zum Verhältnis beider Religionsgemeinschaften und zum Hervorgehen der christlichen Tochter- aus ihrer jüdischen Mutterreligion läßt sich auf folgende vier Thesen reduzieren (vgl. RS III 7, RS II 39-41):
1. Universalgeschichtlich-soziologische Relevanz erlangt die jüdische Religion durch zwei nichtjüdische Entwicklungen: durch das Christentum und durch den Islam. Gegen Sombart[448] hält Weber die ökonomische Eigenbedeutung des mittelalterlichen und neuzeitlichen Judentums dagegen für gering im Vergleich zu der über Paulus und Mohammed vermittelten Kulturwirkung des Judentums.

---

[448] Sombart 1902: Der moderne Kapitalismus; Sombart 1911: Die Juden und das Wirtschaftsleben.

2. Den Juden selber blieb die weltgeschichtliche Eigenbedeutung als Religion im Weberschen Sinne einer Weltreligion versagt wegen ihrer Pariavolkslage und deren ritueller Abstützung.
3. Die Abschaffung ethnischer und ständischer Barrieren der religiösen Vergemeinschaftung und die Einführung eines rein konfessionellen Mitgliedschaftskriteriums bildet den kulturellen Keim, aus dem mehr als ein Jahrtausend später die freien Schwurverbrüderungen von Stadtbürgern entstehen konnten, die dann zu einer Grundlage des spezifischen okzidentalen Rationalismus wurden (RS II 39f).
4. Das Urchristentums modifiziert den jüdischen Dualismus von Binnen- und Außenmoral in Richtung auf eine Universalisierung sozialer Verhaltensnormen.

Diese Argumente Webers sind vielfach rezipiert und übernommen worden und gehören bis heute zum festen Bestand des religions- und kulturvergleichenden soziologischen Diskurses.[449] Dennoch fehlt bisher eine genauere Analyse dieser Argumente unter dem spezifischen Aspekt des Weberschen Grundbegriffs von Vergemeinschaftung.

Vor dem Hintergrund der oben geleisteten Analyse der Pariavolksthese Webers und ihrer gemeinschaftstheoretischen Bedeutung stellt sich die Frage, warum Muslime und Christen der Pariavolkslage entrinnen konnten, obwohl sie Rezipienten der jüdischen religiösen Konzeption waren. Wenn die Pariavolkslage der Juden eine praktische Auswirkung der religiösen Geltung der mosaischen Gesetzesüberlieferung ist – wie Weber behauptet -, dann ist es verwunderlich, warum diese Wirkung im Christentum und im Islam ausblieb. Beide halten den Inhalt der jüdischen Überlieferung als eine prophetische Verkündigung heilig, das Christentum übernahm sie sogar später als ein heiliges Buch in Gestalt des Alten Testamentes in die eigene Religion. Webers Erklärung für den Fall des Christentums lautet: die christliche Rezeption des Alten Testamentes und der jüdischen Tradition war selektiv, die Christen behielten bei, was man zur Kirchenbildung und zur Ethisierung des Alltagshandelns gebrauchen konnte, sie ließen fallen, was Ghettobildung und Pariavolkslage hätte begünstigen können (RS III 7).

---

449 So etwa bei Parsons 1966: Societies. Evolutionary and Comparative Perspectives, Habermas 1981: Die Theorie des kommunikativen Handelns, Münch 1982: Theorie des Handelns, Schluchter 1988b: Religion und Lebensführung 2. Die Herausbildung eines eigenen christlichen Ethos sieht auch Theißen als Faktor der Emanzipation der urchristlichen Gemeinschaft von den jüdischen Synagogengemeinden an. Vgl. etwa die Interpretation des Ethos der Bergpredigt in diesem Sinne in Theißen 1979: Studien zur Soziologie des Urchristentums: 98ff.. Eine soziologische Analyse wird freilich peinlich darauf zu achten haben, ob die Urchristen die Idee der Feindesliebe bspw. Theißen 1979: Studien zur Soziologie des Urchristentums: 172ff. nicht möglicherweise nur als distinguierendes Selbstbild pflegten, sondern darüberhinaus auch als irgendwie real handlungsorientierende Verhaltensregel beachteten.

Weber betont die antimagischen Wirkungen des Judentums. Diese beruhten auf dem alttestamentlichen Bild von Jahwe, welches gleichzeitig den entwicklungsgeschichtlich bedeutsamsten Beitrag des Judentums zum okzidentalen Rationalisierungsprozeß darstelle. Diese Wirkung müßte das Alte Testament auch für die Geschichte des Christentums gehabt haben. Folglich müßte Weber sich die Frage stellen lassen, warum das Alte Testament im Christentum zwar entmagisierend, aber nicht rituell schließend wirkte, wie also mit anderen Worten jene selektive Rezeption möglich war. Das Christentum müßte die konzeptionelle Einheit von Gottesbild, Ethik, Kultus und Ritual, soweit sie im Alten Testament niedergelegt ist, preisgeben und dennoch von der antimagischen Wucht des Jahwismus profitieren. Ist dies denkbar?

Die jüdische Gesetzesorientierung ist sicherlich ein wichtiger Faktor in der Überwindung magischer Attitüden und Praktiken. Eine göttliche Weisung wie das Bilderverbot trägt erheblich zum Aufbau der monolatrischen und antimagischen Tendenz des Jahwismus bei. Insofern barg die gesinnungsethische Flexibilisierung der Ritualgesetze durch Jesus und Paulus nicht unbeträchtliche Wiederanknüpfungspunkte für die Magie.[450] Die christlichen Sakramente stellen für Weber eine Remagisierung dar, erst der Calvinismus habe diese Strömungen effektiv wieder ausmerzen können.

Im außerjüdischen Kulturraum legte das Alte Testament die Grundlage für die Bildung einer christlichen Alltagsethik und Kirche. Diese sind für Weber offenbar die materialen Indikatoren für die ideelle Präsenz des Ethos derjenigen religiösen Überlieferung, dem das Christentum später die Bezeichnung 'Altes Testament' gab. Sie markieren einen entscheidenden Unterschied der christlichen Sektierer zu den meisten ihrer innerjüdischen Konkurrenten, also beispielsweise zu den von Weber angeführten Essenern und Therapeuten. Für diese sah Weber den Weg zur Bildung dauerhafter Kirchen und zur Ethisierung des Alltages von Massen von Anhängern versperrt.

An dieser Stelle mag ein kurzer Überblick über die rein quantitativen Größenordnungen der urchristlichen Gemeinschaften nützlich sein. Bis zum Ende des dritten Jahrhunderts stellten die Christen im römischen Reich nämlich nur eine kleine Minorität dar.[451] Die Schätzungen gehen von einem Christenanteil von 10% im Osten und 5% im Westen des Reiches aus, bezogen auf die ca. 45-60 Millionen zählende Gesamtbevölkerung[452]. Die Zahlen sind zwar allesamt äußerst unsicher, aber es herrscht Einigkeit darüber, daß das Christentum die klare Minderheitenstellung erst durchbrechen konnte, nachdem ab dem Jahre 325 die Christenverfolgungen aufhörten. Die großen mis-

---

450 Zur Tragweite und Kritik des Konzeptes der „Gesinnungsethik" und der „gesinnungsethischen Sublimierung" s. u. in diesem Kapitel.
451 Bendix hält das Urteil von A.H.M. Jones, die Christen jener Zeit seien eine „winzige Minorität" gewesen, für „etwas zu vorsichtig". Bendix 1988: Der Anspruch auf absolute Wahrheit: 160 Fn. 19.
452 Bendix 1988: Der Anspruch auf absolute Wahrheit: 144.

sionarischen Erfolge gehören sicherlich erst in die Zeit nach der 'konstantinischen Wende'.⁴⁵³ Zu diesem Zeitpunkt näherte sich die Quote der Übertritte vom Judentum zum Christentum aber schon an Null an, wenn man einmal Webers Angaben hierüber Glauben schenken will (RS III 442). Und auch schon vorher war die christliche Gemeinschaft in den Augen der heidnischen Umwelt immer nur eine winzige Fraktion innerhalb des Judentums; zu Recht, denn tatsächlich stellten die Christen anfangs des zweiten Jahrhunderts mit ca. 50.000 Bekennern unter drei bis vier Millionen Juden des römischen Reiches nur ca. 1-2% aller Juden und Christen.⁴⁵⁴

Ohne die Heidenmission wären die Christen eine jüdische Sekte geblieben, da sie sich in jüdischen sozialen Räumen nicht zu einer Mehrheitskultur entwickeln konnten. In der direkten Konkurrenz der christlichen Auffassung der mosaischen Tradition mit der jüdischen, die angeblich zur Pariavolkslage führte, hat sich letztere offenbar als beharrungsfähiger erwiesen, historisch unter anderem in Gestalt des augenscheinlich kaum christianisierbaren Pharisäismus⁴⁵⁵. Eine ähnliche Erfolglosigkeit gilt für die islamischen Missionierungsbemühungen gegenüber dem Judentum. Es ist also als ein erstes Ergebnis festzuhalten, daß sich die jüdischen Religionsgemeinschaften in puncto Stabilität und Beharrungsvermögen gegenüber christlichen Inklusionsversuchen als überlegen erwiesen, daß andererseits die Christen die Juden weit hinter sich ließen, was den Umfang, die Intensität und den Erfolg der Inklusion von Heiden betrifft.

Im jüdischen Raum sind die Christen also tatsächlich – nicht nur hypothetisch, wie Weber (RS III 7) suggeriert – stets eine kleine Gruppierung geblieben, *obwohl* sie eine rituell freiere und ethnisch offenere Auslegung des alten Gesetzes des Mose propagierten. Weber legt nahe, daß es die christliche Emanzipation von den ghettoisierenden Ritualvorschriften der Juden gewesen sei, die den Sektenstatus überwunden hätte. Aber das war für die Milieus mit

---

453 Immerhin bleibt erstaunlich, daß die urchristliche Gemeinschaft überhaupt jene Phase überdauerte, in welcher sowohl der römische Staat als auch die jüdische Mutterreligion sie als gesellschaftsfeindlich (vgl. den von Tacitus überlieferten Vorwurf an die Christen, einen odium humani generis zu hegen) beziehungsweise häretisch befeindeten. Gute Auskünfte über Missionsbewegungen gibt Molland 1974.
454 Diese Schätzungen stammen von Robert L. Wilken 1984: The Christians as the Romans Saw Them. New Haven: Yale Univ. Press. P. .31 und sind hier zitiert nach Bendix 1988: Der Anspruch auf absolute Wahrheit: 140.
455 Pharisäismus bezeichnet hier eine religiöse Strömung innerhalb des Judentums z. Zt. der Zeitenwende, die von den Pharisäern am typischsten verkörpert wird. Das von Christen in der Tradition des Matthäusevangeliums als Abgrenzungsbegriff benutzte „Pharisäertum" ist hier nicht gemeint. M.E. ist dieser letztgenannte Gebrauch dieses Begriffs im deutschen Sprachraum nicht unproblematisch (vgl. etwa auch Webers Begriff des „pharisäisch guten Gewissen(s)" des calvinistischen Kapitalisten RS I 198). Er diente den ersten Christen im Überlebenskampf gegen das mehrheitskulturelle Judentum zur eigenen Rechtfertigung und Identitätsfindung, steigerte sich und führte dann schließlich zu einer Verachtung des angeblichen jüdischen Gesetzesritualismus.

jüdischer Majorität keineswegs der Fall. Dort blieben die Christen trotz dieser vermeintlichen Emanzipation im Sektenstatus. Bezogen auf den hellenistischen Raum suggeriert Weber umgekehrt, daß die kirchenbildende und alltagsethisierende Kraft des Alten Testamentes das Sektenschicksal zu vermeiden geholfen hätte. Hier wiederum wäre es stattdessen richtig gewesen, die nicht-exklusivistische Thora-auslegung der Christen als entscheidenden Grund anzuführen. In präziserer Formulierung hätte man also sagen müssen: *Ohne* die Beibehaltung der jüdisch-mosaischen Gesetzestradition wären die Christen im hellenistischen Raum pneumatisch oder mystisch *und daher* Sekte oder Mysteriengemeinschaft in diesem Sinne (des Pneumatismus und Mystizismus) geblieben, hätten aber weder eine Kirche noch eine Alltagsethik aufbauen können. *Mit* der Anerkennung des Alten Testaments aber konnten sie den Volljuden die Verabschiedung der rituellen Absonderung nicht plausibel machen, sind also hier Sekte im quantitativen Sinne und im Sinne heterodoxer Gemeinschaft geblieben. Den Juden mußte die christliche Rezeptionsweise der Halacha selektiv und willkürlich erscheinen, wenn sie in jüdischen Kulturräumen vorgenommen wurde. Das heilandsreligiöse Charisma einer (angeblich) universalinklusivistischen Verbrüderung fand beispielsweise unter vielen palästinischen Juden keine wirkliche Resonanz, weil ihnen im eigenen Milieu natürlich ihr eigener religiöser Exklusivismus die gewohnte Verbrüderungsstrategie lieferte und kaum 'soziale Kosten' verursachte. Das war bei jenen Diasporajuden ganz anders, die für ihr Leben und Überleben auf vielfältige Kontakte zur heidnischen Umwelt angewiesen waren. Ihnen kam eine nicht-exklusivistische Thoraauslegung sozial und ökonomisch sehr entgegen. Sie erleichterte das Zusammenleben mit ihrer heidnischen Umwelt. Der Übertritt zum Christentum schien nicht der perhorreszierte Abfall von Jahwe[456] zu sein, daher war die Konstellation für die christliche Mission hier günstiger als in jüdischen Mehrheitskulturen.

Eine Schlüsselstellung nimmt in diesem Zusammenhang die Gemeindebildung unter Petrus und Jakobus in Jerusalem ein. An ihr läßt sich empirisch beobachten, daß das christliche Thoraverständnis sich gegenüber einer jüdischen Hauptkultur nicht durchsetzen konnte, sondern heterodoxe Sektiererei blieb. Die Überlebenschance der judenchristlichen Gemeinde Jerusalems haftete ganz und gar an ihrem Ruf, uneingeschränkt halacha-konform zu sein. Wenn auch der angebliche neue Glaube an ein vom Joch des Gesetzes freieres Evangelium im Prinzip die ethischen und rituellen Gesetze der Thora keineswegs abrogierte, so behauptete er doch ihre heilstechnische Minderbedeutung. Ausgerechnet der gesetzeskonforme Pharisäer wird im Neuen Testament zum typischen Unchristen stilisiert, um den Lesern der Evangelien diesen Zusammenhang zu verdeutlichen. Dabei stehen die Pharisäer den Christen religiös und ethisch gesehen viel näher als so gut wie alle anderen

---

456 Zur Bedeutung des „Abfalls von Jahwe" s. o. das Kapitel über die Gemeinschaftsbildung des antiken Judentums.

jüdischen Strömungen, wie etwa die Sadduzäer oder Zeloten. Anders als diese hegten die Pharisäer den Glauben an Engel und an die Auferstehung der Toten. Dieser Umstand gestattete es Paulus, vor dem „Hohen Rat" *wahrheitsgemäß* auszurufen: „Ich bin Pharisäer, ein Sohn von Pharisäern. Wegen der Hoffnung und der Auferstehung der Toten stehe ich vor Gericht!" (Apg. 23,6).

Aus den Angaben der Apostelgeschichte kann man schließen, daß die Judenchristen Jerusalems offenbar eine gewisse Zeit und in einem bestimmten Rahmen relativ unbehelligt ihren Glauben leben konnten (Apg. 6,8-8,3). Dies hängt damit zusammen, daß beide Bekenntnisse für das jeweils andere einen Toleranzbereich bereithielten.[457] Das Christentum predigte nicht den prinzipiellen Abfall vom jüdischen Gesetz, sondern lediglich so etwas wie eine 'innere Unabhängigkeit' von ihm. Jedenfalls war die christliche Auslegung der jüdischen religiösen Tradition keineswegs auf die matthäische Strategie der Verunglimpfung der Gesetzestreue als bloß 'äußerlicher' Regelkonformität festgelegt. Das Judentum wiederum konnte die Christuslehre bis zu einem gewissen Grade tolerieren, da sie rein äußerlich nicht notwendig zum Bruch der mosaischen Gesetze verleitete. Männer wie Petrus, Paulus und Jakobus spürten offenbar eine ganze Zeit lang und vielleicht sogar bis zuletzt keine notwendige und prinzipielle Bruchlinie zwischen einer traditionellen jüdischen und einer an Jesus Christus hängenden Glaubensauffassung. Die Bruchlinie wird erst spät durch die Folgen der Heidenmission offenbar.

Die Pharisäer hatten lange vor dem ersten Auftreten von Christen Missionsarbeit unter Nichtjuden geleistet. Im Großen und Ganzen wurde das 'Proselytenmachen' von den Juden gutgeheißen, vergrößerte es doch die Chancen auf soziale Kontakte und ökonomisch wie politisch wichtige Beziehungen. Der Idee nach war also die paulinische Heidenmission rein technisch und vom Prinzip her durchaus nichts Neues für die Juden. Dennoch beginnt das Christentum in den Fragen, die mit der Heidenmission zusammenhängen, schrittweise ein Gemeinschaftsbewußtsein zu entwickeln, das sich von dem des Judentums entfernt. Den ersten 'clash of identities' erleidet in aller Schärfe offenbar Petrus anläßlich des sogenannten 'antiochenischen Zwischenfalls'.

Die Heidenmission stand von Anfang an vor der Frage, ob Nichtjuden durch das Annehmen der Christusbotschaft allein das Heil erlangen oder ob die christlichen Apostel von den Heiden auch die Einhaltung der mosaischen Ritualgesetze fordern sollten. Die theologische Seite des Problems wurde durch das Apostelkonzil offenbar einigermaßen elegant gelöst: Lukas legt Petrus die Behauptung in den Mund, daß Gott den Heiligen Geist sandte, oh-

---

457 Meeks macht zu Recht darauf aufmerksam, daß die Juden in der Antike trotz ihres Monotheismus mit der paganen Umwelt in relativer Toleranz lebten, während die Christen, sobald sie nach den Toleranzedikten und der 'konstantinischen Wende' Einfluß auf die große Politik bekamen, das Verbot der „Existenz anderer Kulte" betrieben Meeks 1985: Die Rolle des paulinischen Christentums: 376.

ne einen Unterschied zwischen Juden und Heiden zu machen und daß auch die Juden „durch die Gnade des Herrn Jesus das Heil erlangen" und nicht durch die Einhaltung des jüdischen Ritualgesetzes, das Petrus vielmehr als „Joch, das weder unsere Väter noch wir zu tragen vermochten" darstellt (Apg. 15,10). Nach den Angaben des Lukas erscheint Petrus hier als klarer Fürsprecher einer 'gesetzesfreien' Lösung des Problems. Ihm gegenüber stehen „einige aus der Sekte der Pharisäer, die den Glauben angenommen haben" und anders als Petrus für die Heiden fordern: „Man muß sie beschneiden und sie anweisen, das Gesetz des Mose zu halten." (Apg. 15,5). Aus dieser Frontstellung findet Jakobus durch einen geschickten Kompromißvorschlag den Ausweg, den Heiden eine stark reduzierte Version der Gesetze des Moses abzuverlangen: die Enthaltung „von Götzenopferfleisch, von Blut, von Ersticktem und von Unzucht" (Apg. 15,29). Die Konzilsteilnehmer setzen dabei wie selbstverständlich voraus, daß die Judenchristen auch weiterhin die Gebote des Mose ohne Einschränkung einhalten. In dieser nur implizit gemachten Annahme verbirgt sich jedoch das ganze soziologische Konfliktpotential, das der Kompromiß nur leidlich überdecken kann. Es bricht erneut auf, als Paulus von seiner dritten Missionsreise nach Jerusalem zurückkehrt.

Den Jerusalemer Christen ist die paulinische Heidenmission zwar zunächst ein Lob wert, ihre Geduld endet jedoch schlagartig in dem Augenblick, wo auch nur der geringste Verdacht besteht, daß Paulus selber das Gesetz nicht vollständig einhält oder andere Juden zum Bruch des jüdischen Ritualgesetzes verleitet (Apg. 21,20f.; 21,24f). Paulus muß unter den Augen anderer Juden erst einen Reinigungsritus vollziehen, um für die Judenchristen wieder hoffähig zu werden. Die Judenchristen bestehen darauf, daß das interethnische Gefälle zu den Nichtjuden deutlich markiert bleibt. Das ist ein schlagender Unterschied zu der universalistischen Theologie, die Petrus nach der Überlieferung durch Lukas in seiner Konzilsrede entfaltet. Dort war von einem Gott die Rede, der seinen Heiligen Geist unterschiedslos an Juden wie Heiden ausgießt und von einem Glauben, daß das Heil von der Gnade Jesu und nicht vom Gesetz ausgehe. Die Frage ist nun, wieso diese universalistische Theologie, die dem Judentum weder neu noch fremd ist, unter den historischen Umständen der paulinischen Heidenmission in praxi je länger je mehr zu einer Abtrennung der Christengemeinschaft von den Juden führte. Es ist bekannt, daß Paulus oft zu Juden und in deren Synagogen predigte und es also für möglich und wünschenswert hielt, den Juden das Evangelium nahezubringen, daß also andererseits die Juden Interesse und Offenheit für die von Jesus inspirierte Bewegung zeigten. Warum also gerät die Entwicklung auf die Bahn sich stetig verschärfender Trennung und schließlich offener Feindschaft?

In diesem Zusammenhang erhalten die Geschehnisse um die Tischgemeinschaft von Judenchristen und Heidenchristen in Antiochia eine besondere Bedeutung. Im Galaterbrief (2, 11-20) legt Paulus die Problematik in aller

Schärfe dar: Das Ritualgesetz verbietet die Tischgemeinschaft mit Heiden, die Arbeit für die christliche Heidenmission verlangt sie. Der Missionar kann nicht den Heiden das volle Heil für ihre Annahme des Evangeliums versprechen, für sich selber aber dann die besonderen Regeln, die dem Mose offenbart wurden, als heilsnotwendig erachten. Dies ist ein innerer Widerspruch, der den heidenmissionarischen Aposteln ihre Glaubwürdigkeit kosten kann. Denn entweder ist der Glaube an Christus hinreichend oder er ist es nicht. Es kann nicht das eine für die Judenchristen, das andere für die Heidenchristen gelten. Eben dieser Gedanke einer Spaltung des Heilsweges in jenen der 'ersten Klasse' für die Juden, der neben dem Glauben an Christus die zusätzliche Elitequalifikation der Halacha-Treue umfasst, und jenen 'zweiter Klasse', der für die Heiden vorgesehen ist und neben dem Glauben die Minimalregeln des Jakobus fordert, war vorbereitet durch die bisherige pharisäische Konversionspraxis. Sie hatte stets trotz aller konfessionellen Vergemeinschaftung mit den Proselyten den ethnischen Unterschied zu ihnen perpetuiert. Dies kommt noch in der von Paulus benutzten Anrede „Männer aus Israel und ihr, die ihr Gott fürchtet" (Apg. 13,16) zum Ausdruck. Paulus reißt aber irgendwann die von den Pharisäern nur einen Spalt breit geöffnete Tür der religiös universalistischen Vergemeinschaftung weit auf und stellt die anderen Apostel sozusagen vor die klare Alternative: 'Ethnie oder Konfession'. Denn jene mosaischen Gesetze, die definitiv jeden sozialen Kontakt zu Heiden bis zur Lästigkeit erschweren, lassen ihm auf die Dauer keine andere Wahl, will er sich nicht selbst jeder Bewegungsfreiheit in heidnischer Umwelt berauben.

Paulus hätte freilich, ähnlich wie Jakobus es für die Heidenchristen tat, eine Kompromißlösung suchen können, indem für alle, die vom Judentum zum 'Judenchristentum' finden, ebenfalls nur eine schlankere Version des jüdischen Ritualgesetzes in Geltung gesetzt würde.[458] Doch dafür wollten einige 'gesetzesstrengere' jüdische Gruppierungen offenbar keinen Spielraum lassen. Wann genau die Christusanhänger derartige jüdische Fraktionen als 'die Juden' anzusehen begannen, die zu ihnen selbst in einem solchen Gegensatz zu stehen schienen, daß man auf den Gedanken kam, Nicht-Jude sein zu wollen, und ob das überhaupt ein identifizierbarer historischer Prozeß ist, scheint schwer feststellbar.[459] Theoretisch läßt sich jedenfalls leicht denken, daß die

---

458 Die meisten praktischen Schwierigkeiten der Heidenmission wären wohl beseitigt gewesen, wenn man die kontakterschwerenden Vorschriften, also die Kommensalitäts- und Speiseverbote sowie die Konnubial- und Verkehrsbeschränkungen, aufgehoben hätte.
459 Bis zum 20. Jhdt. galten die Pharisäer aufgrund der neutestamentlichen Auskünfte als selbstgerechte, fanatische Kleinkrämer des Gesetzesbuchstabens. Die Revision dieser Ansicht: R. T. Herford: „Pharisaism", London 1912, dt. „Das pharisäische Judentum. Leipzig 1913. Vgl. Maier 1990: Zwischen den Testamenten: 268. Weber hatte m.W. diese Schrift zur Zeit der Abfassung seiner Pharisäerstudie nicht vorliegen. Aus der Zeit vor 70 n. Chr. liegen Maier zufolge keine pharisäischen Schriften vor, daher ist nichts bekannt über die Selbstbezeichnung der Gruppe. Die Qumran-Leute machten jedenfalls interessanterweise den Pharisäern in etwa die gleichen Vorwürfe wie Matthäus (ebd.).

Diskussion über einzelne Regeln sich zu einer Diskussion über die Geltungsgründe der Gesamtheit dieser Regeln steigern kann. Hierin liegt möglicherweise ein Grund dafür, daß das Christentum immer tiefer in der jüdischen Tradition zu schürfen begann und deswegen im Unterschied zu anderen jüdischen Sekten auf die Bahn der Entwicklung einer eigenen religiösen Gemeinschaft geriet. Das aber ist gerade ein Teil der hier zu untersuchenden Frage nach den Gründen und dem Modus der Bildung und Abscheidung einer eigenen christlichen Religionsgemeinschaft.

Überaus stabile sozioreligiöse Solidarisierungen kannte schon der altisrealitische Stämmeverband, gesinnungsethische Sublimierung hat es schon in der altjüdischen Prophetie gegeben, ebenso war der Universalismus der Gotteskonzeption und, seit den Pharisäern, auch die Missionsarbeit nichts wirklich Neues, wie in den folgenden Abschnitten gezeigt wird. Aber über die Bedeutung des ethnisch verstandenen Erwählungsgedankens für die Geltungsgründe des Gesetzes herrschte selten zuvor eine solche Meinungsverschiedenheit wie zur Zeit der paulinischen Heidenmission. Diese Diskussion wurde durch die Kombination der gesinnungsethischen Lehre Jesu mit dem missionspraktischen Diskurs der Apostel provoziert und führte zu einer neuen religiösen Gemeinschaftsbildung.

7.2 Die Pharisäer und die Urchristen

Ihren „endgültigen Charakter"[460] erhielt die jüdische Religiosität nach Webers Einschätzung durch das Wirken der Pharisäer. Sie beginnen im Gefolge der Einrichtung des nationalen Königtums der Hasmonäer (140 v. Chr.), ihren religiösen Einfluß auf das Judentum schrittweise auszudehnen. Weber klassifiziert sie religionssoziologisch als Sekte. Das unterscheidet sie von ihren Vorläufern, den chasidim, den ursprünglichen Trägern des nationalpolitisch-religiösen Makkabäeraufstandes. Die Versammlungen der chasidim waren offene Volksversammlungen und die Zugehörigkeit zu ihnen war nicht förmlich geregelt. Das hindert Weber, die chasidim als Sekte aufzufassen.[461] Er bezeichnet sie daher als „Chasidim-*Bewegung*" (RS III 402). Ganz anders die Pharisäer. Als die gesetzestreuen und frommen Juden mitansehen mußten, daß die Anführer der chasidim, einmal zu Macht und Herrschaft gelangt, sich

---

460 RS III 401. Eine historische Entwicklung als „endgültig" abgeschlossen zu betrachten, ist freilich ein für Webers methodologische Grundpositionen eine überraschend einseitige Behauptung. In dieser Entschiedenheit erinnert das Urteil an den Satz, den Weber 1920 nachträglich in den Protestantismusaufsatz einfügte und in dem er den Calvinismus als den „Abschluß" des religionshistorischen Entzauberungsprozesses bezeichnete. (RS I S 94f.)
461 Normalerweise verwendet Weber 'Voluntarismus' als Kriterium der Sektenhaftigkeit und nicht, wie hier: Schließung nach außen.

den hellenistischen Einflüssen anpaßten und mit den verhaßten Seleukiden politische Kompromisse machten, wandten sie sich von ihnen ab und begannen, sich in Form eines Laienordens förmlich religiös zu organisieren. Aus Webers Angaben muß man schließen, daß die Gemeinschaftsbildungen der Pharisäer ziemlich genau dem entsprechen, was er in den *soziologischen Grundbegriffen* eine „rationale Sekte" (WuG 21) nennt. Sie gleichen also in erster Linie den Vergesellschaftungen, weniger den Vergemeinschaftungen. Wer der Pharisäer-Bruderschaft beitreten will, muß sich selbst in Anwesenheit von mindestens drei Altmitgliedern zur Einhaltung der alten, levitischen Reinheitsregeln verpflichten. Ein korrektes Leben nach den Gesetzen der Thora ist das hauptsächliche Ziel und der grundlegende Inhalt der Beitrittsvereinbarung.

Hier liegt offenbar ein anschauliches empirisches Beispiel für einen 'wertrational motivierten Gesinnungsverein' vor, insofern die Bruderschaft primär um der Pflege einer Gesinnung, also individueller ideeller Ziele willen aufgesucht wird, nicht aber um materielle Interessen zu befriedigen. Als 'Zweckverein' läßt sich der Pharisäerorden nämlich nur unzureichend begreifen. Das kann folgende Überlegung verdeutlichen: Konzipiert man die Pharisäerbruderschaft als zweckrationale Organisation, dann muß zunächst festgestellt werden, welches zweckrationale Individualinteresse die Beitretenden zum Beitritt bewegt. Wenn die Beitrittsvereinbarung vom Beitretenden ernst genommen wird und nicht vorgeschützt ist oder als reine Formalie gilt, dann muß man wohl die levitisch korrekte Lebensführung als das zweckrationale Individualinteresse auffassen. Folglich drängt sich die Frage auf, ob und wie diesem Eigeninteresse dadurch gedient ist, daß man sich der Bruderschaft anschließt. Ist die korrekte Lebensführung innerhalb der Bruderschaft kostengünstiger, aufwandsärmer zu erreichen als außerhalb?

Ohne eine Reihe von Zusatzannahmen muß diese Frage wohl verneint werden. Die Unterwerfung unter die Reinheitsregeln könnte theoretisch so geartet sein, daß sie keine soziale Beziehung zwischen den Regelunterworfenen stiftet. Wenn die Regeln kategorisch gelten, also ohne Ansehen der Personen, die sich ihr unterwerfen und derjenigen, denen gegenüber handelnd die Regel vom Regelunterworfenen beachtet werden will, dann kämen sie prinzipiell zunächst einmal ganz ohne Reziprozität aus. Der primäre Vergesellschaftungsinhalt wüßte dann nichts von exklusiven Austauschbeziehungen zwischen den Vergesellschafteten oder 'Ressourcen-pooling' oder kollektiven Zielen. Der 'Beitritt' genannte Vergesellschaftungsakt der öffentlichen Selbstverpflichtung zu irgendwelchen Verhaltensregeln bildet in diesem Fall keine Sondergemeinschaft, sondern er stellt höchstens einen Akt der Mobilisierung sozialer Kontrolle dar. Durch den Beitritt verschafft man sich eine Spezialöffentlichkeit, so daß Glaubwürdigkeitsverlust und öffentliche Beschämung drohen, falls man die Reinheitsgesetze bricht.

Gegenüber der Situation vor dem Beitritt hat der Beitretende sich also zusätzliche Motivationen zur Regeleinhaltung beschafft.

Doch die Pharisäerbruderschaft konstitutierte sich darüberhinaus von Anfang an als Sondergemeinschaft. Zunächst als eine Restitution jüdischer Gemeinschaft. Denn die levitischen Reinheitsregeln, die sozusagen die Ordensregel der Pharisäer darstellen, machen einen kategorischen Unterschied zwischen Juden und Nicht-juden. Sie verbieten den Juden das Konnubium und die Kommensalität mit Nichtjuden, stärken folglich Ehe- und Tischgemeinschaft der rituell reinen Juden untereinander.[462] Dann aber grenzten sich die Pharisäer auch innerhalb des Judentums noch einmal ab, und zwar von allen unkorrekt lebenden Juden, selbst von den Priestern, wenn sie nicht über allen Verdacht der Unreinheit erhaben sein sollten.[463] Wenn Juden mit Nichtjuden Tischgemeinschaft gehabt hatten, konnten sie sicher sein, fortan von den Pharisäern gemieden zu werden. Ähnliches galt für Juden, die gegen das Sabbatgebot oder die Speisevorschriften verstießen. Ihrem primären Sinn nach bedeutet der Beitritt zur Pharisäerbruderschaft, daß man voreinander gewisse Lebensführungsabsichten bekennt und die dahinterstehende Gesinnung bekundet. Aber inwiefern ist damit eine soziale Beziehung *zwischen* den Ordensbrüdern geschaffen? Die eigene Regeltreue ist dem Vergesellschaftungssinn nach nicht von der Regeltreue der anderen Mitglieder abhängig. Darin zeigt sich eben die Wertrationalität: die Bindung an die vorgestellten Reinheitspflichten geschah nirgends unter dem Vorbehalt, daß sich auch die Mitbrüder an sie halten, sondern sie geschah, wenn man so will, sozial kategorisch, das soll heißen: ohne Reziprozitätsbedingung.

Worin besteht aber dann das „Aufeinanderbezogensein des beiderseitigen Handelns" (WuG 14)?

Man könnte annehmen, daß die Vereinbarung in Form der Gesinnungs- und Absichtsbekundung vor den Augen der Mitglieder implizite Reziprozitäten enthält, also beispielsweise die Vereinbarung gegenseitiger Kontrolle. Eine derartige Abmachung fügt sich aber wiederum ganz dem Zweck-Mittel-Schema des Zweckvereins oder Tausches: Im Tausch dafür, daß ich das Verhalten der Mitbrüder kontrolliere, kontrollieren diese das meinige. Tun sie dies nicht, dann verhalte auch ich mich ihnen gegenüber unaufmerksam und die Beziehung ist aufgelöst, selbst wenn allseits Regelgehorsam herrscht. In diesem Zustand mögen alle ihrer Gesinnung und ihrer Beitrittserklärung gemäß leben, und dennoch entstünde kein 'Gesinnungsverein'. Denn die ver-

---

462 Diese Schlußfolgerung ist freilich nicht zwingend. Das Verbot, mit Nichtjuden zu speisen, enthält keineswegs die umgekehrte Verpflichtung, nun stets mit Glaubensgenossen zu Tische sitzen zu müssen. Einsame Mahlzeiten stellen schießlich eine dritte Möglichkeit dar, auch wenn sie rein theoretisch bleibt und empirisch wohl unerheblich ist.
463 Dies hat die pharisäische Sekte mit der donatistischen gemeinsam, die Weber als Musterfall einer Sekte gilt. Die Donatisten forderten von allen Priestern religiös-charismatische Qualifikation und Reinheit. S. o. das Kapitel über Webers Tönnies-Rezeption.

meintlichen Mitglieder orientieren ihr Verhalten nicht aneinander, sondern jedes für sich an den levitischen Reinheitsregeln. Es läge dann lediglich ein gehäuft auftretendes wertrationales Handeln einzelner vor. Typologisch muß der 'Gesinnungsverein' oder die 'rationale Sekte' aber mehr, nämlich Reziprozität enthalten. Die Zusatzannahme einer impliziten Vereinbarung gegenseitiger Kontrolle übersteigt Webers Definition des 'Gesinnungsvereins' und der 'Sekte'. Auch können die sich in der Praxis einspielenden gegenseitigen Beistandsleistungen nicht als der primäre Sinngehalt der Sektenvergesellschaftung der Pharisäer angeführt werden. Die von Weber erwähnten Empfehlungsbriefe, die die Heimatbruderschaft dem Mitbruder mit auf den Weg gibt und die ihm überall dort, wo sich Ordensmitglieder aufhalten, umstandslos das „Heimatsrecht in einer Gemeinschaft Gleichgesinnter" (RS III 403) verschaffen, wirken zwar wie 'Blankoschecks' zur Einforderung und Bezahlung aller möglichen Hilfeleistungen und zeigen damit das Bestehen einer äußerst solidarischen Gemeinschaft[464], waren aber nicht Gegenstand der die Sektenvergesellschaftung begründenden Vereinbarung.

Als historisch einigermaßen gesichert gilt heutzutage, daß die Pharisäer zwar aus der Chassidim-Bewegung hervorgingen, aber nicht deren Endzeiterwartung teilten, sondern einen gewissen 'Gesetzespragmatismus' an den Tag legten, mit dem sie in der Welt leben wollten, solange man auf den Messias noch warten mußte[465]. Pharisaioi, hebr. perushim bedeutet wörtlich 'die Abgesonderten'; offenbar handelt es sich um eine Fremdbezeichnung für die Pharisäer, die den übrigen Juden als absonderlich erschienen waren. Die hier entscheidende religionshistorische und -soziologische Besonderheit der Pharisäer aber war, daß sie eine reine Laienbewegung waren. Es gab zwar einerseits keine Priester, die aufgrund ihres Berufsstandes privilegiert gewesen wären, aber andererseits galt bei ihnen ähnlich wie später im Protestantismus ein 'allgemeines Priestertum', daß also jeder so tadellos wie ein Priester leben solle. Hierokratische Strukturen lehnte die Pharisäer-Genossenschaft für sich offenbar ab. Die Leitungsfunktionen wurden von Laien versehen. Interessant ist, daß ihre korporatistische Binnenstruktur offenbar „kein sakrales Vorbild hat"[466]. Aufgrund späterer rabbinischer Quellen kann es als gesichert gelten,

---

464 Auch die paulinischen Gemeinden werden immer wieder zu interlokaler Solidarität angehalten. Vgl. etwa 1 Thess. 4,9-10. Meeks zufolge wurzelte die urchristliche interlokale Solidaritätsidee zwar ideell in der jüdischen Volk-Gottes-Vorstellung, materiellorganisatorisch aber sei sie durchaus eine Innovation der frühchristlichen Missionare gewesen Meeks 1985: Die Rolle des paulinischen Christentums: 372f.. Diese Ansicht weicht allerdings von Weber ab, der das zwischen-gemeindliche Unterstützungswesen bereits bei den Pharisäern ausgebaut vorzufinden meint.
465 Dobbeler 1997: Die Bücher 1,2 Makkabäer: 26-28, 27.
466 Genaues ist über die pharisäische Sozialorganisation unbekannt, aber daß sie eine "geschlossene und durchorganisierte Gruppe" waren, ergibt sich Dobbeler zufolge aus Flavius Josephus' Notiz (JosAnt XIII 13,5; 15,5 und JosBell I 5, 2-3), daß die Pharisäer zu heftigem politischen Widerstand in der Lage waren. Dobbeler 1997: Die Bücher 1,2 Makkabäer:27f.

daß die Organisationen der Pharisäer als 'chabura', das heißt als Genossenschaften, und die Mitglieder als chaberim (= Genossen) verstanden wurden. Genosse wurde, wer sich der Verbandssatzung, der chaberuth, unterwarf und sich damit zur Leistung eines 'Zehnten' und zur alltäglichen Einhaltung des Gesetzes verpflichtete. Diese Zuwendung zum Alltag und zum Volke wurde zum eigentlichen Merkmal der Pharisäer. Im Konflikt mit den anderen Religionsparteien behielten sie letztlich die Oberhand, nicht zuletzt wohl aufgrund ihrer Innovationen in der Auslegungspraxis[467].

Ihren günstigen Nutzen für das einzelne Sektenmitglied entfalten die Sekten, wie Weber selber sagt, „ungewollt, aber tatsächlich" (RS III 403). Mit dieser Formulierung offenbart sich freilich eine Schwachstelle einer intentionalistischen Analysemethode: der jeweilige 'subjektiv gemeinte Sinn', der das Handeln innerhalb der sozialen Beziehung namens 'Gesinnungsverein' anleitet, bietet keinen Anknüpfungspunkt für eine Erklärung des enormen Vergemeinschaftungseffektes der Sekte. Genau um diesen Effekt aber geht es Weber und er betont nachdrücklich, daß die pharisäische Ordensgründung so stark gemeinschaftsbildend gewirkt habe, „wie Sekten überall (am stärksten in den Gebieten der puritanischen und täuferischen Sekten der Neuzeit) gewirkt haben" und daß Paulus die „Technik der Propaganda" und die „Schöpfung einer unzerstörbaren Gemeinschaft" von der pharisäischen Bruderschaftsbewegung gelernt habe (RS III 403). Dies macht den Fall der pharisäischen Gemeinschaftsbildung für die vorliegende Fragestellung instruktiv und stellt gleichzeitig den Zusammenhang mit dem Christentum her.

Die soeben angeführten Schlußfolgerungen Webers stehen bereits in einem Kontext, der über die bloße Konstitution eines Gesinnungsvereins hinausgeht und das Element der Exklusion und des bewußten Gegensatzes gegen Dritte, von dem schon des öfteren die Rede war, bemüht. Erst nachdem Weber auf die energischen Absonderungsbestrebungen der Pharisäer hingewiesen hat, folgert er: „Hier also haben wir: die Sekte (RS III 403). Weber benutzt an dieser Stelle offenbar die Exklusivität als konstitutives Merkmal sektenmäßiger Vergesellschaftung.[468] Das überschreitet natürlich die Definition des Gesinnungsvereins, in der lediglich von einem wertrational motiviertem Dienst an der Sache die Rede ist, nicht aber von bewußter Außenabgrenzung. Es geht hier um die Unterscheidung von 'Gemeinsamkeit' und 'Gemeinschaft'. Levitische Reinheit und gesetzestreue Lebensführung kann man als individuelle Merkmale oder Eigenschaften der einzelnen Pharisäer auffassen, sie stiften aber per se keinen Unterschied zwischen jenen Interaktionen, die die Pharisäer mit ihrer Umwelt haben, und jenen, die sie untereinander haben. Für sich genommen würden sie keine soziale Beziehung begründen.

---

467 Dobbeler 1997: Die Bücher 1,2 Makkabäer: 28.
468 Müller schreibt dagegen, daß der Pharisäismus "von Anfang an auf jede sektenhafte Absonderung verzichtet hatte und als organisierte Partei mit Entschiedenheit auf die 'Umkehr' des gesamten Volkes ausging, ..." Müller 1978: Apokalyptik: 248.

Dazu bedürfte es vielmehr der Geltung mindestens einer Binnenregel, die ausschließlich das Verhalten der Pharisäer untereinander regelte. Das schlösse die Möglichkeit ein, daß eine Außenregel gilt, von der wie selbstverständlich vorausgesetzt wird, daß sie im Binnenraum ungültig sei. Welche Regel könnte dies im Falle der pharisäischen Laienorganisation sein? Hier kommt die bewußte Abgrenzung nach außen ins Spiel. Die Vemeidung der Ehe- und Tischgemeinschaft mit Leuten, die nicht pharisäisch streng nach dem Gesetz lebten, implizierte möglicherweise, daß die Ehe- und Tischgemeinschaft mit Pharisäern, also den Gleichgesinnten, umso stärker gesucht wird. Das wiederum setzte aber voraus, daß man einander als Pharisäer, also als rituell Reine, erkennt. Denn die Reinheitsforderung richtete sich ja nicht ausschließlich an den eigenen Körper, das eigene Handeln und Denken, das eigene Speisen und Beten, sondern beträfe ganz wesentlich potentielle Interaktionspartner. An diese wäre dann im täglichen sozialen Umgang gerade das gleiche Reinheitspostulat als Voraussetzung jeglichen Verkehrs zu stellen, das der Pharisäer an sich selbst stellen würde. Dies müßte der Inhalt der levitischen Reinheitsforderungen sein, und zwar der soziologisch entscheidende, weil gemeinschaftsbildende Inhalt. Diese Einstellung würde dann in eine Reziprozität folgender Art einmünden: „Nur wenn Du rituell so rein lebst wie ich und alle anderen Pharisäer, verkehre ich näher mit Dir."

Für den einzelnen Phariäser wäre es nach diesen modellhaften Voraussetzungen kaum möglich, in jedem einzelnen Begegnungsfalle soviel über sein Gegenüber zu erfahren, daß er beurteilen kann, ob es ein levitisch reines Leben führt. Andererseits käme auf die Richtigkeit dieses Urteils sehr viel für seine eigene Reinheit an. Damit stünde der einzelne Pharisäer vor einem schier unlösbaren Informationsproblem. Genau hier könnte die sektenmäßige Organisation Abhilfe schaffen. Sie verleiht Etikette, um Reine und Unreine unterscheiden zu können. Sie tut das, indem sie die relevanten 'personenbezogenen Daten' zusammenträgt, aktualisiert und unter ihren Mitgliedern verbreitet, so daß sie in den wichtigen Punkten ausreichende Information haben, um sich nicht religiös zu verunreinigen. Dieser Informationsfluß wird im Falle einer idealtypischen Sekte auf einen einzigen Code verdichtet, dem von Zugehörigkeit und Nichtzugehörigkeit. Dies verleiht dem Sektenmitglied die nötige Reputation, um auch vor völlig fremden Vereinsgenossen als 'rein' zu gelten, seinerseits die 'Reinen' zu identifizieren und auf Reisen bei ihnen Aufnahme und Gemeinschaft zu finden. Das Niveau der rituellen, moralischen oder ethischen Anforderungen an die Lebensführung kann auf diesem Wege hochgehalten werden, ohne daß Einzelne dafür den Preis der Kontaktarmut zahlen müßten. Die Gesamtzahl sozialer Interaktionen und der Umfang der Zeit, die man in Gesellschaft mit anderen verbringt, muß nicht notwendig sinken, nur weil man einem Verein beigetreten ist, der sich selbst den Verzicht auf kompromittierende soziale Kontakte auferlegt. Denn er kann kompensiert oder gar überkompensiert werden, indem die Mitglieder ihre Kontakte untereinander entsprechend verstärken. Zum Abschluß seines Fragmentes über die Pharisäer bringt Weber die Festigkeit der pharisäischen Gemeinschaften, Traditionen und Lebensordnungen in Zusammenhang mit der jüdischen Pariavolkslage:

„Die Verheißungen der Propheten, Abscheu und Verachtung gegen die christliche Vielgötterei, vor allem aber die, durch eine beispiellos intensive Erziehung der Jugend in einer rituell ganz fest geordneten Lebensführung geschaffene, überaus feste, Tradition und die Macht der fest geordneten sozialen Gemeinschaften, der Familie und der Gemeinde, die der Apostat verlor, ohne gleichwertigen und sicheren Anschluß an die Christengemeinden in Aussicht zu haben, dies alles ließ und läßt die jüdische Gemeinschaft in ihrer selbstgewählten Lage als Pariavolk verharren, solange und soweit der Geist des jüdischen Gesetzes, und das heißt: der Geist der Pharisäer und spätantiken Rabbinen ungebrochen weiterbestand und weiterbesteht" (RS III 442).

Vor diesem Hintergrund wird erklärlich, wieso Weber den Exklusivismus der Pharisäer stets in Beziehung zu der unerschütterlichen Stabilität jüdischer Diasporagemeinschaft setzt. Rein theoretisch wäre anzunehmen, daß propagandistische oder missionarische Gemeinschaften ceteris paribus langfristig größere Durchsetzungschancen haben als exklusivistische. Das pharisäische und rabbinische Judentum hingegen ist ein Beispiel für die Stärken exklusivistischer Gemeinschaftsbildung. Indem die Pharisäer die traditionellen Ansätze der jüdischen Religion zur sozialen Absonderung von den Heiden verschärften, halfen sie beim kulturellen Überleben des Diasporajudentums mit. Für den Pharisäer mußten Übertritte zu anderen Religionsgemeinschaften stets als ein schwerer Verlust an Gemeinschaftlichkeit und daher als riskant und sozial kostspielig erscheinen, weil ein vergleichbares Maß an Solidarität in aller Regel nicht einfach zu bekommen war, wohl auch nicht in den urchristlichen Gemeinschaften.

Eine der entscheidenden Neuerungen, die die Pharisäer der jüdischen Religiosität zu vermitteln wußten und religionshistorisch folgenreich an die Christen weitergaben, war die 'Gemeinde'. Sie wird Weber zufolge erst unter pharisäischen Einflüssen zum eigentlichen 'Träger' der jüdischen Religion. Mit ihrer Aufwertung geht die Abwertung der Priester und Leviten einher. Das zeigt sich daran, daß die Häuser und Synagogen dem Tempel als Ort religiöser Feste oder religiöser Unterweisung den Rang ablaufen. Genauso wie Studium und Unterricht in der Thora dem priesterlichen Kultbetrieb religiöse Konkurrenz machen, so tun es die Soferim, die Schriftgelehrten, gegenüber den Priestern in den Angelegenheiten der Seelsorge. Das soziologisch entscheidende ist für Weber jedoch die langsame Ablösung des erbcharismatischen Prinzips der Priester und Leviten durch das Gemeindeprinzip (RS III 404). Weber bezeichnet dies auch als die Ersetzung der Gentilizität durch Konfessionalität (RS III 438). Der Terminus 'Konfessionalität' legt nahe, einen Zusammenhang mit der Umwandlung des Volkes Israel vom politischen zum „konfessionellen" Verband herzustellen (RS III 352ff.).

Der reale Verlust der Gebietsgrundlage der Israeliten durch die Deportation ins Exil wurde ideell dadurch beantwortet, daß die Juden dem israelitischen Boden eine sakrale Aura verliehen. Der reale Verlust außenpolitischer Souveränität wurde religiös kompensiert, indem die Exilierten Mittel und Wege religiöser Selbstorganisation und kultureller Selbsterhaltung unter den Bedingungen der Fremdherrschaft fanden. Hier liegen also erste Ausgangsbedingungen für das Entstehen einer religiösen Gemeinde und für die Eigentätigkeit religiöser Laien vor. Jedoch zeigt die Priesterfreundlichkeit der Reformen Esras und Nehemias, daß die Heimkehrer keineswegs die religiösen Laien zu den entscheidenden Trägern ihrer Religion machen wollten. Die hierokratische Struktur wird nach der Rückkehr vielmehr so sehr ausgebaut und konsolidiert, daß sie ihre Konkurrentin, die Prophetie, 'ersticken' kann und mit ihr auch die Ansätze zu einer Gemeindereligiosität im eigentlichen, von Weber definierten Sinne.

In ihrem antihierokratischen Impuls treffen sich Pharisäismus und Prophetie. Deswegen besitzen beide ein Potential zur Gemeindebildung, also zur religiösen Aktivierung der Laien. Dennoch hat die altisraelitische Prophetie, obwohl für Weber ein Paradetypus ethischer Prophetie, keine Gemeindebildung nach sich gezogen. Dies hängt mit dem ekstatisch-individuellen Charisma der Propheten zusammen, das sie zu einsamen Sonderlingen stempelt. Sie waren Sprachrohre Jahwes, aber keine Organisatoren von Kirchen oder Gemeinden. Das unterscheidet sie Weber zufolge von den christlichen Aposteln:

„Die Propheten wissen sich nicht, wie die alten Christen, als Glieder einer pneumatischen Gemeinschaft, die sie trägt. Im Gegenteil. Unverstanden und gehaßt von der Masse der Hörer wissen sie sich, (!) niemals von ihnen getragen und gehegt als von gleichgestimmten Genossen, wie die Apostel in der alten christlichen Gemeinde. Nicht ein einziges Mal sprechen daher die Propheten von ihren Hörern oder Adressaten als von ihren 'Brüdern', was die christlichen Apostel immer tun. Sondern das ganze Pathos innerer Einsamkeit liegt über ihrer gerade in der vorexilischen Prophetie überwiegend harten und bitteren ... Stimmung" (RS III 307).

„Die Propheten scharten daher keine Gemeinde um sich, innerhalb deren Massen-Ekstasen oder massenbedingte Ekstasen oder überhaupt ekstatische Erweckungen als Heilsweg gepflegt worden wären. Davon ist für die Jahweprophetie nicht das geringste bekannt...Niemals ist es ihr Ziel, wie das der frühchristlichen Prophetie, den Geist über die Hörer kommen zu lassen. Im Gegenteil: das prophetische Charisma ist ihr Privileg. Und zwar ist es ein freies göttliches Gnadengeschenk ohne alle persönliche Qualifikation" (RS III 309).

Gleichzeitig führte der persönliche Charismatismus sie aber immer wieder in Glaubwürdigkeitsprobleme, weil sie ein schwer kommunikables und kaum beweisbares Ereignis darstellt. Diese relative Unberechenbarkeit und innere Widersprüche waren klare Wettbewerbsnachteile gegenüber der Hierokratie. Diese Nachteile wußten die Pharisäer zu vermeiden. Sie überholten die Hierokraten in deren eigener Tugend, dem religiösen Wissen, und schlugen sie mit deren eigenen Waffen, der religiösen Organisation. Daß sie als religiöse Erneuerer oder Führer traditionslos waren, wußten sie zu kaschieren beziehungsweise in einen Vorteil umzumünzen. Denn die Traditionslosigkeit bedeutete einmal, keinen Anspruch auf die sozioökonomischen Privilegien des Priesterstandes zu haben, dann aber auch, daß die Abkunft überhaupt gegenüber der Ritualkorrektheit und Frömmigkeit als zweitrangig gelten konnte. Folgerichtig verzichteten die Pharisäer in ihrer Rolle als Thoralehrer auf Fremdfinanzierung, predigten andererseits einen Heilsuniversalismus jenseits mystischer oder asketischer Virtuosenleistungen und ohne gentilizische Schließung (RS III 416ff.). In der Folge dieser Einstellungen entdeckten sie dann auch die Möglichkeit des Proselytismus. Wenn alles auf die rituelle Korrektheit statt auf jüdische Abkunft ankam, konnten auch nicht-jüdisch geborene zu 'Frommen' werden. All dies waren entscheidende Anknüpfungspunkte für die Art der urchristlichen Gemeinschaftsbildung.

Während die Propheten eine *außenpolitische* Katastrophe religiös zu einer Theodizee des Leidens verarbeitete, nimmt der „Geist des Pharisäismus"[469] bei einer *innenpolitischen* Enttäuschung seinen Ausgang: die Hellenisierung und Säkularisierung der eigenen Führungsschicht, nachdem nationalpolitische Aufstände unter großen Mühen und schrecklichen Verlusten eben erst Teilautonomie errungen hatten. Aus dieser Erfahrung heraus entwickelt der Pharisäismus eine Religiosität der Reinhaltung der 'Frommen' vor fremden Einflüssen und offenbar – das ist wichtig für das Veständnis des Urchristentums – vor allem vor *politischen* Einflüssen. Während die Prophetie die Ethisierung der israelitischen Religiosität vorantrieb in der Motivation, das Volk Israel zu gottwohlgefälligen Lebenswandel zu ermahnen, um damit Jahwes Zorn zu besänftigen, der all diese außenpolitischen Unglücksschläge inszenierte, verursacht der Pharisäismus die Ritualisierung der jüdischen Lebensweise, offenbar in der Motivation, jenen angemahnten Lebenswandel in Zeiten der politisch bedingten Überfremdungsgefahr ernsthaft umzusetzen. Den Propheten geht es in erster Linie darum, das als politisch existent vorausgesetzte Israel zur Frömmigkeit zu ermahnen, den Pharisäern geht es darum, die als real existent vorausgesetzten 'Frommen' von allem Unheiligen

---

469 Vom „'Geist' des Pharisäismus" redet Weber an zwei Stellen: RS III 408, 432. Die Formulierung erinnert natürlich an den „Geist des Kapitalismus", womit Weber stets das säkulare, bürgerlich-kapitalistische Ethos im Sinn hatte, dessen Verwurzelung in der religiösen Ethik des Protestantismus er untersuchte. Hier jedoch bezieht Weber den Begriff „Geist" nicht auf die säkulare, sondern auf die religiöse Seite des Problems. Hätte er parallel konstruiert, so wäre dabei wohl etwas ähnliches wie „Die phariäische Ethik und der Geist der Pariavolkslage" herausgekommen. Denn die jüdische Parialage ist die säkulare Seite des von Weber untersuchten religionssoziologischen Problems. Immerhin könnte Weber mit der gleichzeitigen Verwendung des Begriffes „Geist" für den Pharisäismus wie für den Kapitalismus auch die Gemeinsamkeiten beider angedeutet haben wollen: obwohl Weber beide als historische Individuen konzipiert, gewinnen sie in abwechlungsreicher Geschichte gegen andere Strömungen die Oberhand und erringen so eine 'vorläufig endgültige' Herrschaft. Vgl. RS I 203f.

abzusondern und sie so zur Pflege ihrer Eigenart zu ermahnen. Den Propheten galten fremde Einflüsse als gottgewollt und daher im letzten als nützlich, den Pharisäern aber galten sie als schädlich. Daher kann Weber sagen, daß das Entscheidende an den Pharisäern die radikale Steigerung der rituellen Absonderung war (RS III 403). Dabei bezeichnet 'rituelle Absonderung' die Methode, aber nicht notwendig eindeutige Subjekte dieser Absonderung. Denn der Pharisäismus betrieb nicht die Abgrenzung der Juden von den Nichtjuden, sondern die der Reinen von den Unreinen. Daher spalteten sie auch die palästinischen Juden, woran erkennbar wird, mit welcher religiösen Kompromißlosigkeit hier etwaige nationalpolitische Rücksichten hinweggefegt wurden. Der Pharisäismus war in diesseitigen Belangen vollständig entpolitisiert, die Realität eines souveränen Territorialstaates der Juden unter einem Messiaskönig war nurmehr eschatologische Hoffnung.[470] Die diesseitige Politik aber war den Pharisäern in solchem Maße nebensächlich, daß sie sogar den Gedanken fassen können, die Fremdherrschaft eines heidnischen Königs sei derjenigen eines jüdischen, aber rituell unkorrekt lebenden Königs vorzuziehen (RS III 402).[471]

Weber entdeckt den pharisäischen Einschlag in das Judentum überall dort, wo typisch kleinbürgerlich-städtische Einflüsse auf die Religion wirksam waren.[472] Diese prägten eine Religiosität, die gleichen Abstand zu der chthonischen und fruchtbarkeitskultischen Bauernmagie wie zur Intellektuellenmystik und Kontemplation von Bildungsschichten hielt. Die scharfe Betonung ritueller Korrektheit lag nicht im Interesse von Bauern und Viehzüchtern. Ihnen erschienen die zahllosen Vorschriften wie lästige Arbeitsbehinderungen. Die Tiere mussten auch am Sabbat gefüttert und bewacht werden. Hätten Bauern und Viehzüchter eine Stimme in der pharisäischen Bruderschaft gehabt, dann wären viele rituelle Bestimmungen wohl eher abgeschwächt als verschärft worden. In dieser Hinsicht muß man Weber sicherlich zustimmen. Dennoch ist seine These von dem zunehmend städtischen Cha-

---

470 Weber schreibt (RS III 417), daß der Pharisäismus und das Rabbinertum durch die Messiaserwartung dem Gesetz und dem Gesetzesgehorsam zuweilen eine pathetische Steigerung seiner Bedeutung verliehen. Das gleiche hatte er schon von der israelitischen Prophetie behauptet. Hier geht Weber aber mit keinem Wort auf mögliche Unterschiede zwischen Pharisäismus und Prophetie ein.
471 Etwas Ähnliches ereignete sich noch im 1948 neugegründeten Staate Israel, als die Strenggläubigen und Orthodoxen damit drohten, sich dem jordanischen Staat anzugliedern, weil sie sich sonst an den Sünden des säkularen Zionismus mitschuldig machen würden.
472 Meeks korrigiert Webers These, daß die Urchristen spezifisch „Büger" gewesen seien, dahingehend, daß sie genauso wie die antiken Juden eher als Metöken zu betrachten seien. Die Vollbürgerschaft war auch für sie wohl eher selten, so wie bei den Juden Zustände wie in Sardes, wo sie bis in administrative Posten aufstiegen, keineswegs die Regel waren. Die Gefahr von Pogromen, wie die in Alexandrien gegen die Juden, war daher wohl auch für stadtsässige Christen wegen mangelnder Integration in die städtisch-bürgerlichen Kreise stets gegeben Meeks 1985: Die Rolle des paulinischen Christentums: 366f..

rakter des Judentums häufig kritisiert worden[473]. In der Tat spricht allzuviel für die Annahme, daß gerade die nachexilischen Juden in besonderem Maße in der Landwirtschaft tätig waren und von daher eher von einer 'Entstädterung' gesprochen werden kann, wie Talmon anmerkt[474]. Indes verkennt diese Kritik die eigentliche Argumentationsrichtung Webers. Es ging ihm an dieser Stelle nicht um eine Charakterisierung der allgemeinen Sozialstruktur Palästinas entlang des Merkmalspaares städtisch – ländlich, sondern um die Benennung derjenigen sozialen Schicht, die zur Zeit des Zweiten Tempels der jüdischen Religiosität und – vermittelt durch Paulus und die Judenchristen – dem Urchristentum ihren Stempel aufdrückte. Er stellt die Frage: Welcher Schicht entstammen die religiösen Wort- und Meinungsführer jener Zeit? Unter der Voraussetzung, daß der Großteil der Menschen nicht dauerhaft und überall ihren sozioökonomischen Interessen zuwider handeln, kann man aus der Beobachtung einer zunehmenden, landwirtschaftserschwerenden Ritualisierung einer Religion schließen, daß Menschen mit anderen als landwirtschaftlichen Primärinteressen die Religion prägten.[475]

In seiner Betonung des kleinbürgerlichen Elementes im Pharisäismus kommt es Weber jedoch weniger auf diesen Zusammenhang als vielmehr auf die pharisäische Zähmung des Intellektualismus an. Auch das prägt sich im Urchristentum weiter aus. Die pharisäische Interpretation der jüdischen religiösen Tradition ist für Weber „dem bürgerlichen Durchschnittsdenken angepaßt und in diesem Sinn 'rational'" (RS III 405). Dazu gehört die Unterdrückung von Grübelei und Spekulation, die Skepsis gegenüber jeglicher Dogmatik und gegen das hellenistische Philosophieren. Stattdessen zählt der alltägliche Gesetzesgehorsam, ohne dabei ständig nach dem 'Warum?' zu fragen. Auch legt eine kleinbürgerlich geprägte Religiosität Weber zufolge großen Wert auf die leichte Verständlichkeit der Glaubensinhalte und schätzt den 'gesunden Menschenverstand'. Hier kommen die Bedürfnisse einer Schicht zum Vorschein, für die die praktische Bewältigung des Alltags Vorrang vor Sinn- und Wahrheitsfragen hat. Dies gilt nicht für vornehme und begüterte Schichten, die der Wohlstand von Alltagssorgen enthoben hat.

Zugeständnisse an Alltagsprobleme sieht Weber den Pharisäismus dort machen, wo er den religiösen Heilsweg so anlegt, daß man ihn beschreiten kann, ohne seine normalen Bindungen an die soziale und ökonomische Welt aufgeben zu müssen. Dadurch empfiehlt sich eine Religion letztlich auch den Massen. Wenn das Heil prinzipiell jedem zugänglich ist, und sei er oder sie

---

473 Talmon 1985: Jüdische Sektenbildung: 233-280, 251f.
474 Talmon 1985: Jüdische Sektenbildung: 251.
475 Von ihrer Sozialstruktur her gesehen waren die paulinischen Gemeinden ausgesprochen heterogen . Ständische Solidarisierungsmechanismen konnten daher kaum greifen. Da Urbanität aber zugleich auch die Sippenstrukturen und Stammessolidarität schwächt, lag für die Urchristen nahezu die gesamte Integrationsaufgabe in der Tat bei der religiösen Vergemeinschaftung Meeks 1985: Die Rolle des paulinischen Christentums: 368-371.

noch so unbemittelt in materieller oder geistiger oder auch in zeitlicher Hinsicht, dann steigert das natürlich die Attraktivität einer Religion gerade bei denen, die zu kostspieligen Investitionen in ihr religiöses Heil unfähig sind.
Andererseits ist mit einem Ausverkauf religiösen Heils zu Dumpingpreisen eine Gefahr ganz anderer Art verbunden. Der Markt, wie man sagen könnte, ist sehr schnell übersättigt und die Wertschätzung des Heilsgutes sinkt in dem Maße, in dem eine Religion die Fähigkeit zur Distinktion und den Wert der Rarität verliert. Dem hat der Pharisäismus durch seine Sektenstruktur und die Verschärfung ritueller Absonderung vorgebaut. In ihm findet man also die bemerkenswerte Kombination einer alltags- und massentauglichen Religiosität mit einer exklusivistischen Sozialorganisation. Man könnte sagen, daß die Pharisäer einen elitistisch organisierten religiösen Egalitarismus verbreiteten.

In der Konkurrenz mit dem Christentum gewann jedoch innerhalb des Judentums das exklusivistische Prinzip den zunächst an die proselytenmachenden Pharisäer verlorenen Boden wieder zurück. Die Exklusion siegte über die Inklusion.

7.3 Die Emanzipation der urchristlichen von der jüdischen Gemeinschaft

Der erstaunliche Prozeß der sozialorganisatorischen und ideellen Emanzipation des Urchristentums vom Judentum wird von Kirchenhistorikern und Religionssoziologen auf unterschiedlichste Weise erklärt. In aller Regel aber finden sich drei Erklärungshypothesen in der ein oder anderen Ausformung bei allen Theorien wieder. Weber bildet hier keine Ausnahme:

(1) Das Urchristentum habe sich gegenüber dem Judentum, das als *Gesetzesreligion* gilt, als eine *Glaubensreligion* profilieren können. Dem entspreche eine Modifikation der religiösen Ethiken: aus jüdischer *Gesetzesethik* hätten die Jesus-Anhänger eine christliche *Gesinnungsethik* gemacht und so ein eigenes Ethos und eigene Identität entwickelt.[476]

---

476 Diese Ansicht teilte Weber mit den protestantischen Theologen seiner Zeit. Schärfer als mit dem Ausdruck 'gesinnungsethische Revolution' formuliert Derretts: „Daß sie (sc. Jesu Lehre) eine Form jüdischer Frömmigkeit war..., besagt ungefähr dasselbe, wie wenn man von einem U-Boot sagt, es sei eine Art Kanu", Derrett 1985: 319. Zuzustimmen ist Meeks, daß wir ohne eine gründliche Sozialgeschichte des Judentums im römischen Reich „den Punkt nicht voll verstehen, auf den Paulus' Galaterbrief zielte und den Weber ...als den Kernpunkt bei der Entstehung des paulinischen Judentums ansah: die Ablehnung der gemeinschaftsbildenden und -begrenzenden Funktionen der halacha durch das Christentum." Meeks 1985: Die Rolle des paulinischen Christentums: 377.

(2) Im Gegensatz zum ethnisch geschlossenen Judentum sei das Christentum *universalistisch* und beschränke den Zugang zu seiner Religionsgemeinschaft nicht nach Geburt, Herkommen oder Volkszugehörigkeit. Dem entspricht die Abschaffung des im Judentum angeblich praktizierten *Dualismus von Binnen- und Außenmoral* durch eine angeblich universalistische christliche Ethik.

(3) Die paulinischen Gemeinden stellen gegenüber den Synagogen-Gemeinschaften und Schriftgelehrten-Schulen der Juden einen neuen und eigenständigen Typus religiöser Vergemeinschaftung und Organisation dar. Die '*ekklesia*' sei institutionelle und sozialorganisatorische Konsequenz des neuen Glaubens.

Gegen alle drei Thesen seien hier Vorbehalte angemeldet. Meines Erachtens halten diese Erklärungen einer genaueren soziologischen Analyse nicht stand und entpuppen sich als im christlich geprägten Kulturkreis gern gehegte Elemente einer selbstgefälligen Konstruktion positiver Eigenidentität.

Ad (1): Die Entgegensetzung von Glaubensreligion und Gesetzesreligion beruht auf der Polarisierung von Glauben und Gesetz. In soziologische Handlungsbegriffe gefaßt ist 'Gesetz' eine Verhaltensregel, die mit normativem Anspruch und das heißt mit dem Prestige der Legitimität, des Gelten-Sollens, an die Akteure herantritt. Wenn ein Akteur den Sinn eines Gesetzes richtig erfaßt und seine Einhaltung durch den Glauben motiviert ist, daß es für ihn gelten soll, dann resultiert daraus die 'adäquat verursachte' Gesetzeskonformität. Den 'Glauben' in Handlungsbegriffe zu fassen ist schwieriger, da man 'Glauben' nicht ohne weiteres als Verhaltensregel auffassen kann, mithin: die empirische Ausprägung des Sinngebildes 'Glauben' ist ungewiß. Aber man kann und sollte fragen, was überhaupt mögliche Gegenstände und Inhalte von 'Glauben' sein können, um dann daraus eventuell sinnhaft adäquate, praktische Handlungskonsequenzen ableiten zu können. Meines Erachtens sind *Versprechen* die hier relevanten Inhalte des Glaubens.

In theozentrischen Religionen geht es in diesem Zusammenhang um die Heilsversprechen Gottes an die Menschen.[477] Juden wie Christen glauben, 'bedingte Heilsversprechen' von Gott erhalten zu haben: Gott verspricht Heil

---

477 Schluchter benutzt statt des Begriffs „Versprechen" den Begriff 'Vertrauen' und kontrastiert entsprechend Gottvertrauen und Gesetzesvertrauen bzw. Gotteskindschaftsbewußtsein und das Bewußtsein, Gottes Werkzeug zu sein. Schluchter 1988b: Religion und Lebensführung 2: 204f.. Über die Rolle, die das 'Versprechen' bei der charakterlichen und sozialen Rationalisierung des Menschen einnimmt, vgl. auch Nietzsches Kennzeichnung des Versprechen-Könnens als Mechanismus, der an dem Aufbau der Affektkontrolle entscheidend mitwirkt, „ein Tier heranzuzüchten, das versprechen darf", das Versprechen als „ein aktives Nicht-wieder-los-werden-wollen,...ein eigentliches Gedächtnis des Willens" Nietzsche 1969: Werke in drei Bänden: 799f. Der Hinweis auf die Verbindung zwischen Weber und Nietzsche verdankt sich Tyrell 1990: Worum geht es in der 'Protestantischen Ethik'?: 164. Erinnert sei an H. Arendts Satz, die besten Prognosen entstammten nicht einer Wissenschaft, sondern dem Willen der Menschen, gegebene Versprechen einzuhalten.

an alle, die bestimmten Bedingungen genügen. Hier tritt nun angeblich der entscheidende Unterschied zwischen Judentum und Christentum auf. Jahwe knüpfe seine Versprechen an die Bedingung der Einhaltung der Mose offenbarten Gesetze, der christliche Gott stelle außer dem Glauben keine Bedingung; die Juden vertrauten also auf die Heilswirksamkeit der Gesetzeseinhaltung, die Christen auf die Heilswirksamkeit der Erlösungstat Christi. Glaube und Gesetz liegen hier offenbar nicht auf der gleichen Ebene, antworten nicht auf dieselbe Frage, sind *keine Alternativen*. Der religiöse Glaube antwortet auf die Frage des Menschen: 'Was darf ich hoffen?' Das religiöse Gesetz antwortet auf die Frage: „Was soll ich tun?" Diese zweite Frage ist die ethische, mithin: die für Webers Religionssoziologie primär relevante, weil sie nach Geboten und Vorschriften für empirisches Handeln fragt, z. B. eben nach Gesetzen. Denn es ist die religiöse Ethik, nicht der religiöse Glaube, die in erster Linie den Ablauf des sozialen Handelns ursächlich mitbestimmt. Religiöser Glaube und religiöse Hoffnung hingegen sind *Gründe* für Ethik und Gesetz, handlungstheoretisch also gegenüber diesen beiden in der Funktion der möglichen, aber nicht unbedingt notwendigen Legitimation. Wird diese Legitimation jedoch vorgenommen, dann wird die Frage beantwortet: 'Warum soll ich das, was ich tun soll, tun?' bzw. 'Was darf ich, wenn ich getan habe, was ich tun soll, erhoffen?' Diese Fragen und ihre Beantwortung stellen eine Verbindung her zwischen Verhaltensvorschrift und Heilsversprechen. Sinnhaft adäquate Reaktion darauf wäre, sich mit einer erhöhten Motivation gesetzeskonform zu verhalten. Natürlich ist es rein logisch denkbar, die Fragenkomplexe zu separieren: 'Was darf ich erhoffen, unabhängig davon, was ich getan oder nicht getan habe?' Jedoch führt diese Separierung dann nicht mehr zu einer *religiösen* Ethik, jedenfalls nicht zu einer *begründeten und daher religionssoziologisch sinnhaft verständlichen religiösen Ethik*.

Der Ebenen-Verschiedenheit von religiösem Glauben und religiösem Gesetz korrespondiert diejenige von religiöser Gesinnungsethik und religiöser Gesetzesethik. Vor den handlungstheoretischen Grundbegriffen der Soziologie kann diese Unterscheidung aber meines Erachtens bestenfalls als eine Scheinplausibilität Bestand haben. Denn praktische Konformität mit einer Norm (bzw. einem 'Gesetz') kann entweder adäquat oder inadäquat verursacht sein, tertium non datur. Inadäquate Verursachtheit bedeutet, empirisch gesehen, Labilität der Gesetzesgeltung, so das Urteil Webers (WuG 16, KvS 457). Die im Religionsvergleich hervorstechende jüdische Treue zu Riualgesetzen und die Beharrung in ihm, mithin: seine Stabilität, wäre eine empirische Falsifikation der Behauptung, jüdische Normkonformität sei inadäquat verursacht. Also ist sie wohl adäquat verursacht, was nichts weniger bedeutet, als daß die Juden 'Gesinnung' haben. Dem kann eine vermeintliche ethische „Gesinnungsrevolution durch Jesus und Paulus"[478] nichts hinzufügen. Das

---

478 Schluchter 1988b: Religion und Lebensführung 2: 203ff.

267

einzige, was ein solcher Anspruch bewirken kann, ist die Abrogation jener Normen, deren Einhaltung empirisch ohnehin inadäquat verursacht war – und natürlich die Verleihung eines guten Gewissens im Vollzug dieser 'Verschlankung' des Normensystems. Inwiefern aber „gesinnungsethische Sublimierung" nicht nur „Modifikation, sondern Sturz der überkommenen Werte"[479] sein kann, vermag nach dem oben Festgestellten nicht einzuleuchten. Dies gilt umso mehr für die Behauptung, die Juden kontrollierten den 'Geist' am 'Gesetz', die Christen aber das 'Gesetz' am 'Geist' (ebd.). Wenn letzteres der Fall wäre, wozu bräuchte man dann das 'Gesetz'?[480]

Der hier anstelle von 'Glaube' und 'Gesinnung' für das Christentum benutzte Begriff des 'Geistes' führt uns nun zurück zum Problem des Charismas. 'Geist', 'Pneuma' und 'Ruach' sind verstehenssoziologisch amorphe, schwer kommunikable, affektive Zustände, die einzelne Menschen oder Gruppen oder gar Massen von ihnen zunächst sinnfremd ereilen und dann wieder vorübergehen. Ohne eine irgendwie geartete 'rationalisierende', das heißt mit Bewußtsein operierende Deutung und Kontrolle bleiben sie für die Beobachter, seien sie soziologisch oder nicht, ephemer, können nicht festgehalten werden und wären daher alltagspraktisch und erst recht sozialorganisatorisch irrelevant. Die kontrollierende 'ratio' benötigt aber nun ihrerseits wiederum ein Kriterium für die Interpretation der Geist-Ereignisse, insbesondere für die Scheidung von Geist und Ungeist, von Gott und Dämon, von wahrer und falscher Prophetie. Hier kommen nun die 'Gesetze' ins Spiel, und zwar 'Gesetze' im Sinne von Erfahrungsregeln, die Orientierung bieten können, weil sie dem charismatischen Ereignis vorgängig und allgemein bekannt oder akzeptiert sind. Darin gleichen sich Juden und Christen; auch Paulus kann nicht anders, als Glossolalie und prophetisches Sprechen dadurch rational zu temperieren, daß er sie an den Glauben bindet und in die Leib-Christi-Gemeinschaft funktional einordnet, das heißt also im Grunde genommen: ihre Gemeinnützigkeit fordert (Röm 12,4-8; vor allem aber 1 Kor. 12-14). Sie mögen geschehen zur „Erbauung der Gemeinde" (1 Kor. 14,12), alles andere bedeute, „in den Wind (zu) reden" (1 Kor. 14,9). Daher stellt Paulus das prophetische Unterweisen klar über die Glossolalie: „Doch in der Gemeinde will

---

479 Schluchter 1988b: Religion und Lebensführung 2: 199
480 Um Mißverständnisse zu vermeiden, sei noch einmal betont, daß hier nicht behauptet wird, die Rede von der „gesinnungsethischen Sublimierung" sei empirisch falsch. Sie stellt m. E. lediglich eine Ebenenverwechslung dar, sobald man Gesetz und Gesinnung als Alternativen auffaßt. Webers Formulierung, die Schluchter hier verarbeitet, aber nicht eigens als eine Webersche ausweist, lautet: „Unabhängig vom historischen Wert der Einzelheiten ist die Grundtatsache sicher richtig und beleuchtet scharf die große Wandlung: im Judentum würde der prophetische Geist durch Messung seiner Verkündigung an Gesetz kontrolliert und danach abgelehnt oder angenommen worden sein. Für das alte Christentum waren der Geist und seine Zeichen und Gaben ihrerseits Maßstäbe für den erforderlichen Umfang der Bindung an das jüdische Ritual. Zugleich aber ist wohl klar: daß dieser 'Geist', das Pneuma von wesentlich anderer Dynamik war als der ruach-ha-kodesch des korrekten Judentums." (RS III 441).

ich lieber fünf Worte mit meinem Verstand reden, um auch andere zu unterweisen, als zehntausend Worte in Zungen" (1 Kor. 14,19). Der Verstand des Paulus aber ist das, was eine Erziehung in einem gutsituierten jüdischen Elternhaus in einer hellenistischen Stadt im östlichen Mittelmeerraum und ein eifriges Talmudstudium beim Rabbi Gamaliel in Jerusalem oder Damaskus ihm als 'vernünftig' beigebracht haben[481] – und das ist ersichtlich der Dienst und Nutzen für die Gemeinschaft.[482]

Ad (2): Wenn gesagt wird, das Christentum sei in einer Hinsicht universalistisch, in der das Judentum dies nicht sei[483], dann ist eine sehr präzise und durchaus einseitige Bestimmung des Begriffs 'Universalismus' unabdingbare Voraussetzung für die Haltbarkeit dieser These. Denn was heißt 'Universalismus' in bezug auf Religionsgemeinschaften? Der Begriff will, kurz gesagt, festhalten, daß der Beitritt zur Religionsgemeinschaft allen offensteht, die dazu willens sind. Die Gegenbegriffe sind Exklusivismus oder Partikularismus. Eine Ethik ist universalistisch, wenn ihre Normen für alle Menschen gleichermaßen und ohne Ausnahmen, die sich der 'Ansehung der Person' verdanken, normativ gelten wollen. Hier ist der Gegenbegriff der Dualismus von Binnen- und Außenmoral[484]. Im hier gewählten Fall läuft das auf folgende zwei Thesen hinaus:

---

481 Zu den biographischen Angaben zu Paulus und der religiösen Bedeutung seiner Person und seines Charakters vgl. Bendix 1988: Umbildungen des persönlichen Charismas.
482 Oft wird der jüdischen Religion Intellektualismus attestiert, dem Christentum aber „innere(n) Antiintellektualismus" und ein Gefühl für die „Übervernünftigkeit des Glaubens" (so z. B. Schluchter 1988b: Religion und Lebensführung 2: 205). Logisch-dogmatisch haben theozentrische Religionen mit der Vorstellung eines überweltlichen, personenhaften, allmächtigen Gottes eine Schranke für Intellektualismus. Schließlich besitzt dieser Gott einen dem menschlichen überlegenen Intellekt. Diesem hätte sich der Mensch dann zu unterwerfen um resigniert oder getröstet festzustellen: 'die Wege des Herrn sind unergründlich'. Dies ist die sinnhaft adäquate Haltung des menschlichen Intellektes in theozentrischen Religionen. Für die kosmozentrischen Religionen Asiens hingegen ist der Kosmos ein einsichtig integriertes Ganzes, dessen Funktionszusammenhänge erkannt werden können. Erleuchtung, Wissenserwerb und Kontemplation sind daher sinnhaft adäquate religiöse Heilsmittel Das Judentum ist Prototyp einer theozentrischen Religion. Sein Intellektualismus kann also nur eine von der Dogmatik ungedeckte, sinnhaft inadäquate, empirische Entwicklung sein, die folglich nicht logisch, sondern nur soziologisch erklärt werden kann. Der jüdische Intellektualismus ist ein inkonsequenterer religiöser Intellektualismus als der kosmozentrischen religiösen Intellektualismus Asiens. Er ist aber auch im Vergleich zum profanen Intellektualismus der römischen Juristen weniger abstrakt und unsystematischer (RS III 432). Er beinhaltet mehr Rezeption als Reflexion, mehr das 'Eintrichtern' und Wiedergeben der heiligen Gesetze und der Spruchpraxis-Tradition der Rabbiner. Weber nennt dies den „kleinbürgerlichen Rationalismus" „plebejische(r) religiöse(r) Rituallehrer" (ebd.). Jedenfalls ist der Gegensatz von Glaubens- und Gesetzesreligion strikt von dem zwischen theo- und kosmozentrischen Religionen zu unterscheiden. Schluchter (1988b: Religion und Lebensführung 2: 207 Fn. 23) ist hier nicht eindeutig.
483 Schluchter 1988b: Religion und Lebensführung 2: 225.
484 Weber vermeidet ansonsten weitestgehend den Begriff 'Moral'. Dies kontrastiert merkwürdig mit seiner konsequenten Verwendung im Falle des Dualismus von Binnen- und Außenmoral.

1. Christ-Werden und Christ-Sein sei ein Willensakt, Jude-Sein hingegen eine Frage der Geburt und Abstammung.
2. Christlich zu handeln bedeute, gegenüber allen Mitmenschen die gleichen ethischen Grundregeln einzuhalten; jüdisch zu handeln bedeute, einen Unterschied danach zu machen, ob man einem Mitjuden oder einem Nichtjuden gegenüber steht.

Beide Thesen bedürfen einer Differenzierung. Zunächst zur ersten These. Wenn lediglich ein Willensakt die Scheidewand zwischen Genossen und Ungenossen darstellt, dann ist eine enorme Verunsicherung in der Orientierung sozialen Handelns die zwangsläufige Folge. Denn: Woran erkennt man äußerlich, was der Wille eines Menschen ist, ob er also glaubensgenossenschaftliche Solidarität verdient oder schuldig ist? Er kann seinen Willen freilich bekunden, äußern, bekennen (lat. confessio). Aber soll und kann man ihm dann glauben? Man wird ihm wohl glauben müssen, wenn er sein Verhalten tatsächlich den Regeln unterwirft, deren Geltensollen die confessio impliziert.[485] Diese Art von Universalismus aber hatte das Judentum auch schon erreicht. Der Proselytismus war nicht nur von „gewaltigem Umfang" (RS III 435), sondern auch „erfolgreich"[486].

Schluchter merkt an, das Christentum ersetze die reziproke Nothilfepflicht des Nachbarschaftsverbandes, die unter dem ethischen Ausgleichsprinzip des do ut des stünde, durch unilaterale Liebespflicht jenseits des Gegenseitigkeitsprinzips[487], man könnte also sagen: durch reinen Altruismus, wenn dort nicht noch das Streben nach dem Paradies wäre, für das man sich durch seine altruistischen Wohltaten die Eintrittskarte zu sichern sucht. Dies wäre dann letztlich, böswillig gesprochen, aber der rational-choice-Theorie nach dem Munde, 'Jenseitsegoismus'.

Die Allokation von Solidarität ist aber natürlich auch im Christentum dualistisch: der Glaubensgenosse verdient besonderen Beistand. Paulus organisierte ein leistungsfähiges System interlokaler gegenseitiger Unterstützung zwischen den urchristlichen Gemeinden. Die Leistungen dieses Systems gingen selbstverständlich nicht an jedermann in gleicher Weise. Insofern wird jede Art von Gemeinschaftsbildung, erst recht jede Art von Organisation, 'dualistisch' verfahren[488].

An dieser Stelle wäre jedenfalls von Weber die Unterscheidung von Ethik und Moral einzufordern, insofern Ethik die Pflichten gegen einen selbst und Moral die Pflichten gegen andere umfaßt. Die Ethik wäre damit zwar aus dem Bereich sozialer Beziehungen entlassen und würde nur in Form individueller

---

485 Die von Jesus empfohlene Methode, unter den zahlreichen Propheten die echten „an ihren Früchten...(zu) erkennen" (Mt. 7,16), ist insofern von 'universeller Bedeutung und Gültigkeit'.
486 Gager 1985: Paulus und das antike Judentum: 391.
487 Schluchter 1988b: Religion und Lebensführung 2: 224f.
488 Luhmann 1994: Inklusion und Exklusion.

Wertrationalität auftauchen, aber immerhin wäre damit geklärt, daß die Dualität darin besteht, daß es zwei und nur zwei Sorten von 'Anderen' gibt, diejenigen der in-group und die der out-group. Ethisierung von Moral wäre dann die Aufhebung dieser Unterscheidung auf dem Wege des Verzichts der Orientierung am anderen zugunsten der Orientierung am wertrationalen Postulat. Dies wurde oben aus bekannten Gründen als 'Blindstellung' bezeichnet. Man mag dabei an die Augenbinde der Justitia denken. Der Universalismus ist jedenfalls gar nicht mehr zu vermeiden, wenn man diese Binde trägt.

Ad (3) Schluchter nimmt an, die urchristliche Gemeinde stelle mit der 'ekklesia' einen neuen Typ der religiösen Gemeinschaftsbildung dar, der nicht mehr mit dem Weberschen Begriffspaar von Kirche und Sekte aufgefangen werden könne. Durch eine komplizierte Kasuistik der Möglichkeiten charismatischer Gemeinschaftsbildung versucht Schluchter den Nachweis zu führen, daß das Christentum durch die Erfindung des Amtscharismas und seiner Institutionalisierung in kirchlichen Strukturen eine religionshistorisch und religionssoziologisch neuartige, bemerkenswerte und folgenreiche Lösung des religiösen Organisationsproblems gefunden habe[489]. Dabei lehnt sich Schluchter an den Charismabegriff aus Webers Herrschaftssoziologie an und arbeitet ohne eine explizite und präzise Unterscheidung der verschiedenen Gemeinschaftsbegriffe der Weberschen Soziologie. Zu beiden Strategien sei im folgenden eine Ergänzung versucht, indem Charisma konsequent nicht als herrschafts-, sondern als religionssoziologischer Grundbegriff verwendet wird und statt des diffusen Gemeinschaftsbegriffs der Begriff 'soziale Beziehung' als Ausgangspunkt genommen wird. Auf diesem Wege wird gehofft, das Paradox auflösen zu können, daß Webers Religionssoziologie einerseits die Nähe zwischen den asketischen protestantischen Sekten, besonders dem Täufertum, und dem Urchristentum als Quelle der modernen Demokratie hinzustellen versucht, andererseits die im Urchristentum entwickelte und später nur noch weiter zu entfaltende Kirchenidee als den Herrschaftsverband par excellence zu betrachten scheint. Dazu muß die Betrachtung allerdings weiter ausholen und erneut beim Charismabegriff ansetzen.

In seiner Rekonstruktion des Weberschen Bildes vom Urchristentum hebt Schluchter hervor, daß eine religiöse Anhängerschaft ihre Beziehung zu ihren charismatischen Leitern dauerhaft regeln könne, „ohne daß dies bereits den charismatischen Charakter der Beziehung tangiert"[490]. Zwar erzeuge eine Dauerbeziehung

„anticharismatische Zwänge ... weil sie zu 'perennierenden <Gebilden>' mit struktureller Differenzierung führt und damit die Kräfte der Veralltäglichung stärkt. Aber nicht jede institutionelle Wendung des Charismas hat Veralltäglichung zur Folge".[491]

---

489 Schluchter 1988b: Religion und Lebensführung 2: 210-260.
490 Schluchter 1988b: Religion und Lebensführung 2: 215.
491 Schluchter 1988b: Religion und Lebensführung 2: 215f.

Eine Gemeinde könne gar „zum institutionellen Träger einer charismatischen Gemeinschaft" werden, und zwar durch „Verzicht auf strukturelle Differenzierung" (ebd. 216). Hierzu ist zunächst zu bemerken, daß die Begriffe 'Institution' und 'strukturelle Differenzierung' keine von Weber als Grundbegriffe eingeführten Termini sind und daher von ihm auch nicht methodisch kontrolliert werden. Das Risiko, durch ihre Benutzung Redundanz und Konfusion hervorzurufen, ist meines Erachtens größer als die Chance, mit ihrer Hilfe das Verstehen des von Weber Gemeinten zu befördern.

Schluchter ist nun um eine Aufklärung der schwierigen Frage bemüht, inwiefern Charisma Bestandteil einer perennierenden Gemeinschaft sein kann. Diese Frage ist kompliziert, weil Charisma eine außeralltägliche Kraft bezeichnet, Perennierung jedoch Veralltäglichung zu implizieren scheint. Alltäglichkeit und Außeralltäglichkeit können aber nicht gleichzeitig und in gleicher Hinsicht Merkmale desselben Gegenstandes sein. Daß das Charisma aber irgendwie doch in perennierender Gestalt auftreten kann, belegt Webers Begriff des „Amtscharismas"[492]. Wie ist diese Kopräsenz von Alltäglichkeit und Außeralltäglichkeit zu verstehen? Diese Frage führt uns zurück zu den theoretischen Grundlagen der Weberschen Religionssoziologie.

7.4 Theorie charismatischer Gemeinschaftsbildung

Oben wurde bereits festgestellt, daß das Charisma nicht nur sporadisch und Einzelnen, sondern auch dauerhaft und Vielen zugerechnet werden kann. Außeralltäglichkeit als Definiens von Charisma meint also nicht eine Seltenheit des Auftretens im Raum-Zeit-Kontinuum, sondern eine qualitative Herausgehobenheit aus den gewohnten Vorgängen der Lebenswelt. Es bezeichnet das Ungewohnte und Erstaunliche, das den Menschen aus dem Alltagstrott bringt, ganz gleich wie häufig es vorkommt. Solange dieser Effekt auftritt, ist also auch noch keine Gewöhnung aufgetreten, ist die betreffende Erscheinung noch nicht in den Wissens- und Erfahrungsschatz des Alltagslebens inkorporiert. Charismatisches Handeln ist, anders ausgedrückt, also typischerweise immer eine Sonderform abweichenden Verhaltens. Nur handelt es sich nicht um die Abweichung von einer rechlichen, konventionalen oder moralischen Norm, sondern um Abweichung vom bekannten und als normal geltenden Standard an Kraft, Gestaltungsvermögen, Wirkungsmacht oder Manipulationsgewalt. Charisma ist mithin eine Abweichung vom normal-menschlichem Maß instrumenteller Macht, und zwar immer Abweichung 'nach oben', das

---

[492] Z. B. WuG 144, 146. Das gleiche gilt natürlich für das Gentilcharisma.

heißt eine Überbietung der normalen, alltagsmenschlichen Kräfteökonomie.[493] Wenn diese Abweichung dauernd und bei vielen auftritt, gewöhnen sie sich an sie und das Erstaunen bleibt mit der Zeit aus. Der Prozeß der Veralltäglichung des Charismas bietet insofern nicht mehr Erklärungsschwierigkeiten als beliebige andere Prozesse der Diffusion abweichenden Verhaltens. Indessen kann man sich anhand des Luhmannschen Modells der normativen Verhaltenserwartung klar machen, daß nicht jede Erfahrung, die dem Erwarteten widerspricht, zur Abänderung der Erwartung führen muß. Das gleiche kann nun für die Alltagserwartung gelten, daß Interaktionspartner in aller Regel während der Interaktion keine außeralltäglichen Kräfte mobilisieren. Trotz häufigen Auftretens dieser Kräfte kann man ihnen immer wieder erneut so begegnen, als ob man mit allem anderen gerechnet hätte, nur nicht damit, charismatischen Kräften ausgesetzt zu sein. Es kommt eben darauf an, was derjenige, der dem zu begegnen meint, was er für charismatisch hält, sonst noch so alles wahrzunehmen bereit ist. Der normativ Erwartende legt schließlich auch eine gewisse Realitätsblindheit an den Tag und zeigt regelrechte Lern- und Wahrnehmungsblockaden[494]. So auch wer etwas als erstaunlich, außeralltäglich und erschütternd begreifen *will:* er wird dies tun unabhängig von der Frequenz des Auftretens dessen, was er für charismatisch hält.

Mit seiner Charisma-Definition und seinen vorangehenden und nachfolgenden Erläuterungen (WuG 245ff.) macht Weber deutlich, daß religiösmagisches Handeln *äußerlich* von andersartigem Handeln, also beispielsweise ökonomischem oder politischem oder erotischem Handeln, schwer unterscheidbar ist. Das ist natürlich nicht weiter überraschend, weil Weber das Handeln ohnehin nicht von seinem äußeren Ablauf her konzipiert, sondern von dem 'subjektiv gemeinten Sinn' her, den der jeweils Handelnde mit seinem Handeln verbindet. Hier in der systematischen Religionssoziologie redet er von 'subjektiven Erlebnissen, Vorstellungen und Zwecken' als möglichen Beispielen solcher subjektiven Sinngehalte. Dieses ganze Verfahren trägt aber nur dann zum Aufbau der Soziologie als einer Erfahrungswissenschaft bei, wenn diese sinnhafte Bezogenheit sich auch im tatsächlichen Verhalten irgendwie wenigstens teilweise niederschlägt, der Sinnbezug muß das äußere Verhalten kodeterminieren (KvS 429), und daß und wie dies der Fall war, muß die soziologische Analyse erklären, sonst bleibt alles Stückwerk. Mit dem Hinweis, daß das 'Verständnis' des religiösen 'Gemeinschaftshandelns' nur vom subjektiven Sinn aus 'gewonnen' werden kann, „da der äußere Ablauf ein höchst vielgestaltiger ist" (WuG 245), kann man sich jedenfalls nicht um die „ursächliche Erklärung" (WuG 1) und den empirischen Nachweis her-

---

493 Die charismatische Wertung des Leidens, des ohnmächtigen Opfergangs, des schändlichen Todes am Kreuze und des absoluten Scheiterns nach weltlichen Maßstäben ist freilich ein (oder: der christliche) Grenz- und Sonderfall. Aber auch hier bleibt es dabei, daß ein Sieg über den Tod als Effekt außeralltäglicher Kräfte gilt, als Wirkung instrumenteller Macht.
494 Luhmann 1972: Rechtssoziologie: 31-64.

umdrücken. Verstehen allein reicht jedenfalls nicht für eine vollgültige soziologische Erklärung aus.

Jedenfalls hebt sich die magisch-religiöse Handlung Weber zufolge von anderen Handlungen dadurch ab, daß der Akteur Gegenstände oder Mitmenschen in seiner Umwelt nach „größerer oder geringerer Alltäglichkeit" unterscheidet. Religiös-magisches Handeln verdankt sich also einer *partiellen 'Entalltäglichung'* der Umwelt des magischen Akteurs. Woran aber erkennt der Soziologe oder die Soziologin nun, daß ein Akteur 'entalltäglicht'. Weber gibt uns ein Beispiel: Sobald ein Stein nicht mehr nur als Stein, sondern als Fetisch gebraucht wird, liegt religiös-magisches Handeln vor. Aber woran bemißt sich Fetischisierung? Woran erkennen soziologische Beobachter sie? Offenbar auf dem gleichen Wege, auf dem sie die Entalltäglichung von Interaktionen oder Interaktionspartnern identifizieren können, denn in *dieser* Hinsicht entsprechen religiös-magisches Handeln und religiös-magisches *soziales* Handeln einander. Der Fetischisierung eines Steines entspricht die an Ekstase festgemachte Entalltäglichung von Mitmenschen.

Aber trotz aller Augenschein-Validität der Behauptung, Ekstase sei 'objektiv' beobachtbar, scheint mir Webers Parallelisierung der Ekstase von Menschen mit der Fetischisierung von Steinen etwas anderes zu besagen. Beide Vorgänge lassen sich als Zuschreibungsakte verstehen. Religiösmagisches Handeln erkennt Weber daran, daß der 'subjektiv gemeinte Sinn' des Akteurs darin besteht, einem Element seiner Umwelt (seien es Menschen, Tiere oder Sachen) Außeralltäglichkeit zuzuschreiben. Und dieses Vorgehen ist m. E. auch das einzig mögliche. Denn das religiös-magische Handeln soll ja nicht etwas sein, was sich vom Alltag des beobachtenden Soziologen abhebt, sondern etwas, das sich vom Alltag der beteiligten Akteure abhebt. Um deren Alltag geht es und die Grenze ihres Alltags bestimmt, was dem Soziologen oder der Soziologin als außeralltäglich und mithin als charismatisch zu gelten hat und was nicht.[495]

Religiös-magisch Handelnde glauben, daß der ekstatische Zustand von Menschen besondere Wirkungen als seine Folge hervorbringt.[496] Weber listet meteorologische, therapeutische, divinatorische und telepathische Wirkungen auf. Auf diese Wirkungen könnte nun endlich zutreffen, was den Fetischen und den Ekstasen methodologisch verweigert werden mußte: naturale, empirische religiöse Zustände oder Ereignisse zu sein, die sich ohne die Hinzunahme der subjektiven Sinndeutungen der beteiligten Akteure, also sozusagen als

---

495 Die intersubjektiv akzeptierte Anerkennung einer Zuständlichkeit als 'ekstatisch' variiert dementsprechend historisch, geographisch und von Milieu zu Milieu erheblich. Die Glossolalen in seinen Gemeinden bereiteten schon Paulus die Sorge, die heidnische Umwelt könne die Christen für irre halten (1 Kor. 14,23); dem christlichen Mittelalter und der Neuzeit ist diese Praxis als religiös-ekstatische Erlebnisform fremd.
496 Nur so läßt sich Webers Formulierung verstehen: „"...in Ekstase zu geraten und also .. Wirkungen ...herbeizuführen" (WuG 245, Hervorh. d. Verf.).

'objektiv religiös' beschreiben lassen. Indes, divinatorische und telepathische Effekte als objektiv stattgefunden habende Ereignisse hinzustellen, würde sich wohl kein empirischer Sozialwissenschaftler trauen. Da fällt es schon leichter, meteorologische und therapeutische Wirkungen als real zu akzeptieren, jedoch würde man sich bei diesen nun wiederum sträuben, außeralltägliche Kräfte als ihre Ursachen anzusehen. Dies glauben nur die religiösmagisch Handelnden.

Man könnte zur Verdeutlichung des Weberschen Theorieansatzes die Regen- und Fruchtbarkeitsrituale der Pueblo-Indianer[497] oder den berühmten Regentanz der Hopi-Indianer in New Mexico[498] in Weberschen Begriffen zu beschreiben versuchen. Es liegt auf der Hand, daß den Indianern nicht die Fruchtbarkeit oder der Regen, also nicht die Wirkungen als außeralltäglich gelten, sondern ihre Verursachungen. Die von den Akteuren vollzogene kausale Zuschreibung zwischen Regen und Tanz beispielsweise macht den Tanz für uns Betrachter erst zu einem religiösen Tanz, denn ansonsten würden wir uns sicherlich damit zufrieden geben, daß es sich um ein profanes indianisches Fest handelt. Erst die Kausalzurechnung, die aus der Sicht der modernen Naturauffassung eine „'unrichtige' Kausalzurechnung(en)" (WuG 245) ist, sakralisiert in unseren Augen den Tanz. Daraus darf man aber nicht folgern, daß die naturwissenschaftlich-instrumentelle Richtigkeit einer Kausalzurechnung die Handlung um ihren religiösen Charakter brächte. Das wäre ein fehlerhafter Umkehrschluss und nichts wäre falscher als dies, denn unser Richtigkeitsurteil tangiert natürlich nicht das Außeralltäglichkeitsurteil des Handelnden.[499] Wohl aber wird es soziologisch-methodisch schwieriger zu entscheiden, ob der Handelnde irgendetwas für außeralltäglich hält, wenn die Kausalzurechnung, die die Akteure vornehmen, zufällig auch nach unseren naturwissenschaftlichen Maßstäben 'richtig' wäre. Wenn ein Stammesmagier Fieber mit kalten Umschlägen oder Skorbut mit der Gabe von Zitronensaft behandelt, dann fällt es uns schwer, dies als religiöse Handlung einzustufen, selbst wenn alle Akteure sich über die Außeralltäglichkeit der Heilkräfte im Klaren sein sollten. Wenn der Soziologe oder die Soziologin aber nicht die kausale Unrichtigkeit als Indiz für die Religiosität einer Handlung nehmen kann, welche Indizien bleiben dann noch? Man muß sich Webers Formulierung genau anschauen. Aus der Klasse aller von den Akteuren wahrgenommenen Zuständen oder Ereignissen stechen die Wirkungen, von denen Weber in seiner Religionsdefinition spricht, dadurch hervor, daß sie, so Webers Ausdrucksweise, „*erfahrungsgemäß nur dann*" erreicht werden, wenn jemand

---

497 Merton 1995: Soziologische Theorie und soziale Struktur: 63.
498 Merton 1957: Social Theory and Social Structure.
499 Jedenfalls normalerweise nicht. Wer den Beobachteten neben der Beobachtung auch noch unbedingt soziologische Aufklärung zumuten wollte, würde sich freilich aufgerufen fühlen, die im Objektbereich waltenden 'Unrichtigkeiten' auszumerzen.

ekstatisch ist. Weber spricht hier, wie gesagt, natürlich nicht von unserer Erfahrung, sondern von der der Akteure.

Jede kausale Zurechnung verknüpft zwei empirische Zustände oder Ereignisse mit etwas Nicht-Empirischem: einer Regel, oder – methodologisch präziser gesprochen: mit einem Gesetz. Das sind die Erfahrungsregeln, von denen Weber spricht. Wenn man erst einmal die Erfahrungsregel im Kopfe trägt, daß ein Tanz Regen hervorbringt, dann kommt es in der Folge nie wieder zu Regen ohne vorangegangenem Tanze beziehungsweise nie wieder zu Tänzen ohne nachfolgendem Regen. Denn da es sich ja nur um kausale *Deutungen* handelt, kann die gesamte Deutungsphantasie der Akteure mobilisiert werden, um die Erfahrungsregel zu retten. Die zulässigen Zeiträume zwischen den kausal zu verknüpfenden Ereignissen kann theoretisch beliebig gestreckt werden oder es können rituelle Fehler oder moralische Fehltritte für das Fernbleiben der außeralltäglichen Kräfte verantwortlich gemacht werden. Es gibt sicher eine Fülle von Deutungsmöglichkeiten, die allesamt eine größere Wahrscheinlichkeit haben angewandt zu werden als die Abrogation der einmal etablierten Erfahrungsregel. Solange diese keinen überlegenen Konkurrenten an die Seite gestellt bekommt – und woher sollte sie, denn das wäre nichts geringeres als ein 'Paradimgenwechsel' – wird, ganz genauso wie bei wissenschaftlichen Erfahrungsregeln, an den Randbedingungen herummodifiziert, um alle möglichen Falsifikationsversuche abzufangen.

Daß Webers Konzept des Charismas eigentlich nur diese Deutungstechnik beschreiben sollte, wird klar, wenn Weber sagt, daß die magischen Akteure selber den außeralltäglichen Kräften „gesonderte Namen ...beigelegt" (WuG 245) haben. Wenn Weber diese Kräfte nun 'Charisma' nennt, dann tut er das gleiche wie die religiös-magisch Handelndenden: er gibt den außeralltäglichen Kräften einen gesonderten Namen. Was ist mit diesem Vorgehen eigentlich gewonnen? Weber hätte viele Mißverständnisse vermeiden können, wenn er nicht diesen Kräften, sondern jener 'Namensbeilegung' als Deutungsvorgang einen eigenen soziologischen Terminus reserviert hätte, also etwa: die Charismadeutung oder der Charismaglaube. In der neueren Herrschaftssoziologie vollzieht Weber dann auch explizit die Wende zu einer solchen 'relationalen' oder – wenn man so will: 'konstruktivistischen' – Konzeption von Charisma (WuG 140). Religiöses Handeln wäre dann dadurch definiert, daß es seinem 'subjektiv gemeinten Sinn' nach an der Wirksamkeit von Charisma orientiert ist. Ein religiöser *sozialer* Akteur wäre dann daran sinnhaft orientiert, daß er glaubt, im Verhalten anderer sei Charisma am Werke. Die an einer religiösen sozialen *Beziehung* Beteiligten schließlich würden ihr Handeln daran orientieren, daß sie voneinander wechselseitig glauben, in ihnen sei Charisma am Werke.

Damit komme ich zur charismatischen Gemeinschaft. Diese ist zunächst als charismatische soziale Beziehung zu konzipieren. Freilich gibt es verschiedene Unterkategorien charismatischer sozialer Beziehungen, allen voran die rationalen und die nicht-rationalen, also: Vergesellschaftung und Vergemeinschaftung. Grundsätzlich können charismatische soziale Beziehungen alle Ausprägungen annehmen, die auch gewöhnliche soziale Beziehungen annehmen können: Zweckverein, Tausch, Dauer- und Gelegenheitsvergesellschaftung bzw. -vergemeinschaftung, Kephalität oder Nicht-kephalität, Verband oder Anstalt usw. Insofern gibt es theoretisch keine besonderen Affinitäten der charismatischen Beziehung zu einem oder mehreren der in Webers allgemeiner Soziologie vorkommenden Beziehungstypen. Daß sie charismatische Beziehungen sind, haben Kirche, Sekte, Gemeinde und Jüngerschaft mit der Magierzunft, der Orgie, dem Priesterstand und dem Mysterienkult gemeinsam. Daß sie explizit vereinbart oder einverständishaft, gesellschaftlich oder gemeinschaftlich, ephemer oder perennierend, autonom oder heteronom, autokephal oder heterokephal, voluntaristisch oder oktroyiert sein können, haben charismatische Beziehungen mit ökonomischen, politischen, rechtlichen, erotischen oder militärischen Beziehungen grundsätzlich gemeinsam.

Aber trotz dieser theoretisch vorgegebenen Offenheit scheint Weber eine wie auch immer begründete Verwandtschaft der Charismabeziehung mit der Herrschaftsbeziehung anzunehmen. Man kann die Affinität zwischen Charisma und Herrschaft leicht erklären. Wenn ein Kreis von Personen nur einigen oder einer von ihnen Charisma zuerkennt, dann herrscht eine allgemein akzeptierte Ungleichheit an Kraft. Die meisten verfügen über die alltäglichen Kräfte, einige wenige zusätzlich (eventuell: zuweilen) über außeralltägliche Kräfte. So wie unter primitiven Bedingungen physisch und mental Stärkere leicht zu Inhabern von Autorität aufsteigen, ergeht es auch den Charismatikern. Ihre besondere Kraft wird besonders nachgefragt, und zwar nicht nur als Dienstleistung von Einzelnen an Einzelne wie bei den Zauberern und Magiern, sondern auch – und das ist der Herrschaftsaspekt – von Personen, die untereinander bereits eine andere soziale Beziehung pflegen und sich nun für ihr Beziehungshandeln die überschüssigen Kräfte des Charismatikers zunutze machen wollen. Es kann natürlich auch sein, daß sie sich tatsächlich erst untereinander vergemeinschaften angesichts der Erkenntnis, 'Abnehmer' desselben Charismatikers (oder derselben Gruppe von Charismatikern) zu sein. Für ihre Dienstleistungen aber können die Charismatiker mit einer hohen Chance auf Erfüllung Gegenforderungen stellen, und zwar typischerweise entweder Gehorsam oder materielle Vergütungen, in der Regel wohl beides.[500] Wenn aber in dieser Weise Gehorsam beansprucht und geleistet wird,

---

500 Matthäus beschreibt Jesus als in dieser Hinsicht eindeutig. Die Apostel werden ausgesendet mit den Worten: „Geht hin und verkündet: Genaht hat sich das Reich des Himmels. Heilt Kranke, weckt Tote auf, macht Aussätzige rein, treibt Dämonen aus! Umsonst habt ihr empfangen, umsonst sollt ihr geben. Verschafft euch weder Gold noch Silber, noch Kupfer für eure Gürtel, auch keine Tasche für unterwegs, auch nicht zwei Röcke noch Schuhe noch Stab; denn der Arbeiter hat Recht auf seinen Unterhalt." (Mt. 10, 7-10). Hier

muß Charisma gegengeleistet werden, und zwar je mehr, desto mehr – daher die von Weber oft angesprochene ungleich größere Erfolgsabhängigkeit charismatischer Herrscher (WuG 140f., RS I 269).

Nun ist aber selbst bei ungleicher Streuung der charismatischen Begabung Herrschaft keine notwendige Folge. Die Beziehung zwischen Charismaträgern und Charismanachfragern läßt sich 'herrschaftsfrei' modellieren nach dem Muster eines Tausches, und zwar selbst dann, wenn auf der Nachfrageseite eine soziale Beziehung bereits besteht. Diese wäre dann eben zum Beispiel als Zweckverein zu betrachten, der sich als Vereinszweck in seine Satzung geschrieben hat, die Einzeltauschakte seiner Mitglieder mit dem Charismatiker zu koordinieren. Das wäre zwar keine charismatische Beziehung zwischen Charismaträger und Verein, sondern eine charisma*bedingte* Beziehung, solange der Charismaträger nicht Vereinsmitglied ist, nichts von dem Verein weiß und dementsprechend die Vereinsmitglieder mit seinen sonstigen 'Kunden' gleichbehandelt. In dieser Konstellation kann der Charismaträger der Vereinssatzung nicht zuwider handeln, da er sie nicht kennt und sich nicht bewußt an sie hält. Folglich besteht keine doppelte Kontingenz zwischen dem Charismaträger und dem Zweckverein, sondern nur zwischen ihm und den einzelnen Mitgliedern des Zweckvereins für die Dauer des Tausches. Von einer Herrschafts*beziehung* des Charismaträgers über alle oder einige seiner 'Kunden' kann also keine Rede sein. Überhaupt fehlt jede *Dauer*beziehung zwischen dem Charismaträger und denen, die es ihm (außer ihm selbst) zuschreiben. Dennoch liegen in den Einzeltauschakten eindeutig (theoretisch) herrschaftsfreie charismatische soziale Beziehungen vor.

Anders liegen die Verhältnisse, wenn die Beteiligten eine solche Dauerbeziehung eingehen. Dann liegen zwischen ihnen Vereinbarungen oder Einverständnisse vor, die so dauerhaft sind, daß sie den „Wechsel der Personen" (KvS 448) überleben; dann ist ein charismatisches, „perennierendes soziales 'Gebilde'" entstanden (KvS 448f., 451). Von dieser Art sind Gemeinde, Kirche und Sekte. Wie jede Anstalt ist auch die Kirche ein Mischtypus: ein Zweckverein, der beansprucht, daß seine Satzungen auch für Personen gültig seien, die niemals um ihre Zustimmung oder ihren Beitritt gefragt wurden, der also Ordnungen oktroyiert. Als Mischtypus kann die Kirche zunächst außen vor bleiben, ihre Merkmale müßten sich aus ihren Einzelelementen ableiten lassen. Daher komme ich zuerst zum Begriff der 'Sekte'.

Den Begriff Sekte benutzt Weber in den *Soziologischen Grundbegriffen* (WuG 1-30) zuerst in der Formulierung der 'rationalen Sekte' als Beispiel für

---

kontrastiert die Rollendefinition des mittellos umherwandernden und unentgeltliche Gnaden spendenden Charismatikers auffällig mit der als selbstverständliches Recht des Arbeiters dargestellten Erwartung, von Dritten seinen Unterhalt gesichert zu bekommen. Paulus hingegen legt großen Wert auf seinen Selbstversorger-Status (1 Kor 9). Vgl. zum Zusammenhang von Lebensunterhalt und Legitimation Theißen 1979: Studien zur Soziologie des Urchristentums: 201-230.

einen Gesinnungsverein (WuG 22). Handelt es sich hier um eine charismatische Beziehung? Meines Erachtens würde Weber diese Frage verneinen müssen. Als Sitz des Charismas, als Sitz der außeralltäglichen Kraft, um derentwillen man den Gesinnungsverein gründete, fungiert hier die Gesinnung. Sie ist Projektionsfläche der Zuschreibung des Charismas, so wie der obengenannte Stein Objekt einer Fetischisierung wurde. Die Frage ist dann aber wiederum: Wieso stiftet die 'Entalltäglichung' einer Gesinnung eine soziale Beziehung der 'Entalltäglicher' untereinander? Diese Möglichkeit ist bei der Erörterung des Stein-Fetisches außer Acht geblieben; sie läßt sich jetzt aber nicht länger ignorieren, denn sie führt zu dem prima-facie-Paradox einer charismatischen Beziehung in Abwesenheit charismatischer Personen: ebenjenem Gesinnungsverein. Eine Gruppe von Personen, die einen Stein als Fetisch behandelt, sollte man den bisherigen Ausführungen gemäß nicht als charismatische Beziehung bezeichnen, weil das Charisma und die Charismazuschreibung nicht dort am Werke sind, wo doppelte Kontingenz herrscht, sondern stets nur da, wo Einzelakteure praktischen Umgang mit dem Steinfetisch pflegen. Daraus folgt: die Zuschreibungsgemeinsamkeit, die darin besteht, daß die Steinfetischisten alle gleichermaßen dem Stein Charisma zuschreiben, begründet keine charismatische soziale Beziehung.

Nun muß man sich aber an Webers Beispiel des Trunkenboldes aus dem 'Kategorienaufsatz' erinnern. Hier begründete das gemeinsame Festhalten des Unzurechnungsfähigen zwar zunächst keine soziale Beziehung der Festhaltenden untereinander, wurde aber zu einer solchen, sobald sie dabei arbeitsteilig, also irgendwie koordiniert vorgingen (KvS 455). Denn Arbeitsteilung und Koordination gelingt nur durch die Einhaltung vorab bekannter oder vorab zu vereinbarender Regeln, mithin: durch ein vorgängiges 'Einverständnis' oder vorangehende Vergesellschaftung oder durch eine ad-hoc-Vergesellschaftung. Für den charismazuschreibenden Umgang der Steinfetischisten mit dem Stein gilt das gleiche: wenn sie bei diesem Umgang arbeitsteilig und koordiniert vorgehen, handeln sie gemäß einer sozialen Beziehung untereinander.

Diese Beziehung ist nun aber wie der oben analysierte Zweckverein nicht selber charismatisch, sondern charisma*bedingt*. Diese Axiome lassen sich nun leicht auf den Gesinnungsverein übertragen. Geht die charismazuschreibende Gesinnungspflege arbeitsteilig und also koordiniert vonstatten, haben die Mitglieder eine charisma*bedingte*, aber *keine charismatische Beziehung untereinander*. Diese kann erst dann entstehen, wenn die Projektionsfläche der Charismazuschreibung seinerseits ein sozialer Akteur ist, der entweder gegenüber den einzelnen Mitglieder oder aber gegenüber dem gesamten Gesinnungsverein handelt. Die charismatischen Beziehungen der ersten Art sind theoretisch herrschaftsfrei, die der zweiten Art theoretisch auch, praktisch aber extrem herrschaftsgeneigt.

Wenn der Charismaträger bei seinen charismaerweckenden oder charismaverwendenden Interaktionen mit den Gesinnungsvereinsmitgliedern sein Handeln an den Satzungen des Gesinnungsvereins orientiert, oder aber mit den Mitgliedern des obigen Zweckvereins auf die gleiche charismatische Weise interagiert und sich dabei an den Zweckvereinssatzungen orientiert, dann ist über diese beiden Vereine, die ja nur *charismabedingte* Beziehungen dargestellt hatten, hinaus eine *charismatische Beziehung* entstanden. Die Kultgemeinschaft mit Priestern als Charismatikern ist hierfür ebenso ein Beispiel wie die Jüngergemeinschaft mit dem Propheten als Charismaträger.

Mit dem oben vorgestellten Theorem des Gemeinsamkeitsglaubens läßt sich nun ein weiteres feststellen. Die Gemeinsamkeit einer Situation, einer Lebenslage oder äußerer Merkmale befördert die Vergesellschaftung der Gemeinsamkeitsgläubigen. Vermutlich kann die Zuschreibungsgemeinsamkeit der Steinfetischisten ebenso wie jede andere äußere Gemeinsamkeit Gegenstand eines Gemeinsamkeitsglaubens und dieser dann Grundlage eines Gemeinschaftsbewußtseins werden. Der entscheidende Stimulus zur Vergemeinschaftung oder Vergesellschaftung wird auch hier durch „bewußte Gegensätze gegen Dritte" (WuG 23) gegeben. Daher vergrößern interreligiöse Kontakte die Wahrscheinlichkeit für religiöse Vergesellschaftungen, für die Bildung von Gesinnungsvereinen. Daraus ließe sich die empirisch überprüfbare These ableiten, daß die Neigung, Gesinnungsvereine zu gründen und ihnen beizutreten, desto größer ist, je mehr Gesinnungen den Einzelnen als objektiv möglich zu Bewußtsein kommen, oder, mit anderen Worten, ein Pluralismus von Überzeugungen befördert die soziale Organisiertheit der vom Gleichen Überzeugten, so daß man auch für die homines religiosi sagen könnte: Gleich und gleich gesellt ('vergesellschaftet') sich gern, und zwar desto lieber, je mehr die Anwesenheit Ungleicher zu Bewußtsein kommt. Stillschweigend vorausgesetzt ist bei dieser These, daß die Menschen in der Regel Unsicherheit und Ambiguität vermeiden oder verkleinern wollen und ihre Unsicherheits- und Ambiguitätstoleranz selbst dann unverändert bleibt, wenn sie einem Pluralismus von potentiellen Charismen ausgesetzt sind.[501]

Vor dem Hintergrund der Weberschen Herrschaftssoziologie will Schluchter die „neue Kultgemeinde" der von Paulus organisierten Urchristen als „charismatische Gemeinde" charakterisieren[502]. Falls Schluchter damit sagen will, daß Gefolg- und Anhängerschaft Jesu zu dessen Lebzeiten weder 'charismatisch' noch 'Gemeinde' gewesen ist, dann stellt sich die Frage, was

---

501 Diese Annahme scheint man aber beispielsweise für die Religiosität von Jugendlichen in der modernen Gesellschaft nicht machen zu können. Sie zeigen erhöhte Duldungsbereitschaft für kognitive oder weltanschauliche Dissonanzen: Barz 1992a: Religion ohne Institution; Barz 1992b: Postmoderne Religion - mit der Folge, daß die religiösen Organisationen weder von pluralistischer noch von oligopolistischer oder monopolistischer Konstellation der Weltanschauungen in einer soziologisch eindeutig nachweisbaren Weise profitieren. Vgl. Blau 1991: Religious Pluralism and Church Membership.
502 Schluchter 1988b: Religion und Lebensführung 2: 220.

sie denn dann eigentlich war. Daß sie eine Beziehung darstellte und Jesus ein Charismaträger war, ist klar. Daß die Jesus-Bewegung aber darüberhinaus eine emotionale, ephemere Vergemeinschaftung war, daran hält Schluchter scheinbar fest. Damit kann diese Bewegung nicht als 'Gemeinde' bezeichnet werden. Denn für den Begriff 'charismatische Gemeinde' ist die Dauervergesellschaftung mit festen Rechten und Pflichten vonnöten. Schluchter geht es hier aber offensichtlich um etwas anderes. Er versucht nämlich, die Transformation der Anhängerschaft Christi hin zur paulinischen Gemeinde mit einer relativen Entpersonalisierung charismatischer Autorität zu erklären. Paulus ist Charismatiker der 'zweiten Generation', die ihm zugeschriebene außeralltägliche Kraft ist unvergleichlich kleiner als die Jesu, seine Stellung ist weniger herausgehoben und wesentlich prekärer und er muß sie mit einer stattlichen Zahl formell Gleichgestellter teilen. Das sind Unterschiede in der Ausgangssituation, hinzu nimmt Schluchter jedoch ein entwicklungslogisches Argument Webers: Charismatische Autorität tendiere „bei zunehmender Rationalisierung der Verbandsbeziehungen" (WuG 155f.) von sich aus zum Antiautoritarismus[503]. Insofern charismatische Autorität letztlich davon abhängt, daß eine Menschengruppe irgendjemandem außeralltägliche Kräfte zuschreibt, von dem sie dann die Anwendung dieser Kräfte erwartet (=Bewährung), ist die Zuschreibung stets von empirischer Falsifikation bedroht.[504] Indem sich daher Charisma nicht automatisch auf nachfolgende Herrschaftsprätendenten überträgt, sondern ebenfalls bewährt werden muß, wird die *Erfolgs*abhängigkeit bei jedem Neuantritt eines Herrschers zur

---

503 Schluchter 1988b: Religion und Lebensführung 2: 221.
504 Natürlich hängt nicht nur die charismatische, sondern jede Art von Herrschaft vom Legitimitätsglauben, mithin von einer Legitimitätszuschreibung der Beherrschten an den Herrscher ab. Insofern müßte man Weber fragen, wieso die charismatische Herrschaft in irgendeinem Sinne stärker von „herrschaftsfremder Umdeutung" betroffen sein sollte als andere Herrschaftstypen. Denn auf „Anerkennung" ruht letztlich auch die traditonale und rational-legale Herrschaft, auch hier könnte Anerkennung statt als Folge der Legitimität als ihr Grund angesehen und also 'demokratisch' umgedeutet werden. Aber möglicherweise ist Webers Argumentatieren für eine besondere Demokratisierungsanfälligkeit der charismatischen Herrschaft eher von folgender Art: Charismatisch Beherrschte haben im Vergleich zu traditional oder rational-legal Beherrschten eine zusätzliche Negationsmöglichkeit, einen zusätzlichen Anlaß, des Zuschreibungscharakters gewahr zu werden und die eigene, aktive Bedeutung zu erkennen: Außeralltägliche Kraft ist nämlich unempirisch und muß sich daher in ihren Wirkungen stets erneut „bewähren", wie Weber sagt. Unbewährte Herrscher, also: Neulinge, oder sich nicht bewährende Herrscher, also: Glücklose oder Versager, entbehren jeglicher aktualisierbaren Legitimität. So mag zwar im Falle der charismatischen Herrschaft zwar noch gelten, was für alle Herrschaftstypen gilt, daß nämlich an ihre Legitimität geglaubt werden muß, daß also Legitimitätsgläubigkeit als Pflicht gilt, jedoch können Menschen anderen Menschen die Zuschreibung außeralltäglicher Kraft an einen Herrscher nicht so leicht zu einer 'Pflicht' machen, da 'Kraft' zumindest in ihren Wirkungen objektiv beweisbar ist und man also viel eher auf den Gedanken kommt, daß sie darum auch bewiesen werden sollte. Natürlich steht diesem Argumentieren mit dem aktuen Objektivierungszwang charismatischer Legitimität alles entgegen, was oben über den Primat der charismatischen Deutung über die charismatische Wirkung gesagt wurde.

*Volks*abhängigkeit. Wenn dem Volk dies bewußt wird, also eine 'Rationalisierung' im Sinne einer expliziten Feststellung seines Rechtes zur Gewährung und Verweigerung der Anerkennung von Herrschaftsrechten stattfindet, ist die Umdeutung der charismatischen zur demokratischen Legitimität vollzogen.

Bemerkenswert ist vor diesem Hintergrund, daß für Schluchter der Schritt von der jüdischen zur christlichen Gemeinde das gerade Gegenteil einer Rationalisierung darstellt. Er bringt die beiden Gemeindearten nämlich in folgende Oppositionen zueinander[505]:

Tabelle 10: Jüdische und urchristliche Gemeinde

Urchristliche, paulinische Gemeinde	*jüdische Gemeinde*
„pneumatische Gemeinde"	„gesetzesritualistische Gemeinde"
„gegründet auf emotionaler Vergemeinschaftung"	„basierend auf rationaler Vergesellschaftung"
gegründet auf „Anwesenheit der Mitglieder"	gegründet auf „stärkerer struktureller Differenzierung"
geleitet durch „plebejische religiös-pneumatische Gnadenspender"	geleitet durch „plebejische religiös-rationale Rituallehrer"

Schluchter gewinnt diese Weber-Deutung, indem er auf einen Satz aus Webers neuerer Herrschaftssoziologie Bezug nimmt, in dem dieser im Kapitel über die charismatische Herrschaft feststellt: „Der Herrschaftsverband *Gemeinde*: ist eine emotionale Vergemeinschaftung" (WuG 141). Dieser Satz steht relativ zusammenhanglos am Beginn einiger Erläuterungen des Verhältnisses zwischen dem charismatischen Herrscher und seinem Verwaltungsstab. Sein Zusammenhang mit dem Charisma bleibt jedenfalls unklar. Eine Erläuterung der betreffenden Emotionen gibt Weber gleichfalls nicht, es sei denn, man wollte den 'Liebes- bzw. Kameradschaftskommunismus' zwischen Herrn und Gefolgschaft als die gemeinte emotionale Vergemeinschaftung interpretieren. Will Weber hier sagen, daß die der charismatischen Herrschaft unterworfenen stets eine 'Gemeinde' bilden, indem sie emotional vergemeinschaftet sind? Da es sich um Webers Herrschaftssoziologie handelt, sollte man annehmen, Weber rede von der *Gemeinde im politischen Sinne*; die Frage ist dann nur, inwiefern diese 'emotionale Vergemeinschaftung' ist. Sie ist dies möglicherweise nur im Falle charismatischer Herrschaft. Aber warum? Ist hier etwa ein Zusammenhang zwischen Charisma und Emotion angelegt? Auf diese Fragen wird zurückzukommen sein.

---

505 Schluchter 1988b: Religion und Lebensführung 2: 221, 229.

'Pneuma' wurde oben als Sonderform des Charismas dargestellt, und zwar als jenes Charisma, das sich eine Gruppe selber als Gruppe zuschreibt. Der christliche Charismaglaube geht im Vergleich zum jüdischen Glauben an den ruach-ha-kodesch offenbar von einem wesentlich diesseitigeren, gegenwärtigeren und stärker offenbaren Charisma aus. 'Pneuma' manifestiert sich nicht nur im Pfingstwunder innerhalb der versammelten Gemeinde, sondern immer wiederkehrend; folgt man den Deutungen des Paulus (1 Kor. 12-14), zeigt es sich im Zungenreden und im prophetischen Reden, in Weisheitslehrern und den Heilstaten der Apostel usw. Die jüdische Entsprechung zum christlichen Pneuma müßte nun also eine charismatische Selbstzuschreibung der jüdischen Gemeinde sein. Eignet sich hierfür der Gesetzesritualismus, den Schluchter vorschlägt? Meines Erachtens käme zunächst nicht der Gesetzesritualismus in Frage, sondern der ruach-ha-kodesch. Wenn die jüdische Gemeinde eine religiöse soziale Beziehung darstellen soll, dann ist sie auch eine charismatische soziale Beziehung. Die Projektionsfläche der gemeinsamen Charismazuschreibung steht in diesem Zusammenhang also fest: es muß die Gemeinde sein. Aber was gilt jeweils als die Quelle der außeralltäglichen Kräfte? Ist im Judentum das Gesetz die Quelle dieser Kräfte? Meines Erachtens nicht, sondern derjenige, der das Gesetz gegeben hat und garantiert und an seine Einhaltung seine fest zugesagten Verheißungen knüpft. Jahwe gilt als die Ursache außeralltäglicher Kraft, die 'heil macht', 'meteorologische, therapeutische' und vor allem militärische Wirkungen erzielt. Das Gesetz ist Ihm gegenüber lediglich die Sammlung der Erfahrungsregeln, deren Einhaltung dafür sorgt, daß die außeralltäglichen Kräfte geweckt werden. Freilich kann diese Erweckung erst in ungewisser Zeit in der Zukunft liegen. Dann liegt ein religiöses 'deferred gratification pattern' vor. Beim Judentum führt genau dies zur Konzentration des Charismatischen bei Jahwe. Bei den Urchristen findet sich hingegen eine regelrechte Dezentralisation und Inflation an charismatischen Gaben. Das mit der Christusgestalt gegebene Ereignis einer 'Auferstehung des Fleisches' ist an außeralltäglicher und ratio-zerbrechender Kraft kaum zu überbieten und die paulinische Interpretation verschiedenster ekstatischer Zustände als diverse Erscheinungsformen desgleichen 'Heiligen Geistes' zieht faktisch jedes Gemeindemitglied in den pneumatischen Wirbel.

Schluchter behauptet nun, daß die urchristliche Gemeinde 'das Problem der Dauerbeziehung mittels emotionaler Vergemeinschaftung lösen' konnte. Dadurch sei es ihnen trotz des Veralltäglichungsdruckes gelungen, „am außeralltäglichen Charakter ihres religiösen Lebens" festzuhalten.[506] 'Emotionale Vergemeinschaftung' ist dafür, daß es hier um die Auflösung des religionssoziologischen Fundamentalparadoxons der Repräsentation des Außerall-

---

506 Schluchter 1988b: Religion und Lebensführung 2: 231. Wenn diese Art emotionaler Vergemeinschaftung eine Dauerbeziehung darstellt, dann war die Jesus-Bewegung keine emotionale Vergemeinschaftung, es sei denn, Schluchter meinte einmal Emotionen, die ephemer auftreten, und ein andermal Emotionen, die Dauer verbürgen können.

täglichen im Alltag geht, freilich eine eher schlicht gehaltene Lösung. Offen bleibt dabei, warum ausgerechnet den Emotionen die Quadratur des Kreises gelingen sollte, charismatische Beziehungen zu perennieren. Dem möchte man nicht nur intuitiv widersprechen, sondern vor allem auch angesichts von Webers Definition des emotionalen Handelns als bestimmt „durch *aktuelle* Affekte und Gefühlslagen" (WuG 12, Hervorh. d. Verf.). Je strenger emotional das Handeln ist, desto eher ist es Weber zufolge „hemmungsloses Reagieren auf einen außeralltäglichen Reiz"[507]. Da in der Vergemeinschaftung derartiges Handeln durch Zusammengehörigkeitsemotionen gleichzeitig motiviert und orientiert wird, muß jede Form von Dauerhaftigkeit auf die Eigenart dieser Emotionen zurückgeführt werden können. An den Emotionen haftet folglich die gesamte sonstige Merkmalsausstattung der Vergemeinschaftung. Webers erstes Beispiel für die Vergemeinschaftung ist die „pneumatische Brüdergemeinde" (WuG 22). Falls Weber hiermit auch die urchristlichen Gemeinden gemeint haben sollte, scheint 'Brüderlichkeit' eine wichtige Emotion urchristlicher Gemeindebildung zu sein. Alles andere muß dahingestellt bleiben.

Eine genaue Analyse des Charismas als eines Herrschaftsmittel soll und kann in dieser religionssoziologischen Studie nicht geleistet werden, weil sie in die Herrschaftssoziologie gehört. Weber überträgt das Charismakonzept von der Religionssoziologie in die Herrschaftssoziologie. Dort entfaltet es eine eigene theoretische Dynamik und kehrt im Theorem der Veralltäglichung in die Religionssoziologie zurück. Das Ganze führt zu einer schwer durchdringlichen Vermischung herrschafts- und religionssoziologischer Argumentation bei Weber, die hier nun für die begrenzten Zwecke der Analyse religiöser Vergemeinschaftung teilweise entwirrt werden muß. Zu den Wirkungen, die religiös-magisch Handelnde den außeralltäglichen Kräften üblicher- und typischweise zurechnen, also etwa jene „meteorologischer, therapeutischer, divinatorischer oder telepathischer" (WuG 245) Art, gesellen sich nun durch Webers Verbindung von Religions- mit Herrschaftssoziologie Wirkungen militärischer, politischer und ähnlicher organisatorischer Art. Zu den Charismatikern, die magisch-religiöse Heiler, Helfer und Zauberer waren, gesellen sich politische und militärische Wundertäter und Heilbringer.

Schluchter versucht dementsprechend in seiner weit ausholenden und tiefgründigen Rekonstruktion der Weberschen Sicht des antiken Christentums, den Prozeß der Gemeinde- und Kirchenbildung mit Hilfe der herrschaftssoziologischen Theoreme auszuleuchten. Dabei macht er die Entdeckung, daß der Prozeß der Veralltäglichung des Charismas zweierlei bedeuten kann, nämlich einerseits den Verlust, andererseits die Umdeutung des Charismas. Beides ließe sich unter Umständen als Säkularisierung verstehen, je

---

507 WuG 12. Diese Passage ist eine der wenigen Stellen, an denen Weber Emotionen und Außeralltäglichkeit und mithin Gefühl und Religion grundbegrifflich miteinander in Verbindung bringt.

nach dem, was damit jeweils genau bezeichnet werden soll. Im ersten Fall wird charismatische Herrschaft zu rational-legaler oder traditionaler Herrschaft, im zweiten Fall zu institutionencharismatischer Herrschaft. Diesen letzten Prozeß nennt Schluchter 'Versachlichung' des Charismas. Mit ihr liefert er eine ausführlichere Erklärung des oben erwähnten religionssoziologischen Fundamentalparadoxons des Festhaltens des Außeralltäglichen im Alltag.

Schluchter kreuztabelliert den Stetigkeitsgrad der sozialen Beziehung mit ihrem Rationalitätsgrad, klammert aber traditionale Vergemeinschaftung und zweckrationale Vergesellschaftung aus, um sich auf emotionale Vergemeinschaftung und wertrationale Vergesellschaftung zu beschränken. Diese Ausklammerungen sind m. E. irreführend, sie gründen in Schluchters Annahme, mit den traditionalen und rational-legalen Herrschaftsbeziehungen auch die traditionale Vergemeinschaftung und die zweckrationale Vergesellschaftung aus der Betrachtung charismatischer Beziehungen aussondern zu können. Dem steht aber die Möglichkeit entgegen, daß durchaus charismatische traditionale Vergemeinschaftungen und charismatische zweckrationale Vergesellschaftungen denkbar sind. Eine gentilcharismatische Sippe beispielsweise ist ein Fall einer charismatischen traditionalen Vergemeinschaftung; und der Betrieb des Zauberers ist ein klares Beispiel für zweckrationale charismatische Vergesellschaftungen, und zwar für Tauschakte.

Der Tausch ist von kategorialer Bedeutung, als charismatische Beziehung findet der Tausch bei Schluchter aber keine Berücksichtigung, obwohl doch Webers urprüngliche Typen des Zauberers Magiers, Wunderheilers und auch des Heilandes eher als Tauschreflektanten denn als charismatische *Herrscher* anzusehen sind.

Auch Schluchters Beispiele für charismatische Gelegenheitsbeziehungen lassen sich nicht ganz mit Webers Definitionen ephemerer Relationen in Deckung bringen. Die 'Jesus-Bewegung' ist m. E. genausowenig ein Beispiel für Gelegenheitsvergemeinschaftung wie die anderen „'Heilands'-bewegungen" oder gar die „mystischen" oder die „'rationalen' Kulte". Webers Idealtyp ephemerer Vergesellschaftung ist der Tausch, an anderen konkreten Beispielen nennt er die Konversation oder den „sofort auszuführenden gemeinsamen Totschlag aus Rache" (KvS 450), das gemeinsame, 'arbeitsteilige' Festhalten eines gewalttätig gewordenen Trunkenboldes oder die gemeinsame Hilfe für jemanden, der in Not ist (KvS 458).

Das Kennzeichen ephemerer Beziehungen ist das Fehlen einer Beziehungsidentität, die den Wechsel der beziehungsbeteiligten Personen überdauern würde. Daher bin ich der Ansicht, daß Schluchters Beispiel für diesen Fall, die „kommerzialisierten Heiligenstätten", nicht nur reichlich gekünstelt wirkt, sondern überhaupt keine ephemere Beziehung darstellt. Es stellt den untauglichen Versuch dar, die Kategorie des Tausches zu umgehen. Weil Schluchter zweckrationale Vergesellschaftungen aus seiner Betrachtung charismatischer Beziehungen ausschließt, fällt auch der 'Tausch' unter den Tisch; daher wird der Kommerz hier notdürftig zu einer Gesinnungstat uminterpretiert.

Gelegenheitsbeziehungen enden, sobald die beteiligten Personen wechseln. Wenn bei wiederkehrenden Tauschakten jeweils andere Personen an dem Tausch, bei wiederkehrenden Gesprächsakten andere an dem Gespräch teilnehmen, dann handelt es sich um eine neue, andere soziale Beziehung. Gleiches gilt für den gemeinsam auszuführenden Totschlag, Tätterwechsel bedeutet hier Beziehungswechsel. Schluchter spricht nun die „kommerzialisierten Heiligenstätten" als eine Gelegenheitsbeziehung und als „charismatische(n) 'rationale(n)' Kult" an. Ein Kult aber überdauert den Wechsel der beteiligten Personen, er ist eine Dauerbeziehung. Weber definiert ihn durch seine „Kontinuierlichkeit" und durch „seine Verbindung mit einem kontinuierlichen Verband von Menschen, eine Dauergemeinschaft, für die er als Dauerndes solche Bedeutung hat." (WuG 250)

Versachlichung macht charismatische soziale Beziehungen alltagstauglich. Schluchter unterscheidet „personalcharismatische 'rationale' Sekten im Sinne von Gesinnungsvereinen" und „amtscharismatische 'rationale' Kirchen im Sinne von Gesinnungsanstalten"[508].

Da wertrationale Akteure nicht auf die Resultate und Folgen ihres Handelns sehen, sondern bestimmten Imperativen kategorisch gehorchen, können sie nicht als Akteure vorgestellt werden, die die Aktivierung außeralltäglicher Kräfte *bezwecken*, sonst wären sie zweckrationale Akteure. Folglich muß man davon ausgehen, daß nicht charisma-erwirkendes, sondern charismagewirktes Handeln die religiöse Dimension eines Gesinnungsvereins ausmacht.

Alles, was bisher über Wertrationalität und den Gesinnungsverein gesagt wurde, gilt nun auch für den charismatischen Gesinnungsverein. Seine Mitglieder deuten ihr eigenes Vereinshandeln als charismagewirkt, als Resultat des Vorwaltens außeralltäglicher Kräfte. Je mehr aber das Vereinsleben als Heilsweg statt als Heilsfolge gilt, desto näher liegt der Verein beim Typus des *charismatischen Zweckvereins*, desto ferner steht er dem charismatischen Gesinnungsverein. Der von Schluchter als Beispiel für eine personalcharismatische rationale Sekte angeführte Benediktinerorden ist daher m. E. eher ein Beispiel für einen charismatischen Zweckverein. Dem Vorbild des heiligen Benedikt nachzueifern und die Ordensregel einzuhalten gelten eher als Heilsweg denn als Heilsfolge.

Die Frage des Individualnutzens im Gesinnungsverein läßt sich am Fall der „amtscharismatischen rationalen Kirchen im Sinne von Gesinnungsanstalten" erörtern. Die Kirche ist die religiöse Form der Anstaltsbeziehung, das heißt, daß die Beziehungsbeteiligten Charismazuschreibungen vornehmen.

---

508 Schluchter 1988b: Religion und Lebensführung 2: 259.

Die entscheidende Frage ist auch hier wieder, wer oder was Objekt dieser Zuschreibung außeralltäglicher Kräfte ist. Schluchters Antwort scheint eindeutig genug: das Amt. Und zwar sind hier natürlich die mit Klerikern besetzten, priesterlichen Ämter gemeint und nicht irgendwelche kirchlichen Verwaltungsposten. Denn es geht um die Amtsgewalt, sakramentales Charisma herbeirufen zu können und dadurch die erfahrungsgemäßen Wirkungen erzielen zu können. Aber was ist das Amt, wenn man es in Webers handlungstheoretischer soziologischer Grundbegrifflichkeit zu erfassen sucht? Es ist ein Bündel von Handlungen, die durch eine vorangegangene Vergesellschaftung standardisiert, das heißt, explizit gemachten Regeln unterworfen wurden. Die so regulierten Handlungen (bzw. in Handlungen umgesetzte Regeln) sind Objekt der Charismazuschreibung. In dieser Hinsicht differieren Ordensregeln und 'Kirchenregeln' nicht voneinander. Sie sind Vorschriften, um aus Handeln ein charismaerwirkendes Handeln zu machen. Das heißt aber, daß wir auf diesem Wege zu keiner Unterscheidung von religiöser Anstalt und religiösem Verein, von Kirche und Sekte, kommen. Sie lassen sich m. E. nicht nach Personalcharismatismus und Amtscharismatismus unterscheiden. Die Handlungsregeln sind in beiden Fällen Objekt der Zuschreibung außeralltäglicher Kräfte. Die entscheidende Frage ist vielmehr, wer diese Regeln gemacht hat und wer sie als für wen gültig hinstellt.

Da den Kirchenmitgliedern die Einhaltung der angeblich charismamobilisierenden Handlungsregeln nicht dadurch angemahnt werden kann, daß sie diese Regeln schließlich selbst gesetzt und übernommen hätten, treten in der Kirche wie in jeder Anstalt, also auch z. B. im Staat, besondere Legitimierungsprobleme und entsprechende Lösungen auf. Denn nicht nur die Regeln sind zu legitimieren, sondern auch die Form der Arbeitsteilung, die von heutigen Beobachtern der Kirche oft als 'vertikales Schisma' bezeichnet wird.[509] Das Oktroy erfordert nun einmal größere und andere Legitimierungsanstrengungen als der Voluntarismus. Daher betreibt die idealtypische Kirche neben der dogmatischen Legitimationsarbeit auch Erziehung, Sozialisation und Eingewöhnung in ihr Regelwerk, wird 'volkspädagogisch' tätig, je mehr sie tatsächlich 'Kirche' ist und sein will. Hinzu kommt die Wachhaltung des Zusammengehörigkeitsgefühls, entzündbar an gemeinsamen objektiven Tatbeständen, nicht aber an dem Verweis auf den Individualnutzen eines jeden Mitgliedes. Zusammengenommen wirken diese Tendenzen auf eine Dämpfung der Reflexivität der kirchlichen sozialen Beziehungen, aber auf eine Steigerung der Solidarität. Genau das Umgekehrte geschieht in der Sekte. Ihr Voluntarismus ermöglicht und stimuliert einen 'Regeldiskurs' und eine Reflexion der Regeln, andererseits zählt für sie stets der Grad der Befriedigung der individuellen ideellen Interessen. Sollte er gering sein, steht auch die Solidarität ihrer Mitglieder in Frage.

---

509 Vgl. zum Problem der Akzeptanz hierokratischer Macht bei den Beherrschten auch: Giesing 1998: Glauben oder Akzeptieren.

Kapitel 8 Gemeinschaftsbildung im Islam – die umma der Glaubenskrieger?

Sozialwissenschaftliche Untersuchungen des Islams kommen kaum mehr umhin, auch ein Wort über den Islamismus oder den sogenannten islamischen 'Fundamentalismus' zu verlieren. Das Thema hat sich in der Öffentlichkeit und auch in der fachwissenschaftlichen Diskussion derart in den Vordergrund geschoben, daß andere Facetten islamischer Kultur und Religion selten noch die ihr gebührende Aufmerksamkeit finden.[510] Der Islamismus wird zum eigentlichen Stimulus der Beschäftigung mit dem Islam überhaupt, so daß es nicht Wunder nimmt, wenn die Perzeption einseitig ausfällt.[511] Die publizistische Furore, die eine unter anderem auf den Islam bezogene These vom 'Kampf der Kulturen' machen kann, gibt beredtes Zeugnis von Stimmungen und Befürchtungen, die man im Westen eben auch bei den Leuten antreffen kann, dies sich für aufmerksame Beobachter der islamisch geprägten Gesellschaften halten. „Islam has bloody boarders"[512], lautete Huntingtons furchteinflößende geopolitische Beurteilung des islamischen Kulturraums als Faktor der Weltpolitik.[513]

In dieser Diskussionslandschaft entfaltet Webers Typisierung des Islam als „Religion welterobernder Krieger" und als „Ritterorden von disziplinierten Glaubenskämpfern" (RS I 239) einen besonders delikaten Beigeschmack. Allzuleicht drängt sich der Schluß auf, der 'Faktor Religion' erkläre im Falle der islamisch geprägten Gesellschaften allein schon die beobachteten inneren und äußeren politischen und sozialen Konflikte. Allein, man sollte sich vor schnellen Schlußfolgerungen dieser Art im Falle des Islams ebenso hüten wie vor der aus ihrem Zusammenhang gerissenen Pariavolksthese Webers im Falle des Judentums. Zunächst tut man daher sicherlich gut daran, Webers

---

510 Vgl. Abaza 1992: Globalization of the Social Sciences and the "Islamization Debate".
511 Natürlich sollte die Tatsache, daß der Islam sich in den öffentlichen Debatten so in den Vordergrund des Bewußtseins gedrängt hat, nicht als Rezeptionsweise, sondern vor allem als Resultat der Identitätssuche islamischer Gesellschaften erklärt werden. Vgl. dazu Stauth 1995: Islam als Selbstbegriff nichtwestlicher Modernität.
512 Huntington 1993: The clash of civilizations?: 35. In der monographischen Ausarbeitung seiner These verteidigt Huntington dieses Urteil: „Keine Aussage in meinem Essay für Foreign Affairs ist so häufig kritisiert worden...Quantitative Belege aus jeder neutralen Quelle belegen schlüssig die Gültigkeit meiner Aussage". Huntington 1996: Der Kampf der Kulturen: 420f.. Huntington führt für den Anfang der 90er Jahre an, daß über zwei Drittel aller interkulturellen Kriege zwischen Muslimen und Nichtmuslimen stattgefunden hätten. Für eine soziologische Analyse des Ansatzes Huntingtons vgl. Giesing 1999: Kulturelle Identitäten als strategischer Kompaß? Soziologische Anmerkungen zu Samuel P. Huntingtons 'clash of civilizations'.
513 Zur Diskussion über den Islamismus in interkultureller Sicht vgl. im übrigen Heine 1996: Konflikt der Kulturen oder Feindbild Islam; Perthes 1993: Die Fiktion des Fundamentalismus; Peters 1987: Islamischer Fundamentalismus: Glaube, Handeln, Führung.

Typisierung des Islams in ihren rechten, religionssoziologischen Kontext einzuordnen Erst danach läßt sich die Frage angehen, ob die Kriegerschicht-Merkmale, die die islamische Religiosität Weber zufolge an sich trägt, auch zu einer entsprechenden, der Kriegervergemeinschaftung nachempfundenen religiösen Gemeinschaftsbildung führen.

8.1 Kriegerreligion und 'politische Religion'?

Webers Auflistung der typischen Träger der jeweiligen Religionen hatte den Zweck, den sozialen Kräften, die in der formativen Phase einer Religion dieser die entscheidenden und meist bleibenden Merkmale aufprägten, einen plastischen Ausdruck zu verleihen. Doch Schichtungseinflüsse in der Religionsentwicklung bilden nur die eine Seite einer zweiseitigen Kausalbeziehung, von der Weber als der methodologischen Grundregel seiner Religionssoziologie ausgeht. Man muß auch die umgekehrte Frage stellen, die nach den Einflüssen der Religion auf die soziale Schichtung. Denn es widerspräche der Grundidee Weberscher Religionssoziologie, die Eigenart einer religiösen Idee aus den Einflüssen irgendeiner sozialen Schichtung oder irgendeiner speziellen sozialen Schicht restlos erklären zu wollen. Vielmehr behält jede religiöse Idee in Webers Theorie stets auch ein historisches Eigengewicht und entfaltet eine eigene Dynamik über alle Schichten hinweg, eventuell sogar bis zum Grenzfall der Kreation einer eigenen sozialen Schicht als dem Produkt religiös motivierten Handelns, wie im Falle der indischen Brahmanen, der konfuzianischen Mandarine oder der calvinistischen 'captains of industry'. Insofern wäre die Umkehrbarkeit des Satzes: 'Krieger schufen den Islam' zu prüfen, also etwa eine Frage wie 'Erschuf sich der Islam seine Krieger?' Bevor man sich jedoch auf die etwas überambitionierte Suche nach derartigen Kausalitäten macht, sollte man mit Weber besser das schwächere Theorem einer 'Wahlverwandtschaft' von Islam und Kriegermilieu als Arbeitshypothese annehmen. Diese These wurde energisch, bestritten.[514] Schluchter versuchte,

---

514 Levtzion (1987: Aspekte der Islamisierung: 151f.) hält gegen Weber nicht den Krieger, sondern den „Kleriker" und den „Gelehrten" für islamische Ideale. Für Lapidus (1987: Die Institutionalisierung der frühislamischen Gesellschaften. 128f., 140) ist „von Beginn an klar...daß der Islam keine 'Kriegerreligion' ist". Die weltkulturelle Spannweite islamischer Religiosität hält er für ein Argument, das gegen Webers Typisierung des Islams spreche. Das ist aber natürlich kein Argument gegen diese, sondern gegen jede Typisierung, hilft also nicht weiter, wenn man den Islam überhaupt mit kontrollierten Begriffen beschreiben wollte. Im übrigen war sich Weber der „großen Spannweite" (WuG 376) selber bewußt. Webers Begriffe von Ethos und Religiosität des Islam gelten Lapidus als „dilettantisch". Eaton (1987: Islamisierung im spätmittelalterlichen Bengalen: 156) sieht Webers These als typisches Vorurteil an, das Weber mit seinen Zeitgenossen teilte

Webers klare und mehrmals wiederholte Ausgrenzung des Islams aus dem Kreise der „Erlösungsreligionen" (WuG 289, 375) so zu interpretieren, daß Weber den Islam als „politische Religion" verstanden wissen wollte.[515] In der Tat nennt Weber die Religion Mohammeds eine „von Grund auf politisch orientierte Religion" (WuG 271) oder eine „politisch-militärische Prophetie" (WuG 298). Auch die religiösen Pflichten des Moslems kennzeichnet Weber als „oft wesentlich politischen Charakters" (WuG 375).

'Politische Religion' ist oben definiert worden als jene Religion, die die vorfindlichen ethischen Normen einer politischen Gemeinschaft religiös garantiert. Im Vorstellungskreis einer solchen Religion gilt der Heilsgüterbesitz als abhängig von der Normkonformität in der politischen Gemeinschaft und der Loyalität mit ihr. Es wurde ebenfalls bereits festgestellt, daß im Konzept der politischen Religion die politische Gemeinschaftsbildung der religiösen Gemeinschaftsbildung vorgängig gedacht ist. Der Glaube an die Heiligkeit einer bestimmten politischen Ordnung sakralisiert dann notwendigerweise immer auch bestimmte politische Autoritäten, allerdings ist in all diesen Argumenten kein Grund zu sehen, warum diese religiöse Auffassung einem Kriegerstand wahlverwandt sein sollte. Der Konfuzianismus ist eine eminent pazifistische Religion, obwohl er den reinsten Typus einer politischen Religion abgibt. Hier besteht eine Wahlverwandtschaft zu Bürokraten und Verwaltungsbeamten sowie zur cäsaropapistischen Institution des chinesischen Kaisers. Dessen Herrschaft und Verwaltungsapparat wird durch konfuzianische Religiosität gestützt, die in diesem Fall höchstes Gewicht auf inneren und äußeren Frieden, auf Stabilität und Wohlstand legt. Man darf also keineswegs von der Eigenschaft einer Religion 'politisch' zu sein auf eine Wahlverwandtschaft mit Kriegerständen schließen[516], schon gar nicht auf irgendwelche der

---

515 Schluchter 1988b: Religion und Lebensführung 2: 101ff..
516 Schluchter bleibt mehrdeutig, wenn er im Calvinismus und Islam zwar dogmatisch ähnlich verursachte Weltbeherrschungsmotive sieht, aber dies im Calvinismus „konstantes", im Islam aber aufgrund dogmatischer Inkonsequenzen nur „temporäres" Prinzip der Lebensführung würde. Der Calvinismus gelange so zu „dauerhafter Weltablehnung", der Islam nicht, zeige seine Weltbeherrschungskräfte vielmehr „in Gestalt von Welteroberung", die man sich folglich als nur sporadische, wenn auch „zyklisch" wiederkehrende, Art der Lebensführung vorzustellen habe, Schluchter 1987: Einleitung. Zwischen Welteroberung und Weltanpassung: 43f.. Der Calvinismus rationalisiere das „ethische Gesamtleben" (RS I 125) und das Wirtschaftsleben, während der Islam „die Lebensführung gleichsam ins Politische wendet". Schluchters Ausdrucksweise suggeriert, daß Weltbeherrschung, wenn sie nur temporär auftritt, Welteroberung bedeute, und diese eine gewisse Nähe zur Politik, aber Distanz zur Wirtschaft zeige. Ich halte die so unterstellten Zusammenhänge für konstruiert, die offenbar suggerierte Konnotation von „Eroberung" mit politisch-militärischer Unterwerfung für irreführend. Sowenig wie mit „Weltbeherrschung" bei Weber die politische Beherrschung gemeint ist, sowenig kann mit „Welteroberung" primär territoriale Expansion gemeint sein. Es geht hier nicht um die 'Welt' in irgendeinem geographischen Sinne, sondern um die soziale Umwelt handelnder Subjekte. Angesichts eines Übermaßes von diffusen Konnotierungen islamischer Religiosität mit Bellizismus (man vergleiche nur die bei Huntington 1996: Der Kampf der Kulturen zitierten Autoren) kann man m. E. hier

Religion intrinsischen politischen Herrschaftsabsichten und kriegerischen Tendenzen. Es bleibt also zunächst dabei: den Islam als 'politische Religion' zu beschreiben, ist in erster Linie als Versuch gedacht, seinem Mangel an erlösungsreligiösen Elementen auf einen positiven Begriff zu bringen. Wieso aber spricht Weber dem Islam die Erlösungsreligiosität ab? Die klarste Antwort auf diese Frage ist m. E. Webers Feststellung, daß die ethischen Anforderungen an den Muslim das menschliche Vermögen nicht übersteigen und dementsprechend dem islamischen Sündenbegriff jede innere Tragik fehlt (WuG 375, 376). Da das eigenständige religiöse Heils- und Rechtfertigungsstreben des Muslims also nicht notwendigerweise zum Scheitern verurteilt ist, wie im christlichen, zumal im protestantischen Verständnis, entwickelt er ein relativ geringeres Bedürfnis, von der Verstrickung ins irdische Dasein überhaupt 'erlöst' zu werden. Das heißt aber nun keineswegs, daß es im Islam keine Sehnsucht nach dem Paradies gäbe. Das Gegenteil ist vielmehr der Fall. Das ergibt einen äußerst wichtigen Unterschied zur 'politischen Religion' des Konfuzianismus, bei dem die Paradiesvorstellungen entweder gar keine Rolle spielen oder – wofern sie sich im Volksglauben gehalten haben – nicht als Bestandteil eines durchgestalteten Weltbilddualismus fungieren. Trotz seines Dualismus entwertet der Islam den irdischen Lebensabschnitt nicht so radikal wie es im Christentum und Buddhismus möglich ist. Islamische Lehre scheint zu sein, daß der Mensch auf Erden durchaus aus eigener Kraft ein gottwohlgefälliges Leben führen kann, während Erlösungsreligionen ihm diese Fähigkeit abstreiten und sein religiöses Interesse von der Welt ab- und dem Jenseits zuwenden. Die Menschen und ihre Welt scheinen nach islamischer Vorstellung nicht so hoffnungslos schlecht und böse zu sein, daß man Herz und Augen vor ihnen (und sich selbst) nur noch verschließen mag. Was aber bedeutet das für die Welt aus Sicht der Religion? Es bedeutet, daß sich Anstrengungen zu ihrer Ordnung und Durchgestaltung lohnen könnten, daß nicht alles im vorhinein schon als aussichtsloser Kampf gegen die übermächtigen Windmühlen der Sünde gelten muß und daß man daher nicht so leicht auf die Idee verfällt, die Welt sich selbst zu überlassen. So besehen, hätten einem Mohammed die Sätze Jesu: „Mein Reich ist nicht von dieser Welt" oder „Gebt dem Kaiser, was des Kaisers ist, und Gott, was Gottes ist" (Mt. 22,21; Mk. 12, 17; Lk. 20, 25), kaum über die Lippen kommen können. Und in der Tat entscheidet der Prophet aus Mekka in der Steuerfrage ganz anders als der Na-

---

kaum vorsichtig genug sein. Auch ist nicht einzusehen, inwiefern die „Welt des Monotheismus" mit „Weltreichen oder doch zumindest mit der Aussicht auf ein Weltreich" (Schluchter ebd. 55) verbunden sein soll. M. E. taucht die imperiale Idee typisch in polytheistischen Kulturen (assyrisch, babylonisch, persisch, im Hellenismus oder in Rom). Die gelungenste Formulierung für das islamische Weltverhältnis findet Weber in WuG 379, wo er Konfuzianismus mit Weltanpassung, Buddhismus mit Weltablehnung, Judentum mit dem Pariaethos und den Islam mit „Weltwaltung" charakterisiert.

zarener: er richtet den zakat, eine politisch beizutreibende Armensteuer, als *religiöses* Gebot und eine der 'fünf Säulen' des Glaubens ein. Nun darf man Webers Bild von islamischer Gemeinschaftsbildung auf keinen Fall auf den „Ritterorden von disziplinierten Glaubenskämpfern" beschränken. Dies trifft nur auf die Phase zu, die Weber als den 'alten Islam' bezeichnet. Schon im islamischen Mittelalter hat sich das religiöse Vergemeinschaftungsmodell erheblich gewandelt und der Islam neben der Kriegerschicht-Prägung eine „mindestens ebenbürtige" (RS I 240) und ganz andersartige Prägung erfahren. Im kontemplativ-mystischen Sufismus dominierte nämlich Weber zufolge das „Bruderschaftswesen des Kleinbürgertums ... unter der Führung von plebejischen Technikern der Orgiastik".[517] Will man die Wandlung und Entwicklung der islamischen Religiosität in größeren Linien zeichnen, dann folgt auf die kurze Phase der eschatologisch-emotionalen Predigt Mohammeds in Mekka die zweite, in der Kriegerschichten dem Islam ihren Stempel aufdrücken, woraufhin in einem dritten Stadium die Sufi-Bruderschaften mit enormer Breitenwirkung ihr Werk beginnen, in dem das Spirituelle über das Materielle, das Mystische über das Objektive, das Ideale über das Orthodoxe die Oberhand gewann. Dieser Zustand bedeutete Gibb zufolge „vitality of religion in private life and its deadness in public policy" und daher eine fatale relative Schwächung gegenüber der andrängenden Kultur und materiellen Macht des Westens.[518]

Daß der Islam erlösungsreligiöse Elemente in den Hintergrund drängte, obwohl er sie vom Christentum und besonders vom Judentum ebenso energisch hätte rezipieren können wie den Monotheismus, ist ein erklärenswertes Kuriosum. Diese Erklärung soll bei Weber die 'Kriegerreligions-These' leisten: Obwohl Mohammeds Offenbarungen zu Mekka vor der Hidschra klar

---

517 RS I 240. Die Einteilung der islamischen Geschichte in eine frühe Phase relativer Orthodoxie und eine spätere, die stärker vom Mystizismus geprägt ist, findet sich auch bei anderen Autoren, so z. B. Eaton 1987: Islamisierung im spätmittelalterlichen Bengalen; Eisenstadt 1987: Webers Analyse des Islams; Gibb 1963: The community in islamic history.
518 Gibb 1963: The community in islamic history: 175. (Der hier zitierte Ausdruck ursprüngl. von J. Ruskin). Die von den Sufis verbreitete Abwertung des Materiellen sorgt Gibb zufolge auch für die politische Apathie der Umma. Er folgert daraus, daß die Herrschaftsinstitutionen unbehelligt von einer religiösen Zivilgesellschaft dem Spiel der materiellen Faktoren freien Lauf lassen konnten. Dies hält Gibb interessanterweise für die Ursache der Schwäche des Islams gegenüber dem Westen (Gibb 1963: The community in islamic history: 176). In neofunktionalistischer Theoriesprache: der Islam zeigt eine geringere Interpenetration zwischen der 'societal community' (hier : der umma) und seinem politischen und ökonomischen System als der Westen. Zu Recht stellt Gibb aber auch fest, daß beide Entwicklungswege ihren Nutzen wie ihren Preis haben, daß also Interpenetration nicht von jedem Standpunkt aus positiv gewertet werden muß, selbst wenn sie die Summenkonstanz aus individueller Freiheit und sozialer Stabilität aufbreche und beides verbessere: „if the Christian West has paid for ist excessive concentration upon material and political development with some loss of spiritual vigor, so too the Islamic Community has paid the price of excessive concentration upon spiritual ideals with some loss of material energy and cohesion" (Gibb 1963: The community in islamic history: 176f.).

als eschatologisch-ekstatisch gelten müssen und daher das volle Potential für die Stiftung einer Erlösungsreligion gehabt hätten, obwohl der Prophet auch später im Kern an dieser Art Religiosität festzuhalten versuchte, zeitigten die Anpassungen an die politischen Verhältnisse doch gewaltige Konsequenzen: eben die 'Feudalisierung' der religiösen und ethischen Gehalte der Prophetie Mohammeds.[519] Weber sagt daher über Mohammed: „Er, der Kaufmann, war zuerst ein Leiter pietistischer bürgericher Konventikel in Mekka, bis er zunehmend erkannte, daß die Organisation des Beuteinteresses der Kriegergeschlechter die gegebene äußere Grundlage für seine Mission sei" (WuG 271). Man sollte sich die Pointe dieser Formulierung nicht entgehen lassen: die religiöse Idee Mohammeds 'konfisziert' die Beuteinteressen der Ansar von Medina und später auch wieder die der Koraischiten von Mekka für sich. Die prophetische Mission instrumentalisiert polit-ökonomische Interessenkonstellationen, nicht umgekehrt. Man könnte nun natürlich behaupten, daß das als äußerlich Gedachte nicht äußerlich blieb, daß die Krieger ihre Vorstellungen in die Offenbarung hineinschrieben und die erlösungsreligiösen Elemente überformten. So könnte man die Kriegerreligions-These vielleicht retten. Indes scheint mir der Kerngedanke Webers eher der zu sein, daß die Krieger-Prägung der islamischen Religiosität historisch und in ihrer Intensität stark variabel ist. Die erlösungsreligiösen Elemente des Islams traten zurück, schreibt Weber, „solange er wesentlich Kriegerreligion blieb" (WuG 289). Damit ist doch offenbar angedeutet, daß der Islam *vor und nach* seiner kriegerreligiösen Phase Erlösungsreligion war. Und außerdem ist aus dem Präteritum „blieb" und dem Fehlen anderslautender Belegstellen zu schließen, daß die kriegerreligiöse Phase der Vergangenheit angehört. Aus all dem ist zu folgern, daß der Islam 'an sich' Erlösungsreligion ist, aber sehr empfindlich und nachgiebig auf Kriegerschichteinflüsse reagiert und sich unter ihnen vorübergehend zu einer Kriegerreligion verwandelt.[520]

---

519 Weber nennt Heilslehre, Ethik und Sündenbegriff einer Religion „feudal orientiert", wenn sie der sozialen Lage und dem Lebensgefühl von Kriegerständen angeglichen sind.
520 Diese Interpretation kann m. E. auch gegen diejenigen Passagen Webers verteidigt werden, die den Islam aus der Klasse der Erlösungsreligionen aussondern. Weber zufolge kennt der Islam keine besondere Wertschätzung für strikte mönchische Askese, Keuschheit, Ehelosigkeit, freiwillige Armut und ebensolcher politischer Machtlosigkeit. Der Islam kenne keine radikale Verteufelung des Fleischgenusses, des Kleiderluxus, der Coiffure, der Kosmetik und des erotischen Erfolgstrebens. Dies sei für eine Erlösungsreligion ungewöhnlich: „Allein eine solche ist der Islam in dieser Ausprägung eben überhaupt nicht. Der Begriff 'Erlösung' im ethischen Sinn des Worts ist ihm direkt fremd" (WuG 375). M.E. deute Weber hier an, daß es auch noch andere Ausprägungen des Islams gibt. Wenig später heißt es, der untragische Sündenbegriff sei „dem orthodoxen Islam geblieben" (WuG 376). Auch daraus ist zu folgern, daß Weber dem unorthodoxen Islam evtl. einen erlösungsreligiösen Sündenbegriff zugebilligt hätte; und daß ebendiese heterodoxen Strömungen des islamischen Mittelalters Weber als der Orthodoxie „mindestens ebenbürtig" galten, ist oben schon erwähnt worden.

Man kommt natürlich andererseits nicht daran vorbei anzuerkennen, daß Mohammeds politisch kluges Einspannen der feudalen Beuteinteressen für seine prophetischen Zwecke nur dadurch funktionierte, daß er den politischen Prozeß *mit religiösen Mitteln* reorganisierte. Das heißt, er mußte politische Regeln erneuern oder neu aufstellen, auf die er dann religiöse Prämien und Strafen setzte. Politisches Wohl- oder Fehlverhalten wird dadurch plötzlich heilsrelevant. Die politische Klugheit Mohammeds aber drohte, ihren religiösen Preis zu fordern. Und außerdem: Mohammeds Äußerungen zu politischen Fragen und seine politisch-organisatorischen Anweisungen und Arrangements gelangen ebenso in den Kanon des Koran und der Hadith wie eschatologische Visionen, Heilsbotschaften, mystische Motive und mythische Erzählungen. Und dies alles ungeschieden und mit gleich hohem Anspruch auf Gültigkeit und Heiligkeit. Daraus aber wird man nun wohl umgekehrt zu obigem Ergebnis folgern müssen: die Kriegerreligiosität ist zwar nicht der notwendige, aber ein *stets möglicher Phänotypus* des Islam. In seinen heiligen schriftlichen Überlieferungen und Traditionen liegen Motive, die die Kriegerreligiosität reaktivieren können. Die Einteilung der Welt in Dar al-islam und Dar al-harb, der Djihad und die an ihn geknüpfte Paradiesverheißung für den Heldentod im Glaubenskrieg sowie eine gewisse Pflicht zur Glaubensrevolution gehören zu den wichtigsten derartigen Elementen.

Die Frage nach Bedeutung und Zusammenhang der Lehren vom Dar al-islam und Dar al-harb mit der des Djihad kann wichtige Facetten der islamischen Gemeinschaftsbildung beleuchten. Sie führt zurück zu der in jeder 'politischen Religion' angelegten gemeinschaftstheoretischen Frage, wer wen nach Meinung der religiösen Dogmatik politisch ordnen soll. Dies ist die Frage nach den Zugehörigkeiten zu religiösen und politischen Gemeinschaften und den Autoritäten in ihnen. Unterscheiden sich religiöse und politische Pflichten und Rechte, Verheißungen und Strafandrohungen nach irgendeinem benennbaren Mitgliedschaftskriterium? Und, falls eine solche Innen-Außen-Grenze im religiösen Bewußtsein sehr hoch rangiert, welche Regeln existieren für das Außenverhältnis, die eine kriegerische Haltung begünstigen oder zumindest dulden könnten, wie es die Kriegerreligions-These erfordern würde?

Zu diesen Fragen ist zu sagen, daß die Innen-Außen-Grenze für die islamische Religion ein wichtiges Thema darstellt. An die Unterscheidung von Dar al-islam und Dar al-harb sind zumindest der islamischen Lehre nach auch bestimmte praktische Konsequenzen geknüpft. Diese Unterscheidung beleuchtet natürlich jenen Faktor der Gemeinschaftsbildung, der sich dem Bewußtsein eines Gegensatzes gegen Dritte verdankt. Man unterstellt dabei also, daß Muslime sich untereinander verschiedenartig vergemeinschaften, je nach dem ob sie sich dieses Gegensatzes bewußt sind oder nicht. Idealtypisch ausgeprägt ist – wie oben gezeigt – die Vergemeinschaftung aber erst dann, wenn sich diesem negativen Kriterium ein positives hinzugesellt: das Zusammengehörigkeitsgefühl. Auf die möglichen Erscheinungsformen dieses Gefühls ist im folgenden besonderes Augenmerk zu richten.

Normalerweise gilt ein Gebiet als Teil des Dar al-islam, des 'Haus des Friedens', wenn es von Muslimen politisch regiert wird und die Scharia angewandt wird. Wenn Nicht-Muslime die politische Macht innehaben, kann die betreffende Region dennoch als zum Dar al-islam gehörig betrachtet werden, sofern der Regent einen islamischen Kadi zur Inkraftsetzung der Scharia einsetzt und seine Untertanen in Sicherheit leben. Der Djihad gilt als obligatorisch gegenüber dem Dar al-harb, wie es Sure 9, 41 zum Ausdruck bringt, ansonsten ist dem Muslim die Auswanderung empfohlen.[521] Das Wort 'Djihad' kann im Deutschen wiedergegeben werden als „Kampf gegen Ungläubige" oder „Bekämpfung der Ungläubigen"[522], impliziert jedoch keineswegs notwendig Gewaltanwendung. Wohl kommt es einem energischen Gebot zur Misionierung der Nicht-Muslime gleich, das erst dann endgültig erfüllt ist, wenn die ganze Welt zum Dar al-islam gehört. Einen expliziten und unmittelbaren Auftrag zur Mission, der der Aussendung der christlichen Apostel (Mt 28, 19f) vergleichbar wäre, scheint es im Koran jedoch nicht zu geben. Der Djihad gehört auch nicht zu den als Arkan bezeichneten Grundpflichten des einzelnen Muslimen, er gilt eher als eine an die Gemeinschaft der Muslime als Ganzer gerichtete Aufforderung, den Dar al-harb zu islamisieren. Dennoch erwirbt sich der einzelne Muslim durch Djihad Sündenvergebung und den Eintritt ins Paradies (Sure 47, 4-6). Zur Zeit der Kolonialbesetzung Indiens war man sich uneins, ob man im Dar al-islam oder im Dar al-harb lebte[523], die Definition scheint also letztlich nicht ganz unproblematisch zu sein.

Weber betrachtet den Islam als diejenige Religion, die zuerst die Figur des Glaubenskämpfers geschaffen hat (WuG 288f). Er nennt als notwendige Voraussetzungen dieser Entwicklung die dogmatische Weichenstellung, daß man an einen einzigen universalen Gott glaubt, der für die ganze Welt und alle Menschen zuständig ist und dem deswegen die bloße Anwesenheit Ungläubiger mißfallen muß. Der entscheidende Schritt, den der Islam vollzogen habe, sei jedoch die Verknüpfung des Djihad mit spezifischen religiösen Verheißungen. Weber versteht die islamische Lehre so, daß sie den „Glaubenskrieg bis zur Unterwerfung der Ungläubigen unter die politische Gewalt und Zinsherrschaft der Gläubigen" verlange und daß durch die Feudalisierung faktisch dabei eine „an feudalen Renteninteressen orientierte Unternehmung zur grundherrlichen Landnahme" herauskam. Der Eroberungskrieg und die

---

521 Peters 1995: Dar al-islam. Besonders interessant ist hier das Eindringen des Territorialprinzips in die Selbstdefinition der religiösen Gemeinschaft. Die Sakralisierung des Bodens scheint im Jahwismus jedoch weiter gegangen zu sein. Was der religiöse Territorialismus für den Nahost-Konflikt bedeutet, analysiert eingehend Nieswandt 1998: Abrahams umkämpftes Erbe.
522 Riße 1996: Djihad. Vgl. dazu im übrigen die unten folgenden Bemerkungen.
523 Peters 1995: Dar al-islam.

Zinsverknechtung als faktische Resultate der Koalition Mohammeds mit den mächtigen Clans von Mekka läßt sich nicht abstreiten, eine andere Frage ist jedoch, ob diese Erscheinung zu den religiös sinngemäßen Strukturmerkmalen der islamischen religiösen Offenbarung gehört oder historisch kontingent ist.

Die Mehrheit in den islamischen Rechtsschulen vertritt jedenfalls die Ansicht, daß der Djihad gemäß Sure 16, 125 mit „milder Ermahnung" und auf die „sanfteste Weise" vonstatten gehen soll. Dementsprechend ist die Rede vom Djihad al-lisan oder Djihad al-kalam, der 'Bemühung' mit der Zunge oder der Schreibfeder. Man sieht daran, daß im Begriff 'Djihad' jede Konnotation mit Krieg und Gewalt auch vermieden werden kann. Außerdem kann die allgemeine Wortbedeutung eines Bemühens, Strebens oder Kämpfens ausschlaggebend werden. Gemeint ist damit dann weniger irgendeine spezielle Missionstätigkeit als vielmehr die allgemeine Anstrengung der Gottesgehorsamkeit, so daß der Djihad nicht die Außenbeziehungen der muslimischen Gemeinschaft, also weder friedliche Mission noch Glaubenskrieg, betrifft, sondern die Gottesbeziehung jedes einzelnen Muslims.

In der Wahl eines mit 'Kampf' oder 'Anstrengung' übersetzbaren Wortes für das Gebot Gott gehorsamer Lebensführung drückt sich m. E. nicht zuletzt auch eine asketisch eingefärbte Lebens- und Welthaltung aus. Für den asketischen Protestantismus findet Weber das Wort vom "rastlosen und systematischen *Kampf* mit dem Leben" (RS I 98, Hervorh. d. Verf.). Hier wie dort wird Glaube und Gottesgehorsam als etwas gegenüber dem status naturalis kämpferisch zu Erringendes angesehen, und zwar sowohl im Selbst- wie im Fremdverhältnis, sowohl eigener als auch fremder Unglaube und Ungehorsam gegen göttliche Gebote ist durch Willensanstrengung und Tatkraft zu bekämpfen. Insofern könnte man vielleicht sagen: Was im Christentum die „Kirchenzucht" und das Missionsgebot ist, entspricht etwa dem, was im Islam mit 'Djihad' konnotiert wird. Auch nach christlicher Lehre ist dem Märtyrer, der um Gottes Sache willen den Tod findet, das Paradies versprochen.

Daher bin ich gegen Weber der Ansicht, daß sich weder die Figur des Glaubenskämpfers noch die Einrichtung des Djihad zu einer an Webers Leitfrage orientierten und distinguierenden Typisierung des Islam eignet. Zwar scheint sich im Islam im Vergleich zum Christentum dort ein Unterschied aufzutun, wo Jesus radikalen Gewaltverzicht und Feindesliebe fordert, also betont 'unkriegerisch' ist, aber diese Maximalforderungen dienen – jedenfalls nach protestantischer theologischer Auffassung – auch nur dazu, des Menschen Selbstgerechtigkeit durch ethische Überforderung zu brechen und dadurch aufnahmebereit zu machen für das Gnadengeschenk Gottes. Demnach handelt es sich also beim Gebot, auch die linke Wange hinzuhalten und seine Feinde zu lieben, überhaupt nicht um ernstgemeinte Verhaltensvorschriften, sondern um Mechanismen zur Erzeugung von Demut und Erlösungsbedürfnis. Und in der Tat haben die Forderungen Jesu weder die Kreuzzügler noch

Cromwells Armee davon abgehalten, das Schwert gerade um des Glaubens
willen auch für Offensivkriege in die Hand zu nehmen. Mohammed und die
Seinen genossen schließlich nicht die Sicherheitsgarantie eines Imperium
Romanum, wie sie den ersten Christen anfänglich zugute kam; ohne politisch-
militärische Selbstorganisation wäre das eschatologische Konventikel inmitten Mekkas, der mächtigen Pilgerhauptstadt der Heiden, ausradiert worden,
bevor es soziale Relevanz hätte entfalten können. Daher fallen im Islam bereits die religiösen Gebote politisch 'realistisch' aus, im Christentum fallen
sie utopisch aus, aber ihre 'Interpretation' zeugt, falls es darauf ankommt,
auch nicht gerade von weniger Realitätssinn.

Diese Betrachtung der Dar al-harb/Dar al-islam - Unterscheidung und des
Djihad soll zunächst genügen. Denn beide Elemente lassen sich noch einmal
gemeinschaftstheoretisch auf der Grundlage einer Analyse derjenigen Idee
verstehen, deren Konkretisierungen sie darstellen: die Idee der *Umma*. *Umma*
ist ein zentraler Begriff für das Verständnis der Gemeinschaftsidee und der
Gemeinschaftsbildung im Islam. Um ihn richtig einordnen zu können, kann
ein Vergleich mit der christlichen Idee der Universalkirche hilfreich sein. Die
Kirche als effektive und machtbewußte Institutionalisierung und Organisation
einer Gemeinschaft von Religionsanhängern bieten einen aufschlußreichen
und in der Forschung bisher wenig bemühten Vergleichspunkt und Kontrast,
um die '*umma*'-Idee komparatistisch rekonstruieren zu können.

8.2 Die Institutionalisierung von Religion im Islam

„'Kirche' ... hat außer dem Christentum in voller Bedeutung nur der Islam ... erzeugt".
(Max Weber)

Es „fehlt dem Islam die Kirche als hierokratischer Machtapparat." (Wolfgang Schluchter)[524]

Kennt der Islam eine religiöse Institution, die mit dem vergleichbar ist, was
christlich geprägten Kulturen unter dem Begriff 'Kirche' vertraut ist? Die
Untersuchung islamischer Gemeinschaftsbildung auf der institutionellen Ebene sollte jedenfalls mit der Frage beginnen, inwiefern 'der Islam' als ein dau-
erhaftes 'soziales Gebilde' begriffen werden kann. Wie oben gezeigt, ist ein
solches Gebilde in der Weberschen Begrifflichkeit dadurch charakterisiert,
daß Akteure ihr Handeln an einer Ordnung orientieren, die trotz eines Wech-
sels dieser Akteure von den Beteiligten und ihren soziologischen Beobachtern

---

524 WuG 693, Schluchter 1988b: Religion und Lebensführung 2: 340.

als mit sich identisch bleibend vorgestellt wird. Es war weiterhin gezeigt worden, daß der asketische Protestantismus einen Umschwung zugunsten 'voluntaristischer' Gemeinschaftsbildung herbeiführte und das Prinzip der *ekklesia* als einer institutionencharismatischen Gnadenanstalt, wie im Katholizismus bis heute praktiziert, durchbrach. Unter der Annahme, daß der Islam über keinen Begriff von 'Kirche' verfügt, ist man methodisch also darauf angewiesen, nach religiösen Gemeinschaftsbildungen zu suchen, die entweder einen geringeren Instituitionalisierungs- und Organisationsgrad aufweisen als die christliche Kirche oder aber nach Institutionen Ausschau zu halten, die sozusagen stellvertretend für die Religionsanhänger diese mitorganisieren. Alles andere hätte die Konsequenz, die islamischen Vergemeinschaftungen als 'Gelegenheitsvergemeinschaftungen' bezeichnen zu müssen.

Wie alle sozialen Beziehungen identifiziert man auch die islamischen religiösen sozialen Beziehungen am bequemsten anhand von Satzungen, Ordnungen, impliziten Vereinbarungen oder 'Einverständnissen'. Die Frage ist also: Findet man im Islam etwas, daß der christlichen Kirchen*verfassung* entspricht und von welcher Art ist dies? Existieren irgendwelche dokumentierten Festlegungen darüber, wer in welcher islamischen Vergemeinschaftung als Mitglied gilt und wie er oder sie es wurde oder werden kann? Welche Verhaltensregeln auferlegen sich die so definierten Mitglieder, welches Verhalten stellen sie also für die Zukunft in Aussicht, welche Arbeitsteilung herrscht innerhalb der Vereinigung, welche Ämter, Organe und Modi der Sustentierung der Amtsträger wurden etabliert? Und vor allem: Welchen 'Sinn' geben die Beteiligten subjektiv ihrer Vergemeinschaftung?

Ich beginne bei der lokalen Gemeinde. Sie ist im Islam zunächst ein Orts- und Nachbarschaftsverband, da sie um die örtliche Moschee herum organisiert ist. Als Versammlungsort und -gebäude muß die Moschee finanziert und unterhalten werden. Dies verlangt nach Ämtern und speziellem Personal. Die bedeutendsten Ämter sind der Imam als Leiter des Gebetes und der Hatib als der 'öffentliche Sprecher' oder 'Prediger'. Der Begriff des Hatib bezeichnete schon in vorislamischen Zeiten den Sprecher eines Stammes. Sobald die ersten Muslime es erreicht hatten, als ein 'Stamm' im damaligen arabischen Sinne anerkannt zu werden, wurde ihr anerkannter Stammesführer, Mohammed, auch als der erste muslimische Hatib nominiert.[525] Die ersten gemeinsamen Gebete fanden immer im Hause Mohammeds statt, er vereinigte in sich die Funktion eines Führers der Gemeinschaft nach innen und eines Sprechers an die Gemeinschaft wie auch eines Vertreters der Gemeinschaft nach außen. Während der Omajaden-Zeit galt der Kalif als oberster Imam und oberster Hatib. Der Zakat als einer „permanenten fiskalischen Einrichtung im Islam" in Form einer „obligatorischen religiösen Steuer für alle Muslime"[526] dient nicht zur Sustentierung der Imame und Hatibe, sondern wird von der Regie-

---
525 Watt 1980: Der Islam: Mohammed und die Frühzeit: 294.
526 Watt 1980: Der Islam: Mohammed und die Frühzeit: 303.

rung, die den Zakat im Dar al-Islam einzutreiben religiös verpflichtet ist, an Bedürftige ausgeschüttet, kann also nicht mit dem Kirchenzehnt oder der Kirchensteuer verglichen werden.

Die Möglichkeit der Kirchenbildung verdankt das Christentum zu einem nicht geringen Teil natürlich seinen dogmatischen Grundlagen und deren theologischer Aus- und Umarbeitung. Ekklesiologie ist ein wichtiger Bestandteil christlicher Theologie, fehlt im Islam dagegen völlig. Überhaupt trägt im Islam die religionsbezogene intellektuelle Tätigkeit mehr den Charakter der Jurisprudenz als den der Theologie, wenn diese christozentrische Begriffsverwendung einmal gestattet sei. Statt abstrakter philosophisch-theologischer Spekulation über Dogmen und Doktrinen treiben die Ulema eher eine islamische Rechtskunde in sozialer und politischer Ordnungsabsicht. Im Vergleich zum Christentum ist die Dogmatik des Islams in ihren philosophischen Details, logischen Prämissen und intellektuellen Grenzen weniger expliziert und präzisiert worden, dafür bestand offenbar weder ein Anlaß noch gab es danach ein gesteigertes Bedürfnis. Die Kargheit und Schlichtheit des islamischen Glaubensbekenntnisses, der Shahada, ist dafür symptomatisch. Ein öffentliches Bekenntnis zu dem Satz „Es gibt keinen Gott außer Allah und Mohammed ist der Gesandte Allahs" reicht aus, um die Zugehörigkeit zum Islam zu erlangen. Im Grunde läßt sich die islamische Glaubenslehre vom Kerngedanken eines kompromißlosen, zuweilen gar „intransigenten"[527] Monotheismus her bereits sehr gut überblicken, jedenfalls im Vergleich zum Christentum, dem durch die gottgleiche Erlösergestalt Jesu Christi ein logisch-dogmatisches Dauerproblem gestellt war, das die theologische Spekulation vorwärtstrieb. Die einzige dogmatische Frage, die im Islam ein der Christologie vergleichbares Streitpotential besitzt, ist, ob der Koran von Allah erschaffen oder wie Allah selbst unerschaffen und ewig ist.[528] Bezeichnenderweise entzündete sich auch an dieser Frage die Mihna, eine Einrichtung, die von allen Elementen des Islams noch am ehesten in die Nähe einer Vergleichbarkeit mit der christlichen Inquisition des Mittelalters gerückt werden kann, obwohl es auch hier signifikant ist und nicht unerwähnt bleiben darf, daß die Mihna nur anderthalb Jahrzehnte währte (833-848) und Episode blieb.[529] Dies alles sind historische und dogmatische Indikatoren für einen vergleichsweise toleranten Verzicht auf jene Dramatisierung der Dogmatik und der daraus resultierenden Bereitschaft zur Anwendung von Zwangs- und Machtmitteln, wie sie aus der christlichen Kirchengeschichte bekannt sind.

Die relative dogmatische Unstrukturiertheit hat nun wichtige praktische Konsequenzen für die islamische Gemeinschaftsbildung. Die Exklusion aus dogmatischen Gründen ist erschwert, wenn Häresie mangels Explizität und Stringenz der Doktrinen erst gar nicht identifiziert werden kann. Dadurch,

---

527 Schall 1987: Islam I: 329.
528 Schimmel 1959: Islam: 916-918.
529 Watt 1980: Der Islam: Mohammed und die Frühzeit: 254.

daß das Bekennen der Shahada ausreicht, formell ein Muslim zu werden, wird eine Innen-Außen-Grenze derart diffus errichtet, daß für die Institutionalisierung einer Religionsgemeinschaft nur wenig gewonnen, die Exklusion schwierig ist. Durch die Shahada erlangen Einzelpersonen die Zugehörigkeit zur islamischen Religionsgemeinschaft, der Zurechnungsmodus ist also klar individualistisch. Eine stellvertretende Zurechnung, wie sie das Christentum bei der Kindertaufe durch die Eltern vollziehen läßt, erübrigt sich nach islamischer Vorstellung bereits dadurch, daß jeder Mensch als Muslim geboren wird.[530] Natürlich kennt eine Glaubensreligiosität wie der Islam die Exklusionen aufgrund von Häresie (tabdi) oder Unglaube (takfir). Jedoch reicht das, was am einfachsten und evidentesten als Ketzerei identifiziert werden könnte, nämlich das äußere Fehlverhalten bei Ritual-, Sitten-, Konventional- oder Rechtsverstößen im Islam selten als Exklusionsgrund aus. Man muß hier nämlich zwischen iman, dem Glauben im Sinne intellektueller Zustimmung zu Doktrinen, und islam, dem 'Gottesdienst' im Sinne der Einhaltung von Riten und religiösen Pflichten unterscheiden und die islamische Bedeutungsgewichtung beachten. Muqatil ibn-Sulayman wird die Äußerung zugeschrieben: „Wo iman ist, richtet die Sünde keinen Schaden an".[531] Das heißt, das in aller Regel die Sündhaftigkeit des Menschen den Mitgliedschaftsstatus des Muslims in der *umma* nicht gefährdet. Dies ist unbedingt festzuhalten im Hinblick auf die Analyse der Weberschen Sicht religiöser Gemeinschaftsbildung. Denn sie bedeutet eine signifikante Abschwächung des Bewährungsgedankens. 'Bewährung' läßt sich in soziologischen Beziehungsbegriffen beschreiben als 'Mitgliedschaft auf Probe', eine Einrichtung, die für die Sekten des asketischen Protestantismus aufgrund ihres Gnadenpartikularismus den Dauerzustand darstellte. In der Vierten Sure, Vers 49, heißt es: „Wer irgendein Geschöpf Allah zur Seite setzt, dem verzeiht Allah nicht; andere Sünden aber außer dieser verzeiht er wohl...". Die Sünde der Vielgötterei, des Sirk, ist die einzige, die dem Muslim den Weg ins Paradies versperrt, nur durch Sirk verwirkt er seine Zugehörigkeit zur *umma*, so die Mehrheitsmeinung der islamischen Theologie.[532]

Es fehlen dem Islam außerdem die charismatischen Amtshandlungen im Prozeß der Inklusion, jedenfalls im Vergleich zum Christentum, das mit dem feierlichen Taufritual, verschiedenen Unterweisungen, und vielen das Christenleben begleitenden Initiations- und Integrationsritualen wie Konfirmation,

---

530 Watt erwähnt ferner eine kollektivistische Zurechnung zur islamischen Gemeinschaft: Mohammed ließ von den Nachbarstämmen zakat einsammeln, wodurch diese Stämme Mitglied seiner Gemeinschaft wurden. Hier wäre demnach auf die Shahada eines jeden Einzelnen verzichtet worden. Diese Inklusionsstrategie ist freilich eine politische als eine religiöse. Sie gehört in die Frühzeit der umma, als diese relativ labil und politisch prekär war. Watt 1985: Der Islam II. Politische Entwicklung und theologische Konzepte: 127.
531 Zitiert nach Watt 1985: Der Islam II. Politische Entwicklung und theologische Konzepte: 137.
532 Watt 1985: Der Islam II. Politische Entwicklung und theologische Konzepte: 137.

Erstkommunion, Firmung, aber auch die Eucharistie die Zugehörigkeit symbolisiert und reguliert, Nicht-zugehörigkeit sichtbar macht und dabei gleichzeitig mit dem Dogma von 'extra ecclesiam nulla salus' das Durchlaufen dieser Aufnahme- und Zugehörigkeitsprozeduren als heilsnotwendig hinstellt.[533]

Idealtypisch läßt sich der Unterschied zwischen der christlichen und der islamischen Gemeinschaftsbildung durch ihr Verhältnis zur politischen Vergemeinschaftung vielleicht dadurch beschreiben, daß die Arbeitsteilung zwischen Religion und Politik im Islam Strukturähnlichkeiten mit derjenigen zwischen Legislative und Exekutive nach Begriffen der westlichen Staatslehre aufweist, während in christlich geprägten Kulturen die beiden sich wie Privatsphäre und Öffentlichkeit gegenüberstehen. Es scheint, daß nach islamischem Verständnis der im Westen eingeübte Formelkompromiß, wonach Religion Privatangelegenheit sei, einen Selbstwiderspruch darstellt. Denn die Scharia ist erstens integraler Bestandteil islamischer Religion und zweitens ihrem Selbstbegriffe nach gedacht als Recht für die Bewohner des Dar al-Islam überhaupt und keineswegs nur als Recht für Mitglieder einer islamischen religiösen Institution, die man etwa als 'Kirche' bezeichnen könnte. Die Scharia wäre als 'Kirchenrecht' völlig mißverstanden.

Bei dem Versuch, die dem christlichen Kulturraum entstammenden Begriffe von Kirche und Sekte auf den Islam anzuwenden, wird ebendiese Kulturgebundenheit oft als unüberwindliches Hindernis angesehen. Daran ist richtig, daß es ein Hindernis darstellt, daran ist jedoch falsch, daß es unüberwindlich sei. Begriffe kann man auf die eine oder andere Weise definieren, ein soziologischer Begriff ist im Rahmen einer kulturvergleichenden Religionssoziologie so zu definieren, daß er bei interkulturellen Übertragungen kontrollierbar bleibt. Wenn der Eurozentrismus ein „heuristischer Eurozentrismus" bleibt, wie Schluchter Webers kulturvergleichenden Studien zugute hält[534], dann wäre sehr viel erreicht.

Webers Bemerkungen zum Islam stammen zum größten Teil aus der Zeit vor den begrifflichen Festlegungen, die Weber 1920 mit den *Soziologischen Grundbegriffen* traf. Dennoch benutzt Schluchter die dort angeführten Definitionen von Kirche und Sekte, um mit ihrer Hilfe Webers Sicht des Islams zu rekonstruieren. Auch Cook hat versucht, Webers Begriffe von 'Kirche' und 'Sekte' auf den islamischen Kontext anzuwenden. Dabei ist er zu dem Ergebnis gekommen, daß Weber ein „zufälliges Merkmal der europäischen Geschichte ... in einen vermeintlich kulturübergreifenden Begriff eingeschmuggelt" habe.[535] Damit sei er „kein brauchbarer Ausgangspunkt" für die Untersuchung islamischer Sekten. Das hier von Cook gemeinte „zufällige Merk-

---

533 „No ritual marking of entry into the ummah ever arose in Islam: one becomes a member either by birth or by the sincere confession of faith" Darrow 1987: UMMAH: 124.
534 Schluchter 1987: Einleitung. Zwischen Welteroberung und Weltanpassung. Überlegungen zu Max Webers Sicht des frühen Islams: 17.
535 Cook 1987: Max Weber und islamische Sekten: 340.

mal" ist der Apolitismus, den Weber den Sekten unterstellt, der aber Cook zufolge islamische Sekten nicht auszeichnet. Da Weber die protestantischen Sekten vor Augen habe, wenn er den Sektenbegriff verwende, erzeuge er, so Cook, Mißverständlichkeiten im Kulturvergleich und im interdisziplinären Gespräch zwischen Soziologie und Islamwissenschaft.[536] Schluchter nimmt Weber gegen diese Kritik in Schutz, indem er Webers besondersartige Begriffsbildungsmethode hervorhebt. Webers Begriffe seien eben nicht klassifikatorisch, sondern genetisch, seien keine „Durchschnittsbegriffe, sondern Grenzbegriffe"[537]. Daher kritisiert Schluchter an Cook, daß dieser das Begriffspaar von Kirche und Sekte wie eine vollständige Klassifikation verwende, unter der alle religiösen Verbände subsumiert werden könnten. Dieses subsumierende Verfahren führe aber, so Schluchter, weder bezogen auf den Islam noch bezogen auf das Christentum zu befriedigenden Ergebnissen. Diese erhalte man erst durch die Umstellung von bloß Realitäten subsumierenden Begriffen zu Begriffen, die ihre Distanz zur Realität variieren können.

Ohne auf Einzelheiten und theoretische Rechtfertigungen der Weberschen Methode nochmals gesondert einzugehen, ist an der Auseinandersetzung zwischen Schluchter und Cook doch leicht ablesbar, daß hier ein typisches, interdisziplinäres Verständigungsproblem vorliegt. Die übliche Verwendungsweise von Begriffen ist, daß durch die Subsumtion eines empirischen Phänomens unter diesen Begriff dem Phänomen ein Merkmal zugeordnet wird.[538] Die von Schluchter angesprochene Begriffsbildung arbeitet hingegen mit der Möglichkeit, daß die Merkmalsträgerschaft eines Phänomens in verschiedenem Maße gegeben sein könne. Wenn ein Merkmal bei einem bestimmten empirschen Objekt besonders stark und rein ausgeprägt ist, dann läge die Realität nahe beim Begriff. Wenn das Objekt hingegen die Merkmale nur schwach, blaß und teilweise trägt, sei der Begriff weiter von der Wirklichkeit entfernt und infolgedessen seine Idealtypizität besonders hoch, die Subsumtion folglich so gut wie ausgeschlossen. Aber selbst dann erfülle der Begriff noch eine realitätserfassende Funktion, da er es ermögliche, über den Abstand der Realität zum Vorstellungsinhalt zu sprechen. Ich gehe im Folgenden der Einfachheit halber davon aus, daß man alle Begriffe prinzipiell sowohl subsumtiv wie auch approximativ benutzen kann, daß die appro-

---

536 Cook 1987: Max Weber und islamische Sekten: 388.
537 Schluchter 1988b: Religion und Lebensführung 2: 377.
538 Um zeitsparender zu kommunizieren, werden mehrere Merkmale zum Inhalt eines Begriffs gemacht. Das kann zu Mißverständnissen führen, da einzelne Merkmale bei einem Phänomen vorhanden, andere fehlen können, so daß unklar bleibt, ob man subsumieren darf oder nicht. Dieses Problem ist lösbar, indem man nachträglich weitere Begriffe einschiebt, die jeweils durch Hinzunahme nur eines einzigen Merkmals gebildet wurden, eben nach dem klassifikatorischen Prinzip des genus proximum et differentia specifica. Weber überspringt oft mehrere Ebenen der Begriffsbildung, so daß er derartige Mißverständnisse in Kauf nimmt, zumal er ausdrücklich das klassifikatorische Verfahren als für die meisten Belange der Kulturwissenschaften inopportun hinstellt (WL 194).

ximative Verwendungsweise jedoch die voraussetzungsreichere und riskantere ist, da sie nicht nur ein Urteil darüber impliziert, *ob* ein Objekt ein Merkmal trägt, sondern auch, *wie sehr* es dieses Merkmal trägt.

Man kann also Religionsgemeinschaften subsumtiv oder approximativ als Sekten oder Kirchen beschreiben. Da Cook jeweils drei Kriterien für Sektenhaftigkeit und Kirchlichkeit bei Weber entdeckt, kann es unter der Annahme, daß die Kriterien unabhängig voneinander erfüllt sein können[539], bereits $3^3 = 27$ Typen von Religionsgemeinschaften geben.[540] Angesichts dieser Komplexität scheint es geraten, sich auf ein einziges Merkmal zu beschränken, um Sekten von Kirchen zu unterscheiden.

Dieses Merkmal bezieht sich auf den Modus, in dem Akteure an dem jeweiligen 'Sekten-' oder 'Kirchenhandeln' beteiligt werden. Einfacher ausgedrückt: auf die Mitgliedschaft. Mitglied einer Sekte wird man durch persönlichen Beitritt, Mitglied einer Kirche durch Oktroyierung. Dies ist der religionssoziologische Fall der allgemeinsoziologischen Unterscheidung von Anstalt und Verein, beziehungsweise, im nicht-rationalen Fall, von voluntaristischer und inklusivistischer Einverständnisvergemeinschaftung. Präzis handlungstheoretisch ausgedrückt lautet die Frage, an der man den Kirchen- oder Sektencharakter eines religiösen Verbandes ermitteln kann: Setzt sich die Verbandsordnung eines religiösen Verbandes voluntaristisch in Geltung oder nicht? Wenn ja, dann liegt eine Sekte vor, wenn nein, dann liegt Oktroyierung im Weberschen, auf Anstaltshandeln gemünzten Sinne vor. So gewendet besteht eigentlich kein Grund mehr, die Anwendbarkeit dieser Begriffe auf den Islam zu bezweifeln. Sehr wohl ist dagegen zu bezweifeln, ob man Schluchter darin zustimmen muß, daß Weber religiöse Verbände kenne, die weder Sekte noch Kirche seien, nämlich die religiösen Orden und die religiösen Gemeinden.[541] Orden lassen sich möglicherweise einfacher als Sekten in Kirchen begreifen, Gemeinden im strengen Weberschen Sinne als Dauervergesellschaftungen von religiösen Laien dann, wenn diese aktiv auf ihr Gesellschaftshandeln einwirken, also: Voluntarismus zeigen. Damit würde auch die Gemeinde auf die Seite der Sekten fallen. Als bloße Dienstnehmer einer Hierokratie sind Laienvergesellschaftungen nämlich nicht Gemeinde, sondern Parochie. Prüfenswert ist weiterhin die Frage, ob die Gemeinde ein Oberhaupt hat, denn ohne ein solches, ohne 'Kephalie' also, fällt sie erst gar nicht unter die 'Verbände'. Die Sekte ist jedenfalls eine religiöse Gemeinschaft, in die Menschen eintreten wollen, während die Kirche eine ist, die Menschen in

---

539 Diese Annahme ergibt sich daraus, daß man ohne sie die Merkmale aufeinander reduzieren könnte und nicht zu einer bloß additiven Aufzählung gezwungen ist, die m. E. ohnehin nur die geringstmögliche intellektuelle Durchdringung eines Tatbestandes indiziert, eben die einer nicht weiter geordneten Merkmalsanhäufung.
540 Schluchter sagt, Klassenbegriffe seien Durchschnittsbegriffe Schluchter 1988b: Religion und Lebensführung 2: 377. Das ist natürlich gerade nicht der Fall. Denn jedes Element einer Klasse ist Träger des Merkmals, nicht etwa nur ein Durchschnitt dieser Elemente.
541 Schluchter 1988b: Religion und Lebensführung 2: 376.

sich reinholen will. Daher benötigt die Sekte für ihren Bestand Prestige, die Kirche Macht. Wie bei der Vergesellschaftungsdefinition des 'Kategorienaufsatzes' definiert, läuft das Aufnahmeprocedere im Falle der Sekte als eine ausdrückliche beiderseitige Erklärung ab, bei der Kirche als einseitige Aufforderung der einen an die anderen, deren bloße Untätigkeit diejenigen, die die Macht haben aufzufordern, meist schon als ein Erfüllen der Aufforderung interpretieren. Bei der Sekte fungiert ein bestimmtes persönliches 'Merkmal' als Selektionskriterium im Sinne eines *Exklusionsanlasses*. Bei der Kirche dient ein persönliches Merkmal als Expansionskriterium und *Inklusionsanlaß*. Diese Funktionsverschiedenheit der persönlichen Merkmale spiegelt sich in einer verschiedenen Schwerpunktsetzung bei der jeweiligen Findung und Auswahl geeigneter Merkmale. Die Sekte sieht auf eine religiöse Qualifikation, je nach Eigenart der Charismavorstellung also auf irgendwelche nicht ganz gewöhnlichen Fähigkeiten beispielsweise zur Ekstase, zur Vision, zur Trance etc., besonders aber auch auf ethische Qualifikationen. Sie will, daß die Mitgliedschaft in ihr den einzelnen Mitgliedern Prestige (in einem religiösen Sinne) verleiht, indem sie sie als Träger dieser Qualifikation etikettiert. Die Kirche hingegen, auf Inklusion bedacht und ihrem Selbstbegriffe nach universale Heimat aller Anhänger der von ihr vertretenen Religion, bemüht eher Merkmale wie Geburt, Aufenthaltsort, Ethnizität oder eine bestimmte Staatsbürgerschaft. Damit rekrutiert sie – eher wahllos – große Massen von Menschen. Will man also die Kirche-Sekte-Dichotomie ernsthaft pointieren, kommt man nicht umhin, die Subjekte und Objekte der Inklusions- und Exklusionsprozesse genau zu identifizieren. In- und Exklusionen sind schließlich soziale Handlungen, die man an sich selber oder an anderen vollziehen kann. Den ersten Fall könnte man als Selbstinklusion beziehungsweise Selbstexklusion, den zweiten entsprechend als Fremdinklusion oder Fremdexklusion bezeichnen. Sekten sind demnach selbstinklusive und Kirchen fremdinklusive Religionsgemeinschaften. Bei den Sekten führen die einzelnen Beitrittsaspiranten die Inklusionshandlung aus, bei den Kirchen die Satzenden. Diese Handlungen bedürfen der Akzeptanz der jeweils nicht Handelnden, bei den Sekten der Akzeptanz der Gemeinschaft, bei den Kirchen der Akzeptanz der Einzelnen, die der Satzung unterworfen werden sollen. Bei den Sekten will die Mitgliedschaft, bei den Kirchen die Nicht-Mitgliedschaft erst einmal 'errungen' werden. Passivität bedeutet in einer sektenmäßig organisierten Umwelt Nichtmitgliedschaft, bei kirchlichen Strukturen jedoch Mitgliedschaft.

Alle weiteren Kriterien, z.B. die Haltung zur politischen Gemeinde oder die Frage demokratischer Selbstverwaltung oder Hetero- und Orthodoxie scheinen sekundär und unscharf. Das einzige weitere, für Weber bedeutsame Kriterium ist der Amtsgedanke (WuG 692f.). In der Kirche sind Amt und Person strikter getrennt als in der Sekte, die Institution Kirche und ihre Ämter genießen das Charisma, das bei den Sekten an den Mitgliedern selbst haftet, uund zwar an allen Mitgliedern gleichermaßen. Denn dieses Charisma ist als eine persönliche Qualifikation mitzubringen als Voraussetzung der Sektenmitgliedschaft. Als Beispiele für Religionsgemeinschaften, die den kirchlich-amtscharismatischen Selbstbegriff entwickelten, führt Weber neben dem Christentum auch den Islam und den Lamaismus an.[542]

Dementsprechend drängen sich vor allem zwei Fragen auf: (1) Inwiefern sind Rollenspezialisierungen in Sekten (respektive Vereinen) in einem anderen, weniger typischen Sinn als 'Ämter' anzusprechen als in Kirchen (respektive Anstalten)? (2) In welchem inneren Zusammenhang stehen Universalismus und Amtscharisma? Oder, die gleiche Frage aus Sicht des Sektenbegriffs: In welchem Zusammenhang stehen Exklusivismus und persönliches Charisma?

Ad (1): Es ist in einer Sekte unmöglich, daß ein unterdurchschnittlich qualifiziertes Mitglied Amtsinhaber wird. Das Mitgliedschaftskriterium einer persönlichen Qualifikation obwaltet nicht nur ubiquitär, sondern ist verständlicherweise bei der Ämterbesetzung erst recht unverzichtbar. Denn Amtsträger sind in exponierter Lage und ihre religiösen Makel werden schneller und leichter sichtbar als bei den Nicht-Amtsträgern. In der Kirche (Anstalt) ist die Idee des *character indelebilis* maßgeblich: selbst persönliche Unwürdigkeit des Amtsträgers entkräftet nicht die Wirksamkeit seiner Amtshandlungen. Angesichts dieser Distinktionen ist es einigermaßen überraschend, daß Weber zur Illustration des Sektenideals der *ekklesia pura* die Exkommunikationspraktiken der lutherischen, jüdischen, zoroastrischen und schiitischen „Kirchen" als Beispiele einführt (WuG 722), wo doch gerade die *ekklesia-pura*-Vorstellung inklusive der Exklusion der 'Unreinen' *Sekten*merkmale sind. Ein Fall nachlässiger Begriffsverwendung?

Ad (2): Das Argument kirchlichen Universalismus' rekurriert auf den Satz, daß vor Gott alle Menschen gleich seien, wobei selten offenbleibt, ob sie als gleich gut oder gleich schlecht gedacht werden, weil der Glaube an die Sündenverhaftetheit des menschlichen Daseins der Kirche in die Hand arbeitet, solange sie sich als Mittel zur Tilgung oder Bändigung der Sünde andienen kann. Aus der Gleichheit vor Gott folgt jedenfalls eine gewisse Gleichheit vor der Kirche und damit vor dem kirchlich-institutionellen Amtscharisma. Der Exklusivismus der Sekte hingegen gründet auf dem Glauben, daß Gott sich die Reinen in der wahren Kirche versammelt, weswegen auch die Amtsträger von unbezweifelter Qualifikation sein müssen. Fragt man nun nach dem Zusammenhang von Universalismus und Amtscharisma beziehungsweise Exklusivismus und persönlichem Charisma, dann muß man sich noch einmal die Grundmechanismen der charismatischen sozialen Beziehung vor Augen führen. Die Dispersion des Charisma über die Beziehungsbeteiligten wird zur

---

542 Kirchlich-amtscharismatisch waren Weber zufolge zwar auch der Mahdismus, das Judentum und die spätägyptische Hierokratie, doch deren Herrschaftsansprüche waren nicht universalistisch, sondern national begrenzt. Universalismus aber hatte Weber als Merkmal des Kirchenbegriffs vorausgesetzt (WuG 693).

entscheidenden organisatorischen Variable in den Religionsgemeinschaften. Die Religionsanhänger gelten entweder als charismatisch gleich oder als charismatisch ungleich. Bei Vorherrschen der Vorstellung ungleicher charismatischer Qualifikation tritt nicht nur das Phänomen der Exklusionen auf, sondern auch das der gestuften Mitgliedschaften.[543] Dies stellt methodisch eine enorme Verkomplizierung dar. Ihr kann man nur durch eine provisorische Aufteilung der religiösen Vergemeinschaftung in die verschiedenen Untergemeinschaften beikommen. Das Fließgleichgewicht zwischen Prätention und Akzeptanz verschiedener Status wurde bereits anläßlich der Diskussion des Standes- und Kastenbegriffs als Modell zur Klärung dieser Fragen vorgeschlagen.[544] Dieses Modell kann man zur Erklärung der Mitgliedschaftsstufen innerhalb ein und derselben Religonsgemeinschaft ebenfalls verwenden. Jedenfalls sollte nach diesen Ausführungen klar sein, was es bedeutet, eine Kirche als universal und eine Sekte als partikulär zu bezeichnen, und vor allem: was dies nicht bedeutet. Es bedeutet nicht, daß die Kirche notwendig und per se eine stärkere Inklusionsneigung hat als die Sekte, also beispielsweise grundsätzlich mehr und entschiedener missioniere. Wohl aber bedeutet es, daß die Inklusion in beiden Fällen einen verschiedenen Sinn hat. Die Kirche inkludiert, um möglichst viele Seelen zu *retten*, die Sekte, um die naturgemäß wenigen und versprengten Erwählten, deren Seelen als bereits gerettet gelten, zu sammeln.

Versucht man vor diesem begrifflich-theoretischen Hintergrund zu entscheiden, ob die *umma* als Kirche oder Sekte gelten muß, dann fällt die Antwort eindeutig aus: die *umma* wäre eine Sekte, denn sie verzichtet auf Inklusion anhand 'objektiver Tatbestände' und kennt nur die shahada als Aufnahmekriterium und notwendige 'Qualifikation' – mit einem Wort: sie konstituiert sich voluntaristisch. Andere Motive, wie die Vorstellung, daß jeder Mensch zunächst als Muslim geboren wird, repräsentieren hingegen in typischer Weise den Anstalts- und Kirchengedanken: Man muß eine besondere Anstrengung unternehmen, um die *umma*-Mitgliedschaft zu vermeiden oder zu verlieren.

Damit komme ich auf die Frage der religiösen Institutionalisierungen im Islam zurück. Der Islam kennt die sogenannten 'fünf Säulen' des Islams: salat, zakat, sawm, hajj und shahada. Watt bezeichnet sie als 'religious institutions'[545]. Bis auf die shahada handelt es sich um rituelle Praktiken, die als reli-

---

543 Natürlich gilt dies nicht nur für die charismatischen Beziehungen, sondern für alle sozialen Beziehungen. Diese haben grundsätzlich die Wahl, offen oder geschlossen gestaltet zu werden. Die jeweiligen Interessenkonstellationen bilden dabei auch in religiösen Gemeinschaften die wichtigsten Einflußfaktoren. Allerdings ist bei ihnen und nur bei ihnen damit zu rechnen, daß die Eigenart der Charismavorstellung gegenüber den Interessenkonstellationen zuweilen ein Eigenrecht geltend macht, also Inklusion nahelegt, wo die Interessen auf Exklusion drängen oder umgekehrt.
544 S. o. die Ausführugen zur Gemeinschaftsbildung im antiken Judentum.
545 Watt 1977: Muhammad at Medina: 303ff..

giöse Pflichten des einzelnen Moslems gelten. Es ist zu Recht festgestellt worden, daß in ihnen ein konsequenter religiöser Individualismus zum Ausdruck kommt.[546]

Der 'islam', der praktische Gottesdienst, ist immer auch als Einzelleistung möglich. Der Moslem kann nämlich salat (das tägliche Gebet), zakat (die Armensteuer), sawm (das Fasten) und hajj (die Pilgerfahrt) auch allein und in Einsamkeit ableisten, das nimmt den Ritualen nichts von ihrer religiösen Gültigkeit. Jede einzelne der islamischen 'Gottesdienst'-Formen ist demnach prinzipiell auch für einen in der Eremitage oder Diaspora lebenden Muslimen erfüllbar und dogmatisch gültig. Gäbe es nur einen einzigen Moslem in der Welt, könnte er doch seine religiösen Pflichten vollgültig erfüllen. Das ist im Christentum dort anders, wo die Doktrin 'extra ecclesiam nulla salus' weiterwirkt. Ohne den apostolisch-sakramentalen Beistand fehlt dem Katholiken ebenso etwas zum Heil wie dem Lutheraner, der auf die reine Verkündigung des Evangeliums durch die dazu autorisierte und darin professionalisierte Anstaltskirche angewiesen ist. Beide dürfen nur in absoluten Notfällen auf diesen Beistand verzichten.

Die Heilslehre des Islam bleibt also auch in den rituellen Details dem Prinzip erstaunlich treu, daß jeder Einzelne unmittelbar zu Allah sei und sich als Einzelner dermaleinst vor ihm zu verantworten habe. Der eschatologische und rituelle Individualismus impliziert natürlich keineswegs, daß die Muslime in religiöser Hinsicht kein Gemeinschaftsbewußtsein hegten oder ihnen religiöse Solidarität und der religionsgemeinschaftliche Einheitsgedanke fremd sei. Diese Dinge gelten lediglich nicht als absolut heilsrelevant. Daß gemeinsame Bekennen, Beten, Fasten und Pilgern sowie das religiöse Pflichtalmosen binden natürlich faktisch die Muslime aneinander – wie jedes kollektiv geübte Ritual es tut. Dennoch bleibt diese Art der Gemeinschaft eine „community of individuals or band of brothers, joined together by common duties, *but in the last resort not necessary to one another*".[547]

8.3 Ursprünge islamischer Gemeinschaft: Die Gemeindeordnung von Medina

Die Gemeinschaftsbildung im vorislamischen Arabien weist in einem wichtigen Punkte eine entscheidende Strukturähnlichkeit mit der oben schon behandelten israelitischen Ausgangssituation auf. Das ist die absolute Herrschaft

---

546 Bousquet 1949: Les grandes Pratiques rituelles de l'Islam: 119f.; Watt 1977: Muhammad at Medina: 309.
547 Watt 1977: Muhammad at Medina: 309, Hervorh. d. Verf.

des tribalen Vergemeinschaftungsprinzips. Der Stamm und seine Organisations- und Herrschaftsarrangements waren mehr oder weniger die einzige politisch integrierende Lebensform, die den Arabern zu Mohammeds Zeit vertraut war. Zwar lebten sie in Nachbarschaft der großen Königreiche des byzantinischen, persischen oder abessinischen Imperiums, doch war ihre soziale Denkweise so vom Stammesprinzip beherrscht, daß auch diese Nachbarn mehr oder weniger nur als besonders große Stämme wahrgenommen wurden. Wie man selbst von einem gemeinsamen Ahnen abzustammen glaubte, so hielt man auch die Nachbarn für eine große Verwandtschaftsgruppe. Nichtblutsbedingte Stammeszugehörigkeit war zwar denkbar, führte aber stets zu einem minderwertigen Status. Das arabische Stammesrecht kannte dafür die Rolle des Halif, des Alliierten, des Jar, eines schutzbefohlenen Nachbarn, oder die des Mawla, das man etwa mit Klient übersetzen könnte. Es kam vor, daß Angehörige dieser Gruppen Vollmitglieder des Stammes ehelichten, beziehungsweise daß Abstammungen behauptet wurden, die auf solch eine Verbindung zurückgeführt wurden. Daher gilt es im frühen Islam als äußerst kritikwürdig, jemanden als seinen Großvater oder Vater zu bezeichnen, ohne daß zu diesem eine Blutsverbindung vorläge.[548]

Jedenfalls ist vor dem Hintergrund der Dominanz des tribalen Prinzips klar, worauf eine Untersuchung der islamischen Gemeinschaftsbildung zu achten hat: Wie konnte die islamische Gemeinschaftsbildung als religiöse Vergemeinschaftung das sozialorganisatorische Quasi-Monopol ihres Rivalen, des Tribalismus', überhaupt durchbrechen? Und bis zu welchem Grade und über welche Zeiträume betrachtet kann von einer 'Durchbrechung' des tribalen Prinzips überhaupt die Rede sein?

Man wird für weite Epochen der Geschichte des Islams mit einem Dualismus oder einem Fließgleichgewicht von Stammesvergemeinschaftung und religiöser Solidarisierung rechnen können. Dabei ist von besonderer Bedeutung, daß dieser Dualismus in der Entstehungszeit des Islams in einem staatsfreien Raum stattfand. Das war im Urchristentum anders. In Arabien war der Stamm politischer Souverän, militärisch selbständig und einziger Garant für Leib und Leben seiner Mitglieder. Diese Struktur galt auch für die arabischen 'Städte' wie etwa Mekka oder Medina. Mohammeds monotheistisch-eschatologische Verkündigungen stießen in Mekka, das von der Vielgötterei des Stammeswesens ökonomisch profitierte, auf wenig Gegenliebe. Dadurch geriet der Prophet in ein gefährliches Dilemma: Blieb er bei dem, was er verkündete, drohte ihm der Verlust der tribalen Sicherheitsgarantie. Wollte er aber eine solche für sich und seine Getreuen, mußte er einen Kompromiß mit dem Stammeswesen finden, der nicht ohne Folgen für seine Verkündigung bleiben konnte. Denn ein solcher Kompromiß hätte politische Organisation und politische Betätigung vorausgesetzt, die seinen frühen Offenbarungen ge-

---

548 Watt 1961: Islam and the Integration of Society: 146.

genüber einen Fremdkörper hätten bilden müssen. Die riskante Übersiedlung Mohammeds und seiner ca. 70 Getreuen nach Medina war der entscheidende Schritt. Die ersten Muslime verließen die sichere und eingespielte Obhut ihres Stammes und errichteten aus einander zu großen Teilen *stammfremden* Personen in Medina eine neue Gemeinschaft. In der sogenannten „Verfassung von Medina", Wellhausen nennt sie „Gemeindeordnung", liegt eine soziologisch äußerst aufschlußreiche Quelle vor, wie Mohammed sein Anliegen einer religiösen Gemeinschaftsbildung mit dem Stammesprinzip auszubalancieren wußte.

Im Jahre 620 n. Chr. waren sechs Konvertiten von Medina nach Mekka gekommen, um sich Mohammed anzuschließen. Diese holten 621 sechs weitere Konvertiten heran, von denen zwei dem Stamme Al-Aws zugehörten. In dem sogenannten „Schwur der Frauen" oder dem „Ersten Schwur von Al-Akaba"[549] versprechen sie Mohammed formell ihre Loyalität. Etwas ähnliches wiederholt sich im Jahre 622, als 75 konversionswillige Bürger Medinas, darunter zwei Frauen, bei Mohammed in Mekka den sogenannten „Zweiten Schwur von Al-Akaba" ablegen, in dem sie ihm versprechen, ihn wie einen Stammesbruder zu beschützen. Auf der Basis dieser Übereinkunft findet die Hidjra, die Übersiedlung Mohammeds und seiner ca. 70 Getreuen nach Medina, statt. Der faktisch praktizierte Vergemeinschaftungsmodus dieser Gruppe läßt sich an der Gemeindeordnung von Medina ablesen, selbst wenn das Dokument schwer datierbare Einzelartikel enthält, von denen die meisten wohl erst aus dem Jahre 627 stammen, einige jedoch auch mit großer Wahrscheinlichkeit auf 622 zu datieren sind.[550] Das Problem war natürlich für die aus Mekka geflüchteten und dadurch ihrer Clans ledigen ersten Muslime, sich irgendeinen Ersatz für den Verlust ihrer damals stets clan-abhängigen Sicherheitsgarantie zu beschaffen. Die Vertragsschließenden sind jedenfalls auf der einen Seite die Anhänger Mohammeds (die „Emigranten" = „Muhâgira") und auf der anderen Seite die Ançar von Medina, das sind fünf Gruppen vom Clan der Chazrag, drei von dem der Aus (oder: al-Aws), darunter auch Juden. Die für die hier gewählte Fragestellung wichtigen Artikel der Gemeindeordnung lauten:[551]

---

549 „Pledge of the Women"/ „First Pledge of al-Akaba", übers. durch den Verf.
550 Eine historisch-philologische Auswertung und Kritik dieser Quelle liefert Serjeant 1964: The 'Constitution of Medina', der den Text als „unqestionably authentic" (ebd. 3) beurteilt. Dies und ihre Bedeutsamkeit stehen für Serjeant in einem bemerkenswerten Kontrast zu den mangelnden Kenntnissen über diese Quelle selbst unter Muslimen.
551 Ich gebe die Übersetzung Wellhausens (Wellhausen 1889: Muhammads Gemeindeordnung von Medina) wieder und ziehe, wo nötig, diejenige Serjeants (Serjeant 1964: The 'Constitution of Medina': 11-14) oder Watts (Watt 1977: Muhammad at Medina: 221ff. zu Rate). In Klammern {...} finden sich Hinweise des Verf.

„§ 1. Urkunde von Muhammad dem Nabi { = Prophet}[552], zwischen den Gläubigen {Mu'minun}und den Muslimen von Quraisch und Jathrib { = Medina}, und denen die ihnen folgen und sich ihnen anschliessen und mit ihnen kämpfen.
§2. Sie bilden eine einzige Gemeinde, gegenüber den Menschen. (Serjeant: „They are one *ummah* (community), apart from the people"; Gibb: „Ye are one *umma* over against mankind"[553]; Watt: „They are a single community *(ummah)* distinct from (other) people."[554])
§3. Die Emigranten von Quraisch bleiben wie sind (!), zahlen gemeinsam für sich das Sühngeld und lösen selber ihre Gefangenen. Die Mitwirkung der (übrigen) Gläubigen dabei ist Sache der Freundlichkeit und Billigkeit. (Watt: „The Emigrants of Quraysh, according to their former condition, pay jointly the blood-money between them, and they (as a group) ransom their captive(s), (doing so) with uprightness and justice between the believers."
§12. Kein Gläubiger darf mit dem Beisassen eines anderen Gläubigen, ihm zuwider, eine Eidgenossenschaft eingehen.
§13. Die Gläubigen, die Frommen, stehen wider den, der frevelt unter ihnen, oder einen Akt der Gewalt oder des Truges begeht, oder Feindschaft oder Unheil zwischen den Gläubigen stiftet; sie stehen mit vereinten Kräften insgesamt wider ihn, wäre er auch der Sohn eines von ihnen.
§14. Kein Gläubiger darf einen Gläubigen töten wegen eines Ungläubigen, noch einem Ungläubigen beistehen gegen einen Gläubigen.
§15. Die Schutzgemeinschaft Gottes ist eine einzige und allgemeine; die Schutzgewähr des Geringsten verpflichtet alle. Die Gläubigen sind sich gegenseitig zu Schutz verpflichtet gegen die Menschen.
§16. Die Juden, die uns folgen, bekommen Hilfe und Beistand; es geschieht ihnen kein Unrecht und ihre Feinde werden nicht unterstützt.
§17. Der Friede der Gläubigen ist ein einziger und allgemeiner; kein Gläubiger kann für sich, mit Ausschluss eines anderen Gläubigen, Friede schliessen im Kampfe für Gottes Sache; sondern die Bedingungen müssen für alle gleich sein.
§19. Die Gläubigen sind einer des anderen Bluträcher in betreff ihres für Gottes Sache vergossenen Blutes.
§20. Die Gläubigen, die Frommen, folgen der besten und richtigsten Leitung. Kein Heide darf weder die Habe noch die Person eines Quraischiten in Schutz nehmen und nicht seinetwegen einem Gläubigen entgegentreten. {Die Quraischiten sind der mekkanische Herkunftsstamm von Mohammed und seinen ersten Anhängern; hier sind die in Mekka verbliebenen Quraischiten gemeint, die Mohammed zu den Feinden Gottes und der *umma* erklärt hat, weswegen er hier versucht, sie zu isolieren. Mohammed macht den Heiden Vorschriften über deren Verhältnis zu Dritten, was an die absolute Grenze seiner Autorität gegangen sein dürfte. §43 versucht das gleiche, formuliert jedoch unpersönlich: „Quraischiten dürfen nicht in Schutz genommen werden..."}
§23. Wenn ihr über irgend eine Sache im Streit seid, so muss sie vor Gott und vor Muhammad gebracht werden.
§25-31. Die Juden ... behalten zwar ihre Religion, bilden aber eine Gemeinde mit den Gläubigen, sowohl sie selber als ihre Beisassen...
§36. Es darf keiner von ihnen {den Juden?} zu Felde ziehen ohne Erlaubnis Muhammads...

---

552 Später wurde Mohammed nicht mehr nur als „Nabi", das s. Zt. eine durchaus nicht außergewöhnliche Rollenzuschreibung war, sondern als „Rasul" bezeichnet - eine Anerkennung seiner besonderen Mission.
553 Gibb 1963: The community in islamic history: 173.
554 Watt 1977: Muhammad at Medina: 221.

§37. Die Juden bezahlen ihre Ausgaben und die Muslime bezahlen ihre Ausgaben; sie leisten sich aber gegenseitige Hilfe gegen jeden, der die Genossen dieser Schrift bekriegt, und es herrscht zwischen ihnen ehrliche Freundschaft...
§44. Man ist verpflichtet zu gegenseitigem Beistand gegen die (!) welche Jathrib angreifen.
§45. Wenn sie {die Juden von den Gläubigen} zu Frieden aufgefordert werden, dass sie ihn schließen und annehmen sollen, so sollen sie es tun; und wenn sie die Gläubigen zu Ähnlichem auffordern, so haben diese ihnen gegenüber die gleiche Pflicht, ausgenommen den Krieg wegen der Religion. Jeder hat sein Teil, das ihm zunächst obliegt."

Diese Quelle belegt authentisch und klar, daß überraschenderweise die mit dieser Satzung gegründete *Umma* zunächst keine rein religiöse Vergemeinschaftung ist, sondern eine säkulare politische Organisation. Sie folgt in die Details den damals und teilweise heute noch üblichen Mustern, nach denen arabische Stämme Konföderationen schließen.[555] Allerdings sind die punktuellen Durchbrechungen des tribalen Prinzips, die Mohammed in diese Vereinbarung einfließen läßt, kaum zu übersehen.[556] Man sollte die Anzeichen für eine revolutionär neue Art der Vergemeinschaftung eben nicht in der Stellung und Rolle Mohammeds suchen und damit wiederum 'herrschaftssoziologisch' vorgehen, sondern auf den Modus der horizontalen Vergemeinschaftung achten. Zwar bezeichnet die Präambel Mohammed als Propheten und die §§ 23 und 36 verleihen ihm besondere Rechte, aber von irgendeiner autokratischen Stellung Mohammeds im Sinne eines auch politisch und militärisch als Führer anerkannten Charismatikers war Mohammed zu diesem Zeitpunkt ersichtlich weit entfernt. Mohammed muß für alle Angelegenheiten, die zwischen oder über die Clans zu regeln sind, den Konsens aller Clanführer einholen.

Die Pointe dieser Gemeindeordnung ist, daß es gelingt, die Solidaritätsansprüche und -pflichten, die im damaligen Arabien beim Clan lagen, auch für die Emigrantengemeinde zu aktivieren, obwohl diese kein Clan war. Mohammed fungiert für diese Gemeinde wie ein Clanführer, obwohl es keinen Clan gibt, den er hätte führen können, sondern eben nur die Schar seiner Jünger. Diese verabreden, künftig einander wie Clangenossen zu behandeln (§§ 13, 14, 15), obwohl sie durch nichts weiter verbunden waren als durch ihre Glaubensgemeinsamkeit. Die Emigranten werden in den einzelnen Artikeln eben nicht Muhâgira genannt, sondern als Mu'mine oder Muslime, als Gläubige, Gottesfürchtige und Fromme bezeichnet. Es wird nicht versucht, den

---

555 Serjeant 1964: The 'Constitution of Medina': 12.
556 Sowohl Wellhausen wie Serjeant bezeichnen das hier gegründete Gemeinwesen als „Theokratie" Serjeant 1964: The 'Constitution of Medina': 12; Wellhausen 1889: Muhammads Gemeindeordnung von Medina: 68. Watt 1977: Muhammad at Medina: 228ff. ist hier weitaus vorsichtiger, er sieht bis zur Schlacht von Badr keine Anzeichen für eine herausgehobene Position Mohammeds in Medina. Mohammed sei vielmehr als 'Clanführer' der Emigranten auf einer Stufe mit den anderen Clanführern Medinas. Allein als erfolgreicher und gefragter Schiedsrichter und Streitschlichter in der von internen Zwisten zerrissenen Stadt Medina habe sich Mohammed den Ruf und das Charisma eines Propheten langsam erarbeiten können.

Verlust ihrer mekkanischen Quraisch-Stammes-Solidarität durch ihre Inkorporation in einen der medinensischen Clans auszugleichen, sondern, und das ist der entscheidende Punkt, sie gelten der 'Gemeindeordnung' überhaupt gar nicht als versprengte Einzelindividuen, sondern als „eine einzige Gemeinde, gegenüber den Menschen", als „one", „single community distinct from (other) people". Diese Behauptung, dieser Anspruch war derart außergewöhnlich und geradezu ungeheuerlich, daß die ihr nachfolgenden §§ 3-10 Dinge explizit satzen, die gar nichts gegenüber dem status quo ante verändern, also zu den gewohnten Selbstverständlichkeiten gehören: Sie listen die Gruppen und Stämme der Reihe nach auf und stellen fest, daß diese „bleiben wie sie sind" – eine unverständliche, im Grunde genommen überflüssige Vereinbarung, wenn man nicht unterstellte, daß die Gründung der *umma* der Gläubigen eine enorme Verunsicherung und Erschütterung der Alltagsgewohnheiten darstellte, die durch die §§ 3-10 wieder abgemildert und eingebettet werden mußte. Dieser Vertrag warf eben eine völlig neue Identitätsbehauptung auf[557], indem er die Existenz einer Gemeinschaft der Gläubigen mitten in dem sozialen Funktionsgefüge tribaler Gemeinschaften behauptet, und dies *explizit* als distinkte, abgrenzbare und also potentiell mit der Clanstruktur rivalisierende Gruppe. Denn man darf eines nicht vergessen: im Gegensatz zum Clan, der mit seinen Solidaritätsressourcen hinter schwer übersteigbaren Geburts- und Abstammungsschranken umsichtig haushaltete, war der umma durch einen einfachen Willens- und Bekenntnisakt beizutreten. Nach einem solchen Akt genoß jeder Neukonvertit die Rechte auf umfassenden Schutz politischer, militärischer, 'polizeilicher' und juristischer Art, wie ihn bisher nur ein Clan gewähren konnte. Weil dieser Schutz egalitär und universell durch die Gesamtheit der *umma*-Mitglieder an jeden einzelnen ('Alle für einen, einer für alle') gewährt wurde, wie der §15 unmißverständlich klarmacht: „...die Schutzgewähr des Geringsten verpflichtet alle", war dieses System im Vergleich zum Clan viel aggressiver auf Inklusion und soziale Expansion angelegt. Die *umma* war recht eigentlich ein Fehdehandschuh, den Mohammed dem tribalen Prinzip vor die Füße warf – eine regelrechte Kriegserklärung an die seit alters geltenden Vergemeinschaftungs-Gebräuche.

Interessant für die Analyse der islamischen Gemeinschaftsbildung und der Entwicklung ihres Gemeinschaftsbewußtsein und ihrer Eigenidentität ist natürlich weiterhin Mohammeds Umgang mit den Juden. Die Inklusionsstrategie der monotheistischen, antimagischen Propaganda und Argumentation

---

557 Gibbs Übersetzung „over against mankind" mag übertrieben klingen, ist aber möglicherweise zur Beschreibung der Gefühlslage der Beteiligten am symptomatischsten: Etwas Neues, Außeralltägliches hatte das Licht der Welt erblickt. Dem tut die Erkenntnis neuerer Forschung, daß es bereits im vorislamischen Arabien nicht-tribale Vergemeinschaftungen zur Verteidigung heiliger Schreine und ihrer Bezirke, den sogenannten „mahrams" gab, keinen Abbruch, denn Medina war bis dato kein solcher (Serjeant 1964: The 'Constitution of Medina': 12).

konnte ihnen gegenüber natürlich nicht funktionieren. Ihre Resistenz gegen Missionierungsversuche ist oben schon anhand der Entwicklung des Urchristentums besprochen worden. In der Gemeindeordnung von Medina fällt auf, daß das Wort 'Muslim' als Gegensatz zu 'Jude' gebraucht wird, das Wort Mu'min hingegen nicht.[558] Überhaupt bildet das Verhältnis zwischen den arabischen und den jüdischen *Umma*-Mitgliedern (falls sie als solche galten) einen äußerst schwierigen Fall einer Balance zwischen sozioreligiöser Solidarisierung und ebensolcher Distinktion. Es scheint bereits unklar, ob mit dem Wort 'Yahud' in der Gemeindeordnung ein Jude gemeint ist oder ein Ex-Jude, der sich nun auch religiös zu Mohammeds Prophetentum und Führungsanspruch bekannte. Es helfen auch diejenigen Textstellen nicht weiter, in denen die Juden als mawla, halif oder jar bezeichnet werden, denn mawla und jar können beide Seiten einer Patronage- oder Schutzbeziehung genannt werden[559] und bei halif bleibt unklar, ob er gleich- oder niedrigergestellt ist. Es gibt jedenfalls historisch überlieferte Anhaltspunkte dafür, daß das Sühnegeld für Juden im damaligen Arabien in aller Regel niedriger war als das für Vollmitglieder arabischer Stämme und das Mohammed diesen Unterschied beseitigte und hier Parität herstellte.[560] Auch hier hätte Mohammed damit am tribalen Prinzip gekratzt, zumal bekannt ist, daß die Juden anfangs in den ersten militärischen Expeditionen der *Umma* aktiv mitkämpfen durften – ein Recht, daß nur denen zustand, die nicht als Schutzbefohlene galten. An der zumindest anfänglichen und zeitweiligen Absicht der Vertragsschließenden, die Juden als *Umma*-Mitglieder zu betrachten, kann letztlich also wohl kein Zweifel bestehen, genausowenig wie an der späteren gänzlichen Aufgabe dieser Absicht. Die oben angestellten theoretischen Erwägungen hatten bereits auf die Bedeutung der Markierung derjenigen hingewiesen, die inkludiert oder exkludiert werden sollen. Da die Juden im Vertragstext selbst dort noch als Juden bezeichnet werden, wo sie einem arabischen Stamm zugerechnet werden, bleibt ihre gesonderte Markierung bestehen. Wenn das tribale Prinzip den Quellen als der einzige legitime Modus der Vergemeinschaftung gilt, wird man in ihnen vergeblich nach Beispielen für die Arabisierung von Juden suchen. Tribalismus und Ethnizität kennen offiziell keine 'Konversionen', denn das wäre ein Selbstwiderspruch.

---

558 Serjeant 1964: The 'Constitution of Medina': 13.
559 Das heißt: mawla kann sowohl Herr wie Klient bedeuten und jar kann sowohl Beschützer wie Schutzbefohlener bedeuten (Serjeant 1964: The 'Constitution of Medina': 15).
560 Serjeant 1964: The 'Constitution of Medina': 15.

8.4 Die UMMA – Realität oder Utopie?

Der Begriff '*Umma*' ist nach dem Sprachgebrauch des Korans am ehesten als 'Volk' oder 'Gemeinde' zu übersetzen. Etymologisch gesehen ist der Begriff nicht arabischen Ursprungs, sondern ein Lehnwort aus dem Hebräischen oder Aramäischen.[561] Jedenfalls hat erst Mohammed dafür gesorgt, daß '*Umma*' ein Terminus mit einer spezifisch islamischen Bedeutung wurde. Der Gebrauch des Wortes ist sehr uneinheitlich, aber als gemeinsames Merkmal aller verschiedenen Verwendungsweisen kann festgehalten werden, daß es bei der *umma* oder den *umma*'s stets um Gemeinschaften geht, die in Beziehung zum göttlichen Heilsplan stehen.[562]

In Koran und Hadith wird das Wort '*umma*' 64 Mal benutzt, oft in der Absicht, eine Wesenseinheit der Muslime in den verschiedensten sozialen und kulturellen Umwelten auszudrücken. Die *Umma* ähnelt in ihrer Bedeutung der von Dar al-islam als Gegensatz zu Dar al-harb.[563] Man kann innerhalb des Korans jedoch eine Bedeutungswandlung des Begriffs '*Umma*' beobachten. Der Beginn der Verwendung dieses Wortes durch Mohammed fällt mit dem oben dokumentierten Gründungsakt der Gemeinde von Medina zusammen. Hatte Mohammed die Gruppe derjenigen, zu denen Allah den Propheten gesandt hat, zunächst meist als 'quawm' angesprochen, das heißt als 'Stamm' oder 'Clan', so wechselt der Begriff für diese nach der Hedschra zu '*umma*'.[564] In der Gemeindeordnung von Medina ist '*umma*' jedenfalls ersichtlich kein rein religiöser Gemeinschaftsbegriff. Anstatt die ethnischen oder tribalen Grenzen zu beseitigen, beläßt Mohammed sie bestehen und versucht stattdessen, die tribalen Gruppen Medinas durch die Gründung einer *umma* zueinander in eine solidarische Beziehung zu bringen. Diese neuartige Vereinigung ist 'nach innen geschlossen', insofern sie im wesentlich eine intertribale Vertragsgemeinschaft darstellt, eine Föderation von Stämmen. Um ihr beitreten zu können, war es zumindest in den ersten Jahren ihres Bestehens nicht unbedingt erforderlich, Muslim zu werden, auch jüdische und heidnische Gruppen waren dem Pakt als Partner willkommen. Das erkennt man an der in §1 gebrauchten Formulierung, wonach der Vertrag geschlossen wird „zwischen den Gläubigen und den Muslimen von Quraisch und Jathrib *und denen die ihnen folgen* und so fort. Der §2 'tauft' die Vertragsgemeinschaft dann auf die Bezeichnung *umma* und stellt sie den anderen Menschen gegenüber. Diese For-

---

561 Watt will '*umma*' letztlich von einem sumerischen Wortstamm ableiten (Watt 1977: Muhammad at Medina: 240).
562 Paret 1934: UMMA.
563 Dallal 1995: Ummah.
564 Die Verwendungsweisen des Wortes '*umma*' in den frühesten Suren sind noch wenig distinkt. So heißt es z. B. in Sure 6, 38, daß auch die Tiere ummas bildeten wie die Menschen. Zu den philologischen Details vgl. Watt 1977: Muhammad at Medina: 241ff. und Dallal 1995: Ummah.

mulierung ist ein klarer Hinweis darauf, daß Mohammed hier den Versuch unternimmt, der Vertragsgemeinschaft über die vorhandenen tribalen Bande hinaus ein Sonderbewußtsein von sich selbst zu vermitteln. Dallal stellt hierzu fest: „*Umma* here is a concept of daily life that also stands for a certain kind of identity and defines a social unit"[565].

Im Sprachgebrauch des Koran hingegen werden in der überwiegenden Zahl der Fälle diejenigen menschlichen Gemeinschaften als *umma* bezeichnet, zu denen Gott einen Propheten gesandt hat, also im wesentlichen die Juden, die Christen und die Muslime. Daraus folgert Watt: „*ummah* comes to mean more and more a religious community"[566], was m. E. aber einen Fehlschluß darstellt, da die Adressatenschaft eines Propheten nicht dadurch definiert werden kann, daß sie von einem Propheten adressiert wird, das wäre tautologisch. In Wahrheit sind die Prophetien-empfangenden Völker bereits vorab durch ethnischen Gemeinsamkeitsglauben konstituiert. Es gab das Volk Israel, bevor Moses kam, es gab das Volk der Araber, bevor Mohammed kam – ein Problem ist nur: zu welchem 'Volk' ward Jesus geschickt? Wahrscheinlich ist nach allem Gesagten, daß in der Vorstellung Mohammeds die Byzantiner die '*umma*' darstellen, zu denen Gott Jesus als ihren Propheten geschickt hat.

Unter diesen verschiedenen *umma*s läßt der Koran die muslimische *umma* nun durch verschiedene Sondermerkmale hervorstechen: So sei sie die '*umma* der Mitte' (Suren 2,143; 3,110; 4,41; 16,89), weil sie zwischen dem christlichen Extrem der Übertreibung des Religiösen und dem jüdischen Extrem des Mangels an Religion die Balance hielte.[567] Sie sei schließlich „die beste" *umma* (Sure 3,110) und im Gegensatz zu den älteren Prophetien sei Mohammeds Mission an alle Menschen gerichtet (Sure 7,158), seine *umma* also eine universale. Im Koran gilt die *umma* auch als einst bestandene, heute aber verlorene Ureinheit (Sure 10,19) oder als fernes Ideal (Suren 2,213; 5,48; 11,118; 16,93; 42,8).

Historisch und soziologisch von entscheidender Bedeutung ist, was in der Gemeindeordnung von Medina der §15 zum Ausdruck bringt: „Die Schutzgemeinschaft Gottes ist eine einzige und allgemeine". Die aus dem tribalen System bekannte militärische Schutzgarantie und -verpflichtung wird angebunden an den universellen Einheitsgott und, in den anderen Artikeln, seinen Gesandten. Es heißt, die Schutzgewähr des Geringsten verpflichte alle – offensichtlich ein egalitäres und – im Widerspruch zur tribalen 'Schließung nach innen' die Stammessolidarität ersetzendes Prinzip.

Man muß also zusammenfassend feststellen, daß die islamische Gemeinschaft sich zunächst stets als Verbund von Clans verstand, die jeweils mit Mohammed und der ursprünglichen Kerntruppe von Medina in konföderative

---
565 Dallal 1995: Ummah: 268.
566 Watt 1977: Muhammad at Medina: 241.
567 Peters 1994: A Reader on Classical Islam: 106.

Beziehungen traten, daß der Prophet aber andererseits von Beginn an ein internes egalisierendes, mit universalistischem religiösen Gedankengut verbundenes Prinzip in diese Konföderation eingebaut hatte. Damit konnte Mohammed der inneren, tribalen Zerklüftung der Gemeinschaft seiner Anhänger etwas entgegensetzen.[568] Weber zufolge geschah dies, um durch innere Befriedung die Schlagkraft der Truppe nach außen zu vergrößern (WuG 271). Dieser Gedanke ist sicherlich richtig angesichts der Situation äußerer Bedrohung, in der sich das relativ kleine medinensische Bündnis anfangs befand. Allerdings ist auffällig, daß sich dieses Bündnis nach der Eroberung Mekkas und der rapiden Zunahme der Beitritte und Konversionen immer seltener als 'umma' bezeichnete und die Stammesbegriffe verlorenen Boden wieder gut machen konnten.[569] Dennoch blieb ein Sinn von Brüderlichkeit in einer *umma* als Gemeinschaft der Muslime bestehen, und zwar desto stärker, je weniger man diesen Begriff als einen politischen und je stärker man ihn als einen religiösen betrachtet.

Die Selbstbezeichnung einer der wichtigsten islamischen religiösen Vereinigungen als 'Muslim-Bruderschaft' ist in dieser Hinsicht symptomatisch.[570] Im dritten islamischen Jahrhundert beginnen einige Gelehrte, die Differenzierung zwischen Religion und Politik auch in gemeinschaftsbezogener Hinsicht auf Begriffe zu bringen, die Religionsgemeinschaft trägt dann die Bezeichnung 'millah', '*umma*' steht dann nurmehr für die soziopolitische Gemeinschaft.[571]

Die meisten Autoren sind sich darin einig, daß die *umma* als Ideal und Norm unbefragt weitergewirkt hat und zumindest in dieser Form die völlig andersartige politische Realität und den Säkularisierungsprozeß überdauert: „The gradual secularization of public life has curtailed political and legal expressions of the idea of the *ummah*, but its significance as a source of social identity persists in the Islamic world"[572].

So wenig man also letztlich die soziohistorische Prägung der islamischen religiösen Tradition durch feudale Kriegerschichten leugnen kann, so sehr zeigen sich doch in der Idee der *umma* und ihres Gestaltwandels wirkmächtige Züge einer Friedensgemeinschaft und eines Brüderlichkeitsideals.

---

568 Mohammed hat angeblich geäußert, es gebe keine Bündnisse innerhalb des Islams. Watt hält diese Überlieferung für glaubwürdig, weil eine über die islamische Glaubensbruderschaft hinausgehende Sonderbeziehung einer Verleugnung des Islams gleichkäme, da sie die Schutzgewähr Mohammeds als unzureichend auffasse (Watt 1977: Muhammad at Medina: 248).
569 Watt 1977: Muhammad at Medina: 247, 302.
570 Watt 1977: Muhammad at Medina: 301.
571 Dallal 1995: Ummah: 269.
572 Dallal 1995: Ummah: 269.

Kapitel 9 Gemeinschaftsbildung im Hinduismus – die ‚gentilcharismatische' Kaste?

9.1 Kastenbegriff und Kastenbildung

Das Kastenwesen wird häufig als 'Bazillus' aufgefasst, der in der Erde Indiens wohnt. Zu eine derartigen Metapher greift man als Beobachter der indischen Gesellschaft leicht, wenn man sich die für uns so merkwürdige Erscheinung des indischen Kastenwesens und dessen hartnäckigen Bestand vor Augen führt. Auch Weber richtet sein Hauptaugenmerk in seiner Hinduismusstudie auf das Kastenwesen. „Ohne Kaste gibt es keinen Hindu" (RS II 31) lautet eine seiner Formulierungen. Eine andere bezeichnet Indien als Land „der denkbar unerschütterlichsten geburtsständischen Gliederung"[573]. Welche Schwierigkeiten auch immer dabei auftauchen, den Begriff 'Hinduismus' präzise mit Inhalt zu füllen[574], am Kastenwesen kommt man offenbar nicht vor-

---

573 RS II 1f. Mit dem Ausdruck „geburtsständische Gliederung" ist im Falle Indiens die Kastenordnung gemeint. Man übersieht leicht, daß Weber Indiens geburtsständische Ordnung zu den rationalen Entwicklungen in Wirtschaft, Politik und Kultur von Beginn an in einen scharfen Gegensatz stellen will. Da Weber darauf hinaus will, daß Indien trotz seines regen Binnen- und Außenhandels, trotz des weitentwickelten Kreditgeschäftes, trotz der rationalistisch-aufklärerischen Einflüsse der Hellenen, Juden, Zarathustrier und Moslems und trotz der dem Okzident zeitweise nahekommenden Städteentwicklung den modernen Kapitalismus nur als Importprodukt und „fertiges Artefakt" (RS II 4) vom Westen übernahm, ohne selber „autochthone Anknüpfungspunkte" (ebd.) für ihn bereitzuhalten, ruht die gesamte Erklärungslast für das Ausbleiben der kapitalistischen Entwicklung in Indien auf dem Phänomen der geburtsständischen Ordnung.

574 Die Indien-Forschung ist sich uneinig, ob es 'den Hinduismus' überhaupt gebe und ob er eine Religion darstelle.Vgl. Schluchter 1988b: Religion und Lebensführung 2: 115f.; Gupta 1984: Probleme der Bestimmung; Kulke 1984: Orthodoxe Restauration. Fuchs geht so weit zu behaupten, daß weder Orthodoxie noch Orthopraxie noch irgendein anderer vergleichbarer Begriff auf Indien anwendbar sei, da niemand sagen könne, was die Norm und was das Abweichende sei, Fuchs 1988: Theorie und Verfremdung: 268f.. Diese Argumentation stützt sich auf die Vielfalt und Komplexität der indischen Kultur und Gesellschaft. Doch erscheint jede Gesellschaft komplex, wenn man erwartet, mit Begriffen gesellschaftliche Realität möglichst umfassend abzubilden. Wissenschaft verlangt hingegen methodische Selektivität und kontrollierten 'Realitätsverlust' im Sinne der Abstraktion, die im Dienste der Erklärung steht, die über bloße Einzelfälle hinaus auf eine Regelhaftigkeit rekurrieren muß, also: relativ abstrakt sein muß. Ansonsten erhält man eine idiographische Deskription mit bestenfalls diffusem explanatorischen Potential. Fuchs wirft Weber und Dumont vor, eine Verfremdung Indiens im Sinne einer Orientalisierung zu betreiben, und zwar durch "Intellektualismus" als ihrer bevorzugten Methode, i. e. der Simplifizierung eines Kulturkomplexes durch dessen Erfassung in einigen wenigen Theoremen. Wie aber sonst als durch kontrollierte Vereinfachung und Zusammenfassung sollte man einen Kulturkomplex erfassen? Fuchs wirft Weber und Dumont weiterhin vor, durch die Orientalisierung eine Polarisierung des Mensch-Seins zu treiben: Weber trenne Kulturmenschen (=Protestanten in religiöser oder säkularer Version) und die irrationalen vormodernen

bei.⁵⁷⁵ 'Hinduistische Gemeinschaftsbildung' in Anlehnung an Max Weber zu untersuchen bedeutet folglich, sich dem Phänomen der *Kaste* unter der Frage zuzuwenden, ob die Kaste eine religiöse Vergemeinschaftung in dem oben definierten Sinne ist: Beruht ihr Bestand auf einem Zusammengehörigkeitsgefühl? Ist sie mit Charismavorstellungen verknüpft und heilsgüterrelevant? Behauptet sie sich in der Konfrontation mit säkularen oder modernen Vergesellschaftungsformen?⁵⁷⁶

Richtet man diese Fragen an Webers Hinduismusstudie, so entsteht zunächst eine gewisse Ratlosigkeit ob der unüberschaubaren Fülle und nur schwach geordneten Vielfalt der von Weber angehäuften Argumente und Einzelfakten. Man hat sich nicht ganz zu Unrecht darüber beschwert, daß Weber in seiner Hinduismusstudie „die Begriffe Gemeinschaft, Verband und Ordnung mit dem Begriff System synonym" verwende, aber keinen dieser Begriffe „bei seiner Verwendung im indischen Kontext irgendwie näher" bestimme.⁵⁷⁷ Zwar rühmt selbst der ansonsten durchaus Weber-kritische Dumont, einer der kundigsten Indologen unter den Soziologen, Webers Hinduismusstudie als „ein Wunder an soziologischer Einfühlungsgabe und Phantasie", doch scheint selbst in diesem positivem Urteil noch etwas von einem skeptischen Erstaunen über den Materialreichtum der Weberschen Studie durch.⁵⁷⁸

Unter Zuhilfenahme der im ersten Teil geleisteten Begriffs- und Theoriearbeit kann diesem Mangel der Weberschen Religionssoziologie aber mit Webers eigenen Mitteln abgeholfen werden.⁵⁷⁹

Massen, Dumont den (als authentisch positiv gewürdigten) homo hierarchicus vom (negativ als unauthentisch dargestellten) modernen homo aequalis (Fuchs 1988: Theorie und Verfremdung: 632ff.). Ich sehe dagegen keinen Beweis für die Behauptung, Weber habe Nicht-Protestanten die Kulturmenschlichkeit absprechen wollen. Die Fähigkeit zur Sinnstiftung und Stellungnahme zur Welt ist eine methodologisch-anthropologische Prämisse Webers und nicht als materiales Urteil über bestimmte empirische Menschen gedacht.

575 Die Kaste liefert in diesem Sinne eine wichtige positive Bestimmung für den Begriff „Hindu", der ansonsten daher rührt, daß die muslimischen Eroberer jene Inder so nannten, die nicht zum Islam konvertierten (RS II 4). Ob man der 'Hinduismus' notwendigerweise mit Hilfe des Kastenwesens bestimmen sollte, dazu s. unten mehr.

576 Mit dieser Fragestellung steht fest, daß von einer Behandlung des Buddhismus im Interesse einer Konzentration auf das Phänomen der Kaste abgesehen werden muß. Zur Frage von Heterodoxie und Orthodoxie vgl. unten die Bemerkungen zu Kulke.

577 Fuchs 1988: Theorie und Verfremdung: 47. Sehr bedenkenswert ist m. E. im übrigen auch die Meinung von Fuchs, daß Weber letztlich nicht kläre, wie aus individuellen Stellungnahmen die Intersubjektivität von Sinn entstehen könne, wie aus Kultur so gemeinsame und geteilte Kultur würde, wie schließlich also Kulturgemeinschaft zustande käme. Vgl. Fuchs 1988: Theorie und Verfremdung: 272.

578 Dumont 1976: Gesellschaft in Indien: 47 Es läßt sich schließlich darüber streiten, ob „Phantasie" ein Gütekriterium wissenschaftlicher Arbeit oder ironische Kritik an ihr ist.

579 Rösel hat diese Interpretationsstrategie namentlich für die Hinduismusstudie schon 1982 vorgeschlagen. Ausgehend vom Problem der Sippen- und Kastenbildung als möglichen Rationalisierungshemmnissen würde eine so angelegte Untersuchung „ironischerweise Max Weber gegenüber Max Weber rehabilitieren: Die allgemeinen (sic!) Begriffsgegen-

Weber betont das Geburtsständische der indischen Sozialstruktur in seiner Hinduismusstudie. Das Gewicht dieses Argumentes wird deutlicher, wenn man es in einen Zusammenhang mit seinen Protestantismusaufsätzen stellt. Im Sektenaufsatz sagt Weber über die amerikanische Demokratie,

„daß sie nicht ein formloser Sandhaufen von Individuen, sondern ein Gewirr streng exklusiver, aber voluntaristischer Verbände war ... Wenn sie bis vor nicht langer Zeit, das Prestige der Geburt und des ererbten Reichtums, des Amts und der diplomierten Erziehung nicht oder doch nur in einem so geringen Grade anerkannten, wie dies sonst in der Welt nur sehr selten der Fall war und ist, so war sie doch weit davon entfernt, jeden Beliebigen mit offenen Armen als gleichgestellt zu rezipieren" (RS I 215f.).

Vergleicht man auf diese Weise die indische und die amerikanische soziale Gliederung miteinander, so scheint der entstehende Kontrast nicht größer sein zu können: Hier die „denkbar unterschütterlichste geburtständische Gliederung", dort eine welthistorisch und weltweit nahezu unerreichte Mißachtung des „Prestige(s) der Geburt". Nichtsdestotrotz verwendet Weber den Begriff der Kaste auch im amerikanisch-protestantischen Kontext, wenn der „ungeheure, exklusive Kastenstolz" (RS I 233) der neuenglischen Sektierer zur Debatte steht, der sich eben nicht Geld- und Machtmitteln verdanke, sondern die Haltung einer religiös-literarischen Aristokratie sei. Amerikanische Sekten und indische Kasten gleichen sich in Webers Augen in ihrer strengen Exklusivität, unterscheiden sich aber fundamental dadurch, daß die ersteren 'voluntaristisch', letztere aber 'geburtsständisch' seien. Diese Dichotomie von Voluntarismus und geburtsständischem Prinzip bei offenbar gleich hoher Exklusivität und ähnlich starkem sozial-evolutionärem Durchsetzungsvermögen soll im folgenden geklärt werden.

9.2 Die Rolle der Ethnizität

Weber bezeichnet den Hinduismus als 'Geburtsreligion' und macht darauf aufmerksam, daß ein individueller Beitritt zum Hinduismus theoretisch ausgeschlossen sei.[580] Die übliche Form der Mitgliedergewinnung gehe so von-

---

sätze aus Webers Hauptwerk „Wirtschaft und Gesellschaft" ... müßte sie unbeeinflußt von präjudizierendem Material und der von ihm vorgenommenen Argumentations-Selektivität, unter dem Gesichtspunkt der hier vorgelegten Kritik gleichgewichtig in die Themenstellung hineintragen." (Rösel 1982: Die Hinduismusthese Max Webers: 97).

580 RS II 6. Bemerkenswerterweise schließt Weber an diese Feststellung seine Sekten- und Kirchendefinition an. Erstere zeichne sich dadurch aus, daß sie bestimmte Qualifikationen des Beitrittsaspiranten zur Beitrittsvoraussetzung mache, während die Kirche nach Geburt rekrutiere oder ansonsten Einzelaufnahmen an die Bedingung knüpfe, gewisse Ritualhandlungen zu vollziehen. Die Geburtsreligion schließlich erscheint hier als dritter Typus: eine Aufnahme in sie ist nur und ausschließlich durch Geburt möglich.

statten, daß ein Kollektiv nach erfolgter Assimilation an hinduistische Gewohnheiten mit der Fiktion bedacht wird, von jeher der Hindu-Gemeinschaft angehört zu haben (RS II 14f.). Man kann seine Hindu-Mitgliedschaft verlieren, wenn man schwere religiöse Frevel begeht. Daher rührt der Exklusivismus der Kasten. Die Expansions- und Beharrungsfähigkeit des Hinduismus erklärt Weber mit dem Argument, daß diese Religion den Privilegierten die denkbar günstigste und nachhaltigste Legitimation für ihre Vorrangstellung verschaffe. Der Hinduismus ist demnach eine 'Legitimierungsreligion' par excellence.[581] Die bemerkenswerte Toleranz und Pluralität in der religiösen Landschaft Indiens nimmt Weber als Indiz dafür, daß der Hinduismus wohl doch etwas anderes sei, als das, was christlich geprägte Betrachter sich unter einer Religion vorstellen. Er findet für die indische Religiosität daher den Begriff 'Ritualismus' (RS II 26), weil anstelle einer Dogmatik das Dharma-Ritual und die mit ihm verbundenen Ritualpflichten das Entscheidende seien. Ob der Hinduismus darüberhinaus eine Buchreligion sei, ist zu bezweifeln, weil seine heiligen Schriften, die Veden, ohne jenen normativen und vor allem ethischen Anspruch und Impuls auftreten, wie ihn die Thora-, Bibel- und

---

581 Zu Konfuzianismus als 'politischer Religion' vgl. unten. Beläßt man das Argument in dieser Form, ist freilich nachzufragen, warum die Benachteiligten in Indien nicht, in anderen Kulturen aber schon einmal genügend Einfluß haben können, den Komplex von Privilegierung und deren religiöser Legitimation aufzubrechen. Die Geltung einer Legitimierungsreligion kann schließlich sowohl eine Konsequenz wie eine Ursache der Herrschaft der Privilegierten sein. Das eigentliche explanandum ist also die relative Einflußlosigkeit und Schwäche der Unterprivilegierten Indiens. Diesem Einwand begegnet Weber immer wieder mit dem Hinweis, daß gerade die Angehörigen der niedrigen Kasten am unbeirrtesten ihre Ritualpflichten erfüllen und die größte Kastentreue aufwiesen (RS II 122; WuG 300), womit sie natürlich die Geltung der Legitimierungsreligion perpetuieren. Kann man das dadurch erklären, daß sich die überwiegende Mehrheit der Hindus als relativ Privilegierte fühlt, daher Bedürfnis nach und Interesse an seiner Geltung zu haben glaubt? Schließlich sichert die Geltung des Kastensystems den meisten ihr, wenn auch bescheidenes Auskommen, indem Berufe und Absatzchancen monopolisiert werden. Das reicht dann aus, um den verbliebenen Rest derer, die sich trotzdem benachteiligt fühlen, so klein und schwach zu halten und so um jegliche Organisationschance zu bringen, daß Revolutionen ausgeschlossen scheinen (vgl. WuG 266, zur Abwesenheit revolutionärer Prophetie in Indien WuG 270, vgl. auch RS II 16). Übrigens ist zum hier geprägten Begriff der 'Legitimierungsreligion' noch ein Gedanke hinzuzufügen, der Webers Theorie naheliegt, aber in ihr nicht ausgeführt ist: Weber zufolge beruht das Würdegefühl der Privilegierten auf dem „Bewußtsein" der 'Vollendung' ihrer Lebensführung als eines Ausdrucks ihres qualitativen, in sich beruhenden, nicht über sich hinausweisenden 'Seins'" (WuG 299), das Würdegefühl der Deprivierten hingegen auf Verheißung, Mission oder Beruf. Aus diesem Zusammenhang ließe sich die Hypothese ableiten, daß Voluntarismus mit Erlösungsreligiosität und das geburtsständische Prinzip mit Legitimierungsreligiosität korreliert. Denn jenes 'Sein' der Privilegierten ist dem Gedanken eines Status qua Geburt innerlich adäquat, in beiden kommt die Unveränderlichkeit einer 'Natur' zum Ausdruck. Dem steht das Wollen und Streben, eben die voluntas, des Menschen als Veränderungswillen und freier, nicht gänzlich durch Natur determinierter Akt entgegen, der dann der Zukunftsorientierung und dem Missionarismus der Erlösungsreligiosität der Unterprivilegierten 'innerlich adäquat' wäre.

Koran-Gläubigen kennen. Alle weiteren Charakteristika des Hinduismus stehen in Verbindung mit dem Phänomen der Kaste.

Von der Kaste war bereits die Rede im Zusammenhang mit dem Judentum, das Weber als „Pariavolk" beschrieben hatte.[582] Folgende Wesensmerkmale der Kaste müssen nach dem dort Gesagten festgehalten werden: ihr Status als Teil eines größeren politischen Verbandes, ihre ökonomische Spezialisierung auf einen oder einige wenige Berufe, strenge Endogamieregeln, enge Schranken für Kommensalität, keine Verbrüderung und keine individuelle Mobilität zwischen den Kasten und schließlich eine auffällige Rangordnung der verschiedenen Kasten zueinander.[583]

Die 'Kaste' stellt somit für Weber eine Steigerungsform des 'Standes' dar.[584] Begriffliches Proprium der Kaste ist dem Stand gegenüber das *religiöse* Element des sozialen Absonderungsverhaltens.[585] Angesichts der oben gezeigten Unklarheiten im Begriff 'Religion' schließt sich hier aber nun unweigerlich eine Frage an: Woran erkennt man, daß ein hierarchisierendes und separierendes soziales Handeln neben rechtlichen und konventionellen auch noch religiöse Motive und Garantien aufweist?

---

582 Siehe oben.
583 Mit Dumont läßt sich Webers Kastenkonzept dahingehend ergänzen, daß diese Rangordnung ausgerichtet ist an einem Komplex von Vorstellungen über Reinheit und Unreinheit, der damit zum zentralen Bezugskriterium der Kasten-Hierarchie wird (Dumont 1976: Gesellschaft in Indien: 74f., 79). In Fragen der Eheschließung ist die Kastenzugehörigkeit in Indien bis auf den heutigen Tag von ausschlaggebender Bedeutung, wenn sie auch gerade in den städtischen Milieus in vielen anderen Belangen wie etwa den Speisevorschriften in den letzten Jahrzehnten zunehmend in den Hintergrund trat. Stattdessen wird offenbar die Zugehörigkeit bzw. Nichtzugehörigkeit zu einer sog. „Mittelklasse" zum beherrschenden Motiv der sozialen Aspiration (Rothermund 1994: Indien: 234).
584 Dumont bemängelt an Webers Kastenbegriff, daß offenbleibt, ob die 'Steigerung' des Hierarchischen ins Rituelle und Magische historisch-genetisch gemeint sei oder aber lediglich logisch-begrifflich zu verstehen sei. Mir erscheint unzweifelhaft, daß letzteres der Fall ist, zumal Weber sich bewußt war, daß die historischen Ursprünge und Frühentwicklungen des Kastensystems unbekannt sind und wohl bleiben werden.
585 Weber spricht von der „Steigerung und Transponierung dieser sozialen Abschließung ins Religiöse oder vielmehr ins Magische" (RS II 44). Schluchter grenzt die Kaste von dem Typus, der ihr begrifflich am nächsten kommt, dem Geburtsstand, dadurch ab, daß er die Kaste religiös, den Geburtsstand aber rechtlich „abgesichert" sieht: „Zu den üblichen Schranken kommen rituelle hinzu" (Schluchter 1988b: Religion und Lebensführung 2: 110). Eine rechtliche Absicherung liegt vor, wenn ein eigens eingerichteter Stab die Einhaltung der Standes- oder Kastenregeln erzwingen kann. Ohne vorangegangene Zentralisierung von Zwangsgewalt könnte ein solcher Stab seine Aufgabe nicht erfüllen. Existierte für das Kastensystem Indiens eine derartige Zentralisierung oder ein ebensolcher Zwangsapparat? Oder wurden die Kastenregeln durch konventionelle Mittel implementiert, also etwa durch kollektiven Boykott oder Exkommunikation? Wenn ich es recht sehe, ist dies gerade die Frage, die A. M. Hocart's und im Anschluß an ihn D. Quigley's Studien über das Verhältnis von „kingship" und „kinship" wieder neu aufgeworfen haben: Quigley 1993, 1995: The Interpretation of Caste. Auch Weber scheint in dieser Frage unentschlossen, wenn er die Geltung der Kastenregeln einerseits vom Königtum (RS II 108), andererseits vom Gentilcharismatismus abhängig macht (RS II 57).

9.3 ‚Gentilcharismatik'

Zunächst ist das Problem der Ethnizität für diese Frage von Bedeutung. Es spielte schon bei der Beschreibung sozialer Stände eine Rolle. Ständische Ehrbegriffe und ethnischer Stammverwandtschaftsglaube können sich zu einer Vorstellung von 'ethnischer Ehre' amalgamieren und sich dann gegenseitig verstärken. Dieser Mechanismus ist in Webers Augen an der Genese einer Kastenordnung beteiligt. Die Wahrscheinlichkeit, daß sich eine ständische Gliederung zu einer kastenartigen steigert, steigt mit der Neigung der Standesangehörigen, die Standesunterschiede auf ethnische Unterschiede zurückzuführen. Die Ethnifizierung einer Standesgliederung ist aber nicht als eine notwendige Bedingung der Kastenbildung gedacht, sondern nur als ein der Kastenbildung förderlicher Umstand. Das heißt aber auch, *daß eine ethnifizierte Ständeordnung allein noch keine Kastenordnung darstellt.*[586]

Weber versuchte seinen Zeitgenossen wiederholt aufzuzeigen, wie zweifelhaft kulturwissenschaftliches Argumentieren mit dem Faktor 'Ethnizität' ist.[587] Wenn Weber aber auch im Fall seines Kastenbegriffs Ethnizität nicht

---

586 Dumont kritisiert Webers Art, Beziehungen zwischen Ethnizität und Kaste herzustellen. Er unterstellt Weber die Behauptung, Kastenmitglieder hegten einen Stammverwandtschaftsglauben und „die Kaste entstünde aus einer Verbindung von 'Statusgruppe' und 'ethnischer Gemeinschaft'": „Tatsächlich besteht Weber auf dem Unterschied zwischen der Vergesellschaftung einer sogenannten ethnischen Gruppe, einer Volksgruppe, eines 'Paria-Volkes', das nur wegen seiner wirtschaftlich unbedingt notwendigen Tätigkeiten geduldet wird (...) und der aus Statusgruppen oder auch Kasten bestehenden Gemeinschaft. Wenn ich will, wird die Schwierigkeit in der endgültigen, abschließenden Formel sichtbar, die die beiden durch einen künstlichen Übergang von der Gesellschaft zur Gemeinschaft miteinander versöhnen soll (...): 'Eine umgreifende Vergesellschaftung, die ethnisch geschiedene Gemeinschaften zu einem spezifischen, politischen Gemeinschaftshandeln zusammenschließt'. Die Sondergruppe läßt also eine Hierarchie der Ehre zu, während gleichzeitig ihr ethnischer Unterschied zu einem Funktionsunterschied wird (Krieger, Priester, usw.). So bemerkenswert die Verbindung und Abwandlung von Hierarchie, der ethnischen Verschiedenheit und der Arbeitsteilung auch sein mag, man fragt sich, ob Weber hier nicht auf Glatteis geraten ist, als er 'ethnische' Überlegungen mit einer hierarchischen Anschauung verknüpfen wollte, indem er die sehr weit verbreitete Vorstellung vom rassischen Ursprung des indischen Kastensystems und die Ausnahmesituation gewisser Minderheiten (Juden, Zigeuner) innerhalb der westlichen Gesellschaften in einen Topf warf." (Dumont 1976: Gesellschaft in Indien: 290f.). M.E. ist nicht Weber auf indologisches Glatteis als vielmehr Dumont auf 'weberologisches' Glatteis geraten, nämlich Webers laxen, mißverständlichen und wechselhaften Umgang mit dem Begriff 'Gemeinschaft'. Die von Dumont angesprochene Stelle (WuG 536) setzt nicht die Ethnie als einer „Vergesellschaftung" dem Verbund von Kasten als einer „Gemeinschaft" gegenüber. Auch beschreibt sie nicht den Prozeß der Verkastung als einen „Übergang von Gesellschaft zu Gemeinschaft" und schon gar nicht hat Weber irgendwo Ethnizität zum Begriffsmerkmal der Kaste gemacht.
587 RS II 123f. Vgl. auch etwa Webers energische Erwiderungen auf A. Ploetz' Rassentheorie (GASS 458ff.) sowie die Einschätzungen Kulkes und Rösels Kulke 1984: Orthodoxe Restauration und hinduistische Sektenreligiosität: 311; Rösel 1982: Die Hinduismusthese Max Webers: 29.

zum Begriffsmerkmal werden läßt, in welchem Verhältnis stehen dann Ethnie und Kaste zueinander? Von einer Kaste kann man Weber zufolge sprechen, wo eine Ständebildung mit einer rituellen Garantie versehen ist. Nicht früher und nicht später, von Ethnie oder Ethnizität ist in der Kasten*definition* keine Rede. „Im übrigen ist der ethnische Ursprung der Ständebildung keineswegs die normale Erscheinung. Im Gegenteil." (WuG 537). Dieser Satz muß auch für die Kasten gelten, da sie eine Variante (eine 'Steigerungsform') der Stände darstellen. Webers Aussagen zum Problem der Ethnizität, die er im §6 von Kapitel 7 (Politische Gemeinschaften) („Klassen, Stände, Parteien") macht, sind empirische Aussagen, keine definitorischen. Das gilt auch für die Feststellung: „Die 'Kaste' ist geradezu die normale Form, in welcher ethnische...Gemeinschaften miteinander 'vergesellschaftet' zu leben pflegen" (WuG 536). Es ist *empirisch* 'normal', daß eine Kaste ethnisch homogener ist als ihre Umwelt, begrifflich notwendig ist es nicht. Das Kastensystem konserviert ethnische Segregation, wenn in ihm Kastengrenzen mit ethnischen Grenzen zusammengefallen sind, (wenn beispielsweise, wie in Indien oft geschehen, Nachbarstämme durch Verkastung kollektiv hinduisiert wurden). Dafür sorgt das kastenbedingte Endogamiegebot. Wenn zwischen den Kasten nicht geheiratet werden kann, dann auch nicht zwischen den verkasteten Ethnien, folglich kommen ‚offiziell' keine Nachkommen ethnisch verschiedener Eltern zur Welt: Kaste und Ethnie bleiben unweigerlich in Deckungsgleichheit, wenn sie erst einmal in diese geraten sind.

Dumont unterstellt Weber die Behauptung, die Kaste sei „Vergesellschaftung einer sogenannten ethnischen Gruppe"[588]. Ein solcher Prozeß wäre gleichbedeutend mit der Überführung einer ethnischen Einverständnisvergemeinschaftung in eine ethnische Vergesellschaftung. Dies ist denkbar, so wie aus einer Sprachgemeinschaft eine Sprachvergesellschaftung werden kann, indem sie sich formal organisiert, z. B. wie die auch von Weber angeführte Accademia Crusca es für die italienische Sprachgemeinschaft. Dennoch trifft dies nicht den von Weber gemeinten Fall, vielmehr ist von mehreren Ethnien die Rede, die sich untereinander vergesellschaften. Dies ist jene „umgreifende Vergesellschaftung" die die „ethnisch geschiedenen Gemeinschaften zu einem spezifischen, politischen Gemeinschaftshandeln zusammenschließt".[589]

---

[588] Dumont 1976: Gesellschaft in Indien: 290.
[589] WuG 536. Heestermann sieht hier eine „Glanzleistung" Webers: „(er) fügt die auseinandergehenden Vorstellungen über Bedeutung und Ursprung der Kaste, die zu seiner Zeit gängig waren, in einer bündigen, logisch schlüssigen Formel zusammen". Diese Formel sei ein „Schulbeispiel für seine Verwendung der Begriffe 'Gemeinschaft' und 'Gesellschaft'" (Heesterman 1984: Max Webers Analyse der indischen Sozialstruktur: 72). Heestermann erliegt hier ebenfalls den Fallstricken Weberscher Begriffe. Die hier vorliegende „Formel" ist alles andere als ein „Schulbeispiel" und differiert von Tönnies' Kategorien „Gemeinschaft" und „Gesellschaft" viel weiter als Heestermann glaubt. „Gemeinschaftshandeln" meint hier „soziales Handeln" in der späteren Terminologie der Grundbegriffe von WuG.

Der Ausdruck 'Gemeinschaftshandeln' steht hier für 'soziales Handeln'. Dumont versteht die Entstehung dieses Handelns aber als eine „künstliche" Versöhnung. Dies ist ein Mißverständnis, das durch Webers Sprachgebrauch mitverursacht wurde. Denn jener multiethnische Zusammenschluß ist von Weber nicht als solidarische oder brüderliche Gemeinschaft gedacht worden, sondern als funktionale Vergesellschaftung von Einheiten, die zuvor unverbunden nebeneinander standen. Wenn die Verteilung der Funktionen nicht durch die Ethnien hindurchgreift, sondern jede Ethnie mit einer eigenen Aufgabe betraut wird, suggeriert die 'Hierarchie' der Funktionen den Beteiligten, daß es auch eine Hierarchie der Ethnien gebe, wie oben ausgeführt wurde.

Merkwürdig bleibt an Webers Argumentation allerdings, daß nur vom politischen, nicht aber vom ökonomischen Gemeinschaftshandeln die Rede ist. Denn gerade der ökonomische Aspekt ist doch für das Kastenwesen besonders offensichtlich und relevant, beruht doch das Beieinanderbleiben der Kasten auf ihrem ökonomischen Aufeinander-Angewiesen-Sein.[590]

Wenn feststeht, daß Kasten sich nicht durch ethnische Homogenität auszeichnen müssen, um soziologisch als Kasten zu gelten, daß sie aber dennoch empirisch so gut wie immer ethnisch homogener sind als ihre Umwelt, dann sollte man aus logischen Gründen die Anschlußfrage stellen, ob es dem Kastencharakter einer Kaste widerspräche, wenn sie ihre Mitglieder aus verschiedenen Ethnien rekrutierte. Dem europäischen Feudalzeitalter galten interethnische Eheschließungen für unanstößiger als Ehen zwischen Angehörigen verschiedener Stände. Man könnte also sagen, daß die europäischen Ständeordnungen kein ethnisches Endogamiegebot kannten, daß Stände ethnische Grenzen überwinden konnten unter peinlich genauer Innehaltung ständischer Grenzen. Genau diese Aussage scheint nun für das indische Kastensystem nicht in dieser Weise möglich zu sein, weil es Vorsorge trifft, die ethnischen Grenzen zu wahren, indem für jede neu sich an das Kastensystem angliedernde Ethnie eine neue Unterkaste (jati) eingerichtet wird.

Allerdings ist zu bedenken, wie Weber sich den Prozeß der 'Verkastung' einer Ethnie genau vorstellte (RS II 15-19): Die Herrscher eines außerhalb des Kastensystems stehenden Volkes beginnen, Brahmanen anzuwerben und für administrative und rituelle Dienste in Anspruch zu nehmen. Dabei entdecken diese Herrscher die herrschaftslegitimierende und ihren Status affirmierende Kraft der hinduistischen Religion, die sich aus diesem Grunde durchsetzt und weiterverbreitet. Doch beruht diese Expansionschance des Kastenwesens natürlich auf der interethnischen Mobilität seiner Eliten, der Brahmanen. Wie im ständisch-feudalen Europa die Herrschergeschlechter ethnische Grenzen leicht übersteigen, so tun dies im kastenartig organisierten Indien in

---

590 Die Frage, ob die Arbeitsteilung nach Ethnien bzw. Kasten ohne übergreifende politische Vergesellschaftung funktionieren kann, ist schwierig zu beantworten. Sie gleicht der Frage danach, ob ein 'Markt' spontan entstehen kann und ohne rechtlich-politisch erzwungene 'Marktordnung' bestehen bleiben kann.

Webers Augen die Brahmanenpriester (WuG 256, 305). Insgesamt geht Weber davon aus, daß berufliche Spezialisierungen einst das Kastenwesen fundierten und die ethnischen Trennlinien zwischen den Kasten erst dadurch auftauchten, daß sich einzelne ethnische Gruppen im Zuge der Expansion des Kastensystems an dieses anlagerten. Ein Indiz dafür sieht Weber in der größeren Strenge der alten Berufskasten im Hinblick auf die Einhaltung der Regeln kastengemäßen Verhaltens (RS II 102ff.).

Die Kaste vergemeinschaftet 'gentilcharismatisch' wie etwa der Geburtsstand oder die Sippe. Das Abstammungsprinzip sorgt in Ständen, Sippen und Kasten gleichermaßen dafür, daß diese Verbände streng nach außen geschlossen sind. Die Bereitschaft und die Fähigkeit, sich ihnen anzuschließen, reichen nicht aus, um Aufnahme seitens der Gemeinschaft zu finden. Die rechte Abstammung ist *notwendige Bedingung* der Beteiligung am Beziehungshandeln. Gleichzeitig ist sie aber auch *hinreichende Bedingung*: neben der Abkunft ist zunächst nämlich keine weitere Qualifikation erforderlich, um als Mitglied zu gelten. Man wird in diese Beziehungen hineingeboren, sei es die Sippe, der Geburtsstand oder die Kaste.

Daß die Mitgliedschaft unverlierbar sei, weil die Abstammung es selbstredend ist, folgert daraus allerdings nicht. Denn mit der Verbandszugehörigkeit wird ein Bündel von Rechten und Pflichten übernommen, die das Verhalten jedes Mitglieds leiten sollen. Ritueller Frevel, Pflichtvergessenheit oder anderes krasses Fehlverhalten kann – wie schon gesagt – die Zugehörigkeit zur Gemeinschaft durchaus gefährden und zu einem Ausschluß führen.

Das gilt für die Kaste in einem besonderen Maße. Denn sie beläßt es nicht dabei, ihre Mitgliedschaft nach einem Geburtskriterium zu begrenzen, sondern fordert von sämtlichen Mitgliedern darüberhinaus, dauernd gegenüber Nicht-mitgliedern soziale Distanz zu wahren und Kontakte einzuschränken oder zumindest auf das rituell zulässige zu begrenzen. Die Kaste als Ordnungsprinzip dramatisiert den Code von Zugehörigkeit und Nicht-Zugehörigkeit zu einem von Reinheit und Unreinheit. Das Resultat ist eine Lebensführung, die die Separation und 'Apartheid' zwischen den verschiedenen Unterkasten, den jati, konserviert.[591] Man darf sich durch die häufigen Hinweise auf die wirkliche oder angebliche interethnische Inklusionskraft des indischen Kastensystems über eine Tatsache nicht hinwegtäuschen lassen:

---

591 Über die genaue Unterscheidung von Hauptkasten und Unterkasten, von varna und jati, und ihrer empirischen Bedeutung ist lange gestritten worden. Auch wenn mit den sog. 'vier Farben', den varna, die gröbste und umfänglichste Kastenklassifikation bezeichnet wird, nämlich die Einteilung in Priester (Brahmanen), Ritter (Kshatriyas), Bauern und Handwerker(Vaishyas) sowie Knechte (Shudras), so scheint es sich doch rein sprachlich anzubieten, jati als Oberbegriff zu benutzen, auch wenn mit ihm zumeist die Unterkaste bezeichnet wird. Denn jati kann eben nicht nur - so Dumont - 'Unterkaste' bedeuten, sondern schlechthin jede von Geburt an zugewiesene „Bezugsgruppe" bezeichnen, also sowohl 'Unterkaste' wie 'Hauptkaste', sowohl Kastentitel wie 'Kastenfarbe' meinen (Dumont 1976: Gesellschaft in Indien: 81).

„Zur Verkastung gehörte der Erhalt von Unterschieden und nicht ihre Aufhebung durch gesellschaftliche Integration und Homogenisierung"[592].

Ob die Verkastung aber nun eine gesellschaftliche Integration darstellt oder nicht, hängt ganz und gar davon ab, was man unter Integration verstehen will. Wer mit dem Begriff 'Integration' die Herstellung von Zusammengehörigkeitsgefühl und Solidarität bezeichnen will, dem wird die Verkastung wohl kaum als Integrationsvorgang erscheinen, weil die mit ihr etablierten rituellen Kontaktbeschränkungen ein solidarisches Handeln kastenverschiedener Menschen äußerst kompliziert machen. Wer hingegen am Integrationsbegriff den Ordnungs- und Regulierungsaspekt betont, der wird jede Verkastung wohl immer auch als einen Integrationsprozeß betrachten müssen. Worauf sich jedoch beide Auffassungen schnell einig werden müßten, ist die Feststellung, daß Verkastung jedenfalls kein Exklusionsvorgang ist. „Man hierarchisiert anstatt auszuschließen" – so lautet Dumonts Erklärungsformel für die bemerkenswerte indische Verbindung von Vielfalt, Toleranz und Hierarchie.[593]

Der für Webers Religionssoziologie konstitutive Charismabegriff, der im Typus charismatischer Herrschaft auch für seine Herrschaftssoziologie zentral wird, und das Theorem des Stammverwandtschaftsglaubens kommen zusammen, wo Weber von Gentilcharisma, Gentilcharismatik oder Gentilcharismatismus spricht (RS II 51-57). Dieses Prinzip waltet in sozialen Verbänden vor, wenn in ihnen die biologische Abstammung von einem charismatischen Geschlecht als Quelle außeralltäglicher Kraft und Befähigung und somit als Herrschaftslegitimation gilt. Weber sieht nun einen Zusammenhang zwischen

---

592 Rothermund 1994: Indien: 233. Eine solche Funktionsbestimmung der Kaste berechtigt indes nicht zu einer begrifflichen Entgegensetzung von Vergesellschaftung und 'Verkastung', wie Rothermund sie vornimmt. Denn natürlich ist die historisch so häufig beobachtete langsame Umwandlung eines Stammes, der in der Nachbarschaft des Kastensystems lebt, zu einer eigenen, neuen Kaste ein Vorgang der Vergesellschaftung. Man mag noch so sehr betonen, daß die Verkastung einer Gruppe deren Kultur und Tradition nicht nivelliert und nicht in einer hinduistischen Einheitskultur aufgehen läßt, sondern jeder Volksgruppe ihre Sitten und Gebräuche beläßt, um die Anerkenntnis einer Vergesellschaftungstatsache kommt man dennoch nicht vorbei: der „Sinn" des Handelns innerhalb sozialer Beziehungen zwischen jenen Stammesangehörigen und den Angehörigen des Kastensystems war vor der Verkastung ein anderer als nachher. Vorher behandelten die Verkasteten die Unverkasteten als „Unberührbare", wie es allen kastenlosen Menschen widerfährt. Nach der Verkastung greifen irgendwelche Regeln zwischenkastlichen Verhaltens, die je nach Prätention und Akzeptanz zumindest gewisse, nun regulierte Berührungen gestatten.

593 Dumont 1976: Gesellschaft in Indien: 233. Freilich beobachtet man in jüngster Zeit eine zunehmende Abgrenzung der im Indien vertretenen Religionsgemeinschaften voneinander. So z. B. Alam 1995: Composite Culture and Communal Consciousness: The Ittehadul Mulmeen in Hyderabad. Daß hier soziale und ökonomische Ursachen bzw. ein für traditionale oder transitionale Gesellschaften typisches Staatsversagen konfliktverschärfend wirken, dürfte wohl unbestritten sein. Die Frage ist, ob auch religiöse Faktoren originäre Ursachen der derzeitigen ethnischen Konflikte Indiens sind oder ob das Religiöse den Konfliktinteressenten nur ein willkommenes, zusätzliches Mittel zur Anheizung der Konflikte und zur Mobilisierung von Anhängern ist.

dem Gentilcharismatismus der Sippe und dem Kastenwesen: „Wie es nun einerseits klar ist, daß der magische Gentilcharismatismus der Schaffung des festen Gefüges der magischen Kastenfremdheit außerordentlich stark zugute kommen mußte, so mußte andererseits die Kastenordnung in eminentem Maße der Festigung der Bedeutung der Sippe dienen. ...Wie das Gentilcharisma die Kaste, trug die Kaste wiederum das Charisma der Sippe" (RS II 57). Jakob Rösel hat diese These Webers einer scharfen Kritik unterzogen. Er macht darauf aufmerksam, daß Weber hier ein harmonisches Zusammenwirken von Sippe und Kaste suggeriert, wo doch nach Lage der Dinge deren Gegensätzlichkeit zu erwarten gewesen wäre. Denn die Frage, die Weber stillschweigend übergehe, sei doch, „wie es bei der ungeheuren Erschwerung der Sozialbeziehungen zwischen Sippenfremden möglich ist, daß es überhaupt zu Kasten kommt"[594]. Entsprechend müsse Weber den Gegensatz zwischen Wiedergeburtslehre und Ahnenkult „interpretatorisch" und „mit Retusche" überspielen. Weber bezahle diese Verschleierungsstrategie mit einer „katastrophalen thematischen Einbuße", weil er nun den Konflikt zwischen Sippe und Kaste wie zwischen Ahnenkult und Reinkarnationslehre nicht mehr erkennen könne. Er habe seine Argumentation damit gegen Widersprüche „immunisiert".[595]

Ist diese Kritik Rösels an Weber stichhaltig? Zunächst ist zu untersuchen, in welchem Sinne Weber die Gentilcharismatik als eine Erschwerung des Kontaktes zwischen Sippenfremden hingestellt hat. Soweit erkenntlich hat Weber für China wie für Indien festgestellt: „Die Sippengebundenheit des Kredits mußte unter solchen Bedingungen (gemeint ist das Vorwalten persönlicher Beziehungen, wo im Okzident sachlich-formale Rechtsbeziehungen entstanden, d. Verf.) das Normale bleiben" (RS II 55). Ähnliches gilt für die Verteilung von Grund und Boden sowie den daran haftenden politischen Rechten: Sie erfolgte in Indien fast ausschließlich an Sippengenossen. Diese Tendenz zur Privilegierung der Sippengenossen scheint Weber tatsächlich mit dem Terminus 'Gentilcharismatik' belegen zu wollen – eine ärgerlich mißverständliche Bezeichnung, die m. E. von Rösel dann auch tatsächlich mißverstanden wurde. Denn das gleiche Phänomen der Privilegierung der Sippen- oder Stammesgenossen rangiert in der Judentumsstudie unter dem Theorem des Dualismus von Binnen- und Außenmoral als Gegensatz zum Universalismus, es firmiert in der Chinastudie unter dem Schlagwort 'Personalismus' als Gegensatz zu sachlichen Sozialbeziehungen. Es ist schwierig, hier Webers Charismakonzept richtig zu verorten. Selbst wenn man von der religionssoziologischen Fundamentalbedeutung von Charisma absieht und diesen Begriff auf sein herrschaftssoziologisches Derivat beschränkt, kommt man nicht umhin, einen Unterschied zwischen *Charisma als Gegenstand eines Gemeinsamkeitsglaubens* und *Charisma als Gegenstand eines Legitimitätsglaubens*

---
594 Rösel 1982: Die Hinduismusthese Max Webers: 95.
595 Rösel 1982: Die Hinduismusthese Max Webers: 96.

zu machen. Der Begriff 'Gentilcharisma' denotiert bei Weber ersichtlich eine Art des Legitimitätsglaubens. Die Bevorzugung von Sippen- oder Stammesgenossen kann aber von jedem, nicht nur von legitim Herrschenden praktiziert werden. Diesem Faktum entrinnt man auch nicht dadurch, daß man von einer ganz besonderen Art des Gemeinsamkeitsglaubens, dem Stammverwandtschaftsglauben, spricht und ihn so interpretiert, daß er einen Charismaglauben impliziere. Das dermaßen charismagläubige Individuum erkennt dann zwar allen Angehörigen eines bestimmten Stammes den Besiz außeralltäglicher Kräfte zu – eine Anerkenntnis der Legitimität von Autoritätsstellungen ist dies aber noch lange nicht.

Was folgt daraus für Webers Behauptung, das Gentilcharisma der Sippe und das der Kaste fänden Halt aneinander? Ist diese Behauptung richtig? Wenn Weber sagen wollte, daß sich Inder durch ihr Eingebundensein in Sippe und Kaste an den Gedanken gewöhnten, daß sozialer Status und Position durch Geburt und Abstammungsrechte ('gentilizisch') vergeben werden, dann ist der Begriff des Charismas entbehrlich. Denn nicht jede Hierarchie muß durch Charismagläubigkeit legitim und akzeptabel gemacht werden, nicht jede Hierarchie impliziert Herrschaft oder verlangt nach Legitimierung – das ist nur die Sichtweise des modernen Westens, der der Idee der Egalität anhängt.

Wenn Weber jedoch nur gemeint hat, daß die Führungspositionen in Sippe und Kaste nach dem Gentilprinzip besetzt werden, dann folgt daraus keine Erklärung für Partikularismen. Denn diese Besetzungen betreffen soziales Handeln *innerhalb* von Sippen und Kasten und nicht *zwischen* ihnen. Letzterem aber müßte Weber Partikularismus nachweisen, um das Ausbleiben der Entwicklung rationalen Rechts und rationaler Kreditgewährung zu erklären.

9.4 Orthodoxie und Heterodoxie – Systemgrenzen des Hinduismus

Zu soziologischen Zwecken muß zwischen der Mitgliedschaft im Kastensystem und der Mitgliedschaft in einer Kaste methodisch sauber unterschieden werden. Dies mag zunächst überflüssig erscheinen, da das Kastensystem 'nach innen geschlossen' ist, das heißt, daß niemand Mitglied des Systems sein kann, ohne selber einer Kaste anzugehören. Insofern impliziert die Systemzugehörigkeit die Kastenzugehörigkeit. Aber gilt dies auch umgekehrt? Oder gibt es etwa Kasten in kastenloser sozialer Umwelt?

Weber hat sich in dieser Frage klar entschieden, plädierte für die interkulturelle Übertragbarkeit des Kastenbegriffs und erntete dafür harsche Kritik, beispielsweise von Dumont im oben zitierten Zusammenhang, wo er Weber den Vorwurf macht, bei der Erörterung der Kaste von den 'Zigeunern', also den Sinti und Roma, und den Juden zu sprechen. Die Juden der Antike und des Mittelalters stellen in Webers Augen nämlich ebenso wie die Sinti und Roma bis heute eine Kaste außerhalb jeglichen Kastensystems dar. Und in der Tat müßte man zu diesem Ergebnis kommen, wenn man es für möglich hält, daß das Kastensystem Außenbeziehungen kennt, die nicht auch zugleich Binnenbeziehungen sind. Doch das ist gerade das Problem. Indem nämlich das Kastensystem für alle Außenstehenden, Nicht-Systemangehörigen, eine eigene Kaste, nämlich die der 'Unberührbaren', bereithält, und damit im Grunde genommen alle Kastenlosen pauschal verkastet, stellt es seine eigene Systemgrenze in Frage. Man könnte sagen, daß die gesamte nicht-hinduistische Menschheit in diese Kaste der Kastenlosen hineingehört, die dadurch zu einer Residual- und Sammelkategorie würde. Insofern nivelliert sie auch den Unterschied zwischen dem gänzlich Fremden und dem in seiner indischen sozialen Umgebung wohlbekannten outcast. Indische Parias und Besucher aus fremden Kulturen müßten de jure eigentlich von Seiten aller Verkasteten zunächst die gleiche Abstoßung als 'unberührbar' erfahren, denn für den Hindu gehören Kastenlosigkeit und Unberührbarkeit offenbar zusammen. So stellt Quigley dann auch fest: „The really outstanding characteristic is that caste is *culturally blind* – it does not respect ethnic or religious divisions but absorbs all in its path."[596]

Äußerst bemerkenswert ist in diesem Zusammenhang, daß erst mit den von Mahatma Gandhi eingeführten 'Temple Entry Acts' eine handlungsrelevante Unterscheidung zwischen hinduistischen und nicht-hinduistischen Kastenlosen ins Bewußtsein der Inder und Inderinnen gehoben wurde. Dieses Gesetz verschaffte den kastenlosen Hindus die Erlaubnis, hinduistische Tempel zu betreten, was ihnen bis dato stets verwehrt war. Moslems und Christen hingegen blieben vom Tempelbesuch nach wie vor ausgeschlossen.[597] Hier liegt nun also eine klare Aufspaltung der Kategorie der Kastenlosen nach Nicht-Hindus und Hindus vor, wobei letzteren natürlich eine vom Kastensystem herrührende, positive Bestimmung ihres Hindu-Seins weiterhin fehlen müßte und sie nur insofern als Hindus gelten, als sie keine Christen oder Moslems sind.

Diese Beobachtung deckt sich mit der häufig mit Befremden zur Kenntnis genommenen Tatsache, daß erst die britischen Kolonialherren ein politisch relevantes Kastenbewußtsein hervorriefen, indem sie ihre Volkszählungen inszenierten.[598]

Wenn das Proprium der Kaste in ihrer religiösen Dimension liegt, dann müßte sie in Webers handlungstheoretischen Begriffen als religiöse soziale Beziehung beschreibbar sein. Insbesondere steht zur Debatte, wie die Kaste sich zu den Begriffen 'Sekte', 'Kirche' und 'Gemeinde' verhält. In diesem

---

596 Quigley 1993, 1995: The Interpretation of Caste: 162, Hervorh. d. Verf.
597 Dumont 1976: Gesellschaft in Indien: 234.
598 Rothermund 1994: Indien: 233. S. o.

Zusammenhang hat Hermann Kulke Weber den schwerwiegenden Vorwurf „einer unklaren begrifflichen Definition der hinduistischen Sekten" gemacht. Webers Sektendefinition sei zudem in sich selbst „widerspruchsvoll".[599] Im einzelnen lauten Kulkes Einwände:
1. Während Weber den indischen Begriff „sampradaya" als näherungsweises Äquivalent für den okzidentalen Ausdruck 'Religion' vorstelle (RS II 24f.), sei dies in Wahrheit der am besten geeignete Terminus für die hinduistischen Sekten.
2. Wenn Weber nun die sampradaya als ‚ketzerisch' bezeichne, die Sektenzugehörigkeit der Hindus aber gleichzeitig für 'normal' halte, dann sei dies ein Selbstwiderspruch.
3. Weber wende einen christlich geprägten Sektenbegriff auf den Hinduismus an. Ein solcher Begriff setze aber „die Existenz einer Orthodoxie und einer Kirche voraus, beides Institutionen, die dem Hinduismus fremd" seien.[600]
4. Weber bediene sich in der Hinduismusstudie „seiner rigiden Unterscheidung zwischen Orthodoxie und Heterodoxie", doch sei das hinduistische System nicht so geschlossen gewesen, wie Weber es voraussetze. Auch Webers Charakterisierung von Jainismus und Buddhismus als heterodox würden möglicherweise „gänzlich am Wesen der religiösen Entwicklung Indiens vorbeigehen".[601]

Meines Erachtens lassen sich alle vier genannten Kritikpunkte entkräften:

Zu 1. Die Zugehörigkeit zu Religionsgemeinschaften, seien sie Sekten oder Kirchen, impliziert im Okzident vor allem anderen die 'intellektuelle' Zustimmung zu bestimmten Glaubensinhalten. Diese Zustimmung wird im Okzident weit mehr als etwa bestimmte Rituale zum Prüfstein der Religionszugehörigkeit gemacht. Das unterscheidet Glaubensreligionen von Observanzreligionen. Die hinduistische Gemeinschaft verlangt eine derartige Zustimmung nicht, ist also, wenn überhaupt, dann eher eine Observanzreligion. Dennoch gibt es einige, auch einige indigene, Gruppen in Indien, die eine solche Glaubensbekundung fordern und zur Bedingung der Beteiligung am Gemeinschaftshandeln machen. Wenn dieses intellektuelle Kriterium das Geburtskriterium bricht, dann erscheint diese Gemeinschaft im Umfeld von ansonsten kastenartig organisierten Gruppen als 'open-door-caste' und damit als in diesem Sinne heterodox beziehungsweise ketzerisch. Folglich war die von Weber in der Näherung von Religion und sampradaya gemeinte Gruppeneigenschaft wohl die der Glaubensgemeinsamkeit. Die hinduistische Kaste kann Glaubensgemeinschaft sein, muß es aber nicht; die sampradaya-Gemeinschaft

---

599 Kulke 1984: Orthodoxe Restauration und hinduistische Sektenreligiosität: 299, 300.
600 Ebd. Das Urteil, der Hinduismus kenne keine Kirchen- und Gemeindestrukturen, findet sich auch bei Fuchs 1988: Theorie und Verfremdung: 39.
601 Kulke 1984: Orthodoxe Restauration und hinduistische Sektenreligiosität: 301.

hingegen kann hinduistisch sein, muß es aber nicht. Die beiden Variablen 'Glauben' und 'Abstammung' können also wie folgt ausgeprägt sein:

Tabelle 11 Hinduistische Typen religiöser Gemeinschaften

	Typ 1	Typ 2	Typ 3
Glaubensgemeinsamkeit	Nein	Ja	Ja
Zugehörigkeit ausschließlich qua Geburt	Ja	Ja	Nein
	= Kaste	= Sekten-Kaste	= 'open-door-caste'
	= orthodox	= orthodox	= heterodox

Zu 2. Normal ist für die Hindus die eine Sektenzugehörigkeit nach Typ 2. Das war Webers Behauptung. Sie ist, soweit ich sehe, zutreffend. Häretisch erschiene es den Hindus, wenn das Geburtsprinzip völlig preisgegeben würde. Daher gelten Angehörige von open-door-castes als unberührbar und die Lingayats, Jainas, Buddhisten und wohl einige vischnuitisch-heilandsreligiöse Gruppierungen als heterodox. Demnach müßte man Kulke empfehlen, Sektenhaftigkeit und Heterodoxizität als unabhängige Variablen aufzufassen.

Zu 3. Sektenmäßige religiöse Vergemeinschaftung impliziert so wenig eine Heterodoxizität, wie Kirchlichkeit die Orthodoxie auf ihrer Seite haben muß. Kirche wie Sekte sind religiöse Vergesellschaftungen, der Unterschied besteht darin, daß die Kirche anstaltlich, die Sekte vereinsmäßig organisiert ist. Das hieße bei konsequenter Begriffsverwendung, daß in der Sekte Satzende und Satzungsunterworfene kongruente Personenkreise bilden, in der Kirche jedoch nicht.[602]

Zu 4. Der Topos des 'Orthodoxen' kommt den Vertretern der Kirchenidee natürlich sehr zupaß. Insofern mag es eine *empirische* Korrelation von Kirchlichkeit und Orthodoxie-Anspruch geben. Wenn es gelingt, bestimmten Glaubensinhalten und Lehren das Prädikat des Rechten und Richtigen zu verleihen und dafür Akzeptanz zu finden, steigen die Chancen, die Verkirchlichung als universale Notwendigkeit hinstellen zu können. Das Rechte und Richtige müßte schließlich für alle Menschen gleichermaßen das Rechte und Richtige sein. Man kann von religiöser Orthodoxie sprechen, sobald ein hinreichend großer Kreis von Menschen a) eine religiöse Auffassung teilt, b) diese Auffassung auch für alle anderen als verbindlich hinstellt und c) organisatorische Vorsorge trifft, diesem normativen Anspruch auf Allgemeinverbindlichkeit einen empirischen Ausdruck zu verleihen, also etwa Erziehungs- und Sozialisationsprozesse in diesem Sinne zu institutionalisieren, Propaganda, Mission oder Proselytismus in eigener Sache zu treiben etc.

---

602 Vgl. dazu die ausführlichen Analysen im Teil I und im Kapitel 4.

Kulke führt an, daß den Hindus samsara, karma und das Kastenprinzip „im allgemeinen als verbindlich" gelten.[603] Dem steht zwar die empirische Beobachtung entgegen, daß die samsara-karma-Konzeption in der indischen Bevölkerung teilweise völlig unbekannt ist oder gar abgelehnt beziehungsweise stark uminterpretiert wird, daß außerdem viele Inder alternative Verfahren der Bewältigung existentieller Unsicherheit verfolgen.[604] Doch sollte man sich hier wohl an Webers Bemerkung erinnern, daß der einzelne Hindu das ideelle Gebilde gar nicht ganz zu kennen braucht, damit der Geist des Hinduismus seinem gemeinten Sinnzusammenhang nach wirke (RS II 120).[605] Der karma-samsara-Komplex als theoretischer Überbau des Kastenwesens und der Universalität und Verbindlichkeit des dharma können jedenfalls als allgemeiner Rahmen von Ansichten und Praktiken gelten, auf den Hindus im Großen und Ganzen auch einander verpflichten, sei es explizit durch Worte und Ermahnungen, sei es implizit durch die praktische Eingewöhnung und stillschweigende Voraussetzung der Geltung der entsprechenden Verhaltensregeln.[606]

Die Analysten des indischen Kastenwesens verwenden große Mühe auf die Frage, ob die Kaste eine religiöse oder lediglich eine soziale Angelegenheit sei.[607] Für die hier gewählten Zwecke empfiehlt sich die Erfassung des Phänomens der Kaste in handlungstheoretischen Begriffen. Dabei müßte deutlich werden, in welchem Sinne die Kaste als soziale Beziehung oder gar als Vergesellschaftung oder Vergemeinschaftung gedacht werden kann. Ob sie darüberhinaus *religiöse* Vergemeinschaftung ist oder aber ein religiöses Handeln außerhalb sozialer Beziehungen, entscheidet sich an dem Vorhandensein von Charisma-Vorstellungen bei den Akteuren.

Eine Kaste liegt vor, wenn Akteure ihr Handeln an den Regeln kastengemäßen Verhaltens sinnhaft orientieren. Die wichtigsten dieser Regeln beinhalten die Selektion zulässiger Ehepartner, Tischgenossen und Berufstätigkeiten. Dies ist bei den Regeln des ständischen Verhaltens eigentlich nicht anders. Bei der Kaste mögen die betreffenden Regeln strenger erscheinen, schließlich legen sie sogar fest, welche Personen man berühren darf, welcher Personen man ansichtig werden darf und mit welchen man etwas zu tun haben

---

603 Kulke 1984: Orthodoxe Restauration und hinduistische Sektenreligiosität: 300.
604 Vgl. Fuchs 1988: Theorie und Verfremdung: 66-69 sowie die dort zitierte Literatur.
605 Zum Zusammenhang eines kulturprägenden 'Geistes' mit den Motiven der Einzelhandlungen vgl. Schelting 1934: Max Webers Wissenschaftslehre: 381ff..
606 Tyrell vertritt die Ansicht, daß Weber die indische Verknüpfung von karma und Kaste „als einen zweiten großen Demonstrationsversuch für die sozialstrukturelle Wirksamkeit von 'Ideen'" als Weichensteller der Interessendynamik verstanden wissen wollte, neben dem Protestantismus. Kastenprinzip und Karmanlehre liefern eine theoretisch bemerkenswert schlüssige Antwort auf das Theodizeeproblem. Daher könnten sie nicht Resultat ökonomischer Bedingungen sein und auch nicht deren Opfer werden. Dies sei die „Pointe" von Webers Indienstudie, die kaum einem ihrer Kommentatoren aufgegangen sei: Tyrell 1990: Worum geht es in der 'Protestantischen Ethik'?: 173Fn.. Vgl. RS II 131.
607 Dumont 1976: Gesellschaft in Indien: 42.

darf. Diese Regeln können auch für Gegenstände, die durch die Hände dieser Personen gegangen sind, gelten. Die Regeln kastengemäßen Verhaltens betreffen also sowohl alltägliche Routineangelegenheiten, als auch regulieren sie, wie in der Wahl des Ehepartners und der Festlegung des Berufs, Dinge, die den Alltag überragen. Mit einem Wort: Sie determinieren die Lebensführung. Dies gilt aber im Prinzip auch für die ständische Gliederung, die sich in diesem Punkte bestenfalls *graduell* von der Kastenordnung unterscheidet.

Was aber ist nun der *prinzipielle* Unterschied zwischen ständischer und kastenartiger Gemeinschaftsbildung? Es erscheint lohnend, an dieser Stelle auf Schluchters Behauptung zurückzukommen, die Kaste garantiere religiös, was der Stand nur rechtlich absichere.[608] Denn wenn dies richtig ist, verläuft zwischen der Kaste und dem Stand auch die Grenze von religiöser und säkularer Gemeinschaftsbildung. Hat jemand, der seine Standespflichten verletzt, religiöse Nachteile in Kauf zu nehmen? Bringt er nur soziale oder auch außeralltägliche Kräfte gegen sich auf, wenn er mit Standes-Ungenossen spricht, speist oder Güter tauscht? Zieht er nur den Zorn seiner Standesgenossen oder auch den Zorn Gottes auf sich, wenn er sich 'unstandesgemäß' verheiratet? Jede eingehendere Betrachtung wird m. E. zutage fördern, daß ständische Ordnungen in den seltensten Fällen darauf verzichteten, auch religiöse Garantien für sich affirmativ einzusetzen. Die soziale Gliederung Europas in Adel, Klerus und 'Drittem Stand' im Feudalzeitalter wurde lange Zeit auch als eine gottgewollte und heilige angesehen. So besehen wäre die Kastenbildung, also die religiöse Aufladung einer Ständehierarchie, eher der historische Normalfall als die Ausnahme.

Zur entscheidenden Frage wird unter dieser Voraussetzung, ob es in den jeweiligen religiösen Traditionen Motive gibt, Kasten- und Ständehierarchien wirksam zu delegitimieren. Als ein solches Motiv könnte man beispielsweise das egalitäre Potential des Christentums betrachten, das sich bei Thomas Münzer findet oder in dem vielsagenden Vers, den die Aufständischen während der Bauernkriege 1524/25 auf den Lippen trugen: 'Als Adam grub und Eva spann, wo war denn da der Edelmann?'

In diesem Zusammenhang ist zu fragen, ob Weber Indien als einen Regel- oder als einen Ausnahmefall betrachtete. Für Fuchs scheint die Sache auf der Hand zu liegen: Weber präsentiere Indien als „Aus(nahme)fall", als „die große Abweichung in Form der Stagnation (Entwicklung im kognitiven Bereich und Entwicklung des Kapitalismus bleiben Ansätze, es gelingt kein Durchbruch)"[609], das auf die Welt gerichtete Denken und Handeln, wie es der Westen kenne, bleibe blockiert. Richtig ist m. E. das Gegenteil. Nicht Indien, sondern der Westen bildet die große Ausnahme in Webers Kulturvergleich.[610]

---

608 S. o. Fn. 196.
609 Fuchs 1988: Theorie und Verfremdung: 282.
610 Bendix fasst Webers Studien über China und Indien gleichermaßen als Versuche auf, die erdrückende Dominanz und das auch historischen Wandlungen zuweilen trotzende Behar-

Man müßte also zusammenfassend festhalten, daß Weber in der vorderasiatisch-okzidentalen religiösen Tradition insofern eine besondere Form der Gemeinschaftsbildung auf den Weg gebracht sieht, als ständische und erst recht kastenmäßige Hierarchien potentiell von einem christlichen Egalitarismus auch negiert werden können. Dieser Befund deckt sich mit jener vielbesprochenen Passage aus Webers Hinduismusstudie, in der er die Behauptung aufstellt, daß es der „internationalen und interständischen Universalität" der paulinischen Mission zu verdanken sei, daß im europäischen Mittelalter die Stadtbürger eigene Gemeinschaften und Verbrüderungen bildeten, daß aber ohne Kommensalität eine „Eidbrüderschaft und ein mittelalterliches Stadtbürgertum gar nicht möglich" sei (RS II 40). Gerade die Kommensalität aber werde durch das Kastenwesen stark beschränkt. Das religiöse Kastentabu bilde darüberhinaus ein ernstes Hemmnis für die Entwicklung soteriologischer Gemeinderiligiosität (WuG 294). Es erschwere oder verunmögliche Verbrüderungen etwa zwischen Gilden und Zünften (RS II 38) und halte sie so von der Möglichkeit fern, organisatorische Grundlage einer Stadtautonomie zu werden.[611] Ganz im Gegenteil verdränge die Kaste alle anderen sozialen Organisationen.[612]

Gegen diese Argumentation Webers ist meines Erachtens einzuwenden, daß man Gleiches von der mittelalterlichen Ständeordnung hätte behaupten können. Auch sie unterband Kommensalität und Konnubium zwischen den Ständen und wäre insofern ein ebenso wirksames Hemmnis gegen die Ausbildung von Stadtautonomie gewesen wie die Kastenordnung. Webers Argument wird schärfer, wenn man es präzisiert. Nicht die bloße Tatsache der Kommensalitäts-Hemmung zeichnet die Kaste aus, sondern ihre Wirksamkeit quer durch die Milieus hindurch, aus denen sich Stadtbürgervereinigungen hätten rekrutieren können. Die Ständeordnung Europas ließ eine überwältigende numerische Überlegenheit des 'Dritten Standes' zu, sobald sich ihr die ökonomischen Machtmittel wohlhabend gewordener Bürger zugesellten, lagen dann schon die Voraussetzungen für Selbstorganisation vor. Nicht so in Indien, hier zerschnitt das Kastenwesen jene Menschengruppe, die in Europa der 'Dritte Stand' war, noch einmal in eine Vielzahl von *jati*, die gegeneinander

---

rungsvermögen des vorherrschenden Ethos zu erklären, also des Konfuzianismus in China und des Brahmanismus in Indien. Dagegen sei Webers Judentumsstudie "Soziologie der Innovation". Bendix 1963: Max Webers Religionssoziologie: 278.
611 (RS II 35ff.). Die Abwesenheit eines „Gemeingefühls" in einem dem okzidentalen vergleichbaren Stadtbürgertum wird von Weber auch als Grund dafür angeführt, daß Indien keinen Kleinbürgerintellektualismus entwickelt habe (WuG 309).
612 Bei seinem Vergleich zwischen Zünften und Kasten sagt Weber, der Unterschied zwischen ihnen sei, daß Gilden und Zünfte im Okzident zu Stadtautonomie geführt hätten oder zumindest territoriale Organisation ermöglicht hätten, während die Kasten in Indien alle anderen Organisationsformen verdrängt hätten (RS II 36). Dies ist natürlich kein begrifflicher Unterschied, sondern eine historische Beobachtung. Weber trennt diese Schritte an dieser Stelle offensichtlich nicht voneinander.

durch Konnubial- und Kommensalitätsschranken abgeschottet waren. Es ist mithin nicht nur seine Rigidität, sondern auch seine Feingliedrigkeit, mit der das Kastenwesen eine stadtbürgerliche Entwicklung wie in Europa unterband. Insofern ist Schluchters Interpretation der Kaste als religiös garantierter Stand zwar begrifflich hilfreich, aber empirisch-historisch scheint mir die Feingliedrigkeit der Kaste ausschlaggebender zu sein.

Interessant ist in diesem Zusammenhang noch eine weitere Behauptung Webers. Er deutet die zu seiner Zeit beobachtbare Machtzunahme der panchayats und sabha's, jenen Einrichtungen der Kasten zur Selbstorganisation, als Ausdruck einer „Emanzipationsbewegung von der Macht der Brahmanen" und als „hinduistisches Aquivalent für das Streben nach kirchlicher 'Gemeindeautonomie' im Occident" (RS II 107). Oben wurde festgestellt, daß Weber die patrimonial-königliche Regierung und den Gentilcharismatismus als die wesentlichen Stützen der Geltung des Kastensystems betrachtete, also ebenjene Kombination von „kingship" und „kinship", von der auch Hocart und Quigley sprechen.[613] Hier aber wird deutlich, daß ein Machtverlust der Brahmanen aufgrund fehlender politischer Unterstützung nicht bedeuten muß, daß die Geltung des Kastensystems insgesamt geschmälert wird. Die panchayats und sabha's scheinen im Gegenteil anzuzeigen, daß das Kastensystem sich auch in einer organisatorischen bottom-up-Strategie selber organisieren und stabilisieren kann und nicht auf die äußere Hilfe politischer Macht angewiesen ist. Weber läßt seine Behauptung von der „langsamen Erschütterung der Kastentradition", die hervorgerufen werde durch den „Wegfall der politischen, patrimonial-kirchenstaatlichen Struktur der alten Königreiche"(RS II 108) jedenfalls unkommentiert stehen neben der Beobachtung der Machtzunahme der panchayats und sabha's, die dazu doch im Gegensatz steht. Jedenfalls steht fest, daß das Kastensystem den Wandel politischer Strukturen noch immer überlebt hat und in den Tiefenstrukturen der indischen Gesellschaft verankert ist, weshalb seine Beschreibung als Bazillus im Boden Indiens einen Kern Wahrheit enthält.

---

613 Vgl. oben Fn. 196.

> „In Indien und China hatte die Beziehung zwischen den Zeichen *Körper* und *Nichtkörper* die Form der Verbindung. Im Abendland war es die Trennung. In seiner Endphase treibt das Christentum die Trennung auf die Spitze: Verdammung von Körper und Natur in der protestantischen Ethik. (...) China faßte die Kultur als Kultivierung der Natur auf; der moderne Okzident begreift Kultur als Herrschaft über sie..."[614]

Kapitel 10 Gemeinschaftsbildung im Konfuzianismus – der traditionalistische Pietätsverband?

Auf die Frage nach einer 'konfuzianischen' Gemeinschaftsbildung im strengen Sinne einer Religionsgemeinschaft ließe sich eine sehr einfache Antwort geben: es gibt sie nicht. Denn der chinesischen Kultur eignen zwei Merkmale, die die Herausbildung religiös motivierter und strukturierter Vergemeinschaftungen nachhaltig hemmten, das ist einerseits die ungebrochene Dominanz des Familienverbandes mitsamt der ihr zugehörigen Religiosität der Ahnenverehrung und andererseits die häufig beobachtete konfuzianische Kultur der sozial-harmonistischen Diesseitsorientierung im Verbund mit der weitgehenden Abwesenheit oder doch Schwäche prophetischer Religiosität. Der Ahnenkult verstärkt die vorfindlichen Vergemeinschaftungen der Familien und Sippen, begründet aber keine neuen, autonomen und originär religiösen Gemeinschaften. Eine pazifizierende und konservative, an Kosmosvorstellungen ausgerichtete Soziallehre unterbindet familiennegatorische Prophetien und religiös-revolutionäre Bewegungen und macht sich Frieden und Konzilianz zum obersten Grundsatz. Beide Merkmalskomplexe sind von der Chinabezogenen und kulturvergleichenden Forschung oft beobachtet und nachgewiesen worden.[615] Während aber die religiöse Tradition Chinas kaum jemals etwas hervorbrachte, was sich etwa mit den oben dargelegten religionssoziologischen Begriffen Webers als Gemeinde auffassen ließ, erscheinen dem Westen in der interkulturellen Begegnung gerade die konfuzianisch geprägten Kulturen als Exponenten einer quasi-religiösen Hochschätzung der 'Gemeinschaft', als Anwälte der sogenannten 'Asian values', 'Gemeinschaftswerten',

---

614 Paz 1969: 138f.
615 Beispielhaft seien angeführt: Eichhorn 1973: Die Religionen Chinas; Granet 1963: Das chinesische Denken; Malek 1987: Chinesische Religiosität.

die als Alternative zu einem als dekadent empfundenen westlichen Individualismus ins Feld geführt und zur Erwiderung auf jede allzu offensive Menschenrechtspolitik des Westens genutzt werden. Wenn hier, wie oft gesagt wird, eine 'kollektivistische' Kultur einer 'individualistischen' gegenübersteht, wieso erweist sich letztere als Ort religiöser Gemeindebildung und nicht erstere?

Diese Frage bildet den Hintergrund des folgenden Kapitels, das in drei Abschnitten zuerst die Kosmologie und Theologie des Konfuzianismus untersucht, sich dann der konfuzianischen Ethik und Gesellschaftslehre widmet, um abschließend feststellen zu können, wo trotz allem von einer Bildung konfuzianischer Religionsgemeinschaft gesprochen werden könnte und welche Rolle die Religion in der sozialen Organisation der chinesischen Gesellschaft zugesprochen werden darf.

Zur Beantwortung dieser Frage widmet sich das folgende Kapitel zunächst dem Weltbild des Konfuzianismus. Dessen Kosmozentrik kann für westliche Beobachter in religiös-ethischer Hinsicht eine sehr fremde Sichtweise sein. Daher soll sie vorab erklärt werden.

In diesem Zusammenhang wirft Schluchters These, dass der Konfuzianismus als 'politische Religion' bezeichnet werden könne, ein wichtiges Problem auf. Diese These fußt auf der Annahme, das konfuzianische Weltbild weise den gleichen 'Mangel' auf wie das 'primitive' und das moderne Weltbild: das Fehlen einer 'hinterweltlichen Verankerung'. Diese Verankerung finde sich im Buddhismus und im asketischen Protestantismus, deren religiöse Ethiken eine Spannung zur Welt aufbauen.

Gegen diese These werden im vorliegenden Kapitel Einwände vorgebracht und es wird eine präzisierte Definition des Begriffs der 'politischen Religion' gegeben. Dabei zeigt sich, daß Religion und Politik bzw. Charisma und Herrschaft bei Weber eine besondere Affinität besitzen.

Im zweiten Abschnitt des Kapitels soll gezeigt werden, daß Weber in verschiedenen Hinsichten vom Theorem des Traditionalismus Gebrauch macht, um die These von der sogenannten 'chinesischen Erstarrung' zu plausibilisieren.

Der dritte Abschnitt versucht, dagegen die religiösen Grundlagen als die entscheidenden Weichensteller für die chinesische Entwicklung darzustellen. Es bemüht sich um eine Entkräftung der Pointe des Weberschen Vergleichs von Puritanismus und Konfuzianismus. Weber glaubte, daß er religionssoziologisch sinnhaft verständlich gemacht habe, warum der Protestantismus in seinen Anhängern ein Verpflichtungsgefühl gegenüber 'sachlichen Gemeinschaften' erzeugen konnte, der Konfuzianismus jedoch beim 'Personalismus' der Ethik stehengeblieben sei. Diesem Argument Webers wird zum Abschluß dieses Kapitels der Vorwurf einer Ebenenverwechslung gemacht.

10.1 Die Kosmologie und Theologie des Konfuzianismus

„Es ist verboten, die vom Himmel eingesetzte Ordnung zu verändern", steht im Li-ching, dem sogenannten „Buch der Riten", geschrieben[616] und ein kaiserliches Edikt stellt fest: „Glück darf nicht außerhalb der Prinzipien des Himmels und der Gesetze des Herrschers gesucht werden."[617] Die Ehrfurcht vor dem 'Himmel', die Einhaltung der himmelsgegebenen Ordnung und der Gehorsam gegenüber dem Herrscher als dem „Sohn des Himmels" (t'ien tzu)[618] gehören zu den Grundpfeilern der konfuzianischen Ethik und der dahinterstehenden Lehren. Das Kaisertum wurde in China im Jahre 1911 abgeschafft, womit auch das Ende des offiziellen Staatskultes besiegelt war. Die Himmelsverehrung jedoch ist bis heute allgemein anerkannte religiöse Praxis und Ideologie.

Wohl jedem westlichen Betrachter der konfuzianischen Kultur fällt darüber hinaus die starke Betonung der kosmischen und sozialen Ordnung, der sozialen Hierarchie und universellen Harmonie ins Auge.[619] Der Konfuzianismus hebt die Gemeinschaftlichkeit, den Gehorsam gegenüber den seit alters geltenden Autoritäten sowie die Sittlichkeit und Rechtschaffenheit hervor. Auch Weber streicht diesen Zug heraus und bringt den Konfuzianismus in einen typischen Gegensatz zu den von ihm betrachteten Erlösungsreligionen. Um diesen Gegensatz jedoch behaupten zu können, muß man zuvor entscheiden, ob der Konfuzianismus in einem soziologischen Sinne 'Religion' ist. Das hat Weber durch die Einordnung des Konfuzianismus unter die 'Weltreligionen' postuliert. Aber mit welchem Recht? Weder ein Gott noch ein Jenseits sind im Konfuzianismus in dem Sinne bekannt, wie sie das Christentum sich vorstellt. Aber diese Dinge fungieren bei Weber – wie oben gezeigt – ohnehin nicht als Definitoren von 'Religion', diese Funktion übernimmt vielmehr Webers Konzept des 'Charisma'.

Es kommt also auch im Falle Chinas auf diejenige Instanz an, von der die Menschen Heil erwarten, weil sie außeralltägliche Kräfte hat. Dies ist nach konfuzianischer Vorstellung der 'Himmel'. Der spezifische Gebrauch dieses Terminus in China legt nahe, den Konfuzianismus unter die kosmozentrischen

---

616 Zit. n. Glasenapp 1963: Die fünf Weltreligionen: 130f..
617 Es handelt sich um ein Edikt des chines. Herrschers Chia-ch'ing von 1813, welches nach Meinung Schmidt-Glintzers den Kerngedanken der chinesischen Ethik gut zusammenfaßt und im vollständigen Satz folgenden Wortlaut hat: "...jenseits der drei grundlegenden Beziehungen (Herrscher - Minister; Vater-Sohn; Mann-Frau) und der fünf beständigen Tugenden (Menschlichkeit, Rechtlichkeit, Beachtung der Riten, Verständigkeit, Vertrauenswürdigkeit) gibt es keine 'Lehre', und Glück darf nicht außerhalb der Prinzipien des Himmels und der Gesetze des Herrschers gesucht werden." Schmidt-Glintzer 1983: Die institutionelle Analyse des vormodernen Chinas: 311.
618 Buisman 1994: Geheimnis der Religionen: 326.
619 Einen aufschlußreichen Überblick hierzu, auch über empirische Befunde, bietet Triandis 1990: Cross-cultural studies of individualism and collectivism.

Religionen einzureihen,[620] die eines Gottes entbehren können, indem ein 'Kosmos', eine ewige, sinnvolle Ordnung Gottes Funktionen übernimmt. Wie stellen sich Konfuzianer ihre Beziehung zum Himmel vor, ist sie vergleichbar mit dem Gott-Mensch-Verhältnis der abrahamitischen Religionen?

Wenn die Unterscheidung zwischen kosmozentrischen und theozentrischen Religionen irgendeinen soziologischen Erkenntnisgewinn in sich birgt, dann doch wohl den, daß der Mensch sich auf den Kosmos grundsätzlich anders bezieht als auf einen personalen Gott. Dem personalen Gott kann man gegenübertreten wie einer Person, man kann bitten, betteln, beten. Solange das Gottesbild noch nichts von Allwissenheit und Allmacht oder gar von Prädestination kennt, kann man dem Gott oder den Göttern sogar schmeicheln, sie täuschen, belügen oder manipulieren. Um sich das Wohlwollen seines Gottes zu erhalten, muß man in aller Regel seinen Geboten oder Befehlen gehorchen.

Dem Kosmos gegenüber erscheint all dies sinnlos, so sinnlos wie uns die 'Magie' erscheinen mag: Eingriffe in unsere Umwelt zu tätigen, von denen man Effekte erwartet, die richtigerweise in überhaupt keinem kausalen Verhältnis zum getätigten Eingriff stehen, mithin: faktisch wirkungslos sind, zumindest was die *intendierte Wirkung* betrifft. Denn der Kosmos steht unter unwandelbaren und ausnahmslos geltenden Gesetzen, die seine ewige Geordnetheit verbürgen – eine Geltungsart, die wir den universalen Naturgesetzen zuschreiben.

Der Glaube hingegen, daß diese Geltungsart auch im sozialen Leben vorkommt, ist in monotheistisch geprägten Kulturen erschüttert und findet sich bestenfalls noch bei positivistischen Soziologen. Durch den Glauben an einen personalen Gott, der Wunder wirken und mit ihnen die Naturgesetze außer Kraft setzen kann, und durch das Gefühl, seinen offenbarten Geboten mehr gehorchen zu müssen und seiner Wunderkraft mehr vertrauen zu können als den kosmisch-naturgesetzlichen Prinzipien, dualisieren Christen, Muslime und Juden ihre Welt: hier religiöser und religiös-ethischer Gottesgehorsam, dort naturgesetzliches Kausalwissen und technische Beherrschung.

Dieser Dualismus scheint nun – im Anschluß an Weber – dem Konfuzianismus im Maße seines Kosmozentrismus fremd zu sein. Sünde wäre dann mit Dummheit, Wissen mit Tugend gleichzusetzen. Das Versäumnis, die Felder zu bewässern, riefe mit der gleichen mechanischen Notwendigkeit Schaden auf den Säumigen herab wie etwa der Ungehorsam des Sohnes gegen den Vater. Der Himmel ließe die Konfuzianer seine Macht durch die Ohrfeige, die der Vater austeilt, ebenso sicher spüren wie durch den Hunger, der aufgrund einer Mißernte infolge unbewässerter Felder eintreten muß. Strafe würde von Unglück oder Pech überhaupt nicht unterschieden. Das wäre konsequenter Kosmozentrismus innerhalb einer religiösen Ethik: Der Vater straft nicht,

---

620 Diese Methode verfolgt Schluchter Schluchter 1988b: Religion und Lebensführung 2: 28ff. unter Berufung auf Weber (RS I 257f.).

weil er strafen will, sondern weil sich der Kosmos seiner bedient und durch ihn hindurch die Geltung der kosmischen Regeln durchsetzt. Der Kosmos schickt Unheil über diejenigen, die seine Regeln nicht beachtet haben. Der Mensch selber fügt dem nichts hinzu.[621]

So fruchtbar nun die Unterscheidung in kosmo- und theozentrische Religionen auch ist, so schwierig wird ihre Anwendung auf China doch angesichts des Umstandes, daß zwei völlig unterschiedliche chinesische Termini für das deutsche Wort 'Himmel' in Gebrauch sind: 'tien' und 'schangti'. Während 'Tien' in der Tat den Himmel im Sinne eines Kosmos bezeichnet, wirft die Bedeutung des Wortes 'schangti' als 'Herrscher in der Höhe'[622] jede dadurch gewonnene Klarheit wieder über den Haufen; hat man doch hier ganz offenbar wieder ein personenähnliches Wesen vor Augen, ein Wesen mit Bewußtsein, Willensbegabung und – offenbar – mit anthropomorph vorgestellter Souveränität.

Um begrifflichen Unklarheiten vorzubeugen, sei ein weiteres Mal zu dem Mittel einer tabellarischen Gegenüberstellung der Kulturreligionen gegriffen. Es war bereits verdeutlicht worden, daß 'Politische Religion' der Begriff für die weltbejahende Form der Kulturreligion in Webers Typologie der Weltreligionen ist.[623] Damit bildet 'Politische Religion' den Gegenpart zur 'Erlösungsreligion', die Weltverneinung impliziert. Politische Religion führt damit zu Weltanpassung. Die Anhänger einer Erlösungsreligion hingegegen wollen die Welt überwinden, ihr entfliehen oder sie kontrollieren und beherrschen, um sie umzuwälzen. Doch auch sich mit der Welt abzufinden und den Weg einer „Schickung in die Welt" zu beschreiben, ist eine Option innerhalb erlösungsreligiöser Traditionen[624]. Insofern man den Kofuzianismus zu den Kulturreligionen zählt, die „konsequente"[625] Fälle von Rationalismus ausprägten, ließe er sich dem Hinduismus/Buddhismus, dem Protestantismus und evtl. dem Hellenismus folgendermaßen tabellarisch zuordnen:[626].

---

621 Jede einigermaßen konsequente Durchführung dieser Unterscheidungen macht theozentrisch geprägten Betrachtern das Verständnis des chinesischen kulturellen und religiösen Komplexes schwer. Den frühen jesuitischen Missionaren erschien dementsprechend die Glaubenshaltung der Chinesen als konfus, synkretistisch und im Grunde genommen standpunktlos. Vgl. dazu Gernet 1985: China and the Christian Impact.
622 So übersetzt jedenfalls Buisman 1994: Geheimnis der Religionen: 326.
623 Da der andere Kandidat für eine 'politische Religion', der Islam, nicht eindeutig diesem Typus zurechenbar ist, bleibt der Konfuzianismus als mögliches empirisches Beispiel für eine 'politische Religion'.
624 Schluchter 1988b: Religion und Lebensführung 2: 101ff.
625 Vgl. zum Weberschen Kriterium der „Konsequenz" einer Religion das Kapitel „Gemeinschaftsbildung des asketischen Protestantismus".
626 Vgl. Schluchter 1988b: Religion und Lebensführung 2: 36f.

Tabelle 11 'Konsequente' Typen des Rationalismus

	Erlösungsreligionen, weltverneinend	Politische Religionen, weltbejahend
Praktischer Rationalismus	*Asketischer Protestantismus*	*Konfuzianismus*
Theoretischer Rationalismus	*Hinduismus und Buddhismus*	*(evtl.: Hellenismus)* [627]

---

627 Den Typus einer nur theoretisch rationalistischen, politischen Religion zu konstruieren und hier zu ergänzen ist ein theoretisch-systematisches Erfordernis ist und eine objektiv mögliche Form religiöser Ethik, auch wenn Weber nirgendwo einen solchen Typus erwähnt. Sowohl Schluchter wie Habermas schlagen zur Besetzung des von Weber freigelassenen Feldes eines theoretisch weltbejahenden Rationalismus den Hellenismus vor (Schluchter 1988b: Religion und Lebensführung 2: 37). Habermas bestreitet Webers Behauptung einer Affinität zwischen Weltbejahung und dem Magiegehalt des Weltbildes, die griechische Philosophie sei gerade das Beispiel dafür, daß auch eine radikale Entmagisierung weltbejahende Haltungen begründen könne (Habermas 1981a: Die Theorie des kommunikativen Handelns Bd. 1: 283f.) Habermas bezweifelt auch Webers Grundprämisse, daß der Weltbilddualismus eine notwendige Bedingung der Weltverneinung sei, da er auch in weltbejahenden Religionen vorkomme. Ausschlaggebend sei hier vielmehr die Radikalisierung der Erlösungsidee, die erst die Weltverneinung bewirke. Hier werden m. E. Differenzen des Religionsbegriffes offensichtlich. Die Dualisierung des Seienden in eine Welt und eine Über- oder Hinterwelt ist für Habermas offensichtlich Definiens von Religion. Darin stimmt er mit Schluchter überein, der ebenfalls die „Verdoppelung" des Realen als die Geburtsstunde der Religion auffaßt und Weber in diesem Sinne verstanden wissen will (Schluchter 1988b: Religion und Lebensführung 2: 25). Das magische Weltbild kannte jedoch diesen Dualismus noch nicht, in ihm waren natürliche wie spirituelle Wesen Bewohner der gleichen, einzigen Welt. Versteht man unter Magie „rituelle Handlungen..., mit denen Menschen versuchen, auf Dinge und Ereignisse einzuwirken, die jenseits ihres normalen Einflußbereiches liegen" (Quack 1987: Magie: 382), dann bedeutet dies, daß in Magie-praktizierenden Gesellschaften die Reichweite menschlichen Einflusses auf die Welt überschätzt wird. Dadurch erhält die Hoffnung auf Heil schon in dieser Welt immer neue Nahrung, ganz gleich, wie weit sie sich erfüllt. Eine dualistische Sichtweise hingegen trennt scharf zwischen menschlicher und übermenschlicher Kraft. Die Hoffnung auf diesseitiges Heil wird realistischer, die auf jenseitiges umso maßloser, nämlich ein Sehnen nach endgültiger Erlösung. Auf Erden, dem Ort wiederkehrenden Leidens, war dieser Zustand ersichtlicherweise unerreichbar. Irdische Leiderfahrung und himmlische Erlösungshoffnung stimulieren die Weltbilddualisierung. Magische und sakramentale Heilsmittel dagegen schwächen diesen Stimulus und versöhnen den religiösen Menschen mit seinem irdischen Dasein. Daraus resultiert Weltbejahung. Insofern muß man Webers These über den Zusammenhang von Magie und Weltbejahung unbedingt zustimmen. Habermas' Einwand ist, daß Weber den Umkehrschluß aus diesem Zusammenhang nicht ziehen könne, daß nämlich die Abwesenheit magischer Heilsmittel leicht zu einer weltverneinenden Haltung führe. In der Tat hat Weber selber ein Beispiel dafür gegeben, daß ein magiefreies Weltbild durchaus zur Weltbejahung in der Lage ist: der orthodoxe Konfuzianismus. Doch wie im Falle der antiken griechischen Philosophie handelt es sich hier um ein monistisches Weltbild. Für ein solches hat m. E. Weber den Zusammenhang zwischen Magie und Weltbejahung nirgendwo behauptet.

Der Konfuzianismus gehört für Weber einerseits zu den religiösen Ethiken, andererseits liege er „an der äußersten Grenze dessen..., was man überhaupt allenfalls noch eine 'religiöse' Ethik nennen" könnte (RS I 266). Daher rechnet Weber den Konfuzianismus zu den rationalistischen Ethiken, insofern ihm Metaphysik und religiöse Verankerungen fehlen. Wenn man nun die von Schluchter zugestandene Schwierigkeit hinzunimmt, den Islam unter die politischen Religionen einzuordnen, dann steht man vor dem Befund, daß beide Beispiele für eine 'politische Religion', nämlich der Konfuzianismus wie der Islam, nicht recht passen wollen. Der Konfuzianismus ist zwar gewiß 'politisch', aber möglicherweise keine 'Religion'. Der Islam ist zweifelsohne eine Religion, aber eventuell dann doch keine *politische* Religion'.[628]

Das Konzept einer 'politischen Religion' ist, richtig verstanden, für jede Theorie der Gemeinschaftsbildung von außerordentlicher Bedeutung. Da es von seiner Grundanlage her eine gewisse Nähe zur vieldiskutierten „civil religion" besitzt[629], erscheint eine Überprüfung seiner Tragweite gerade auch im Zusammenhang der hier gewählten Fragestellung geraten. Die Untersuchung des Konfuzianismus bietet dafür den geeigneten Anlaß.

---

628 Schluchters Grundidee ist es, die Heilszustände, die die Religionsanhänger als ihre Heilsziele anstreben, auf zwei mögliche Typen zu reduzieren, das Aktivitäts- und das Passivitätsgefühl (Schluchter 1988b: Religion und Lebensführung 2: 99). In Webserschen Begriffen ausgedrückt: das Gefühl, Werkzeug des Göttlichen zu sein oder jenes Gefühl, Gefäß des Göttlichen zu sein. So richtig es ist, die Zweck-Mittel-Logik auch hier so konsequent wie möglich anzuwenden, so fragwürdig erscheint es mir, Aktivitäts- und Passivitätsgefühl als alternative religiöse Zwecke nebeneinanderzustellen, anstatt Webers religionssoziologischen Grundbegriff des „Charismas" hier konsequenter einzubeziehen und davon auszugehen, daß der status spiritualis natürlich stets die Partizipation am Charisma, die Aneignung oder heilsame Nutzung von charismatischen Kräften ist und also stets das Gefäß-Gefühl meinen muß. Erst nach gelungener Charismatisierung, nach dem Anfüllen des Gefäßes, wenn man so will, besteht überhaupt erst die Möglichkeit, die erworbenen charismatischen Kräfte anzuwenden, sprich: aktiv zu sein. Schluchter verwischt diesen Unterschied, indem er die Aktivität als „Gefühl" konzipiert und damit Webers Unterscheidung von Handeln und Fühlen abschwächt, nachdem Weber selber sie schon durch die Bezeichnung der Askese als „'motorisch' bedingtes" „Fühlen" relativiert hatte (WuG 331). Auch ist die von Weber der Mystik zugeschlagene Erleuchtung kein „Fühlen", sondern ein Erkennen, ein kognitiver Prozeß und muß „Askese" nicht Entsagung von Gefühlen und Genuß, sondern kann ebensogut Entsagung von Eigensinn und Selbstbezogenheit sein. Der soziologisch entscheidende Unterschied scheint mit überhaupt nicht so sehr in der Frage auffindbar zu sein, welche Art von Heilszustand angestrebt wird, denn die ist stets die gleiche: Vereinigung mit der charismatischen Kraft, sondern ob der Heilssuchende diese Vereinigung nur für sich oder auch für andere oder mit anderen anstrebt.

629 Vgl. Schluchters Verweis auf Durkheim und die auf ihn folgende Diskussion (Schluchter 1988b: Religion und Lebensführung 2: 36 Fn.59). An anderer Stelle bezeichnet Schluchter den Konfuzianismus auch als „Bildungsreligion", Schluchter 1984a: Max Webers Studie über Hinduismus und Buddhismus: 14. Vgl. auch Weber-Schäfer, der von der „imperialen Ziviltheologie Chinas" spricht und feststellt: „Alle konfuzianischen Tugenden sind in dem Sinne soziale Tugenden, daß sie Instrumente zur Regulierung gesellschaftlicher Ordnung sind." Weber-Schäfer 1988: Die konfuzianischen Literaten: 217, 219

Weber legt in seiner *Einleitung* zur *Wirtschaftsethik der Weltreligionen* dar, daß Erlösungsreligiosität an die 'Theodizee des Leidens' gekoppelt ist, ihr Gegenstück mithin mit der 'Theodizee des Glücks' in Zusammenhang stehen muß. Die Glückstheodizee verdankt sich dem Legitimationsbedürfnis der auf Erden Privilegierten, sie wollen ihre relative Besserstellung auch als eine verdiente und gerechtfertigte ansehen können. Die Leidenstheodizee hingegen entstammt „plebejischen" Bedürfnissen, wie Weber sagt (RS I 244). Daher wäre mein Vorschlag, die Alternative zur Erlösungsreligion als 'Legitimierungsreligion' zu bezeichnen und sie somit mit 'patrizischen' Bedürfnissen in Wahlverwandtschaft zu sehen.

Es stellt sich jedoch nach wie vor die Frage, inwiefern die Abwesenheit eines originären Erlösungsgedankens den Konfuzianismus und andere derartige Religionen zu 'politischen Religionen' macht. Was hat der Verzicht auf eine Erlösungsidee mit 'Politik' zu tun?

'Erlösung' ist der religiöse Begriff für den jenseitigen Heilszustand. Wenn dieser Heilszustand das Ziel menschlichen Strebens in *dieser* Welt wird, dann folgt daraus, so Schluchters Annahme, eine weltverneinende Haltung. Diese Haltung wäre dann die 'nicht-politisch'-religiöse Welteinstellung, die Haltung der erlösungsreligiösen Menschen. Die 'politisch-religiöse' Haltung hingegen strebt nicht nach einem jenseitigen Heils- und Erlösungszustand, sondern sucht ihr Glück im diesseitigen Leben. Daraus resultiere eine weltbejahende Einstellung. Die Frage ist nun, warum ausgerechnet die Politik der Gegenstand dieser Weltbejahung sein sollte und nicht etwa die Wirtschaft, die Künste, die Kultur oder die Gesellschaft überhaupt, also: das Soziale?

Die politischen Religionen erscheinen als diejenigen Formen von Rationalisierung, bei denen hinterweltliche Elemente in den Hintergrund gedrängt sind und das Profane sich in den Vordergrund schiebt. Erfahrung und Technik verdrängen Metaphysik und Ethik, kausale und Zweck-Rationalisierung haben größeres Gewicht als intellektuelle und Wert-Rationalisierung. Erlösungsreligionen hingegen messen der Ethik und Metaphysik weitaus größere Bedeutung zu und bringen daher einen metaphysischen oder ethischen Rationalismus hervor.[630]

---

630 Vgl. Schluchter 1988b: Religion und Lebensführung 2: 39. Schluchter bildet nur jeweils zwei Begriffe von theoretischem und praktischem Rationalismus: einen weiteren und einen engeren theoretischen Rationalismus sowie einen weiteren und einen engeren praktischen Rationalismus. Die engeren Rationalismen beschränken sich auf die weltliche Sphäre, die weiteren umfassen beide Sphären. Engere Rationalismen, die sich auf die hinterweltliche Sphäre beschränkten, fehlen. So erhält Schluchter statt der möglichen sechs nur vier Rationalismustypen. Das bedeutet, daß Schluchter davon ausgeht, daß Rationalismen, die auf die hinterweltliche Sphäre verengt sind und die weltliche weniger beachten, keine Rolle spielen. Mithin bleiben zwei defizitäre und zwei kompakte Rationalismus-Typen bestehen. Schluchters Beispiel für erstere ist die okzidentale Moderne. Schluchter beruft sich an dieser Stelle auf Webers „Gegenwartsdiagnose", nach welcher die moderne Kultur 'auf eige-

Schluchter liefert drei Beispiele, denen es an der 'Verankerung' in der 'Hinterwelt' mangle: das primitive Weltbild, das moderne Weltbild und eben das konfuzianische. Weiterhin gibt Schluchter zwei Beispiele an, bei denen diese Verankerung gelungen sei: den Buddhismus und den asketischen Protestantismus. Schluchter stellt jedoch die umgekehrte Frage nicht, welchem Weltbild es denn an einer Verklammerung zur 'Welt' mangelt. Dies führt zu einer Konzeption der politischen Religionen (zu denen man nunmehr konsequenterweise das primitive, das moderne und das konfuzianische Weltbild rechnen müßte) als *Mangeltypen*, während die Erlösungsreligionen als '*Volltypen*' durch ihre hinterweltliche Verankerung eine 'Zusatzqualifikation' erhalten, für die sie offenbar aber keinen Preis bezahlen etwa in der Form, daß es ihnen nun wiederum an Säkularität (i.e. Verklammerung mit der Welt oder Schwerpunktsetzung in ihr) fehle.[631]

Man kann natürlich auch den Grad der horizontalen Verklammerung betrachten, also den Grad der Verbindung zwischen Theorie und Praxis. Die Verklammerung von Erfahrung und Technik manifestiert sich Schluchter zufolge im okzidentalen, modernen Weltbild, die Verklammerung von Metaphysik und Ethik aber in den Kulturreligionen[632]. Wie schon angesprochen, scheint die Differenzierung zwischen Theorie und Praxis nach Schluchters Ansicht keine besonderen Folgeprobleme aufzuwerfen. Dabei taucht m. E. doch gerade zwischen Theorie und Praxis das Problem der Wiederverklammerung der ausdifferenzierten Sphären in besonderer Schärfe auf. Gerade dieses Problem hatte Weber bezüglich des Konfuzianismus angesprochen: Ethik als Form eines praktischen Rationalismus wird von den Wogen der 'Welt' haltlos hin- und hergeworfen wie ein Schiff ohne Anker, wenn sie kei-

---

nen Füßen' stehe und alles Hinterweltliche von sich abstoße. Die von Schluchter angeführte Stelle (RS I 254) behandelt aber den Übergang vom primitiven zum dualen Weltbild und hat nicht die okzidentalen Philosophen, sondern die asiatischen, intellektuellen Virtuosen im Auge. Webers Argument ist hier vielmehr folgendes: Intellektuelle haben das Bedürfnis, „überwirkliche Werte" zu besitzen, finden diese aber in der Welt nicht vor. Also flüchten sie sich in die Mystik. Da das Mystische aber unaussagbare, persönliche Erlebnisse umfaßt, werden die Heilssuche und Heilswege stark individualisiert. Begünstigt wird diese Entwicklung, wenn die Intellektuellen sich die äußere Welt als Kosmos vorstellen, das heißt den einen Mechanismus unter unpersönlichen Regeln. Denn dann wiegt das Persönliche in der Welt nichts; die heilsinteressierten Intellektuellen wenden sich von ihr ab.

631 Folgt man Schluchters Explikationen streng, dann ist Ethik durch ihren Bezug zur Sphäre der Hinterwelt definiert. Weber sagt von der konfuzianischen Ethik, daß ihr Metaphysik und „religiöse Verankerung" fehle und deswegen an der Grenze von religiöser und nichtreligiöser Ethik liege (RS I 266). Dieser Sprachgebrauch Webers fügt sich nicht dem Schluchterschen Schema. Schluchter zufolge ist Ethik nicht etwas, das man noch einmal religiös verankern könnte, sondern die Verankerung selber. Damit wäre dann auch jede Ethik religiöse Ethik und das konfuzianische System läge nicht an der Grenze von religiöser und nicht-religiöser Ethik, wie Weber sagt, sondern an der Grenze von Ethik und Technik. Bei Weber sind offenbar Metaphysik und Religion die beiden Möglichkeiten, Ethik 'überweltlich' zu verankern.

632 Schluchter 1988b: Religion und Lebensführung 2: 41.

ne Rückbindung in Metaphysik oder Religion, also in einem theoretischen Rationalismus, hat.

Man kann nun dieses Modell m. E. ergänzen, indem man die Gegenüberstellung von Erlösungsreligion und politischer Religion vereinfacht und gleichzeitig pointiert.

Der für Webers Religionssoziologie wichtigste und theoretisch folgenreichste Gedanke ist der einer 'Spannung' zwischen 'religiöser Ethik' und 'Welt'. Den Begriff 'Welt' setzt Weber an einigen Stellen in Anführungszeichen (WuG 303, 308), an anderen nicht. Daraus läßt sich entnehmen, daß Weber diesen Begriff nicht als wohldefinierten Fachbegriff, sondern eher alltagssprachlich und vorwissenschaftlich benutzte. Man darf daher 'Welt', auch in Webers Begriff „inner*welt*licher Askese"[633], nicht in einem philosophischen Sinne verstehen. Weber selber versteht unter 'Welt' zuweilen die „'Welt' im Sinne der „sozialen Beziehungen" (WuG 328).

Als 'religiöse Ethik' begreift Weber keineswegs die „ethische Theorie theologischer Kompendien,... sondern die in den psychologischen und pragmatischen Zusammenhängen der Religionen gegründeten **praktischen Antriebe zum Handeln**" (RS I 238). Das ist insofern beachtenswert, als man von der 'Ethik' im Sinne eines empirisch *und* normativ geltenden Systems (oder zumindest: Konglomerates) von Verhaltensregeln natürlich zuerst nicht eine praktisch handlungs*antreibende*, sondern eine normativ-'theoretisch' handlungs*beschränkende* Wirkung erwartet hätte. In Analogie zum zweckrationalen Handeln, bei dem Weber ebenfalls den Zweck wie ein Handlungsmotiv auffaßt, kann man freilich auch den Wert eines Handelns als dessen Motivation konzipieren und so, wie gewohnt, 'deutendes Verstehen' und 'ursächliches Erklären' in einem Zug bewerkstelligen.

Webers Definition der Ethik in der Protestantismusstudie legte größten Wert auf die Abgrenzung zwischen Ethik und 'Lebenstechnik' oder 'Klugheitslehre'. Dort hatte Weber festgestellt, daß die Verletzung einer ethischen Norm eben „nicht nur als Torheit, sondern als eine Art von Pflichtvergessenheit behandelt wird" (RS I 33). Man erkennt an dieser Formulierung, daß Weber hier auf die größere Schärfe der sozialen Sanktionen bei ethischen im Vergleich zu 'lebenstechnischen' Regelverletzungen hinweisen will, auch wenn er nicht sagt, wer das Subjekt jener 'Behandlung' ist. Jedenfalls zeigen die Formulierungen „nicht *einfach* Lebenstechnik, sondern eine eigentümliche 'Ethik'", „nicht *nur* als Torheit, sondern als eine Art von Pflichtvergessenheit", „nicht *nur* 'Geschäftsklugheit', was da gelehrt wird – dergleichen findet sich auch sonst oft genug – es ist ein *Ethos*" (RS I 33, Hervorh. d. Verf.), daß Weber hier nicht einfach Klugheit und Ethik als Gegensätze gegenüberstellt, sondern Klugheit auf der einen Seite und *Ethik mitsamt Klugheit* auf der an-

---

633 Vgl. dazu das Kap. „Die Gemeinschaftsbildung des asketischen Protestantismus".

deren Seite postiert. Er geht hier also offenbar davon aus, daß die Befolgung der ethischen Norm keineswegs die Verletzung der Klugheitsregel impliziert.

Eine *religiöse* Ethik schließlich entsteht dadurch, daß der äußeren, sozialen Sanktion innere Sanktionen, Weber sagt: „psychologische Prämien" oder „Heilsprämien" (RS I 40 Fn.), hinzukommen. Das erhöhe die Chance für die Normeinhaltung ungemein. Dies sei „das Entscheidende des Unterschiedes" zu nicht-religiösen Ethiken wie zum Beispiel zu den „Literatenlehren" von Alberti, Cato, Varro und Columella (ebd.) – und, so wird man wohl ergänzen dürfen, zu denen des Konfuzius'.

Aus Webers Angaben zum Begriff ‚Ethik' muss man schließen, dass Religion und Ethik nicht nebeneinander, sondern sozusagen 'hintereinander' stehen: Religion liefert 'innere Garantien' dafür, daß Akteure sich unter ethische Normen beugen. 'Innere Garantien' können für die Einhaltung ethischer Normen selbst dann sorgen, wenn 'äußerlich garantierte' Normen, also Rechte und Konventionen dadurch verletzt würden. Religion ist für Weber nun offenbar das wichtigste Beispiel für eine innere Garantie ethischer Normen.[634]

Weber unterscheidet bekanntlich faktische und legitime Ordnungen. Erstere sind Sitte, Mode und Brauch, letztere sind Konvention und Recht. Die Ethik gehört zu letzteren, ist aber im Unterschied zu Konvention und Recht bei Weber kein eigener Grundbegriff. Weber trifft keine weiteren Festlegungen darüber, ob die Ethik eine eigene Form der Sanktionierung aufbietet oder wie die Konvention auf Mißbilligung und Boykott angewiesen ist. Daher schlage ich eine Unterscheidung vor, die nicht auf die Schärfe der Sanktion abhebt, sondern auf die sinnhaft adäquate Ursache für die jeweilige Normkonformität oder –nonkonformität. Wenn die Vermeidung von Sanktionen, die die soziale Umwelt verhängt, Motiv der Konformität ist, sind ‚äußere Garantien' am Werk. Wenn trotz Abwesenheit äußerer Garantien sinnhaft adäquat verursachte Normkonformität auftritt, dann müssen ‚innere Garantien' im Spiel sein. Weder Gewohnheit oder Sozialisation noch Gefühlshaushalt noch Interessenverfolgung sind letztlich sinnhaft adäquate Ursachen von Normkonformität. Daher könnte man all diese Faktoren zu den ‚äußeren Garantien' rechnen. Die einzige sinnhaft adäquate Ursache für die Konformität

---

634 Auffällig ist, daß Weber für 'Recht' und 'Konvention' Allgemeines aussagt, für die 'Ethik' die Generalisierbarkeit seiner soziologischen Aussagen jedoch verneint. Das ist bemerkenswert, denn warum sollten über Normen von Schicklichkeit und Normen von Legalität allgemeinere Aussagen möglich sein als über ethische Normen? Webers Vorschlag, den „Begriff des 'Ethischen'" entscheiden zu lassen, „der in dem in Frage stehenden Menschenkreis t a t s ä c h l i c h galt oder gilt", ist methodologisch jedenfalls inakzeptabel, da er Objektebene und Metaebene vermischt, den Soziologen waffenlos dastehen läßt gegenüber den je subjektiven Deutungen partikulärer Menschenkreise. Soziologisch notwendig wäre jedoch ein Kriterium für das Ethische, das von dem einen auf den anderen Menschenkreis übertragbar wäre, da sonst zwischen ihnen keine Vergleiche möglich sind, da die Ethik bei den einen etwas radikal anderes als die Ethik bei den anderen sein könnte.

mit einer Norm ist natürlich eine normative Überzeugung, das heißt der subjektive Glaube daran, daß die Regel, der man sich unterwirft, für einen selbst (und evtl. auch für andere) nicht nur faktisch gilt, sondern auch *gelten soll*, also der subjektiven Meinung nach das Prestige der Vorbildlichkeit, Verbindlichkeit und Legitimität genießt (WuG 16). Es handelt sich also nicht um ein Erfahrungswissen, also nicht etwa um die Kenntnis von einer Wahrscheinlichkeit, nach der andere sich der Norm entsprechend verhalten oder nach der man als normwidrig Handelnder mit Sanktionen zu rechnen habe, sondern um eine Überzeugung, einen „wertrationalen Glauben", wie Weber sagt.[635]

Wenig hilfreich und geradezu mißverständlich wäre es, einen Zusammenhang der aus der philosophischen Betrachtung der Ethik stammenden Unterscheidung von Pflichten gegen sich selbst und Pflichten gegen andere mit den 'äußeren' und 'inneren Garantien' herstellen zu wollen. Pflichten gegen sich selbst werden zuweilen zusammenfassend als 'Ethik', Pflichten gegen andere oft als 'Moral' bezeichnet, ein Begriff, den Weber sehr konsequent vermeidet.[636] Eine mögliche Erklärung hierfür liegt nach den oben getroffenen Unterscheidungen auf der Hand: Die sinnhaft verständliche Ursache für ethisches wie für moralisches Handeln ist einer *Verstehenden Soziologie* ein und dieselbe: Legitimitätsglaube. Wo dieser herrscht, ist die Gefahr doppelter Kontingenz gebannt.

Eine nach dem Urteil Webers empirisch besonders häufige Quelle solcher legitimitätsgläubigen Überzeugungen sei nun die Religion. Ihre *Funktion* besteht seiner Meinung nach darin, ethische Normen durch 'innere Garantien' zu stützen. Dies geschieht durch eine Überzeugung davon, daß die Konformität mit der Norm die Aussichten auf einen „Heilsgüterbesitz" positiv beeinflusse (WuG 17).

Was ist also nach diesen Vorgaben eine 'religiöse Ethik'? Es handelt sich offenbar um ein zwiefältiges Objekt: ein mit dem Maßstab des sittlich Guten arbeitendes Gefüge nicht-rechtlicher und nicht-konventioneller Normen im Verbund mit ihren religiösen, inneren Garantien. Das ist bei der Untersuchung der konfuzianischen Ethik unbedingt im Hinterkopf zu behalten, da hier die Grenzziehung zwischen religiöser und nicht-religiöser Ethik besonders schwierig ist und Weber, wie gesagt, sie zu einem Grenzfall erklärt hat.

Die 'Spannung' zwischen religiöser Ethik und 'Welt' im Sinne der sozialen Beziehungen ist nicht zu verwechseln mit der bekannten Kluft zwischen sozialer Norm und sozialer Wirklichkeit.[637] Weber spricht des öfteren

---

635 Daher ist es 'im Prinzip', das heißt: theoretisch streng besehen, gleichgültig, ob ein ethischer Akteur sozialer Akteur ist oder nicht, das dürfte auf den Ablauf des adäquat verursachten Handelns rein nach einer ethischen Norm ohne Folgen bleiben. Doppelte Kontingenz kann unter ethischen Akteuren gar nicht erst entstehen.
636 Weber benutzt den Begriff 'Moral' allerdings immer dann, wenn er über den sogenannten „Dualismus von Binnen- und Außenmoral" spricht.
637 Man würde damit den Abstand zwischen den religiös garantierten ethischen Normen und dem tatsächlichen Handeln innerhalb sozialer Beziehungen meinen. Weber redet von der

von den „Ordnungen" der Welt (RS I 263, 546, WuG 349) oder dem Gegensatz der religiösen Ethik zu bestimmten Gemeinschaften und Verbänden (WuG 350, 355). Gerade wenn er aber von weltlichen *Ordnungen* spricht, liegen auch auf der Seite der Weltlichkeit legitimitätsgläubige Überzeugungen vor. In diesen Fällen ist dann aber nicht mit einer 'Spannung' zwischen Norm und Wirklichkeit, sondern mit einer solchen zwischen Norm und Norm zu rechnen. Dann prallen nicht kalte Faktizitäten und weltentrückte Wunschvorstellungen aufeinander, sondern ein Legitimitätsglaube A auf einen Legitimitätsglauben B, wobei der erstere religiös, letzterer aber 'profan' *garantiert* ist. Neben äußeren Garantien kommen für diesen letzteren an inneren, profanen Garantien dann noch die affektuelle Zuneigung und der Glaube an letzte Werte in Frage (WuG 17).

'Politische Religion' sollte daher nach allem bisher Gesagten m. E. jene Religion heißen, die die vorfindlichen ethischen Normen einer politischen Gemeinschaft religiös garantiert, das heißt vor allem, daß sie lehrt, Heilsgüterbesitz sei von der Normkonformität *in* der politischen Gemeinschaft und der Loyalität *mit* ihr abhängig. Das scheint vorauszusetzen, daß die politische Gemeinschaft der Religion und der religiösen Gemeinschaft vorgängig gedacht ist.

Doch ist mit dieser Begriffsklärung die eingangs gestellte Frage nach wie vor unbeantwortet, warum es ausgerechnet die politische Gemeinschaft und nicht etwa die familiale, tribale, ökonomische oder militärische Gemeinschaft ist, die in den Genuß religiöser Garantien ihrer Gemeinschaftsnormen kommt. Wenn man die Frage so stellt, scheint sie vor dem Hintergrund der oben angestellten Überlegungen anhand von Webers Ausführungen nicht zuverlässig beantwortet werden zu können. Man könnte Schluchter und anderen hier eine unglückliche Wortwahl vorwerfen, insofern Webers Konzept der religiösen Weltbejahung auf die Bejahung der politischen Gemeinschaft verengt wird. Indes hat Weber selber die Weichen für diese Verengung gestellt und Schluchter demnach nur explizit gemacht, was bei Weber implizit vorhanden war: Weltbejahung oder Weltverneinung auf die Frage zuzuspitzen, ob die Normen religiöser Ethiken vorhandene Herrschaftsstrukturen legitimieren oder delegitimieren. Denn was in der *Systematischen Religionssoziologie* und den anderen älteren Teilen aus *Wirtschaft und Gesellschaft* noch ganz offensichtlich *der* religionssoziologische Grundbegriff ist, wird in der *Einleitung* zur *Wirtschaftsethik der Weltreligionen* ein herrschaftssoziologischer Grundbegriff: das *Charisma*. Charisma ist bei Weber nicht länger eine Bezeichnung für eine außeralltägliche Kraft, die mit den allerverschiedensten materiellen Objekten für höchst unterschiedliche zeitliche, räumliche und soziale Dauer und Tiefe Verbindungen eingehen kann, sondern die „außeralltägliche

---

Spannung der Erlösungsreligiosität „gegenüber den Realitäten der Welt" (WuG 348, 349, Hervorh. d. Verf.) oder der „Welt der Tatsachen" (WuG 353) oder der „lieblosen Realität der ökonomischen Welt" (WuG 355), meint damit aber eine andere Art von Differenz.

Qualität eines Menschen" (RS I 268). Die Charismatisierung von gegenständlichen Dingen und selbst die Charismatisierung von einer Mehrzahl von dadurch sich verbindenden Personen wird von Weber hier unkontrolliert ausgeklammert. Die Folge dieser Sichtverengung ist: das Charisma wird von einem Kräfte-Grund zu einem Autoritäts-Grund. Die charismatische Gemeinschaft wird von einer Gemeinschaft der Kräfte-Träger zu einer Gruppe von Autoritätsunterworfenen.

Weber hatte seinen Religionsbegriff durch sein Konzept des Charisma fundiert und das religiöse Handeln damit als den Umgang mit außeralltäglichen Kräften definiert. In der *Einleitung* zur *Wirtschaftsethik der Weltreligionen* erweitert Weber den Anwendungsbereich seines Konzeptes 'Charisma'. Charisma wird hier als die Legitimitätsgrundlage eines eigenen Herrschaftstypus vorgestellt, der nicht unbedingt etwas mit Religion oder Magie zu tun haben muß. Denn hier steht der „Glauben an die Heiligkeit oder den Wert von Außeralltäglichem" als „charismatischer Autorität" auf gleicher Ebene mit dem „Glauben an die Heiligkeit des Alltäglichen" als der „traditionalistischen Autorität" (WuG 268f.). Heiligkeit und Charisma sind hier klar voneinander getrennt und Tradition kann heilig, unverbrüchlich, ehrfurchteinflößend, tabu und unantastbar sein, ohne jedoch dabei charismatisch zu sein. Ähnliches gilt offenbar für die Autorität des Legalen, die man entsprechend als Glauben an die Legitimität der „generellen, zweckvoll erdachten, formell korrekt gesatzten und verkündeten Regel" (RS I 273) bezeichnen könnte. 'Glaube an Legitimität' und 'Glaube an Heiligkeit' scheinen einander zu entsprechen, auch wenn Weber das Wort 'heilig' im Zusammenhang mit der rational-legalen Herrschaft hier auffälligerweise vermeidet. Interessant ist die Trias von Alltäglichem, Außeralltäglichem und rational Gesatztem. Vor dem Hintergrund der oben gemachten Ausführungen zeigt sich in dem Alltäglichen die Gegenwart der 'Einverständnisgemeinschaft' mit ihren anerzogenen und überkommenen Regeln. In dem rational Gesatzten verbirgt sich unübersehbar die 'Vergesellschaftung' mit ihrer Abhängigkeit von einem vertragschließenden Konstitutionsakt. Wohin aber gehört nun die auf Außeralltäglichkeit gegründete Herrschaftsbeziehung? Ist sie eine Vergesellschaftung oder eine Einverständnisgemeinschaft? Spitzt man das Problem auf diese Frage zu, so zeigt sich meines Erachtens, daß man mit Hilfe des Begriffs des Charisma das bisher fehlende Glied der nicht-rationalen Konstitution von Beziehungssinngehalten modellieren kann. Das Charisma hat Negationspotential gegen bestehende Regeln, rationale wie einverständnishafte, und gleichzeitig die Fähigkeit, neue Ordnung zu stiften, wenn auch nur in Form des Oktroys der Charismatiker über die Nicht-charismatiker. Man sieht weiterhin, daß das Charisma nicht in dem gleichen Sinne Geltungsgrund einer Norm ist wie man es im Falle rationaler oder traditionaler Herrschaft von dem korrekten Verfahren oder der Heiligkeit der Tradition sagen kann, sondern – geht man hinter das charismatische Oktroy zurück, mit dem sich immerhin Normen setzen lassen – die Abschaffung von Herschaftsnormen und von je besonderen Legitimitätsgründen von Herrschaftsnormen zugunsten eines einzigen verbleibenden und auch für den charismatischen Herrscher unersetzbaren Legitimitätsgrundes: des Erfolges. Charismatische Herrschaft muß sich ständig bewähren durch „Wunder, Siege und andere Erfolge: durch Wohlergehen der Beherrschten", sagt Weber (RS I 269). Das charismatische Abrogieren bisheriger Herrschaftsnormen eröffnet dem mit Charisma regierenden Machthaber neue Spielräume, allerdings um den Preis gesteigerter Erfolgsabhängigkeit. Erfolgsarme Herrschaft kann sich der charismatische Herrscher noch weitaus weniger leisten als der rational-legale oder der traditionale. Er muß seine außeralltäglichen Kräfte von Tag zu Tag, also im Alltag, bewähren, eine scheinbar paradoxe Aufgabe. Scheinbar deswegen, weil Webers 'Außeralltäglichkeit' hier nicht Kräfte meint, deren Wirken man nicht jeden Tag erlebt, sondern solche, die man an den Menschen, denen man im Alltag begegnet, so gut wie nie erlebt. 'Charismatisch' bezeichnet in Webers Herrschaftssoziologie also eher eine soziale, nicht eine zeitliche Extraordinarität. Der charismatische Herrscher beherbergt sein Charisma also durchaus permanent, als Eigenschaft oder Qualifikation, als seine 'Qualität', wie Weber sagt. Jedenfalls für die Dauer seiner Bewährung. Die chinesische Kulturentwicklung gilt Weber als Beispiel für den Sieg der Tradition über das Charismatische (RS I 401).

Webers Beispiele für charismatische Führer stammen zu gleichen Teilen aus der Religion, der Politik und dem Recht. Zauberer und Propheten zählen zu ihnen ebenso wie Jagd-, Beute-, Kriegs- oder Parteiführer. Aber den Autoritätsverlust, das Schwinden des Charisma, beschreibt Weber in ausschließlich religionssoziologischen Begriffen als ein Verlassenwerden von der magischen Kraft oder von seinem Gott (RS I 269). Die charismatische Herrschaft muß also nach allem bisher Gesagten als der nach Weber typische Fall religiöser Herrschaftslegitimation gelten. Demnach könnte man eine Religion, die ihren Charismatikern politische Macht und deren Legitimierung verschafft, als 'politische Religion' bezeichnen. Gilt jedoch die versammelte Laiengemeinde gleichmäßig als Trägerin von Charisma, dann eignet sich eine derartige Religiosität, von Weber 'Gemeindereligiosität' genannt, entschieden weniger zur Installierung und Legitimation charismatischer Herrschaft. Ganz im Gegenteil hat Gemeindereligiosität ein ungleich größeres Potential, weltlichen Herrschaftsverhältnissen die Chance auf religiöse Legitimation zu entziehen und somit auf die 'Differenzierung' von Religion und Politik, von Charisma und Herrschaft hinzuarbeiten. Unter sonst gleichen Bedingungen erschwert Gemeindereligiosität charismatische weltliche Herrschaft und begünstigt folglich die Ausbildung oder Beibehaltung traditionaler und rationaler Herrschaft. In China wurden infolgedessen aufgrund des tiefverwurzelten Glaubens an die ungleiche, nämlich patriarchalische, Verteilung des Charisma selbst die prinzipiell starken gemeindereligiösen Ansätze aus dem Buddhismus und Taoismus im Keim erstickt (RS I 511).[638]

10.2 Der chinesische Traditionalismus

In einer weit ausholenden Betrachtung zur Entwicklungsgeschichte der Staatlichkeit, der Wirtschaft und des Rechtssystems in China zeigt Weber, daß der chinesische Staat trotz aller Bemühungen und günstigen äußeren Umstände[639] den „Traditionalismus"[640] nicht durchbrechen konnte. Vielmehr führten die Fortschritte sogar noch zu einer Steigerung des Traditionalismus; führte die Bevölkerungsvermehrung nicht zu einer Rationalisierung und Dynamisierung des Wirtschaftslebens, sondern verband sich ebenfalls „mit (mindestens!) stationärer Form der Wirtschaft".[641] Das Beharrungsvermögen des chinesischen Traditionalismus ist für Weber nun das eigentlich zu erklärende Faktum der chinesischen Sozialgeschichte. Freilich ist ebendies auch das Explanandum in Webers religionssoziologischen Studien aller anderen nicht-westlichen Länder und Kulturen. Die Abwesenheit modern-kapitalistischer Wirtschaftsweise ist, wie Webers *Vorbemerkung* klarstellt, überall der Ausgangspunkt für die

---

638 Sowohl Buddhismus als auch Taoismus hätten eigentlich eine eingehende, gesonderte Betrachtung verdient, sowohl im Zusammenhang mit China als auch als eigenständige Typen religiöser Gemeinschaftsbildung. Insbesondere für den Buddhismus wäre die Frage nach dem Charisma einer Laiengemeinde kritisch zu prüfen.
639 RS I 290, 341 bezeichnet es Weber als „unser Zentralproblem", „daß trotz dieser erstaunlichen Entwicklung der Volkszahl und ihres materiellen Befindens nicht nur die geistige Eigenart Chinas in eben dieser Zeit [sc. Mitte 17. bis Ende 19. Jahrhundert, d. Verf.] stabil blieb, sondern auch auf ökonomischem Gebiet, trotz jener scheinbar so überaus günstigen Bedingungen, nicht der geringste Ansatz zu einer modern-kapitalistischen Entwicklung sich findet." S. 390f heißt es: Ein „der freien Entfaltung des bürgerlichen Erwerbs höchst förderliche Zustand hat dennoch keine Entwicklung eines Bürgertums okzidentalen Gepräges hervorgebracht. Wie wir sahen, sind nicht einmal diejenigen Formen kapitalistischen Erwerbes zur Vollreife gelangt, welche im Okzident schon das Mittelalter kannte. Es hätte sich - w i e d e r die alte Frage: aus den erwähnten kleinkapitalistischen Ansätzen, rein ökonomisch angesehen, recht gut ein rein bürgerlicher, gewerblicher Kapitalismus entwickeln können."
640 Zu Webers Traditionalismus-Begriff vgl. RS I 1-9, 43-47 sowie bes. S. 346-349. Der Grund für die technische Ineffizienz im chinesischen Bergbau beispielsweise war in Webers Augen „der allgemeine ... in der politischen, ökonomischen und geistigen Struktur Chinas liegende Traditionalismus." (RS I 282.) RS I 269 definiert Weber als Traditionalismus „die seelische Eingestelltheit auf und den Glauben an das alltäglich Gewohnte als unverbrüchliche Norm für das Handeln" und bezeichnet die „traditionalistische Autorität" als „Herrschaftsverhältnis, welches auf ... der Pietät gegen das (...) immer Gewesene ruht".
641 RS I 290. Ebd. S. 348 heißt es, „daß gerade die Durchführung der Geldwirtschaft den Traditionalismus stärkte, statt ihn zu schwächen, wie wir erwarten würden".

Betrachtung fremder Kulturen. Doch im Falle Chinas besitzt die Rede von einem statischen Verharren im Traditionalismus noch eine besondere Schärfe. Die zweite Hälfte des 19. Jahrhunderts war eine Zeit gesteigerten Interesses an China. Dieses Interesse war angesichts des Mangels an zuverlässigen Informationen über das ferne Riesenreich im Osten besonders empfänglich für Stereotype. So taucht schon bei Hegel jene ganz bestimmte, von den jesuitischen China-Missionaren wohl zuerst in die westliche Welt gesetzte[642] Vorannahme über die chinesische Gesellschaftsentwicklung auf: die chinesische Erstarrung.[643] Hegels Meinung zufolge kennt die chinesische Geschichte nicht den „Gegensatz von objektivem Sein und subjektiver Daranbewegung". Dies führte dazu, daß an die Stelle der „Veränderlichkeit" und dessen, „was wir das Geschichtliche nennen würden" ebenjene Erstarrung tritt, die Hegel als „das Statarische, das ewig wiedererscheint" bezeichnet.[644] Ähnlich äußerte sich Herder über China in seinen „Ideen zur Philosophie der Geschichte der Menschheit": Die Chinesen zeigten seiner Meinung nach einen Mangel „am geistigen Fortgange und am Trieb zur Verbesserung".[645] In der ersten Fassung der Protestantismusstudie hatte Weber in den dunklen Prophezeiungen der Schlußpassage dem „stahlharten Gehäuse" des okzidentalen Kapitalismus noch die Möglichkeit vor Augen gehalten, in eine Art von Erstarrung zu geraten, die er damals noch als „chinesische Versteinerung" bezeichnete (RS I 204). Der Ausdruck „chinesische Erstarrung" findet sich auch in dem 1904 veröffentlichten, aber zu keinem späteren Zeitpunkt mehr von Weber revidierten, sogenannten „Objektivitätsaufsatz" (WL 184). Dort heißt es bezeichnenderweise: „Die Ausgangspunkte der Kulturwissenschaften bleiben damit wandelbar in die grenzenlose Zukunft hinein, solange nicht chinesische Erstarrung des Geisteslebens die Menschheit entwöhnt, neue Fragen an das immer gleich unerschöpfliche Leben zu stellen." In der revidierten Fassung des Protestantismusaufsatzes von 1920 änderte Weber den Ausdruck „chinesische Versteinerung" in „mechanisierte Versteinerung" um. Es ist nicht unwahrscheinlich, daß dies mehr als eine lediglich stilistische Änderung war. Weber wollte möglicherweise – nach seiner eigenständigen Auseinandersetzung mit China – seine alte und damals allgemein weit verbreitete Annahme über die

---

642 Franke beklagt die unkritische Rezeption der chinesischen Selbstsicht: "So ist die Vorstellung von einem statischen Charakter der chinesischen Geschichte, die sich bei Herder und Hegel bereits ausgeprägt findet, die nachweisliche Folge des imposanten Werkes Histoire Générale de la Chine des französischen Jesuitenpaters J.A.M. de Moriac de Mailla (erschienen 1777-1785 in Paris). Dieses 13bändige Geschichtswerk ist die Paraphrase eines annalistischen chinesischen Werkes, und das daraus zu gewinnende Geschichtsbild ist nun freilich recht einseitig." Franke 1966: Max Webers Soziologie der ostasiatischen Religionen: 115f..
643 Vgl. Zingerle 1983: Max Webers Analyse des chinesischen Präbendalismus: 181.
644 Hegel 1970: Werke in zwanzig Bänden. Bd. 12: Vorlesungen über die Philosophie der Geschichte: 147.
645 Herder 1966: Ideen zur Philosophie der Geschichte der Menschheit: 286.

chinesische Erstarrung auch sachlich revidieren.[646] Freilich war es von seinem Forschungsprogramm her unmöglich, die Erstarrungsthese ganz beiseite zu legen, suchte er doch nach Gründen für das Ausbleiben des modernkapitalistischen Entwicklungsschubes in China. Je stärker sich Weber auf diese Perspektive fixierte, desto mehr mußte er in Gefahr geraten, sich der Gleichung: moderner Kapitalismus = Dynamik; Ausbleiben des modernen Kapitalismus = Statik zu nähern. So findet sich denn in der Konfuzianismusstudie auch eine ausdrückliche Explikation und Bekräftigung der Erstarrungsthese, an der Weber in einer ganz bestimmten Version festhält:

„Gerade mit Fortschreiten der Geldwirtschaft und gleichmäßig damit zunehmender V e r pfründung der Staatseinnahmen sehen wir deshalb in Ägypten, in den Islamstaaten und in China ... jene Erscheinung eintreten, welche man als 'Erstarrung' zu werten pflegt."[647]

Jede „Neugestaltung von innen" heraus sei hier blockiert, als „allgemeine Folge des orientalischen Patrimonialismus und seiner Geldpfründen". Diese Entwicklung hält Weber für die Regel, der Okzident wird die „große historische Ausnahme".[648] Kann man daraus folgern, daß Innovation und Dynamik Ausnahmeerscheinungen sind und die Erstarrung der Regelfall?[649]

---

646 Zingerle a.a.O. zieht diese Stelle und ihre Veränderung von der frühen zur späteren Version des Protestantismusaufsatzes nicht zu Rate. Doch auch ohne diese werkgeschichtliche Beobachtung liefert er überzeugende Sachargumente für Webers Abrücken von der These der chinesischen Erstarrung.

647 RS I 348. Es ist auffällig, daß Weber an dieser Stelle „Erstarrung" in Anführungszeichen setzt und als Vokabel darstellt, an die er lediglich anknüpft, weil sie gebräuchlich ist, die aber ganz und gar nicht seine eigene zu sein scheint. Außerdem macht Weber deutlich, daß er den Gebrauch des Begriffes „Erstarrung" für eine Wertung hält. Im Objektivitätsaufsatz, der doch eine ganz andere, weit von China abliegende Thematik hat, benutzt Weber den Ausdruck „chinesische Erstarrung" ohne Anführungszeichen und ohne jede weitere Kommentierung.

648 Elvin versucht, die angebliche chinesische Erstarrung mit einem relativ ausgefeilten Theorem über ein „high-level-equilibrium-gap" zu erklären, der Gleichgewichtsfalle auf hohem Niveau, in welche China bis etwa 1820 vollständig hineingetappt sei. Elvin versucht, seiner Theorie eine Weber-kritische Pointe abzugewinnen, indem er darauf hinweist, daß die Chinesen aus dieser Falle durch keine noch so intensiv betriebene ökonomische Rationalisierung hätten befreien können. Dieser Vorwurf trifft Weber, der in der Protestantismusstudie gerade außerökonomische Kräfte für radikalen sozioökonomischen 'Fortschritt' verantwortlich gemacht hatte, wohl kaum. Interpretiert man Elvins Weber-Kritik wohlwollend einmal dahingehend, daß Weber zur Erklärung der Erstarrung (im Gegensatz zur Erklärung des okzidentalen Durchbruchs) unnötigerweise zu ideellen Faktoren greift, wo doch die sozioökonomische Analyse bereits den Stillstand hätte erklären können, dann ist immer noch die Frage, ob nicht ideelle Faktoren an der Blockierung der Ausbildung innerweltlicher Askese beteiligt waren. Elvin konzediert, daß Weber bereits selber sehr nahe an die Theorie der Gleichgewichtsfalle herangelangt sei (nämlich WuG 569 und RS I 426) , dann aber doch zu idealistischen Erklärungen gegriffen habe. Weber zeige ein „übertriebenes Vertrauen in die Erklärungskraft von Ideen..., der er relativ isoliert von ihrem sozioökonomischen Kontext untersuchte" (Elvin 1983: Warum hat das vormoderne China keinen industriellen Kapitalismus entwickelt?: 128). Elvin akzeptiert zwar David Gellner's Ansicht, daß nur die protestantische Ethik Europa vor der Gleichgewichtsfalle bewahrt ha-

353

Der *Vorbemerkung* wie den Protestantismusaufsätzen fehlt eine explizite Definition des 'Traditionalismus'.[650] Dafür unternimmt Weber gleich mehrere systematische Anläufe, sein Gegenstück, den modernen Kapitalismus, präzise zu definieren.[651] Die unterscheidenden Merkmale des modernen Kapitalismus sind die formelle Freiheit der Arbeit und das Betriebsartige der Arbeitsorganisation. Der Traditionalist dagegen weigert sich, seine Arbeitsproduktivität weiter zu steigern, als bis zu seiner aktuellen Bedarfsdeckung erforderlich ist. Namentlich geht ihm die Auffassung einer Selbstzweckhaftigkeit des Arbeitens vollends ab (RS I 44, 46).

Neben dem *ökonomischen* Traditionalismus sind für China „der extreme administrative und wirtschaftspolitische Traditionalismus" (RS I 346) von Bedeutung. Er hat äußere, rational und innere, gesinnungsbedingte Gründe. Der ausschlaggebende äußere Grund für politischen Traditionalismus ist die 'Verpfründung'. Diese gab es freilich regelmäßig bei jeder patrimonialen politischen Entwicklung. Das besondere an dem chinesischen Weg ist, daß der politische Traditionalismus sich eine kaum überwindliche, feste Position erstritt. Der rationale Grund hierfür war Weber zufolge die Tatsache, daß die Pfründen in China nicht individuell appropriiert waren wie im Okzident, sondern kollektiv, indem sie der Beamtenschaft als Gesamtheit als Beute galten. Jeder Reformversuch rief daher eine solidarische Abwehrfront der konfuzianischen Beamtenliteraten-Schicht auf den Plan. Im Okzident hingegen konnte ein Pfründner gegen den anderen ausgespielt werden, was die Entstehung einer Pfründnerschicht hemmte und ihre Stellung entschieden schwächte. Mit Hilfe dieses Argumentes vertritt Weber die These, daß Teilstaatenkonkurrenz politischen Traditionalismus mindern kann (RS I 347ff.). Dies freilich nur unter einer wichtigen weiteren Voraussetzung: Der Herrscher mußte Verbündete außerhalb der Pfründnerschichten finden: „starke, auf eigenen Füßen stehende Mächte" (RS I 349). Im Okzident fanden die Fürsten diese im Stadt-

---

be (Ebd. 122) und gibt damit Weber indirekt Recht, beharrt dann aber auf der modernen Wissenschaft als dem eigentlichen Durchbrecher der Gleichgewichtsfalle. Damit befindet sich Elvin aber im Konsens mit vielen Weber-Interpreten, die die neuzeitlichen Wissenschaften der protestantischen Ethik an die Seite stellen wollen, um die Genese des okzidentalen Rationalismus zu erklären. Vgl. etwa Habermas 1981: Die Theorie des kommunikativen Handelns.

649 Bendix zufolge versuchen Webers Studien über China und Indien die Dominanz und Beharrung des vorherrschenden Ethos zu erklären, während Webers Judentumsstudie "Soziologie der Innovation" sei (Bendix 1963: Max Webers Religionssoziologie: 278).

650 RS I 43 schreibt Weber über den Begriff 'Traditionalismus': „Auch hier muß jeder Versuch einer abschließenden 'Definition' suspendiert werden...".

651 Aus der „Vorbemerkung" geht hervor, daß für Weber die „rational-kapitalistische Organisation von (formell) freier Arbeit" den wichtigsten wirtschaftssoziologischen Unterschied zwischen dem Okzident und dem Rest der Welt darstellt. Diese Erscheinung nennt er auch „die rationale Organisation freier Arbeit als Betrieb" oder „bürgerlichen Betriebskapitalismus mit seiner rationalen Organisation der freien Arbeit" (RS I 7, 9, 10).

bürgertum vor, dessen Selbständigkeit unter Umständen in nicht wenigen Fällen bis zur eigenen Wehrfähigkeit gelangen konnte. Dann aber konnte die Bürgerschaft wiederum dem Fürsten selber auch militärisch Paroli bieten. Auf die Bildung selbständiger Stadtbürger-Gemeinschaften und der Rolle, die die Religion dabei spielt, wird noch zurückzukommen sein. Hier geht es zunächst nun um die inneren, gesinnungsmäßigen Gründe für das Beharrungsvermögen der Tradition in China. Deren wichtigster sei die konfuzianische Ethik. Sie präge sich, so Weber weiter, erst in dem befriedeten Einheitsreich konsequent aus und sorge dafür, daß das Traditionelle auch ideologisch und nicht nur faktisch beherrschend wird. Das Bildungs- und Kulturideal schwenke von Charisma, Jugend und Kraft hinüber zu Tradition, Alter und Erfahrung. Statt Heldentum und Tapferkeit würden Schicklichkeit und Kultivierung, statt Sieg und Kampf Harmonie gepredigt. Auch an der Rechtsentwicklung und am Justizwesen Chinas könne man dies ablesen. Materiale Gerechtigkeitsprinzipien überwögen die Ansätze zu formalem Recht, so daß sich statt einer „naturrechtlich individualistischen Sozialethik" (RS I 436), wie sie der Okzident ausprägte, in der konfuzianischen Ethik eher so etwas wie eine „theokratische Wohlfahrtsjustiz" mit einem Monarchen in der Rolle des wohlwollenden Vaters entwickelt habe.[652]

Zur gemeinschaftstheoretischen Pointierung des Traditionalismusbegriffs muß man Webers Analyse der Städte-Entwicklung in China heranziehen. Im Gegensatz zur okzidentalen Stadt fehle der chinesischen die politische Autonomie, stattdessen sei die Sippenbindung bleibend stark gewesen (RS I 291f.). Der Mangel an Außenhandel sowie die Abhängigkeit von der zentralstaatlichen Kanalbau- und Wasserwirtschaftsverwaltung unterband eine der griechischen Polis analoge Entwicklung. Die Selbsthilfeenergie der chinesischen Stadtbürger floß stattdessen in die Errichtung übermächtiger Berufsverbände. Die chinesischen Gilden hatten sich nicht selten die absolute Jurisdiktion über ihre Mitglieder angeeignet und regelten penibel deren Angelegenheiten. Nur die Pflege eines gemeinsamen religiösen Kultes wie im Okzident gehörte nicht zu ihren Aufgaben. Dem stadtweiten öffentlich-politischen Leben mangelte es scheinbar an zuverlässigen Rechtsinstitutionen und Organisationen. Die Städte besaßen keine eigenen Streitkräfte und ihr politischer Einfluß blieb bedeutungslos neben der sehr früh schon wohlorganisierten Zentralgewalt.

Diese Zentralgewalt liefert Weber den Erklärungsansatz für die Eigenart des konfuzianisch-taoistischen Welt- und Gottesbildes. Der entwicklungsgeschichtliche Ausgangspunkt der Zentralgewalt war zunächst ein rein ökonomischer. Die Landwirtschaft Chinas hing zu großen Teilen von einer effizienten Bewässerung ab. Die Einrichtung und soziale Koordination des Bewässerungssystems machte eine politische Zentralinstanz erforderlich. Auf diese

---

652 RS I 436. Vgl. RS I 403.

Weise wurde die Stellung des Kaisers zunehmend verabsolutiert. Schließlich hingen Erfolg und Mißerfolg der Ernte in beträchtlichem Maße von der funktionierenden Bewässerung ab, und das hieß, daß der Kaiser seine Befehlsgewalt aus diesem Erfordernis ableiten konnte, sich damit legitimieren konnte und schließlich in eine Position geriet, die ihm göttliche Fähigkeiten zuschrieb: „Der König <schuf> direkt die Ernte" (RS I 299).[653] Diese Zusammenhänge sind hier von Interesse, da die Geschichte der chinesischen Stadt mit dieser frühzeitigen Konsolidierung der zentralen Staatsgewalt verbunden ist. Denn im Gegensatz zum Okzident erlangten die chinesischen Städte, so Weber, nirgendwo jenes Maß an relativer Autonomie, das die Voraussetzung für ein freies, mit politischem, sozialem und ökonomischem Eigengewicht ausgestattetem Stadtbürgertum hätte sein können. Sie sei somit immer nach oben von einer funktionierenden Zentralverwaltung abhängig geblieben. Nach unten aber habe die traditionelle Sippenbindung in die Stadtgemeinde derart hineingewirkt, daß selbst von fern zugewanderte Stadtinsassen die Verbindung mit ihrer Sippe und den Ahnenheiligtümern aufrecht erhielten. Dies schwächte zweifelsohne den 'Korpsgeist' der Stadtbürgerschaft, so daß es nicht verwundert, daß kaum eine chinesische Stadt jemals eigene Streitkräfte aufbieten und für ihre politische Stellung in die Waagschale werfen konnte. Wo aber keine eigenen politischen Institutionen aufgebaut wurden, da blieb auch, so Weber, die rechtliche Infrastruktur unterentwickelt. Die Folge dieses Defizits sei ein extrem gesteigertes Maß an Selbsthilfe gewesen, und zwar auf dem Sektor, auf dem die Abwesenheit allgemeinverbindlicher, sachlicher Rechtsregeln am schmerzlichsten verspürt wurde: Handel und Gewerbe. Hier appropriierten die chinesischen Gilden absolute Rechtsautorität über ihre Mitglieder, denen sie auf diesem Wege jenen Schutz gewährten, den die staatlichen Behörden zu gewähren nicht in die Lage kamen. Leider hemmten diese inselartigen Selbsthilfe-Regimente das Entstehen übergreifender Rechtsregeln und damit auch die Austausch- und Handelsbeziehungen: Ein Kleinkapitalismus mittelalterlich-okzidentaler Art konnte sich nicht entwikkeln.

Lassen wir die hier von Weber vorgebrachte Argumentation noch einmal Revue passieren, um ihren Zusammenhang mit der chinesisch-konfuzianischen Gemeinschaftsbildung und mit bestimmten religiösen Vorstellungen beleuchten zu können:

Der chinesischen Zentralgewalt spricht Weber gleichzeitig zwei gegensätzliche Attribute zu, wenn er sie einmal als zentralistisch und autokratisch darstellt, um den chinesischen Cäsaropapismus und die Bürokratisierung zu erklären, jedoch ein andermal als bloß extensiv und machtlos, um das Ausbleiben staatlicher Institutionalisierung von Recht und Geldwirtschaft zu er-

---

653 Vgl. Wittfogel 1962: Die orientalische Despotie. Weber hätte hier richtigerweise vom „Kaiser" statt vom „König" sprechen sollen.

klären.⁶⁵⁴ Auf den ersten Blick liegt hier ein Widerspruch vor. Der chinesische Kaiser hat den ungeteilten Oberbefehl über die gesamten militärischen und administrativen Exekutivorgane, dazu stellt er die höchste rechtsetzende Instanz dar und ist gleichzeitig oberster Richter. Damit hat er unangefochten die höchste Machtposition im Lande inne. Er ist zudem oberster Priester, ja sogar noch mehr, nämlich die einzige für die gewöhnlichen Chinesen erreichbare Vermittlungsinstanz zwischen Himmel und Erde. Seine Position ist damit auch religiös und magisch-rituell garantiert und gegen Konkurrenten abgesichert. Zwar ist seine Herrschaftsmacht beschränkt durch die Riten (Li), von deren peinlich genauer Praktizierung das Wohl des ganzen Kaiserreiches abhängt, doch dies sind nur prozedurale, keine substantiellen Einschränkungen. Ernsthafte Konkurrenz erwächst ihm daraus nicht. Die Monopolisierung legitimer Gewalt sowie die Konzentration und Vereinheitlichung der Herrschaftsausübung war vielmehr sehr weit fortgeschritten. Und dennoch ist seine politische Effektivität vergleichsweise gering. Warum?

Es wäre eine zu einfache Antwort, wenn man erklärte, Politik und Wirtschaft des kaiserlichen China seien im Vergleich zum Okzident ineffektiv gewesen, weil sie nicht oder nur unzureichend rationalisiert waren. Denn mit dieser Antwort ist angesichts der von Weber so oft hervorgehobenen Vieldeutigkeit des Begriffes „Rationalisierung" wenig gewonnen. Außerdem wäre sie in einem gewissen Sinne sogar falsch. Denn der kaiserliche Herrschaftsapparat war bereits zu einem sehr frühen Zeitpunkt wesentlich 'rationaler' als etwa die okzidentalen politischen Gebilde des Mittelalters, wenn man unter 'Rationalität' die Klarheit und Einheitlichkeit der Herrschaftsausübung nach niedergelegten Regeln und den Grad der Monopolisierung legitimer Gewalt versteht.⁶⁵⁵ Und dennoch betont Weber mehrmals den rationalisierungsgeschichtlichen Rückstand Chinas gegenüber dem Okzident, und zwar hauptsächlich im Zusammenhang mit der Abwesenheit jener „starken, auf eigenen Füßen stehenden Mächte". Die gemeinschaftstheoretische Fragestellung ist also zuzuspitzen auf eine Erklärung der relativen Einflusslosigkeit der chinesischen Stadtbürger-Gemeinschaften. Für diese Lage lassen sich, das ist das entscheidende, vor allem religionssoziologische Gründe anführen.

---

654 Der geringere Grad in der Institutionalisierung von Staatlichkeit erübrigte freilich auch viel Personal in Diensten des Staates. Eberhard macht auf folgendes aufmerksam: Zur Zeit von Christi Geburt hatte China etwa 50 Millionen Einwohner, um 1750 etwa sechsmal so viele, und dennoch benötigte das Land in diesem Zeitraum nur einen winzigen Stab von Beamten, während in heutigen modernen Staaten wie etwa den USA gut und gerne 30% der Erwerbstätigen für den öffentlichen Dienst aufgewendet werden müssen (Eberhard 1983: Die institutionelle Analyse des vormodernen Chinas: 83ff.). Das System wechselseitiger Kontrolle von jeweils fünf Familien habe in China lange Zeit jede durchorganisierte und flächendeckende beamtenstaatliche Kontrolle, wie wir sie kennen, überflüssig gemacht.
655 Eberhard behauptet unter Berufung auf neuere, für Weber noch unzugängliche Quellen, China sei schon ab dem zweiten Jahrhundert vor Christus von einem Staat mit traditionaler zu einem mit „rationaler Herrschaft" geworden: Eberhard 1983: Die institutionelle Analyse des vormodernen Chinas: 72.

10.3 Die Vorherrschaft des 'Hiao' – die Religionsgemeinschaft als Pietätsverband

Die hier interessierende Kernthese von Webers China-Studie betrifft die von Weber so genannten 'sachlichen Gemeinschaften'. Weber behauptet, daß „in China bis in die Gegenwart das Verpflichtungsgefühl gegenüber 'sachlichen Gemeinschaften'" fehle (RS I 494). Ihre ethischen Pflichten erfaßten die Chinesen in Pietätsbeziehungen, beispielsweise zum Herrn, zum Vater, zum Gatten oder zum älteren, alles weitere könne aus ihnen abgeleitet werden.[656] Eine solche Ethik nennt Weber 'personalistisch', weil sie nur in persönlichen sozialen Beziehungen gültig sein will, sich außerhalb dieser aber mit den bloßen Reziprozitätsregeln zufrieden gibt.

Weber zeichnet folgendes Bild von der konfuzianischen Ethik: Im Hintergrund der konfuzianischen Pflichtenlehre stehe die Idee, daß die soziale Ordnung sich mit der kosmischen Ordnung decke; die Chinesen begriffen ihre Gesellschaft als eine „große, patrimonial regierte Gemeinschaft" (RS I 441). Oberste soziale Pflicht und Tugend sei die Pietät, dementsprechend sei das Leitbild aller Beziehungen die Eltern-Kind-Relation (RS I 446). Pietät und persönliche Tugendhaftigkeit seien daher auch der Maßstab gewesen, an dem sich die Träger politischer Ämter messen lassen mußten. Die chinesische Sozialethik sei daher eine „Übertragung organischer Pietätsbeziehungen auf andere, die ihnen gleichartig gedacht wurden" (RS I 494). Gegenüber der Tugend gelte alles andere als machtlos, selbst die Magie (RS I 443).

Die folgenschwerste Wirkung der Vorherrschaft der konfuzianischen Ethik in China sei, daß sie die Entstehung prophetischer Religiosität hemme (RS I 493). Die religiösen Einrichtungen, die die religiösen Individualbedürfnisse nach Seelsorge, Orientierung und Heilung befriedigen, seien „auf der Stufe des magischen Animismus und der Funktionsgötterverehrung" geblieben, „ganz wie überall sonst vor dem Eingreifen von Prophetien" (RS I 453). Was der Taoismus oder der Buddhismus in prophetischer Hinsicht zu bieten hatten, reichte nicht aus, um das konfuzianische System zu entthronen. Denn beiden fehlte Weber zufolge „das soziologisch entscheidende: eine religiöse Gemeindebildung" (RS I 511). Wenn überhaupt irgendwelche erlösungsreligiösen Ansätze in China auftauchten, dann seien sie „in aller Regel gänzlich unsozial" gewesen (ebd.). Da Weber die prophetischen Religionselemente für die entscheidenden Faktoren der Gemeindebildung hält, widmet er den Ansätzen zur Sektenbildung, die der Buddhismus und Taoismus in China boten, besondere Aufmerksamkeit. Dabei entdeckt er, daß die Idee sektenartiger Gemeinschaftsbildung sich in China nicht annähernd in dem Maße verbreiten konnte, wie das im Okzident in Gestalt des Protestantismus möglich war.

---

656 Vgl. RS I 445f. S. o. Fn. 228.

Indes wendet Weber nicht nur den Begriff 'Sekte', sondern auch den der 'Gnadenanstalt' auf chinesische Verhältnisse an. Die Leitdifferenz scheint dabei die von Orthodoxie und Heterodoxie zu sein, wobei Weber nicht danach fragt, ob eine taoistische oder buddhistische Religionsgemeinschaft 'an sich' heterodox war, sondern ob sie von der konfuzianischen Bürokratie als 'heterodox' behandelt und entsprechend unterdrückt wurde. Die Methode de Groots, taoistische Gruppierungen aufgrund ihrer Glaubenslehre und -praxis als orthodox zu klassifizieren, behandelt Weber als für soziologische Zwecke nebensächlich. Denn für eine soziologische Analyse will er den Gesichtspunkt der „hierokratischen Sonderorganisation" (RS I 498) in den Vordergrund gerückt sehen. Die Frage ist also nicht: Was wurde geglaubt, gelehrt und getan, sondern: Gab es in China selbständige religiöse Organisationen, die von anderen, allgemein akzeptierten Gemeinschaften unabhängig waren? Hier geht es um Gemeinschaften, die von ihrem Selbstbegriff her 'religiös' waren und für die Weber in seiner Judentumstudie den Begriff 'konfessioneller Verband' geprägt hatte. In der okzidental-vorderasiatischen Religionsgeschichte komme dieser Vergemeinschaftungstypus erstmals bei den Pharisäern vor. Ein verläßlicher Indikator für das Aufkommen konfessioneller Verbände in China sind die Unterdrückung, Maßregelung und Verfolgung abweichender Religiosität durch den konfuzianischen Staatsapparat. Dieser griff Weber zufolge unverzüglich ein, sobald aus Klostergemeinschaften Laiengemeinschaften zu werden drohten, also jedesmal, wenn außerweltliche Sondergemeinschaften, zu denen sich religiöse oder ethische Virtuosen zusammengeschlossen hatten, sich der Welt und ihren sozialen Beziehungen zuwandten. Aus einer klösterlichen Gemeinschaft würde dann nämlich eine Sekte, und das wollte der chinesische 'cäsaropapistische' Staat Weber zufolge nicht dulden. Die 'Religionspolizei' sei beispielsweise immer dann auf den Plan getreten, wenn Klosterinsassen sich außerhalb des Klosters Ehepartner besorgten, Seelsorge, Lehre und Propaganda nach 'draußen' unter das Volk trugen und sich durch „Unterscheidungszeichen in Bemalung und Tracht" als eine Sondergruppe von der übrigen Bevölkerung sichtbar hervortaten, sowie untereinander Rangabstufungen einrichteten. Das Charakteristikum des Sektentums beschreibt Weber daher an dieser Stelle folgendermaßen: „Wert und Würde der 'Persönlichkeit' wurden garantiert und legitimiert durch die Zugehörigkeit und Selbstbehauptung innerhalb eines Kreises spezifisch qualifizierter Genossen, nicht durch Blutsband, Stand oder obrigkeitliches Diplom" (RS I 503).

Weber listet die wichtigsten Gründe auf, mit denen der Kaiser immer wieder staatliches Einschreiten gegen religiöse Sondergruppen rechtfertigte: unerlaubte Vergesellschaftung, unerlaubte Autoritäten in Gestalt charismatisch begabter Leiter, die jenseitiges Heil anbieten oder verkünden, und insbesondere jedes Verhalten, das die Autorität der Sippen- und Familienbindungen in Frage stellte (RS I 501). Die Bildung einer „privaten Gesellschaft" sei als „Hochverrat" aufgefaßt worden, zulässig gewesen seien nur zwei Formen der Vergesellschaftung: die offizielle konfuzianische, kaiserliche, staatliche Kultgemeinschaft auf der einen Seite und die streng 'personalistischen', traditionalen Pietätsbeziehungen (RS I 509) auf der anderen Seite.

Aus diesen Vorgaben schließt Weber nun auf einen ganz bestimmten Kulturcharakter Chinas und auf die typischen soziokulturellen Eigenschaften und „ethischen Qualitäten" (RS I 521) seiner Bewohner, die er in einen typisierenden Gegensatz zu den protestantisch-puritanischen Persönlichkeiten bringt. Während letztere innengeleitet seien und ihre gesamte Lebensführung einem einheitlichen Ziel systematisch unterwürfen, seien die Chinesen außengeleitet und eher auf die Wahrung ihres Gesichtes bedacht als auf Aufrichtigkeit (RS I 521-523).[657] Der typische Konfuzianer ist für Weber ein auf „Anpassung nach außen hin, an die Bedingungen der 'Welt'" (RS I 521) bedachter Mensch. Über ihn urteilt Weber dann: „Ein optimal angepaßter, nur im Maße der Anpassungsbedürftigkeit in seiner Lebensführung rationalisierte Mensch ist aber keine systematische Einheit, sondern eine Kombination nützlicher Einzelqualitäten", sein „Leben blieb eine Serie von Vorgängen, kein methodisch unter ein transzendentes Ziel gestelltes Ganzes".(RS I 521).

Von diesen charakterologischen Konstruktionen schließt Weber dann auf die sozialorganisatorischen Eigenarten der chinesischen Gesellschaft. Da „innere Gewalten" fehlen, die die Lebensführung beeinflussen, beherrsche die „auf dem Geisterglauben ruhende Familienpietät" das Ethos des Chinesen (RS I 522). Das stärke dann auch den „Zusammenhalt der Sippenverbände" und die darauf beruhende Wirtschaftsorganisation, so daß die „chinesische Ethik ihre stärksten Motive innerhalb der Kreise der naturgewachsenen (oder diesen angegliederten oder nachgebildeten) Personenverbände" (RS I 522) entfalte.

Den unbedingten Gottesgehorsam der Puritaner hält Weber neben die Pietät des Chinesen und folgert daraus, daß in den sozialen Milieus des asketischen Protestantismus ein hohes generalisiertes Vertrauen geherrscht habe, während die Chinesen gegeneinander in typischer Weise mißtrauisch seien (RS I 518), ja Weber spricht sogar vom „universellen Mißtrauen Aller gegen Alle", das „eine Konsequenz der offiziellen Alleinherrschaft der konventionellen Unaufrichtigkeit und der alleinigen Bedeutung der Wahrung des Gesichtes im Konfuzianismus" sei (RS I 523), was natürlich ein eklatanter Widerspruch zu der kurz zuvor festgestellten Unverbrüchlichkeit der Sippensolidarität ist. Allerdings paßt diese nicht gerade unerhebliche Ungenauigkeit zu dem Bild des Puritanismus, das Weber hier gerne zu einer Kontrastfolie des Konfuzianismus aufgebaut hätte. In der Protestantismusstudie hatte Weber noch die seelische Situation, in die der asketische Protestantismus seine Anhänger bringt, als pessimistischen Individualismus bezeichnet (RS I 95) und

---

657 Das bereits erwähnte Edikt Chia-ch'ings nennt freilich „Vertrauenswürdigkeit" als zentrale konfuzianische Tugend. Dies steht in Kontrast zu Webers Behauptung, die Aufrichtigkeit sei sekundär. Vgl. o. Fn. 228

auf die- wie oben erwähnt – Bedeutung der Bibelstelle Jer 17,5: „Verflucht ist der Mann, der sich auf Menschen verläßt" für die Puritaner verwiesen. Weber hatte außerdem die „Menschenfeindlichkeit" und das einsiedlerhafte Lebensgefühl der Puritaner und Pietisten dargestellt, denen das allmorgendliche Verlassen des Heimes angeblich wie der Eintritt „in einen Wald voller Gefahren" vorkam (RS I 97). Das universale Mißtrauen schien hier noch eher auf der Seite der Puritaner als auf der der Konfuzianer zu liegen, die Calvinisten waren es doch, die von sich verlangten, Gott exklusiv zu vertrauen, aber allen Menschen zu mißtrauen. Es war oben bereits festgestellt worden, daß dies spezifisch puritanische Mißtrauen Weber zufolge eine Rationalisierung der sozialen Organisation bewirkt, insofern die Loyalität hier auf „innerlich 'individualistischen', zweck- oder wertrationalen Motiven" ruht und die Beteiligten die Beziehungen nicht primär emotional eingehen. (RS I 97 Fn.2). Diese Rationalisierung wird hier nun als Universalisierung der Ethik präsentiert. Das „Vertrauen auf die Ehrlichkeit der Glaubensbrüder in den puritanischen Sekten" sei, so Weber, „gerade von außerhalb der Gemeinschaft geteilt" (RS I 518) worden. Genau dies sei bei Geltung konfuzianischer Ethik nun nicht möglich, da diese „gerade nur auf das Sichauswirken innerhalb der organisch gegebenen persönlichen Beziehungen hingewiesen" (RS I 522f.) sei: „Die allgemeine 'Menschenliebe' lehnte Mencius mit der Bemerkung ab, daß dadurch Pietät und Gerechtigkeit ausgelöscht werden: weder Vater noch Bruder zu haben sei die Art der Tiere. Inhalt der Pflichten eines konfuzianischen Chinesen war immer und überall Pietät gegen konkrete, lebende oder tote Menschen, die ihm durch die gegebenen Ordnungen nahestanden, niemals gegen einen überweltlichen Gott und also niemals gegen eine heilige 'Sache' oder 'Idee'" (RS I 523). Der Puritaner hingegen hege gegen persönlich Nahestehende wie gegen Fernstehende die gleiche Erwartung, daß man nämlich seinen sozialen Pflichten aufgrund seiner „über die organischen Lebensbeziehungen hinausgreifenden Gesinnung" nachkomme.

Diese Argumentation Webers enthält erhebliche Ungereimtheiten. Weber hält dem Puritaner zugute, eine Art von Wertrationalität idealtypisch auszuprägen, die 'ohne Ansehung der Person' immer dem gleichen ethischen Postulat folge, mithin in sozialen Relationen das Aufkommen doppelter Kontingenz unterbinde. Das sei die „*Pietät*...gegen einen überweltlichen Gott und ... gegen eine heilige 'Sache' oder 'Idee'" (RS I 523, Hervorh. d. Verf.). Die chinesische Pietät richte sich im Gegenteil stets gegen konkrete Personen. Hier verwendet Weber für die innere Einstellung des Puritaners wie des Konfuzianers zu einer ethischen Regel den gleichen Ausdruck: *Pietät*. Und dies tut Weber meines Erachtens völlig zu Recht, wenn es auch seinem sonstigen Sprachgebrauch und seiner Begriffsverwendung widerspricht, gilt ihm Pietät doch überall als eine affektuelle Handlungsorientierung und nicht als wertrationale.[658] Bei aller Unklarheit, die Weber in seinem Begriff von 'Pietät' bestehen läßt, wird dennoch eines unmißverständlich klar: es handelt sich um einen Beziehungsbegriff: Pietät ist ihm eine Verhaltensregel für soziale Beziehungen, außerhalb von Vergemeinschaftungen oder Vergesellschaftungen ist der Begriff eigentlich nicht anwendbar. Wenn Weber nun Pietät gegen die Sachlichkeit der Wertrationalität auszuspielen versucht, wechselt er zwischen der Handlungsebene und der Beziehungsebene unkontrolliert hin und her. Wenn man nach der Handlungsregel fragt, der der Puritaner oder die Puritanerin innerhalb einer sozialen Beziehung im allgemeinen folgt, dann kann man nicht antworten: 'dem unbedingten Gottesgehorsam' oder 'der unbedingten Sachlichkeit'. Denn dies sind nicht Sinngehalte sozialer Beziehungen, sondern Sinngehalte nicht-sozialer Handlungsorientierungen. Wer sich an einem göttlichen Gebot oder an einer 'Idee' orientiert, orientiert sich nicht schon per se auch am Verhalten anderer. Hingegen ist, wer Pietät übt, per se ein Beziehungsakteur.

Dies hat Auswirkungen auf die Frage der Universalität der puritanischen Ethik. Weber behauptet, Zuverlässigkeit und Ehrlichkeit des Puritaners seien innerhalb und außerhalb seiner Familien- und Glaubensgemeinschaften die gleichen. Da es sich um keine soziale Handlungsorientierung und erst recht um keine Beziehungsorientierung handelt, ist diese Universalität eigentlich eine unvermeidliche Konsequenz. Sie ergibt sich aus der oben beschriebenen 'Blindstellung' gegenüber Herkommen und Sozialbezug des Interaktionspartners. Ob Bruder, Mutter, Freund, Geschäftspartner, Rivale, Fremder oder Feind ihm gegenüberstehen, ist dem von Weber beschriebenen Puritaner unerheblich, denn er hat seinem Gott, seiner Idee oder seiner Sache zu gehorchen, ganz gleich, wer vor ihm steht. Wenn man diese Ethik konsequent idealtypisch betrachtet, dann scheint es, als ob sie Freund und Feind, Bruder und Fremden über den gleichen Kamm schert, daß ihr nicht nur alle Menschen, sondern alle zwischenmenschlichen Beziehungen einerlei sind. Dies kann als Kehrseite dessen gelten, was als Universalismus hochgehalten wird. Dies hat weitreichende gemeinschaftssoziologische Konsequenzen. Mit Mencius zu sprechen: Konfuzianern müssen westlich-universalistische Verhaltensweisen wie das ehrlose Verhalten von Tieren vorkommen, die nicht unterscheiden, ob sie es mit Vater oder Bruder zu tun haben oder nicht. Von sozialer Solidarität oder Zusammengehörigkeitsgefühl im eigentlichen, oben definierten Sinne kann in einem solchen Universalismus keine Rede mehr sein.

---

658 Vgl. WuG 13f., 22. Versteht man unter 'Pietät' den Respekt vor anderen oder die taktvolle Rücksichtnahme auf andere, dann ist klar, daß es sich um eine Handlungsregel für soziale Beziehungen handelt. Man könnte rein theoretisch jedoch auch die gleiche Haltung gegenüber nicht-sozialen Geboten, gegenüber nicht-personenbezogenen Pflichten oder gegenüber göttlichen Weisungen oder der Person Gottes selber einnehmen. Dann ist es aber keine Beziehungsregel mehr, sondern ein 'kategorischer Imperativ'. Mit ihm wäre dann auch Respekt oder Rücksicht gegenüber Tieren, Pflanzen oder toten Gegenständen gefordert.

> „Kaum eine Hypothese der klassischen Soziologie – nach Karl Marx, Max Weber oder Talcott Parsons – scheint nachhaltiger widerlegt zu sein als die, daß mit der zunehmenden Mobilisierung, Entzauberung und Durchkapitalisierung der Welt auch die nationalen, die religiösen und rassistischen Affekte, Bindungen und Konflikte an Bedeutung verlieren und bloßen Auseinandersetzungen um ‚Interessen' Platz machen würden."[659]

Resümee

Die Schultern eines Riesen erklimmen um weiter sehen zu können – diesem Vorsatz gemäß hat die vorliegende Untersuchung sich bemüht, Max Weber auf seinem Gang durch die Weltreligionen und die Jahrtausende ihrer Geschichte ein Stück weit zu folgen. Das Studium seiner Religionssoziologie rückt die Dimensionen zurecht, die der Zeitgeist und seine Moden allzu leicht verschieben können. Webers interkultureller und kulturgeschichtlicher Vergleich lockert die zeitlichen, räumlichen und sozialen Zentrismen unserer Wahrnehmung. Zu Beginn dieser Studie wurde gefragt, wie sich die Renaissance des Religiösen und das Wiedererstarken der Gemeinschaftsformen mit Webers soziologischer Theorie der Moderne vertragen. Am Ende dieser Auseinandersetzung mit Weber steht fest, daß die Frage sich so nicht stellt. Islamismus und Neohinduismus, ‚asian values' und Kommunitarismus können dem von Weber beschriebenen ‚eisernen Käfig' der Moderne bestenfalls kleine Kratzer zufügen, sprengen können sie ihn nicht.

Jede Vergesellschaftung ist abhängig von einer ihr zugrunde liegenden Vergemeinschaftung. Das konnte der Teil I dieser Studie durch eine Analyse des Weberschen und Tönniesschen Gemeinschaftsbegriffes demonstrieren. Webers Gemeinschaftsbegriff hält ein prekäres Gleichgewicht zwischen den methodischen Erfordernissen der individualistischen und rationalistischen *Verstehenden Soziologie* und einem auch von Weber letztlich nicht geleugneten Grundaxiom empirisch-materialer Soziologie: der Abhängigkeit der Vergesellschaftung von der Vergemeinschaftung.

---

659 Esser 1996: Ethnische Konflikte: 64.

Das Wiedererstarken der Gemeinschaften ist ebenso wie die Aufwertung der Religionen ein Versuch, als fremd erfahrene Vergesellschaftung zu indigenisieren. Die uns als Gegner der Modernität erscheinen, betreiben in Wahrheit die weitere Ausbreitung des Modernen. Sie versuchen, gemeinschaftsfremde, oktroyierte Vergesellschaftung zu revidieren und in eine Modernität umzuwandeln, der sie sich authentisch zugehörig fühlen können. Diese ‚Ent-Entfremdung' der gesellschaftlichen Institutionenstruktur ist überfällig. Zu lange haben ausschließlich westlich orientierte Machteliten von den Segnungen der Moderne profitiert, jetzt fordern die Zivilgesellschaften ihren Anteil. Der uns irritierende antiwestliche Ton ist ein Mittel, diese inneren Konflikte eigenständig auszutragen.

Die gemeinschaftlichen Kräfte des sozialen Lebens wirken meist hinter dem Rücken der Akteure. Dem ‚Zusammengehörigkeitsgefühl' wird normalerweise intuitiv gefolgt. Sobald es ins Bewußtsein gehoben wird und klar erkannter Zweck oder Wert des Handelns wird, entstehen Vergesellschaftungen, die einen gemeinschaftlichen Inhalt pflegen. Sie und nur sie sind in Gefahr, das Soziale zu verdinglichen. Ein zentrales methodologisches Anliegen Weberscher Soziologie ist es, diese Verdinglichung sozialer Gebilde zu vermeiden. Diese Entsubstanzialisierung von Kollektivbegriffen treibt Weber bis zur Perfektion. Seine Denkweise gräbt der verdinglichenden politischen und soziologischen Rhetorik radikal das Wasser ab. Vergleichbares kann von Durkheims und erst recht von Tönnies Ansatz nicht behauptet werden.

Eine Entkollektivierung ist mit Webers Ansatz nicht verbunden. Man darf seinen methodologischen Individualismus nicht für einen substantiellen halten. Sein Gemeinschaftsbegriff unterstellt zwar den beobachteten Akteuren, das Bild eines Kollektivs in ihren Köpfen zu tragen, welches Objekt des ‚Zusammengehörigkeitsgefühls' ist. Der Realitätsgehalt dieses Bildes ist aber offen.

Die Einstellung des Gemeinschaftsakteurs beruht auf einem individuellen 'Gefühl' wie die des Gesellschaftsakteurs auf rationalen Motiven. Die gesellschaftliche 'Interessenverbindung' läßt sich aus Individualelementen ableiten. Denn individuelle Interessen bilden bei Weber das Apriori des Gesellschaftshandelns, Kollektivgefühle aber das Apriori des Gemeinschaftshandelns. Dies ist kein Verstoß gegen Webers eigene methodologische Forderung, den einzelnen Menschen als alleinigen 'Träger sinnhaften Sichverhaltens' zu behandeln, wird doch der Einzelne hier als Träger ganz bestimmter Solidargefühle konzipiert. Auffällig ist lediglich, daß ‚Zusammengehörigkeit' hierbei für das Handeln einen ‚Sinn an sich' darstellen muß.

Beim Gesellschaftshandeln legt Weber größten Wert auf die Differenzierung von Motiv und Inhalt. Will Weber nun Beziehungshandeln 'deutend verstehen und ursächlich erklären', dann kann er im Falle des Gesellschaftshandelns die individuellen Interessen der einzelnen Beteiligten als Erklärungsfaktoren für das Zustandekommen und den Bestand der Beziehung anführen.

Das Beziehungshandeln ist dann Resultante des Aufeinandereinwirkens beliebiger individueller Interessen. Sowohl das Handeln gemäß des Sinngehaltes der sozialen Beziehung, der sich in einer Handlungsregel angeben läßt, als auch das Zustandekommen dieser Regel ließen sich auf diese Weise erklären. Die klare Trennung von Motiv und Inhalt macht es möglich, die Verhehlung beziehungswidrigen und die Vortäuschung beziehungskonformen Handelns aus Individualinteressen zu erklären. Denn da individuelle Interessen das Gesellschaftshandeln motivieren, die Verbindung oder der Ausgleich dieser Interessen aber den Sinn-Inhalt der Vergesellschaftung bilden, läßt sich die gesellschaftliche Beziehung als bloßes Mittel der Interessenbefriedigung von Individuen verstehen. Sollte sich das Mittel als zur Interessenbefriedigung untauglich erweisen, wird es gewechselt. Dann stellt der gesellschaftliche Akteur die Beziehung zur Disposition.

Beim Gemeinschaftshandeln muß man hinnehmen, daß Weber Motiv und Inhalt ungeschieden ineinander fließen läßt. Weber ist zwar insoweit unmißverständlich, als 'Zusammengehörigkeitsgefühle' das Gemeinschaftshandeln bestimmen, läßt aber offen, ob diese das Motiv oder den Inhalt des Gemeinschaftshandelns darstellen. Das Gemeinschaftshandeln mag Weber zwar auch als Resultante von individuellen und subjektiven Gefühlen erklären, aber eben nicht von beliebigen Gefühlen, sondern von Gefühlen ganz besonderer Art, eben von 'Zusammengehörigkeitsgefühlen'. Bedingung der Möglichkeit von Zusammengehörigkeitsgefühlen aber ist irgendeine Vorstellung von einer sozialen Beziehung, irgendeine Kollektivvorstellung. Folglich können diese Gefühle zwar eventuell das beziehungsgemäße Handeln, nicht aber das Zustandekommen der Beziehung erklären. Der Akt der Konstitution von Gemeinschaft gehört daher nicht mehr in das originäre Erklärungsprogramm der Weberschen *Verstehenden Soziologie*.

Im Falle des Gemeinschaftshandeln ist es ausgeschlossen, daß der Akteur beziehungswidriges Verhalten verhehlen oder beziehungskonformes Verhalten bloß vortäuschen könnte. Idealtypisches Gemeinschaftshandeln ist im Unterschied zum Gesellschaftshandeln per definitionem notwendig authentisch, daher rührt seine Anschlußfähigkeit an den Begriff der Identität.

Aufbauend auf diesen grundbegrifflichen Bestimmungen konnte die hier vorgelegte Analyse des asketischen Protestantismus zeigen, daß und wie die calvinistischen und täuferischen Religionsgemeinschaften dem Idealtypus der Vergesellschaftung nahekommen. Weber nennt sie in seinen Protestantismusaufsätzen 'voluntaristische Verbände', obwohl der Begriff des Voluntarismus kein Bestandteil seines grundbegrifflichen Systems ist. Als wesentliches Merkmal des Voluntarismus konnte die Deckungsgleichheit des Personenkreises, der die Regel für eine soziale Beziehung aufstellt, mit demjenigen, für den die Regel gelten soll, herausgestellt werden. Weber billigt dieser Organisationsform 'sozialorganisatorische Überlegenheit' zu. Diese Überlegenheit drückt sich vornehmlich als Beherrschungswille und Streben nach effektiver Kontrolle über die ‚Welt'aus.

Unter 'Welt' versteht Weber die zwischenmenschlichen sozialen Beziehungen. Diese auf dem Wege der Askese zu beherrschen bedeutete, die Gemeinschaftsgefühle und -gewohnheiten ins Bewußtsein zu heben und – eventuell – verfügbar zu machen. Weber präsentiert den asketischen Protestantismus also letztlich als historischen Meilenstein in der Geschichte der Vergesellschaftung von Gemeinschaftsbeziehungen, als Rationalisierung des Traditionalen und Emotionalen in den sozialen Beziehungen. Dies bedeutete also nun, daß Akteure im vermehrten Maße ihre individuellen Interessen zum Prüfstein für ihr Handeln innerhalb sozialer Beziehungen machen und etwaige Zusammengehörigkeitsgefühle und -gewohnheiten einer rationalen Disposition unterwerfen. Weber sagt einerseits, dies sei das Ende der Menschlichkeit in den sozialen Beziehungen und der Beginn der „Weltherrschaft der Unbrüderlichkeit" (RS I 101, 571), betont andererseits die Loyalität und absolute Verläßlichkeit, die Solidarität und Disziplin der ‚asketischen Protestanten' (zum Beispiel in der ‚ecclesia militans', der Armee Cromwells etc.).

Vor diesem Hintergrund zeigte sich die Notwendigkeit einer kritischen Ergänzung der Weberschen Theorie. Weber spricht von der „unbezweifelbaren Überlegenheit des Calvinismus in der sozialen Organisation" (RS I 98). Dies läuft nach allem bisher Gesagten auf die These einer sozialorganisatorischen Überlegenheit der gesellschaftlichen über die gemeinschaftlichen sozialen Beziehungen hinaus. Diese stellt sich aber zunächst nur bei gemeinschaftskonformer Rationalisierung ein. Die zwischen eigeninteressierten Individuen explizit vereinbarten Interessenausgleiche und -verbindungen ergeben nur dann einen Macht- und Kontrollgewinn, wenn sie den Gemeinschaftsgefühlen und -gewohnheiten nicht überall und dauernd zuwiderlaufen. Diesen Fall bedenkt Weber zwar gebührend in seiner Theorie der Legitimität von Herrschaft, wenn er diese als 'äußerst labil' bezeichnet, sobald sie auf schierer Macht und der Furcht vor ihr und sonst nichts mehr beruht. Aber dieses Theorem läßt sich im Einklang mit Webers Grundvorgaben, jedoch über Webers eigenen Ansatz hinaus, verallgemeinern: Vergesellschaftung ist labil, wenn sie ohne jegliches Gemeinschafts- und Zusammengehörigkeitsgefühl vereinbart bzw. lediglich oktroyiert wurde. Diesen Gedanken beläßt Weber viel zu sehr im Hintergrund seiner Soziologie, obwohl er – analytisch gesehen – einer ihrer integralen Bestandteile ist.

Wenn Weber substantiellem Individualismus unterschwellig oder offen das Wort redet, dann im Zusammenhang mit seinem Modell ‚voluntaristischer Gemeinschaftsbildung'. Voluntarismus, als individuelle Teilhabe eines jeden an der Konstitution von Beziehungssinn, bewirkt hier den Abbau von Oktrois, nicht den Abbau von Gemeinschaftlichkeit.

An dieser Stelle kommt nun Webers Charismakonzept und seine systematische Religionssoziologie ins Spiel. Das Charismakonzept ist zur herrschaftssoziologischen Seite von Weber ungleich weiter und feiner ausgebaut als zur gemeinschaftstheoretischen und selbst zur religionssoziologischen Seite hin. Obwohl Charisma ersichtlicherweise Webers religionssoziologischer Fundamentalbegriff ist, bekommt er in der Herrschaftssoziologie mehr Bedeutung als in der Religionssoziologie. Diesem Mißstand und der daraus resultierenden Unterentwicklung des Konzeptes 'Pneuma' konnte hier abgeholfen werden. Schluchter hatte bereits vorgeschlagen, Pneumatik den beiden für Weber zentralen Heilswegen der Mystik und der Askese an die Seite zu stellen. Konzipiert man 'Pneuma' als die religionssoziologische, also charismatische Variante des Zusammengehörigkeitsgefühls, dann ergibt sich daraus, so konnte anhand des Urchristentums gezeigt werden, die Möglichkeit einer charismatischen, aber zunächst horizontalen, soll heißen: herrschaftsfreien, Dauergemeinschaft.

Zwei fundamentale Defizite der Weberschen Religionssoziologie bestehen darin, daß Weber es erstens an einer Klärung des Charismas als eines Zuschreibungsphänomens und zweitens an einer Anbindung des Charismakonzeptes an die zweckrational-idealtypisierende Methode fehlen lässt. Dadurch entstehen zunächst bei Weber, dann aber auch bei seinen Rezipienten erhebliche Unklarheiten. Wenn erstens nicht klar ist, daß Charisma darauf beruht, daß die einen die anderen als charismatisch – das heißt als mit 'außeralltäglichen Kräften' ausgestattet – wahrnehmen, dann geht schnell der Blick für die Gemeinschaftsabhängigkeit des Charismas verloren. Denn der Charismatiker gilt nicht in jedem Menschenkreis als Charismatiker, so als ob das Charisma seine objektive Eigenschaft wäre. Vielmehr sucht sich eine zu Charismagläubigkeit aufgelegte Gemeinschaft in irgendeiner Person (oder Gruppe von Personen) eine plausible Projektionsfläche für ihren Charismaglauben. Gemeinschaftstheoretisch entscheidend ist derjenige Fall, in dem die Gemeinschaft sich selbst als die geeignete Projektionsfläche entdeckt. Dann wird sie 'pneumatische Gemeinschaft'; die urchristliche Gemeinde ist Webers bevorzugtes Beispiel dafür.

Wenn Weber zweitens klar zwischen Charisma als Mittel und Charisma als Zweck des Handelns unterschieden hätte, dann hätten sich ihm automatisch zwei Typen religiösen Handelns ergeben: das Charisma erwirkende und das durch Charisma bewirkte Handeln. Die vorliegende Studie konnte zeigen, daß Webers komplizierte typologische Metaphern vom Asketen als dem 'Werkzeug Gottes' und dem Mystiker als dem 'Gefäß des Göttlichen' sich exakt diesem denkbar einfachen Schema einpassen, womit die künftige Verständigung über Webers Religionssoziologie vereinfacht werden könnte.

Die im Teil I dieser Studie vorgenommenen begrifflichen und theoretischen Systematisierungen zeigten Defizite in Webers Begriff von ‚Gemeinschaft' und von ‚Religion'. Webers empirische Beobachtungen der Weltreligionen standen aus Sicht der vorliegenden Studie also im Verdacht, diese Defizite zu replizieren. Der Verdacht bestätigte sich jedoch nicht, und zwar aus dem einfachen Grund, daß Weber in seiner Soziologie der Weltreligionen nur wenig Gebrauch von seinen eigenen, streng definierten Grundbegriffen macht. Es besteht vielmehr ein erheblicher Abstand zwischen Webers Grundbegriffen und der empirischen Religionssoziologie. Die vorliegende Studie versuchte diesen Abstand zumindest für das Problemfeld der religiösen Gemeinschaftsbildung zu verringern, indem Begriffe wie 'Wertrationalität', 'Gesinnungsverein', 'Anstalt', 'Kirche' und 'Sekte', 'Pneuma', 'konfessioneller Verband', 'Ethnie', 'Kaste' und 'Stand' expliziert und auf die empirischen Fälle des antiken Juden- und Christentums, des Islam, des Konfuzianismus sowie des Hinduismus bezogen wurden. Dabei stellte sich für die verschiedenen Kulturen zwar Verschiedenes heraus, im Großen und Ganzen aber konnte die interkulturelle Übertragbarkeit der Weberschen Begriffe demonstriert werden, so daß zumindest an alle Kulturen die gleiche Frage nach der Rolle der Religion bei der Gemeinschaftsbildung gestellt werden konnte.

Webers Judentumsstudie erwies sich als besonders instruktiver Fall für die hier gewählte Fragestellung. Sie erklärt, wie die Juden über zwei Jahrtausende jüdische Kultur, Religion, Identität und Gemeinschaft bewahren konnten trotz des Verlustes territorialer politischer Souveränität. Das Judentum repäsentiert insofern für die vorliegende Studie eine beeindruckend stabile Form religiöser Gemeinschaftsbildung.

Zur Erklärung dieses Vergemeinschaftungsmusters dient die oft mißverstandene These vom Judentum als einem Pariavolk. Diese These besagt zwei Dinge, erstens, daß die Juden sich wie Angehörige einer Kaste verhalten, obwohl sie in kastenloser Umwelt lebten (ausgenommen die indischen Juden), und zweitens, daß sie von der vollen Teilhabe an Boden- und Herrschaftsrechten ausgeschlossen und in diesem Sinne 'Gastvolk' waren. Als explanandum der genannten Stabilität taugt freilich nur der erste Punkt. Kastenangehörige regulieren und beschränken aus religiösen Gründen ihre Umweltkontakte. Als derartig wirkende religiöse Topoi identifiziert Weber den berith-Gedanken und die Einflüsse der israelitischen Propheten. Denn beide wirkten auf eine Etablierung und Dramatisierung einer Alltagsethik hin, die relativ schlicht und klar, dabei aber penetrant ernst gemeint war. Die berith begründet einen 'ordensartigen Kultverband' als potentiell transethnischer Solidargemeinschaft, die Prophetie befördert die Umstellung des Integrationsmodus des Volkes Israel vom politischen zum religiösen Verband.

Für die hier gewählte Fragestellung mußte also bezüglich des antiken Judentums gefolgert werden, daß hier die Religion nicht nur irgendeine gemeinschaftsbildende Funktion übernimmt, sondern die entscheidende und fundamentale Integrationskraft darstellt.

Die Untersuchung des Urchristentums hatte die These zu überprüfen, daß der Universalismus das entscheidende Merkmal christlicher Gemeinschaftsbildung darstellt. Ein zentrales Element dieser These besteht in der Abgrenzung zum Judentum. Sie hängt historisch mit dem rein praktischen Problem der Heidenmission zusammen, die der pharisäische Jude Paulus und seine Anhänger effektiv gestalten wollten. War über diese Praxisfrage erst einmal der Zwist entstanden, begannen beide Parteien immer tiefschürfendere religiös-theologische Argumente für ihre eigene praktische Position zu bemühen. Darüber entstand auf beiden Seiten ein Legitimationsbedürfnis, ein Abgrenzungswille und im Verlauf der Auseinandersetzung ein eigenes Identitätsprofil.

Das Matthäus-Evangelium bemüht sich bezeichnenderweise um eine Schärfung der Eigenidentität der Jesus-Bewegung durch eine negative Stilisierung der Pharisäer, obwohl diese den Christen religiös und vor allem organisatorisch äußerst ähnlich sehen. Sie bilden als erste religiöse Gemeinschaften, die Webers Idealtyp einer Sekte und eines Gesinnungsvereins sehr nahe kommen. An ihnen hebt Weber die „beispiellos intensive Erziehung der Jugend" und die „fest geordneten sozialen Gemeinschaften" (RS III 442) hervor. Für Weber zeigt sich in den pharisäischen Gemeinschaften erstmals die bemerkenswerte Kombination einer alltags- und massentauglichen Religiosität mit einer exklusivistischen Sozialorganisation. Die zunächst eifrig Proselyten-machenden Pharisäer mussten aber letztendlich doch vor dem im Judentum stets dominanten Prinzip der Abstammung kapitulieren und die Missionierungen einstellen.

Webers These über das Urchristentum konnte durch Präzisierungen in folgende Form gebracht werden: Im jüdischen Kulturraum blieb die urchristliche Gemeinde in der Defensive und eine kleine Schar heterodoxer jüdischer Sektierer. Im heidnischen Raum aber bewahrte Weber zufolge gerade 'das Jüdische' des Christentums, das Alte Testament nämlich, die Urchristen davor, rein pneumatische und mystische Sekte zu werden und deswegen Episode zu bleiben. Stattdessen entstand die Institution der 'ekklesia' und eine christliche Alltagsethik (RS III 7). Im Resultat heißt dies: Weder ethisch noch institutionell stellt die urchristliche Gemeinschaftsbildung gegenüber der jüdischen etwas wirklich Neues oder radikal Anderes dar. Ganz im Gegenteil: Gerade die in Form des Alten Testamentes vom Judentum übernommenen religiösen Traditionen verbürgen Bestand und Ausbreitung christlicher Gemeinschaften.

Die Entgegensetzung von Judentum als Gesetzesreligon mit Gesetzesethik und Christentum als Glaubensreligion mit Gesinnungsethik musste hier starken Bedenken unterworfen werden. Durch handlungstheoretische Modellierungen und empirische Beobachtungen konnte die vorliegende Studie diese Typologie als Schein-Dichotomie entlarven. Dies gab ein zusätzliches Argument ab für die These von einer Strukturähnlichkeit zwischen jüdischer und christlicher Gemeinschaftsbildung, die alle sonstigen Distinktionen und Differenzierungen zwischen Judentum und Christentum überwiegt. Die von Weber an einer besonderen Stelle seiner Indienstudie so betonte „internationale(n) und interständische(n) Universalität" der paulinischen Mission (RS II 39f.), die sich in der Zulässigkeit von Speisegemeinschaft zwischen Judenchristen und Heiden manifestierte, war dementsprechend das letzte gewichtige und in der Sekundärliteratur immer wieder vorgebrachte Argument zur Stützung der These vom christlichen Universalismus. Dazu ist nunmehr zu sagen, daß erstens die Stände-übergreifende („inter-ständische") Kommensalität den Juden nichts Fremdes war – denn selbstverständlich durften standesverschiedene Juden gemeinschaftlich speisen- und daß zweitens die Völker-übergreifende ('internationale') Kommensalität für die Entstehung des mittelalterlichen Bürgertums eigentlich so gut wie keine Rolle spielt, da es um Verbrüderung zwischen Berufsständen und nicht zwischen Volksverschiedenen geht. Mit anderen Worten: das Judentum hätte, wenn es irgendwo Mehrheitsreligion gewesen wäre, als religiöse Tradition der Entwicklung von 'conjurationes' zwischen den Zünften und Gilden, also der Entstehung eines Stadtbürgertums, genausowenig Hindernisse in den Weg gelegt wie das Christentum. Damit aber ist das von der Sekundärliteratur so stark herausgestellte Argument einer besonderen christlichen Universalität hinfällig.

Als Phänomen von weitaus größerer Bedeutung für die Gemeinschaftsbildung hat sich stattdessen die schon von den Pharisäern institutionalisierte Laiengemeinde herausgestellt. Die Chance religiös legitimierbarer Selbstorganisation und Laienaktivität unter der Vorstellung interner charismatischer Egalität bei nach außen gerichtetem Reinheits- und Elitebewußtsein ist meines Erachtens aus der Sicht einer religionssoziologischen Gesellschaftsgeschichte von weitaus größerer Bedeutung als „die Abstreifung aller rituellen Geburts-Schranken für die Gemeinschaft der Eucharistie" (RS II 40).

Die Perennierung des Charismas, das Festhalten des Außeralltäglichen im Alltag, blieb für die vorliegende Untersuchung ein im Rahmen Weberscher Soziologie trotz Rückgriffs auf die brillanten Systematisierungsversuche Schluchters ein kaum erklärlicher Prozeß. Die *ekklesia* erschien daher umso stärker als Herrschaftsgebilde, je ungenauer Weber seinen Charisma-Begriff verwendete.

Die Analyse islamischer Gemeinschaftsbildung konnte die Wechselwirkung zwischen religiöser und politischer Organisation veranschaulichen. Sie tritt besonders dann auf, wenn die Religionsgemeinschaft für die verbesserte Durchsetzung und Ausbreitung ihrer Verhaltensregeln nach dem 'bracchium saeculare' verlangt. Denn wenn eine weltliche Ordnung ohnehin bereits gewisse Sanktions- und Prämiensysteme bereithält, ist es für die Religionsgemeinschaft eine erhebliche organisatorische Kraftersparnis, wenn sie diese Systeme in ihre Dienste nehmen kann. Mohammed hat für die Gemeinde von Medina eine Ordnung erlassen, die zeigt, daß Kompromisse der Religionsgemeinschaften mit der Politik ihren Preis haben; nicht weniger zeigt dies die Geschichte der mittelalterlichen christlichen Kirche. Deren Konzilianz gegenüber der Ständeordnung brachte sie unter die Räder der bürgerlichen Revolutionen. Der Islam führt neben der klar eschatologischen, erlösungsreligiösen und ekstatischen Prophetie der mekkanischen Frühperiode eben auch politisch-sozialorganisatorische Elemente in seiner religiösen Tradition und seiner heiligen Schrift mit sich. Von daher muß festgehalten werden, daß die Differenzierung zwischen Religion und Politik im Islam geringer, deren Interpenetration aber höher als im Christentum ist.

Die vergleichsweise geringe Dogmatisierung der Glaubensinhalte verleiht dem Islam einerseits eine bemerkenswerte interkonfessionelle Toleranzfähigkeit, andererseits, dadurch bedingt, aber auch eine Exklusions- und Institutionalisierungsschwäche. In diesem Zusammenhang konnte die von diversen Weber-Interpreten geleugnete Anwendbarkeit der Weberschen Begriffe von 'Kirche' und 'Sekte' demonstriert und die *'Umma'* als Sekte identifiziert werden, insofern die shahada als Beitrittskriterium ausreicht, als 'Kirche', insofern jedes Neugeborene als Muslim und daher als *Umma*-Mitglied gilt. Es zeigte sich, daß der Islam als individualistische Religion gelten kann, vor allem da ihm eine Kirchendoktrin fremd ist, wie sie das Christentum unter der Formel 'extra ecclesiam nulla salus' kennt. Für lange Zeit herrschte im Islam ein Fließgleichgewicht zwischen tribaler und religiöser Vergemeinschaftung. So ist auch die medinensische *umma* aus den 620er Jahren eine zwar von Mohammed arrangierte, aber grundsätzlich doch säkulare politische Gemeindeorganisation.

Die gemeinschaftstheoretische Rekonstruktion der Hinduismusstudie Webers konnte zeigen, daß Weber das Ausbleiben moderner Vergesellschaftung in Indien mit dem Phänomen der Kaste und des Kastensystems zu erklären versuchte. Dabei wurde deutlich, daß die Kaste als soziologischer Begriff von Weber ohne eine Bezugnahme auf Ethnizität geprägt wurde, daß die Kaste aber faktisch ethnische Grenzen festigt. Außerdem begibt sich Weber der mit der Ausblendung des ethnischen Prinzips aus seinem Kastenbegriff erreichten Präzision wieder, wenn er mit dem Konzept des 'Gentilcharismas' die indische Sippen- und Kastenordnung zu erklären sucht.

Wie in der Judentumsstudie die sich über Jahrtausende erstreckende Gemeinschafts-, Kultur- und Identitätsbewahrung des Volkes Israel das Erklärungsproblem abgab, so bildet auch die Zählebigkeit des Kastensystems den Ausgangspunkt der Weberschen Theorie über den Hinduismus. Religion ist im hinduistischen Kontext ein äußerst wirksamer Garantiemechanismus für das Vorwalten geburtständisch bzw. 'gentilcharismatisch' regulierter Sozialbeziehungen. So wie die universalistischen Ansätze des Pharisäismus schließlich doch noch vor dem Partikularismus des Abstammungsglaubens kapitulieren mußten, so erwies sich auch im Hinduismus das Geburtsprinzip im direkten Vergleich dem Bekenntnisprinzip überlegen, während in Christentum und Islam letzteres den Sieg davontrug.

Weber unterscheidet nicht zwischen dem Charisma als Gegenstand eines Gemeinsamkeitsglaubens und als Gegenstand eines Legitimitätsglaubens. Dadurch wertet er Charisma wiederholt herrschaftssoziologisch aus, bevor sein religions- und gemeinschaftstheoretisches Erklärungspotential in hinreichendem Maße ausgeschöpft ist.

Die Erklärungsfunktion, die in der Judentumsstudie der 'Dualismus von Binnen- und Außenmoral' und in der Konfuzianismusstudie der 'Personalismus' hat, übernimmt die 'Gentilcharismatik' in der Indienstudie. Diese drei Theoreme werden von Weber als Blockaden für eine Versachlichung und Universalisierung der Sozialbeziehungen präsentiert.

Die Untersuchung der Gemeinschaftsbildung in konfuzianisch geprägten Kulturen bot einen aufschlußreichen Kontrast zu den anderen Weltreligionen. Der Konfuzianismus ist kosmozentrisch und keine Erlösungs-, sondern eine 'politische Religion' (Schluchter). Statt des Begriffs der 'politischen Religion', der sehr leicht mißverstanden werden kann, hat die vorliegende Studie den Begriff der 'Legitimierungsreligion' vorgeschlagen. Er soll besagen, daß eine solche Religion den auf Erden Privilegierten eine Rechtfertigung ihrer Besserstellung liefert und in diesem Sinne eine legitimierende 'Theodizee des Glücks' liefert. Dadurch ergibt sich ein wesentlich stringenterer Kontrast zur 'Theodizee des Leidens', die Weber zufolge Bestandteil der Erlösungsreligion ist, als wenn man von 'politischer Religion' spräche. Allerdings eignet sich der Begriff 'politische Religion', um eine Religion zu bezeichnen, die die vorfindlichen ethischen Normen einer politischen Gemeinschaft religiös garantiert. Das trifft auf den Konfuzianismus zu. Diese Religion lehrt, daß das religiöse Heil denjenigen vorbehalten sei, die in der politischen Gemeinschaft konform und loyal agieren. In dieser Perspektive ist die politische Gemeinschaft der Religion und der religiösen Gemeinschaft unmißverständlich vorgeordnet.

Die gänzliche Abwesenheit einer Gemeindereligiosität hat dem Konfuzianismus die 'Differenzierung' von Religion und Politik erschwert. Überhaupt fehlt dem Konfuzianismus das prophetische Element und das Verpflichtungsgefühl gegenüber sachlichen Gemeinschaften. Die Pietät gegen konkrete Personen, mit denen man in primordialer Gemeinschaft verbunden ist, überragt im Konfuzianismus alle anderen Pflichten. Gehorsam gegen einen überweltlichen Gott oder gegen eine heilige 'Sache' würde der Konfuzianer als Vernachlässigung elterlicher, geschwisterlicher oder sippengebundener Solidaritätspflichten empfinden. Der Vergleich dieser Ethik zum Protestantismus hat gezeigt, daß dessen Universalismus auf einer 'Blindstellung' gegenüber den Interaktionspartnern beruht, während die konfuzianische Ethik um größtmögliche Konkretion und Kenntnis des jeweiligen Handlungspartners bemüht ist. Insofern hat sich der auch schon von Dumont in seinem Vergleich zwischen Indien und dem Westen geäußerte Verdacht in Anbetracht des Konfuzianismus weiter erhärtet, daß das westliche Menschenbild seinen vermeintlichen Universalismus im Wesentlichen durch Abstraktion gewinnt.

Zusammenfassend ist festzuhalten, daß Webers Soziologie eine Theorie religiöser Gemeinschaftsbildung enthält, aber nicht entfaltet, sondern im unterentwickelten Zustand beläßt. Sie erklärt Gemeinschaftsbildung als Funktionsweise eines subrationalen Zusammengehörigkeitsgefühls, dessen Entstehungsursachen und Wirkungsweisen vielfältig und im Rahmen einer rationalistischen, 'verstehenden' Soziologie schwer zu benennen sind. Die calvinistische Kirche gibt den historisch-soziologischen Idealtypus der Vergesellschaftung ab und stellt im Vergleich der Kulturen und Religionen die große Ausnahmeerscheinung dar. Dieser empirische Extremfall ist in Webers Methodologie aber der Normalfall: rationale Vergesellschaftung ist das Paradigma des Weberschen, verstehenssoziologischen Ansatzes. Daraus resultieren alle Begriffs- und Theorielücken, die sich einer an Weber zu gewinnenden Theorie der Gemeinschaft in den Weg legen. Dennoch konnte die hier vorgelegte Untersuchung demonstrieren, daß Webers religionssoziologischer Kulturvergleich auf wichtige, teilweise wenig bekannte gemeinschaftstheoretische Argumente zurückgreift:

1. Charisma, als außeralltägliche Kraft, kann nicht nur einzelnen Menschen innewohnen und dann zur Ausbildung persönlicher Herrschaft neigen, sondern auch Menschengruppen von innen oder außen zugeschrieben werden. Dann konzipiert Weber dies im einen Fall als 'Pneumatik' oder im anderen Fall als 'Gentilcharismatik'. Nirgendwo aber ist ein Zusammenhang zwischen Charisma und Herrschaft zwingend, am wenigsten bei der pneumatischen Vergemeinschaftung.
2. Das antike Volk Israel zeigt sich bei Weber als Religionsgemeinschaft, die eine alltags- und praxistaugliche sowie -relevante Ethik entwickelte und mit Hilfe religiöser Sanktionen und Prämien in ihrer Wirkung so dramatisch steigerte, daß diese Ethik als okzidentales Kulturspezifikum welthistorische Bedeutung erlangte. Jedoch ist diese Ethik nicht notwendig mit dem Judentum zu verbinden, das Christentum konnte sie auch transethnisch verbreiten, während der pharisäische Universalismus nach kurzer Zeit wieder zum Exklusivismus und zum geburtsständischen Prinzip zurückkehrte.
3. Das Urchristentum zeigt zusammen mit den neuzeitlichen Täufern die reinste und typischste Ausprägung pneumatischer Vergemeinschaftung. Ein Egalitarismus charismatischer Begabungen verhindert das stets naheliegende Zusammenwirken von Charismaglaube und Herrschaftslegitimation. Dies befördert die Differenzierung von Religion und Politik.
4. Der Islam wirkte unter den Stämmen Arabiens und außerhalb vor allem dadurch vergemeinschaftend, daß er das dominante tribale Prinzip aufweichen und unterwandern konnte. Im Gegensatz zum Urchristentum, das sich einer relativen Sicherheitsgarantie des römischen Reiches erfreuen konnte, jedenfalls bis zu den Christenverfolgungen, mußten die ersten Muslime durch diplomatisches Geschick und militärische Selbstorganisation selber für ihre Sicherheit sorgen. Daraus entstanden dieser religiösen Tradition Kompromisse mit der politischen Gemeinschaft, die bis heute

in Form einer relativ geringeren Differenzierung von Religion und Politik nachwirkten. Politische Organisationsangelegenheiten sind Teil der prophetischen Verkündigung Mohammeds wie kirchlich-gemeindeorganisatorische Topoi die Briefe des Paulus durchsetzen, ohne daß hier eine Emphase darauf läge, die weltliche Obrigkeit so 'einzugemeinden' wie der Islam sich die Errichtung und Ausbreitung des dar-al-islam vorstellt.
5. Der konfuzianische Modus der Vergemeinschaftung hat keine pathetische Idee universaler konfessioneller Verbrüderung, die den angestammten familialen, sippenartigen und anderen Pietätsbeziehungen, z. B. der zum Kaiser, den Fehdehandschuh hinwürfe. Die Kontinuität des sozialen Kosmos wird nicht durch ein Offenbarungsereignis erschüttert, die überkommenen Vorstellungen von Tugend werden nicht durch Gebote eines überweltlichen und Gehorsam fordernden Gottmonarchen relativiert. Stattdessen zeigt sich die konfuzianische Tradition als 'Legitimierungsreligion' oder 'politische Religion', temperiert die Politik von innen, statt sich von ihr zu differenzieren, durchwirkt die profanen Gemeinschaftsbildungen, indem sie sich als Teil von ihnen definiert.
6. Der hinduistische Modus der Vergemeinschaftung schließlich ist derjenige, der die Kaste als einer der wirksamsten und nachhaltigsten sozialen Ausprägungen des Geburtsprinzips enthält. Der Hinduismus verdeutlicht, welches historische Beharrungsvermögen eine soziale Ordnung gewinnt, wenn sie kongenial mit einer transzendenten Heilsgüterlehre kombiniert wird.

Aus Gründen der Arbeitsökonomie musste leider auf eine Analyse von Webers Taoismus- und Buddhismusstudie verzichtet werden. Dennoch dürfte klar geworden sein, wie sehr die westliche Form der Moderne von ihrem gemeinschaftlichen Fundament abhängig ist und von diesem durchwirkt wird; insofern ist sie immer auch partikulär und kulturgebunden. Dementsprechend sollten sich die Verständigungsbemühungen zwischen den Kulturen und Religionen nicht darauf verlassen, daß die Rationalität der interessengesteuerten sozialen Beziehungen per se universalistisch oder universalisierbar ist. Entscheidend ist, von welchem Punkt und Fundament aus die Rationalisierung und Universalisierung startet. Dieses Fundament ist das hier 'Gemeinschaft' genannte Konglomerat aus solidarischen Gefühlen und Traditionen, aus der unbewußten und internalisierten Bereitschaft, Egozentrik zu überwinden und sich mit einem Kollektiv zu identifizieren, und aus den Gemeinschaftsintuitionen des *zoon politikon*. Die Weltreligionen halfen, diese Gemeinschaftsgefühle über die angestammten Nahbereiche von Familien, Sippen und Stämmen hinaus auszudehnen auf größere Kreise. Historisch waren sie Pioniere des Universalismus, deswegen besteht wenig Grund – etwa mit Huntington – anzunehmen, sie könnten nicht über die Grenze ihres eigenen Kulturkreises hinaus vergemeinschaftend wirken.

Literatur

Abaza, Mona. 1992. "Globalization of the Social Sciences and the 'Islamization Debate'". *Working Paper Nr. 181 des Forschungsschwerpunktes Entwicklungssoziologie Bielefeld*. Bielefeld.
Abramowski, Günter. 1966. *Das Geschichtsbild Max Webers. Universalgeschichte am Leitfaden des okzidentalen Rationalisierungsprozesses*. Stuttgart.
Akiwowo, Akinsola., Frederick H. Garreau, Peter Park, Jan Loubser, Muyiwa Sanda. 1988. "Universalism and Indigenisation". *International Sociology* Vol. 3 No.2. London.
Alam, Javeed. 1995. "Composite Culture and Communal Consciousness: The Ittehadul Muslimeen in Hyderabad", in: *Representing Hinduism. The Construction of Religious Traditions and National Identity*; hg. v. Dalmia Vasudha und Heinrich von Stietencron. New Delhi et al. 338-357.
Allerbeck, Klaus. 1982. „Zur formalen Struktur einiger Kategorien der verstehenden Soziologie". *Kölner Zeitschrift für Soziologie und Sozialpsychologie* 34: 665-676.
Barz, Heiner. 1992a. *Religion ohne Institution*. Opladen.
Barz, Heiner. 1992b. *Postmoderne Religion*. Opladen.
Bendix, Reinhard. 1963. „Max Webers Religionssoziologie", in: *Max Weber zum Gedächtnis*; hg. v. René König und Johannes Winckelmann. Köln und Opladen. 273-293.
Bendix, Reinhard. 1964. *Max Weber. Das Werk*. München.
Bendix, Reinhard. 1988a. „Der Anspruch auf absolute Wahrheit im frühen Christentum", in: *Max Webers Sicht des okzidentalen Christentums. Interpretation und Kritik*; hg. v. Wolfgang Schluchter. Frankfurt am Main. 129-164.
Bendix, Reinhard. 1988b. „Umbildungen des persönlichen Charismas. Eine Anwendung von Max Webers Charismabegriff auf das Frühchristentum", in: *Max Webers Sicht des antiken Christentums. Interpretation und Kritik*; hg. v. Wolfgang Schluchter. Frankfurt am Main. 404-443.
Berding, Helmut (Hrsg.). 1994. *Nationales Bewußtsein und kollektive Identität. Studien zur Entwicklung des kollektiven Bewußtseins in der Neuzeit*. Frankfurt am Main.
Berger, Peter L., Thomas Luckmann. 1980. *Die gesellschaftliche Konstruktion der Wirklichkeit. Eine Theorie der Wissenssoziologie*. Frankfurt am Main.
Berger, Peter L. 1973. *Zur Dialektik von Religion und Gesellschaft. Elemente einer soziologischen Theorie*. Frankfurt am Main
Berger, Peter L. 1980a. *Der Zwang zur Häresie. Religion in der pluralistischen Gesellschaft*. Frankfurt am Main.
Berger, Stephen D. 1973. „Die Sekten und der Durchbruch in die moderne Welt: Zur zentralen Bedeutung der Sekten in Webers Protestantismus-These", in: *Seminar: Religion und gesellschaftliche Entwicklung. Studien zur Protestantismus-Kapitalismus-These Max Webers*; hg. v. Constans Seyfarth und Walter M. Sprondel. Frankfurt am Main. 241-266.

Bianchi, Ugo (Hrsg.). 1994. *The notion of 'religion' in comparative research. Selected proceedings of the XVth Congress of the International Association for the History of Religions, Rome 3rd-8th September. 1990.* Rom.
Bickel, Cornelius. 1986. „Ferdinand Tönnies' Soziologie zwischen geschichtsphilosophischem Pessimismus, wissenschaftlicher Ratio und sozialethischem Optimismus", in: *Ordnung und Theorie*; hg. v. Sven Papcke. Darmstadt. 307-334.
Bily, Lothar. 1990. *Die Religion im Denken Max Webers.* St.Ottilien.
Blau, Judith R., Glenn Deane, Kenneth C. Land. 1991. "Religious Pluralism and Church Membership: A spatial diffusion model". *American Sociological Review* 26: 237-249.
Bogner, Arthur. 1989. *Zivilisation und Rationalisierung. Die Zivilisationstheorien Max Webers, Norbert Elias' und der Frankfurter Schule.* Opladen.
Bousquet, G. H. 1949. *Les grandes Pratiques rituelles de l'Islam.* Paris.
Breuer, Stefan. 1977. „Politik und Recht im Prozeß der Rationalisierung". *Leviathan* 5: 53-99.
Breuer, Stefan. 1978. „Die Evolution der Disziplin. Zum Verhältnis von Rationalität und Herrschaft in Max Webers Theorie der vorrationalen Welt". *Kölner Zeitschrift für Soziologie und Sozialpsychologie* 30: 409-437.
Breuer, Stefan. 1996. „Von Tönnies zu Weber. Zur Frage einer 'deutschen Linie' der Soziologie". *Berliner Journal für Soziologie* 2: 227-245.
Brumlik, Micha, Brunkhorst, Hauke (Hrsg.). 1993. *Gemeinschaft und Gerechtigkeit.* Frankfurt am Main.
Brunner, E. 1951. *Das Mißverständnis der Kirche.* Stuttgart.
Buisman, Wolfram. 1994. *Geheimnis der Religionen.* Augsburg.
Cassirer, Ernst. 1994. *Philosophie der symbolischen Formen.* Darmstadt.
Causse, A. 1937. *Du groupe ethnique à la communauté religieuse.* Paris.
Clausen, Lars. 1991. „Der Januskopf der Gemeinschaft", in: *Hundert Jahre "Gemeinschaft und Gesellschaft". Ferdinand Tönnies in der internationalen Diskussion*; hg. v. Lars Clausen und Carsten Schlüter. Opladen. 67-82.
Clausen, Lars, Carsten Schlüter (Hrsg.). 1991. *Hundert Jahre "Gemeinschaft und Gesellschaft". Ferdinand Tönnies in der internationalen Diskussion.* Opladen.
Cook, Michael. 1987. „Max Weber und islamische Sekten", in: *Max Webers Sicht des Islams: Interpretation und Kritik*; hg. v. Wolfgang Schluchter. Frankfurt am Main 334-341.
Coulanges, Fustel de. 1907. *Der antike Staat. Studie über Kultus, Recht und Einrichtungen Griechenlands und Roms.* Berlin und Leipzig.
Crüsemann, Frank. 1985. „Israel in der Perserzeit. Eine Skizze in Auseinandersetzung mit Max Weber.", in: *Max Webers Sicht des antiken Christentums.*; hg. v. Wolfgang Schluchter. . 205-232.
Dallal, Ahmad S. 1995. "Ummah", in: *The Oxford Encyclopedia of the modern islamic world*; hg. v. John L. Esposito. New York, Oxford. 267-270.
Darrow, William R. 1987. "UMMAH", in: *The Encyclopedia of Religion.*
Derrett, J. Duncan M. 1985. „Recht und Religion im neuen Testament (bis zum Jahr 135)", in: *Max Webers Sicht des antiken Christentums.*; hg. v. Wolfgang Schluchter. Frankfurt am Main 317-362.
Dobbelaere, Karel. 1981. *Secularization. A Multi-Dimensional Concept.* London.
Dobbeler, Stephanie. 1997. *Die Bücher 1,2 Makkabäer.* Stuttgart.

Döbert, Rainer. 1989. „Max Webers Handlungstheorie und die Ebenen des Rationalitätskomplexes", in: *Max Weber heute: Erträge und Probleme der Forschung;* hg. v. Johannes Weiß. Frankfurt am Main

Dolgin, J., D. Kemnitzer, D. Schneider (Hrsg.). 1977. *Symbolic Anthropology. A Reader in the Study of Symbols and Meanings.* New York.

Dubiel, Helmut. 1986. „Autonomie oder Anomie. Zum Streit über den nachliberalen Sozialcharakter", in: *Die Moderne - Kontinuitäten und Zäsuren*; hg. v. Johannes Berger. Göttingen. 263-307.

Dumont, Louis M.. 1976. *Gesellschaft in Indien. Die Soziologie des Kastenwesens.* Wien.

Durkheim, Emile. 1981. *Die elementaren Formen des religiösen Lebens.* (Orig.. 1912). Frankfurt am Main.

Durkheim, Emile. 1992. *Über soziale Arbeitsteilung. Studie über die Organisation höherer Gesellschaften.* (Orig.. 1902). Frankfurt am Main.

Dux, Günter. 1971. „Religion, Geschichte und sozialer Wandel in Max Webers Religionssoziologie". *Internationales Jahrbuch für Religionssoziologie* 7: 62-93.

Dux, Günter. 1973. „Religion, Geschichte und sozialer Wandel in Max Webers Religionssoziologie", in: *Seminar: Religion und gesellschaftliche Entwicklung. Studien zur Protestantismus-Kapitalismus-These Max Webers*; hg. v. Walter M. Sprondel und Constans Seyfarth. Frankfurt am Main. 313-337.

Eaton, Richard M. 1987. „Islamisierung im spätmittelalterlichen Bengalen", in: *Max Webers Sicht des Islams: Interpretation und Kritik*; hg. v. Wolfgang Schluchter. Frankfurt am Main 156-179.

Eberhard, Wolfram. 1942. *Kultur und Siedlung der Randvölker Chinas.* Leiden.

Eberhard, Wolfram. 1983. „Die institutionelle Analyse des vormodernen Chinas. Eine Einschätzung von Max Webers Ansatz", in: *Max Webers Studie über Konfuzianismus und Taoismus. Interpretation und Kritik*; hg. v. Wolfgang Schluchter. Frankfurt am Main. 55-90.

Eichhorn, W.. 1973. *Die Religionen Chinas.* Stuttgart.

Eisenstadt, Samuel N. 1981. „Max Webers antikes Judentum und der Charakter der jüdischen Zivilisation", in: *Max Webers Studie des antiken Judentums. Interpretation und Kritik*; hg. v. Frankfurt am Main. 134-184.

Eisenstadt, Shmuel N. 1987. „Webers Analyse des Islams und die Gestalt der islamischen Zivilisation", in: *Max Webers Sicht des Islams: Interpretation und Kritik*; hg. v. Wolfgang Schluchter. Frankfurt am Main 342-359.

Eliade, Mircea. 1957. *Das Heilige und das Profane. Vom Wesen des Religiösen.* Reinbek.

Elvin, Mark. 1983. „Warum hat das vormoderne China keinen industriellen Kapitalismus entwickelt? Eine Auseinandersetzung mit Max Weber", in: *Max Webers Studie über Konfuzianismus und Taoismus. Interpretation und Kritik*; hg. v. Wolfgang Schluchter. Frankfurt am Main. 114-133.

Esser, Hartmut. 1996. „Ethnische Konflikte als Auseinandersetzung um den Wert von kulturellem Kapital", in: *die bedrängte Toleranz. Ethnisch-kulturelle Konflikte, religiöse Differenzen und die Gefahren politisierter Gewalt*; hg. v. Wilhelm Heitmeyer und R. Dollase. Frankfurt am Main. 64-99.

Etzioni, Amitai. 1995. *Die Entdeckung des Gemeinwesens. Ansprüche, Verantwortlichkeiten und das Programm des Kommunitarismus.* Stuttgart.

Feil, Ernst. 1995. „Zur Bestimmungs- und Abgrenzungsproblematik von 'Religion'". *Ethik und Sozialwissenschaften* 6: 441-455.

Franke, Herbert. 1966. „Max Webers Soziologie der ostasiatischen Religionen", in: *Max Weber. Gedächtnisschrift der Ludwig-Maximilians-Universität München zur 100. Wiederkehr seines Geburtstages. 1964*; hg. v. Bernhard Pfister, Johannes Winckelmann, Karl Engisch. Berlin. 115-130.

Friedrichs, Jürgen. 1985. *Methoden empirischer Sozialforschung.* Opladen.

Fuchs, Martin. 1988. *Theorie und Verfremdung: Max Weber, Louis Dumont und die Analyse der indischen Gesellschaft.* Frankfurt am Main.

Fürstenberg, Friedrich. 1961. "Religionssoziologie", in: *Die Religion in Geschichte und Gegenwart (RGG)*; hg. v. Kurt Galling. Tübingen. 1027-1032.

Fürstenberg, Friedrich. 1969. „Religionssoziologie", in: *Handbuch der empirischen Sozialforschung*; hg. v. René König. Stuttgart. 1102-1122.

Fürstenberg, Friedrich. 1970. „Problemgeschichtliche Einleitung", in: *Religionssoziologie*; hg. v. Friedrich Fürstenberg. Neuwied. 13-31.

Gager, John G. 1985. „Paulus und das antike Judentum. Eine Kritik an Max Webers Interpretation", in: *Max Webers Sicht des antiken Christentums.*; hg. v. Wolfgang Schluchter. Frankfurt am Main 386-403.

Gebhardt, Winfried. 1995. „Erneuerte Religion aus erneuerter Gemeinschaft. Ferdinand Tönnies als Religionssoziologe", in: *Religionssoziologie um 1900*; hg. v. Volkhard Krech und Hartmann Tyrell. Würzburg. 289-312.

Gellner, Ernest. 1992. *Islam als Gesellschaftsordnung.* München.

Gellner, Ernest. 1995. *Bedingungen der Freiheit. Die Zivilgesellschaft und ihre Rivalen.* Stuttgart.

Gephart, Werner. 1993. „Zwischen 'Gemeinsamkeitsglaube' und 'solidarité social'. Partikulare Identitäten und die Grenzen der Gemeinschaftsbildung". *Zeitschrift für Rechtssoziologie* 14:. 190-203.

Gephart, Werner. 1994. *Gesellschaftstheorie und Recht. Das Recht im soziologischen Diskurs der Moderne.* Frankfurt am Main.

Gephart, Werner. 1998. „Die geschlossene Gemeinschaft und ihre Fremden", in: *Die offene Gesellschaft und ihre Fremden*; hg. v. Margit E. Oswald und Ulrich Steinvorth. Bern et al. 67-88.

Gephart, Werner; Karl-Heinz Sauerwein. 1999. *Gebrochene Identitäten. Zur Kontroverse um kollektive Identitäten in Deutschland, Israel, Südafrika, Europa und im Identitätskampf der Kulturen.* Opladen.

Gerhards, Jürgen. 1989. „Affektuelles Handeln - Der Stellenwert von Emotionen in der Soziologie Max Webers", in: *Max Weber heute*; hg. v. J. Weiß. Frankfurt am Main. 335-357.

Gernet, Jacques. 1985. *China and the Christian Impact. A Conflict of Cultures.* Cambridge.

Gibb, Hamilton A. R. 1963. "The community in islamic history". *Proceedings of the American Philosophical Society* 107: 173-176.

Giesen, Bernhard. 1991b. *Die Entdinglichung des Sozialen: eine evolutionstheoretische Perspektive auf die Postmoderne.* Frankfurt am Main.

Giesing, Benedikt. 1998. „Glauben oder Akzeptieren. Die Kirche im Kreuzfeuer", in: *Annahme verweigert. Beiträge zur soziologischen Akzeptanzforschung*; hg. v. Doris Lucke und Michael Hasse. Opladen. 65-92.

Giesing, Benedikt. 1999. „Kulturelle Identitäten als strategischer Kompaß? Soziologische Anmerkungen zu Samuel P. Huntingtons 'clash of civilizations'", in: *Gebrochene Identitäten. Zur Kontroverse um kollektive Identitäten in Deutschland, Israel, Südafrika, Europa und im Identitätskampf der Kulturen*; hg. v. Werner Gephart und Karl-Heinz Saurwein. Opladen. 117-141.
Girndt, Helmut. 1967. *Das soziale Handeln als Grundkategorie erfahrungswissenschaftlicher Soziologie.* Tübingen.
Glasenapp, Helmut von. 1963. *Die fünf Weltreligionen.* Düsseldorf.
Granet, M. 1963. *Das chinesische Denken.* München.
Granovetter, Mark. 1985. "Economic Action and Social Structure: The problem of embededness". *American Journal of Sociology* 91: 481-910.
Gupta, Krishna Prakash. 1984. „Probleme der Bestimmung des Hinduismus in Max Webers Indienstudie", in: *Max Webers Studie über Hinduismus und Buddhismus. Interpretation und Kritik*; hg. v. Wolfgang Schluchter. Frankfurt am Main. 149-177.
Habermas, Jürgen. 1981a. *Die Theorie des kommunikativen Handelns Bd. 1.* Frankfurt am Main.
Habermas, Jürgen. 1981b. *Die Theorie des kommunikativen Handelns Bd. 2.* Frankfurt am Main.
Heesterman, Jan C. 1984. „Max Webers Analyse der indischen Sozialstruktur", in: *Max Webers Studie über Hinduismus und Buddhismus. Interpretation und Kritik*; hg. v. Wolfgang Schluchter. Frankfurt am Main. 72-86.
Hegel, Georg Wilhelm Friedrich. 1970. *Werke in zwanzig Bänden. Bd. 12: Vorlesungen über die Philosophie der Geschichte.* Frankfurt am Main.
Heine, Peter. 1996. *Konflikt der Kulturen oder Feindbild Islam.* Freiburg.
Hennis, Wilhelm. 1987. *Max Webers Fragestellung. Studien zur Biographie des Werkes.* Tübingen.
Herder, Johann Gottfried. 1966. *Ideen zur Philosophie der Geschichte der Menschheit.* (Orig. 1784-91). Darmstadt.
Herzog, Walter. 1991. „Die Banalität des Guten. Zur Begründung der moralischen Erziehung". *Zeitschrift für Pädagogik* : 41-64.
Hoffmann, Johannes (Hrsg.). 1995. *Die Vernunft in den Kulturen. Das Menschenrecht auf kultureigene Entwicklung. Symposium "Das eine Menschenrecht für alle und die vielen Lebensformen".* Frankfurt am Main.
Hoheisel, Klaus. 1978. *Das antike Judentum in christlicher Sicht.* Wiesbaden.
Huntington, Samuel P. 1993. "The clash of civilizations?". *Foreign Affairs* 72: 22-49.
Huntington, Samuel P. 1996. *Der Kampf der Kulturen. The clash of civilizations. Die Neugestaltung der Weltpolitik im 21. Jahrhundert.* München, Wien.
Jacoby, Eduard Georg. 1968. „Zur reinen Soziologie". *Kölner Zeitschrift für Soziologie und Sozialpsychologie* 20: 448-470.
Jellinek, Georg. 1919. *Die Erklärung der Menschen- und Bürgerrechte. Ein Beitrag zur modernen Verfassungsgeschichte.* München, Leipzig.
Kalberg, Stefan. 1979. „The search for thematic orientations in a fragmented Oeuvre: The Discussion of Max Weber in Recent German Sociological Literature". *Sociology* 13: 127-33.
Kalberg, Stephen. 1981. „Max Webers Typen der Rationalität: Grundsteine für die Analyse von Rationalisierungs-Prozessen in der Geschichte", in: *Max Weber und*

die Rationalisierung sozialen Handelns; hg. v. Constans Seyfarth und Walter M. Sprondel. Stuttgart. 9-38.

Kant, Immanuel. 1991. "Die Religion innerhalb der Grenzen der blossen Vernunft", in: *Immanuel Kant: Die Metaphysik der Sitten*; hg. v. Wilhelm Weischedel. (Orig. 1794). Frankfurt am Main. 649-879.

Käsler, Dirk. 1991. "Erfolg eines Mißverständnisses? Zur Wirkungsgeschichte von 'Gemeinschaft und Gesellschaft' in der frühen deutschen Soziologie", in: *Hundert Jahre "Gemeinschaft und Gesellschaft". Ferdinand Tönnies in der internationalen Diskussion*; hg. v. Lars Clausen und Carsten Schlüter. Opladen. 517-526.

Kaufmann, Franz-Xaver. 1986. "Religion und Modernität", in: *Die Moderne - Kontinuitäten und Zäsuren;* hg. v. Johannes Berger et al. Göttingen. 283-298.

Keil, Frank C. 1989. *Concepts, Kinds, and Cognitive Development*. Cambridge, Mass.

Kerber, Walter (Hrsg.). 1993. *Der Begriff der Religion*. München.

Kippenberg, Hans G. 1981. "Intellektualismus und antike Gnosis", in: *Max Webers Studie über das antike Judentum*; hg. v. Wolfgang Schluchter. Frankfurt am Main 201-218.

Kippenberg, Hans G. 1984. „Religionssoziologie ohne Säkularisierungsthese: E. Durkheim und M. Weber aus der Sicht der Symboltheorie". *Neue Zeitschrift für Systematische Theologie und Religionsphilosophie* 26: 177-193.

Klein, Christian. 1975. *Theologie und Antijudaismus*. München.

Knauer, Peter. 1991. „Geist, Hl./Pneumatologie. B. Systematisch", in: *Neues Handbuch theologischer Grundbegriffe*; hg. v. Peter Eicher. München. 163-171.

König, René. 1955. „Die Begriffe Gemeinschaft und Gesellschaft bei Ferdinand Tönnies". *Kölner Zeitschrift für Soziologie und Sozialpsychologie* 7: 348-420.

Küenzlen, Gottfried. 1978. „Unbekannte Quellen der Religionssoziologie Max Webers". *Zeitschrift für Soziologie* 7: 215-246.

Küenzlen, Gottfried. 1980. *Die Religionssoziologie Max Webers. Eine Darstellung ihrer Entwicklung*. Berlin.

Kulke, Hermann. 1984. „Orthodoxe Restauration und hinduistische Sektenreligiosität im Werk Max Webers", in: *Max Webers Studie über Hinduismus und Buddhismus. Interpretation und Kritik*; hg. v. Wolfgang Schluchter. Frankfurt am Main. 293-332.

Langer, Suzanne K. 1980. *Philosophy in a New Key. A Study in the Symbolism of Reason, Rite and Art*. Cambridge (Mass.).

Lapidus, Ira M. 1987. „Die Institutionalisierung der frühislamischen Gesellschaften", in: *Max Webers Sicht des Islams: Interpretation und Kritik*; hg. v. Wolfgang Schluchter. Frankfurt am Main 125-141.

Lenski, Gerhardt. 1961. *The Religious Factor*. Garden City, N.Y.

Levtzion, Nehemia. 1987. „Aspekte der Islamisierung: Eine kritische Würdigung der Beobachtungen Max Webers", in: *Max Webers Sicht des Islams: Interpretation und Kritik*; hg. v. Wolfgang Schluchter. Frankfurt am Main 142-155.

Liebeschütz, Hermann. 1967. *Das Judentum im deutschen Geschichtsbild von Hegel bis Max Weber*. Tübingen.

Lübbe, Hermann. 1965. *Säkularisierung. Zur Geschichte eines ideenpolitischen Begriffs*. München.

Luce, Robert D., H. Raiffa. 1957. *Games and Decisions. Introduction and Critical Survey*. New York.

Lucke, Doris. 1995. *Akzeptanz. Legitimität in der Abstimmungsgesellschaft*. Opladen.
Luckmann, Thomas. 1972. „Das Problem der Religion in der modernen Soziologie", in: *Max Weber. Sein Werk und seine Wirkung*; hg. v. Dirk Käsler. München. 177-185.
Luckmann, Thomas. 1996. *Die unsichtbare Religion*. Frankfurt am Main.
Luhmann, Niklas. 1972a. „Religiöse Dogmatik und gesellschaftliche Evolution. In: Dahm, Karl W./ Luhmann, Niklas: Religion - System - Sozialisation. Neuwied.".
Luhmann, Niklas. 1972b. *Rechtssoziologie*. Reinbek bei Hamburg.
Luhmann, Niklas. 1977. *Funktion der Religion*. Frankfurt am Main.
Luhmann, Niklas. 1991. „Religion und Gesellschaft". *Sociologia Internationalis* 29: 133-139.
Luhmann, Niklas. 1994. „Inklusion und Exklusion", in: *Nationales Bewußtsein und kollektive Identität. Studien zur Entwicklung des kollektiven Bewußtseins in der Neuzeit.*; hg. v. Helmut Berding. Frankfurt am Main. 15-45.
Maier, Johann. 1990. *Zwischen den Testamenten: Geschichte und Religion in der Zeit des Zweiten Tempels*. Würzburg.
Malek, R. 1987. „Religiosität, chinesische", in: *Lexikon der Religionen. Phänomene, Geschichte, Ideen*; hg. v. Hans Waldenfels. Freiburg et al. 562-565.
Martin, David A. 1966. "Utopian Aspects of the Concept of Secularization". *Internationales Jahrbuch für Religionssoziologie* 2: 92-109.
Martin, David. 1991. "The secularization issue: prospect and retrospect". *British Journal of Sociology* 42: 465-474.
Matthes, Joachim. 1967. *Religion und Gesellschaft. Einführung in die Religionssoziologie*. Reinbek bei Hamburg.
Matthes, Joachim. 1969. *Kirche und Gesellschaft. Einführung in die Religionssoziologie II*. Reinbek bei Hamburg.
Matthes, Joachim. 1992a. „Auf der Suche nach dem 'Religiösen'. Reflexionen zu Theorie und Empirie religionssoziologischer Forschung". *Sociologia Internationalis* 30: 129-142.
Matthes, Joachim (Hrsg.). 1992b. *"Zwischen den Kulturen?" Die Sozialwissenschaften vor dem Problem des Kulturvergleichs*. Göttingen.
Matthes, Joachim. 1993. „Was ist anders an anderen Religionen? Anmerkungen zur zentristischen Organisation des religionssoziologischen Denkens", in: *Religion und Kultur*; hg. v. Jörg Bergmann, Alois Hahn, Thomas Luckmann. 16-30.
Meeks, Wayne A. 1985. „Die Rolle des paulinischen Christentums bei der Entstehung einer rationalen ethischen Religion", in: *Max Webers Sicht des antiken Christentums*; hg. v. Wolfgang Schluchter. Frankfurt am Main. 363-385.
Mensching, Gustav. 1968. *Soziologie der Religion*. Bonn.
Merton, Robert K. 1957. *Social Theory and Social Structure*. Glencoe.
Merton, Robert K. 1995. *Soziologische Theorie und soziale Struktur*. Berlin, New York.
Milnor, J. 1954. "Games against nature", in: *Decision Processes*; hg. v. Coombs; R. L. Davis Thrall. New York, London. 49-54.
Molland, Einar. 1974. „Besaß die Alte Kirche ein Missionsprogramm und bewußte Missionsmethoden?", in: *Kirchengeschichte als Missionsgeschichte*; hg. v. Heinz-Günther Frohnes, Uwe W. Knorr. München. 51-54.
Morel, Julius. 1972. *Glaube und Säkularisierung. Religion im Christentum als Problem*. Innsbruck et al.

Morel, Julius. 1972. *Glaube und Säkularisierung. Religion im Christentum als Problem.* Innsbruck et al.
Mühlmann, Wilhelm Emil. 1964. *Rassen, Ethnien, Kulturen. Moderne Ethnologie.* Neuwied am Rhein, Berlin.
Mühlmann, Wilhelm Emil. 1966. *Max Weber und die rationale Soziologie.* Tübingen.
Müller, Karl Hein. 1978. „Apokalyptik/ Apokalypsen III", in: *Theologische Realenzyklopädie*; hg. v. Gerhard Krause und Gerhard Müller. Berlin, New York. 202-251.
Münch, Richard. 1982. *Theorie des Handelns. Zur Rekonstruktion der Beiträge von Talcott Parsons, Emile Durkheim und Max Weber.* Frankfurt am Main.
Nagelstock, Michael. 1990. *Kultureller Konservatismus und Krisensituationen.* Frankfurt am Main.
Nieswandt, Reiner. 1998. *Abrahams umkämpftes Erbe. Eine kontextuelle Studie zum modernen Konflikt von Juden, Christen und Muslimen.* Stuttgart.
Nietzsche, Friedrich. 1969. *Werke in drei Bänden.* München.
Nijk, Alois S. 1968. *Secularisatie. Over het gebruik van een woord.* Rotterdam.
Otto, Gerhard. 1988. *Handlungsfelder der Praktischen Theologie.* München.
Paret, Rudi. 1934. „UMMA", in: *Enzyklopädie des Islam.* Leiden. 1099-1100.
Parsons, Talcott. 1951. *The Social System.* New York.
Parsons, Talcott. 1960. "The Pattern Variables Revisited: A response to Robert Dubin". *American Sociological Review* 25: 467-483.
Parsons, Talcott. 1966. *Societies. Evolutionary and Comparative Perspectives.* Engelwood Cliffs, N.J.
Parsons, Talcott. 1968. *The structure of social action.* New York.
Paz, Octavio (1969): Verbindungen - Trennungen. Frankfurt am Main.
Perthes, Volker. 1993. „Die Fiktion des Fundamentalismus. Von der Normalität islamistischer Bewegungen". *Blätter für deutsche und internationale Politik* 38: 188-199.
Peters, F. E. 1994. *A Reader on Classical Islam.* Princeton.
Peters, Rudolph. 1987. „Islamischer Fundamentalismus: Glaube, Handeln, Führung", in: *Max Webers Sicht des Islams: Interpretation und Kritik*; hg. v. Wolfgang Schluchter. Frankfurt am Main 217-241.
Peters, Rudolph. 1995. "Dar al-islam", in: *The Oxford Encyclopedia of the modern islamic world*; hg. v. John L. Esposito. New York, Oxford. 338-339.
Peukert, Detlef J.K. 1986. „"Die letzten Menschen". Beobachtungen zur Kulturkritik im Geschichtsbild Max Webers". *Geschichte und Gesellschaft* 12: 425-442.
Peukert, Detlef J.K. 1989. *Max Webers Diagnose der Moderne.* Göttingen.
Prewo, Rainer. 1979. *Max Webers Wissenschaftsprogramm. Versuch einer methodischen Neuerschließung.* Frankfurt am Main
Prisching, M. 1990. *Soziologie. Themen - Theorien - Pespektiven.* Köln.
Quack, Anton. 1987. „Magie", in: *Lexikon der Religionen. Phänomene - Geschichte - Ideen*; hg. v. Hans Waldenfels. Freiburg im Breisgau. 382-383.
Quigley, Declan. 1995. *The Interpretation of Caste.* Oxford.
Rammstedt, Otthein (Hrsg.). 1988. *Simmel und die frühen Soziologen. Nähe und Distanz zu Durkheim, Tönnies und Max Weber.* Frankfurt am Main
Raphael, Freddy. 1981. „Die Juden als Gastvolk im Werk Max Webers", in: *Max Webers Studie des antiken Judentums. Interpretation und Kritik*; hg. v. Wolfgang Schluchter. Frankfurt am Main. 224-262.

Rendtorff, Trutz. 1966. „Zur Säkularisierungsproblematik. Über die Weiterentwicklung der Kirchensoziologie zur Religionssoziologie". *Internationales Jahrbuch für Religionssoziologie* 2: 51-72.
Riedel, Manfred. 1979. "Gesellschaft, Gemeinschaft", in: *Geschichtliche Grundbegriffe. Historisches Lexikon zur politisch-sozialen Sprache in Deutschland*; hg. v. Werner Conze, Otto Brunner, Reinhart Koselleck. Stuttgart. 801-862.
Riße, G. 1996. „Djihad", in: *Lexikon der Religionen. Phänomene - Geschichte - Ideen*; hg. v. Hans Waldenfels. Freiburg. 124.
Rösel, Jakob. 1982. *Die Hinduismusthese Max Webers. Folgen eines kolonialen Indienbildes in einem religionssoziologischen Gedankengang*. Köln.
Rothermund, Dietmar. 1994. „Indien", in: *Handbuch der Dritten Welt*; hg. v. Dieter Nohlen und Franz Nuscheler. Bonn. 205-243.
Savramis, Demosthenes. 1986. „Säkularisierung: Mythos oder Realität?". *Österreichische Zeitschrift für Soziologie* 3: 37-49.
Schachinger, Mildred. 1991. "Tönnies in the Literature: The Reductionist Approach of Talcott Parsons", in: *Hundert Jahre "Gemeinschaft und Gesellschaft". Ferdinand Tönnies in der internationalen Diskussion*; hg. v. Lars Clausen und Carsten Schlüter. Opladen. 527-536.
Schäfer, Christa. 1981. „Stadtstaat und Eidgenossenschaft. Max Webers Analyse der vorexilischen Gesellschaft", in: *Max Webers Studie des antiken Judentums. Interpretation und Kritik*; hg. v. Wolfgang Schluchter. Frankfurt am Main. 78-109.
Schäfers, Bernhard. 1988. „Die Moderne und der Säkularisierungsprozess". *Gegenwartskunde* 37: 140-154.
Schall, Anton. 1987. „Islam I", in: *Theologische Realenzyklopädie (TRE)*. 315-336.
Schelting, von, Alexander. 1934. *Max Webers Wissenschaftslehre. Das logische Problem der historischen Kulturerenntnis. Die Grenzen der Soziologie des Wissens*. Tübingen.
Schimmel, Annegret. 1959. „Islam", in: *Die Religion in Geschichte und Gegenwart (RGG)*. Tübingen. 907-919.
Schluchter, Wolfgang. 1976. „Die Paradoxie der Rationalisierung. Zum Verhältnis von Ethik und Welt bei Max Weber". *Zeitschrift für Soziologie* 5: 256-284.
Schluchter, Wolfgang. 1979. *Die Entwicklung des okzidentalen Rationalismus*. Tübingen.
Schluchter, Wolfgang (Hrsg.). 1980. *Rationalismus der Weltbeherrschung. Studien zu Max Weber*. Frankfurt am Main:
Schluchter, Wolfgang. 1981a. „Altisraelitische Ethik und okzidentaler Rationalismus", in: *Max Webers Studie des antiken Judentums. Interpretation und Kritik*; hg. v. Wolfgang Schluchter. Frankfurt am Main. 11-77.
Schluchter, Wolfgang. 1984. *Max Webers Studie über Hinduismus und Buddhismus. Interpretation und Kritik*. Frankfurt am Main.
Schluchter, Wolfgang (Hrsg.). 1985. *Max Webers Sicht des antiken Christentums*. Frankfurt am Main.
Schluchter, Wolfgang. 1987. „Einleitung. Zwischen Welteroberung und Weltanpassung. Überlegungen zu Max Webers Sicht des frühen Islams", in: *Max Webers Sicht des Islams. Frankfurt am Main*.; hg. v. Wolfgang Schluchter. Frankfurt am Main 11-124.
Schluchter, Wolfgang. 1988. *Religion und Lebensführung II. Studien zu Max Webers Religions- und Herrschaftssoziologie*. Frankfurt am Main.

Schmidtchen, Gerhard. 1970. *Religionssoziologische Analyse gesellschaftlicher Leistungsantriebe. Überführung der Weberschen Thesen zur protestantischen Ethik in eine allgemeinere Theorie.* Bern.
Schmidt-Glintzer, Helwig. 1983. „Die institutionelle Analyse des vormodernen Chinas. Eine Einschätzung von Max Webers Ansatz", in: *Max Webers Studie über Konfuzianismus und Taoismus. Interpretation und Kritik*; hg. v. Wolfgang Schluchter. Frankfurt am Main. 298-341.
Schneider, Michael. 1987. „Askese", in: *Lexikon der Religionen. Phänomene - Geschichte - Ideen*; hg. v. Hans Waldenfels. Freiburg im Breisgau. 32-33.
Seiwert, Hubert. 1981. „'Religiöse Bedeutung' als wissenschaftliche Kategorie". *Annual Review for the Social Sciences of Religion* 5: 56-97.
Senghaas, Dieter. 1995. „Die Wirklichkeiten der Kulturkämpfe". *Leviathan* 23:. 197-212.
Serjeant, R. B. 1964. "The 'Constitution of Medina'". *The Islamic Quarterly* 8: 3-16.
Seyfarth, Constans, Walter M. Sprondel (Hrsg.). 1973. *Seminar: Religion und gesellschaftliche Entwicklung. Studien zur Protestantismus-Kapitalismus-These Max Webers.* Frankfurt.
Seyfarth, Constans. 1973. „Protestantismus und gesellschaftliche Entwicklung: Zur Reformulierung eines Problems", in: *Seminar: Religion und gesellschaftliche Entwicklung. Studien zur Protestantismus - Kapitalismus - These Max Webers*; hg. v. Constans Seyfarth und Walter M. Sprondel. Frankfurt am Main. 358-366.
Shils, Edward. 1981. *Tradition.* Chicago.
Shiner, L. 1967. "The meanings of secularization". *Internationales Jahrbuch für Religionssoziologie* 3: 51-62.
Sigrist, Christian. 1996. *Kulturelle Identität und politische Selbstbestimmung in der Weltgesellschaft. Studien zu Ethnizität, Expression, Polyphonie.* Münster et al.
Simmel, Georg. 1992. „Persönliche und sachliche Kultur", in: *Aufsätze und Abhandlungen 1894-1900*; hg. v. Heinz Jürgen Dahme und David P. Frisby. Frankfurt am Main. 560-582.
Sohm, Rudolph. 1892. *Kirchenrecht.* Berlin.
Sombart, Werner. 1902. *Der moderne Kapitalismus.* Leipzig.
Sombart, Werner. 1911. *Die Juden und das Wirtschaftsleben.* Leipzig.
Spiro, M. E. 1966. "Religion: Problems of Definition and Explanation", in: *Anthropological Approaches to the Study of Religion*; hg. v. Michael Banton. 85ff.
Stauth, Georg. 1995. „Islam als Selbstbegriff nichtwestlicher Modernität". *Österreichische Zeitschrift für Soziologie* 20: 3-27.
Talmon, Shemaryahu. 1985. „Jüdische Sektenbildung in der Frühzeit der Periode des Zweiten Tempels. Ein Nachtrag zu Max Webers Studie über das antike Judentum", in: *Max Webers Sicht des antiken Christentums*; hg. v. Wolfgang Schluchter. Frankfurt am Main 233-280.
Taylor, Charles. 1993. *Multikulturalismus und die Politik der Anerkennung.* Frankfurt am Main.
Tenbruck, Friedrich H. 1975. „Das Werk Max Webers". *Kölner Zeitschrift für Soziologie und Sozialpsychologie* 27: 663-702.
Theißen, Gerd. 1979. *Studien zur Soziologie des Urchristentums.* Tübingen.
Tönnies, Ferdinand. 1899. „Zur Einleitung in die Soziologie". *Zeitschrift für Philosophie und philosophische Kritik* 115: 240-251.
Tönnies, Ferdinand. 1909. *Die Sitte.* Frankfurt a M.

Tönnies, Ferdinand. 1925. *Soziologische Studien und Kritiken Bd. I.* Jena.
Tönnies, Ferdinand. 1926. „Die Kulturbedeutung der Religionen", in: *Soziologische Studien und Kritiken*; hg. v. Ferdinand Tönnies. Jena. 353-380.
Tönnies, Ferdinand. 1929. *Soziologische Studien und Kritiken Bd. III.* Jena.
Tönnies, Ferdinand. 1931. *Einführung in die Soziologie.* Stuttgart.
Tönnies, Ferdinand. 1935. *Der Geist der Neuzeit.* Leipzig.
Tönnies, Ferdinand. 1991. *Gemeinschaft und Gesellschaft. Grundbegriffe der reinen Soziologie.* (Orig. 1887) Darmstadt.
Tönnies, Ferdinand, H. Höffding. 1989. „Briefwechsel", hg. v. Cornelius Bickel, R. Fechner. Berlin.
Triandis, Harry C. 1990. "Cross-cultural studies of individualism and collectivism". *Nebraska Symposium on Motivation* 37: 41-133.
Troeltsch, Ernst. 1912. *Die Soziallehren der christlichen Kirchen und Gruppen.* Tübingen.
Tylor, Edward B. 1903. *Primitive Culture.* London.
Tyrell, Hartmann. 1990. „Worum geht es in der 'Protestantischen Ethik'? Ein Versuch zum besseren Verständnis Max Webers". *Saeculum* 41: 130-177.
Tyrell, Hartmann. 1993a. „Potenz und Depotenzierung der Religion - Religion und Rationalisierung bei Max Weber". *Saeculum* 44: 300-347.
Tyrell, Hartmann. 1993b. „Katholizismus und Familie - Institutionalisierung und Deinstitutionalisierung", in: *Religion und Kultur*; hg. v. Jörg Bergmann, Alois Hahn, Thomas Luckmann. Opladen. 126-149.
Wach, Joachim. 1951. *Religionssoziologie.* Tübingen.
Wagner, Falk. 1986. *Was ist Religion? Studien zu ihrem Begriff und Thema in Geschichte und Gegenwart.* Gütersloh.
Waßner, Rainer. 1991. „Tönnies Religionssoziologie und die neuen religiösen Bewegungen. Ein Stück angewandte Soziologie", in: *Hundert Jahre "Gemeinschaft und Gesellschaft". Ferdinand Tönnies in der internationalen Diskussion*; hg. v. Lars Clausen und Carsten Schlüter. Opladen. 439-452.
Watt, William M. 1961. *Islam and the Integration of Society.* London.
Watt, William M. 1977. *Muhammad at Medina.* Oxford.
Watt, William M. 1980. *Der Islam: Mohammed und die Frühzeit, Islamisches Recht, Religiöses Leben.* Stuttgart.
Watt, William M. 1985. *Der Islam II. Politische Entwicklung und theologische Konzepte.* Stuttgart.
Weber-Schäfer, Peter. 1988. „Die konfuzianischen Literaten und die Grundwerte des Konfuzianismus", in: *Religion und Lebensführung*; hg. v. Wolfgang Schluchter. Frankfurt am Main. 202-228.
Weiß, Johannes. 1981. „*Rationalität als Kommunikabilität. Überlegungen zur Rolle von Rationalitätsunterstellungen in der Soziologie*", in: *Max Weber und die Rationalisierung sozialen Handelns*; hg. v. Constans Seyfarth und Walter M. Sprondel. Stuttgart. 40-58.
Weiß, Johannes (Hrsg.). 1989. *Max Weber heute: Erträge und Probleme der Forschung.* Frankfurt am Main.
Wellhausen, Julius. 1889. „Muhammads Gemeindeordnung von Medina", in: *Skizzen und Vorarbeiten*; hg. v. Julius Wellhausen. Berlin. 67-83.
Wittfogel, Karl. 1962. *Die orientalische Despotie.* Köln, Berlin.

Zander, Jürgen. 1986. „Pole der Soziologie: Ferdinand Tönnies und Max Weber", in: *Ordnung und Theorie*; hg. v. Sven Papcke. Darmstadt. 335-350.
Zingerle, Arnold. 1983. „Max Webers Analyse des chinesischen Präbendalismus - Zu einigen Problemen der Verständigung zwischen Soziologie und Sinologie", in: *Max Webers Studie über Konfuzianismus und Taoismus: Interpretation und Kritik*; hg. v. Wolfgang Schluchter. Frankfurt am Main. 174-201.

Verzeichnis der für die Werke Max Webers verwendeten Abkürzungen

(WL)   Weber, Max. 1988. Gesammelte Aufsätze zur Wissenschaftslehre, hrsg. von Johannes Winckelmann. Siebte Auflage. Tübingen.

(KvS)   Weber, Max. 1988. „Über einige Kategorien der Verstehenden Soziologie". In: Max Weber: *Gesammelte Aufsätze zur Wissenschaftslehre*, hrsg. von Johannes Winckelmann. Siebte Auflage. Tübingen. S. 427-474.

(RS I-III)   Weber, Max. 1988. *Gesammelte Aufsätze zur Religionssoziologie*. Bde I-III 1. Auflage. 1920. Neunte Auflage. Tübingen.

(WuG)   Weber, Max. 1972. *Wirtschaft und Gesellschaft: Grundriß der verstehenden Soziologie*. Hg. von Johannes Winckelmann. 5. revidierte Auflage. Tübingen.

(GB)   Weber, Max. 1972. „Soziologische Grundbegriffe". In: Weber, Max. 1972. *Wirtschaft und Gesellschaft: Grundriß der verstehenden Soziologie*. Hg. von Johannes Winckelmann. 5. revidierte Auflage. Tübingen. S. 1-30.

(PE I)   Weber, Max. 1991. *Die Protestantische Ethik I. Eine Aufsatzsammlung.* Gütersloh.

(PE II)   Weber, Max. 1987. *Die Protestantische Ethik II. Kritiken und Antikritiken.* Gütersloh.

(GASS)   Weber, Max. 1924. *Gesammelte Aufsätze zur Soziologie und Sozialpolitik.* Tübingen.

(GPS)   Weber, Max. 1971. *Gesammelte Politische Schriften*. Tübingen.

(MWG II/6)   Max Weber. 1994. *Briefe. 1909-1910*. Abt. II, Bd. 6 der Max-Weber-Gesamtausgabe, hg. v. Rainer M. Lepsius und Wolfgang J. Mommsen. Tübingen.